Dorothee Bergfeld, Bettina Assmann-Sauerbrey

Nachtdienstleitfaden

Nachtdienst-Leitfaden

Bereitschaftsdienst – Station und Ambulanz

Herausgegeben von Dr. med. Dorothee Bergfeld, Darmstadt und Dr. med. Bettina Assmann-Sauerbrey, Oberursel

Reihenherausgeber: Dr. A. Schäffler, Ulm; U. Renz, Lübeck

Unter **Mitarbeit** von Dr. H.M. Behre, Münster; Dr. P. Benecke, Lübeck; Dr. J. Braun, Lübeck; J. Dietz, Bargteheide; Dr. C. Matthias, Lübeck; Dr. H. Renz-Polster, Lübeck

Grafiken von S. Adler, Lübeck

2. Auflage 1995

Jungjohann Verlagsgesellschaft
Neckarsulm · Lübeck · Ulm

Zuschriften und Kritiken an das Medizinische Lektorat des Jungjohann Verlages,
Königstr. 10, 23552 Lübeck

Wichtiger Hinweis

Die Erkenntnisse in der Medizin unterliegen laufendem Wandel durch Forschung und klinische Erfahrungen. Die Autoren dieses Werkes haben große Sorgfalt darauf verwendet, daß die gemachten (therapeutischen) Angaben – insbesondere hinsichtlich Indikation, Dosierung und unerwünschten Wirkungen – dem derzeitigen Wissensstand entsprechen. Das entbindet den Benutzer aber nicht von der Verpflichtung, anhand der Beipackzettel zu verschreibender Präparate zu überprüfen, ob die dort gemachten Angaben von denen in diesem Buch abweichen, und seine Verordnung in eigener Verantwortung zu bestimmen.

CIP-Titelaufnahme der Deutschen Bibliothek

Nachtdienst-Leitfaden: Management Notfall;
Bereitschaftsdienst – Station und Ambulanz
hrsg. von Dorothee Bergfeld und Bettina Assmann-Sauerbrey.
Unter Mitarbeit von P. Benecke.
– 2. Aufl. – Neckarsulm, Lübeck, Ulm: Jungjohann 1995
(Klinik- und Praxisleitfäden)
ISBN 3-8243-1600-5
NE: Bergfeld, Dorothee [Hrsg.]; Benecke, Peter

Gedruckt auf elementar chlorfrei gebleichtem Papier

1. Auflage August 1994
2. Auflage Mai 1995

Satz: Satzbüro SRP, Lübeck
Graphik: Susanne Adler, Lübeck
Umschlag: Andreas Waage, Ulm
Druck: Clausen & Bosse, Leck

Printed in Germany

Vorwort

Wer kennt nicht das beklemmende Gefühl bei den ersten Nachtdiensten, plötzlich mit Mensch und Krankheit allein zu sein und (fast) alle Entscheidungen selbst treffen zu müssen. Welche Maßnahmen sind umgehend zu erledigen? Was kann warten? Was muß für den nächsten Tag geplant werden? In welchen Situationen rufe ich den Hintergrund?

Dieser Leitfaden versucht, Entscheidungshilfen für diese und ähnliche Fragen zu geben. Er bietet konkrete Handlungsanweisungen für das Management der wichtigsten Dienstprobleme auf Station und in der Ambulanz. Die Vorschläge zu Diagnostik und Therapie tragen den eingeschränkten Notwendigkeiten und Möglichkeiten des Nachtdienstes Rechnung: Es geht darum, die Basismaßnahmen zu beherrschen, um die Patienten gut versorgt durch die Nacht zu führen.

Das Buch entstand auf dem Hintergrund eigener, in vielen langen Diensten gesammelter Erfahrungen. Jedes Kapitel wurde von älteren Fachkollegen kritisch gegengelesen und mit zahlreichen Tips und Anregungen aus der Sicht des Hintergrundes angereichert.

Wir freuen uns, daß der *Nachtdienst-Leitfaden* einen so guten Anklang gefunden hat und wünschen uns, daß er auch weiterhin bei der Versorgung der Patienten im Dienst eine Hilfe sein wird.

Darmstadt und Oberursel, im Mai 1995 — Die Herausgeberinnen

Vorwort der Reihenherausgeber

Das Informationsbedürfnis aller in der klinischen Patientenvorsorgung Tätigen ist immens. Dabei müssen die Informationen

- schnell verfügbar
- vollständig und zuverlässig
- direkt anwendbar sein.

Dem wollen die Bände der Reihe „Klinikleitfaden“ Rechnung tragen. Das Konzept der Reihe wurde von Ärzten während der ersten Jahre ihrer klinischen Tätigkeit entwickelt. *„Klinikleitfäden“* richten sich vorwiegend an jüngere Kolleginnen und Kollegen und verstehen sich als Nachschlagewerke für Fakten und Arbeitstechniken, die für die Arbeit auf Station notwendig sind.

„Klinikleitfäden“ enthalten konkrete Informationen zum diagnostischen und therapeutischen Vorgehen, praktische Tips und Hinweise auf vermeidbare Fehler. Großer Wert wird auf eine qualitativ hochwertige Bebilderung gelegt.

Wir freuen uns, daß mit dem *Nachtdienst-Leitfaden* die *Leitfaden*-Reihe durch einen interdisziplinären Band ergänzt wird. Wir wünschen uns, daß sich auch die vorliegende Neuauflage in der spezifischen Situation des Bereitschaftsdienstes, in der man in besonderem Maße auf konkrete und schnell zugängliche Information angewiesen ist, bewähren wird.

Lübeck und Ulm — U. Renz, A. Schäffler

Danksagung

Für die Durchsicht der Manuskripte danken wir:

Kapitel 1:
Dr. med. Torsten Buchheit, Städt. Krankenhaus, Abteilung für Innere Medizin, Pirmasens
Dr. med. Rüdiger Kurowski, Innere Abteilung, Kreiskrankenhaus Neustadt

Kapitel 2:
Dr. med. Rüdiger Kurowski, Innere Abteilung, Kreiskrankenhaus Neustadt

Kapitel 4: Dr. med. Torsten Buchheit, Städt. Krankenhaus, Abteilung für Innere Medizin, Pirmasens
Dr. med. Rüdiger Kurowski, Innere Abteilung, Kreiskrankenhaus Neustadt

Kapitel 5:
Dr. med. Torsten Buchheit, Städt. Krankenhaus, Abteilung für Innere Medizin, Pirmasens
Dr. med. Rüdiger Kurowski, Innere Abteilung, Kreiskrankenhaus Neustadt

Kapitel 6:
Dr. med. Holger Sigusch, Universität Missouri-Columbia, Department of Internal Medicine, Columbia, USA
Dr. med. Colmar Niederstadt, Klinik für Innere Medizin, Med. Universität Lübeck
Dr. med. Roland Preuss, Klinik für Innere Medizin, Med. Universität Lübeck
Dr. med. Kurt Schwabe, Klinik für Kardiologie, Med. Universität Lübeck

Kapitel 7:
Dr. med. Volkhart Kurowski, Klinik für Innere Medizin, Med. Universität Lübeck

Kapitel 8:
Dr. med. Karsten Schwarting, Elim Krankenhaus, Innere Medizin, Hamburg

Kapitel 9:
Dr. med. Steffen Krautzig, Abteilung für Nephrologie, Med. Hochschule Hannover
Dr. med. Roland Preuss, Klinik für Innere Medizin, Med. Universität Lübeck

Kapitel 10:
Dr. med. Christa Marpert, Abteilung für Innere Medizin, Klinikum Minden
Dr. med. Thomas Reischmann, Heidelberg

Kapitel 11:
Dr. med. Erdmute Knop, Klinik für Innere Medizin, Med. Universität Lübeck
Dr. med. Christa Marpert, Abteilung für Innere Medizin, Klinikum Minden

Kapitel 13:
Dr. med. Joachim Fischer, Kinderspital, Zürich
Dr. med. Sergio Fanconi, Kinderspital, Zürich
Dr. med. Heidi Siefken, Norderney

Kapitel 14:
Dr. med. Frank Erbguth, Neurologische Universitätsklinik, Erlangen
Dr. med. Manio v. Maravic, Abteilung für Neurologie, Klinikum Erfurt

Kapitel 15:
Dr. med. Axel Valet, Herborn
Dr. med. Andreas Clad, Institut für Mikrobiologie und Hygiene, Klinikum der Albert-Ludwigs-Universität Freiburg

Kapitel 16:
Dr. med. Klaus Erpenbach, Erftstadt

Kapitel 17:
Dr. med. Matthias Braun, Abteilung für Rheumatologie, Med. Universität Lübeck

Kapitel 18:
Dr. med. Martina Keller, Ludwigshafen

Kapitel 19:
Dr. med. Harry Domack, Augenklinik der Dr. Horst-Schmidt-Kliniken, Wiesbaden
Dr. Peter Buchmann, Augenklinik, Klinikum Innenstadt München
Timo Haufschild, Mittlere Str. 68, CH-4056 Basel

Kapitel 20:
Dr. med. Wolfgang Weyers, Hautklinik, Klinikum der Justus-Liebig-Universität Gießen
Dr. med. Anne Herges, Abteilung für Dermatologie, Klinikum Minden

Die Herausgeberinnen danken ihren Ehemännern Herrn Udo Sauerbrey und Herrn Dr. med. Boris Sommer für ihre persönliche und fachliche Unterstützung.

Wir danken Frau Dr. med. Barbara Schneider und Frau Grita Schedlbauer für die Betreuung des Werkes sowie Frau Sigrun Zühlke für Energie und Ausdauer bei der Herstellung.

Für die graphische Gestaltung des Bandes sei Frau Susanne Adler gedankt. Nicht zuletzt gilt unser Dank dem Jungjohann Verlag, der durch kontinuierliche Unterstützung das Gelingen dieses Werkes ermöglichte.

Bedienungsanleitung

Die Kernkapitel sind nach Leitsymptomen oder Verdachtsdiagnosen geordnet und nach folgendem Schema aufgebaut:

Differentialdiagnostische Überlegungen

Hier sind – nach Häufigkeit bzw. Relevanz für den Bereitschaftsdienst geordnet – die jeweils in Betracht kommenden Differentialdiagnosen aufgelistet.

Erste Orientierung Telefon

Unter dieser Rubrik werden die ersten Schritte zur Lagebeurteilung nach Eingang eines Rufes über Piepser oder Telefon geschildert:

Fragen an das Pflegepersonal mit deren Hilfe man sich schon am Telefon über die Situation orientieren kann.

Erste Anweisungen an das Pflegepersonal, damit bereits vor Eintreffen des Diensthabenden Vorbereitungen getroffen werden können.

Dringlichkeit: diese Rubrik gibt Hilfestellung für die Einschätzung, ob akuter Handlungsbedarf besteht.

Diagnostisches Vorgehen

Schritt für Schritt wird hier das Vorgehen zur Abklärung der Beschwerden, wobei unterteilt wird in die noch in der Nacht durchzuführenden Untersuchungen und die für den nächsten Tag zu planenden Maßnahmen.

Therapeutisches Vorgehen

Zusätzlich zur Darstellung des *therapeutischen Managements* werden unter dieser Rubrik folgende Entscheidungshilfen gegeben:

- Indikationen für Verlegung auf die Intensivstation oder eine bestimmte Fachabteilung.
- Empfehlungen für die Anforderung des Hintergrundes.
- Hinweise zur Aufnahme ambulanter Patienten.

Fußangeln und Fingerzeige

Hier sind Hinweise auf (vermeidbare) Fehler sowie praktische „Tips und Tricks" zusammengefaßt.

> Jede Klinik hat ihre eigenen spezifischen Gegebenheiten; genauso verfügt jeder „Diensthabende" über individuell unterschiedliche Erfahrungen, Stärken und Schwächen. Die in diesem Buch gegebenen Empfehlungen können deshalb nur als *Orientierungshilfe* verstanden werden, die in jedem Fall der persönlichen und kritischen Hinterfragung bedarf.

Abkürzungsverzeichnis

Symbole

®	Handelsname
↔	normal (*im Normbereich*)
↑	hoch, erhöht
↓	tief, erniedrigt
→	vgl. mit, daraus folgt
☞	siehe (Verweis)

A a.	Arterie(n)
ACE	*Angiotensin converting enzyme*
Ätiol.	Ätiologie
ACTH	adrenokortikotropes Hormon
ADH	Antidiuretisches Hormon
AIDS	*Acquired immunodeficiency syndrome*
AK	Antikörper
AMA	Antimitochondrialer Antikörper
Amp.	Ampulle
ANA	Antinukleäre Antikörper
ant.	anterior
ANV	Akutes Nierenversagen
a.p.	anterior-posterior
AP	alkalische Phosphatase
ARDS	Acute respiratory distress syndrom
art.	arteriell
AS	Aminosäure
ASL	Anti-Streptolysin-Titer
ASR	Achillessehnenreflex
ASS	Azetysalicylsäure
AT III	Antithrombin III
a.-v.	arterio-venös
AVK	Arterielle Verschlußkrankheit
AZ	Allgemeinzustand

B B	Blutbild
bds.	beidseits, bilateral
BE	Broteinheit, *base excess*
bes.	besonders
BGA	Blutgasanalyse
Bili	Bilirubin
BSG	Blutkörperchensenkungsgeschwindigkeit
BSR	Bizepssehnenreflex
BZ	Blutzucker

C $_1$ – C_8	Zervikalsegment 1–8
Ca^{2+}	Kalzium
Ca	Karzinom
ChE	Cholinesterase
chron.	chronisch
CKMB	herzmuskelspezifische Kreatinkinase
Cl^-	Chlorid
CT	Computertomogramm
CCT	Kraniales Computertomogramm
CRP	C-reaktives Protein

D D	Differentialdiagnose
Def.	Definition
d.h.	das heißt
Diab. mell.	Diabetes mellitus
Diagn.	Diagnostik
DIC	dissemin. intravasale Koagulopathie

E. coli	Escherischia coli
E'lyte	Elektrolyte
EK	Erythrozytenkonzentrat
EKG	Elektrokardiogramm
E'phorese	Elektrophorese
ERC,	Endoskopische
ERCP	retrograde [Cholangio-]-
ERP	[Pankreatico]-Graphie
Ery	Erythrozyten(-konzentration)
EU	Extrauterin-Gravidität
EZ	Ernährungszustand

F	Frauen, Faktor
FFP	*fresh frozen plasma*
FRC	*functional residual capacity*
FSP	Fibrinogenspaltprodukte
GFR	Glomeruläre Filtrationsrate
GIT	Gastrointestinaltrakt
GN	Glomerulonephritis
GOT	Glutamat-Oxalacetat-Transaminase
GPT	Glutamat-Pyruvat-Transaminase
γ-GT	γ-Glutamyl-Transferase
h	Stunde
Hb	Hämoglobin
HBDH	herzspezifische LDH
Hkt.	Hämatokrit
HWK	Halswirbelkörper
HWS	Halswirbelsäule
HZV	Herzzeitvolumen
I.a.	intraarteriell
I.c.	intracutan
ICR	Interkostalraum
IE	Internat. Einheit
IgA, IgG,IgM	Immunglobulin A, G, M
i.m.	intramuskulär
Ind.	Indikation
Insuff.	Insuffizienz
Intox.	Intoxikation
IUP	Intrauterinpessar
i.v.	intravenös
J	Joule
JVP	Jugularvenenpuls
K^+	Kalium
/kg	pro Kilogramm Körpergewicht (Dosierungen)
KHK	Koronare Herzkrankheit
KM	Knochenmark, Kontrastmittel
kons.	konservativ
Konz.	Konzentration
KI	Kontraindikation
KO	Komplikation
Krea	Kreatinin
LAHB	Links anteriorer Hemiblock
Leuko(s)	Leukozyten
LDH	Laktatdehydrogenase
LJ.	Lebensjahr
$L_1 - L_5$	Lumbalsegment 1–5
Lk	Lymphknoten
LPHB	Links posteriorer Hemiblock
LSB	Linksschenkelblock
LWS	Lendenwirbelsäule
LP	Lumbalpunktion
Lufu	Lungenfunktion
M	Männer
M., Mm.	Musculus, Musculi
MCL	Medioclavicularlinie
MCV	Mittleres korpuskuläres Volumen
MDP	Magen-Darm-Passage
Mg^{2+}	Magnesium
Min.	Minute
Mio.	Millionen
Mon.	Monat(e)
MRT	Magnetresonanztomographie
MS	Multiple Sklerose
ms	Millisekunden
N., Nn.	Nervus, Nervi
Na	Natrium
NANB-Hep.	Non-A-Non-B-Hepatitis
NAW	Notarztwagen
NG	Neugeborenes
NMR	Kernspintomographie
NNH	Nasennebenhöhlen
NW	Nebenwirkung
O.B.	ohne Besonderheit
OP	Operation
Ös	Ösophagus
OSG	oberes Sprunggelenk

P.a.	posterior-anterior
pAVK	periphere arterielle Verschlußkrankheit
Pat.	Patient, Patientin
PDA	Periduralanästhesie
PEEP	*Positive endexpiratory pressure*
pos.	positiv
postop.	postoperativ
präop.	präoperativ
PRIND	*prolonged reversible ischaemic neurol. deficit*
PSR	Patellarsehnenreflex
PTT	Partielle Trombinzeit
QF	Querfinger
Rezid.	rezidivierend
respir.	respiratorisch
RG	Rasselgeräusch
Rö	Röntgen
RPR	Radiusperiostreflex
RR	Blutdruck nach Riva-Rocci
RSB	Rechtsschenkelblock
RTW	Rettungswagen
Sc.	subkutan
S_1–S_5	Sakralsegment 1 - 5
Sek.	Sekunde(n)
serol.	serologisch
SHT	Schädelhirntrauma
SLE	Systemischer Lupus
SLE	Serythomatodes erythematodes
sup.	superior
Sy.	Syndrom
T $_3$, T_4	Thyroxin (dreifach, vierfach jodiert)
Tbl.	Tabletten
Tbc	Tuberkulose
TBG	Thyroxinbindendes Globulin
Ther., ther.	Therapie, therapeutisch
Thrombos	Thrombozyten
TIA	Transiente ischämische Attacke
TK	Thrombozytenkonzentrat
TRAK	Autoantikörper gegen TSH-Rezeptoren (früher TSI)
Trpf.	Tropfen
TSH	*Thyreoidea stimulating hormone*
TSR	Tricepssehnenreflex
TZ	Thrombinzeit
V.a.	Verdacht auf
v.a.	vor allem
vgl.	vergleiche
Vit.	Vitamin
Wo.	Woche(n)
WW	Wechselwirkung (von Arzneimitteln)
ZNS	Zentrales Nervensystem
z.Zt.	zur Zeit
ZVD	Zentraler Venendruck
ZVK	Zentraler Venenkatheter

Dorothee Bergfeld

Tips für den Nachtdienst 1

1.1 Die Nacht organisieren

1.1.1 Vorbereitung auf den Nachtdienst

An größeren Abteilungen ist man in den ersten Nachtdiensten oft nur als zweiter oder sogar dritter Dienst eingeteilt und hat daher einen erfahrenen Kollegen als Ansprechpartner. Aber: Auf eine ständige schützende Hand kann man sich nicht verlassen. Wenn viel los ist, steht man schnell alleine da. Oft wird gerade der „Jüngste" vorgeschickt, um Pat. aufzunehmen und die Lage zu sondieren. An kleineren Abteilungen schieben AiP meist alleine Bereitschaftsdienste. Daher sollte man häufige Notfälle und Krankheitsbilder, die rasches Erkennen und therapeutisches Eingreifen erfordern (z.B. Herzinfarkt, Lungenembolie), kennen. Also vorher im Lehrbuch oder Klinikleitfaden noch mal durchlesen, um die wichtigsten Differentialdiagnosen, primäre Diagnostik und Therapie parat zu haben.

Außerdem können folgende Tips bei der Vorbereitung hilfreich sein

- Sich mit dem Aufbau dieses Klinikleitfadens vertraut machen, um sich im Notfall schnell zurechtzufinden.
- Erfahrenen Kollegen bitten, einem die hausüblichen Therapieschemata und Vorgehensweisen (z.B. wann Verständigung des Hintergrundes, wann Verlegung auf die Intensivstation) zu vermitteln. Evtl. eine private Checkliste mit hausüblichen „Kochrezepten" (z.B. Therapie des Herzinfarktes, Vorgehen bei erhöhten BZ-Werten) anlegen.
- In Gedanken den Ernstfall durchspielen: Was wäre, wenn.... (z.B. plötzlich ein Patient mit Thoraxschmerzen, akutem Abdomen eingeliefert wird)? Wie verhalte ich mich bei einem bewußtlosen Pat.? Auch hier bei Wissenslücken erfahrenen Kollegen fragen.
- Evtl. mit einem netten Kollegen gemeinsam einen Dienst probeweise mitmachen, um „live" mitzubekommen, was anfällt, was man beachten muß.
- Genau erkundigen, welche Abteilungen nachts besetzt sind und welche Untersuchungen (v.a. Labor und Röntgen) nachts routinemäßig durchgeführt werden können. Sich genau informieren, welche Aufgaben dem Diensthabenden zufallen und sich im Tagdienst kundig machen, z.B. EKGs schreiben und auswerten, Röntgenbilder beurteilen.
- Alle Untersuchungs- oder Behandlungsmethoden, bei denen man sich nicht sicher fühlt, vorher üben (z.B. Intubieren im OP, Augenspiegeln, EKG schreiben).
- In kleineren Häusern muß man manchmal andere Abteilungen mitbetreuen. Vorher bei den dortigen Kollegen nach dem Vorgehen bei den häufigsten Routineproblemen und Notfällen erkundigen.
- Manchmal bieten freundliche ältere Kollegen an, während des ersten Dienstes erreichbar zu sein. Man hat doch weniger Skrupel, einen Assi bei kleineren Problemen anzurufen, als den Oberarzt oder Chef.

- Ruhig den Hintergrund vor dem ersten Dienst ansprechen: „Ich habe heute meinen ersten Nachtdienst, kann sein, daß ich Sie bei Problemen stören muß“, dann fällt das nächtliche Telefonat vielleicht leichter.
- Erkundigen, ob der Hintergrund routinemäßig am Abend nochmal anruft, um nach Besonderheiten zu fragen, was meistens der Fall ist. Nicht ganz akute Probleme kann man „sammeln“ und dann besprechen. Falls der Hintergrund nicht automatisch anruft, vielleicht mit ihm vereinbaren, daß man sich zu einer zivilen Zeit bei Fragen noch meldet.
- Wissen, wie man alte Krankenakten im Archiv ausfindig macht. Wenn ein Patient bereits stationär war, kann man daraus wichtige Hinweise bekommen.

Auf Notfälle vorbereitet sein Checkliste	
Defibrillator	• Wo steht er? • Wie funktioniert er?
Notfallkoffer	• Wo steht er? • Wie ist er ausgestattet? • Welche Medikamente sind vorhanden? • Wie sind die Standard-Dosierungen?
Intubation	• Wo ist das Intubationsbesteck untergebracht? • Wie funktioniert es? Bei mangelnder Intubationserfahrung fragen, ob man ein paar Mal im OP intubieren darf. • Wie funktioniert der Anschluß der Sauerstofflasche?
Reanimation	• Wie wird reanimiert? • Wie wird der Reanimationsalarm ausgelöst? • Wer ist dafür zuständig, Defi und Notfallkoffer mitzubringen (Pflegepersonal, diensthabender Arzt, Anäthesie)?
EKG	• Wo steht es? • Wie funktioniert das Gerät? • Wie und wo werden die Ableitungen angelegt?
BGA	• Wo steht das Analysegerät? • Wie funktioniert es?
Betäubungsmittel	• Wo sind sie untergebracht? • Wie erfolgt der Eintrag ins BTM-Buch bei Entnahme ?
Entgiftungsmaßnahmen	• Wo führt man Magenspülungen durch? • Wie wird's gemacht? • Wer führt z.B. nachts notwendige Sonographie, Gastroskopie, Dialyse durch?
Telefonnummern	• Rettungsleitstelle, z.B. für akute Verlegungen • Krankenhäuser und Abteilungen, in die Verlegungen stattfinden (z.B. Neurochirurgie, kardiologische Intensivstation, Gefäßchirurgie) • Abteilungen oder KollegInnen, die in der Nacht evtl. benötigt werden (Labor, Radiologie, Anästhesie, Intensivstation). • Wie erreiche ich den Hintergrund?

1.1.2 Nachtdienst

Das Stellen der genauen Diagnose ist im Bereitschaftsdienst oft nicht möglich und auch nicht das Hauptziel. Aufgabe im Dienst ist die Überwachung neu aufgenommener Patienten, das Stellen einer Verdachtsdiagnose, ggf. die Therapieeinleitung und vor allem der Erhalt der Vitalfunktionen.

- Bei der täglichen Besprechung immer die Kollegen nach *Problempatienten* fragen und sich die Namen und Stationen stichwortartig notieren. Mit welchen Schwierigkeiten ist zu rechnen, bestehen Behandlungsvorschläge? Soll der Pat. reanimiert werden?
- Welche Pat. liegen auf der *Intensivstation,* worauf muß ich besonders achten? Sind alle Anweisungen für die Nacht bereits getroffen?
- Evtl. vor dem Dienstende der Kollegen noch mal eine Runde über die Stationen machen, um herauszufinden, ob sich noch etwas Dienstrelevantes ergeben hat. Steht die Nachtmedikation, wo sind noch Infusionen oder andere kleinere Dienstaufgaben im Laufe der Nacht zu erledigen? Vielleicht schon einen Zeitplan erstellen, wann was zu tun ist.
- Wie sieht die *Bettensituation* aus? Habe ich zumindest *ein* Bett auf der Intensivstation frei für einen akuten Notfall? Evtl. abklären, welcher Pat. auf Normalstation verlegt werden kann, wenn es eng wird. Wo sind Betten auf den Normalstationen frei?
- Zu Beginn des Dienstes sollte man sich in kleineren Häusern den *Kollegen,* die auf anderen Abteilungen Dienst haben (Chirurg, Anästhesist), vorstellen. Evtl. vorfühlen, inwieweit man bei Schwierigkeiten um Hilfe bitten kann (z.B. Legen zentraler Zugänge → Hilfe durch Anästhesie).
- Sich unbedingt der *Nachtschwester* vorstellen. Hier ruhig auch eigene Unerfahrenheit und Unsicherheiten zugeben, gerade nachts ist man auf die Unterstützung und Mithilfe erfahrener Pflegekräfte angewiesen. Die Schwestern merken die Schwächen sowieso, reagieren aber zu Recht auf vorgespielte Überlegenheit allergisch.
- Über *Neuzugänge* und Probleme evtl. kleines Stichwortverzeichnis anlegen, damit man beim Berichterstatten am nächsten Tag nichts vergißt.
- Bei Unsicherheiten oder Schwierigkeiten keine falschen Hemmungen haben, den Hintergrund zu verständigen. Lieber ein paar mal zu früh den Hintergrund verständigt, als einmal zu spät. Man muß die eigenen Grenzen erkennen und nicht auf Biegen und Brechen versuchen, von Anfang an alles alleine zu bewältigen.
- Nicht zu viele Routineaufgaben (Briefe diktieren, Fachliteratur wälzen) für den Nachtdienst liegen lassen. Gerade am Anfang kann man die Energie besser für „echte" Dienstaufgaben gebrauchen.
- Nächtliche Laboruntersuchungen auf das Notwendigste beschränken, ggf. Blut abseren lassen für weitere Untersuchungen am nächsten Morgen.
- Rechtzeitig an Organisation eines Abendessens denken (muß oft in der Küche telefonisch bestellt werden). Ganz ohne Essen ist eine Nacht ziemlich lang.
- Oft ist es netter, sich in einem Gemeinschaftsraum mit den anderen Kollegen ein bißchen vor den Fernseher zu setzen oder auch noch mal zur Kaffeepause der Nachtwachen (häufig zwischen 23–24 h) zu kommen, als im stillen Kämmerlein auf das Ende der Nacht zu warten. Fördert außerdem den persönli-

chen Kontakt und die Zusammenarbeit. *Cave:* Schlafprobleme durch „Nachtwachenkaffe“, dessen Dosis oft nahe an der Toxizitätsgrenze liegt.

- Wenn's ruhig ist, bietet sich vielleicht Gelegenheit, das schon lange verschobene Gespräch mit einem Patienten nachzuholen oder einfach mal bei schwerkranken Patienten vorbeizuschauen.
- Mit der Zeit findet man heraus, wie und wo normalerweise Arbeit anfällt und wann man am besten seinen Schlaf bekommt (z.B. sind um 22 h meist noch Infusionen anzuhängen, BZ-Werte zu kontrollieren u.a. Aufgaben auf Station zu erledigen. Ambulante Patienten und stationäre Aufnahmen häufig noch bis ca. 24 h, danach ist es meist ruhig). Nicht zu früh ins Bett gehen, da man dann in aller Regel gleich wieder 'raus muß.
- Bevor man sich hinlegt, nochmal Kontakt mit den Nachtschwestern aufnehmen. Ausmachen, ab welchen Werten man verständigt werden will (z.B. Temperatur > 39 °C, RR > ..., BZ > ...) Bei Problempatienten evtl. noch mal persönlich vorbeischauen. Falls man die Intensivstation mitbetreut, noch mal vorbeigehen.
- *Häufige Sorge:* Höre ich den Piepser, das Telefon, wenn ich eingeschlafen bin? Meist schläft man so leicht, daß man beim ersten Geräusch an der Decke klebt. Falls man aber einen echten Murmeltierschlaf hat, kann man die Nachtwachen bitten, lieber das Telefon zu benutzen.

Fußangeln und Fingerzeige

- Meint eine erfahrene Schwester, man solle doch mal kommen, ist es meist eilig.
- Das Wohl des Patienen ist wichtiger als der Schlaf des Vorgesetzten, auch wenn man aus Unerfahrenheit zu früh die „Reißleine“ zieht und damit einen Anpfiff riskiert.

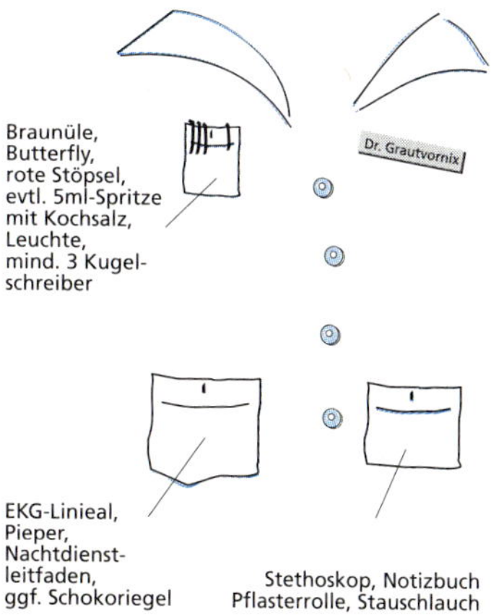

Tips zur Ausrüstung

- Die Pflasterrolle dient zum Befestigen von Infusionsflaschen und zum Sichern gefährdeter Zugänge.
- Zigarettenschachteln nicht zusammen mit dem Stethoskop lagern: ihr Erscheinen in ungünstigen Situationen ist sonst vorprogrammiert.
- Vorsicht beim Bücken! Der Tascheninhalt tendiert dazu, sich auf dem Boden zu verteilen. Lieber elegant in die Knie gehen.
- Das gleiche Problem tritt beim plötzlichen Losrennen (z.B. bei Reanimationsalarm) auf, daher Tascheninhalt mit den Händen sichern.

1.2 Patientenaufnahme

1.2.1 Notfall von außen

Der Patient stellt sich selbständig vor

- Vorher abklären, unter welchen Voraussetzungen eine ambulante Behandlung am jeweiligen Hause möglich ist. Welche Untersuchungen können ambulant durchgeführt werden (von Haus zu Haus verschieden)? Muß der Pat. zur Diagnostik stationär aufgenommen werden?
- In jedem Fall genaue körperliche Untersuchung und gründliche Anamnese. Bei unklarem Krankheitsbild stationäre Aufnahme. Nur in eindeutigen Fällen ambulante Behandlung und Entlassung nach Hause (vgl. die entsprechenden Informationen in diesem Klinikleitfaden bei den jeweiligen Leitsymptomen).
- Oft stellen sich Patienten ambulant vor, die auf gar keinen Fall stationär bleiben wollen (z.B. „nur mal schnell ein EKG machen, um einen Herzinfarkt auszuschließen"). Wenn eine sichere Klärung in der Kürze der Zeit nicht möglich ist, muß der Pat. über Gefahren und Konsequenzen aufgeklärt werden. Dies sollte auch zur eigenen Absicherung schriftlich fixiert werden, wobei die vorhandenen Vordrucke meist etwas zu „dürr" formuliert sind, so daß es sich empfiehlt, diese durch lesbare Zusätze zu erweitern. Manchmal hat ein solcher Zettel den Effekt, daß der Pat. doch bleibt. Der Pat. ist übrigens nicht verpflichtet, diese Aufklärung zu unterschreiben. Dann in Anwesenheit von Zeugen wiederholen lassen und für den Fall einer Verschlechterung des Befindens eine Wiedervorstellung vereinbaren.

Der Patient oder Angehörige rufen an

- Genaue Beschreibung der Symptomatik: Erscheint Pat. schwer beeinträchtigt? Ist Pat.voll ansprechbar? Wie lange bestehen die Beschwerden bereits? Begleiterscheinungen (Atemnot, Übelkeit, Erbrechen)?
- Bekannte Grunderkrankungen? Bereits wegen ähnlicher Symptomatik behandelt oder stationär gewesen?
- Wurde der ärztliche Notdienst bereits verständigt oder hat er den Pat. gesehen? Falls nicht und falls das geschilderte Krankheitsbild nicht akut bedrohlich erscheint (z.B. „schon seit drei Tagen Husten und Auswurf, jetzt auch ein bißchen Fieber"), primär Verweis an ärztlichen Notdienst.
- Bei V.a. ein akutes Krankheitsgeschehen, Pat. nicht abwimmeln oder durch Verweis an Notdienst zur Verzögerung beitragen. Pat. soll sich im Zweifelsfall direkt vorstellen.
  - *Cave:* Abklären, wie der Transport ins Krankenhaus erfolgt (z.B. Pat. soll nicht selber fahren!).
  - *Gefährlich:* Hat der Pat. Herzschmerzen, sollte man ihn auffordern, den Notarzt zu rufen. Bei starker AZ-Beeinträchtigung oder Symptomen wie Thoraxschmerzen, Dyspnoe oder Bewußtseinsstörung Transport ins Krankenhaus im Krankentransporter oder ggf. unter Notarztbegleitung (Verständigung der Rettungsleitstelle).

Der Patient wird durch einen niedergelassenen Arzt oder den ärztlichen Notdienst eingewiesen (Ankündigung meist durch Telefongespräch)

- Bestehen am Haus die Möglichkeiten, das geschilderte Krankheitsbild ausreichend zu behandeln oder abzuklären (z.B. bei V.a. intrazerebrale Blutung Durchführung eines CCT). Ist bei stabilem Zustand des Pat. ein direkter Transport in ein größeres Zentrum sinnvoller?
- Bei Einweisung durch Hausarzt evtl. kurze Anamnese und Vorgeschichte sowie Medikation erfragen. Vor der Einweisung bitten, dem Pat. alte Unterlagen und Medikamente mitzugeben.
- Erfragen, ob der Pat. bereits stationär im Hause war, um alte Krankenakten zu organisieren.

Der Patient wird durch den Notarzt gebracht

Meist erfolgt nur eine kurze Vorabinformation durch die Rufzentrale (z.B. „Notarzt kommt in ca. 10 Min. mit bewußtlosem Pat.“). Bei ernstem Krankheitsbild (Pat. wird reanimiert, Pat. bewußtlos) direkte Aufnahme in die Intensivstation vorbereiten. Notarzt mit entsprechender Ausrüstung (z.B. Reanimationseinheit, Notfallkoffer) und Pflegepersonal erwarten, Hintergrund (z.B. bei Polytrauma) evtl. im voraus verständigen. Bei der Übergabe werden durch den Notarzt die wichtigsten Informationen mündlich weitergegeben und das bisherige Rettungsprotokoll (z.B. Verlauf von RR, Herzfrequenz, verabreichte Medikamente) übergeben.

1.2.2 Erstmaßnahmen bei der Aufnahme

- Sich bei Pat. und Angehörigen vorstellen
- Bei Neuzugängen ist häufig die Einschätzung der Schwere des Krankheitsbildes die größte Schwierigkeit. Oft muß nach dem ersten Eindruck auf dem Gang entschieden werden, ob ein Pat. direkt auf die Intensivstation verlegt werden muß. Um rasch zu einer Entscheidung zu kommen, bewährt sich ein standardisiertes Vorgehen:
  - Inspektion des Pat.: Ist der Pat. relativ munter oder erscheint er stark beeinträchtigt (aschfahl, zyanotisch, dyspnoisch, kaltschweißig?)
  - Überprüfung der Vitalzeichen (Puls, RR, Atmung)
  - Überprüfung der Bewußtseinslage, bei ansprechbarem Pat. Frage nach im Vordergrund stehender Symptomatik.

Bei deutlich beinträchtigtem Pat. Verlegung auf die Intensivstation erwägen (beachte: Alter, Grunderkrankung).

Auf Intensivstation orientierende Notfalluntersuchung

- Herz/Kreislauf: Puls (auch Fußpulse), kardiale Auskultation (Herzrhythmus, Nebengeräusche)
- Lunge: Seitengleich belüftet? RG?
- Orientierende neurologische Untersuchung: Pupillen (Lichtreaktion), Meningismus, Paresen?
- Bei Intensivpat. erst nach Einleitung einer Initialtherapie zur Stabilisierung der Vitalfunktionen ausführliche Untersuchung anschließen.

Kurzanamnese

Beschwerden ....

seit wann? ....

Vorerkrankungen ....

Allgemeines

Alter ...... Größe ...... cm Gewicht ...... kg

Pat. schwer krank? ☐ ja ☐ nein

AZ ☐ ....
EZ ☐ ....

Blässe Zyanose Ikterus

Bewußtsein ☐ ....
Orientiertheit ☐ ....
Sprache ☐ ....
Psyche ☐ ....

Vitalzeichen

Puls Frequenz ...... /min
Rhythmus ....
Qualität ....

RR rechts ....
links ....

Pupillen ....
Atmung ....
Exsikkose ....
Temperatur ...... °C

Herz/Kreislauf

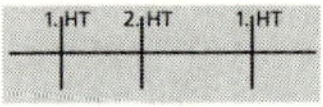

Auskultation ☐ ....
Spitzenstoß ☐ ....
Ödeme ☐ ....
V. Jugularis ☐ ....
Varikosis ☐ ....
periphere Durchbl. ☐ ....

Gefäße	re	li
A.carotis		
A.radialis		
A.femoralis		
A.poplitea		
A.dors. ped.		
A.tibial. post.		

Lunge/Thorax

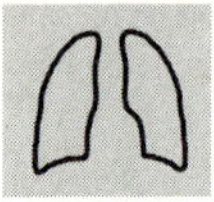

Auskultation ☐ ....
Perkussion ☐ ....
Form ☐ ....

Abdomen

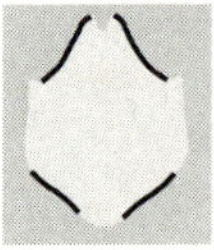

Palpation ☐ ....
Perkussion ☐ ....
Leber ☐ ....
Milz ☐ ....
Nieren ☐ ....
Darmgeräusche ☐ ....
Gefässgeräusche ☐ ....
Rektum/Prostata ☐ ....

Aszites ☐

Nervensystem (siehe 14.1)

Reflexe (Schema) ☐ ....
Muskeltonus/-trophik ☐ ....
Kraft ☐ ....
Sensibilität ☐ ....
Koordination ☐ ....

Tremor ☐

Kopf/Hals

Meningismus ☐
Gesichtsfeld ☐
Nystagmus ☐
Gehör ☐
Rachen ☐
Schilddrüse ☐

Haut/LK

Haut ☐ .... Lymphknoten ☐ ....

Sonstiges

Verdachtsdiagnosen

- Nach Klärung dieser Fragen Erhebung von Patientendaten durch Pflegepersonal: Name, Geburtsdatum, Anschrift, Krankenversicherung etc.
- Nach der Aufnahmeuntersuchung (☞ 1.2.3) entscheiden:
  - Isolierung notwendig (z.B. bei akuter Gastroenteritis)?
  - Bettruhe: *Absolute Bettruhe* indiziert bei Phlebothrombose, Lungenembolie, akutem Herzinfarkt, Endo- und Myokarditis, schwere dekompensierte Herzinsuffizienz. *„Gelockerte" Bettruhe (Aufstehen in Begleitung)*: Schwere Infektionskrankheiten, Synkopen in der Anamnese, Gleichgewichtsstörungen
  - Nahrungskarenz: Absolute Nahrungskarenz bei akutem Abdomen und solange OP (z.B. Laparotomie) oder invasive diagnostische Verfahren (z.B. Phlebographie, Bronchoskopie, Lysetherapie) nicht ausgeschlossen sind
  - Diät: z.B. bei Diabetes mellitus (Standard = 14 BE), Gicht, Fettstoffwechselstörungen, Leber- und Niereninsuffizienz
- Falls OP am nächsten Morgen wahrscheinlich, Pat. nüchtern lassen
- Thromboseprophylaxe ☞ 22.2
- Schmerzbehandlung ☞ 4.2. *Cave:* v.a. bei abdominellen Schmerzzuständen Gefahr, durch zu frühe Analgesie die weitere Diagnostik zu erschweren.
- Schlafmittel ☞ 4.1
- Personal über bestehende Behinderungen (Pat. blind, schwerhörig, stark gehbehindert) informieren.
- Aufklärungspflicht ☞ 1.3.1

1.2.3 Körperliche Untersuchung

- *Neurologische Untersuchung ☞ 14.1*
- *Pädiatrische Untersuchung ☞ 13.2*
- Dokumentation der Anamnese und Untersuchungsbefunde. Falls keine Vordrucke im Haus existieren als Gedächtnisstütze evtl. selber einen Untersuchungs- oder Anamnesebogen mit den wichtigsten Stichworten entwerfen oder die Abbildung vergrößert kopieren.
- Bei Aufnahme von Notfällen nur gezielte Anamnese erheben und nicht die ganze Litanei der vorgedruckten Fragen abhaken. Bei Untersuchung jedoch alle wichtigen Organsysteme zumindest orientierend beurteilen.

1.2.4 Papierkrieg

Dokumentation

- *Bei stationären Pat.* wird in der Krankenakte mit Angabe der Uhrzeit folgendes vermerkt:
  - Von *wem* und *weswegen* wurde man gerufen (z.B. durch Nachtschwester bei thorakalem Druck)
  - *Vitalzeichen* bei Eintreffen: RR, Puls, Atmung; AZ des Pat.
  - Wichtigste Ergebnisse der körperlichen *Untersuchung*
  - Durchgeführte *Diagnostik* (z.B. 2 x EKG geschrieben, Infarktenzyme abgenommen) und Ergebnisse
  - Verdachtsdiagnose

- Im Notfall verabreichte Medikamente werden vom Arzt oder Pflegepersonal in die entsprechenden Verordnungsbögen direkt eingetragen und müssen in der Regel nicht noch mal extra erwähnt werden
- Evtl. Vorschläge für weitere Diagnostik (z.B. neurologisches Konsil nach Krampfanfall)
- Leserliche *Unterschrift*

- *Bei stationären Neuaufnahmen:* Hauseigene Aufnahme- und Verordnungsbögen (Medikamentenverordnung, Röntgenscheine, Laborzettel etc.) ausfüllen
- *Bei ambulanten Pat.:* Ausfüllen einer Ambulanzkarte nach hausüblichem Schema. Genaue Dokumentation von Untersuchungsbefunden und Diagnostik. Pat. evtl. Kurzbrief für weiterbehandelnden Arzt mitgeben
- Bei Untersuchungen mit aufgeschobener Dringlichkeit sollte der Pat. am Abend bzw. in der Nacht schon über die am nächsten Morgen nötigen Untersuchungen aufgeklärt werden (z.B. kreislaufstabiler Pat., der seit einigen Tagen Teerstuhl hat).

Rezepte

Krankenkassenrezepte dürfen im Krankenhaus nur ausgestellt werden, wenn der jeweilige Chef für seine Ambulanz eine Kassenzulassung besitzt (selten, vorher abklären). Zur Versorgung z.B. ambulanter Pat. mit Medikamenten gibt es ansonsten folgende Möglichkeiten:

- Ausstellung eines Privatrezeptes. Falls der Patient Kassenpatient ist, kann er sich die verschriebenen Präparate vom Hausarzt nachrezeptieren lassen.
- Versorgung des Pat. mit Ärztemustern. Keine ganze Packung aushändigen, sondern nur so viel, wie für die Nacht notwendig ist. Am Folgetag Vorstellung beim Hausarzt für die Weiterverordnung.

Überweisung

Überweisungen finden v.a. im ambulanten Bereich statt. Seltener werden stationäre Pat. an Spezialisten überwiesen, z.B. zur Durchführung eines CT bei niedergelassenem Radiologen. Der Pat. kommt anschließend wieder ins Krankenhaus zurück. Bei dringenden Fragestellungen (z.B. V.a. intrazerebrale Blutung) vorher telefonische Benachrichtigung des Kollegen, um rasche Untersuchung des Pat. zu gewährleisten. Darum bitten, die Untersuchungsergebnisse sofort telefonisch mitzuteilen.

Evtl. vorher abklären, ob bei Bestätigung der Verdachtsdiagnose sofortige Weiterverlegung in ein entsprechendes Krankenhaus möglich ist. Dadurch werden u.U. Transportzeiten und -wege abgekürzt.

Verlegung

Falls die Therapie im eigenen Haus nicht möglich ist. Immer erst nach Absprache mit dem Hintergrund.

Vor Verlegung telefonisch mit dem Diensthabenden der entsprechenden Abteilung Kontakt aufnehmen, um Probleme bei der Übernahme des Pat. (keiner weiß Bescheid) zu verhindern. *Cave:* Gerade als Berufsanfänger wird man von überlasteten Kollegen in überfüllten Häusern gerne abgewimmelt. Nicht verunsichern lassen, auch hier geht das Wohl des Pat. vor. *Vorher genau informieren, welche Häuser Pat. nehmen müssen* (z.B. Universitätskliniken) und im Notfall darauf beharren. Falls eine Übernahme aus Kapazitätsgründen abgelehnt wird, kann man sich vom dortigen Fachkollegen das Therapieschema mitteilen lassen.

Außerdem empfiehlt es sich, Namen und Funktion des Kollegen zu notieren (für evtl. Nachfragen einerseits und zur forensichen Absicherung andererseits), zusätzlich Uhrzeit, Datum und Unterschrift.

- Für die Verlegung alle relevanten Untersuchungsergebnisse und Vorbefunde im Original oder besser als Kopie mitgeben (wenn abzusehen ist, daß eine Verlegung bevorsteht, rechtzeitig Unterlagen kopieren).
- Unbedingt auch an Röntgenbilder und EKG denken.
- Kurzen handschriftlichen Begleitbrief mit aktueller Symptomatik, Verlegungsgrund, aktueller Medikation. Es müssen alle bereits erfolgten Maßnahmen mitgeteilt werden, um Gefahren für den Patienten durch Zweifachgabe bzw. Überdosierungen zu vermeiden und z.B. eine eingeschränkte Beurteilbarkeit des Neurostatus (Sedativa) zu dokumentieren. Zusatz „Die Verlegung erfolgte am.... in Rücksprache mit Kollegen....".

Krankentransport

Die Transportart richtet sich nach dem Schweregrad der Erkrankung. Im Zweifelsfall erst nach Rücksprache mit dem Hintergrund organisieren. Falls eine ärztliche Begleitung notwendig ist, muß geklärt werden, wer mitfährt (Notarzt, Diensthabender nach Ablösung durch den Hintergrund?).

Möglichkeiten

- *Taxi:* Für Routineuntersuchungen oder Fahrt nach Hause bei stabilen, nicht akut erkrankten Pat., die keine Begleitung und Unterstützung brauchen (Taxifahrer fühlen sich meist nicht dafür zuständig, Pat. z.B. bei Gehbehinderungen zu begleiten oder Gepäckstücke zu tragen).
- *Private Krankentransportfirmen:* Auch Liegendtransporte möglich, der Pat. wird im Zimmer abgeholt und bis zum Bestimmungsort begleitet. Da meist kein medizinisch geschultes Personal mitfährt, nur Pat. in stabilem Zustand ohne zusätzliche Begleitung transportierten lassen.
- Transport mit *Krankenwagen* für Nicht-Notfall-Pat.:
  - Bei ansteckenden Krankheiten
  - Bei Notwendigkeit eines Liegendtransports
  - Hilfsbedürftige Personen.
- Transport mit *Rettungswagen* für Notfallpat., bei denen Maßnahmen zum Erhalt vitaler Funktionen durchgeführt werden müssen.
- Können diese Maßnahmen (z.B. Intubation) nur von einem Arzt durchgeführt werden, Anforderung eines *Notarztwagens*. Die Anforderung sollte immer über die Rettungsleitstelle erfolgen.
- *Hubschrauber:* V.a. bei größeren Entfernungen, jedoch nur bei entsprechenden Wetter- und Sichtverhältnissen möglich. Es ist zwar die schnellste, aber nicht unbedingt die schonendste Art des Transportes. Aufgrund der räumlichen Enge und Erschütterungen sind Maßnahmen wie Intubation oder Legen von zentralvenösen Zugängen in der Luft stark erschwert. Eine Reanimation ist in der Regel nicht möglich. Falls Transport mit Hubschrauber geplant ist, sollte man daher Rücksprache mit dem Notarzt in Bezug auf Intubation und Gefäßzugänge halten.

1.2.5 D-Arzt-Verfahren

Die Einleitung eines D-Arzt-Verfahrens kann nach Arbeitsunfällen notwendig werden. Ein *Arbeitsunfall* liegt vor bei Verletzungen während der Arbeit oder bei einer mit dieser im Zusammenhang stehenden Tätigkeit (z.B. Fahrt zur Arbeit) durch ein von außen einwirkendes, unvorhergesehenes und zeitlich begrenztes Ereignis.

Dem *D-Arzt* (= Durchgangsarzt, der von den berufsgenossenschaftlichen Verbänden bestellt wird) müssen folgende Patienten vorgestellt werden:

- Alle arbeitsunfähigen Arbeitsunfallverletzten
- Pat. nach „Wegeunfällen"
- Durch Arbeitsunfall Verletzte, wenn die Behandlung bei weiterbestehender Arbeitsfähigkeit voraussichtlich länger als eine Woche dauert
- Alle Fälle der unfallbedingten Wiedererkrankung.

In all diesen Fällen beschränkt sich die Behandlung auf das Notwendigste (der Verletzte soll befähigt werden, den D-Arzt aufzusuchen). Für die Überweisung zum D-Arzt muß ein entsprechendes Formular ausgefüllt werden.

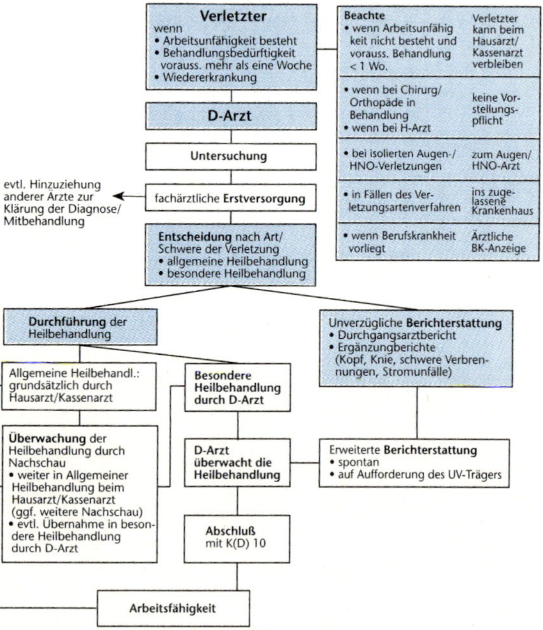

Abb. 1.3: D-Arzt-Verfahren

Ein D-Arzt-Verfahren muß nicht eingeleitet werden, wenn

- keine Arbeitsunfähigkeit besteht und der Verletzte voraussichtlich nicht länger als eine Woche behandelt werden muß,
- eine Berufskrankheit vorliegt (→ ärztliche BK-Anzeige),
- bei isolierten Augen-/HNO-Verletzungen → Überweisung an Augen-/HNO-Arzt. Dieser Facharzt füllt selbst einen D-Arztbericht aus und leitet das Verfahren ein.

Falls keine Überweisung an den D-Arzt erfolgt, muß der behandelnde Arzt eine Berichterstattung an den Unfallversicherungsträger ausstellen (Arztvordruck 13).

Der vom D-Arzt erstellte D-Bericht für die Berufsgenossenschaft, Krankenkasse und den weiterbehandelnden Arzt beschreibt die weitere Behandlung und gewährleistet sie. Schwere Verletzungen, die eine stationäre Behandlung notwendig machen, werden in besonderen Krankenhausabteilungen behandelt (Verletzungsartenverfahren).

1.3 Rechtliche Probleme

1.3.1 Aufklärungspflicht

Grundregeln

- Der *Umfang der Aufklärung* richtet sich nach der Dringlichkeit des Eingriffes (hierunter können auch „eingreifende" Ther.-Verfahren, z.B. Chemotherapie, gefaßt werden) sowie nach dem Bildungs- und Erfahrungsstand des Pat.
- Die Aufklärung sollte dem Pat. die *Selbstbestimmung,* d.h. eine abwägende Wahrnehmung seiner Interessen ermöglichen.
- Über *typische Eingriffrisiken* ist unabhängig von der Komplikationsrate aufzuklären.
- Eine OP stellt für jeden Pat. eine Ausnahmesituation dar, in der seine Aufnahmefähigkeit verändert sein kann. Darum:
  - Informationen ausdrücklich gliedern!
  - Aufklärungsgespräch möglichst wiederholen (auch Angehörige müssen oft mehrmals aufgeklärt werden!)
  - Wichtige Punkte schriftlich festhalten, nicht nur für den Staatsanwalt, auch für den Pat.
- Die Aufklärung hat außer bei Notfällen rechtzeitig, d.h. zumindest am Tag vor dem Eingriff und auf keinen Fall nach der Prämedikation zu erfolgen.
- Es ist notwendig, die Aufklärung vom Pat. durch Unterschrift bestätigen zu lassen oder vor Zeugen vorzunehmen, denn in fast allen Arzthaftungsprozessen muß der Arzt beweisen, daß der Pat. hinreichend aufgeklärt worden ist!
- *Kinder und Jugendliche* zwischen 14 und 18 J. können selbst einwilligen, wenn sie fähig sind, die Bedeutung und die Folgen des Eingriffs und der Narkose für sich selbst zu erkennen. Sonst ist die Einwilligung des Erziehungsberechtigten einzuholen. Bei *entmündigten Pat.* benötigt man die Einwilligung des jeweiligen Vormundes.

Aufklärung und Einwilligung zur OP

- Der Operateur stellt die OP-Ind., der Anästhesist beurteilt die Narkosefähigkeit, konsiliarisch herangezogene Ärzte die Frage präop. Verbesserungsmöglichkeiten.
- *Die Aufklärung durch den Operateur umfaßt:* Art und Umfang des Eingriffs, Vorgehensweise, typische Komplikationen, Operationszeitpunkt, prä- und postop. Maßnahmen, Fragen des Pat.
- *Der Anästhesist* bespricht die in Frage kommenden Narkoseverfahren mit deren typischen Risiken, präop. Flüssigkeits-, Nahrungs- und Nikotinkarenz, Prämedikation, postop. Betreuung; stets unter Berücksichtigung der Wünsche, Ängste und Fragen des Pat. Je weniger dringlich die OP-Indikation, desto ausführlicher ist dabei über die Risiken zu sprechen.
- Der Pat. muß grundsätzlich über alle relevanten Umstände seiner Erkrankung und ihrer Ther. aufgeklärt werden. Hiervon hängt die juristische Wirksamkeit der Einwilligung ab.

1.3.2 Was darf der/die AiP?

Stellung des AiP

- Der Arzt im Praktikum ist nicht mehr Student, sondern Arzt in der Ausbildung.
- Er wird unter Aufsicht eines approbierten Arztes tätig. Dabei bedeutet „Aufsicht" nicht, daß der ausbildende Arzt ständig neben dem AiP steht.
- Er soll und darf nur solche ärztliche Tätigkeiten übernehmen, die er nach dem Stand seiner Kenntnisse und Fähigkeiten ordnungsgemäß ausführen kann. Davon muß sich der ausbildende Arzt auch überzeugen. Wenn ein AiP fahrlässig handelt, kann er im Schadensfall belangt werden. Fahrlässig handelt ein AiP, wenn er Tätigkeiten verrichtet, für die er nicht ausreichend ausgebildet und somit fachlich nicht geeignet ist.

Einsatz des AiP

- *Grundsätzlich gilt: Ein AiP darf, was er kann.*
- *Allgemeine ärztliche Tätigkeiten* (z.B. Anamnese, körperliche Untersuchung, Injektionen, Blutentnahmen, Wundversorgung, Verordnungen von Heil- und Hilfsmitteln, Kur, Krankenhauseinweisung), *Eingriffe* (z.B. OPs, Sektionen) und *Bereitschaftsdienste:* Der AiP ist Arzt und darf vorstehende Tätigkeiten unter Aufsicht und bei entsprechender Ausbildung und entsprechenden Kenntnissen vornehmen. Im Bereitschaftsdienst muß jedoch die Rufbereitschaft eines approbierten Arztes gewährleistet sein. Dabei ist eine Überprüfung der getroffenen Maßnahmen bei aufgenommenen Patienten durch den verantwortlichen Arzt bei nächster Gelegenheit geboten.
- *Ein Einsatz des AiP im Rettungsdienst sollte nicht erfolgen.*
- Atteste und Befundberichte darf der AiP ausstellen. Gutachten, Gesundheitszeugnisse, Todesbescheinigungen sind vom ausbildenden Arzt gegenzuzeichnen, z.B. am nächsten Morgen.
- Kassenrezepte müssen von einem ermächtigten vollapprobierten Arzt gegengezeichnet werden.

1.4 Sterben und Tod eines Patienten

Der sterbende Patient

Der Tod eines Patienten darf nicht mit ärztlichem Versagen gleichgesetzt werden.

Liegt ein Patient im Sterben, sollte der Arzt folgende Fragen prüfen:
- Können Sorgen des Patienten erleichtert werden (z.B. der Wunsch, ein Testament zu schreiben, seine Kinder noch einmal zu sehen, zu Hause zu sterben)?
- Ist der Patient schmerzfrei?
- Können für den Patienten quälende Diagnostik und Therapieformen (Bestrahlung, Chemotherapie, parenterale Ernährung, Blutentnahmen) abgesetzt werden?
- Ist dafür gesorgt, daß ggf. keine Reanimation vorgenommen wird (Hinweis an den diensthabenden Arzt, ggf. schriftliche Festlegung in Krankenakte oder am Bett)?
- Sind die Angehörigen und ggf. der Hausarzt informiert?
- Hat der Patient noch Fragen? Wünscht er Beistand durch einen Seelsorger (in vielen Krankenhäusern gibt es einen Krankenhausseelsorger)?
- Ist alles getan, daß der Patient in Ruhe (Einzelzimmer) und würdevoll sterben kann?

Diagnosekriterien des klinischen Todes: Pulslosigkeit, Atemstillstand, Bewußtlosigkeit, weite reaktionslose Pupillen.
Sichere Todeszeichen: Totenflecken (nach 0–4 h, rotviolette Flecken, v.a. in abhängigen Körperpartien, die nach spätestens 24 h nicht mehr wegdrückbar sind), Leichenstarre (nach 2–6 h, schreitet vom Kopf zur Peripherie hin fort und löst sich nach 2–3 Tagen).

Totenbescheinigung (Leichenschauschein)

Landesrechtliches Dokument. Es wird von dem Arzt, der die Leichenschau (möglichst innerhalb von 24 h nach dem Tod) vornimmt, ausgefüllt. Es besteht meist aus einem offenen Teil für amtliche Zwecke und einem vertraulichen Teil mit medizinischen Angaben zur Todesursache (Grundlage der amtlichen Todesursachenstatistik).

- Personalien des Toten, Todesfeststellung, Todeszeitpunkt
- Todesart (erfordert Kenntnisse von der Vorgeschichte)
- Lag eine übertragbare Krankheit im Sinne des Bundesseuchengesetzes vor? Wenn ja, Amtsarzt im örtlichen Gesundheitsamt benachrichtigen.
- Todesursache: Ist diese unklar (z.B. unbekannter Pat.) oder haben Gewalt, Verletzungen, Suizid, Alkohol, Vergiftung, Vernachlässigung, OP oder

Anästhesie eine Rolle gespielt (V.a. unnatürliche Todesursache), muß der Staatsanwalt informiert werden.

Cave: Totenschein nur unterschreiben, wenn mindestens *ein* sicheres Todeszeichen vorhanden ist *und* eine Untersuchung am *unbekleideten* Körper möglich war!

Ausfüllen des Leichenschauscheins

- Was und wo eingetragen werden muß, ergibt sich aus dem Schein selbst.
- *Cave:* AiPs dürfen Leichenschauscheine nicht allein unterschreiben! Sie müssen sie von einem Arzt mit Approbation gegengezeichnen lassen. Für den Nachtdienst heißt das in der Regel, daß am nächsten Morgen gegengezeichnet wird. In einigen Häusern muß ein „Vollapprobierter" den Toten selbst in Augenschein nehmen.
- Wichtig ist die Differenz zwischen natürlichem und nicht-natürlichem Tod! Jeder Unfall ist ein nicht-natürlicher Tod. Das ist auch wichtig im Hinblick auf die BG-Verfahren (☞ 1.2.5)! Falls ein BG-Fall vorliegt: Meldung an die zuständige Berufsgenossenschaft.
- *Bei unbekannten Toten* immer die Rubrik „nicht geklärt, ob natürlicher oder nicht-natürlicher Tod" ankreuzen. Der Staatsanwalt kann, muß aber nicht tätig werden. Sobald Anzeichen oder geringste Hinweise auf äußere Einwirkung vorliegen, muß „nicht natürlich" angekreutzt werden. Bei nicht natürlichem Tod ist die Kripo zu verständigen.
- Bei stationären Todesfällen ist die Todesursache meist unbekannt (wenn auch nicht unbedingt dem Diensthabenden). Ggb. Komplettieren des Leichenschauscheins am nächsten Morgen.

1.5 Schutz vor Infektionen/AIDS (Was tun bei Nadelstich?)

Das Risiko einer Hepatitis B-Infektion nach Nadelstich ist mit 20–30 % bei nichtgeimpften Personen extrem hoch. Das Risiko einer HIV-Serumkonversion nach Nadelstich liegt mit 0,3–0,5 % deutlich darunter. Bei tieferen Schnittverletzungen ist die Infektionsrate höher. Übertragungen von AIDS oder Hepatitis durch mukokutanen Kontakt mit infektiösen Sekreten sind beschrieben, aber extrem selten.

Präventive Maßnahmen zum Schutz vor Infektionen

- Pat. fragen, ob chron. Infektionskrankheiten bekannt sind (Hepatitis, AIDS)
- Besondere Vorsicht bei Risikopatienten (z.B. Fixern)
- Bei Tätigkeiten mit Kontakt zu Körpersekreten (z.B. Blutabnahmen, Magenspülungen) Einmalhandschuhe, evtl. auch Mund- und Augenschutz sowie Schutzkittel verwenden
- Injektionsnadeln nicht in die Plastikummantelung zurückstecken (häufigste Ursache für Nadelstichverletzungen!), Kanüle nicht ohne Handschuhe von der Spritze diskonnektieren

- Bei unruhigen Pat. Hilfestellung (Arm fixieren) geben lassen
- Gebrauchte Injektionsnadeln, Einmalskalpelle etc. umgehend in entsprechende Behälter wegwerfen
- Unbedingt Pflegepersonal über bekannte Infektionen informieren, Gewebs- und Blutproben von infizierten Pat. immer deutlich kennzeichnen (z.B. „infektiös").

Postexpositionelle Maßnahmen

- Bei Unsicherheiten nach hausinternem Vorgehen erkundigen.
- Blutung anregen: Nicht abbinden, sondern Blut aus dem Stichkanal herauslaufen lassen, um das infektiöse Material möglichst komplett zu entfernen.
- Stichkanal spreizen und z.B. mit jodhaltigem Desinfektionsmittel (z.B. Betaisodona®-Lösung) über 3–5 Min. desinfizieren.
- Bei Hautkontakt ausgiebiges Waschen mit Detergenz.
- Bei Schleimhautkontakt mit Wasser oder Kochsalzlösung spülen.
- Zur Anerkennung von AIDS oder Hepatitis als Berufskrankheit unmittelbar nach Exposition bei betroffenem Personal und beim Pat. Blutabnahme für serologische Bestimmung von anti-HIV und anti-HBs (Hepatitisserologie nur bei nichtgeimpftem Personal notwendig, vorher fragen, ob und wann Hepatitisimpfung durchgeführt werde und ob ausreichend hoher Titer > 50 IE/l besteht); schriftliche Dokumentation des Vorgangs und Weiterleitung der Unterlagen an Betriebsarzt. Pat. darüber informieren, daß nach ca. 1, 3 und 12 Monaten erneute Titerkontrollen nötig sind.
- Bei nicht gegen Hepatitis geimpften Personen oder unklarem Titer: Passive Prophylaxe mit Hep.-B-Hyperimmunglobulin 0,06 ml/kg. *Cave:* Infektion kann nur bei sofortiger Gabe verhindert werden. Zusätzlich aktive Impfung, z.B. mit Hb-Vax® i.m. in M. deltoideus. Pat. auf Notwendigkeit der Wiederholungsimpfung nach 1, 2 und 12 Monaten aufmerksam machen.
- Bei Exposition mit HIV-positivem Material evtl. Gabe von Zidovudin (z.B. Retrovir®) 250 mg innerhalb von 30 Min. Vier Stunden später Beginn der oralen Therapie: 5 x 250 mg tägl. über 14 Tage. Der Nutzen einer postexpositionellen Anwendung ist nicht bewiesen. *Cave:* Blutbildkontrollen vor und unter Chemoprophylaxe. *KI:* Schwangerschaft, hämatologische Grunderkrankung.

Anne Herges
Thomas Lehners
Elmar Neuhäuser
Margret Oethinger
Christian Wantzen
Bettina Assmann-Sauerbrey

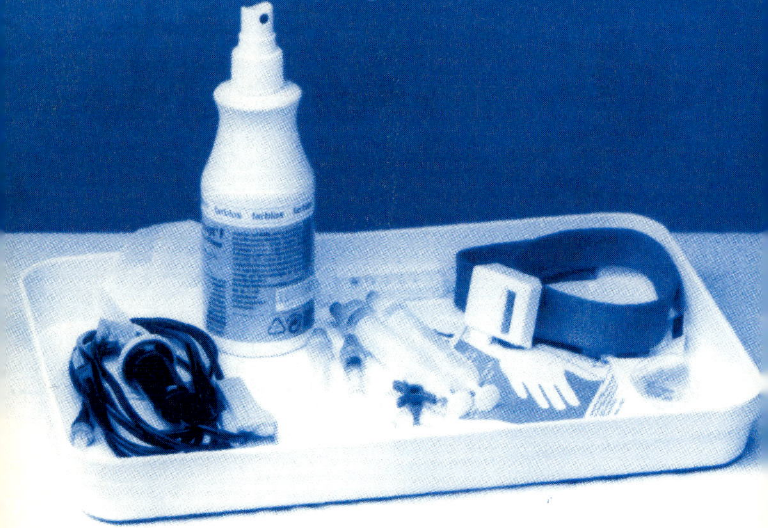

2 Wichtige Arbeitstechniken im Nachtdienst

2.1 EKG

2.1.1 EKG – Durchführung und Auswertung

Üblich im Nachtdienst sind

- Bipolare Extremitätenableitungen (I, II, III) nach *Einthoven*
- Unipolare Ableitungen nach *Goldberger:* aVR, aVL, aVF
- Unipolare Brustwandableitungen nach *Wilson*: V_1–V_6
- Ableitungen nach Nehb (Wichtig zum Ausschluß eines Hinterwandinfarktes)

Plazierung der Elektroden

Rechter Arm: rot; linker Arm: gelb; linker Fuß: grün, rechter Fuß: schwarz (Erde).

- Brustwandableitungen: ☞ Abb. 2.1
- Sind die Kabel nicht mit V_1-V_6 bezeichnet, sondern farblich unterschieden, so gilt die Reihenfolge, in der die Kabel aus dem Gerät treten.
- Auf die Elektroden kommt ein Kontaktgel oder ein feuchtes Zellstoffstück.
- Ableitungen nach Nehb
  - rechte Armelektrode über Sternalansatz der 2. Rippe rechts
  - linke Armelektrode über hintere Axillarlinie in Höhe von V_4
  - linke Fußelektrode über 5. ICR in der Medioklavikularlinie V_4.
  - Bezeichnung der Potentialdifferenzen: **D** (dorsal): zwischen 1 und 2; **A** (anterior): zwischen 1 und 3, **I** (inferior) zwischen 2 und 3.

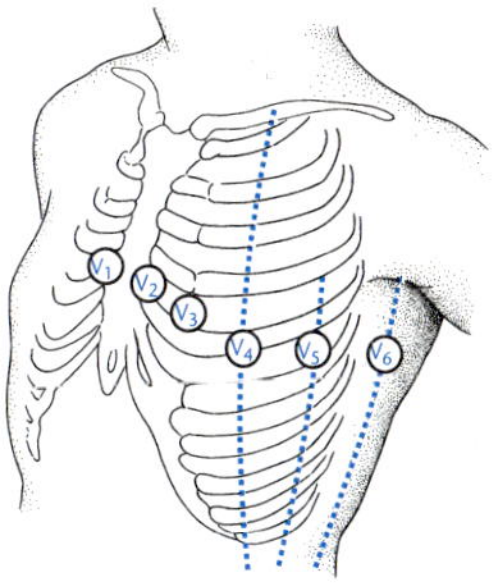

Abb 2.1: Brustwandableitungen

Durchführung

- Pat. liegt entspannt auf dem Rücken (in einem warmen Raum, damit er nicht vor Kälte zittert).
- Vor Beginn der Ableitung immer eine Eichzacke schreiben (1 mV = 10 mm)
- Geschwindigkeit einstellen (meist 50 mm/Sek.)
- Je etwa 15 Sek. Einthoven-, Goldberger- und Brustwandableitungen laufen lassen. Bei Bedarf Rhythmusstreifen mit 25 mm/Sek. nur in einer Ableitung
- EKG mit Namen, Geburtsdatum, aktuellem Datum und Uhrzeit beschriften.

Fußangeln und Fingerzeige

- Regelmäßig kleine Zacke in der Grundlinie mit einer Frequenz von 50/Sek. bedeutet Wechselstrom. Ursachen: schlechte Erdung, Elektroden haften schlecht oder sind nicht befeuchtet, wackelnde Stecker, eingeschaltete Elektrogeräte in der Umgebung.

- Unregelmäßige kleingezackte Artefakte: muskuläre Ursachen, wie Kältezittern, falsche Lagerung, Angst, M. Parkinson etc.
- Nullinienschwankungen: lose Elektrode, Kabel unter Spannung, Husten, Bewegung der Extremitäten. Hilfe: „Block-Taste“ drücken.
- Falsche Polung: werden z.B. Elektroden des re und li Armes vertauscht, so kommt es zu negativen Kammerkomplexen in Abl. I und aVF.

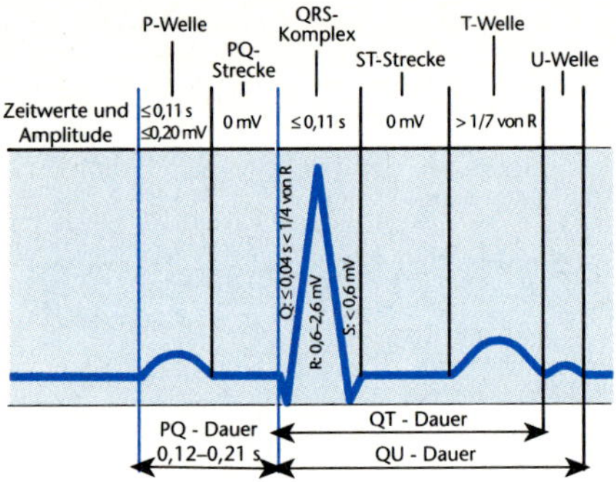

Abb. 2.2: Zeitwerte im EKG (Normalbefund)

Herzfrequenz: Regel: 300 dividiert durch Abstand in cm zwischen 2 R-Zacken (bei 50 mm/Sek. Papiergeschwindigkeit).

Zeiten: Beurteilung und Ausmessen von P-Zacke (Abl. II), PQ-Dauer, QRS-Komplex, ST-Strecke, T-Welle, QT-Dauer und U-Welle. QT-Dauer ist frequenzabhängig.

Normwerte QT-Zeit		
Freq. 40	→	478 ms
Freq. 50	→	427 ms
Freq. 60	→	390 ms
Freq. 70	→	360 ms
Freq. 80	→	340 ms
Freq. 100	→	300 ms
Freq. 125	→	270 ms

Bestimmung und diagnostische Bedeutung der EKG-Lagetypen

Lagetyp	Herzachse	EKG-Kriterium	Bedeutung
Überdrehter Linkstyp	< 30°	aVL > I und größter Ausschlag in II negativ	Linksanteriorer Hemiblock, z.B. bei KHK, erworbenen Herzvitien mit Linksherzhypertrophie, inferiorem Myokardinfarkt. Häufigstes Blockbild im EKG
Linkstyp	30–30°	I > II. Wenn größter Ausschlag in II neg. → überdrehter Linkstyp	Hauptausschlag in Richtung Abl. I, aVL. Bei Linksherzbelastung, Adipositas, Physiolog. bei Alter > 45 J

Indifferenztyp	30–60°	II > I > III	Hauptausschlag in Abl. II, physiologisch
Steiltyp	60–90°	II > III > I	Hauptausschlag in Richtung Abl. II, aVF; physiolog. nur bei Jugendlichen. Bei Adipositas und älteren Menschen, bei denen Linkstyp erwartet wird, auf Rechtsherzbelastung hinweisend
Rechtstyp	90–120°	III > II. Ist in I keine R-Zacke → überdrehter Rechtstyp	Hauptausschlag in III, aVF; physiologisch bei Kindern, weist bei Erwachsenen auf Cor pulmonale, Linksherzinsuff. mit Rechtsherzbelastung hin
Überdrehter Rechtstyp	> 120°		Immer pathologisch, z.B. bei Rechtsherzhypertrophie, Linksposteriorem Hemiblock, bei angeborenen Herzfehlern
Sagittaltyp (Herz „liegt" waagrecht)		RS in I, II, III durch Herzkippung um die Horizontalachse	I, II und III biphasisch, bei Adipositas, Cor pulmonale, Lungenembolie

2.1.2 Pathologische EKG-Befunde

Veränderungen der P-Welle:

Normal < 0,25 mV, ≤ 0,11 Sek.

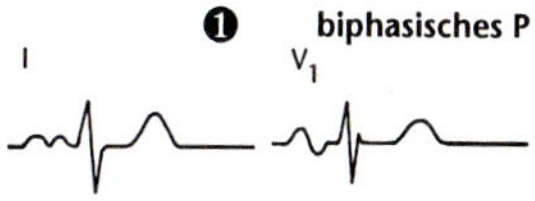

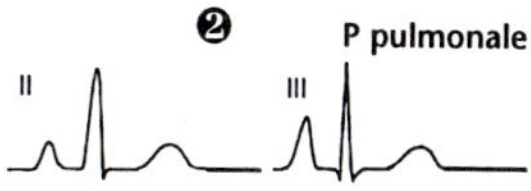

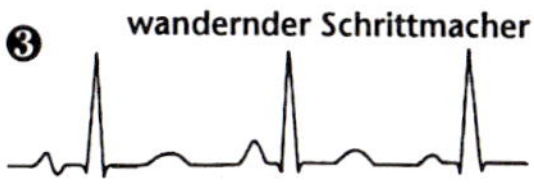

- *Abgeflachtes P* in II bei Linkstyp: kein Krankheitswert. DD: Vagotonie, Hypothyreose, Kardiomyop.
- ❶ *Biphasisches P ohne Verbreiterung:* meist physiologisch; evtl. Läsion der linksatrialen Leitungsbahn, Vorhofinfarkt, ektopes Reizbildungszentrum
- ❶ *Biphasisches P > 0,11 Sek.* in I, II, V_5 und V_6 (P-mitrale): Mitralstenose, konstriktive Perikarditis
- ❷ *Überhöhtes, spitzes P* in II, III und aVF: P-pulmonale bei Überlastung des rechten Vorhofs
- *Verbreitertes, überhöhtes P:* P-kardiale (Überlastung beider Vorhöfe)
- *Neg. P:* ektoper Vorhofrhythmus, Leitungsstörung. Bei Linkstyp in III ohne Krankheitswert
- ❸ *Wechselndes P:* wandernder Vorhof-Schrittmacher, Extrasystolen, Rhythmusstörungen

- ❹ *Kein P* abgrenzbar, RR-Abstand wechselnd (Zirkeltest): Absolute Arrhythmie, AV-Rhythmus.

Veränderungen der PQ-Dauer

Die PQ-Dauer entspricht der AV-Überleitungszeit.

- ❶ *Verkürzte PQ-Zeit*, normale P-Welle: bei Tachykardie, WPW-Syndrom (☞ 6.2)
- *Verkürzte PQ-Zeit*, verformte P-Welle: atriale Reizbildungs- oder Reizleitungsstörung
- ❷ *Verlängerte PQ-Zeit*, normale P-Welle: AV-Block I. Grades
- ❸ *Zunehmende PQ-Zeit*, Ausfall einer P-Welle: Wenckebach'sche Periodik bei AV-Block II. Grades (☞ 6.2)
- ❹ *Normale PQ-Zeit* mit Kammersystolenausfall (kein QRS-Komplex nach P) AV-Block II. Grades Typ II (Mobitz II) mit 2:1 oder 3:1 Überleitung

❹ Vorhofflimmern

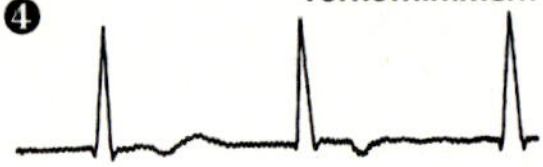

WPW-Syndrom

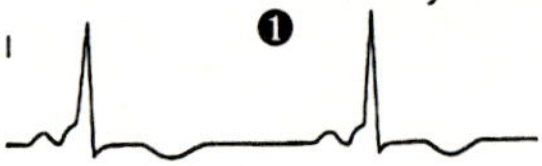

❷ AV-Block 1°

❸ Wenckebach-Periodik

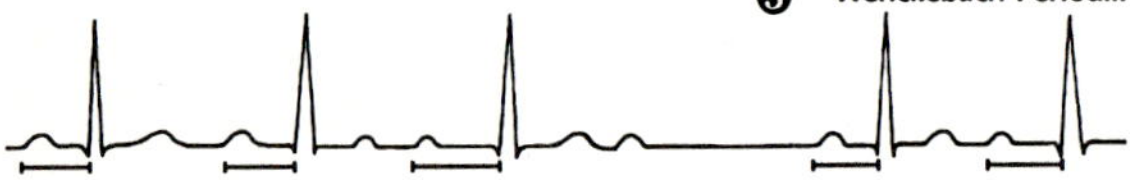

- *Verlängerte PQ-Zeit*, verformte P-Welle: Vagotonie; infektiös-toxische, degenerative und traumatische Herzerkrankungen, supraventrikuläre Extrasystolen.

❹ AV-Block II.° Typ Mobitz

Q-Zacke: *≤ 0,03 Sek. In V_{4-6} normal, in V_{1-2} immer pathologisch.*

- ❺ *Verbreiterte*, plumpe Q-Zacken bei Infarkt: > 25 % der Amplitude der R-Zacke, > 0,04 Sek.
- Kleine Q-Zacken in V_{2-4}: bei linksanteriorem Hemiblock
- Fehlende Q-Zacke in I, aVL, V_4 – V_6, bes. bei Linkstyp: Nekrosen im Kammerseptum, Linksschenkelblock, WPW-Syndrom.

❺ Pathologisches Q

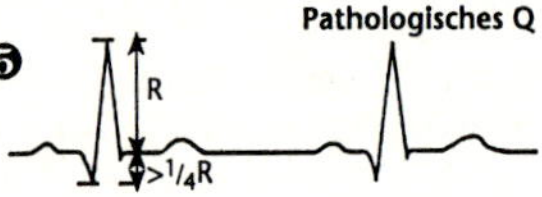

- *Q-Zacke in* V_5–V_6: Linksherzhypertrophie.
- Kleine Q-Zacken in II, III, aVF beim Steiltyp

Veränderungen des QRS-Komplexes

- ❶ *Linksherzhypertrophie*
  - [überdrehter] Linkstyp
  - Hohes R in I (> 2 mV), aVL (> 1,1 mV) und in $V_{5/6}$ (> 2,6 mV)
  - Tiefes S in III, aVR und V_{1-3}
  - Tiefes, breites Q in $V_{5/6}$
  - Präterminal neg. T in $V_{5/6}$
  - R in V_5 + S in V_1 > 3,5 mV *(Sokolow-Index)*
  - P-sinistrokardiale.
- ❷ *Rechtsherzhypertrophie*
  - Rechtstyp
  - R in V_1 > 0,7 mV
  - S in V_1 < 0,03 mV, R in $V_{5/6}$ klein
  - S in $V_{5/6}$ tief;
  - Re-Schenkelblock
  - Präterminal neg. T in $V_{1/2}$
  - R in V_1 + S in V_5 > 1,05 mV
  - P-dextrokardiale.

QRS verlängert (> 0,10 s)

- ❸ *Linksschenkelblock (LSB)* inkomplett: QRS-Zeit ≤ 0,11 Sek.; komplett: QRS-Zeit > 0,11 Sek. Deformierter QRS-Komplex in I, II, aVL, $V_{5/6}$, ST-Senkung mit präterminal neg. T in I, II, aVL, V_5 und V_6. Oberer Umschlagpunkt in V_6 > 0,05 Sek. (Zuckerhutform). *Cave:* Endstreckenbeurteilung und Infarktdiagnose kaum möglich!
  Linksanteriorer Hemiblock (LA HB): überdrehter Linkstyp, S-Zakken in V_{2-6}, kleine Q-Zacken in V_{2-4}, evtl. ST-Senkung in $V_{5/6}$. *Linksposteriorer Hemiblock (LP HB):* überdrehter Rechtstyp, selten.
- ❹ *Rechtsschenkelblock (RSB) inkomplett:* QRS-Zeit < 0,11 Sek., doppelgipfliges R (rSR-Form) in V_1 und aVR. Plumpes tiefes S in I. *Komplett:* QRS > 0,11 Sek., QR-

❶ **Linksherzhypertrophie**

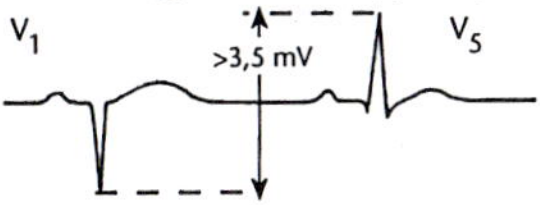

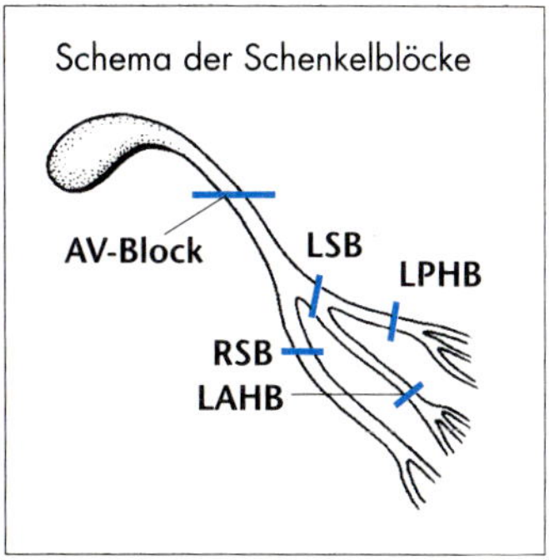

❷ **Rechtsherz-Hypertrophie**

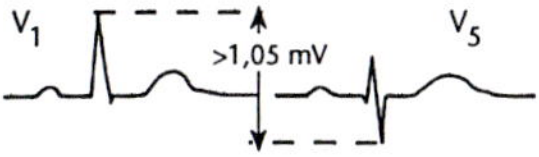

❸ **Linksschenkelblock**

❹ **Rechtsschenkelblock**

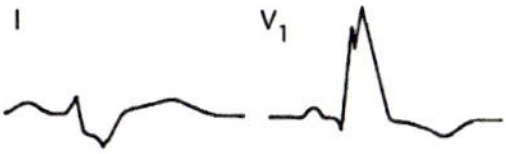

Zeit > 0,08 Sek. (= oberer Umschlagspunkt), M-förmig deformierter QRS-Komplex v.a. in V_1 und aVR

- *Linksant. Hemiblock + Rechtsschenkelblock:* überdrehter Linkstyp + Zeichen des RSB. Häufigster bifaszikulärer Block
- *QRS-Knotung* („unglatte" Kammerkomplexe) ohne Verlängerung: intraventrikuläre Erregungsausbreitungsstörungen ohne typisches Schenkelblockmuster
- ❶ *S_I-Q_{III}-Typ:* z.B. Lungenembolie, akutes Cor pulmonale.

ST-Strecke Erregungsrückbildungsstörungen

- *ST-Strecken-Senkung*: *aszendierend* (unspezifisch, ❷), *konvexbogig* (z.B. bei Links-Hypertrophie in I, aVL, $V_{5/6}$; bei Rechts-Hypertrophie in III, aVR, $V_{1/2}$; bei Linksschenkelblock zusätzlich QRS-Verbreiterung und T-Negativierung), horizontal in $V_{2\text{-}4(5)}$ mitunter einziges Zeichen eines streng posterioren Infarktes (spiegelbildliche Infarktveränderungen), zur DD: Nehb-Ableitungen; *muldenförmig* (z.B. Digitaliswirkung ❸, zusätzlich QT-Verkürzung, PQ verlängert, präterminal negatives T, evtl. kleine U-Welle), *deszendierend* (❹, z.B. Koronarinsuff., Diagnose nur zusammen mit der Klinik)
- *ST-Strecken-Hebung:* nicht pathol. Hebungen in $V_{2\text{–}4}$ bei vagotonen Jugendlichen möglich! Myokardinfarkt (☞ 6.1), Herzwandaneurysma (monatelange Persistenz des II. Infarktstadiums, ❺), Lungenembolie (☞ 7.1, S_IQ_{III}-Typ, inkompletter RSB, S bis V_6), Perikarditis ❻, (konvexbogige ST-Hebung in allen Ableitungen, Fehlen infarkttypischer Veränderungen wie R Verlust, pathol. Q; bei Perikarderguß Niedervoltage (❼) möglich).

S_I-Q_{III}-Typ

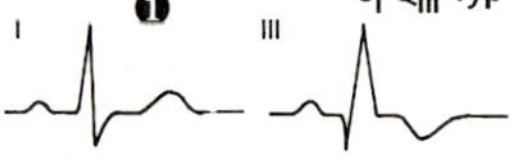

Aszendierende ST-Senkung

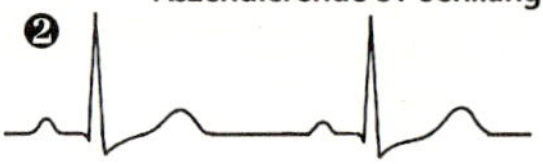

Digitalis-Effekt

Deszendierende ST-Senkung

Herzwandaneurysma

Perikarditis

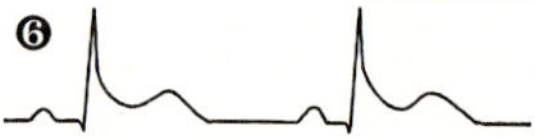

❼ Niedervoltage

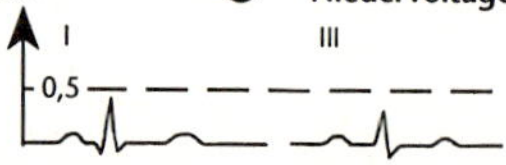

Veränderungen der T-Welle: *Konkordant negative T-Welle in aVR und V_1, physiologisch bis etwa zum 30. LJ auch in V_2.*

- *„Hohes" T:* Vagotonie (Sinusbradykardie, abgeflachte, mäßig verbreiterte P-Welle, aszendierende, leicht gehobene ST-Strecke; hohe, spitze T-Wellen v.a. linkspräkordial und in den Extremitätenableitungen; AV-Block I.°); I. Phase des Herzinfarktes („Erstickungs-T"), Hyperkaliämie (QT-Verkürzung; spitze, hohe T-Welle)
- *T-Abflachung:* Hypokaliämie (QT-Verlängerung, U-Welle, in schweren Fällen Verschmelzung der T- und U-Welle), Myokarditis, KHK, beginnende Linkshypertrophie
- *Präterminal neg. T:* normal in Abl. III, bei Jugendl. auch in V_{3-4}.
  Pathol.: Linkshypertrophie, KHK, Digitalis, Perikarditis
- *Terminal neg. T:* nicht-transmuraler Infarkt, Peri-, Myokarditis, Intoxikation, rheumatische oder neoplastische Infiltration.

U-Welle: *Der T-Welle folgende Potential-Schwankung.*

- *Hohe U-Welle:* Vagotonie, Bradykardie, Sportlerherz, Hypokaliämie, Hyperthyreose, ZNS-Erkrankungen
- *Negative, biphasische U-Welle:* stets pathol.; bei Linkshypertrophie (bes. in I, V_{4-6}), Rechtsbelastung (bes. in II, III, V_{1-2}), KHK (oft gleichzeitig ST-Strecken-Senkung), nach Herzinfarkt, Lungenembolie, Schenkelblock, Extrasystolie.

Rhythmus		
	Grundrhythmus regelmäßig	**Grundrhythmus unregelmäßig**
QRS-Komplex schmal	• Sinusrhythmus (pos. P in I–III) • Ektoper Vorhofrhythmus (meist neg. P in I–III) • Akzelerierter AV-nodaler Rhythmus (häufig kein P erkennbar) • Vorhofflimmern/-flattern mit „Pseudoregularisierung" (kein P, Flimmerwellen in V_1)	• Supraventrikuläre Extrasystolie (meist nicht voll kompensierte Pause) • Absolute Arrhythmie bei Vorhofflimmern (häufig, keine P-Wellen) • Vorhofflattern/Vorhoftachykardie mit wechselnder Überleitung (Flatterwellen v.a. in II, III, aVF) • Sinusarrhythmie (PQ-Zeit meist konstant) • Polytope atriale Ektopie („wandernder Schrittmacher"; wechselnde P-Morphologie und PQ-Zeit)
QRS-Komplex breit	• Wie oben mit vorbestehendem Schenkelblock • Akzelerierter idioventrikulärer Rhythmus (atyp. Lagetyp, P nicht übergeleitet) • Präexzitationssyndrom (WPW-Syndrom: verkürzte PQ-Zeit, Deltawelle)	Wie oben mit vorbestehendem Schenkelblock
QRS-Komplex wechselnd	• Intermittierender Schenkelblock (P meist nachweisbar) • Intermittierendes Präexzitationssyndrom	• Ventrikuläre Extrasystolie • Supraventrikuläre Extrasystolie mit frequenzabhängigem Schenkelblock
Tachykarde/Bradykarde Rhythmusstörungen ☞ 6.2.		

2.2 Bluttransfusion

2.2.1 Durchführung

- *Ind.:* Hb < 80 g/l, bei Begleiterkrankungen (z.B. KHK, zerebralen Durchblutungsstörungen) und begleitender Symptomatik (z.B. Dyspnoe, Angina pectoris) schon bei < 100 g/l. Immer abwägen zwischen Infektionsrisiko (v.a. Hepatitis C: etwa 20 % der an Hepatitis C erkrankten Spender sind Antikörper-negativ; HIV) und zu erwartendem Nutzen.
- Aufklärung des Pat. durch den transfundierenden Arzt (Notwendigkeit und Alternativen, Art des Präparates, Risiken wie Immunisierungs- und Infektionsgefahr).
- Verbleibendes Transfusionsrisiko, weil zwischen Infektion und Antikörperbildung mehrere Wochen liegen können („Diagnostische Lücke"). Geschätztes Infektionsrisiko für Deutschland: HIV 1 : 300 000 bis 1 : 1 Million, Hepatitis B 1 : 50 000, Hepatitis C 1 : 20 000.
- Verweigerung einer Transfusion: Ein bewußtseinklarer, volljähriger, mündiger Pat. kann eine Transfusion nach Aufklärung über die möglichen Konsequenzen verweigern. Angehörige haben kein Bestimmungsrecht. Bei Minderjährigen, deren Erziehungsberechtigte eine Transfusion verweigern, kann der Arzt das Vormundschaftsgericht anrufen und eine Transfusionserlaubnis erwirken.

Untersuchungen

ABO-System		
Ein Pat. der Blutgruppe	**darf erhalten Ery-Konzentrat**	**FFP**
O	O	O, A, B, AB
A	A, O	A, AB
B	B, O	B, AB
AB	AB, A, B, O	AB

Rhesus-System: Ein Rhesus-negativer Empfänger muß Rhesus-negative Erythrozyten erhalten. Ein Rh.-positiver Empfänger kann Rh-positive und Rh-negative Erythrozyten erhalten.

- Blutgruppenbestimmungen (ABO, Rhesusfaktoren) sowie Antikörpersuchtest: 10 ml Nativblut venös, Röhrchen mit Namen, Vornamen und Geburtsdatum beschriften.
- Verträglichkeitsprobe („Kreuzprobe" vorgeschrieben!). Differenzierung evtl. vorliegender AK und Bereitstellung verträglicher Präparate benötigt mehrere Stunden, *ausgenommen Notfalltransfusionen* ohne Kreuzprobe bei vitaler Indikation! Deshalb:
  - Rechtzeitige Anforderung, aussagefähige klinische Angaben.
  - Spätestens nach 72 h muß eine neue Verträglichkeitsprobe auch für bereits als verträglich getestete Präparate mit frisch entnommenen Blut erfolgen.

- Eine Verträglichkeitsprobe für fresh frozen plasma (FFP) und Thrombozytenkonzentrate (TK) ist nicht erforderlich (Ausnahme: durch Präparationsfehler stark erythrozytenkontaminierte TK).
- Bei erythrozytenhaltigen Präparaten muß ABO- und Rhesus-kompatibel transfundiert werden.
- Der anfordernde Arzt trägt die Verantwortung für die Identität und soll das Blut selbst entnehmen (eigene Unterschrift auf der Untersuchungsanforderung).

Transfusion von Erythrozytenkonzentraten

- Übereinstimmung von Pat. und angegebenem Empfänger, Blutgruppe und Konservennummer auf Präparat und Begleitpapier, Verfallsdatum persönlich überprüfen.
- Ergebnis der Verträglichkeitsprobe persönlich überprüfen. EKs nach Erwärmung auf Raumtemperatur und vorsichtigem Kneten und Schwenken umgehend transfundieren.
- Bei Massivtransfusionen, bekannten Kälteantikörpern und Neugeborenen: Verwendung eines speziellen Wärmegerätes (nicht improvisieren – Hämolyse und Proteindenaturierung bei Überhitzung!).
- Sicherer venöser Zugang (z.B. 17 G, gelb bzw. weiß), keine Medikamente zusetzen, nur Transfusionsbestecke mit Filter-Tropfkammer verwenden; Tropfkammer nur zur Hälfte füllen.
- Bedside-Test (Name!) ist Pflicht: ABO-D-Kurzbestimmung des Empfängers am Bett ist obligat, die Präparate müssen dagegen nicht nochmals getestet werden (Verantwortung trägt die Blutbank).
- Der Arzt muß die Transfusion selbst einleiten: 50 ml zügig transfundieren (Reaktion des Pat. beobachten: Wohlbefinden? RR/Puls?) Transfusionsdauer unter Normalbedingungen ca. 1 h. Regelmäßige Überwachung.

Massivtransfusion (OP)

- Mind. 2 großlumine Zugänge (z.B. 14 G braun, 16 G grau)
- Druckinfusion mit spezieller Manschette
- Faustregel: ab 5 EKs Gabe von FFP z.B. 1 FFP auf 2 EK
- *Cave:* Mangel an Gerinnungsfaktoren, Thrombos; Azidose (Stabilisator).

Notfalltransfusion

- Transfusion von EKs ohne Verträglichkeitsprobe nur bei vitaler Ind.!
- Unbedingt vor Transfusionsbeginn 20 ml Nativblut für nachträgliche Blutgruppenbestimmungen und nachgezogene Verträglichkeitsproben abnehmen.
- Bei bekannter Blutgruppe des Pat.: Bedside-Test, dann Transfusion.
- Bei unbekannter Blutgruppe: EKs der Blutgruppe 0 transfundieren, wenn möglich RH-negativ.

Fußangeln und Fingerzeige

- Zur Prophylaxe einer Volumenüberlastung (v.a. bei Herz- oder Niereninsuff.) Transfusionsdauer 3–4 h, ggf. Diuretika i.v.
- Bei der Flüssigkeitsbilanzierung aufgedrucktes Volumen mit berechnen

- Leerer Blutbeutel muß 24 h im Kühlschrank aufbewahrt werden zur Klärung von Transfusionsreaktion ☞ 2.2.2.

Thrombozyten-Transfusion

Ind.: Evtl. bei akuter Thrombopenie < 20/nl (Blutung bei Thrombopenie meist erst ab < 20/nl); präop. werden vom Chirurgen meist > 50 /nl gefordert. Bei zu erwartender chronischer Substitutionspflicht (hämatologische Patienten) vor der ersten Transfusion eine HLA-Typisierung durchführen und HLA-kompatibel transfundieren.
Sonderfall: Immunthrombozytopenien (z. B. M. Werlhof ☞ 11.1) nur perioperativ und bei anders nicht beherrschbaren Blutungen mit Thrombozyten substituieren, prophylaktische Gaben sind nutzlos (induzieren Antikörperbildung).

Bereitstellung von Thrombozyten benötigt viel Zeit, rechtzeitig daran denken (v.a. am Wochenende!).

2.2.2 Transfusionsreaktionen

Reaktion auf Blut oder Blutbestandteile sofort oder Stunden nach einer Transfusion.

Häufigste Ursache

Nichthämolytische, febrile Transfusionsreaktion durch Antikörper des Pat. im HLA-System gegen mittransfundierte Leukozyten in EKs und gegen Thrombozyten.

Seltene, aber schwerwiegende Ursachen

- Fehltransfusion bei AB0-Verwechslung: hämolytische Sofortreaktion, „intravasale" Hämolyse mit Gefahr der DIC (☞ 3.4) und akutem Nierenversagen (☞ 9.1)
- Andere Antikörper im erythrozytären System, die in der Verträglichkeitsprobe übersehen wurden, mit teils intravasaler, teils extravasaler (Milz) Hämolyse, z.B. durch Antikörper gegen Rhesusfaktoren, Kell, Duffy, Kidd etc.; meist verzögerte Reaktion, z.T. nur indirekt erkennbar durch fehlenden Hb-Anstieg
- Bakteriell bedingte Transfusionsreaktionen (v.a. gramnegative Endotoxinbildner): Schock (evtl. schon nach einigen ml), DIC. Kontaminationsmöglichkeit: Spendenentnahme, Anschluß eines Transfusionsbestecks (baldige Transfusion nach Öffnen der Konserve).

Klinik: Unwohlsein, Übelkeit, Beklemmungsgefühl, Kopfschmerzen, Flankenschmerzen, Hitzegefühl, Schüttelfost, Fieber. Seltener Tachykardie, Atemnot bei Bronchospasmus, Blutdruckabfall bis hin zum Schock.

Untersuchung und Vorgehen

- Bei verzögert auftretender unspezifischer Reaktion: Beobachten des subjektiven Befindens und Kontrolle der Vitalfunktionen
- Bei Sofortreaktion mit Schock: Schocktherapie ☞ 3.2
- Inspektion der Haut (Erytheme, Urtikaria)
- Labor: BB, Gerinnung, Bilirubin, Kreatinin, E'lyte
- Kreuzprobe wiederholen (1 Nativröhrchen, 1 EDTA-Röhrchen)

- Transfusionsbesteck und Konserve asservieren
- Protokoll ausfüllen.

Therapie

- Auf Urinausscheidung achten (Gefahr des ANV durch Hämolyse). Wenn möglich, forcierte Diurese mit Volumengabe und Furosemid 100 mg i.v., evtl. mehrmals täglich
- Aufrechterhaltung der Herz-Kreislauf-und Lungenfunktion. Notfalls Katecholamine und Beatmung (Schockbehandlung ☞ 3.2)
- Bei drohender Verbrauchskoagulopathie 200–300 IE Heparin pro kgKG in 24 h über Perfusor ☞ 3.4
- Azidose-Korrektur mit Bikarbonat-Infusion ☞ 9.4
- Bei allergisch-hyperergischen Reaktionen: Prednisolon bis 100 mg i.v. Bei Schockzeichen Dosis auf 500–1000 mg steigern. Je 1 Amp. eines H_1- und eines H_2-Blockers (z.B. Tavegil® und Tagamet®)
- Bei Schüttelfrost 1 Amp. Pethidin (z.B. Dolantin®) i.v.
- Fehltransfusionen müssen intensivmedizinisch überwacht werden.

2.3 Beatmung

Indikation: respiratorische Insuffizienz mit:

- Atemfrequenz > 35/Min
- Art. O_2-Partialdruck (paO_2) < 50 mmHg unter O_2-Gabe (6 l/Min)
- CO_2-Partialdruck ($paCO_2$) > 55 mmHg (Ausnahme: chron. Hyperkapnie, z.B. bei Lungenemphysem)
- Zeichen der Hyperkapnie: Zyanose (kann bei CO-Intoxikation fehlen: „rote Erstickung"), Kopfschmerzen, Gefäßerweiterung (Skleren, Hände), Tremor, Tachykardie, Hypertonie, Somnolenz, Hirndruckzeichen, Koma
- Zeichen der Erschöpfung des Pat. durch erschwerte Atemarbeit.

Durchführung

Bei noch ansprechbarem Pat. Frage nach letzter Nahrungsaufnahme (Aspirationsgefahr), evtl. Magensonde legen. Wenn möglich, Versuch der assistierten Beatmung. Pat. kurz über die geplanten Maßnahmen informieren.

Bei bewußtlosem Pat. vor Beginn der Beatmung Atemwege freimachen: Überstrecken des Kopfes in den Nacken, Vorziehen des Unterkiefers, Reinigen des Mund-Rachenraums mit Tupfer und Absaugung, Entfernung evtl. Fremdkörper (z.B. Prothese).

2.3.1 Beatmung mit Maske und Ambu-Beutel

Plazieren einer Atemmaske ausreichender Größe über Mund und Nase. Nachvorneziehen des Unterkiefers mit Klein-, Ring- und Mittelfinger. Daumen und Zeigefinger halten die Maske luftdicht auf das Gesicht, die andere Hand komprimiert den Ambu-Beutel. Frequenz 10–16/Min, Thorax muß sich sichtbar heben. *Cave:* Beutel nicht komplett entleeren, sonst Überblähung. *Cave:* Keinen zu hohen Druck aufbauen, bei > 15 mmHg Luftinsufflation in den Magen besteht erhöhte Aspirationsgefahr.

Intubation

Indikation: respiratorische Insuffizienz

- Trauma: Polytrauma, Lungenkontusion, instabiler Thorax, Gesichtsschädel- oder Halsverletzung
- Atemwegsobstruktion: akute Epiglottitis, Krupp-Sy., Retropharyngealabzeß, Hämatom, Aspiration, als ultima ratio bei medikamentös nicht zu durchbrechendem Status asthmaticus
- Bewußtlose Pat. mit fehlenden Schutzreflexen, zum tiefen Absaugen, bei Intox. vor Magenspülung
- Medikamentös nicht beherrschbares Lungenödem
- Reanimation
- Hyperventilation bei Hirndruck.

Benötigte Materialien

Laryngoskop (z.B. MacIntosh-Spatel), Endotrachealtubus mit Führungsstab (Tubusdurchmesser bei M 7,5–8,5, bei F 7,0–7,5. Bei Kindern Größe des kleinen Fingers = Größe des Tubus. 10 ml Spritze zum Blockieren des Tubus, Magill-Zange, Ambu-Beutel, Absauggerät, Mullbinde zum Fixieren des Tubus, Stethoskop. *Wichtig: vorher venösen Zugang legen!*

Kurznarkose bei ansprechbaren Patienten

Z.B. Etomidat (z.B. Hypnomidate®) 7–10 ml = 14–20 mg (0,2–0,3 mg/kg) i.v., Nachinjektion von 0,1 mg/kg (3 ml bei 60 kg) möglich, max. Dosis 4 Amp. = 80 mg. Wirkungseintritt nach 20 Sek., Wirkdauer ca. 2–5 Min. *Cave:* keine analgetische Wirkung → Kombination mit kurzwirkendem Opiat, z.B. Fentanyl 2–4 ml = 0,1–0,2 mg i.v., Wirkungseintritt 20 Sek., hypnotische Wirkung 10 Min., analgetische Wirkung 20 Min. (*Cave:* Blutdruckabfall).

Oropharyngeale Intubation

Methode der Wahl im Notfall. Pat. in Rückenlage, Arzt hinter dem Pat., leichte Überstreckung im Occipitalgelenk (*Cave:* keine Hyperextension oder Überhängen des Kopfes!) (☞ Abb. 2.3)

- Laryngoskop in der linken Hand, Öffnen des Mundes mit der rechten Hand (bei Kiefersperre 10 mg Diazepam i.v.)
- Einführen des Laryngoskops von der rechten Seite bis Epiglottis sichtbar
- Spatelspitze in die epiglottische Falte einführen und nach ventral und kranial anheben, bis Stimmritze sichtbar (*Cave:* Nicht kippen, nur ziehen)
- Mit der rechten Hand Einführen des Tubus durch die Glottis, bis cuff (aufblasbare Manschette zur Abdichtung der Trachea) die Glottis passiert hat
- Blocken des Tubus mit 10 ml Luft (Luftdruckmessung!)
- Kontrolle der Tubuslage durch Beutelbeatmung und Auskultation: beide Lungenflügel belüftet? Falls Tubus zu tief, meist einseitige Intubation des rechten Hauptbronchus! Auch Epigastrium auskultieren (Blubbern bei Intubation in den Ösophagus).

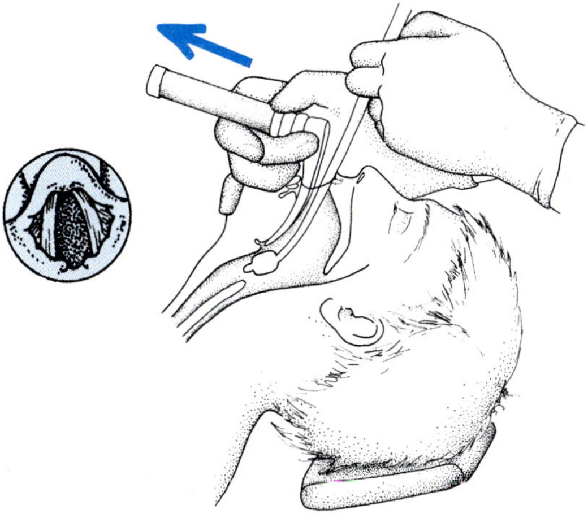

Abb. 2.3: Intubation

- Bei Schwierigkeit, den Spatel einzuführen (Kiefersperre) Pat. stärker sedieren, z.B. 10 mg Diazepam i.v., Relaxantien nur, wenn sicher intubiert werden kann
- Nach jeder Intubation, Rö- Kontrolle
- Bei nicht erfolgreicher Intubation aufgrund technischer Probleme oder anatomischer Varianten Beatmung mit Maske und Ambu-Beutel. Falls möglich Hilfe holen. Bei lebensbedrohlicher Situation Notfall-Koniotomie mit entsprechendem Set.

Komplikationen

Komplikationen der Intubation: Erbrechen mit Aspiration, Zahnbeschädigung (Zahn sofort entfernen, Aspirationsgefahr), Verletzung von Mund, Rachen und Kehlkopf, Nasenschleimhaut und -knorpelverletzung, Trachealperforation, Intubation eines Hauptbrochus (einseitige Belüftung → Zurückziehen des ungeblockten Tubus), Vagusreflex (Atemstillstand → Intubation und Beatmung, Laryngospasmus, RR-Abfall, Bradykardie, Asystolie → Atropin 0,5–1,0 mg i.v.).

Extubation

Indikation zur Extubation: Pat. nicht komatös, stabile Herz-Kreislaufverhältnisse, Atemfrequenz < 35/Min, $pO_2 > 70$ mmHg, $pCO_2 < 45$ mmHg (Berücksichtigung der Lungenfunktion vor Intubation: bei Pat. mit Lungenerkrankung auch schlechtere Werte akzeptabel!), funktionierende Schluckreflexe.

Durchführung: Material für eine Reintubation bereithalten, evtl. 50 mg Prednisolon i.v. ca. 30 Min. vor Extubation (Verminderung von Glottisödem durch mechanische Irritation), evtl. 0,5 mg (= 1 Amp. Atropin, besonders bei vorbestehender Bradykardie oder AV-Block), Patient aufklären, Absaugen durch den Tubus falls Sekret vorhanden, Tubusbefestigung lösen, entblocken und rasch herausziehen, Oberkörper 45° hochstellen.

Ständige Überwachung des Patienten in den nächsten Min., BGA-Kontrolle nach 10 Min., 3 l O_2 in den ersten Stunden (entspricht F_IO_2 von 0,3).

2.3.2 Technik der maschinellen Beatmung

Grundeinstellung des Beatmungsmusters

- *Atemminutenvolumen:* Faustregel 100–120 ml/kg/Min, bei 60 kg 6,0–7,2 l/Min.
- *Atemzugvolumen:* auf das 2fache des normalen Atemzugvolumens (ca. 12–20 ml/kg) einstellen, um Atelektasenbildung zu vermeiden. Bei kleinem Atemzugvolumen (< 7 ml/kg) sinkt die FRC und es kommt zur Ausbildung von Mikroatelektasen.
- *Atemfrequenz:* wegen des großen Atemzugvolumens niedrige Atemfrequenz von 6–12/Min.
- *Inspirations-Exspirations-Verhältnis* (I/E Ratio): bei zu kurzer Inspiration und zu hohem Beatmungsdruck. Abnahme des Ventilations-Perfusionsverhältnisses mit Vergrößerung des pulmonalen Shuntvolumens; bei zu langer Inspiration Abnahme des HZV. Deshalb I/E Ratio < 1 wählen (in der Regel 1:2. Inspirationsphase muß mind. 1 Sek. dauern), I/E Ratio 1:1 oder inverse Beatmung (IVR = inversed ratio ventilation) bei Atelektasenneigung, zur Verminderung von Beatmungsspitzendrükken, z.B. bei ARDS, bei Atemwegsobstruktionen.
- *Inspiratorische O_2-Konz.* (F_IO_2): 0,21 (Raumluft) –1,0, je nach BGA (so niedrig wie möglich) F_IO_2 von 1,0 nur kurzfristig im Notfall oder als Hyperoxygenationstest (5 Min. $F_IO_2 = 1{,}0 \rightarrow paO_2 > 200$ mmHg. Weniger spricht bei Fehlen anderer Ursachen für ARDS).
- *Inspirationsdruck:* max. 15–25 cm H_2O. Beatmungsdruck nicht > 35–40 cm H_2O, sonst Gefahr eines Barotraumas (Pneumothorax, Mediastinalemphysem, Hautemphysem).
- *PEEP:* 5–20 cm H_2O (*Cave:* führt zur Reduktion des HZV, erhöhte Gefahr eines Pneumothorax).

Sedierung

Beatmete Pat. müssen sediert und analgesiert werden. Typischerweise Kombination von kurzwirksamem Benzodiazepin, z.B. Midazolam und kurzwirksamem Opiat, z.B. Fentanyl → Perfusor 0,5 mg Fentanyl und 50 mg Midazolam auf 50 ml NaCl 0,9 % mit 6–12 ml/h.

Monitoring der Beatmung

Atemminutenvolumen (AMV), Atemfrequenz, Atemzugvolumen, I/E-Ratio, inspiratorischer Beatmungsdruck, exspiratorisches pCO_2 (stündl.), kontinuierliche perkutane O_2-Messung; BGA, gemischt-venöse O_2-Sättigung, Rö-Thorax, Hb, Hkt. (je nach Bedarf).

Komplikationen

Komplikationen des Tubus: Obstruktion (massive Erhöhung des Beatmungsdrucks → Absaugen, falls keine Besserung → Umintubation), Ballonhernie (Verlegung der distalen Tubusöffnung durch Tubusmanschette → Entblocken, Tubuswechsel), Trachealulcera und -stenosen bei Langzeitbeatmung (Verminderung durch „high volume – low pressure – cuffs", cuff-Druck < 25 mmHg; bei absehbarer Langzeitbeatmung Anlage eines Tracheostomas).

Komplikationen der Beatmung: RR-Abfall, Rechtsherzbelastung, Pneumothorax (v.a. bei Lungenemphysem) → Anlage einer Bülau-Drainage, sonst Gefahr eines Spannungspneumothorax (☞ 2.6) Hautemphysem. Hyperventilationsbedingte Hypokapnie (pCO_2 ↓): respir. Alkalose mit K^+ ↓, system. Gefäßwiderstand ↑.
Hypoventilationsbedingte Hyperkapnie: respir. Azidose, Katecholaminfreisetzung (→ HZV ↑, art. RR ↑), Herzrhythmusstörung.

Pflege des Beatmungspatienten

Überwachung der Beatmung, regelmäßiges endotracheales Absaugen mit sterilen Kathetern (sooft wie nötig, so schnell wie möglich), evtl. vorher mit 5–10 ml steriler 0,9%iger NaCl-Lösung spülen, häufiger Lagewechsel des Pat. z.B. alle 1–2 h zur Verhinderung von Atelektasen und Verbesserung der Oxygenierung. Bei akutem Anstieg des Beatmungsdrucks durch partielle oder komplette Obstruktion des Tubus Absaugen, evtl. Umintubation. Bei akuter Abnahme des Beatmungsdrucks: Suche nach einer Diskonnektion des Beatmungssystems. Atemluft anfeuchten. Regelmäßige selektive Dekontamination des Mundes, z.B. mit Polymyxin E 2 %, Tobramycin 2 %, Amphotericin B 2 % 4 x tägl., der Nase und des Magens z.B. mit Polymyxin E 100 mg, Tobramycin 80 mg, Amphotericin B 500 mg 4 x tägl. Legen einer Magensonde zur Verminderung der Aspirationsgefahr. *Nachteil:* erhöhtes Risiko einer Keimaszension, Gefahr von Druckulzera, gastroösophagealer Reflux.

2.4 Lumbalpunktion

- *Ind.:* In der Nacht bei V.a. infektiöse ZNS-Erkrankungen (Meningitis, Enzephalitis), Subarachnoidalblutung, raumfordernder Prozeß mit Liquorzirkulationsstörung.
- *KI:* erhöhter Hirndruck (Augenspiegeln beider Augen, evtl. CCT)
- *Material:* sterile Tücher, Handschuhe, Maske. 5 ml 1 % Lidocain mit Kanülen, bevorzugt atraumatische Spinalnadel (z.B. 22 G).
- *Punktionsstelle:* L 4/5 oder L 3/4 zwischen den Dornfortsätzen mit Kugelschreiber markieren. Orientierung: Kreuzungspunkt der Verbindungslinie beider Darmbeinschaufeln mit der Wirbelsäule = Höhe L 3/4 (☞ Abb. 2.4).

Durchführung

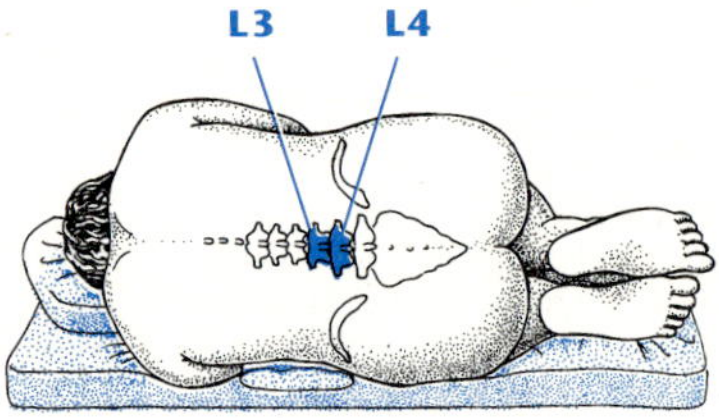

Abb. 2.4: Lumbalpunktion

- Pat. aufklären, evtl. Prämedikation (z.B. Dormicum® 2,5–5 mg i.v.).
- 1/2 h vor LP venöse Blutentnahme zur BZ-Bestimmung.
- 3 sterile Röhrchen mit Nr. 1, 2, 3 beschriften.
- Während der Punktion mit dem Pat. sprechen und Vorgang beschreiben
- Lagerung: Pat. entweder in Embryohaltung, Rücken an der Bettkante (☞ Abb. 2.4) oder sitzend (mit Helfer).
- Haut 3 x großflächig desinfizieren. Evtl. Lokalanästhesie i.c. und interspinal
- Spinalnadel mit Mandrin durch die Haut stechen. Zielrichtung schräg nach kranial Richtung Bauchnabel. Nach Überwinden des Widerstandes des derben Lig. interspinale Nadel vorsichtig weiter vorschieben; Nadelöffnung soll nach lateral zeigen.
- Zwischendurch Mandrin herausziehen, einige Sekunden warten und kontrollieren, ob schon Liquor abtropft, sonst Nadel mit Mandrin langsam weiter vorschieben.
- Liquor in Röhrchen sammeln (je etwa 1 ml), Reihenfolge beachten.
- Nadel herausziehen, steriles Pflaster, Punktionsstelle einige Min. komprimieren. Patient liegt 1 h flach auf dem Bauch, mit Sandsack an der Punktionsstelle. Bei Neigung zu Kopfschmerzen prophylaktische Flachlagerung für 24 h.

Liquoruntersuchung

DD pathol. Liquorbefunde (☞ 14.1.) Inspektion (eitrig?, blutig?). Zellzählung, Differentialbild, Zuckergehalt (↓ bei bakterieller Inf., normal ca. 70 % des BZ); quantitative Proteinbestimmung, E'phorese (IgG, IgA, IgM, monoklonale IgG-Banden) im Vergleich mit Serumproteinen. *Nach Zentrifugation:* xanthochromer Überstand → Hinweis auf Einblutung in den Liquor.

Mikrobiologie: mikroskop. Direktpräparat (Gramfärbung), bakteriolog. Kultur (Pneumok., Meningok., Hämophilus influenzae, Listerien, Enterobakteriaceae, Pilze), Virologie, Lues-Serologie.

Komplikationen: Postpunktionelles Syndrom: diffuse Kopfschmerzen, Übelkeit, Ohrensausen und/oder Ohnmachtsneigung für 1–2 Tage nach der Liquorentnahme. *Prävention:* 24 h Bettruhe nach der Punktion. *Ther.:* strenge Bettruhe, vermehrte Flüssigkeitszufuhr (1 l/24 h zusätzlich trinken), evtl. Infusion von 1 l E'lytlösung in 24 h, 1–2 g ASS/24 h. *Weitere Komplikationen:* Infektion, Nervenverletzung, Blutung mit spinalem Hämatom.

2.5 Aszitespunktion

Ind.: bakteriologische, zytologische und enzymatische Aszites-Diagnostik (☞ 2.6), Entlastungspunktion bei massivem Aszites, Drainage bei Peritonitis oder Abszeß.

KI: keine bei ultraschallgeführter Punktion, ansonsten: große Ovarialzysten, Hydronephrose, Schwangerschaft. Vorsicht bei hämorrhagischer Diathese und hepatischem Präkoma.

Punktionsorte: Übergang vom äußeren zum mittleren Drittel der Linie vom Nabel zur Spina iliaca ant. sup. links (weniger Verwachsungen) oder rechts, sowie in der Medianlinie zwischen Nabel und Symphyse. Epigastrische Gefäße beachten.

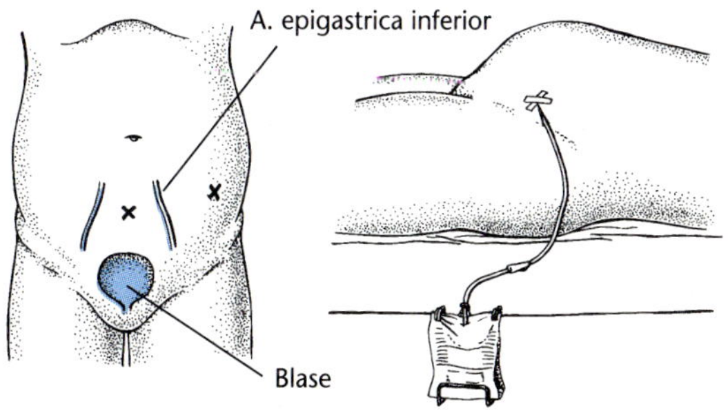

Abb. 2.5: Peritonealpunktion

Durchführung

Blase entleeren lassen, Hautdesinfektion, Lokalanästhesie (25 G).

Diagnostische Punktion

20–50 ml Spritze mit grüner Kanüle (21 G) unter Aspiration in die Peritonealhöhle einführen (leichter Widerstand beim Durchstechen der Faszienschicht). Spritze füllen, Nadel schnell zurückziehen, Klebeverband. *Tip:* Um bei massivem Aszites Nachlaufen nach Zurückziehen der Nadel zu vermeiden, „Zickzack-Stechen": erst subkutan stechen, dann Nadel entlang des Fettgewebes verschieben, dann erst peritoneal stechen.

Therapeutische Punktion

- Desinfektion. Kleine Inzision (5 mm) mit dem Skalpell. Trokar nach hinten, unten und lateral vorschieben, wobei Pat. Bauchdecken anspannen soll (pressen). Nach Entfernung des Stiletts fließt Aszites im Strahl aus der Hülse über einen Schlauch in das Auffanggefäß

- Katheter durch Naht fixieren und Tabaksbeutelnaht legen zum Zuziehen bei späterer Entfernung des Katheters
- Nach der Punktion Einstichstelle mit vorbereiteter Naht verschließen; steriler Kleinverband. Bei nachlaufendem Erguß (Aszites-Loch) evtl. Punktionsstelle mit Stoma-Beutel verschließen (Hautschonung, erlaubt Bilanzierung).
- Nachts ist meist die einmalige Punktion mit Venenverweilkanüle ausreichend.

2.6 Pleurapunktion, Pleuradrainage

Pleurapunktion

- *Ind.:* In der Nacht zur therapeutischen Punktion eines Ergusses, Pleuraempyem, Pneumothorax.
- *KI:* Blutungsanomalien (z.B. Hämophilie, Marcumar®).
- *Material:* entweder Punktions-Set mit Rotanda-Spritze oder 50 ml Spritze mit 3-Wegehahn und sterilen Verbindungsschläuchen, Punktionskanülen (z.B. Abbocath®, Braunüle®) 16 G-grau oder 17 G-gelb.
  10 ml 1%iges Lidocain mit 1 Kanüle (z.B. 21 G-grün). 4–5 Proberöhrchen, Blutkulturflaschen (aerob/ anaerob), großes Gefäß. 2 Paar sterile Handschuhe, Desinfektionslösung, braunes Pflaster, sterile Tupfer.
  Für die Gewinnung von geringen Mengen Pleuraflüssigkeit genügt die Punktion mit einer 20 ml-Spritze mit aufgesetzter Kanüle (z.B. 21 G/grün).

Durchführung

- Evtl. Prämedikation mit Antitussivum (z.B. Paracetamol 1 g + Codein 40 mg)
- Patient mit angehobenem Arm bequem sitzend plazieren (Pat. im Bett: Arme auf Nachttisch mit Kissen. Pat. auf Stuhl: Arme auf Stuhllehne oder Patienten Hand auf die Schulter der Gegenseite legen lassen, ☞ Abb. 2.6).
- Pleuraerguß perkutieren, auskultieren und mit dem Röntgenbild vergleichen. Markierung der Punktionstelle dorsolateral in der hinteren Axillarlinie oder Skapularlinie im ICR unterhalb des Ergußdämpfungsrandes, aber nicht tiefer als 6. bis 7. ICR (*Cave* Leber und Milz). Evtl. Sono-Kontrolle. Hautdesinfektion.
- Zunächst mit 1%igem Lidocain am „*Oberrand der Unterrippe*“ Lokalanästhetikum-Depot setzen.
- Dann tieferliegendes Gewebe bis auf die Pleura parietalis infiltrieren. Dabei durch Probepunktion die notwendige Eindringtiefe für die Punktionskanüle erkunden.
- Punktionskanüle senkrecht zur Haut am *oberen Rippenrand* einstechen, Kanüle etwas nach oben ziehen und weiter senkrecht vorschieben („Zickzacktechnik“ reduziert Pneurisiko). Ständige Aspiration mit aufgesetzter Spritze. Sobald sich Pleuraflüssigkeit aspirieren läßt, Stahlnadel zurückziehen (sonst Pneu-Gefahr!) und Plastikkanüle vorschieben. Läßt sich keine Flüssigkeit

aspirieren, *nie* die Metallkanüle erneut in Plastikschlauch einführen, sondern Punktion mit neuer Nadel.

- Während eines Valsalva-Manövers ersten Schlauch, auf den unter sterilen Bedingungen ein Dreiwegehahn und ein zweiter Schlauch montiert wurde, auf das Kanülenende setzen (sog. Zwei-Schlauch-System). 20 ml Spritze auf Dreiwegehahn setzen und Pleuraflüssigkeit für Bakteriologie usw. *steril* abziehen. 50 ml-Spritze auf Dreiwegehahn montieren, füllen, Dreiwegehahn drehen und Flüssigkeit durch den Schlauch ins Gefäß spülen. Alternative bei größeren Mengen: Erguß mit Absauggerät absaugen. *Cave:* Druck nicht > 20 cm H_2O.

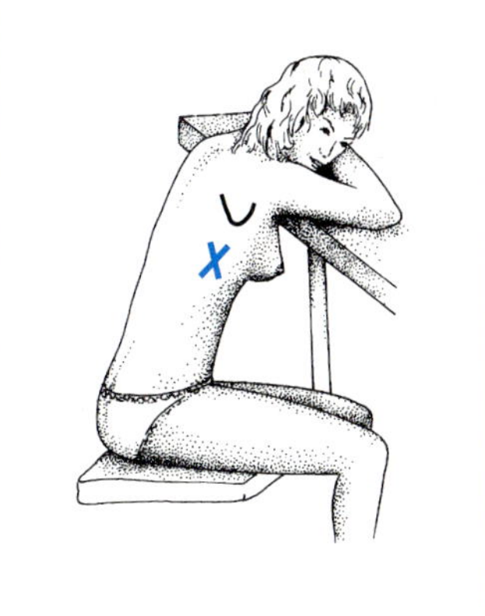

Abb. 2.6: Pleurapunktion

- Max. 1 l/Sitzung abpunktieren (sonst Gefahr des entlastungsbedingten Lungenödems!).
- Hustenreiz (durch Aneinanderreiben der Pleurablätter) kündigt vollständige Drainage an.
- Mit erneutem Valsalva-Manöver Kanüle entfernen, sofortige Kompression mit mehrlagigem Tupfer, Pflasterverband.
- *Cave:* Pleurapunktion bei *starkem* Hustenreiz und Unruhe des Pat. abbrechen
- *Im Anschluß immer Röntgenkontrolle!* Inspiratorische Aufnahme: Resterguß? Expiratorische Aufnahme: Pneumothorax?

Komplikationen

Pneumothorax (☞ 7.1.7), Hämatothorax, Infektion, Verletzung der Interkostalgefäße, sehr selten Lungenödem *(e vacuo)* bei zu schneller Punktion durch Unterdruck(☞ 6.5), Verletzung intraabdomineller Organe.

Diagnostik von Pleurapunktat, Aszites und Peritoneallavage

„3 Röhrchen" für Klinische Chemie, Pathologie und Mikrobiologie

Untersuchung des Punktats in der Regel auf:

- Proteingehalt, spez. Gew. (Transsudat?, Exsudat?), Glukose, Laktat, Cholesterin, LDH (nur Pleuraflüssigkeit bei V.a. Tumor), Zellzahl und Differentialbild
- Bakteriol. Kulturen, Tbc- und Pilzkulturen
- Bei V.a. maligne Erkrankung: Zytologie (Labor benachrichtigen, Punktat evtl. zentrifugieren).

Zusätzlich bei Peritonealflüssigkeit:

- Mikroskopische Untersuchung auf Speiseanteile
- Bei V.a. Pankreatitis: Amylase, Lipase
- Bei V.a. Blutung (Peritoneallavage): Hkt. (> 2 % beweist Blutung).

Pleuradrainage (Thoraxdrainage)

Indikation: Größerer Pneumothorax (ab einem Drittel des halben Thoraxdurchmessers), Pneumothorax mit Atemnot oder bei bestehender Atemwegserkrankung, rezidiv. oder beidseitiger Pneumothorax, Spannungspneu, Pneumothorax unter Beatmung, Hämatothorax, Chylothorax, funktionell relevanter oder rezidivierender Pleuraerguß, Drainage eines Pleuraempyems.

> **Notfalldrainage bei Spannungspneumothorax**
> 2. ICR in der Medioclavicularlinie der betroffenen Seite mit möglichst großer Braunüle (14 G oder 12 G) punktieren → sofortige Entlastung des Überdrucks. Anschließend Pleurasaugdrainage wie unten beschrieben.

Zur fortlaufenden Entleerung eines Pleuraergusses, -empyems oder eines Pneumothorax entweder *ohne* Sog mittels einer Unterwasserdrainage mit Heberwirkung oder mit Sog (Vakuum bis max. 20 cm H_2O). Ableitung über einen Ableitungsschlauch, der im Pleuraspalt zu liegen kommt und mit einem geschlossenen System verbunden ist, das eine Sekretauffangkammer und ein Ventil zum Einstellen des Unterdruckes enthält. Achtung: Drainagen möglichst nicht unter der Mammillarebene einlegen, um Verletzungen von Zwerchfell und intraabdominellen Organen zu vermeiden. Zur Schonung der Interkostalgefäße am „Oberrand der Unterrippe" punktieren.

Material: Sterile Handschuhe, Kittel, Maske, Lochtuch, Ablagetuch, 10 ml Spritze, 21 G Nadel, 20–40 ml Lidocain 1 %, Skalpell, Nahtmaterial (Seide 1/0), 2 Klemmen, Schere, Nadelhalter, Einführungsbesteck mit Trokar, Thoraxdrainage 24 bis 36 F oder Einmalbesteck (z.B. Pleuracath®), vorbereitete Unterwasserableitung, Saugpumpe, braunes Pflaster.

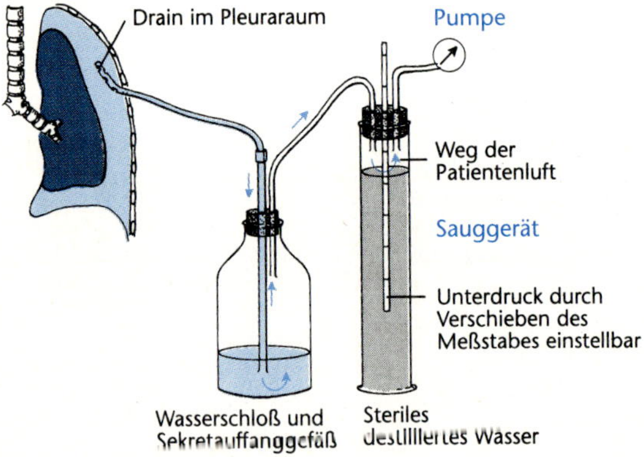

Abb. 2.7: Bülau-Drainage

Durchführung

- Pat. informieren, evtl. Prämedikation mit Sedativum und Analgetikum, z.B. 2,5–5 mg Midazolam und 0,1 mg Fentanyl i.v.
- Punktionsort: z.B. 2. oder 3. ICR in der Medioclavicularlinie (Pneumothorax), sonst Drainage in der hinteren Axillarlinie im 4. oder 5. ICR (Pleuraerguß, -empyem, Hämatothorax). Lagerung des Pat. mit erhobenem Arm leicht zur Gegenseite gedreht
- Großzügige Lokalanästhesie und Probepunktion am „Oberrand der Unterrippe". Läßt sich weder Luft noch Flüssigkeit aspirieren, Punktionsort überprüfen
- Inzision der Haut mit Skalpell 2–3 cm unterhalb des vorgesehenen ICR. Vorgehen bei Bülau-Drainage (nur für Geübte!). Weitere Präparation mit der Klemme. Evtl. weitere Lokalanästhesie.
- Mit der Klemme stumpf durch die Interkostalmuskulatur vordringen. Fenster muß für Zeigefinger passierbar werden. Einführen des Fingers, um Gebiet zu sondieren, (z.B. Adhäsionen, Lage zum Zwerchfell).
- Einführungslänge der Drainage vorher abschätzen. Drainagenspitze mit nach unten gebogener Klemme packen und vorsichtig unter Kontakt zum Finger einführen.
- Bei Verwendung eines Trokars diesen nach Inzision der Haut zügig einführen, Drainageschlauch vorschieben und Trokar zurückziehen.
- Zur Drainage eines Pneumothorax kraniale Plazierung. Um Erguß zu drainieren, kaudale Plazierung. Alle seitlichen Öffnungen müssen intrathorakal liegen.
- Äußeres Schlauchende zunächst mit Klemme abdichten, dann an vorbereitetes Ableitungssystem anschliessen.
- Tabaksbeutelnaht zum späteren Abdichten des Tunnels, Fixierung des Drainageschlauchs zur Lagekontrolle. Zusätzliche Fixation mit braunem Pflaster.
- Rö.-Kontrolle der korrekten Lage.
- Entfernen der Drainage: Rasches Herausziehen, falls möglich unter Valsalva-Manöver, Verknoten der Tabaksbeutelnaht. Rö-Kontrolle.

Blutung durch Verletzung von Interkostalgefäßen, Bronchusfistel, Verletzung von Zwerchfell, Leber und Milz.

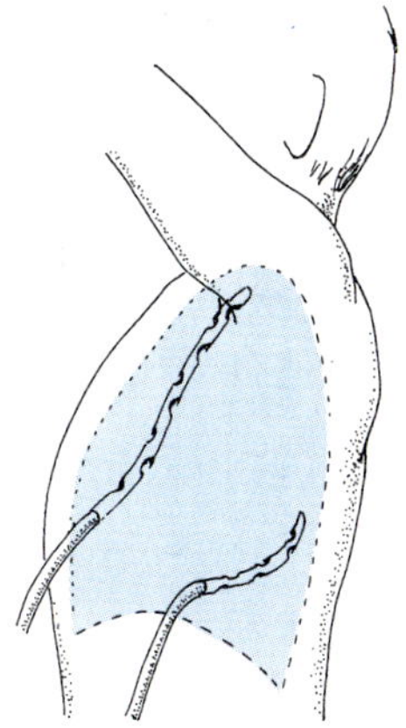
Abb. 2.8: Thoraxdrainage

2.7 Zentraler Venenkatheter (ZVK)

2.7.1 Legen des ZVK

Ind.: hypovolämischer oder kardiogener Schock, Z.n. Reanimation, sicherer Zugang zur V. cava sup. für volle parenterale Ernährung, fehlende Möglichkeit eines peripheren Venenzugangs, Zufuhr von hyperonkotischen oder anderen venenwandreizenden Substanzen (z.B. Kalium, hochkonz. Glukoselösungen), ZVD-Messung (s.u.).

Relative KI: Gerinnungsstörungen und Schwierigkeiten der Kopf-Tieflagerung (V. subclavia, Vv. jugulares), Adipositas und extremes Lungenemphysem (V. subclavia), voraussichtlich lange ZVK-Verweildauer (V. cephalica, V. basilica).

Periphere Zugang*swege:* V. basilica, V. cephalica. Zentrale Zugangsw*ege:* V. subclavia, V. jugularis int. und ext., V. brachiocephalica (= V. anonyma).

Material: Einmalpunktions-Set mit Plastikkatheter 14 G oder 16 G, ca. 70 cm lang für V. basilica und V. cephalica, ca. 30 cm lang für V. jugularis und V. subclavia. 10 ml Spritze mit steriler Kochsalzlösung, 5–10 ml 1%iges Lidocain mit Kanülen (z.B. 21 G – grün). Sterile Handschuhe, Tücher und Mundschutz, möglichst EKG-Monitor.

Durchführung: bei V. jugularis und V. subclavia Pat. in die Trendelenburgsche Lage bringen (Senken des Oberkörpers um ca. 20 Grad durch Kippen des Bettes, dadurch bessere Venenfüllung und Vermeidung von Luftembolien), den Kopf zur Gegenseite gedreht. Rasieren, Desinfektion und Abdecken der Haut. Lokalanästhesie. *Cave:* nach mißglückter Punktion der V. subclavia oder V. anonyma Versuch auf der Gegenseite erst nach Röntgenkontrolle (→ Pneumothorax?).

Periphere Zugangswege (V. basilica, V. cephalica)

- *Vorteil:* geringe Infektionsgefahr, geringe Blutungsgefahr bei Gerinnungsstörungen (Kompressionsmöglichkeit). Nachteil: Thromboseneigung, zeitaufwendig, große Variabilität der Anatomie
- *Punktionsort:* Ellenbeuge
- *Technik:* Verwendung von Einmalpunktionssets (z.B. Cavafix®), evtl. Lokalanästhesie. V. basilica (medial) bevorzugen, da V. cephalica (lateral) rechtwinklig in die V. subclavia einmündet und sich der Katheter von dort manchmal nicht mehr weiterschieben läßt, dann evtl. Arm abduzieren. Einführungslänge vorher abschätzen (Faustregel beim mittelgroßen Pat.: Ende des Katheters am Handgelenk).

Jugularis-interna-Punktion (transmuskulärer Zugang)

- *Punktionsort:* etwas unterhalb der sichtbaren Kreuzungsstelle der V. jug. externa mit dem M. sternocl. und ca. 1 cm lateral der tastbaren Arterie
- Bei der Lokalanästhesie durch Aspirationsversuche (Probepunktion in der unten angegebenen Richtung) Lage der V. jugularis bestimmen

- Unter ständiger Palpation der A. carotis (postero-medial der V. jugularis) Einführen der Punktionskanüle transmuskulär unter Aspiration im Winkel von ca. 30° zur Haut. Zielpunkt beim Vorschieben ist der mediale Rand des klavikulären Muskelansatzes. In 3–4 cm Tiefe wird die V. jug. int. erreicht. Aspiration von venösem Blut. Vorschieben der Plastikkanüle, danach Zurückziehen der Punktionsnadel bzw. des Führungsdrahtes. Röntgendichten Katheter einführen
- Weiteres Vorgehen wie unter Subclavia-Punktion beschrieben. Aufheben der Kopftieflage erst nach Anschluß an das Infusions-System.

Subclaviapunktion

V. subclavia kreuzt 1. Rippe dorsal des medialen Klavikuladrittels. Anteriore Lage zur A. subclavia und der Pleurakuppel.

Infraklavikulärer Zugang

- Lagerung: Arm des Pat. abduzieren und außenrotieren (übersichtlichere anatomische Verhältnisse)
- *Punktionsort:* unmittelbar infraklavikulär in der Medioklavikularlinie. 1–2 ml des Lokalanästhetikums als „Depot" unmittelbar an das Periost der Klavikula setzen; mit weiteren ca. 3–4 ml das umgebende Gewebe infiltrieren
- Einbringen der Punktionskanüle zwischen aufgesetztem 2. und 3. Finger der nicht punktierenden Hand unter ständiger Aspiration mit aufgesetzter 10 ml-NaCl-Spritze. Zunächst Haut annähernd senkrecht durchstechen, dann Punktionskanüle an die Dorsalfläche der Klavikula heranführen. Nadelführende Hand gut abstützen, um „Ausrutschen" zu vermeiden.
- Punktionskanüle horizontal unter der Klavikula und in ständigem Kontakt zu ihr in Richtung auf die obere Begrenzung des Sternoklavikulargelenkes vorschieben. Der Winkel zur Thoraxoberfläche beträgt etwa 30°
- Nach Überwinden eines Widerstandes (Lig. costoclaviculare) erreicht man die V. subclavia in 4–6 cm Tiefe. Intraluminale Lage durch mühelose Blutaspiration kontrollieren. Kunststoffkanüle in das Lumen vorschieben und Stahlkanüle entfernen
- Je nach Technik (z.B. Seldinger Technik) Katheter re 10–15 cm, li 15–20 cm einführen; Eindringtiefe des Katheters mit dem außen angelegten Führungsdraht abschätzen. *Cave:* Katheter niemals gegen Widerstand vorschieben!
- Erneut intravasale Lage durch Blutaspiration prüfen und Katheter gut fixieren, ggf. Naht, steriler Verband
- Anschließend obligate *Röntgenkontrolle*; bei nicht-röntgendichten Kathetern wird Kontrastmittel verwendet. Lagekorrektur. *Richtige Lage:* Untere Vena cava sup., ca. 2 cm oberhalb der Einmündung in den rechten Vorhof (Katheterspitze befindet sich außerhalb des Perikardbeutels) oder hoch im rechten Vorhof (d.h. im Rö-Bild ca. 2 QF unterhalb des Sternoclaviculargelenks).

Komplikationen aller Zugangswege

Pneumothorax (v.a. V. subclavia), art. Punktion (Gefahr des Hämatothorax → sofortige Kanülenentfernung und Druckverband für mind. 5 Min., ggf. Eisbeutel), Hämatom, Verletzung des Ductus thoracicus auf der li Seite (Chylothorax), Luftembolie (Beatmung mit PEEP), Verletzung des Plexus brachialis, Katheterfehllage mit Rhythmusstörungen, Endokardverletzung, Thrombophlebitis,

Infektionen bei 7–16 % der Patienten (abhängig v.a von der Verweildauer, Erreger meist Staph. aureus) und Thrombose der zentralen Vene.

Fußangeln und Fingerzeige

- Bei Richtungskorrekturen Kanüle bis unter die Haut zurückziehen, dann erst mit veränderter Richtung vorschieben
- Stahlkanüle niemals in situ in die Kunststoffkanüle zurückstecken (diese kann durchbohrt und abgeschnitten werden)
- Bei Widerstand beim Vorschieben intravasale Lage des Katheters durch Blutaspiration kontrollieren (Katheterende unter das Niveau des Pat. halten).
- Bei Fehllage des ZVK z.B. in den Halsvenen und kontralateralen Gefäßen: Zurückziehen und erneutes Vorschieben bei stärker abduziertem, außen- oder innenrotierten Arm (*Cave:* nur wenn der Katheter sich noch in steriler Hülle befindet).
- Schwierige Punktion häufig bei: Z.n. Vorpunktion auf derselben Seite, nach Fehlpunktion (Hämatom!), Exsikkose (ggf. Pat. zunächst „auffüllen"), Venenthrombose. Ggf. vor und während Punktion Sonographie (mit 7,5 MHz-Schallkopf)
- Obligate Rö-Kontrolle, ggf. Lagekorrektur
- Bei Fieber oder entzündeter Eintrittsstelle Katheter entfernen und Neueinlage an anderer Stelle (Katheterspritze mikrobiologisch untersuchen lassen)
- Vorsicht bei BZ- und E'lytbestimmungen aus ZVK bei gleichzeitiger Infusion.

2.7.2 ZVD-Messung

ZVD nur in flacher Rückenlage des Pat. und korrekter zentraler Lage des Katheters meßbar → Rö-Bild prüfen (richtige Lage: Katheterspitze 2 QF unter Sternoclaviculargelenk). ZVD muß atemabhängig sein.

Prinzip: Meßvorrichtung ausrichten (z.B. mit Thoraxlineal). Rechter Vorhof = 0 cm, entspricht 2/3 des Abstands von Wirbelsäule zu Sternum beim liegenden Pat.

Manometer mit Infusionslösung (NaCl 0,9%) füllen, dann Dreiwegehahn zum Patienten öffnen: Messung des (atemabhängigen) Venendrucks in cm Wassersäule. Normwert: ca. 2–12 cm H_2O ≈ 1–9 mmHg (1 cm H_2O = 0,74 mmHg). Warten bis Flüssigkeitssäule atemabhängig nicht mehr wesentlich sinkt. Meßdauer sollte 3–5 Min. nicht überschreiten, sonst Wertverfälschung.

2.7.3 Injektion in Port

Port: Subkutan implantierter zentraler Venenzugang, bestehend aus einem Reservoir (3–4 cm Durchmesser); der mit Silikonmembran.verschlossen ist (☞ Abb. 2.9). Die Membranen können mit speziellen Nadeln ca. 5000 x angestochen werden und verbleiben zumeist lebenslang.

Material: Hubernadel (z.B. Farmacia- Gripper- Nadeln), mit 90° gewinkelte Kanüle, Desinfektionsmittel, sterile Handschuhe, sterile Kompressen, evtl. Tegaderm®-Pflaster, PVP- Salbe, NaCl 0,9 % 10 ml, 10 ml Spritzen, 2500 I.E. Heparin, evtl. steriles Lochtuch.

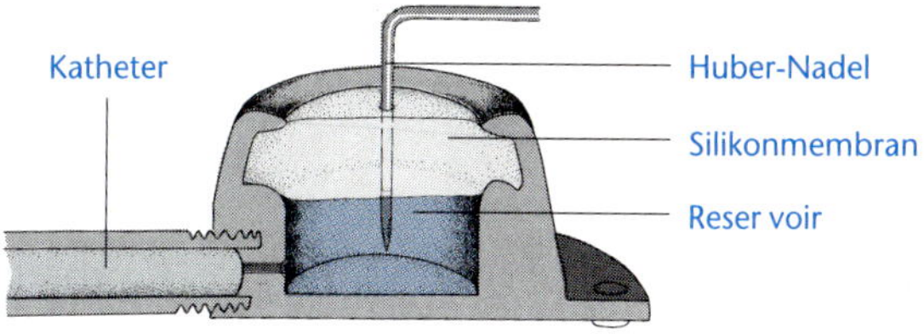

Abb. 2.9: Port

Durchführung

- Verband entfernen; Desinfektion; ggf. alte Nadel entfernen, hierbei Port mit der anderen Hand fixieren; Inspektion der Wunde/Injektionsstelle (Hämatome, Abszeß); erneute großflächige mehrmalige Desinfektion
- Von da an obligates steriles Arbeiten! Fixieren des Ports unter der Haut und sicheres Lokalisieren der membranösen Seite; senkrecht die Nadel durch Haut und Membran stechen, bis Kontakt zum Portboden sicher gespürt wird; Injektion von 10 ml NaCl 0,9 %, wobei das Injizieren leicht erfolgen muß, bei möglichen Zweifeln an Lokalisation der Nadel evtl. Aspiration von Blut; Anschließen der Infusion/Injektion.
- Nach Abschluß jeder Injektion/Infusion/Manipulation obligates Spülen des Portsystems mit sog. Heparinblock (z.B. 2500 I.E. Heparin auf 2 ml NaCl 0,9%), danach Verschluß der Klemme an der Portnadel; Verband oder Entfernen der Nadel. Die Nadel kann bei guten Wundverhältnissen ca. 1 Woche belassen werden.

Komplikationen: lokale Infektionen, Kathetersepsis (nach Blutkultur, ☞ 2.11.1) peripher und venös z.B. Vancomycin 1 g/24 h über Port), Blutungen beim Anstechen, Abrisse des Katheters, Dislokationen des Reservoirs, thrombotischer Verschluß des Katheters, Thrombose.

Fußangeln und Fingerzeige

- Keine ZVD-Messung
- Ist ein Portsystem erst einmal bakteriell besiedelt, ist eine Sanierung auch mit gezielter Antibiotikagabe oft nicht mehr erreichbar → aseptisches Vorgehen
- Applikation der Infusionsnadel und Anlegen der Infusion durch erfahrenen Mitarbeiter (→ im Tagdienst üben)
- Keine Injektion in das Portsystem mit normalen Kanülen (Stanzdefekte).

2.7.4 Probleme mit Infusionen

Nicht laufende Infusionen

- Unterdruck in der Infusionsflasche (→ mit Kanüle belüften)
- Infusionsleitung abgeknickt
- Braunüle liegt an der Venenwand (→ etwas zurückziehen)
- Braunüle liegt nicht mehr intravasal (entfernen)
- Braunüle ist verstopft (→ Anspülen mit physiologischer NaCl-Heparin-Lösung. Je kleiner der Durchmesser der Spritze, desto höher der Spüldruck, z.B. Insulinspritze)
- Der Arm, an dem die Braunüle liegt, ist abgeknickt (für freien Abfluß sorgen).

Piepsende Perfusoren oder Infusomaten

- Luft im System
- Infusionsschlauch abgeknickt
- Infusion läuft „para"
- Dreiwegehahn steht falsch
- Patient liegt so, daß Vene komprimiert wird.

2.8 Arterielle Punktion

- *Ind.:* BGA (wenn Bestimmung aus Kapillarblut nicht ausreicht), Arteriographie
- *KI:* erhöhte Blutungsneigung, Infektionen im umliegenden Gewebe
- *Punktionsorte:* A. femoralis, A. radialis, A. brachialis
- *Material:* spezielle BGA-Spritze oder heparinisierte 2–5 ml Spritze mit dünner Kanüle (24 G/lila für A. radialis, 21 G/grün für A. femoralis) Hautdesinfektion, sterile Handschuhe, Mundschutz, Tupfer und Sandsack, „Helfer" zum Komprimieren der Arterie.

Durchführung bei A. femoralis

- Pat. soll auf einer harten Unterlage liegen, die Hüfte muß gestreckt sein (evtl. Kissen unter das Gesäß schieben). Haut und palpierende Zeige- und Mittelfinger der li Hand desinfizieren, A. femoralis unter dem Lig. inguinale mit Zeige- und Mittelfinger so palpieren (medial liegt die V. femoralis, lateral der N. femoralis), daß sie zwischen den parallel liegenden Fingern verläuft.
- Finger ca. 1 cm spreizen, dadurch gleichzeitiges Spannen und Fixieren von Haut und A. femoralis. Mit leerer Spritze unter Sog zwischen den beiden Fingern senkrecht zur Haut einstechen, bis Blut kommt. Evtl. muß dafür Kanüle erst langsam zurückgezogen werden.
- Bei gelungener Punktion der Arterie *pulsiert* helles Blut aus der Kanüle
- Nach Herausziehen der Kanüle Punktionsstelle 5 Min. fest komprimieren. Danach Blutstillung kontrollieren. Wenn praktikabel, anschließend ca. 30 Min. mit einem Sandsack komprimieren. *Cave:* Falsches oder ungenügendes Komprimieren kann zu erheblichen Hämatomen führen! Zur BGA Spritze sofort luftdicht und ohne Lufteinschluß verschließen und ins Labor transportieren (→ Helfer).

A. radialis

Handgelenk überstrecken. Kollateralkreislauf überprüfen (*Allen-Test*): Pulsation der A. ulnaris? Evtl. Lokalanästhesie, Punktionskanüle (z.B. 24 G) mit aufgesetzter Spritze im Winkel von 30° von distal nach proximal daumenseitig einführen. Weiteres Vorgehen wie oben.

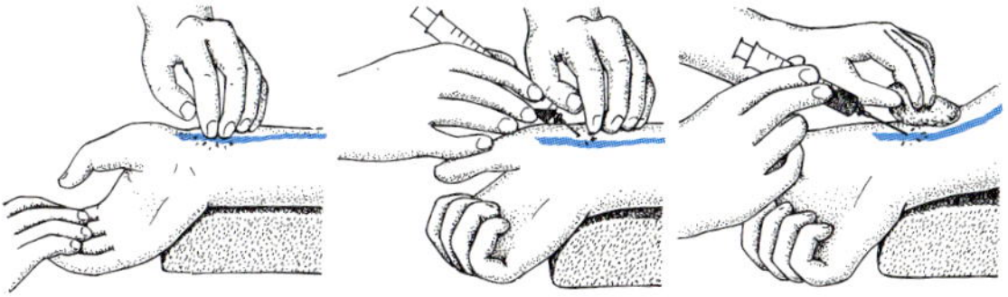

Abb. 2.10: Punktion der A. radialis

Arterieller Katheter

- *Ind.:* direkte (invasive, blutige) Blutdruckmessung auf Intensivstation oder bei großen OP's. Häufige Kontrolle art. Parameter: BGA, Säure-Basen-Status. Nur A. femoralis: Kontinuierliche arteriovenöse Hämofiltration, Linksherzkatheter. *KI:* wie arterielle Punktion (s.o.).
- *KI:* wie arterielle Punktion (s.o.).
- *Punktionsorte:* A. radialis, A. femoralis.
- *Material:* A. radialis: kurze Teflonkanülen (z.B. Abbo-Cath®) 20 G (Erwachsene), 24 G (Kinder). A. femoralis: Katheter 18 G; Dialysezugang max. 5 F. Ggf. Punktionsset in Seldingertechnik, Lokalanästhesie sterile Handschuhe, sterile Tücher.

Durchführung für A. radialis

- Kollateralkreislauf an der nicht dominanten Hand überprüfen (Allen-Test) Handgelenk überstrecken. Desinfektion. Evtl. Lokalanästhesie s.c.
- Verweilkanüle unmittelbar proximal des Lig. carpale im Winkel von ca. 30° zur Haut in die Arterie einstechen und sehr langsam vorschieben. Bei Erreichen der Arterie strömt Blut in den Kanülenansatz. Jetzt Kanüle senken und flach ca. 2 mm vorschieben (sichere intravasale Lage der Kanülenspitze).
- Äußere Kunststoffkanüle vorschieben, Punktionsnadel zurückziehen. Bei sicherer Lage spritzt das Blut rhythmisch aus der Kanüle. Verweilkanüle fixieren.

Keinen Dreiwegehahn direkt an der Kanüle befestigen!

Durchführung für A. femoralis

- Hautdesinfektion, evtl. Rasur
- Leichte Außenrotation und Abduktion, Palpation der A. femoralis unterhalb des Lig. inguinale (medial liegt dieVene, lateral der Nerv)
- Punktion mit entsprechender Kanüle (z.B. 18 G, 5 F) mit leerer 10 ml Spritze im Winkel von 45° bis Blutaspiration möglich und rhythmisches Pulsieren, dann weiter nach Seldinger-Technik
- Fixierung mit Naht
- Anschluß der Druckmessung oder des Dialysebestecks.

Bei Blutdruckmessung Zuleitung an den Druckaufnehmer (Transducer) anschliessen und nach Gebrauchsanleitung Druckmeßeinrichtung kalibrieren. Der arterielle Zugang muß regelmäßig mit NaCl-Heparin gespült werden.

Eindeutige Markierung („Arterie") vermindert das Risiko einer versehentlichen intraarteriellen Injektion! *Komplikation:* Durchblutungsstörungen.

2.9 Sonden

2.9.1 Ösophaguskompressionssonde

Ösophaguskompressionssonden sind schwierig zu legen und komplikationsträchtig, sie erfordern sehr intensive Überwachung!

Ind.: gastroskopisch gesicherte, akute obere Gastrointestinalblutung (Ösophagus- oder Fundusvarizenblutung, ☞ 8.2), wenn Sklerosierung unmöglich und Vasopressin erfolglos. Schwerer hypovolämischer Schock, falls Notfallgastroskopie nicht möglich.
Komplikationen: Aspirationspneumonie, Asphyxie (Dislokation des Ösophagusballons), Kardiaruptur (Dislokation des Magenballons).

Sondentypen

Die Sengstaken-Blakemore-Sonde besitzt 2 Ballons und drei Lumen: Magen - Magenballon - Ös.-Ballon. Minnesota-Vier-Lumen-Sonde: zusätzliches Lumen zum Absaugen des Ösophagus. Die Linton-Nachlas-Sonde hat nur einen Ballon, der am Magen/Ösophagusübergang zu liegen kommt. Die Linton-Nachlas-Sonde ist v.a. bei Fundusvarizen geeignet.

Ballonprüfung

Aufblasen des Magenballons mit 100, 200 und 300 ml Luft. Hierunter Druckmessung über Druckkontrollöffnung mittels Hg-Manometer. Druckwerte für jeweiliges Volumen notieren. Wenn keine Leckage, Luft ablassen.

Vorbereitung des Patienten

Lagerung des Patienten mit ca. 45°-Neigung des Kopfes. Nasen- und Rachenraum mit Oberflächenanästhetikum (z.B. Lidocain®-Spray, 8–10 Hübe) betäuben. Bewußtlose Patienten intubieren.

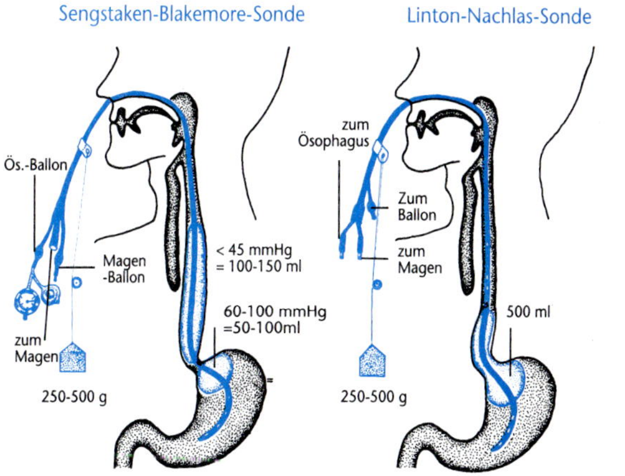

Abb. 2.11: Ösophaguskompressionssonden

Einführen der Sengstaken-Blakemore-Sonde

- Luft aus dem Magen- und Ös.-Ballon absaugen und Druckkontrollöffnungen mit Plastikpfropfen versehen, um Deflation der Ballons während des Einführens zu sichern
- Ballons mit Gleitmittel bestreichen (z.B. Lidocain-Gel 2%)
- Einführen der Sonde über die Nase bis zur 50 cm-Markierung (Sondenspitze im Magen). Schluckweises Trinkenlassen von Wasser erleichtert das Einführen. Auskultation des Epigastriums während der Instillation von Luft
- Danach Rö-Kontrolle! Spitze muß deutlich unterhalb des Zwerchfelles liegen
- Um Erbrechen während des Aufblasens des Ballons zu verhindern, sofort über Magenschlauch absaugen.

Endgültige Plazierung

- Aufblasen des Magenballons unter Manometerkontrolle mit 100–150 ml Luft. Wenn der intragastrale Ballondruck nach Einführen um 15 mmHg höher als bei gleichem insuffliertem Volumen *vorher* ist, befindet sich der Magenballon im Ösophagus (Rupturgefahr! Erneute Plazierung)
- Ballon im Magen → Verschluß der Druckkontroll- und Lufteinlaßöffnungen
- Sonde vorsichtig zurückziehen, bis man federnden Widerstand spürt
- Ös.-ballon mit 25–30 mmHg (ca. 50 ml Luft) aufblocken und verschließen
- Schlauch an der Nase fixieren. Evtl. Zug mit 250–500 g
- Spülung des Magens mit 0,9%iger NaCl-Lösung, bis Aspirat klar. Bleibt es blutig, Erhöhung des intraösophagealen Ballondruckes auf 35–45 mmHg unter ständiger Druckkontrolle über Druckkontrollöffnung des Ös.-Ballons (mind. stündlich)

- Bei fortbestehender Blutung Zug von außen auf die Sonde erhöhen
- Magenabsaugung in kurzen Intervallen
- Druck im Ös.-Ballon möglichst niedrig halten (max. 45 mm Hg)
- Steht die Blutung, alle 3 h Ös.-Ballondruck um 5 mmHg bis auf 25 mmHg senken
- Alle 6 h Ös.-Ballon für 5 Min. entleeren, um Drucknekrosen zu vermeiden
- Steht die Blutung bei einem intraösophagealen Druck von 25 mm Hg, Ös.-Tamponade für mindestens 12 h fortsetzen, dann Luft ablassen. Ballon noch für weitere 4 h in seiner Position belassen.

Entfernung

- Tritt in diesen 4 h keine Rezidivblutung auf, Sonde vorsichtig entfernen
- Bei Regurgitation mit Aspirations- und Erstickungsgefahr: zur *sicheren Deflation des Ballons* wird der extrakorporale Teil der Sonde vor der Extubation durchtrennt (Schere am Patientenbett).

Linton-Nachlas-Sonde

Plazierung im Magen wie Sengstaken-Blakemore-Sonde, dann mit 100 ml Luft aufblasen, zurückziehen, bis leichter Widerstand spürbar. Nachblocken bis zum Gesamtvolumen 500 ml. Evtl. Zug mit 250–500 g. Rö-Kontrolle, regelmäßiges Absaugen der proximalen und distalen Öffnung, um die Effektivität der Blutstillung zu überprüfen.

Ösophaguskompressionssonden max. 24 h liegen lassen.

2.9.2 Magensonde

Durchführung

Pat. Vorgehen erklären. Zahnprothesen entfernen, ggf. Anästhesie des Mund- bzw. Nasenraumes mit Lidocainspray. Pat. sollte aufrecht sitzen, den Kopf leicht nach vorne geneigt. Sonde wird durch vorheriges Anfeuchten gleitfähiger, durch Aufbewahrung im Kühlschrank ist Flexibilität herabgesetzt und Sonde beim 1. Versuch besser zu schieben. Sonde durch Mund oder Nase einführen, dabei soll Pat. tief durchatmen und vor allem während des Schiebens schlucken (evtl. Wasser trinken). Kontrolle der Sondenlage durch Einblasen von Luft mit einer *Magenspritze* und Auskultation des Luftaustritts im epigastrischen Winkel. Sollte der Pat. Hustenreiz oder Luftnot verspüren, Sonde aus der Trachea sofort zurückziehen! Entfernen der Sonde durch gleichmäßigen und raschen Zug bei aufrecht sitzendem Paienten.

- Bei diagnostischer Magensekretgewinnung ergibt linksseitige Lage bessere Ausbeute
- Bei länger liegender Sonde müssen E'lyt-Verluste durch Magensekretverlust ausgeglichen werden! Magensaft ist sehr K^+-reich (10 mval/l); die Konzentrationen von Na^+ (40–100 mval/l) und Cl^- (70–120 mval/l) sind pH-abhängig
- Bei länger liegender Sonde Gefahr der Refluxösophagitis → Prophylaxe mit H_2-Blockern, z.B. Ranitidin ☞ 22.1.

2.10 Blasenkatheter

Transurethraler Blasenkatheter

Ind.: Harnretention (☞ 16.1), Gewinnung von Blasenurin, Harninkontinenz oder Überlaufblase, präop. Vorbereitung, Messung der Urinmenge/Zeiteinheit, Restharnbestimmung, differenzierte Nierenfunktionsproben, Flüssigkeitsbilanz, Spül- bzw. Instillationsbehandlung.

Bei Harnverhalt durch erhöhten Sympathikotonus (z.B. postop., Ther. mit Neuroleptika, nach Katheterisierung) zuerst Versuch mit 0,25 mg Carbachol (z.B. Doryl®) s.c. *NW:* Atemwegsobstruktion ☞ 16.1.

Katheterarten

- Einmalkatheter (vorwiegend diagn. Anwendung)
- Verweilkatheter (therapeutische Anwendung): einläufig oder zweiläufig mit Blockballon
- Spülkatheter: zwei- oder dreiläufig mit Dreiwegehahn, einem Eingangs- und Ausgangskanal sowie Blockballon.

Material: Katheter (14, 16 oder 18 Ch.), steriles Katheterset mit ein oder zwei Nierenschalen, Urinbeutel, 6 Tupfer, Handschuhe, Unterlage und Lochtuch, steriles Röhrchen, Desinfektionsmittel, Spritze mit Lidocain-Oberflächenanästhesie und Gleitmittel.

Durchführung bei Männern

- Rückenlage mit Unterschieben eines Kissens unter das Becken
- Lochtuch so plazieren, daß die Harnröhrenöffnung sichtbar ist. Äußeres Genital desinfizieren (ohne sterilen Handschuh)
- Mit sterilem Handschuh Penis halten, Vorhaut zurückstreifen und Harnröhren-öffnung spreizen. Glans penis und Meatus urethrae dreimal mit einem Tupfer desinfizieren (z.B. mit Betaisodona®)
- Urethrale Oberflächenanästhesie mit Lidocain-Gel-Spritze: z.B. ca. 10 ml Instillagel®, 60 Sek. warten
- Spitze des Katheters mit sterilem Gleitmittel versehen
- Mit der linken Hand den Katheter am hinteren Ende greifen und ihn mit der rechten Hand ca. 5 cm von der Spitze entfernt fassen
- Katheterende zwischen kleinem und Ringfinger der re. Hand einklemmen
- Penis mit der linken Hand nach oben strecken und Blasenkatheter ca. 15 cm in die Harnröhre vorschieben. Wird Widerstand spürbar, Penis unter Strecken absenken und Katheter weiterschieben bis Urin fließt. Ggf. kleineren Katheter verwenden
- Fließt Urin, Katheter weiter vorschieben. Bei erneutem Widerstand Ballon mit 5 oder 10 ml Aqua dest. (möglichst kein NaCl, Ventil-Verkrustung!) blocken. Vorsichtig zurückziehen, bis man einen federnden Widerstand spürt
- *Cave:* Präputium unbedingt reponieren → Gefahr der Paraphimose!

Durchführung bei Frauen

- Rückenlage, Fersen zusammenstellen, Knie nach außen
- Lochtuch so plazieren, daß die Harnröhrenöffnung sichtbar ist
- Zuerst Vulva von ventral nach dorsal desinfizieren. Dann mit linker Hand (sterile Handschuhe) Labien spreizen und kleine Schamlippen dreimal desinfizieren. Zuletzt Harnröhrenöffnung desinfizieren. Der letzte Tupfer wird in den Vaginaleingang gebracht. Desinfektionstupfer nur einmal verwenden.
- Katheter in die Harnröhre einführen. Bei Dauerkathetern Blockballon mit 5 oder 10 ml Aqua dest. füllen. Vorsichtig zurückziehen, bis man einen federnden Widerstand spürt
- Tupfer aus dem Vaginaleingang entfernen.

Suprapubischer Blasenkatheter

Ind.: Urethralstrikturen und -verletzungen, postop. Urinableitung, längerdauernde Urinableitung, akuter Harnverhalt, Harngewinnung (Gefahr der Keimverschleppung geringer als bei transurethralem Katheter). *KI:* V.a. Blasenkarzinom.

Material: Zystotomie-Set (z.B. Cystofix®), Malecot-Katheter 20 G oder 24 G, 10 ml 1%iges Lidocain mit Kanüle (22 G/0,7), Skalpell, sterile Tücher und sterile Handschuhe, Einmalrasierer.

Durchführung: möglichst durch Urologen. Gefüllte Blase palpieren und perkutieren; ggf. Sonographie; ist Blase nicht gefüllt, 500–1000 ml Tee geben, oder bei schon liegendem transurethralen Katheter retrograde Füllung. Rasur und Desinfektion der Haut, Infiltrationsanästhesie, etwa 2–3 cm über der Symphyse in der Medianlinie. Zur Lokalisationshilfe mit noch liegender Anästhesienadel Punktionsversuch. Stichinzision der Haut mit Einmalskalpell. Punktionsbesteck in die Blase einführen und Katheter vorschieben, danach Punktionskanüle zurückziehen und entfernen (*Kanüle an Perforationsstelle aufklappbar*). Katheter mit Naht fixieren, steriler Verband.

Komplikationen

- *Transurethraler Katheter:* Harnwegsinfekte durch Keimverschleppung und aufsteigende Infektionen (Risiko bei Dauerkatheter: 5 % pro Tag) und nachfolgende Urosepsis, deshalb Durchführung nur unter strikter Asepsis und Antisepsis
- *Suprapubischer Katheter:* Peritonitis bei *via falsa.*

Katheterwechsel

- *Transurethraler* Katheter mind. alle 2 Wo. (Ausnahme: Silastik-Langzeitkatheter alle 3 Mon.). Bei trübem Urin, Hinweis auf Inkrustierung oder Infektion: sofortiger Katheterwechsel
- *Suprapubischer* Katheter mind. alle 2 Mon.

2.11 Entnahme von Material für Bakteriologie

2.11.1 Blutkulturen

Vorbereitung

- Zwei Blutkulturflaschen (aerob/anaerob) auf 37 °C erwärmen
- Flaschen beschriften
- Einmalspritze (20 ml), Kanülen und Hautdesinfektionsmittel bereitlegen

Hautdesinfektion und Blutentnahme

- Punktionsstelle sorgfältig desinfizieren und 10–20 ml Blut entnehmen (☞ Herstellerangaben)
- Vor Umfüllen in Blutkultur-Flaschen neue, sterile Nadel aufsetzen (z.B. 20 G gelb)
- Desinfektion der Gummipfropfen, Injektion von je 5–10 ml
- In aerober Flasche ggf. Kanüle zur Belüftung kurz ohne Spritze stecken lassen
- Transport so rasch wie möglich in das mikrobiologische Labor
- Bis zum Transport Flaschen im Brutschrank bei 37 °C aufbewahren.

Häufigkeit und Zeitpunkt von Blutentnahmen bei Sepsis

Häufigkeit des Erregernachweises steigt mit Anzahl der entnommenen Blutkulturen. Die Entnahme einer einzigen Probe reicht für den sicheren Nachweis einer Bakteriämie bzw. Fungämie nicht aus. Die erste Blutentnahme sollte vor Therapiebeginn erfolgen.

- *Sepsis mit intermittierendem Fieber:* Vor Therapiebeginn 2 Entnahmen von verschiedenen Lokalisationen im Abstand von einer Stunde, frühzeitig im Fieberanstieg. Nach Therapiebeginn am 1. und 2. Tag je 2 Entnahmen am Ende von Antibiotika-Dosierungsintervallen
- *Endokarditis:* am 1. Tag mindestens 3 Entnahmen vor Therapiebeginn zu Beginn des Fieberanstiegs. 2. Tag: 3 Entnahmen am Ende von Antibiotika-Dosierungsintervallen
- *Verdacht auf Fungämie:* am 1. und 2. Tag je 2 Entnahmen.

2.11.2 Abstriche

Mit Abstrichtupfer Material unter Sicht von verdächtigen Stellen entnehmen und in Röhrchen mit Transportmedium einbringen. Tupfer nie trocken einsenden, da Anzucht anspruchsvoller Keime nicht mehr gelingt. Lagerung und Transport bei Raumtemperatur.

Rachenabstrich/Tonsillenabstrich

- Patient darf vor Entnahme keine Schleimhautdesinfektion (z.B. Chlorhexidin® etc.) durchgeführt haben!
- Zunge mittels Spatel herunterdrücken; mit Wattetupfer Material von entzündeten bzw. mit Sekret oder Eiter bedeckten Bereichen entnehmen. Berührung anderer Schleimhäute (Lippen, Zunge) sowie Kontamination des Tupfers mit Speichel vermeiden.

2.11.3 OP-Material/Wundsekrete/Punktate

- Material aus offenen Prozeßen
  - Sekret vom Wundrand mit Abstrichtupfer entnehmen und in Transportmedium einbringen
  - Geschabsel vom Wundrand in ein steriles Röhrchen mit Nährbouillon einbringen
  - Fußgangrän: mit einer Kanüle aus der Tiefe der Wunde Material aspirieren und in Blutkulturflasche injizieren.

- Material aus geschlossenen Prozessen (Punktate)
  - Gewinnung durch Punktion und Aspiration mit einer Spritze unter aseptischen Bedingungen. Material in steriles Röhrchen einbringen; Lagerung und Transport bei Raumtemperatur
  - Bei Verdacht auf Anaerobierinfektion Material in eine vorgewärmte Blutkulturflasche einspritzen und Lagerung der Probe bei 37 °C im Brutschrank (besonders geeignet für Pleura- und Peritonealpunktate).

2.11.4 Intravasale Katheter

- Bei V.a. Kathetersepsis oder Entzündung im Bereich der Insertionsstelle Entfernung und nachfolgende mikrobiologische Untersuchung der Katheterspitze
- Katheter entfernen
- *Katheter bis ca. 10 cm Länge:* etwas unterhalb der Insertionsstelle mit steriler Schere abschneiden und Spitze steril in Röhrchen einbringen
- *Katheter über 10 cm Länge:* Zusätzlich zur Katheterspitze ein ca. 5 cm langes Stück distal der Insertionsstelle herausschneiden und ebenfalls steril einsenden.

Vergiß die Rosen im OP

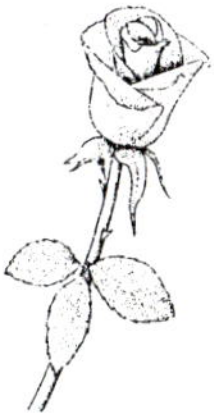

Von Marcel Reiz-Radezki

„Müller, hatte mein Chef gesagt, ich gebe Ihnen die Stelle" – so begann der erste Teil unseres Romans über das echte Leben in der kleinen Klinik im Schwarzwald ... (nachzulesen im Klinikleitfaden Innere Medizin, 5. Auflage).

Doch mit der begehrten Stelle begann für unseren Helden Müller aus Hamburg nur die „Verelendung zum Arzt": Streit mit dem namensverwandten Chef, der keine Gelegenheit ausläßt, seinen AiP zu demütigen – alles unverschämt, unerträglich, wäre da nicht Schwester Gertraud, unter deren warmen Blicken so manche Träne verdunstet. Die beiden sind sich einig: daß nämlich irgendetwas faul ist an dieser kleinen Klinik im Schwarzwald ... Aber was?

Erschütterndes ereignet sich – wir lesen es nicht ohne Schaudern im Klinikleitfaden Intensivmedizin, 3. Auflage – als unser Held im Nachtdienst ein Menschenleben retten will. Schon wieder stößt er mit Professor Müller zusammen! Prof. Müller nämlich hat sich entgegen sonstiger Gewohnheit zu einer nächtlichen Visite eingefunden und legt in der Notaufnahme höchstpersönlich Hand an bei der Reanimation. Könnte dieser freiwillige nächtliche Dienst am Menschen einen Grund haben? Merkwürdige Beobachtungen legen die unglaubliche Antwort nahe: Die Reanimation ist nur gespielt, das „Opfer" kerngesund. Und trotzdem wird es am nächsten Morgen als verstorben gemeldet ...

Auch im OP geht es nicht mit rechten Dingen zu. Letale Ausgänge häufen sich. Ist es Zufall, daß die meisten dieser armen Kreaturen bayerisch sprechen und daß ihr Kopf verbunden ist „wie nach dem Sturz von einem 20-stöckigen Hochhaus?"

Die Schlagzeilen in den Zeitungen wurden von Tag zu Tag fetter, der Freistaat von Tag zu Tag leerer. Manager, Staatssekretäre und weitere Amigos auf der Flucht – und jetzt war sogar ein Minister schwund gegangen. Hatte der Sekretärin noch was von einem „dringenden Termin“ erzählt, und weg war er. Und immer waren es Bayern, die sich auf die Socken machten: die *„Bayern-Connection“* wurde deshalb oft getitelt, und im-mer ging es um Korruption, Begünstigung, Amtsmißbrauch – seit ein paar Tagen sogar um die Bildung einer „terroristischen Vereinigung“.

Auch ich fand den Gedanken an Flucht gar nicht so abwegig – ich haßte Nachtdienste am Wochenende, und natürlich ging der Piepser pausenlos. Rechtzeitig zum Wochenende mußten sich alle Nähte infiziert haben und alle Bäuche waren irgendwie abwehrgespannt, diffus schmerzhaft und seltsam leise. Erst um Mitternacht wurde es auch draußen ruhig.

Bis der rothaarige Pflegeschüler Franz ins Stationszimmer platzte: „Herr Doggder, i darf nochär fir a ganze Schtond d' Station versorge ...“ – seine Backen glühten vor Aufregung, „Schwester Gertraud muß dringend uff ner andre Station aushelfe – aber sage Se's niemand – als Schialer derf mer ja net alloi Nachtdenscht mache ...“ Er war selig.

Ich irgendwie auch – denn obwohl ich so tat, als ob ich von nichts wüßte: das mit dem „Aushelfen“ hatten Gertraud und ich schon öfter gemacht: auf einer unbelegten Station im Ostbau ...

Gertraud kam mit einem Laken unterm Arm auf mich zu: „Sollen wir?“ flüsterte sie mir ins Ohr, und ihr Parfüm stieg aus ihrem weißen Kittel. Sie zog mich ins Stationszimmer.
„Gertraud, aber doch nicht hier!“
Sie öffnete das Fenster, befestigte das Laken im Fensterkreuz – und schwang sich hinaus in die Nacht. Gertraud!!!
Ich stieß meinen Kopf ins Dunkel und sah unter mir die weißen Umrisse meiner geliebten Gertraud. „Komm doch, mein Tarzan“, kam es süß durch die Nacht, „hier uff dem Kiesdach send wir allein ...“

Sie war warm, die Sterne hell. Meine Finger spielten an ihrem Reißverschluß. Und sie redete von dem Bayernskandal!
„Jetzt isch sogar en Minischder abkaue – verwickelt in ganz seltsame Gschäfde."
„Ich weiß", ich schob meinen Daumen ein paar Zähnchen tiefer. „Ond dann uff oimol die Firmenpleiten, die Erpressonge – weißt Du, an was mi des erinnert?" Ich schüttelte den Kopf und überwand eine klemmende Falte, „an die Mafia, jawoll! Ond alles Bayern – Mensch Müller, kabbiersch Du denn nix?"

Sie sprang auf, ihre Beine standen vor mir wie schlanke, braune Säulen. „Die Bayernmafia! Müller, bis Du was schnallsch! Siesch Du denn net, was das mit ons zu tun hat?" Sie sprach jetzt so feierlich, daß sie ins Schriftdeutsch verfiel: „Wir hatten viele Todesfälle in den letzten Wochen, so viele wie noch nie. Allein dieses Wochenende waren es fünf; nach den Aufnahmeakten alles Bayern – des siescht schon an den Leberwerten. Komm! ich muß Dir was zeigen."
Sie zog mich zur Feuerleiter. Ihr BH blitzte durch den halbgeöffneten Reißverschluß, als sie Sprosse für Sprosse tiefer kletterte.

Die Tür ins Kellergeschoß war offen. Wir machten kein Licht im Gang. Wir drückten uns eng aneinander. Sie küßte mich leicht und schob lächelnd den Reißverschluß nach oben. „Der bleibt heut zu." Sie zog ihren Schlüsselbund aus der Tasche. „Gleich", flüsterte sie, „wirscht Du sehn, warom."

Wir schoben uns zu einer breiten Chromtüre, die sich nur schwer öffnen ließ. Kälte schlug uns entgegen. „Fünf send geschtorben übers Wochenende, wie viele müßten also in der Leichenkammer liege?"
Ich sparte mir die Antwort. Gertraud drückte den Lichtschalter. In den Fächern lag nur eine einzige Leiche – der Penner mit der Varizenblutung vom Freitag. Gertrauds Stimme hallte: „Die andern send für tot erklärt, ihre Identität ist gelöscht, ihre Verbrechen vergesse. Müller, die vermodern ganz offiziell onder

der Erde. Ond irgendwann krieget se neue Pässe, neue Namen. Ond dann beginnet neue Abenteuer, neue Verbrechen. Ein prima Recycling. Professor Müller hätt de blaue Engel verdient ..." Wieder fiel mir dieses Wort „Menschenwäsche" ein: wie aus Schwarzgeld weißes Geld wurde, wurden aus Verbrechern unbescholtene Bürger.

Mich fröstelte. Im Aufzug wurde mir wärmer. Gertraud lag ruhig in meinen Armen. „Du, des tut mir no emmer leid, daß ich am Anfang uff den Chef reingfalle bin. Er hot ons alle eingwickelt mit seim Geld, den Vergünschtigungen .... Kannst Du mir verzeihen?"

„Längst vergessen" sagte ich männlich.

Der Reißverschluß teilte sich über einem braungebrannten Ausschnitt. „Noch ne Viertelschtund," flüsterte Gertraud und drückte wieder auf den Knopf zum Keller. Im Keller angekommen wieder auf „12". Und so auf und ab, auf und ab, bis mich der Schüler anpiepste „Herr Doggder, es isch alles ruich hier, aber die Gertraud isch no immer net zurück ..."

Liebe Leserin, lieber Leser,

wer wagt es zu bezweifeln? Es geht dem Ende zu. Wir vom Verlag haben 44 Postkarten unseres Autors Reiz-Radezki entziffert, 44 Vorderansichten mit Neid betrachtet: Provence im Frühling, Provence im Sommer, Provence im Herbst. Und wir haben manches Honorar auf das Konto bei „Credit Lyonnais" überwiesen. Dafür hat er uns ein fulminantes Ende versprochen:

Sie lesen es in der nächsten Neuerscheinung unserer Klinikleitfaden-Reihe.

Jörg Braun
Hermann M. Behre
Bettina Assmann-Sauerbrey

Reanimation und Intensivmedizin 3

3.1 Kardiopulmonale Reanimation

Bei infausten Erkrankungen (z.B. fortgeschrittenem Ca) nicht indiziert!

Klinik des Atem- und Kreislaufstillstandes

- Pulslosigkeit (A. carotis, A. femoralis)
- Bewußtlosigkeit (6–12 Sek. nach Sistieren der O_2-Zufuhr zum Gehirn)
- Atemstillstand, Schnappatmung (bei primärem Kreislaufstillstand nach 15–40 Sek.)
- Weite, lichtstarre Pupillen (nach 30–90 Sek.)
- Fehlender Herzschlag bei Herzauskultation (nicht zuviel Zeit verschwenden!)
- Grau-zyanotische Hautfarbe (unsicheres Zeichen).

ABCD-Regel (Vorgehen bei Kindern ☞ 13.4)

A Atemwege freimachen

Entfernen von Fremdkörpern aus dem Mund-Rachen-Bereich, Kopf überstrecken und Unterkiefer nach vorn und oben ziehen (= *Esmarch-Handgriff*).

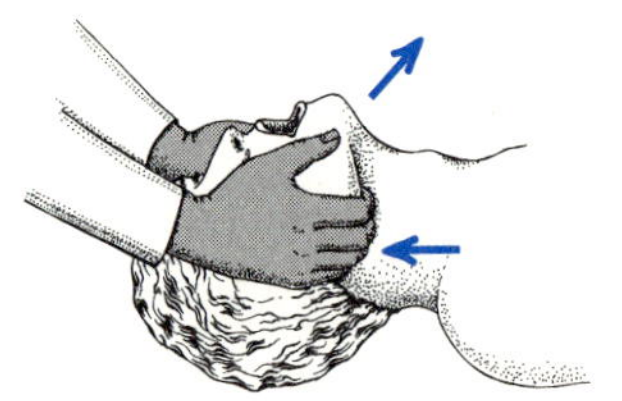

Abb. 3.1.: Esmarch-Handgriff

B Beatmung

- *Mund zu Mund,* Mund zu Nase, Mund zu Tubus (Safar-Tubus, Guedel-Tubus), Maskenbeatmung (Ambu-Beutel, Methode der Wahl für im Intubieren Ungeübte!) mit 100 % O_2
- Intubation ☞ 2.3
- Wenn Beatmung bzw. Intubation nicht möglich ist (z.B. bei Glottisödem): Notfallkoniotomie, ggf. Notfalltrachealpunktion mit 3–5 dicken (z.B. 14 G, braun) Venenverweilkanülen zwischen Schild- und Ringknorpel. Beatmungserfolg kontrollieren (Atembewegung? Rückgang der Zyanose? Atemgeräusch symmetrisch?)
- Zunächst zweimalige schnelle Beatmung, danach Herzdruckmassage und Beatmung im Wechsel: bei *einem Helfer* 15 : 2, bei *zwei Helfern* 5 : 1, Beatmungsfrequenz 20/Min. Maschinelle Beatmung ☞ 2.3.2.

C

Cirkulation

- Bei jedem Herzstillstand sofort mit präkordialem Faustschlag und Herzdruckmassage beginnen.
- Extrathorakale Herzdruckmassage (flache Lagerung auf harter Unterlage, Druckpunkt unteres Sternumdrittel, bei Kindern Brustbeinmitte). *Massagefrequenz:* Erwachsene 80/Min., Kinder 90/Min., Säuglinge 120/Min. Kompressions-Entlastungs-Verhältnis > 50 % (Kompressionsplateau)
- Frühzeitige Defibrillation.

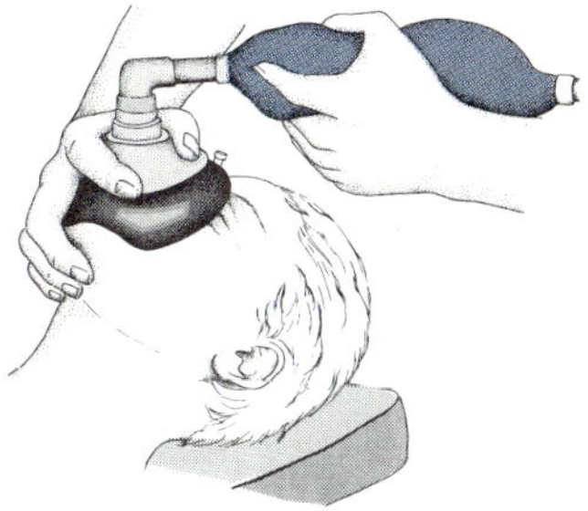

Abb. 3.2: Beatmung mit Ambu-Beutel
Maske mit Daumen und Zeigefinger über Mund und Nasenöffnung pressen, Unterkiefer nach vorn ziehen und mit den restlichen Fingern Kopf in reklinierter Stellung fixieren.

Technik der Defibrillation (EKG-Kontrolle!)

- Elektroden mit Elektrodenpaste bestreichen
- Über Herzbasis (unterhalb der re. Klavicula) und Herzspitze (unterhalb der li. Brustwarze) unter Druck aufsetzen
- Defibrillieren: mit 200 Joule, dann 300, dann 360 Joule innerhalb von 30–45 Sek.; hierbei unbedingt Berührung mit Pat. oder Bett vermeiden!

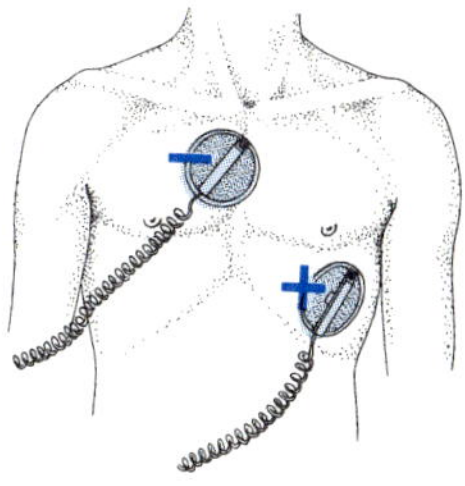

Abb. 3.3: Technik der Defibrillation

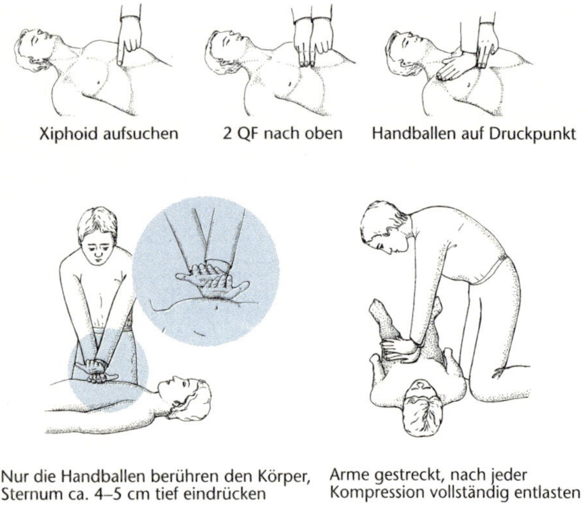

Abb. 3.4: Herzdruckmassage

D Drugs (medikamentöse Therapie)

- Venösen Zugang legen. Bei peripheren Zugängen beträgt die Anflutungszeit 1–2 Min. Alternativ können Adrenalin, Atropin und Lidocain auch über Endotrachealtubus in 2–3facher Dosis auf 10 ml 0,9 % NaCl verdünnt gegeben werden.
- Adrenalin 1 mg (1 Amp. = 1 mg mit 9 ml NaCl 0,9 % verdünnen) fraktioniert i.v. oder über Endotrachealtubus (3fache Dosis), alle 3–5 Min. wiederholen, nicht intrakardial injizieren!
- Atropin bei Sinusbradykardie, Asystolie, AV-Block II.° Typ Wenckebach oder AV-Block III.° 1–3 mg i.v., alle 3–5 Min. wiederholbar
- Lidocain *nach* erfolgreicher Defibrillation zur Rezidivprophylaxe bei Kammerflimmern/-flattern. *Initial* 100 mg (1–1,5 mg/kg) i.v. oder endobronchial als Bolus, später 1–2 mg/kg/h als Dauerinfusion
- Natriumbikarbonat 8,4 % frühestens 10 Min. nach Beginn des Herz-Kreislaufstillstandes (Ausnahme: Hyperkaliämie, metabol. Azidose → sofortige Gabe). 1 mmol/kg initial, möglichst frühzeitig Korrektur nach BGA: Bedarf an $NaHCO_3$ in mmol = negativer BE x kg x 0,3/2.

E

EKG

- Zur DD der Rhythmusstörung (Kammerflimmern, Asystolie) und Therapie-Kontrolle

Stufenschema bei Kammerflimmern

- Defibrillieren (200 Joule), bei Nichterfolg Wiederholung (300 Joule)
- Optimale Oxygenierung durch Beatmung mit 100 % O_2 sicherstellen
- Adrenalin i.v. 1 mg 1:10 verdünnt geben, alle 3–5 Min. wiederholen
- Max. 3 x Defibrillieren (360 Joule)
- Lidocain i.v. 1 mg/kg (ca. alle 15 Min. wiederholen)
- Defibrillieren (360 Joule)
- Bei längerer Reanimation evtl. Blindpufferung mit Natriumbikarbonat 1 mmol/kg (= 1 ml/kg einer 8,4%igen Lösung)
- Bei Versagen evtl. Magnesium (4–8 mmol, v.a. bei *torsades de pointes*), Amiodaron (z.B. 50–300 mg), Ajmalin (z.B. Gilurytmal® 25–50 mg), Atropin 1–3 mg.

Stufenschema bei Asystolie

- Adrenalin i.v. 1–5 mg einer 1:10 verdünnten Adrenalinlösung, Wiederholung alle 5 Min.
- Atropin 1–3 mg Bolus i.v., Wiederholung alle 5 Min.
- Azidoseausgleich (umstritten) initial 1 mmol/kg, dann nach BGA
- Temporärer Schrittmacher
- An Lungenembolie, Perikarderguß, Spannungspneumothorax denken.

Stufenschema bei elektromechanischer Entkopplung

- Adrenalin i.v. 0,5–1 mg (= 5–10 ml einer 1:10 verdünnten Lösung), alle 5 Min. wiederholen
- Kalziumchlorid 10 % 10 ml i.v.
- Evtl. bestehende Hypovolämie ausgleichen!

Stufenschema bei Bradykardie (☞ 6.2)

- Atropin 1 mg i.v.
- Nur bei atropinresistenten Blockformen: Orciprenalin 0,5–1 Amp. à 0,5 mg auf 1:10 mit NaCl 0,9 % verdünnt i.v., anschließend 10–20 µg/Min.
- Temporärer Schrittmacher.

Beendigung der Reanimationsmaßnahmen

- Suffiziente Zirkulation
- Zeichen des zerebralen Kreislaufstillstandes (weite, lichtstarre Pupillen, Bewußtlosigkeit, fehlende Spontanatmung) > 30 Min. nach Beginn der ordnungsgemäß durchgeführten Reanimation. Ausnahme: Reanimation bei Unterkühlung, Intoxikation, Hyperkaliämie → ausdauernd reanimieren!
- Zeichen des Herztodes im EKG (Asystolie) > 15 Min.

Fußangeln und Fingerzeige

- Bei Bradykardie, bes. mit breiten QRS-Komplexen, immer an Hypoxie denken! → Ausreichende Oxygenierung wichtiger als Atropin oder Adrenalin!
- *Cave:* Überkorrektur der metabolischen Azidose mit Bikarbonat kann zu therapierefraktärem Kammerflimmern führen
- Bei elektromechanischer Entkoppelung Volumenmangel und Perikardtamponade ausschließen
- *Cave:* Keine zu frühe Extubation nach Reanimation → Stress → Katecholaminausschüttung → Rhythmusstörungen
- Nach erfolgreicher Ther. des Kammerflimmerns immer Rezidivprophylaxe, z.B. mit Lidocain.

3.2 Schock

3.2.1 Allgemeine Schocktherapie

Diagnostisches Vorgehen

- *Klinische Untersuchung:* Haut, Halsvenenfüllung, Herz und Lungen auskultieren, Bewußtseinszustand prüfen; RR, Herzfrequenz, Atemfrequenz, Körpertemperatur. Urinausscheidung (wichtig zur Verlaufskontrolle)
- *EKG:* Herzinfarkt (☞ 6.1)? Rhythmusstörungen ☞ 6.2?
- *ZVD* (bei Rechtsherzversagen und Lungenembolie ↑, bei Volumenmangel ↓), ggf. Pulmonaliskatheter *(Swan-Ganz-Katheter)*
- *Rö-Thorax* (z.B. Aneurysma dissecans, Spannungspneumothorax, Hämatothorax), *Rö-Abdomen* (z.B. freie Luft, Spiegel), Oberbauch-Sono (z.B. Aortenaneurysma, Herzbeuteltamponade), ggf. *Herzecho* (Kontraktilität, Klappenbeweglichkeit)
- *Labor:* BB, Gerinnung (mit Fibrinogen, FSP, AT III), Blutgruppe und Kreuzprobe, Krea und E'lyte, BZ, CK, CK-MB, GOT, LDH, HBDH, α-Amylase, Lipase, Laktat, ggf. Alkohol! BGA. Ggf. Material für toxikologische Untersuchung.

Therapeutisches Vorgehen

- Schnelle Behandlung ist entscheidend für die Prognose!
- Lagerung: Pat. hinlegen, Beine hochlagern (Ausnahme: ausgeprägte kardiale Insuff. und Blutungen im Bereich von Kopf, Lungen und oberem GI-Trakt: hier Oberkörper hochlagern)
- Sicherung der Atmung (Intubation, Beatmung), O_2-Zufuhr (4–6 l/Min.)
- Legen von 2–3 großlumigen venösen Zugängen, evtl. ZVK
- Großzügige Flüssigkeitszufuhr bei Hypovolämie (unter ZVD-Kontrolle, nicht bei kardiogenem Schock!)
- Korrektur von E'lytstörungen und metabolischer Azidose ☞ 9.4.1

- Schmerzbekämpfung, Sedierung bei Unruhe (z.B. Diazepam 2–10 mg i.v.)
- Hypothermie (Körperkerntemperatur < 35 °C): warme Decken ☞ 3.9.1.

3.2.2 Hypovolämischer Schock

Klinik: Kollabierte Halsvenen (DD kardiogene Schock); blasse, kalte und feuchte Haut; starker Durst, Unruhe, Kältezittern, Oligurie. Klinik und Diagn. ☞ 3.2.1.

Therapeutisches Vorgehen

Bei Verlust von < 30 % des Blutvolumens
- 500–1500 ml kolloidale Plasmaersatzlösung, z.B. Hydroxyäthylstärke
- Kristalloide Lösungen (z.B. Ringer, 0,9 % NaCl), bei zusätzlicher Dehydratation oder Störung im E'lyt-Haushalt.

Bei Verlust von > 30 % des Blutvolumens
- Zusätzlich Blut ersetzen (auf ca. 2–3 Ery-Konzentrate 1 FFP, ☞ 2.2.1)
- Volumenersatz, möglichst unter ZVD-Kontrolle
- Sauerstoffgabe, ggf. Intubation und Beatmung
- Ggf. Dopamin: 250 mg auf 50 ml NaCl 0,9 % über Perfusor 6–12(–18) ml/h.

Lösungen zum primären Volumenersatz

Lösung	Dosierung	Initialer Volumeneffekt	Effektive Wirkdauer
Dextran 60* 4,5 % oder 6 %	max. 15 ml/kg/Tag	ca. 120 %	ca. 5–6 h
Hydroxyäthylstärke 450**/ 6 %	max. ca. 20 ml/kg/Tag	ca. 100 %	ca. 6–8 h
Hydroxyäthylstärke 200**/ 10 %	max. ca. 20 ml/kg/Tag	ca. 130 %	ca. 3–4 h
Gelatine 3 %	max. ca. 30 ml/kg/Tag	ca. 70 %	ca. 1–2 h
Albumin 5 %	max. ca. 30 ml/kg/Tag	ca. 100 %	ca. 3–4 h
Ringer-Laktat	max. ca. 30 ml/kg/Tag	ca. 25 %	ca. 1 h

* Cave: Gefahr des anaphylaktischen Schocks: Prophylaxe mit Dextran 1 (Promit®) 20 ml über 2 Min. i.v.
** Mittleres Molekulargewicht in Tausend

[Tabelle modifiziert nach Gahr; aus: F.W. Ahnefeld, J.E. Schmitz: Infusionsther., Ernährungsther. 151f., Kohlhammer, Stuttg. (1986)].

3.2.3 Kardiogener Schock

Therapeutisches Vorgehen

Initiales Management

- Lagerung mit erhöhtem Oberkörper, Beine tief
- Sauerstoffgabe, z.B. 4–6 l/Min.
- Sedierung, z.B. mit Diazepam 5–10 mg i.v., bei Schmerzen Morphin fraktioniert bis 10 mg i.v.: 1 Amp. mit 10 ml NaCl verdünnen. *Cave:* Übelkeit und Erbrechen, Atemdepression.
- Nitroglycerin zunächst 2 Sprühstöße sublingual, dann über Perfusor: 50 mg auf 50 ml 0,9 % NaCl, Dosierung ca. 1–6 ml/h möglichst unter Pulmonaliskatheterkontrolle. *Cave:* $RR_{systol.}$ soll nicht unter 100 mmHg sinken!
- Bei Hypotonie
  - Dopamin 250 mg auf 50 ml NaCl über Perfusor → 2–6–12–(18) ml/h
  - Dobutamin 250 mg auf 50 ml NaCl über Perfusor → 2,5–5–10 ml/h. Kombination mit Dopamin sinnvoll!
- Furosemid 20–80 mg i.v., Urindauerkatheter zur Flüssigkeitsbilanzierung
- Evtl. vorsichtige Volumenzufuhr unter Pulmonaliskatheterkontrolle
- Bei Schock infolge Rechtsherzinfarkt (gestaute Halsvenen, Rechts-EKG) oft große Volumenmenge nötig
- Bei Tachyarrhythmia absoluta Digoxin (z.B. Novodigal®) 0,4 mg i.v., nach 1 h Wiederholung möglich.

3.2.4 Anaphylaktischer Schock

Klinik: Sekunden oder Minuten nach Zufuhr des Allergens Unruhe, Juckreiz, Niesen, Urtikaria. Dann Schwindel, Fieber mit Schüttelfrost, Angstgefühl, Übelkeit und Erbrechen, Durchfall, Dyspnoe mit Bronchospasmus, Larynxödem, RR-Abfall und Tachykardie. Evtl. Krampfanfälle, Bewußtseinsverlust, Kreislaufstillstand.

Therapeutisches Vorgehen

- Unterbindung weiterer Allergenzufuhr!
- Großlumige intravenöse Zugänge legen, 3-Wege-Hahn
- Adrenalin 0,25–1 mg, verdünnt in 10 ml 0,9 % NaCl, langsam i.v., ggf. Wiederholung nach 10 Min.
- Rasche Volumenzufuhr, z.B. Ringer 1–2 l als Druckinfusion, kolloidale Plasmaersatzlösung (z.B. Humanalbumin 5 %)
- Glukokortikoide: z.B. Methylprednisolon 100–500 mg i.v.
- Bei Bronchospastik Theophyllin (z.B. Euphyllin®) 480 mg langsam i.v.
- Bei Larynxödem Intubation oder Koniotomie
- Antihistaminika: z.B. Clemastin (z.B. Tavegil®) 2–4 mg i.v. Evtl. Ca^{2+}-Glukonat 10 % 10 ml i.v. (umstritten)
- Wärmeentzug bei > 39 °C, z.B. Wadenwickel.

3.3 Sepsis und septischer Schock

Klinische Diagnose. Wichtig für die Therapie ist die Lokalisation des Sepsisherdes (Herdsanierung) und die Art des Keimes (spezifische Therapie). *Cave:* Vor Therapiebeginn Abstriche, Urin- und Blutkulturen abnehmen ☞ 2.11.

Klinik

- Typischerweise hohes intermittierendes Fieber, bei Fieberanstieg oft marmorierte Haut, Schüttelfrost. Bei Kleinkindern sind Fieberkrämpfe möglich. Bei schlechtem Allgemeinzustand, bei Säuglingen oder bei Abwehrschwäche kann Fieber fehlen (dann häufig Hypothermie!)
- Schwerstkranker Patient, evtl. petechiale Blutungen, Bewußtseinseintrübung, Hyperventilation, Tachykardie und Blutdruckabfall
- Im Verlauf weiche Splenomegalie
- Komplikationen durch septische Herde
- Durch Endotoxinfreisetzung, v.a. durch gramneg. Keime, kann sich sowohl Hyperkoagulabilität als auch überschießende Fibrinolyse entwickeln. Folge davon sind DIC mit Schock, multiple Mikrothromben, Organversagen.

Diagnostisches Vorgehen bei Sepsis

- Offenbar unwirksame oder unnötige Medikamente absetzen, Transfusionen möglichst stoppen
- Alle intravenösen Zugänge sowie Blasenkatheter wechseln (bei zentralem Venenkatheter Katheterspitze zur bakteriologischen Untersuchung ☞ 2.11.4)
- Blutkulturen, Urinkulturen, Urinsticks abnehmen
- Bei Verdacht Stuhlkultur
- Gerinnung: Quick, PTT, Fibrinogen, Thrombos. Bei V.a DIC Fibrinogenspaltprodukte und AT III
- BSG (evtl. CRP), BB (evtl. Leukozytose, Linksverschiebung)
- E'lyte, Krea, γ-GT, GOT, HBDH, Amylase, CK, Laktat, BZ
- BGA: Hypoxie, metabolische Azidose?
- Rö-Thorax: Pneumonie, Lungenabszeß, ARDS?
- Sonographie: Harnaufstau, Cholestase, Milzgröße, Abszesse, septische Metastasen?

Therapeutisches Vorgehen

Wichtig: Zunächst kalkulierte Antibiose, später nach Antibiogramm korrigieren.

- Bei Sepsis ohne lokalisierbaren „Herd": z.B. Mezlocillin, Cefotaxim oder Piperacillin, jeweils kombiniert mit Aminoglykosid. Beispiel: Cefotaxim (Claforan®) 3 x 2 g i.v. und Gentamicin (Refobacin®) 2–5 mg/kg verteilt auf 1–3 Einzeldosen i.v., am besten über 30–60 Min. als Kurzinfusion

- Bei Urosepsis, Immunschwäche oder Beatmungspneumonie: Mezlocillin oder Piperacillin oder Cephalosporin und Aminoglykosid. Beispiel: Piperacillin (Pipril®) 3–4 x 2–4 g i.v. tägl., Aminoglykosid wie oben
- Bei Sepsis, die von einer infizierten Wunde oder infiziertem Katheter ausgeht: Vancomycin, Cefalosporin und/oder Aminoglykosid. Beispiel: Vancomycin (Vancomycin®) 2 x 1 g i.v. tägl. und Ceftazidim (Fortum®) 2–3 x 1–2 g i.v. tägl.

Zusätzliche Maßnahmen

- Operative Sanierung des Sepsisausgangsherdes (oft erst am nächsten Tag möglich)
- Heparin über Perfusor zur DIC-Prophylaxe mit 400 IE/h ☞ 3.4

3.3.1 Septischer Schock

Typische Komplikation der nicht erfolgreich behandelten Sepsis. Oft hohes Fieber mit Schüttelfrost, aber auch Hypothermie, Hyperventilation. Die Letalität beträgt auch unter optimalen Bedingungen etwa 40 %.

Monitoring

- Behandlung auf der Intensivstation
- Zentraler Venenkatheter und stündliche ZVD-Messung
- Blutdruck und Ausscheidungsmenge stdl.
- Vierstdl. BGA, rechtzeitig beatmen
- Vierstdl. Gerinnung und BB (Thrombopenie? DIC? ☞ 3.4)
- Regelmäßig Bewußtseinslage kontrollieren
- Körperkern- und Oberflächentemperatur überwachen.

Therapeutisches Vorgehen

- Sicherung der O_2-Zufuhr (BGA, bei Hypoxie 4–6 l/Min O_2 über Nasensonde), sonst Intubation und Beatmung
- Körpertemperatur auf 38,5 °C senken (Reduktion des Sauerstoffverbrauchs). Bei Hypothermie warme Decken
- Ausreichende Volumenzufuhr unter ZVD-Kontrolle. Wenn ZVD niedrig: Volumensubstitution mit kristalloiden oder kolloidalen Lösungen. Wenn ZVD hoch und RR niedrig: Katecholamine über Perfusor zur Verbesserung der Mikrozirkulation
- Bei Hypotonie durch erniedrigten peripheren Widerstand: Noradrenalin (Arterenol®) 5 mg = 5 Amp. auf 50 ml NaCl 0,9 %. Dosierung nach Wirkung, z.B. mit 1–10 ml/h. Wirkung: Vasokonstriktion
- Korrektur von E'lytstörungen und Azidose ☞ 9.4
- Antibiose überdenken, ggf. zusätzlich Zweit- und Drittsubstanzen, z.B. Metronidazol (z.B. Clont®) 3 x 500 mg i.v. tägl. bei Anaerobiern
- Rechtzeitige Bekämpfung von Gerinnungsstörungen ☞ 3.4
- Ausreichende Analgesie.

3.4 Verbrauchskoagulopathie (DIC)

Klinik: Initial nur pathologische Gerinnungsparameter (Wichtiger Hinweis: Thrombopenie). Erst bei schwerer Verbrauchskoagulopathie:

- Hämorrhagische Diathese mit Haut und Schleimhautblutungen, Hämatomen, Nachblutungen aus Stichkanälen, GI-Blutungen, Nierenblutungen und intrazerebralen Blutungen
- Gleichzeitig multiple Mikrothrombosen mit Organversagen (ANV, ARDS)
- Bei chron. Verlauf meist Thrombosen durch gesteigerte Synthese von Gerinnungssubstanzen.

Diagnostisches und therapeutisches Vorgehen

- *Daran denken!* Thrombozyten ↓, AT III ↓ (empfindlichste Parameter), Fibrinogen ↓ (Verlauf!), Fibrinogenspaltprodukte (FSP) ↑, PTT ↑. *Cave:* In der Schwangerschaft, bei Tumor und Infektion physiologische Thrombozytose – Normalwerte sind dann „pathologisch". Später Quick ↓ und TZ ↑.
- Behandlung der Grundkrankheit und allg. Schocktherapie (☞ 3.2) stehen im Vordergrund!

Komplikationen: Blutungsanämie (→ Transfusion von Erykonzentraten und FFP ☞ 2.2.1), Nierenversagen, ARDS (☞ 3.5; frühzeitige maschinelle Beatmung).

Diagnostik und Therapie der Verbrauchskoagulopathie

DIC	Diagnostik	Therapie
Initial- oder Aktivierungsphase	Thrombos ↓ PTT eher ↓ (Hyperkoagulabilität)	Heparin (prophylaktisch): initialer Bolus 5000 IE i.v. Dann 1000 IE/h, bei polytraumatisierten Pat. und postoperativ nur 300–600 IE/h. Bei Thrombozytopenie < 50/nl halbe Dosierung.
Frühe Verbrauchsphase	Fibrinogen ↓ Thrombos ↓ Gerinnungsfaktoren ↓ AT III ↓, FSP ↑, Organversagen	AT III-Ersatz durch FFP oder AT III-Konzentrat bei deutlicher Gerinnungsstörung nach AT III-Bestimmung. Z.B. 6 Einheiten FFP oder 2 x 1500 E AT III. Evtl. Heparin (10 000 IE/24 h) – umstritten!
Späte Verbrauchsphase und reaktive Fibrinolyse	Fibrinogen < 0,5 g/l Thrombos < 30/nl zusätzl. Quick ↓, TZ ↑ Fibrinspaltprodukte (D-Dimere) ↑	*Kein* Heparin! Substitution mit AT III, PPSB, FFP. Im Notfall zusätzlich Fibrinogen und Thrombozyten. *Cave:* Verstärkung der DIC möglich.

3.5 ARDS

Akute respiratorische Insuffizienz im Rahmen eines akuten Schockgeschehens mit disseminierten interstitiellen Lungenveränderungen.

Ätiologie

- Schock jeder Genese
- Infektionen, z.B. Sepsis, Pneumonie
- Trauma, z.B. Polytrauma, Magenkontusion, Fettembolie, Verbrennungen
- Aspiration, z.B. von Mageninhalt, Süß- oder Salzwasser
- Inhalation, z.B. Sauerstoffüberdosierung, Rauchvergiftung
- Disseminierte intravasale Gerinnung, Massentransfusion
- Pankreatitis, Urämie, Coma diabeticum
- Intoxikationen, z.B. Heroin, Barbiturate, Paraquat.

Stadien und Klinik	
Stadium I	Auslösendes Ereignis, keine klin. Symptome
Stadium II	Hyperventilation, BGA, Hypoxie, resp. Alkalose, Rö-Thorax unauffällig
Stadium III	Tachpnoe > 20/Min., Zeichen der O_2-Retention, BGA, resp. Globalinsuffizienz; Rö-Thorax: interstitielles Lungenödem
Stadium IV	Oft therapieresistente Hypoxie durch re-li-Shunt, Koma, Schock, hypoxisches Herzversagen

Diagnostisches Vorgehen

- Anamnese, BGA (pO_2 < 60 mmHg mit geringem Anstieg nach Sauerstoffgabe; pCO_2 zunächst < 40 mmHg durch Hyperventilation, später Hyperkapnie)
- *Rö-Thorax:* z.B. typ. „Schmetterlingsfigur", später diffuse Transparenzminderung mit konfluierenden Infiltrationen („weiße Lunge") mit pos. Bronchoaerogramm
- *Lufu:* stark eingeschränkte Vitalkapazität, funktionelle Residualkapazität ↑, Compliance ↓.

Therapeutisches Vorgehen

- Schockbekämpfung, z.B. mit Dopamin/Dobutamin
- Frühzeitige Beatmung mit PEEP bis 1,0 kPa (10 cm H_2O) und großem Atemzugvolumen
- Permissive Hyperkapnie: tolerieren einer pCO_2-Erhöhung bis auf 100 mmHg
- „Schaukelbett": Wechsel von Bauch-, Rücken- und Seitenlagerung
- Flüssigkeitsbilanzierung mit Pulmonalis-Katheter: ZVD niedrig halten (Ziel: 0–3 cm H_2O)

- Bei Pneumonie oder Sepsis kalkulierte Antibiotika-Ther.
- Evtl. Glukokortikoide (umstritten, nur in Stadium I und II sinnvoll)
- Low-dose Heparin ☞ 22.2

Fußangeln und Fingerzeige

- Früher Therapiebeginn ist entscheidend für die Prognose
- Bei resp. Verschlechterung an Spannungspneu denken
- Keine hochprozentigen Albuminlösungen, keineVollheparinisierung, keine Fibrinolyse.

3.6 Vergiftungen

3.6.1 Sofortmaßnahmen

- Sicherung der Vitalfunktionen (ABCD-Regel ☞ 3.1)
- Asservierung von Material zur toxikologischen Analyse (Speisereste, Tabletten, Gläser, Flaschen, Urin, Mageninhalt, Stuhl)
- Verringerung der Resorption (induziertes Erbrechen, Magenspülung, induzierte Diarrhoe, Darmspülung). Meist nach induziertem Erbrechen bzw. Magenspülung. Gabe von Absorbentien (z.B. Kohle, initial 10 g, dann alle 4 h erneut 10–20 g p.o. für 12–24 h) und Laxantien (z.B. Natriumsulfat = Glaubersalz, initial 20 g in 100 ml Wasser p.o., dann 4–10 g alle 4 h.
- Beschleunigte Elimination (Hämofiltration, Hämodialyse, Hämoperfusion, Plasmapherese, Unterbrechung des enterohepatischen Kreislaufes, Blutaustauschtransfusion, forcierte Diurese).

3.6.2 Induziertes Erbrechen

KI: Bewußtlosigkeit, Vergiftungen mit Säuren, Laugen, fettlöslichen Substanzen (z.B. Pflanzenschutzmittel), Schaumbildner.

- *Mechanische* Reizung der Rachenhinterwand
- Ipecacuanha-Sirup (z.B. Orpec®): *Erw.* 6 Meßlöffel Orpec® (30 ml), *Kinder bis 1 1/2 J.* 2 Meßlöffel Orpec® (10 ml), 1 1/2–5 J. 3 Meßlöffel Orpec® (15 ml), *ab 5 J.* 6 Meßlöffel Orpec® (30 ml). Sofort danach Saft oder Wasser trinken lassen (Kinder 1 Glas, Erw. 2–3 Gläser). Nach 30 Min. bei Erwachsenen erneute Gabe möglich. Schulkinder halbe Dosis. *KI:* Alter unter 9 Mon.

3.6.3 Magenspülung

Ind.: Bei oraler Intoxikation (auch V.a.) mit primär kardiotoxischen Medikamenten (trizyklische Thymoleptika, Antiarrhythmika, Antimalariamittel), Phosphorsäureester-Pestiziden, Paraquat, Knollenblätterpilzen (bei Detergentien, Säuren und Laugen nur nach Sedierung bzw. Intubation).
Magenspülung mehr als 4 h nach Arzneimittelaufnahme nur begrenzt sinnvoll, außer bei Magenstase (z.B. Anticholinergika, Barbiturate). Nur mit funktionstüchtiger, effektiver Absaugeinrichtung, da Aspirationsgefahr!
KI: V.a. Ösophagus- oder Magenperforation, manifeste Herz- oder Ateminsuff. Bei bewußtlosen Pat. nur nach endotrachealer Intubation!
Rel. KI: Gravidität.

Durchführung

- *Material:* Lange Gummischürze anziehen! Magenspülsonde: 80 cm langer Gummischlauch (Durchmesser bei Erwachsenen 1 cm, bei Kindern 0,4 cm), Trichter, Klemme, großer Auffangeimer, Meßgefäß, mind. 10 bis zu 100 l warmes Wasser, sterile Röhrchen, Absauger in Bereitschaft.
- Pat. in aufrechter Haltung. Bei Bewußtseinstrübung stabile Linksseitenlage, Kopf tief. Prämedikation mit 0,5 mg Atropin i.v. oder s.c.
- Zur Anästhesie der Mundhöhle Magenschlauch mit Lidocain-Gel bestreichen
- Pat. auffordern, beim Vorschieben des angefeuchteten Magenschlauchs aktiv zu schlucken, bis ca. 50 cm vorschieben
- Lagekontrolle (mit *Magenspritze* Luft einblasen und gleichzeitig über dem Epigastrium auskultieren: Blubbern?)
- Trichter auf das prox. Ende des Schlauchs aufsetzen und unter Pat.-Niveau halten („Aushebern"). Herausfließenden Mageninhalt für toxikologische Untersuchungen sammeln
- Dann Trichter über Pat.-Niveau anheben und etwa 200–500 ml handwarmes Wasser in den Magen ein- und anschließend in den Eimer abfließen lassen
- Vorgang ca. 20 x wiederholen bis Rücklauf völlig klar
- Vor Beendigung der Magenspülung 30 Kohlekompretten zu einer Suspension anrühren, mit ca. 20 ml Laktulose mischen und durch den Schlauch applizieren (Schlauch durchspülen)
- Den Magenschlauch beim Zurückziehen abklemmen oder mit einem Finger verschließen (Aspirationsgefahr!).

3.6.4 Forcierte Diurese

Bei Vergiftungen mit nierengängigen Substanzen (z.B. ASS, Barbiturate, Meprobamat, Lithium, Ca^{2+}). *KI:* Überwässerung, Herzinsuff., Hirnödem.

- Venenverweilkanüle, ZVK, Blasenkatheter legen, stündl. Urinbilanzierung
- Infusion von 500 ml Glukose 5 % und 500 ml NaCl 0,9 % im Wechsel jeweils über 1 h
- Zusätzlich 20 mmol KCL und 20 mmol NaCl pro 1 l Infusionslösung

- Furosemid nach ZVD und Aussscheidung (Blasenkatheter zur exakten Urinbilanzierung!)
- Bei Vergiftungen mit Barbituraten oder Salizylaten zusätzlich Natriumbikarbonat in die Infusionslösung geben (z.B. 500 ml Glukose 5 % + 45 mmol $NaHCO_3$ + 15 mmol $KHCO_3$ stündl. = Alkali-Diurese)
- Ständige Kontrolle von ZVD (Überwässerung?), BGA, E'lyte, Krea.

> - Bei schweren Vergiftungen mit dialysablen Giften und bei Niereninsuff. Peritonealdialyse, Hämodialyse, Hämoperfusion
> - Bei Giften mit hoher Plasmaproteinbindung ggf. Plasmapherese
> - Bei schweren Vergiftungen mit Blutgiften (CO, Methämoglobinbildner) Austauschtransfusion.

3.6.5 Spezielle Vergiftungen

Alkoholvergiftung ☞ 5.1.2

Antidepressiva

Klinik: Krämpfe, Koma, Herzrhythmusstörungen, Erregung, Halluzinationen, anticholinerge Symptomatik. *Ther.:* Magenspülung, Physostigminsalizylat (Anticholium®) 2 mg langsam i.v.; Dosierung nach Wirkung. Bei Hypersalivation, Bradykardie oder Erbrechen Injektion abbrechen. Das Antidot Atropin sollte aufgezogen bereitliegen (halbe Physostigmin-Dosis). Sorgfältige Azidosether. (wegen Arrhythmiegefahr), Allgemeintherapie.

Atropin (Tollkirschengift)

Klinik: Gesichtsrötung, Mund- und Rachentrockenheit, weite Pupillen. Tachykardie, Erregungszustände, Halluzinationen, Bewußtlosigkeit.

Therapie

- Erbrechenlassen
- Antidot: Cholinesterasehemmer (Physostigmin: Anticholium® initial 2 mg i.v., Wiederholung nach Wiederauftreten der Vergiftungssymptome)
- Bei starker Erregung Sedierung mit Neuroleptika oder Diazepam
- Intensivtherapie, evtl. Intubation und Hämodialyse.

Barbiturate

Klinik: Atemlähmung, RR- und Temperaturabfall, Bewußtseinsstörung, Hyporeflexie, Azidose, „Schlafmittelblasen".

Ther.: Schockbehandlung, Magenspülung, anschl. Aktivkohle und Natriumsulfat, forcierte alkalische Diurese bei langwirkenden Barbituraten, Antibiotika (wegen Pneumoniegefahr). Bei Bewußtlosigkeit: Beatmung, evtl. Hämoperfusion.

Benzodiazepine

Klinik: Muskelrelaxation, Benommenheit, Ataxie, selten: Bewußtlosigkeit, Atemdepression, Blutdruckabfall. *Ther.:* Magenspülung bis 6 h nach Einnahme. Spezifische Ther. mit dem Benzodiazepinantagonisten Flumazenil (Anexate®), initial 0,2 mg i.v., wiederholen bis zur Gesamtdosis 1 mg, ggf. nach 2–3 h erneut wiederholen → lange HWZ der meisten Benzodiazepine ☞ 22.1.

Betablocker

Klinik: Kardiodepressive Wirkung (Bradykardie, AV-Block I.-III. Grades, RR-Abfall, periphere Zyanose, Oligurie), bei Passage der Blut-Hirn-Schranke Sedierung (Schwindel, Benommenheit) oder Erregung (Erbrechen, Krämpfe, halluzinatorische Psychose), Dyspnoe durch Bronchospastik. Bei Kindern oft Hypoglykämie.

Therapie:
- Induziertes Erbrechen, Magenspülung.
- Glukagon 0,2 mg/kg als Kurzinfusion, dann 0,5 mg/kg zur Verbesserung der Herzleistung über max. 24 h
- Bei Bradykardie Atropin 0,3 mg i.v.
- Bei schwerer Vergiftung Dopamin i.v. oder temporärer Schrittmacher.

Blausäure (HCN, Cyanide)

Cyanide entstehen u.a. als Brandvergiftung bei Schwelbränden.
Klinik: Bittermandelgeruch, Halskratzen, Erbrechen, Speichelfluß, Schwindel. Krämpfe, Angstgefühl; rosige Hautfarbe, evtl. Zyanose, Atemlähmung, bei hoher Dosis Bewußtlosigkeit und Herz-Kreislaufstillstand in wenigen Minuten.

Therapie:
- 4-DMAP (4-Dimethylaminophenol) 3 mg/kgKG langsam i.v., danach Natriumthiosulfat 50–100 mg/kgKG i.v.
- Wenn 4-DMAP nicht verfügbar, Amylnitrit (1 Amp.) inhalieren lassen
- O_2-Beatmung, Schocktherapie.

Botulinustoxin

Meist in kontaminierten Konserven! *Klinik:* innerhalb von 6–48 h einsetzendes Erbrechen, Mundtrockenheit (anfangs Hypersalivation), Sprechstörungen, Mydriasis, Ptosis, Sehstörungen (Doppelbilder); Atemlähmung. *Ther.:* Polyvalentes Botulismus-Antitoxin (bereits bei Verdacht, je 7500–10 000 IE gegen Typ A, B, E i.v, zuvor Blutentnahme zum Toxinnachweis.), Aktivkohle 30 g über Magensonde, Low-dose-Heparin. Austauschtransfusionen, Hämodialyse, Beatmung (ggf. über Wo.).

Cholinesterasehemmer, z.B. Parathion = E 605®

Klinik: Miosis, Bradykardie, Sekretionssteigerung, Magen-Darm-Spasmen, Muskellähmungen, Ataxie, Krämpfe, Bronchospasmus, Lungenödem, Atemlähmung. *Ther.:* O_2–Beatmung vor (!) Atropin-Gabe (Atropinsulfat 100 mg®). Atropin bis zur erkennbaren Normalisierung vegetativer Funktionen: Bei Nichtintubierten ist eine leichte Atropin-bedingte Tachykardie anzustreben, bei Intubierten ist die Normalisierung des Bronchialsekrets das entscheidende Kriterium. Magenspülung. Paraffinum subliquidum. Obidoxim (Toxogonin®) hat sich in der Praxis nur bedingt bewährt.

CO-Vergiftung

Klinik: bis 10 % COHb keine Symptome, 15–30 % COHb: Kopfschmerzen, leichte Sehstörungen, Dyspnoe, Schwindel, Unwohlsein, Bewußtseinsstörungen. 30–40 % COHb: Hellrote Haut, Nachlassen der Urteils- und Entschlußkraft (keine Selbstrettung!), Koordinationsstörungen, Atemstörung. 50 % COHb: Bewußtlosigkeit, Krämpfe, Atemlähmung, Herzversagen, Hirnödem. *Ther.:* O_2-Beatmung, ggf. Überdruckbeatmung (PEEP mit 100 % O_2), Azidosebehandlung. *Cave*: Hirnödem!

CO_2-Vergiftung

Klinik: bei 3–10 Vol% in der Atemluft: Kopfschmerzen, Ohrensausen, Schwindel, Blutdruckanstieg, Dyspnoe. 10–15 Vol%: Bewußtlosigkeit, Krämpfe, Schock. > 15 Vol%: Apoplex-ähnlicher Verlauf. *Ther.:* Frischluft, O_2-Beatmung.

Digitalisglykoside (☞ 6.2)

H_1-Antihistaminika

(z.B. *Diphenhydramin* = Inhaltsstoff frei verkäuflicher Schlafmittel)

Klinik: Anticholinerges Syndrom mit zentral bedingter Unruhe, Angst, Erregungszuständen, Aggressivität, in schweren Fällen Verwirrung, motorische Unruhe, choreoathetotische Bewegungen, Koma, Krämpfe, Atemdepression, peripher bedingten Tachykardien, heiße rote Haut, trockene Schleimhäute. Kinder sind wesentlich empfindlicher als Erwachsene: Rasche Bewußtlosigkeit mit Krämpfen und kardialen Komplikationen müssen erwartet werden. *Ther.:* Erw. initial 2 mg Physostigmin (Anticholium®) langsam i.v. (s.o. Anwendung bei Intoxikationen mit Antidepressiva). Bei schweren Vergiftungen die Einzeldosis wiederholen, bis der Patient aufwacht oder Nebenwirkungen auftreten. Kinder: Einzeldosis 0,5 mg i.v.

Laugen

Klinik: Kolliquationsnekrosen, schwer stillbare Blutungen, Erbrechen von Schleimhautfetzen, Aspirationspneumonie. *Ther.:* Schockbehandlung. Stenoseprophylaxe mit Glukokortikoiden, evtl. Antibiotika. Auslösen von Erbrechen ist kontraindiziert! Flüssigkeitszufuhr p.o. ist wenig sinnvoll, da Nekrosen unmittelbar nach Ingestion entstehen!

Methanol

Enthalten in selbstgebranntem Schnaps, Lacken, Beizmitteln, Haushalts- und Reinigungsmitteln. *Klinik:* nur gering ausgeprägter Rausch, ab 2. Tag Hyperventilation (durch metabol. Azidose), Sehstörungen. *Ther.:* Erbrechen, Magenspülung; Äthanol i.v. (verhindert Oxidation des Methanols zur toxischen Ameisensäure) bis zum Erreichen eines Blutalkoholspiegels von ca. 1 Promille. Azidosebehandlung mit Bikarbonat; evtl. forcierte Diurese; Hämodialyse, Folsäure.

Neuroleptika

Klinik: Sedation, extrapyramidalmotorische Symptome, Herzrhythmusstörungen, Blutdruckabfall, Schock. *Ther:* Magenspülung, Biperiden (Akineton®) 5–10 mg langsam i.v., Antiarrhythmika, Schockbehandlung. Kein Adrenalin, da es Blutdruckabfall auslösen kann!

Opiate, z.B. Morphin, Heroin, Methadon ☞ 4.2

Paracetamol

Klinik: Leberzellnekrosen nach eintägiger Latenz, Blutgerinnungsstörungen, hämolytische Anämie, metabol. Azidose. Chron. Vergiftung: interstitielle Nephritis. *Ther.:* Magenspülung, Aktivkohle, Methionin (Acimethin®) p.o. (initial 2,5 g, dann 2,5 g/2–3 h bis max. 3 x) oder Acetylcystein (Fluimucil®) 150 mg/kg i.v. in 200 ml 5%iger Glukose über 15 Min., dann 50 mg/kg in 500 ml Glukose 5 % über 4 h, anschließend 100 mg/kg in 1000 ml Glukose 5 % über 16 h.

Reinigungsmittel (Detergentien in Spül- und Waschmitteln)

Klinik: Lokale Reizerscheinungen an den Schleimhäuten, z.B. Konjunktivitis, Gastroenteritis; oral kaum toxisch, da nur geringe enterale Resorption, jedoch Schaumbildung (Aspirationsgefahr!). Nach Aspiration: Pneumonie, Laryngospasmus besonders bei Kindern. Nach Resorption: Hämolyse, evtl. Nierenversagen. *Ther.:* Reichlich Wasser trinken lassen, Entschäumer (Polysiloxan = sab simplex®). Magenspülung gefährlich (Aspiration!). Bei resorptiver Vergiftung evtl. Austauschtransfusion.

Reizgase

Klinik: Zunächst lokale Reizerscheinungen an Augen, Nase, Rachen, Trachea, später nach symptomfreiem Intervall toxisches Lungenödem. *Ther.:* Haut und Schleimhäute spülen, Intubation, Steroid-Spray (z.B. Pulmicort®) 5 Hübe alle 10 Min. zur Lungenödemprophylaxe; bei Glottis- oder Lungenödem Prednisolon i.v.

Salizylate

Klinik: Respirator. Alkalose (Tachypnoe), dann metabol. Azidose, Schwindel, Ohrensausen, Erbrechen, Krämpfe, Koma.
Ther.: Magenspülung, Beatmung, Azidosether. (☞ 9.4), forcierte Alkalidiurese, Hämodialyse.

Säuren

Klinik: Lokale Reizwirkungen und Koagulationsnekrosen an Mund, Rachen, Ösophagus und Magen, Glottisödem; Hämolyse, Hämaturie, Anurie, Azidose. *Ther.:* Bei Azidose Natriumbikarbonat i.v. (☞ 9.4), ggf. Hämodialyse. Frühzeitige Magenspiegelung.

Giftinformationszentralen

Ort	Erw./ Kinder	☏ Telefonnummern	
Berlin (FU)	E + (Ki)	030 / 30 35–34 66	030 / 450 53 555
Berlin (FU)	Ki	030 / 3035 4291	030 / 3035 3840
Bonn	E + Ki	0228 / 287 3211	0228 /287 3333
Braunschweig	E + Ki	0531 / 622 90	0531 / 59 50 (Zentrale)
Bremen	E	0421 / 497–52 68	0421 / 497–36 88
Bremen	Ki	0421 / 497–54 10	
Erfurt	E + Ki	0361 / 73 07 30	
Freiburg	E + K	0761 / 270–43 61	0761 / 270–43 00 (Zentrale)
Göttingen	Ki	0551 / 39–62 39	0551 / 39–62 10
Hamburg	E + Ki	040 / 638–33 45	040 / 638–33 46
Homburg/Saar	Ki	06841 / 162–257	06841 / 162–846
Kiel	E + Ki	0431 / 597–42 68	0431 / 597–13 93 (Zentrale)
Mainz	E + Ki	06131 / 23 24 66	06131 / 171 (Zentrale)
München	E + Ki	089 / 41 40–22 11	089 / 41 40–22 12
Nürnberg	E	0911 / 398 24 51	
Wien	E + Ki	(0043) 1 / 40 40 02 222	Notruf: 43 43 43
Zürich	E + Ki	(0041) 1 / 2 51 51 51	

3.7 Koma

Diagnostisches Vorgehen

Glasgow-Coma-Scale für Erwachsene

	Neurologische Funktion	Bewertung
Augen öffnen	spontan öffnen öffnen auf Ansprechen öffnen auf Schmerzreiz keine Reaktion	4 3 2 1
Verbale Reaktion	orientiert verwirrt, desorientiert unzusammenhängende Worte unverständliche Laute keine verbale Reaktion	5 4 3 2 1
Motorische Reaktion auf Schmerzreize	befolgt Aufforderung gezielte Schmerzabwehr Massenbewegungen Beugesynergien Strecksynergien keine Reaktion	6 5 4 3 2 1
Die Summe ergibt den Coma-Score und ermöglicht eine standardisierte Einschätzung des Schweregrades.		

Körperliche Untersuchung

- *Hautbefund:* Zyanose, Exsikkosezeichen, „Barbituratblasen". Schwitzen (Hypoglykämie, Hyperthyreose); heiße, trockene Haut (thyreotoxisches Koma); Ikterus und andere Leberhautzeichen (Coma hepaticum); *Café-au-lait*-Haut (Coma uraemicum). Gesichtsrötung (Hypertonie, Coma diabeticum, Sepsis); Blässe (Schock, Hypoglykämie).
- *Foetor:* „Alkoholfahne", Aceton-Obst-Geruch (Coma diabeticum), Foetor hepaticus (Coma hepaticum), Harngeruch (Coma uraemicum), aromatischer Geruch (zyklische Kohlenwasserstoffe, Drogen), Knoblauchgeruch (Alkylphosphate).
- *Atmung:* Hypoventilation (Verlegung der Atemwege, zentral dämpfende Pharmaka, Myxödem), Hyperventilation (Thyreotoxikose, Mittelhirnschädigung), *Kußmaul-Atmung* (groß, tief, bei metabolischer Azidose, z.B. durch ketoazidotisches oder urämisches Koma), *Cheyne-Stokes-Atmung* (periodisch ab- und zunehmende Atemtiefe, z.B. bei Hirndrucksteigerung, Morphin-, CO-Intox.).
- *Motorik:* Halbseitenlähmung, pos. Babinski-Reflex (fokale zerebrale Läsion), Tonuserhöhung (Hirnstammläsion), stereotype Walzbewegungen (zerebrale Läsion des Subkortex), Hyperkinesen (metabolische oder tox. Hirnschädigung), Muskelfibrillieren (Alkylphosphatintox.), Tonuserschlaffung (Barbiturate, Tranquilizer).
- *Pupillen:* Miosis (Sympatholytika, Parasympathomimetika, Morphine, Ponsblutung); Mydriasis (Parasympatholytika, Alkohol, Kokain); Anisokorie (Hirntumor, Hirnabszeß, Apoplex, Hirnblutung).

Vorgehen und Differentialdiagnose beim Koma
- Orientierende Untersuchung, Beurteilung von Atmung und Atemwegen (Verlegung?), RR und Puls (Schock?), Pupillenreaktion
- Sichern der Vitalfunktionen (ABCD-Regel, ☞ 3.1)
- Venösen Zugang legen (Notfall-Labor, ggf. Volumenersatz, ☞ 3.2.2)
- Bei jedem unklaren Koma BZ-Bestimmung
- Fremdanamnese: Vorerkrankungen (z.B. Diab. mell., Alkoholabusus, zurückliegendes SHT), Anhalt für exogene Vergiftung (Tabl., Drogen)
- Körperliche Untersuchung zur Klärung der Komaursache.

Komaformen

Coma diabeticum (☞ 10.1), Hypoglykämisches Koma (☞ 10.1), Thyreotoxisches Koma (☞ 10.2), NNR-Insuffizienz (Addison-Krise, ☞ 10.3, urämisches Koma (☞ 9.1), hepatisches Koma (☞ 8.6), zerebrales Koma (verschiedene Ursachen ☞ Kap. 14).

3.8 Verbrennungen

Therapeutisches Vorgehen

- Ggf. kardiopulmonale Reanimation mit Intubation (☞ 3.1)
- Erstversorgung der Brandwunde mit kaltem, sauberem Leitungswasser (ca. 6–12 °C über 10–20 Min.), verhindert „Nachbrennen", *KI:* Unterkühlung!

Verbrennungsgrade	
Grad I	Rötung, Schwellung, Schmerz (heilt ohne Narbenbildung)
Grad IIa	Rötung, Schwellung, Schmerz, Blasen (heilt ohne Narbenbildung)
Grad IIb	Anämische Haut (Hautzirkulation nicht mehr erhalten, Glasspatelprobe negativ), Schmerz, Blasen (Narbenbildung)
Grad III	Graufleckige bis weiße Haut (Glasspatelprobe negativ), Totalnekrose, kein Schmerz (Analgesie bei Nadelstichprobe)

- Venösen Zugang legen
- Blutentnahme: BB, Blutgruppe, Eiweiß, Krea, E'lyte, Harnstoff, Osmolarität
- Schmerzbekämpfung: Morphin 5–10 mg in 10 ml NaCl 0,9 % i.v. über 3 Min. (*Cave:* Atemdepression!). Bei tiefen schmerzfreien Verbrennungen Tranquilizer, um dem Pat. die Angst zu nehmen. Keine i.m.-Gabe von Medikamenten wegen mangelhafter Resorption und Nekrosegefahr
- Blasenkatheter legen: stündliche Urinbilanzierung
- Magensonde
- Tetanusprophylaxe ☞ 12.2.2
- Wundabstriche
- Monitoring: RR, Puls, ZVD, Temperatur, EKG, Gewicht

- Infusionstherapie: Zur Verhinderung des Verbrennungsschocks während der ersten 24 h nach Verbrennungstrauma.
  Dosierung (Schema nach *Evans*):
  - 0,5 ml Plasmaersatz pro kgKG und Prozent II.- und III.-gradig verbrannter Körperoberfläche
  - 1,5 ml Ringerlaktat® pro kgKG + 2000 ml normotone Glukoselösung.
  - Die erste Hälfte des so errechneten 24-h-Bedarfs innerhalb der ersten 8 h infundieren.
  - Nach 24 h Infusionsmenge halbieren
  - Nach 48 h Infusionsmenge nach Hkt., ZVD, Urinausscheidung und KG errechnen.
- Dokumentation der erhobenen Befunde (Ausdehnung, Schweregrad) auf speziellen Verbrennungsbögen
- Allg. intensivtherapeutische Maßnahmen, Behandlung renaler (ANV ☞ 9.1) und pulmonaler KO (z.B. ARDS ☞ 3.5)
- Prophylaxe und Behandlung sek. Infektionen: Isolierung des Pat., steriles Arbeiten, regelmäßige Wundabstriche, da Gefahr lebensgefährlicher Pseudomonaden-Besiedlungen, gezielte Antibiotikather., u.U. Antibiotikaprophylaxe.
- Lokale chirurgische Maßnahmen: Abtragen von nekrotischen Hautbezirken am 7. bis 12. Tag (umschriebene drittgradig verbrannte Bezirke werden primär abgetragen), Hauttransplantation.

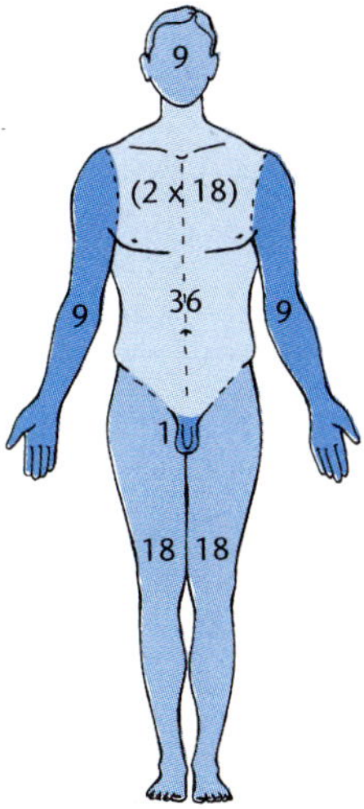

Abb. 3.5.: Neuner-Regel

Fußangeln und Fingerzeige

- Je geringer die Schmerzangabe bei ausgedehnten Verbrennungen, desto schlechter die Prognose!
- Bei Verbrennung von > 15% der Körperoberfläche droht Verbrennungsschock durch Flüssigkeitsverlust und Toxinfreisetzung
- Akutes Nierenversagen ☞ 9.1
- Reflektorischer Ileus (☞ 8.1.6), Streßulkus
- Bronchopneumonie (Rauchgasvergiftung), ARDS ☞ 3.5
- Septischer Schock ☞ 3.3

Bei ausgedehnten Verbrennungen möglichst Überweisung an ein Verbrennungszentrum: *Zentrale Vermittlung für Schwerverbrannte: 040/24 82 88 37*

3.9 Kälteschäden

3.9.1 Unterkühlung

Absinken der Körperkerntemperatur < 35 °C. Akute Lebensgefahr bei Temperaturen < 26°–30 °C (drohendes Herzkammerflimmern).

Stadien und Klinik der Unterkühlung		
	Körpertemp.	**Klinik**
I. Grad	37–34 °C	Muskelzittern, Schmerzen!, RR ↑, bewußtseinsklarer Pat., Tachykardie, Haut blaß und kalt
II. Grad	34–27 °C	Kein Muskelzittern, Somnolenz, ggf. Koma, keine Schmerzen, Bradykardie, Arrhythmie, RR normal oder ↓, BZ ↓, Reflexe abgeschwächt
III. Grad	< 27 °C	Koma (Scheintod): Puls nicht tastbar, minimale Atmung, keine Reflexe, extreme Bradykardie, Pupillenerweiterung

Diagnostisches Vorgehen

- Messung der Rektaltemperatur mit Spezialthermometer (Frühgeborenenthermometer oder Elektrothermometer)
- Bradykardie; im EKG verlängertes PR-Intervall, verbreiterter QRS-Komplex, J-Welle, ST-Hebung, Vorhofflimmern, Kammerflimmern
- Erniedrigte Atemfrequenz und -tiefe (führt zu Azidose).

Therapeutisches Vorgehen

- Bei Kreislaufstillstand kardiopulmonale Wiederbelebung (☞ 3.1). Kammerflimmern bei Temp. < 30 °C spricht häufig nicht auf Defibrillation an, vasoaktive Substanzen wirken meist nicht, darum Herzdruckmassage und schnelle Wiedererwärmung, z.B. mittels aufgewärmter Infusionslösungen (ca. 40 °C), warmer Wasserdampf (46 °C) über Inhaliergerät oder Respirator; Hämodialyse mit angewärmtem Dialysat
- Vorsichtige Azidosekorrektur ☞ 9.4
- Besteht kein Kammerflimmern, vorsichtige Wiedererwärmung (Zunahme der Körpertemperatur um etwa 1 °C stündl.); Gefahr des Kammerflimmerns (Monitorkontrolle) und RR-Abfalls
  - Passive Wiedererwärmung: warmer Raum (25–30 °C), Wolldecke
  - Aktive Wiedererwärmung: z.B. warmes Vollbad mit ansteigenden Temperaturen, lauwarm beginnen (*Cave:* alte Menschen. *KI:* Schlafmittelintox.).

💣 Nicht zu schnell erwärmen!

3.9.2 Erfrierung

Therapie

Sofern keine zusätzliche (zentrale) Unterkühlung (immer vorrangig behandeln!):

- Langsames Erwärmen der betroffenen Körperteile, z.B. im Wasserbad

- Sterile Verbände, Tetanusprophylaxe (☞ 12.2.2), ggf. Antibiotika
- Ggf. Vasodilatantien (beseitigen arteriellen und venösen Gefäßspasmus), z.B. mit Nitrospray, Nifedipin 5–10 mg p.o.
- Bei Erfrierungen dritten Grades Grenzzonenamputation nach Demarkation des nekrotischen Areals.

3.10 Ertrinken

> Die Hypoxietoleranz ist durch die meist einhergehende Unterkühlung erheblich verlängert: ausdauernd reanimieren!

- Süßwasser führt durch niedrigen osmot. Druck zu Hypervolämie u. Hämolyse; Kammerflimmern durch E'lytverschiebung, hypotone Hyperhydratation
- Salzwasser: Hypovolämie, Lungenödem, Hämokonzentration, Hypotonie
- Sekundäres Ertrinken, z.B. durch Synkope, epileptischer Anfall
- Trockenes Ertrinken durch reflektorischen Laryngospasmus (ca. 20 %).

Diagnostisches Vorgehen

Inspektion der Atemwege. Erst nach der Elementarther. (☞ 3.1): BGA, E'lyte ($K^+ \uparrow$, $Na^+ \downarrow$), Blutbild (Hyper-/Hypovolämie), Krea. Rektale Temperaturmessung. EKG, Rö-Thorax, ZVD. CCT (Hirnödem?). Neurologische Untersuchung, Ggf. EEG zur Diagn. des Hirnschadens/Hirntodes.

Therapeutisches Vorgehen

Elementarther. (☞ 3.1) nach der ABCD-Regel

- Maschinelle Beatmung mit 100 % O_2 und PEEP
- Nasse Kleidung entfernen, Hypothermie verhindern, Magensonde legen
- Prednisolon, z.B. 1 g i.v.
- Bei Hypovolämie kristalloide und kolloidale Ersatzlösungen (☞ 3.2.2), bei Hypervolämie Lasix i.v., z.B. 20 mg.

Komplikationen:
ARDS (☞ 3.5), ANV (☞ 9.1), Herzrhythmusstörungen (☞ 6.2), Hirnödem.

3.11 Hitzschlag

- *Klinik:* Kopfschmerz, Schwindel, Erbrechen, Synkope. Haut zunächst rot und heiß, Tachypnoe, Tachykardie, RR normal. Später Haut grau, *Cheyne-Stokes-Atmung*, Schock, Bewußtlosigkeit, Reflexe $\uparrow\uparrow$ (Kloni, Opisthotonus, Nystagmus).
- *Diagn.:* Kontinuierliche rektale Temperaturmessung, E'lyte, BZ; CCT (Hirnödem?), evtl. Liquorpunktion (☞ 2.4) zum Ausschluß einer Meningitis ☞ 14.5

- *Ther.:* Schnell Körpertemperatur senken: Besprühen mit kaltem Wasser (6–15 °C), Luft „fächeln“. Schockther. (☞ 3.2.1), Hirnödemtherapie ☞ 12.1.2
- *DD:* Sonnenstich (Ther.: erhöhte Lagerung des Kopfes, Kopf in kalte feuchte Tücher wickeln), Hitzekrämpfe (durch E'lytverlust), Hitzekollaps (durch orthostat. Dysregulation), Coma diabeticum, Meningoenzephalitis, Intoxikation.

3.12 Fremdkörperaspiration

Gefährdet sind besonders Patienten mit fehlenden Schutzreflexen, z.B. bei Intoxikation, SHT, Koma, Narkose, ösophago-trachealer Fistel.

Akute Verlegung großer Atemwege (oft im re. Unterlappen) durch
- Anorganische Fremdkörper, z.B. Zahnprothesen. Im Rö-Thorax leicht erkennbar.
- Organische Fremdkörper, z.B. Erdnüsse, Erbsen; meist bei Kindern. Rö-Thorax: Zeichen der Überblähung, später Atelektase. Diese Fremdkörper sind röntgenologisch nicht schattengebend.
- Magensaftaspiration (*Mendelson-Sy.*) führt zu akutem toxischem Lungenödem. Die Aspirationspneumonie dagegen zeigt kein Ödem, sondern eine zur Abszedierung neigende Lungenentzündung, meist mit Mischbesiedlung.

Klinik: Klinisch oft stumm! Ggf. akute Dyspnoe, Trachealrasseln, Hustenreiz, Stridor (in-/exspiratorisch), Zyanose, *inverse* Atmung, Atemstillstand.

Diagnostisches Vorgehen

Bei massiver Aspiration erst nach Akuttherapie
- *Rö-Thorax:* Atelektasen, schattengebende Fremdkörper, Pneumonie?
- *Kehlkopfspiegeln:* Fremdkörper?
- *Bronchoskopie:* Nachweis und Entfernen von Fremdkörpern, Absaugen, evtl. Bronchiallavage (*KI:* Lipid-Aspiration).

Therapeutisches Vorgehen

Freimachen der Atemwege durch
- Digitale Ausräumung des Nasenrachenraumes, Absaugen ggf. unter laryngoskopischer Sicht
- Häufig Sedierung notwendig, z.B. 5–10 mg Diazepam i.v.
- *Heimlich-Handgriff* nur bei vitaler Bedrohung: Helfer umfaßt den Pat. von hinten, die Hände liegen im Epigastrium; mehrere kräftige Druckstöße in Richtung Zwerchfell. Beim *liegenden* Pat. kniet der Helfer mit gespreizten Beinen über dem Betroffenen, setzt die übereinandergelegten Hände im Epigastrium auf; mehrere Druckstöße in Richtung Zwerchfell. *KO:* Magen-, Leber-, Pankreas-, Aorten-Ruptur, Regurgitation
- Evtl. Bronchoskopie, Intubation, Koniotomie, Tracheotomie.

Fußangeln und Fingerzeige

- *Cave:* Durch Bolus-Aspiration kann es zum reflektorischen Herz-Kreislaufstillstand kommen → Reanimation ☞ 3.1
- Die Nottracheotomie ist riskant! Invasive therapeutische Maßnahmen (hierzu zählt wegen der hohen Komplikationsrate der Heimlich-Handgriff) nur bei unmittelbar drohender Erstickung anwenden.

3.13 Die nächtliche Mitbetreuung der Intensivstation

Es ist wichtig, sich zu Beginn des Nachtdienstes einen genauen Überblick über die Verfassung der Patienten auf der Intensivstation zu verschaffen. In der Regel erfolgt eine Übergabe durch den Stationsarzt. Kritische Organbefunde sollten selber nochmal erhoben werden, um Veränderungen im Verlauf beurteilen zu können. Wenn nichts Außergewöhnliches vorliegt, sollte man sich zumindest um 24 Uhr und vor Beginn des Tagdienstes über die Patienten, die laufenden Therapien und die Bilanzen informieren.

Verlegung eines Pat. auf die Intensivstation

- Pat. muß auf der Intensivstation angekündigt werden. Wenn möglich kurze Angabe zur Patientensituation: z.B. Schock, Reanimation, Polytrauma
- Transport sollte vom Arzt begleitet werden
- Persönliche Übergabe des Patient
- Schriftliche Dokumentation der Anordnungen
- Festlegen von Kontrollen der Vitalfunktionen und Bilanzen (individuell je nach Krankheitssituation).

Anhaltspunkte für das Monitoring

- *RR und Frequenz* stündlich
- *Urinausscheidung* stündlich: normal 50–100 ml/h
- *Temperatur:* bei Fieber 2 stündl., sonst 6 stündl. Bei Hypothermie rektale Temperatursonde oder intravasale Temperaturmessung, z.B. über Pulmonaliskatheter
- *EKG-Monitor:* kontinuierlich mit Alarmsystem
- *12-Kanal-EKG:* bei V.a. Infarkt 6 stündl., sonst 12 stündl.
- *Pulsoxymetrie:* kontinuierliche Messung der kapillären Sauerstoffsättigung über Sensor an Finger, Nase oder Ohr
- *Atemfrequenz:* kontinuierliche Messung über nasalen Temperatursensor oder thorakale Impedanzänderung
- *BGA-Kontrolle:* Bei Beatmung bzw. bei respir. Insuff. stündlich, sonst 6–12 stündlich
- *Hämodynamik:* Je nach Krankheitsbild ZVD 6–8 stündlich, HZV und PCWP 8 stündlich
- *Rö-Thorax:* tägl.
- *Labor:* Krea, E'lyte, BB, BZ, Gerinnung tägl.

Dorothee Bergfeld

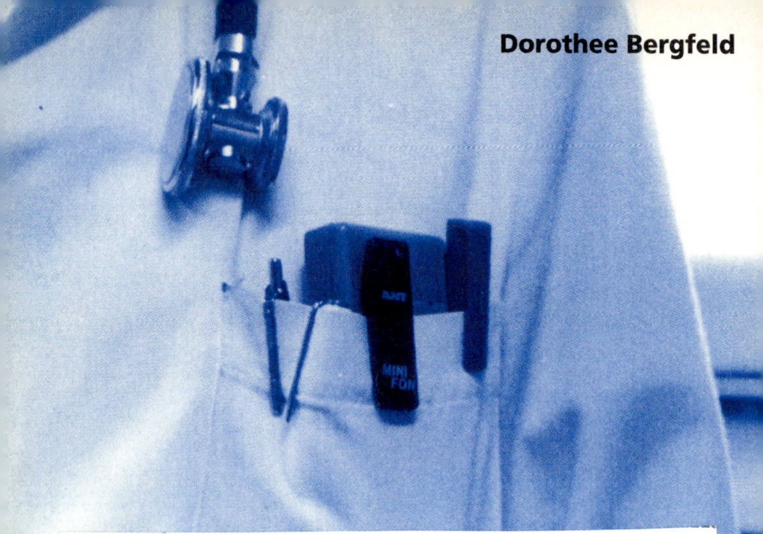

4 Klassische Nachtdienstprobleme

4.1. Schlaflosigkeit

Über 50 % der stationären Pat. klagen über Schlafstörungen. Die regelmäßige Einnahme von „Schlaftabletten" ist oft schon außerhalb des Krankenhauses zur Gewohnheit geworden.

Vor Verordnung eines Schlafmittels nach kausalen Lösungen für die Schlafprobleme suchen:

- Bestehen Ruhestörungen (z.B. schnarchender Nachbar)? Lösungsversuch: Oropax®, evtl. Zimmerwechsel.
- Organische Gründe für die Schlafstörungen, z.B. Reizhusten (→ Gabe von Antitussiva wie Codein, z.B. Codipront® 30 mg oder 5 ml p.o.) oder Dyspnoe bei Herzinsuffizienz (Diuretikum nur bei akuter Stauung mit feuchten RG, da sonst erst recht gestörter Nachtschlaf; bei chronischer Stauung Kopfende des Bettes höher stellen, ein Kissen mehr geben).
- Ist der Pat. depressiv und leidet deshalb an Schlafstörungen („Keine Depression ohne Schlafstörungen")? In diesem Fall ist ein niedrig dosiertes Antidepressivum evtl. wirkungsvoller.

Indikationen zur medikamentösen Therapie

- Vorübergehende Schlafstörungen durch äußere Belastung (Hospitalisierung, präop. bei belastenden Eingriffen, auf Intensivstation)
- Chron. Schlafstörungen, die auf andere Maßnahmen nicht ansprechen und/oder bei denen Schlafmittelentzug nicht zumutbar ist (z.B. Tumorpat.).

Substanzauswahl

- In leichteren Fällen pflanzlichen Sedativa, z.B. Baldrian (z.B. Melival®)
- Benzodiazepine:
  - Zur Therapie von Schlafstörungen Substanzen mit möglichst kurzer Halbwertszeit, z.B. Oxazepam (z.B. Adumbran®) 5–20 mg p.o. oder Temazepam (z.B. Remestan®) 10–30 mg p.o.
  - Soll auch tagsüber eine gewisse Dämpfung erzielt werden, Benzodiazepine mit langer Halbwertzeit, z.B. Diazepam (z.B. Valium®) 2–15 mg oder Flurazepam (z.B. Dalmadorm®) 7,5–30 mg. *Cave:* Keine Anwendung bei geriatrischen Pat., da Kumulationsgefahr, paradoxe Reaktion v.a. bei arteriosklerotischen Unruhezuständen. *Cave:* Atemdepression.
- Chloralhydrat (z.B. Chloraldurat® blau bei Einschlafstörungen, rot bei Durchschlafstörungen) 250–1000 mg p.o. Wirkverlust nach einigen Tagen, aber kein Abhängigkeitsrisiko!
- Clometiazol (z.B. Distraneurin®) in niedriger Dosierung (z.B. 10 ml Mixtur) v.a. bei älteren Pat. *Cave:* hohes Abhängigkeitspotential.
- Neuroleptika bei nächtlichen Unruhe- oder Verwirrtheitszuständen, z.B. Haloperidol (z.B. Haldol®) 5 mg p.o. oder Promethazin (Atosil®) 5–25 Tropfen. Bei geriatrischen Pat. z.B. Melperon (z.B. Eunerpan®) 5 ml oder Haloperidol (z.B. Haldol®) 0,5 bis max 10 mg (1 Tropfen = 0,1 mg).
- Bei depressiven Pat. Antidepressiva in niedriger Dosierung, z.B. Amitryptilin (z.B. Saroten®) 10–25 mg p.o. Cave: Wirkbeginn oft erst nach einigen Tagen!

- Antihistaminika mit sedierenden Eigenschaften z.B. Diphenhydramin (Dolestan®) 25–100 mg p.o. oder Doxylaminosuccinat (Mereprine®) 25–50 mg p.o. als Alternative zu Benzodiazepinen

Folgende Substanzen vermeiden

- Barbiturate sind als Tranquilizer und Hypnotika obsolet
- Triazolam (z.B. Halcion®) wegen Gefahr von Alpträumen und ausgeprägten Entzugserscheinungen
- Benzodiazepine mit hoher Anflutgeschwindigkeit: Flunitrazepam (z.B. Rohypnol®), Lormetazepam (z.B. Noctamid®), Lorazepam (z.B. Tavor®) → erhöhtes Abhängigkeitspotential, anterograde Amnesie mit Gefahr des Kontrollverlustes.

Fußangeln und Fingerzeige

- Gewöhnung je nach Kinetik nach 1–2 Wochen. Beim abrupten Absetzen Gefahr eines Entzugssyndroms mit Einschlafstörungen, Unruhe, gesteigerter Angst und Alpträumen → stufenweise Dosisreduktion oder intermittierende Gabe jede zweite oder dritte Nacht.
- Bei älteren Pat. und Kindern kann es unter Einnahme von Tranquilizern zu paradoxen Erregungszuständen kommen (☞ 14.8). Bei älteren Pat. evtl. Gabe von Coffein (Tasse Kaffee) hilfreich.
- Bei Schlafstörungen auch an evtl. Medikamenten-NW denken, z.B. bei Theophyllin, β-Sympathomimetika.

4.2 Schmerzen

Schmerzen sind eines der häufigsten Probleme im Bereitschaftsdienst. Eine symptomatische Schmerztherapie sollte nur erfolgen, wenn die Schmerzursache geklärt und soweit möglich kausal behandelt wurde.

Schmerztherapie im Nachtdienst

Leitfrage: akuter – chronischer Schmerz?

- *Akute Schmerzen:* z.B. postop., Kolikschmerzen, Infarktschmerzen. Therapieziel: Rasche Schmerzlinderung, meist mit parenteral verabreichten Analgetika in Standard-Dosis. Bei postop. Schmerzen: wegen unterschiedlichem Schmerzempfinden individuelle und rechtzeitige Gabe auf Verlangen. Therapiedauer meist nur einige Tage.
- *Chronische Schmerzen:* v.a. bei Tumorpat. (☞ 11.2), Arthralgien, Neuralgien, Dekubitus. Therapieziel: Schmerzverhinderung mit streng nach Zeitplan, meist oral gegebenen Analgetika in individueller Dosierung.

Analgetisches Stufenschema			
Substanz (Handelsname)	**Dosierung pro Tag**	**Indikationen**	**Besonderheiten/KI**
1. Stufe: Prostaglandinsynthesehemmer			
Paracetamol z.B. ben-u-ron®	max. 4 x 1 g p.o. oder als Supp.	Kopf-, Gelenk, Muskelschmerzen	Schwächstes Analgetikum, rel. gute Verträglichkeit. Bei Überdosierung Leberschäden, strenge *KI* bei Leberzirrhose (Leberversagen bei Normaldosis)
Azetylsalizylsäure z.B. Aspirin®	max. 4 x 1 g p.o.	Kopf-, Gelenk, Muskelschmerzen, Knochenmetastasen, Entzündungen	WW mit Antikoagulantien, bei Kindern meiden. *KI:* Magenulzera, Asthma bronchiale, hämorraghische Diathese
Ibuprofen z.B. Brufen®	3–4 x 200–400 mg p.o.	Rheumat. Erkr., Tumorschmerzen	Nichtsteroidales Anti-phlogistikum, Einnahme zum Essen. *KI:* Magenulzera
Diclofenac z.B. Voltaren®	3–4 x 25–50 mg p.o. oder als Supp.		☞ Ibuprofen bei Nierenkoliken relativ gut wirksam!
Metamizol z.B. Novalgin®	2–4 x 500–1000 mg p.o., Supp., oder 1–4 x 0,1–0,5 ml i.v./ i.m.	Viszerale Schmerzen mit spastischer Komponente	Bei i.v.-Gabe RR-Abfall, Anaphylaxie, selten Agranulozytose
2. Stufe: „Schwächere Opiate“			
Codein z.B. Codein phosphoricum compretten®	4–6 x 50–100 mg p.o.	Bei stärkeren Schmerzen in Kombination mit Stufe 1-Präparaten	Geringe analgetische, gute antitussive Wirkung, Wirkdauer 2–4 h. Mit Laxans kombinieren, da heftige Obstipation möglich
Dihydrocodein ret. z.B. DHC 60, 90 od. 120 ret.®	1–2 x 60–120 mg p.o.	Mäßige bis starke Schmerzen (z.B. Tumor)	Stärkere analgetische Wirkung als Codein, Wirkdauer 8–12 h. Mit Laxans kombinieren, da heftige Obstipation möglich
Tramadol z.B. Tramal®	4–6 x 50 mg p.o. 4 x 100 mg Supp. 4 x 1 Amp. i.v./i.m.		Besonders wirksam in Kombination mit Metamizol; Dosisreduktion bei Leber- oder Niereninsuff. Wirkdauer 1–2 h
Tilidin-Naloxon z.B. Valoron®	4–6 x 50–150 mg p.o.		Rascher Wirkungseintritt Wirkdauer 1–2 h

Analgetisches Stufenschema			
Substanz (Handelsname)	**Dosierung pro Tag**	**Indikationen**	**Besonderheiten/KI**
3. Stufe: „Starke Opioide"			
Morphin z.B. MST Mundipharm® 10, 30, 60, 100, 200 mg Tbl.	2–3 x 10–200 mg p.o.	Tumorschmerzen, Myokardinfarkt, Lungenödem	Durch Retardierung Wirkdauer 8–12 h; Gabe mit Laxans (z.B. Lactulose 3–5 ml)
Morphin hydrochloricum	4–6 x 2,5–5 mg mit 5 ml Aqua. dest. verdünnt fraktioniert i.v. 4–6 x 10–30 mg s.c.		Gute Steuerbarkeit, Wirkdauer 1–2 h. Meist Antiemetikum nötig, z.B. Psyquil®
Buprenorphin z.B. Temgesic®	3–4 x 1 Tbl. sublingual	Starke/Tumorschmerzen, akute Pankreatitis	Wirkung nur durch Doxapram antagonisierbar, Wirkdauer 6–8 h
Pethidin z.B. Dolantin®	4 x 50–100 mg p.o., 4 x 1 Amp. i.v./i.m.	Akute starke Schmerzen, z.B. Koliken	Ungeeignet zur Ther. chron. Schmerzen, Wirkdauer 2–3 h
Piritramid z.B. Dipidolor®	4 x 1 Amp.i.v./i.m. post OP		☞ Pethidin Wirkdauer 4–6 h
Pentazocin z.B. Fortral®	4–6 x 180 mg 4–6 x 30–60 mg i.m.		☞ Pethidin: Wirkt als Partialantagonist, deshalb nie mit anderen Opioiden kombinieren! Wirkdauer 3–4 h
Analgetisches Stufenschema: Je nach Stärke der Schmerzen Therapie mit der 1. Stufe beginnen, bis zur ausreichenden Analgesie steigern oder gleich auf höherer Stufe einsetzen.			

Allgemeine NW der Opioide

- Obstipation, Übelkeit, Erbrechen
- Atemdepression
- Harnretention, Sphincter-oddi-Spasmen (weniger ausgeprägt bei Pentazocin und Pethidin)
- Hautjucken.

Schmerzen unter bereits laufender analgetischer Therapie

- Höherdosierung des jeweiligen Präparates (*cave:* NW und Maximaldosen!)
- Verkürzung des Einnahmeabstandes
- Sinnvolle Kombination mit anderem Analgetikum oder Begleitmedikamenten (z.B. Neuroleptika, Antidepressiva; Begleitmedikation bei Tumorschmerzen ☞ 11.2)
- Übergang auf Präparat einer höheren Stufe.

Substanzauswahl

- *Antipyretische Analgetika:* Bei Entzündungsschmerzen, Wundschmerzen, Muskel- und Gelenkschmerzen
- *Opioidanalgetika:* Bei starken postop. Schmerzen, Tumorschmerzen (☞ 11.2). Bei intensiven viszeralen Schmerzen Gabe von Opioiden, die nicht zur Erhöhung des Tonus der glatten Muskulatur führen, z.B. Pentazocin (z.B. Fortral®)
- *Lokalanästhetika:* Bei eng umgrenzten schmerzhaften Arealen, z.B. Interkostalneuralgie lokale Infiltration, z.B. mit Lidocain (z.B. Xylocain®) 1 % 10–20 ml s.c. (☞ 12.2.1)
- *Kombination mit Psychopharmaka:* Zur Schmerzdistanzierung und Erhöhung der Schmerzschwelle, z.B. Neuroleptika oder Hypnotika ☞ 4.1.

Fußangeln und Fingerzeige

- Aus Angst vor Induktion von Sucht oder Abhängigkeit sowie Atemdepression sind viele Patienten analgetisch unterversorgt. Das Risiko, bei Pat. im Krankenhaus durch Opioidgabe eine Sucht zu erzeugen, ist gering. Atemdepression ist bei Pat. mit Schmerzen selten, da der Schmerzreiz das Atemzentrum stimuliert.
- Monosubstanzen verwenden, um Wirkungen und NW besser beurteilen zu können.
- Keine Mischmedikation von Substanzen derselben Wirkgruppe (z.B. mehrerer Opioide), da sonst Konkurrenz um dasselbe Wirkprinzip.
- Opioide nur stufenweise reduzieren wegen möglicher Entzugssymptomatik
- Kopfschmerzen können durch Analgetika induziert sein.
- In Schwangerschaft und Stillzeit ist nur Paracetamol unbedenklich;
  KI: Opioide (außer bei Wehenschmerzen), nichtsteroidale Antiphlogistika.

4.3 Sturz (z.B. Fall aus dem Bett)

Häufig harmlose Ursachen (z.B. beim Gang zur Toilette): einfaches Mißgeschick (im Dunkeln gestolpert, ungewohnte Umgebung, anderes Bett) oder Gehbehinderung. Unbedingt abklären, ob der Sturz Folge einer Synkope (Bewußtlosigkeit), einer zerebralen Ischämie oder eines Krampfanfalls war. Ggf. Einleitung eines BG-Verfahrens (D-Arzt-Bericht ☞ 1.2.5), v.a. wenn der Pat. wegen einer BG-Behandlung im Krankenhaus ist.

Mögliche Komplikationen nach Schädelprellung

- *Epidurales Hämatom:* Blutung zwischen Dura mater und Schädelkalotte, v.a. temporoparietal. Meist initialer kurzer Bewußtseinsverlust, dann symptomfreies Intervall zwischen 1–12 h mit nachfolgender sekundärer Eintrübung, ipsilaterale Okulomotoriusparese (weite Pupille, das Auge schaut nach außen und unten). Evtl. kontralaterale Halbseitensympotmatik.

- *Akutes subdurales Hämatom:* Gemischt arteriell-venöse Blutung zwischen Dura mater und asrachnoidea. Meist primär anhaltende Bewußtlosigkeit, frühe Anisokorie und Hemiparese.
- *Intrazerebrales Hämatom:* Verletzung von Hirnrindengefäßen mit intrazerebraler Massenblutung. Klinik wie akutes subdurales Hämatom.
- *Traumatische Subarachnoidalblutung:* Verletzung von Hirnrindengefäßen mit Blutung in die Liquorräume. Starke Kopfschmerzen, meist keine Bewußtlosigkeit, evtl. Meningismus ☞ 14.5.

Eine Unterscheidung der verschiedenen Formen ist klinisch oft schwierig, daher CCT nativ (→ Ausschluß Blutung) und ggf. neurologisches Konsil. Bei Hinweisen für posttraumatische intrakranielle Blutung, v.a. mit begleitenden Hirndruckzeichen (☞ 12.1.2) rasche Verlegung in Neurologie/Neurochirurgie anstreben.

4.3.1 Diagnostisches Vorgehen

- Vitalzeichen: Puls, RR, Atmung
- Bei Diabetikern BZ-Stix zum Ausschluß einer BZ-Entgleisung
- Bewußtsein: Voll orientiert, ansprechbar, benommen oder bewußtlos?

Anamnese/Krankenakte

- Kann der Pat. sich an den Vorfall genau erinnern oder besteht eine retrograde Amnesie?
- Bestanden vor dem Sturz Prodromi, z.B. Schwindel?
- Bestand vor oder nach dem Sturz Bewußtlosigkeit (☞ 6.3)?
- Schon wiederholt Stürze?
- Aktuell Schmerzen, Benommenheit, Lähmungen, taubes Gefühl (☞ 14.7)?
- Soweit möglich auch Fremdanamnese z.B. bei Zimmernachbarn: Auffälliges Verhalten vor dem Sturz, Pat. zwischenzeitlich nicht ansprechbar, Krampfgeschehen beobachtet?
- Liegen Krankheiten vor, die zu Synkopen oder Krampfanfällen prädisponieren, z.B. Herzrhythmusstörungen, Krampfleiden (☞ 6.3, 6.2, 14.4)?
- Hinweis auf Lungenembolie z.B. nach längerer Bettruhe, postop. oder bei tiefer Beinvenenthrombose (☞ 7.1.5, 6.7)?
- Medikamentenanamnese: Zentral wirksame Medikamente, die evtl. zu Schwindel oder Gangunsicherheit führen können, z.B. Sedativa, RR-senkende Medikamente, z.B. Nitrate oder ACE-Hemmer als Auslöser orthostatischer Dysregulationen (☞ 6.3), Diuretika (Volumenmangel)?

Körperliche Untersuchung mit besonderem Augenmerk auf

- Äußere Verletzungszeichen: Prellmarken, Schwellungen, Hämatome, Riß-/Quetschwunden.
- Hinweise auf Frakturen: Im Bereich der Extremitäten (Fehlstellungen, abnorme Beweglichkeit, Schwellungen), des Schädels (Schwellungen, Druckschmerz, Stufenbildung oder abnorme Beweglichkeit des Schädelknochens), der Wirbelsäule (Klopfschmerz). Untersuchung des Thorax auf Rippenfrakturen. V.a. bei älteren Pat. auf Hinweis auf Schenkelhals- oder Radiusfraktur achten ☞ 12.1.8, 12.1.9
- Pupillen: Isokorie, direkte und konsensuelle Lichtreaktion?

- Puls: Frequenz, Rhythmus, peripheres Pulsdefizit?
- Lunge: Seitengleiche Belüftung (Ausschluß Pneumothorax)?
- Exsikkosezeichen: Trockene, rissige Zunge, stehende Hautfalten, niedriger RR?
- Neurologische Untersuchung (☞ 14.1) mit besonderem Augenmerk auf:
  - Zerebrale Ischämien: Lähmungen, Gefühlsstörungen ☞ 14.6
  - Zerebrale Blutung: Hirndruckzeichen ☞ 12.1.2.

Weiterführende Diagnostik

Noch in der Nacht

- Röntgen: Bei V.a. Fraktur.
- CCT: Bei V.a. Schädel-Hirntrauma oder intrakranielle Hämatome (falls hierzu Verlegung notwendig → Rücksprache mit Hintergrund)
- EKG: bei kardialer Vorerkrankung

4.3.2 Therapeutisches Vorgehen

Initiales Management

- Unauffälligen Pat. nach Ausschluß von Verletzungen weiterschlafen lassen
- Aufstehen nur in Begleitung für den Rest der Nacht
- Bei kardialen Vorerkrankungen regelmäßige Kontrolle von Puls und RR
- Nach Synkope: Diagnostik, Therapie und Überwachung ☞ 6.3
- Nach Krampfanfall: Diagnostik, Therapie und Überwachung ☞ 14.4
- Bei Schädelprellung: Kontrolle von Bewußtseinslage, Pupillenreaktionen (Hirndruck!), Puls und RR in 1/2–1 stündlichem Abstand.

Verlegung auf die Intensivstation

Bei länger anhaltender oder bleibender Bewußtlosigkeit: Sicherung der Vitalfunktionen, 12–Kanal-EKG zum Auschluß einer kardialen Ursache, Monitorüberwachung von Puls und RR. In Absprache mit dem Hintergrund rasche neurologische Abklärung, evtl. Verlegung in neurologische Abteilung.

Fußangeln und Fingerzeige

Strenge Beobachtung von antikoagulierten Pat. nach Sturz: Verzögerte Ausbildung von Hämatomen an geprellten Körperteilen (Nachuntersuchung nach 1–2 h) oder intrakranieller Hämatome nach Kopfverletzung (engmaschige neurologische Kontrolle, evtl. CCT).

4.4 Fieber

Erhöhte Werte < 38 °C werden als subfebrile Temperaturen, Werte > 38 °C als Fieber bezeichnet. Begleitend besteht oft Tachykardie.

4.4.1 Differentialdiagnostische Überlegungen

Fieberursachen bei stationären Patienten

- Harnwegsinfektionen, v.a. bei Blasenkatheter ☞ 9.2
- Pneumonie z.B. bei Herzinsuffizienz (Stauungspneumonie), nach Bettlägrigkeit, bei Beatmung, Aspiration(☞ 7.1, 7,4)!
- Fieberursachen bei postoperativen Pat. (☞ 12.3): Wundinfektionen, Atelektase oder Lungenembolie mit Pneumonie
- Exsikkose: z.B. nach intensiver Diuretikatherapie
- Kathetersepsis
- Thrombophlebitis, Venenthrombose, Lungenembolie ☞ 6.5 und 7.1.5
- Unter Immunsuppression (☞ 11.2.2), bei HIV-Patienten
- Alkoholentzug: Fieber als vegetative Begleiterscheinung ☞ 5.1.3
- „drug fever": Medikamenteninduziertes Fieber, z.B. durch Sulfonamide, jodhaltige Medikamente, Barbiturate, Laxantien, Thiouracil
- Transfusionsreaktion ☞ 2.2.2.

Fieberursachen bei ambulanten Patienten

- Infektionen: Bakteriell z.B. Pneumonie, Sinusitis, Harnwegsinfekt, Enteritis. Virusinfektionen z.B. Erkältungskrankheiten. Selten Protozooen z.B. Malaria (Auslandsaufenthalt) oder Pneumocystis carinii-Pneumonie (AIDS)
- Endokarditis, Myokarditis, Perikarditis ☞ 6.1, 6.2
- Rheumatisches Fieber ☞ 6.1
- Tuberkulose ☞ 7.2
- Akutes Abdomen ☞ 8.1
- Autoimmunerkrankungen, z.B. systemischer Lupus erythematodes, rheumatoide Arthritis
- Tumorfieber: u.a. bei malignen Lymphomen
- Hyperthyreose ☞ 10.2
- Idiopathisches Fieber: In 10 % ist die Ursache nicht zu klären.

4.4.2 Pieps – Erste Orientierung am Telefon

Fragen an das Pflegepersonal

- Wie hoch ist die Temperatur, wo wurde gemessen (axillär, rektal, bukkal)?
- Neu aufgetretenes Fieber oder rezidivierende Fieberschübe bzw. schon länger bestehende erhöhte Temperaturen (z.B. bei Tumorfieber)?
- Handelt es sich um einen postop. Pat.?
- Puls und RR?
- Begleitsymptome: Schüttelfrost, schlechter Allgemeinzustand, Schmerzen, Bewußtseinsstörungen, Dyspnoe?

Erste Anweisungen an das Pflegepersonal

Jedes neu aufgetretene Fieber > 38,5 °C erfordert eine gründliche körperliche Untersuchung.

Dringlichkeit

Besondere Dringlichkeit: V.a. Sepsis, neu aufgetretene Bewußtseinstörungen oder andere neurologische Ausfälle (V.a. Meningitis/Meningoenzephalitis) sowie neu aufgetretenes Fieber bei immunsupprimierten Pat.

4.4.3 Diagnostisches Vorgehen

Anamnese/Krankenakte

- Husten, Auswurf als Hinweis auf Atemwegsinfekt bzw. Pneumonie ☞ 7.2?
- Dysurie, Polyurie als Hinweis auf Harnwegsinfekt ☞ 9.2?
- „Erkältungserscheinungen": Schnupfen, Husten, Abgeschlagenheit, Gliederschmerzen?
- Durchfall, Erbrechen, Übelkeit, Bauchschmerzen als Hinweis auf Enteritis (auch an Appendizitis denken), Cholezystitis, Pankreatitis ☞ 8.1?
- Exantheme als Hinweis auf Infektionskrankheiten oder evtl. Allergie ☞ 20.3?
- Kopfschmerzen oder neurologische Auffälligkeiten als Hinweis auf entzündliche ZNS-Erkrankung ☞ 14.5?

Bei ambulanten Patienten

- Auslandsreisen?
- Impfungen? Haustiere?
- Medikamenteneinnahme?
- Hyperthyreosezeichen ☞ 10.2
- „Tumorzeichen" (z.B. Gewichtsverlust, Nachtschweiß) oder bekanntes Tumorleiden → Tumorfieber?
- Temperaturverlauf der letzten Tage: Neu aufgetretene oder ständige Temperaturen, Höhe
- Immunsupprimierter Pat., z.B. nach Chemotherapie, HIV-Infektion
- Längere Bettlägrigkeit → Stauungspneumonie, Lungenembolie ☞ 7.1, 7.2?
- Bekannter Herzklappenfehler → Endokarditis ☞ 6.1?
- Bekannte Autoimmunerkrankung?

Körperliche Untersuchung mit besonderem Augenmerk auf

- Allgemeinzustand und Bewußtseinslage
- Genaue Inspektion von Zugängen, Kathetern, OP-Wunden
- Hautausschläge? Hinweis auf septische Metastasen (z.B. Fingernägel, Augenhintergrund)?
- Lymphknoten
- Gelenkschwellungen ☞ 17.3
- Kopf/Hals:
  - Nebenhöhlen: Druck- und Klopfschmerz?
  - Mundhöhle: Rötung / Entzündung / Soor / Tonsillitis?
  - Ohren: Rötung, Ausfluß (Otitis media)? Geschwollene Halslymphknoten?

- Meningismus: ☞ 14.1
- Herz: In der Regel Tachykardie bei Fieber (relative Bradykardie z.B. bei Mykoplasmenpneumonie, Typhus). Neu aufgetretenes Herzgeräusch als Hinweis auf Endokarditis?
- Lunge: Bronchitische RG? Hinweis auf Pneumonie (gedämpfter Klopfschall, Bronchialatmen, klingende RG)? Pleuritisches Reiben? ☞ 7.2
- Abdomen: Hepato- oder Splenomegalie (z.B. bei Virusinfekt)? Hinweise auf Appendizitis, akutes Abdomen (☞ 8.1), Cholezystitis
- Nieren: Klopfschmerzhaftes Nierenlager?
- Feinschlägiger Tremor (Hyperthyreose)?
- Bei V.a. gynäkologische Fieberquelle (z.B. Ausfluß, Unterbauchschmerzen unklarer Genese) (☞ 15.2) evtl. konsiliarisch gynäkologische Untersuchung.

Weiterführende Diagnostik

Noch in der Nacht

- Labor: Blutbild, evtl. BSG, CRP. Urinkultur (Mittelstrahlurin). Bei Fieber > 38,5 °C. Blutkulturen (☞ 2.11.1). Bei V.a. Herzmuskelentzündung CK, CK-MB, GOT, HBDH? Bei V.a. Malaria „dicker Tropfen" (Beurteilung durch Labor, Hintergrund?). Abstriche von infizierten Wunden, eitrigen Tonsillen etc. für mikrobiologische Untersuchung ☞ 2.11
- Röntgen: Thorax bei V.a. Pneumonie ☞ 7.2
- Sono Abdomen: Bei V.a. Appendizitis („Kokardenphänomen"), Pyelonephritis (zum Ausschluß eines Harnaufstaus), Cholezystitis ☞ 8.1
- EKG, evtl. Echokardiographie bei V.a. Endo-, Myo- oder Perikarditis ☞ 3.6.1
- Liqorpunktion bei V.a. Meningitis ☞ 14.5, 2.4.

Diagnostik für den folgenden Tag

- Labor: Serodiagnostik bei V.a. Virusinfekte. Sputum auf Tbc, Pilze und Bakterien. T_3 und TSH bei V.a. Hyperthyreose. Rheumafaktor, ANA, andere Autoantikörper, bei V.a. Autoimmunerkrankung. ASL bei V.a. rheumat. Fieber, Erysipel
- Je nach Begleitbeschwerden: z.B. Gastroduodenoskopie, Kolorektoskopie, i.v.-Pyelogramm, transösophageales Echo
- Punktion von Abszessen, Gelenkschwellungen
- Bei V.a. Pneumocystis-carinii-Pneumonie Erregernachweis im Sputum (ggf. nach Inhalation mit 1,2%iger NaCl-Lösung + 2 Beutel Acetylcystein). Bronchoskopie mit bronchoalveolärer Lavage und transbronchialer Biopsie.

4.4.4 Therapeutisches Vorgehen

Initiales Management

Bei Sepsis oder schweren Infektionen (hohes Fieber, schlechter AZ) nach Abnahme von Blutkulturen (mindestens 2 im Abstand von 1 h, ☞ 2.11.1), Urin und ggf. Liquorpunktion. Sofortiger Beginn einer kalkulierten Antibiotikather. Auswahl der Medikamente nach vermuteter Infektionsquelle (☞ Tabelle, hauseigene Antibiotikaempfehlungen beachten), im Zweifelsfall Rücksprache mit Hintergrund. Vorgehen bei Sepsis ☞ 3.3.

Therapievorschläge zur Initialtherapie schwerer Infektionen bei unbekanntem Erreger			
Quelle	**nosokomial**	**nicht nosokomial**	**Alternative**
Lunge	z.B. Cefuroxim 3 x 0,75–1,5 g i.v. *Aspirationspneumonie:* Clindamycin 3 x 600 mg i.v. + Cefotaxim 3 x 2 g i.v. *Beatmungspneumonie:* z.B. Imipenem/ Cilastin 4 x 0,5 g als Kurzinfusion i.v.	z.B. Erythromycin 2 x 1 g p.o. *Lobärpneumonie:* Penicillin G 4 x 5 Mio E i.v.	*Pneumonie nach antibiotischer Vorbehandlung:* Cefotaxim 3 x 2 g i.v. + Gentamicin 3 x 1 mg/kg i.v. Ciprofloxacin 2 x 200–400 mg i.v.
Harnwege	z.B. Cefuroxim 3 x 750 mg i.v. *Bei Urosepsis:* zusätzl. Gentamicin 3 x 1 mg/kg i.v.	z.B. Cefuroxim 3 x 750 mg i.v.	Cefotaxim 3 x 1–2 g i.v. Ciprofloxacin 2 x 200 mg i.v.
Gallenwege	*Nach ERCP:* z.B. Amoxycillin 3 x 2 g i.v.	z.B. Amoxycillin 3 x 2 g i.v. *Cholangiosepsis:* zusätzl. Gentamicin 3 x 1 mg/kg i.v.	Cefotaxim 3 x 2 g i.v. Piperacillin 3 x 2 g i.v. evtl. + Gentamicin 3 x 1 mg/kg
Endokard	*Nach Katheterisierung,* V.a. Staphylokokken: Flucloxacillin 4 x 1–2 g i.v. + Gentamicin 3 x 1 mg/kg i.v.	Penicillin G 3 x 10 Mega i.v. + Gentamicin 3 x 1 mg/kg i.v.	Vancomycin 2 x 1 g i.v. + Gentamicin 3 x 1 mg/kg i.v. oder Teicoplanin 1 x 6–12 mg/kg + Gentamicin 3 x 1 mg/kg i.v.
Meningen	*Nach SHT oder HNO-Infektion:* Cefotaxim 4 x 2 g i.v. + Fosfomycin 3 x 5 g i.v. + evtl. Gentamicin 3 x 1 mg/kg i.v.	Penicillin G 3 x 10 Mio E i.v. Evtl. zusätzlich: Amoxycillin 3 x 2 g + Gentamicin 80–120 mg i.v.	Cefotaxim 3 x 2 g i.v. oder Chloramphenicol 4 x 10–20 mg/ kg i.v.
Wunde	z.B. Cefotaxim 3 x 1–2 g i.v. + Gentamicin 3 x 1 mg/kg i.v.	Bei schweren Wundinfektionen: Cefotaxim 3 x 1–2 g i.v. + Clindamycin 3 x 600 mg i.v.	Bei leichten Wundinfektionen: Penicillin G 3 x 1 Mio E. i.v.
Venenkatheter	Katheter ziehen; Flucloxacillin 4 x 0,5–1g i.v. ggf. zusätzlich Gentamicin 3 x 1 mg/kg i.v.		Vancomycin Inf. 2 x 1 g i.v. als Kurzzeitinfusion
„Kein Herd"	z.B. Piperacillin 3–4 x 2 (–4) g + Gentamicin 3 x 1 mg/kg i.v.		Mezlocillin 3–4 x 2 (–5) g i.v. + Gentamicn 3 x 1 mg/kg i.v.

- Bei mäßigem Fieber (< 38,5 °C rektal) und gutem AZ: Regelmäßige RR- und Pulskontrollen. Je nach vermuteter Infektionsquelle Entnahme von Material für bakteriologische Untersuchungen (☞ 2.11). Keine sofortige Antibiotikather. oder fiebersenkende Maßnahmen erforderlich.
- Bei Pneumonie ☞ 7.2.4
- Bei Harnwegsinfekt ☞ 9.2
- V.a. infizierten Zugang oder Katheter: Blutkultur (z.B. aus ZVK und peripher) Zugang entfernen und Katheterspitze in sterilem Leerröhrchen zu mikrobiologischer Untersuchung einschicken (☞ 2.11). Anschließend Beginn einer Antibiotikather. (☞ Tabelle, s.o.).
- Bei Hinweisen auf Exsikkose und Volumenmangel (niedriger RR, trockene Schleimhäute, stehende Hautfalten) Volumensubstitution ☞ 22.5
- V.a. „drug fever": Soweit möglich Medikamentenauslaßversuch (evtl. Rücksprache mit Hintergrund).
- V.a. Endo-, Myo- oder Perikarditis: Bettruhe, einstündl. Kontrolle von Puls und RR. Ther. von Herzrhythmusstörungen ☞ 6.1, 6.2.
- V.a. Malaria: Therapieversuch nach Rücksprache mit Hintergrund: Chloroquin (Resochin®) initial 600 mg p.o. oder langsam i.v., nach 6 h 300 mg p.o., am 2. und 3. Tag jeweils 300 mg p.o.
- V.a. Pneumocystis-carinii-Infektion: Engmaschige BGA-Kontrollen, evtl. Intubation und Beatmung. Cotrimoxazol (20 mg/kg Trimethoprim + 100 mg/kg Sulfamethoxazol) tägl. i.v. für 3 Wochen.
- V.a Virusinfekt: Symptomatische Behandlung, evtl. Fiebersenkung s.u.

Verlegung auf die Intensivstation: Bei V.a. Sepsis.

Aufnahme ambulanter Patienten

Nach Sicherung erhöhter Temperaturen in der Regel stationäre Aufnahme zur Klärung der Fieberursache. Ambulante Behandlung ausreichend bei:

- Sinusitis ☞ 14.2.
- Erkältungskrankheiten nach klinischem und evtl. radiologischem Ausschluß einer Pneumonie.
- Evtl. auch EKG zum Ausschluß einer Myokardbeteiligung. Empfehlung fiebersenkender Maßnahmen bei Temperaturen > 38,5 °C (s.u.). Pat. soll zu Hause regelmäßig Temperatur messen.
- Wiedervorstellung für den Fall von Beschwerdeverschlechterung vereinbaren.

Symptomatische Fiebersenkung

Fieber kann Abwehrvorgänge des Körpers unterstützen, daher ist eine routinemäßige symptomatische Fiebersenkung nicht empfehlenswert. Bei noch nicht geklärter Fieberursache und nur mäßig erhöhten Temperaturen zunächst 2–3 tägige Beobachtung des Pat. unter häufiger Temperaturkontrolle (bis 6 x tägl.), um den Fieberverlauf zu dokumentieren. Ausreichende Flüssigkeitszufuhr, um Exsikkose zu verhindern.

Indikationen

- Stark erhöhte Temperaturen (> 39 °C)
- Vorgeschädigtes Herz-Kreislaufsystem (Gefährdung durch Tachykardie)
- Geschwächter Allgemeinzustand, z.B. postoperativ
- Bekanntes zerebrales Anfallsleiden (Senkung der Krampfschwelle durch Fieber).

Maßnahmen

- Langsame und gleichmäßige Fiebersenkung, um den Kreislauf nicht zu stark zu belasten
- Physikalisch: Naßkalte Wadenwickel, Eisbeutel in die Leisten
- Medikamentös: Nichtsteroidale Antiphlogistika mit antipyretischen Eigenschaften ☞ 4.2
  - Paracetamol (z.B. ben-u-ron®): Einzeldosis 0,5–1 g p.o. oder als Supp., Tageshöchstdosis 4 g. Relativ wenig NW ☞ 4.2
  - Metamizol (z.B. Novalgin®): Einzeldosis 0,5–1 g p.o., i.v., i.m. oder als Supp. Einsatz nur bei Fieber, das auf andere Maßnahmen nicht anspricht. Seltene, aber gefährliche *NW:* Agranulozytose (daher nur kurzfristige Behandlungen).

Fußangeln und Fingerzeige

- Immer Meningitis ausschließen (☞ 14.5). Durch engmaschige Temperaturkontrollen septische Verläufe rasch erkennen
- Möglichst gezielte Therapie, deshalb *vor* Beginn einer Antibiotikather. Entnahme von Material für bakteriologische Untersuchung (☞ 2.11). Nicht zu sparsam mit Blutkulturen sein
- Vor Beginn einer Antibiotikatherapie nach vorliegenden Allergien, insbesondere auf Penicillin, fragen. Zu Beginn der Antibiotikather. auf mögliche anaphylaktische Reaktionen achten
- Dosisanpassung der Antibiotika bei Niereninsuffienz ☞ 22.3
- Bei ambulanten Pat. nach vorherigem Auslandsaufenthalt an Malaria denken
- Hohes Fieber kann die Ursache von Krampfanfällen und Verwirrtheitszuständen sein ☞ 14.4, 14.8
- Fieberursachen bei HIV-Infektion: opportunistische Infektionen, Tumorfieber. Unbedingt an Pneumocystis carinii-Infektion und infektiöse ZNS-Erkrankung denken → rasche Behandlung.

Dorothee Bergfeld

5 Problempatienten

5.1 Der Patient mit Alkoholproblemen

Viele Patienten trinken regelmäßig Alkohol. Deshalb sollte man es sich zur Gewohnheit machen, nach dem täglichen Alkoholkonsum zu fragen, und auf entsprechende Hinweise bei der körperlichen Untersuchung achten. Bier wird von vielen Patienten nicht zu „Alkohol" gerechnet, daher auch gezielt nach Bierkonsum fragen.

5.1.1 Häufige akute Komplikationen und Erkrankungen

- *Alkoholintoxikation:* z.B. Bewußtseinsstörung bis Koma, vegetative Störungen (z.B. Tachykardie, Unterkühlung) und Atemdepression ☞ 5.1.2
- *Alkoholentzugsdelir:* Desorientiertheit, Halluzinationen, Unruhe ☞ 5.1.3
- Obere gastrointestinale Blutung aus erosiver Gastroduodenitis, akutem Ulcus ventriculi, Mallory-Weiss-Syndrom oder Ösophagusvarizen ☞ 8.2
- Akuter Schub einer chron. rezidivierenden Pankreatitis ☞ 8.1.9
- Leberausfallskoma, v.a. nach vorausgegangener GIT-Blutung ☞ 8.6, aber auch bei Resorption großer Hämatome
- Intrakranielle Blutungen, Frakturen (v.a. der Rippen), nach Sturz in alkoholisiertem Zustand ☞ 4.3
- Zerebrale Krämpfe, v.a. im Alkoholentzug ☞ 5.1.3, 14.4
- Akute absolute Arrhythmie durch Alkoholkonsum ☞ 6.3
- Infektionskrankheiten infolge von Abwehrschwäche, z.B. Pneumonien, (z.B. durch Pneumokokken, Aspirationspneumonie, Meningitis, Tbc ☞ 7.2, 14.5
- Hypoglykämie ☞ 10.1
- *Alkoholische Ketoazidose:* Nach mehrtägiger Nahrungskarenz durch Erschöpfung der Glykogenspeicher
  - *Klinik:* Übelkeit, Erbrechen, Bewußtseinstörungen. *Diagn.*: Alkoholanamnese mit aktuell niedriger oder fehlender Blutalkoholkonzentration, Ketonkörper im Urin
  - *Ther.:* Rehydratation mit Glukose 5 % 100–200 ml/h, Kaliumausgleich (☞ 21.1.1), Azidoseausgleich nur bei pH < 7,1, Gabe von Vit B1 1 Amp. à 100 mg tägl. langsam i.v. oder i.m. (*Cave:* Anaphylaktische Reaktionen)
- *Alkoholische Fettleberhepatitis:* Übelkeit, Erbrechen, meist Ikterus ☞ 8.5.

Bei bewußtlosem, alkoholisiertem Pat. andere oder begleitend bestehende Komaursachen nicht übersehen, z.B. intrakranielle Blutung, Mischintoxikationen, Meningitis. Immer auch nach Einstichstellen (Heroin!) suchen!

5.1.2 Alkoholvergiftung

Klinik

- *Vergiftungsstadien* in Abhängigkeit von der Alkoholkonzentration: Exzitationsstadium, hypnotisches Stadium, narkotisches Stadium, asphyktisches Stadium (Tod durch Atemlähmung und Kreislaufversagen)
- ZNS: Fehleinschätzung, Konzentrations- und Koordinationsstörungen, Verlangsamung, Bewußtlosigkeit, Atemdepression, gestörte Thermoregulation
- Gefäße: Vasodilatation mit Hautrötung und Hypothermie
- Nieren: Polyurie durch gehemmte ADH-Sekretion
- Stoffwechsel: Hypoglykämie, Azidose (primär metabolische Azidose, bei Ateminsuff. zusätzlich respiratorische Azidose).

Therapeutisches Vorgehen

- Bei bewußtlosem, alkoholisiertem Pat. primär *BZ-Stix* → Hypoglykämie?
- Kontrolle der Vitalfunktionen: RR, Herzfrequenz, Atmung.
- I.v.-Zugang, Blutabnahme (BB, E'lyte, γ-GT, GOT, GPT)
- Alkoholelimination:
  - *Bei ansprechbarem Pat.:* evtl. induziertes Erbrechen, z.B. mit 1/2 Amp. Apomorphin und 1/2 Amp. Norfenefrin (z.B. Novadral®) als Mischspritze i.v. oder i.m. (Hierdurch wird die Exzitation gemindert, bei Mischspritze kein RR-Abfall oder Atemdepression).
  - *Bei bewußtlosem Pat.:* Magenspülung (☞ 3.6.3) nach Stabilisierung der Vitalfunktionen und Intubation (zur Verhinderung einer Aspiration) ☞ 2.3.1.
- Zur Steigerung der Vigilanz bei deutlich bewußtseinsgetrübten Pat.: Physostigmin (z.B. Anticholium®) 1 Amp. langsam i.v., bei Wirksamkeit 1/2–1 Amp. alle 20 Min. nachspritzen oder Dauerinfusion 5 ml/h (EKG-Monitor: Bradykardie und RR-Kontrollen). *Cave:* Anwendung nur, wenn begleitende Intoxikation mit Barbituraten ausgeschlossen ist.
- Evtl. als Antidot Naloxon (z.B. Narcanti®) 1 Amp. à 0,4 mg i.v., ggf. mehrfach wiederholen. Sehr unterschiedliche Dosen erforderlich, daher Gabe im Titrationsverfahren (in Einzelfällen wurden bis zu 70 Amp. gegeben). *Cave:* Erhöhte Vorsicht bei V.a. Opioidabhängigkeit, da Auslösung eines akuten Entzugssyndroms möglich.
- Anschließend körperliche Untersuchung (inkl. Neurostatus ☞ 14.1) zum Ausschluß von Begleitstörungen s.o.
- *Bewußtlose Pat.* auf Intensivstation überwachen: Monitorkontrolle, engmaschige Untersuchung der Pupillenreaktionen, Aufklarungstendenz? Ausschluß anderer auslösender Ursachen der Bewußtlosigkeit (s.o).
- *Bei ansprechbarem Pat.:* Normalstation, 1/2–1 stündl. Puls- und RR-Kontrollen.

Behandlung von Komplikationen

- Hypoglykämie: 50 ml Glukose 20 % i.v.
- Volumenmangel: Infusionsther. mit Glukose 5 % 100–200 ml/h, evtl. unter ZVD-Kontrolle
- Exzitation: Haloperidol 5 mg = 1 Amp. langsam i.v. oder i.m. ☞ 14.8
- Bei schwerer Atem- und Kreislaufdepression evtl. Hämodialyse (Rücksprache mit Hintergrund).

5.1.3 Alkoholentzugsdelir

Klinik

- *Prädelir:* Dauer Tage bis Wochen. Pat. zeitlich und örtlich meist orientiert, keine illusionären Verkennungen, quälende Unruhe, zunehmende Reizbarkeit, Tremor der Hände (v.a morgens), Schweißausbrüche, evtl. Erbrechen.
- *Delir:* Beginn meist akut, Dauer Tage. (DD Delir/Unruhe ☞ 14.8)
  - *Psychotische Symptome*: örtliche und zeitliche Desorientierung, szenenhafte visuelle Halluzinationen („kleine Tiere", „weiße Mäuse"), hochgradige psychomotorische Unruhe, nestelnde, fahrige Bewegungen, grobschlägiger Tremor, Schlaflosigkeit, erhaltene autopsychische Orientiertheit, Mischung von Angst und Euphorie.
  - *Körperliche Symptome*: Körpertemperatur ↑, profuse Schweißausbrüche, Exsikkose, Erbrechen, Diarrhoe, Tachypnoe, Tachykardie, Hypotonie, generalisierte Krampfanfälle mit Zungenbiß, Ataxie, Gleichgewichtsstörungen.

Therapeutisches Vorgehen

- *Clomethiazol* (z.B. Distraneurin®). *Wirkungen:* antikonvulsiv, hypnotisch
  - Dosierung: *Oral* 4–8 (max. 12) x 2 Kaps = 4–8 x 12 ml Mixtur tägl. nach Plan. *Parenteral*: evtl. Clomethiazol 0,8 % 500–1500 (max. 2000) ml tägl. i.v., nur unter Intensivüberwachung
  - *NW:* Tachykardie, RR-Abfall, starke Bronchialverschleimung und Bronchospasmus, Atemlähmung. Bei i.v.-Gabe evtl. begleitend Atropin 0,25–0,5 mg i.m. 1–2 x tägl. (Erhöhung des Vagotonus und starker bronchialsekretorischer Effekt). Gefahr der Abhängigkeit mit Entzugssymptomatik, max. Behandlungsdauer 2 Wo., schrittweise Dosisreduktion über 4–7 Tage
  - *KI:* Pneumonie, obstruktive Lungenerkr., Thoraxverletzungen, respirator. Insuff.
  - *WW:* Keine Kombination mit Benzodiazepinen (Atemdepression)
- *Alternativ:* Benzodiazepine, z.B. Clorazepat (z.B. Tranxilium®)
  - Dosierung: Parenteral 2–3 (max. 5) x 100 mg i.v. Alternativ Chlordiazepoxid (z.B. Librium®) 4 x 25 bis 4 x 50 mg tägl. p.o.!
  - *NW:* Atemlähmung, Kardiodepression. Abhängigkeit
  - *KI:* Schwere Leber- und Nierenfunktionsstörungen, Intoxikation mit anderen zentraldämpfenden Pharmaka
  - *WW:* ZNS-Dämpfung anderer zentralwirksamer Pharmaka ↑. Bei gleichzeitigem Benzodiazepinabusus unwirksam
- *Weitere Alternative:* Clonidin (z.B. Catapresan®)
  - Wirkungen: Senkt Sympathikotonus, keine Verschleimung der Atemwege, jedoch keine antikonvulsive und antipsychotische Wirkung. Kombination mit Haloperidol sinnvoll (s.u.)
  - Dosierung: Initial 0,15 mg (= 1 Amp.) i.v., dann über Perfusor 9–45 µg/h bis max. 1,2 mg tägl., ausschleichen (Rebound-Phänomen)
  - *NW:* Initialer RR-Anstieg, Bradykardie, Mundtrockenheit, Sedierung
  - *KI:* Sick-Sinus-Sy. mit Bradykardie, Herzrhythmusstörungen. *Cave* bei Elektrolytstörungen
- Ernährungs- und Elektrolytsubstitution 2500–4500 ml tägl. (☞ 22.5). Häufig Hypokaliämie ☞ 21.1.1
- Vitamin B_1 (vor Glukosegabe!) 100 mg i.v. tägl. bis das Delir abklingt.

Behandlung von Komplikationen

- Bei *starker psychotischer Symptomatik* evtl. zusätzlich Haloperidol (z.B. Haldol®) bis max. 4 x 10 mg i.v. tägl. Evtl. Perfusor: initial 10–20 mg als Bolus i.v., dann 60 mg auf 50 ml 0,9 % NaCl → 2 ml/h. *NW:* Senkt Krampfschwelle, daher möglichst mit Clomethiazol oder Benzodiazepin kombinieren. *KI:* Krampfanfälle in der Anamnese.
- Bei *Hyperthermie*: Wadenwickel mit Eisbeuteln, evtl. Kühlzelt. Suche nach evtl. Infektionsherd als Auslöser (Pneumonie, Meningitis)!
- Bei *Krämpfen:* Diazepam (z.B. Valium®) 10 mg langsam i.v. oder Clonazepam (z.B. Rivotril®) 1 mg = 1 Amp. langsam i.v.
- Bei *NH_3* ↑: Lactulose (z.B. Bifiteral®) 3–5 EL tägl.
- Bei *Tachykardie* > 140/Min.: Propranolol (z.B. Dociton®) 1 mg i.v. unter Monitorkontrolle, ggf. Wiederholung. Alternativ Clonidin (s.o.).

Fußangeln und Fingerzeige

- Dosierung der Medikamente nach Symptomatik (motorische Unruhe soll verschwinden, Pat. aber jederzeit erweckbar bleiben). Zu starke Sedierung erschwert die Verlaufsbeurteilung. Ausreichende Überwachung desorientierter und unruhiger Patient
- Bei Entzugssymptomatik ist Alkoholgabe obsolet. Auf keinen Fall zentralnervös wirksame Ersatzdrogen (z.B. Distraneurin®) geben, wenn nicht sichere Alkoholabstinenz besteht.

5.1.4 Bewußtloser, alkoholisierter Patient

Die „hilflose Person", die vom NAW aufgesammelt wird, ist häufig ein alkoholisierter, bewußtloser Patient. Primär müssen die Vitalfunktionen kontrolliert und gesichert und durch BZ-Stix eine Hypoglykämie ausgeschlossen werden. Auch andere Komaformen in differentialdiagnostische Überlegungen einbeziehen ☞ 3.6!

Differentialdiagnostische Überlegungen

Häufige Ursachen von Bewußtlosigkeit bei alkoholisierten Pat.

- Alkoholintoxikation → Alkoholspiegel ☞ 5.1.2
- Hypoglykämie oder Ketoazidose → BZ, Ketonkörper im Urin, Blut-pH
- Intrakranielle Blutung → Sichtbare Prellmarken nach Sturz, Pupillenansikorie, Hinweise auf erhöhten Hirndruck (☞ 12.1.2), ggf. CCT
- Meningitis (☞ 14.5) → Fieber, Meningismus. *Labor:* Leukozytose, Entzündungszeichen. Bei V.a. Meningitis Liquorpunktion (*Cave:* Hirndruckzeichen) ☞ 2.4
- Leberausfallskoma (☞ 8.6), Foetor hepaticus, Ikterus. Labor: GOT ↑, GPT ↑, Bili ↑, NH_3 ↑, metabolische Alkalose.

Diagnostisches Vorgehen

- Körperliche Untersuchung und Labor ☞ 5.1.2
- EKG: Zum Ausschluß kardialer Ursache (Infarkt, Rhythmusstörungen)
- CCT bzw. Liquorpunktion bei V.a. zerebrale Störungen

Therapeutisches Vorgehen

- Bei Verletzungen steht die Versorgung der jeweiligen Verletzungen im Vordergrund (☞ 12.1). Nach Sturz SHT und Rippenserienfrakturen ausschließen.
- Falls keine schwerwiegende Verletzung oder massive Alkoholintoxikation vorliegt, ist evtl. eine Entlassung nach Hause in Begleitung möglich. *Cave:* Subduralhämatom: Bewußtlosigkeit nach freiem Intervall.
- Bei schwerwiegender Äthylisierung nach Versorgung der Verletzungen evtl. entgiftende Maßnahmen. In jedem Fall stationäre Aufnahme zur weiteren Behandlung und Überwachung ☞ 5.1.2.

5.1.5 Polizeilich angeordneter Alkoholtest

Die Polizei stellt ein spezielles Blutabnahmeset zur Bestimmung des Alkoholspiegels zur Verfügung. Das Set enthält einen Tupfer mit nicht-alkoholischem Desinfektionsmittel und ein Blutabnahmeröhrchen, das mit Vakuumsaugprinzip arbeitet: Nach sicherer Punktion der Vene wird das Vakuum durch Umknicken des Bestecks an vorgegebener Stelle zwischen Nadel und Röhrchen aktiviert (genaue Beschreibung liegt dem Set bei).

Der Betreffende muß außerdem einige Tests zur Überprüfung der Koordination und Bewußtseinslage nach einem vorgegebenen Fragebogenschema durchführen, die Ergebnisse werden vom Arzt protokolliert.

Bei nicht Kooperationswilligen ist es Aufgabe der Polizei (nicht des Arztes), diese von der Notwendigkeit der Testdurchführung zu überzeugen. Keine Blutabnahme gegen den Willen und Widerstand des Betroffenen:

> „Der Zwang zur Duldung der Blutentnahme betrifft den Beschuldigten und evtl. Zeugen. Es verträgt sich indessen nicht mit der Würde des Arztes, eine Blutentnahme unter Gewaltanwendung oder durch Überlistung durchzuführen."
> „Der Arzt kann zur Durchführung der Entnahme nicht gezwungen werden, es sei denn, daß solche Leistungen zu seinen Dienstpflichten gehören, wie z.B. durch Vertrag mit dem Krankenhaus, bei Polizeiärzten, evtl. auch dadurch, daß ad hoc eine richterliche Weisung durch Ernennung zum Sachverständigen erfolgt (§ 75 StPO)."
> Nach W. Schwerd, Rechtsmedizin, 4. Aufl. 1986, Dt. Ärzteverlag Köln 1986

Fußangeln und Fingerzeige

- Vorher mit Krankenhausträger abklären, ob die Blutentnahme erzwungen werden muß oder nicht
- Die Abnahme des Blutalkoholtests durch einen AIP wird vor Gericht nicht anerkannt – Vollapprobation erforderlich!
- Laborwerte Blutalkoholspiegel ☞ 21.2.

5.2 Der drogenabhängige Patient

Bei Bewußtlosigkeit unklarer Genese immer an evtl. zugrundeliegende Intoxikation denken. Häufig finden sich bereits anamnestisch Hinweise auf Drogenintoxikation (Ort und Art des Auffindens). Primär Sicherung der Vitalfunktionen (Atmung ☞ 3.6). Daran denken, daß neben Intoxikation begleitend auch andere Komaursachen vorliegen können, z.B. intrakranielle Blutung nach Sturz. Besondere Gefährdung durch Mischintoxikationen (Polytoxikmanie).

5.2.1 Diagnostisches Vorgehen bei V.a. Drogenintoxikation

Körperliche Untersuchung mit besonderem Augenmerk auf

- Atmung: Hypoventilation nach Einnahme zentral dämpfender Pharmaka, z.B. Barbiturate
- Pupillen: Miosis (Hinweis auf Opiate), Mydriasis (Hinweis auf Alkohol- oder Kokainintoxikation)
- Foetor: „Alkoholfahne", aromatischer Geruch (Drogen)
- Haut: Untersuchung auf Injektionsstellen (nicht nur Ellenbeuge, sondern auch Leiste, Fußrücken etc.), „Barbituratblasen"
- Neurologische Untersuchung: Tonuserschlaffung der Muskulatur bei Barbiturat-, Alkohol- und Tranquilizerintoxikation
- Weitere Diagnostik bei Koma (Labor, EKG) ☞ 3.7.

5.2.2 Therapeutisches Vorgehen

Opiatintoxikation

Klinik

- Auge: Miosis (Stecknadelkopfpupille). *Cave:* Bei schwerer Hypoxie und RR-Abfall prälinal, Mydriasis möglich
- ZNS: Nach initialer Euphorie zunehmende Eintrübung bis zum Koma; Hirndruckzeichen (☞ 12.1.2), tonisch-klonische Krämpfe, erloschene Muskeleigenreflexe
- Muskulatur: Tonusverlust, Areflexie, tonisch-klonische Krämpfe
- Herz-Kreislauf: RR ↓, Bradykardie
- Lunge: Respiratorische Insuff. durch zentrale Atemlähmung, Sekretstau bei erloschenem Hustenreflex. Bei Heroinintox. evtl. toxisches Lungenödem

- GIT: Übelkeit, Erbrechen, Darmatonie
- Hypothermie.

Management
- Überprüfung der Vitalfunktionen
- I.v.-Zugang
- Bei Atemstillstand oder respiratorische Insuffizienz (BGA) Intubation und Beatmung ☞ 2.3.1
- Nach oraler Aufnahme Magenspülung (bei bewußtlosem Pat. nur nach Intubation) ☞ 3.6.3
- Nach Stabilisierung der Vitalfunktionen evtl. spezif. Opiatantagonisten, z.B. Naloxon (Narcanti) 1 Amp. = 0,4 mg i.v., Dosis vorsichtig titrieren
- Wegen kurzer HWZ sorgfältige Nachbeobachtung. Nach Abklingen der Wirkung evtl. Nachinjektionen nach 3 Min. (bis zu 3 x). Falls nach Gabe von 0,1 mg/kgKg keine Wirkung eintritt (Aufklaren, Besserung der Ateminsuff.), DD zu anderen Komaformen überdenken ☞ 3.7

Der Opiatintoxikierte kommt nach Naloxonapplikation in den Entzug (☞ 5.2.3). Er kann erneut in den komatösen Zustand treten, wenn Naloxon abgebaut ist (HWZ 20–30 Min.). Vor Naloxongabe Pat. in Bauchlage fixieren. *Bei zu plötzlicher Antagonisierung:* Schwindel, Erbrechen, Tremor, Krampfanfall, Asystolie. Auslösen eines akuten Entzugssyndroms möglich. Indikation für Antagonisierung mit Naloxon sollte zurückhaltend gestellt werden, im Zweifelsfall Rücksprache mit Hintergrund.

- Bei Lungenödem Kortikosteroide, z.B. Methylprednisolon (z.B. Urbason solubile®) 250 mg i.v., O2 mit 2–6 l/Min. über Nasensonde, ggf. Beatmung mit PEEP ☞ 2.3.

Fußangeln und Fingerzeige
- Pat. mind. 24 h hospitalisieren, da die Wirkungsdauer der Opiatantagonisten kürzer ist als die Dauer der opiatinduzierten Atemdepression
- Häufig kombinierter Mißbrauch von Opiaten und Benzodiazepinen,, vorrangig Flunitrazepam (Rohypnol®); Potenzierung der atemdepressiven Wirkung.

Amphetaminintoxikation/„Designerdrogen" (z.B. Ecstasy)

Klinik
- ZNS: Motorische Unruhe, Hyperaktivität, Schlaflosigkeit, Tremor, Nystagmus, Logorrhoe, Bewegungsstereotypien, Kopfschmerzen, Hyperreflexie. In schweren Fällen Bewußtseinseintrübung, Krämpfe, Koma, hypertensive Enzephalopathie, Psychose
- Herz-Kreislauf: Hypertonie, Tachykardie
- Hyperthermie
- Weitere sympathomimetische Wirkungen: Mydriasis, Mundtrockenheit.

Management
- Sedierung z.B. mit Haloperidol (z.B. Haldol®) 5–10 mg i.m. oder Triflupromazin (z.B.Psyquil®) 1/2–1 Amp. = 5–10 mg langsam i.v.
- Induziertes Erbrechen bis 2 h nach Einnahme, sonst Magenspülung, Gabe von Kohle und Natriumsulfat ☞ 3.6.2
- Forcierte Diurese ☞ 3.6.4.

Behandlung von Komplikationen

- Bei Krampfanfall Diazepam 10 mg i.v.
- Bei ausgeprägtem anticholinergen Syndrom Gabe von Physostigmin (z.B. Anticholium®) unter EKG- und RR-Kontrolle: initial 1 Amp. = 2 mg i.m. oder langsam i.v., bei Wirksamkeit 1/2–2 Amp. alle 20 Min. oder Perfusor mit 2 mg/h
- Bei ausgeprägter Tachykardie und Hypertonie unter EKG- und RR-Kontrolle vorsichtige Gabe von β-Blockern, z.B. Metoprolol (z.B. Beloc®) 1–5 mg i.v.

Kokainintoxikation

Klinik

- ZNS: Unruhe, Exzitation, Überheblichkeit, Aggression, Logorrhoe. Nach ca. 1 h Kopfschmerzen, Depression mit Suizidalität, Halluzinationen, Krampfanfall, Nervenlähmungen, Koordinationsstörungen, Atemlähmung, Hyperthermie
- Herz/Kreislauf: Tachykardie, Hypertonie
- Auge: Mydriasis, Exophthalmus
- Anaphylaktischer Schock.

Management

- Nach oraler Aufnahme Erbrechen auslösen, Magenspülung ☞ 3.6.3
- Bei starker Erregung oder epileptischen Anfällen Sedierung mit Diazepam 5–10 mg i.v.
- Bei Hypertonie und Tachykardie evtl. β-Blocker, z.B. Metroprolol (Beloc®)
- Stark bewußtseinsgetrübte Pat. gut überwachen, da Arrhythmien sowie Atem- und Kreislaufinsuff. möglich
- Behandung des Kokainschocks ☞ 3.2.4
- Bei Psychosen stationäre Behandlung.

LSD

Klinik

- ZNS: Verlust von Raum- und Zeitgefühl, Halluzinationen, Schwindel, Tremor, Flash backs (Echoverstärkungen)
- Hyperthermie
- Herz/Kreislauf: Tachykardie, Hypertonie, Vasospasmus
- GIT: Erbrechen
- *Horrortrip:* panische Angst, stärkste Unruhe und bedrohliche Halluzinationen. Selbst- und Fremdgefährdungsgefahr.

Management

- Sedierung mit Diazepam 10 mg i.v.
- Kontinuierliche Herz-Kreislaufüberwachung
- Symptomatische Therapie der weiteren Störungen
- Bei Horrortrip Verlegung in psychiatrische Klinik.

Fußangeln und Fingerzeige

- Wegen Gefahr des RR-Abfalls keine Gabe von Neuroleptika
- Spätrausch möglich, daher Nachbetreuung empfehlenswert

Bitte um Injektionsnadeln und Spritzen

Soweit in der Nähe vorhanden, empfiehlt sich der Verweis an eine entsprechende Drogenberatungsstelle (evtl. telefonisch vermitteln). Im Notfall evtl. eine Nadel und eine Spritze ausgeben (nicht mehrere Injektionsbestecke). Deutlich klar machen, daß es sich um eine Ausnahme handelt, damit keine Dauerausgabe gebahnt wird. Bei Unsicherheiten über die Hauspolitik oder rechtliche Folgen Rücksprache mit Hintergrund.

Vortäuschen von Schmerzen

Um an ein bestimmtes Arzneimittel zu kommen, werden Krankheitsbilder vorgetäuscht (z.B. Trigeminussneuralgie, Myokardinfarkt oder Nierenkolik). Verdächtig ist der gezielte und informierte Wunsch nach einem bestimmtem Präparat und ablehnendes Verhalten gegenüber diagnostischen Maßnahmen. Genau erfragen, wer Hausarzt oder betreuender Arzt ist und ankündigen, daß man sich mit diesem in Verbindung setzt. Keine ambulante Gabe hochpotenter Opiate. Bei körperlicher Untersuchung auf Injektionsstellen achten. Falls Schmerzen nicht sicher ausgeschlossen werden können, stationäre Aufnahme, evtl. Hintergrund verständigen.

- Nie ambulante Opioidgabe, nur damit der Patient Ruhe gibt!
- Bei Wunsch nach bestimmtem Schmerzmittel wird mitunter eine Allergie gegen andere Analgetika angegeben.
- Wirken die Schmerzen echt? Typische Angabe, Lokalisation, Verlauf? Verdächtige Begleitumstände? Jammert der Patient auch, wenn er längere Zeit vermeintlich unbeobachtet ist?
- Im Krankenarchiv nach alter Akte suchen, dort evtl. Hinweise!
- Gleichzeitig vegetative Entzugssymptome, Fieber?
- *Cave:* Patienten mit bekannter Migräne wünschen oft bestimmte Schmerzmittel (z.B. Novalgin®) i.v., da sie Erfahrungen mit ihrer Krankheit und experimentierfreudigen Ärzten haben. Hier nicht mit Abusus verwechseln!
- Drogenabhängige sind nach einigen Jahren in der Szene hartgesotten (versuchen Mitleid zu erregen!).

Fußangeln und Fingerzeige

- Bei Aufnahme eines Patienten mit V.a. i.v.-Drogenmißbrauch an das Infektionsrisiko (Hepatitis, HIV) beim Umgang mit Körpersekreten denken und die entsprechenden Schutzmaßnahmen einhalten (☞ 1.5). Bei stark unruhigen oder aggressiven Pat. primär Sedierung (☞ 14.8), um z.B. Bißverletzungen o.ä. zu vermeiden. *Cave:* Bei Intoxikation mit atemdepressiven Drogen Gefahr der Potenzierung der Atemdepression.
- Pat. nicht allein in der Ambulanz lassen bzw. Medikamentenschrank sicher abschließen
- Nach Gabe von Antagonisten weitere Überwachung des Pat., da häufig die HWZ kürzer als die der verwendeten Droge ist. *Beispiel:* Die HWZ von Flumazenil (z.B. Anexate®) ist deutlich kürzer als die der Benzodiazepine, daher erneutes Auftreten von Intoxikationserscheinungen möglich.

5.2.3 Drogenentzug

Typische Entzugssymptome (v.a. bei Heroin und Barbituraten)
- Stärkste Kopf-und Gliederschmerzen
- Schweißausbrüche / Wechsel von Kälte- und Hitzegefühl
- Starke innere Unruhe
- Erbrechen/Durchfälle
- Blutdruckschwankungen
- Temperaturanstieg
- Tremor
- Im Stadium vitaler Bedrohung: generalisierte Krämpfe, delirante Zustände, Kreislaufinsuff.
- Bei Amphetaminsucht: Erschöpfung, Depression, Suizidneigung.

Managemenent
- Bei Suizidneigung, starker Verwirrung oder Unruhe Pat. engmaschig überwachen: z.B. Intensivstation. Evtl. in Rücksprache mit Hintergund akute Verlegung in psychiatrische Klinik einleiten
- Überwachung von Herz- und Kreislauffunktion
- Bei deutlich ausgeprägter körperlicher Entzugssympomatik: Doxepin (z.B. Aponal®) 1 Amp. i.m. oder Haloperidol (z.B. Haldol®) 1 Amp. i.m. Bei Auftreten akuter Dyskinesien (z.B. Torticollis spasticus) evtl. Gabe von Biperidin (z.B. Akineton®) 1 Amp. i.v.

Fußangeln und Fingerzeige
- Barbiturate und Benzodiazepine bei der Entgiftungsbehandlung nicht sofort absetzen, Gefahr epileptischer Anfälle, Entzugsdelir. Ausschleichende Reduzierung der gewohnten Tagesmenge um täglich 10 %
- Bei entzugswilligen Pat. Verlegung in Fachklinik veranlassen.

5.3 Der suizidale Patient

Von Patienten geäußerte Selbstmordgedanken müssen in jedem Fall ernst genommen und in einem Gespräch abgeklärt werden. Ebenso wichtig ist das Erkennen und Ansprechen einer vermuteten, nicht geäußerten Suizidalität. Besonders gefährdet sind psychisch Kranke (90 % aller Pat., die sich das Leben nehmen).

5.3.1 Diagnostik

Anamnestische Hinweise auf erhöhte Suizidgefahr
- Depressionen, v.a. endogene Depressionen, seltener reaktive (2/3 aller Selbstmorde in Deutschland)
- Andere Psychosen: z.B. Schizophrenie, Demenz und andere hirnorganische Erkrankungen (15 % aller Selbstmorde)
- Alkoholiker und Drogenabhängige (15 % aller Selbstmorde)

- Erhöhte Suizidalität außerdem bei alten und vereinsamten Menschen sowie bei chronisch Kranken
- Frühere Suizidversuche.

Hinweise auf das Vorliegen einer akuten Suizidalität

- Vegetative Hinweise auf das Vorliegen einer Depression: Schlafstörungen, Abendhoch/Morgentief, Konzentrationsverlust, Libidoverlust, Appetit- und Gewichtsverlust
- Depressive Denkinhalte: Anhedonie („Das Leben macht keinen Spaß mehr"), Gefühle der Enttäuschung, Verzweiflung, Hoffnungslosigkeit (fehlende positive Zukunftsperspektive), Hilflosigkeit, Ausweglosigkeit
- Negatives Selbsterleben: Insuffizienzgefühle, Schuldgefühle, Haß und Wut auf eigene Person, evtl. auch Fremdaggressionen, selbstquälende Grübeleien
- Auslöser: Veränderungen im zwischenmenschlichen Bezugssystem (Verlust von wichtigen Personen, oft Partnerschaftskonflikte), andere Verlust- und Versagenserlebnisse
- Bei Psychosen: Angst und Wahnvorstellungen
- Bei neurotischen Störungen: Autoaggression und Schuldgefühle.

5.3.2 Therapeutische Sofortmaßnahmen

- Gespräch: Auf jeden Fall Verständnis entgegenbringen. Pat. unabhängig von seinen Motiven ernst nehmen und ihm die Möglichkeit geben, sich im Gespräch zu entlasten
- Suizidalität ansprechen
- Bei Hinweisen auf akute Selbstgefährdung Verlegung auf Station mit kontinuierlicher Überwachungsmöglichkeit (Wachstation)
- Ambulante Patienten immer aufnehmen oder Überweisung in psychiatrische Klinik einleiten
- Bei Unsicherheit, inwieweit die Überweisung in eine psychiatrische Klinik indiziert ist, evtl. Rücksprache mit Hintergrund. Wenn Verlegung in Psychiatrie erfolgen soll, nach Möglichkeit die freiwillige Zustimmung des Patienten erreichen, um eine Zwangseinweisung zu vermeiden.

Unbedingte Indikationen für Überweisung in psychiatrische Klinik

- Hinweise auf akute Psychose mit psychotischer Selbstmordgefahr (Veränderung des Selbsterlebens und der Weltwahrnehmung, plötzlich auftretende Angstdurchbrüche)
- Hinweise auf „Bilanzhandlungen" bei Depressionen
- Vorausgegangene Selbstmordversuche bzw. bereits erfolgte appellativ-demonstrative Selbstmordhandlungen (z.B. Herumritzen an den Handgelenken).

Medikamentöse Akuttherapie

- Depressionen: Doxepin (z.B. Aponal®) 1 Amp. i.v. oder i.m.
- Bei Unruhezuständen: Neuroleptikum z.B. Chlorprothixen (z.B. Truxal®) 1 Amp. (= 50 mg) i.m. oder Levomepromazion (z.B. Neurocil®) 1–2 Amp. (= 25–50 mg) i.m.
- Bei psychotischer Symptomatik, starker Unruhe oder Halluzinationen Haloperidol (z.B. Haldol®) 1–2 Amp. (= 5–10 mg) i.v. oder i.m.

Zwangseinweisung

Aufgrund der schwierigen rechtlichen Lage sowie der enormen psychischen Belastung für den Pat. kann eine Zwangseinweisung nur als ultima ratio bei akuter Selbst- oder Fremdgefährdung gelten. Zuvor sollten alle anderen Möglichkeiten ausgeschöpft werden, am besten, indem man den Pat. von der Notwendigkeit einer Verlegung in eine Fachklinik überzeugen kann.
Grundsätzlich ist eine zwangsweise Unterbringung nur aufgrund richterlicher Anordnung zulässig. Ist im Akutfall eine richterliche Entscheidung nicht zu erreichen, kann die Polizei die Unterbringung vornehmen. In einigen Bundesländern ist hierfür ein *fachärztliches Zeugnis* nötig. Dieses kann im Notfall auch mündlich oder handschriftlich gegeben werden.

Folgende Punkte müssen enthalten sein:

- Pat. leidet unter akuter seelischer/psychischer Erkrankung, z.B. Psychose, depressives Syndrom
- Im Rahmen dieser Erkrankung besteht Selbst- und/oder Fremdgefährdung, z.B. Suizidalität
- Pat. verweigert Behandlung → zur Abwendung der Gefährdung ist eine geschlossene Unterbringung erforderlich.

Die Entscheidung über die weitere einstweilige Unterbringung im Krankenhaus muß am nächsten Tag per Gerichtsbeschluß erfolgen. Bei Personen, die unter elterlicher Sorge, Vormundschaft oder Pflegschaft stehen (z.B. aufgrund einer psychischen Erkrankung) können diese eine Unterbringung veranlassen. In diesem Fall ist eine Genehmigung des Vormundschaftsgerichtes einzuholen.

Vor einer geplanten Zwangseinweisung Rücksprache mit Hintergrund sowie der Abteilung, in die die Einweisung erfolgen soll.

Fußangeln und Fingerzeige

- Aus rechtlichen Gründen empfiehlt sich eine sorgfältige Dokumentation der durchgeführten diagnostischen und therapeutischen Maßnahmen.
- Suizidgedanken werden oft dem Arzt gegenüber verneint; bei entsprechenden fremdanamnestischen Angaben oder anderen Hinweisen im Zweifelsfall von Suizidalität ausgehen.

5.4 Der aggressive Patient

Aggressives Verhalten bei stationären Pat. kann die Folge der ungewohnten Krankenhausumgebung sein. Bei Agggressivität mit Unruhe oder Halluzinationen, an eine akute Psychose denken (☞ 14.8). Wesentlich häufiger als endogene Psychosen (Schizophrenie, Depression) sind exogen ausgelöste Psychosen bei akuten internistischen oder neurologischen Störungen, z.B. Stoffwechselentgleisungen oder postoperatives Durchgangssy. (☞ 14.8). Aufgabe des Diensthabenden ist, neben der Beruhigung des Pat., zugrundeliegende Erkrankungen und evtl. Intoxikationen zu erkennen und zu behandeln. Auch an akute Entzugssymptomatik denken (☞ 5.1.3 und 5.2.2)!

Umgang mit aggressiven Patienten

- Genügend Pflegepersonal zur Unterstützung anfordern, nicht mit Pat. alleine bleiben
- Sich als Arzt vorstellen, Hilfe und Gespräch anbieten
- Sicher, bestimmt und ruhig auftreten, nicht drohen (z.B. mit Zwangseinweisung). Es ist nicht Aufgabe des Arztes, den Pat. körperlich zu bändigen
- Sicherheitsabstand zum Pat. einhalten (schützt vor Panikreaktionen), alle notwendigen Handlungen erklären
- Dem Kranken nie den Rücken zuwenden, immer offen ins Gesicht sehen
- Falls möglich Fremdanamnese: Hinweise auf exogene Psychose, Alkohol- und Drogenkonsum, bekannte psychische Erkrankung? ☞ 14.8
- Zur Durchführung einer körperlichen Untersuchung oder Einleitung von Entgiftungsmaßnahmen kann eine medikamentöse Sedierung notwendig sein. Meist keine i.v.-Gabe möglich → Gabe bei gut fixiertem Pat. i.m.

Medikamentöse Sedierung

- Haloperidol (z.B. Haldol®) 5–10 mg i.v. oder i.m., Wirkung abwarten. Falls nach 5 Minuten immer noch agitiert und aggressiv, evtl. Nachinjektion von 5 mg (*Cave:* Auf RR-Abfall achten), oder
- Promethazin (z.B. Atosil®) 50 mg = 1 Amp. i.m. oder i.v. oder
- Triflurpromazin (z.B. Psyquil®) 5–10 mg = 1/2–1 Amp. langsam i.v. oder
- Diazepam (z.B. Valium®) 10 mg i.m. oder i.v. oder
- Bei geriatrischen Pat. Melperon (z.B. Eunerpan®) 100–200 mg = 2 Dragees Eunepan 100 oder als Saft 25–50 mg = 5–10 ml p.o. oder 1 Amp. i.m.

Weiteres Procedere

- Bei Intoxikation Entgiftung ☞ 3.6
- Alkoholentzugsdelir (☞ 5.1.3), Drogenentzug ☞ 5.2.2
- Gezielte Behandlung auslösender Erkrankungen ☞ 14.8
- Überwachung des Pat. bis sichere Beruhigung eingetreten ist und keine Selbst- oder Fremdgefährdung mehr besteht, hierzu evtl. Verlegung auf Abteilung mit kontinuierlicher Überwachungsmöglichkeit
- Bei akutem Schub einer endogenen Psychose oder persistierenden Zeichen einer Selbst- oder Fremdgefährdung Verlegung in Fachklinik (Rücksprache mit Hintergund). Ggf. Zwangseinweisung ☞ 5.3.

Keine Opiate oder Barbiturate zur medikamentösen Sedierung einsetzen.

5.5 Der obdachlose Patient

Für Obdachlose ist das Krankenhaus häufig eine angenehmere Anlaufstelle als die Unterkünfte des Sozialdienstes. Meist wissen sie sehr gut, auf welche geschilderten Symptome ein Diensthabender „anspringen" muß (z.B. Angina pectoris) oder haben chronische Leiden (z.B. schlecht heilende Ulzera der Beine), die bei dieser Gelegenheit präsentiert werden.

Auch bei Verdacht auf ein reines Unterkunftsproblem muß auf alle Fälle eine gründliche Untersuchung und ggf. Diagnostik durchgeführt werden. Sehr oft bestehen Alkoholprobleme, die mit den unter 5.1 dargestellten Erkrankungen einhergehen können. Häufig sind außerdem Hautleiden (Ulzera, auch Epizoonosen ☞ 20.2) und akute Infektionen (Pneumonie). Bei objektivierbaren körperlichen Befunden oder nicht sicher auszuschließender akuter Erkrankung (z.B. geschilderte Angina pectoris ohne aktuell bestehende EKG-Veränderungen und Enzymerhöhung) empfiehlt sich die stationäre Aufnahme. Eine Entlassung ist meist am Folgetag nach weiteren Kontrollen möglich.

Besteht keinerlei Hinweis auf eine Erkrankung, die einer stationären Behandlung bedarf, evtl. Unterbringungsproblem ansprechen und gemeinsam nach einer Lösung suchen (z.B. nach telefonischer Absprache Unterbringung in entsprechenden Sozialunterkünften).

Dorothee Bergfeld

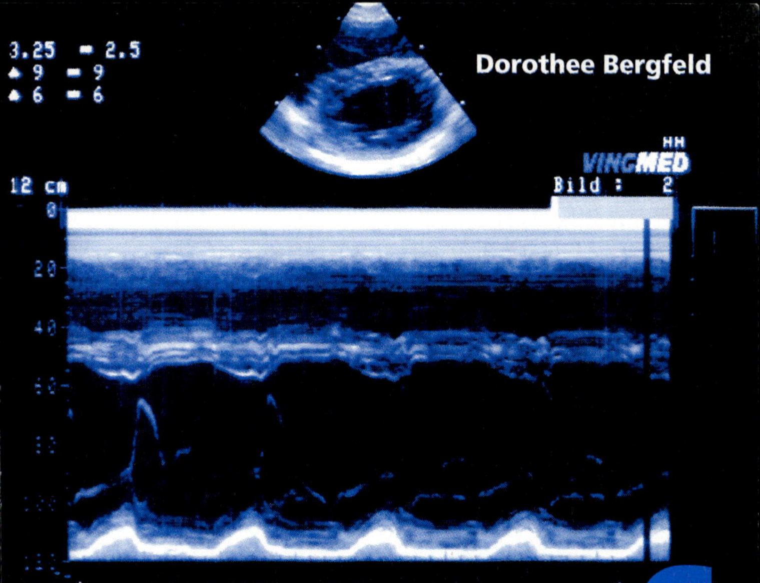

6 Herz und Gefäße

6.1 Thorakale Schmerzen

Thorakale Schmerzen sind eines der häufigsten Nachtdienstprobleme. Aufgrund der oft schwerwiegenden Grunderkrankungen erfordern sie immer eine umgehende Diagnostik und meist eine sofortige Therapie. Dies gilt nicht nur für den Myokardinfarkt, der die wichtigste Differentialdiagnose ist, sondern auch für eine schwere, evtl. instabile Angina pectoris. Eine ausgedehnte Lungenembolie oder ein rupturiertes Aortenaneurysma sind zwar wesentlich seltener, müssen jedoch sofort erkannt und suffizient therapiert werden.

Nicht vergessen: Fast alle Ursachen eines akutes Abdomens (☞ 8.1) können sich in einer überwiegend thorakalen Symptomatik äußern – und umgekehrt!

6.1.1 Sofortmaßnahmen bei Thoraxschmerzen

Vorrangig ist der Ausschluß einer myokardialen Ischämie, der Pat. sollte möglichst umgehend gesehen werden.

- Kontrolle von Puls und Blutdruck
- EKG schreiben
- EKG-Beurteilung: Soweit möglich Vergleich mit Vorbefunden
  - Hinweise auf Angina pectoris, Myokardinfarkt, Perikarditis, Lungenembolie ☞ 6.1.2
  - Rhythmusstörungen
- Krankenakte: Bekannte KHK, evtl. Koronarangiographiebefunde
- Schmerzanamnese: AP-typische Lokalisation und Ausstrahlung, anderer Schmerzcharakter ☞ 6.1.4
- Bei V.a. Angina pectoris und RR > 100 mmgHg probatorisch 2 Hübe Nitroglycerinspray → Schmerzlinderung binnen 5 Min. spricht für Angina pectoris. Ungenügendes oder nur vorübergehendes Ansprechen ist Hinweis auf Instabilität oder eine andere Ursache des Thoraxschmerzes
- Kontroll-EKG: Rückbildung ischämischer Veränderungen (→ Angina pectoris) oder Persistenz (→ Instabilität)?
- Bei V.a. Herzinfarkt, schweren Rhythmusstörungen oder kardiogenem Schock sofortige Verlegung auf Intensivstation ☞ 6.1.5
- Bei fehlenden Hinweisen für akute myokardiale Ischämie gründliche körperliche Untersuchung zum Ausschluß andere Erkrankungen ☞ 6.1.2.

6.1.2 Differentialdiagnostische Überlegungen

Die häufigsten bzw. wichtigsten Ursachen

Angina pectoris

Symptomatik und klinische Hinweise zur DD:

- Retrosternales Druck- oder Engegefühl, evtl. Ausstrahlung in li. Arm, Rükken, seltener Oberbauch, Unterkiefer
- Häufig anamnestisch rezidivierende Symptomatik, evtl. KHK bekannt
- Oft durch körperliche, psychische Belastung oder Kälte ausgelöst
- Der Schmerz ist nicht atemabhängig
- Oft begleitende Dyspnoe, anamnestisch belastungsabhängig
- Beklemmung, Angstgefühl
- Besserung durch Nitro
- Ruhe-AP ist als instabil anzusehen (s.u.).

DD zum Herzinfarkt: Ansprechen auf Nitroglycerin, kürzere Dauer der Symptomatik, fehlende Infarktzeichen im EKG, evtl. Zeichen einer akuten Ischämie im EKG (ST-Streckensenkungen), kein Anstieg der Infarktenzyme.

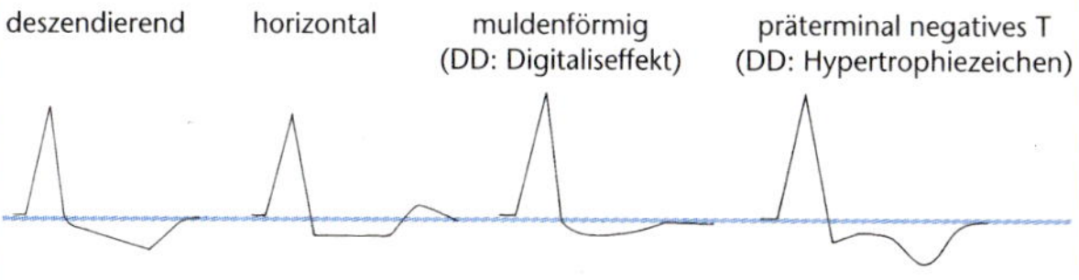

Abb. 6.1 EKG bei akuter Ischämie

Instabile Angina pectoris

Neu aufgetretene Angina pectoris, deutliche Zunahme der Beschwerden bei zuvor stabiler AP, Ruhe-AP oder AP-Dauer > 15 Min. In 15–20 % der Fälle kommt es innerhalb von 2–4 Wochen zum Übergang in einen manifesten Herzinfarkt. Intensivtherapie erforderlich (☞ 6.1.5). EKG wie bei Angina pectoris.

Myokardinfarkt (☞ 6.1.5): Anhaltende Angina pectoris, Vernichtungsgefühl, Todesangst, Dyspnoe, vegetative Symptomatik (Übelkeit, Schweißausbruch). Keine Besserung auf Nitrospray. Bei ca. 1/3 der Pat. „stummer", d.h. schmerzloser Myokardinfarkt (bes. bei Diabetikern mit autonomer Neuropathie).

Lebensbedrohlich durch häufige akute Komplikationen: Herzrhythmusstörungen, Linksherzinsuffizienz mit Lungenödem, kardiogener Schock.

Initialstadium	Beträchtliche T-Überhöhung *(Erstickungs-T);* meist bei Klinikeinweisung nicht mehr nachweisbar	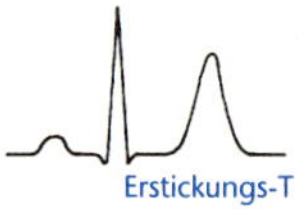
Stadium I (frisches Stadium)	ST-Hebung, mit Abgang aus dem absteigendem QRS-Schenkel, evtl. in den gegenüberliegenden Ableitungen spiegelbildliche Senkung	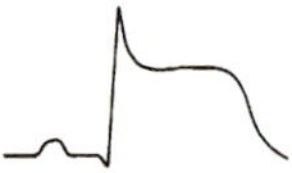
Zwischenstadium	ST-Hebung, Auftreten pathologisch tiefer Q-Zacken, evtl. R-Verlust, terminal spitz-negative T-Welle. ST-Hebung > 6 Wochen: an Aneurysma denken!	
Stadium II (Folgestadium)	Rückbildung der ST-Hebung, T-Welle wird tiefer, spitzer, evtl. Aufbau einer kleinen R-Zacke, pathologische Q-Zacken persistieren. *(Pardée-Q)*	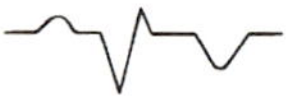
Stadium III (Endstadium)	Pathologische Q-Zacken, ST-Hebung nicht mehr nachweisbar, T-Wellen positiv, R-Zacke nimmt wieder an Höhe zu.	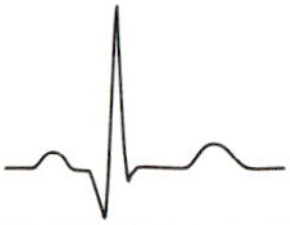

Abb. 6.2: EKG beim transmuralen Infarkt

Die Diagnose stützt sich zunächst auf Klinik und EKG (ggf. Kontrollen), sowie auf die Bestimmung der Infarktenzyme (nach 6 h und 24 h auf Anstieg kontrollieren), wenn möglich auch von Myoglobin und Troponin T.

Auch an *intramuralen Infarkt* (Non-Q-Infarkt) denken: Im EKG keine Veränderungen der Kammerkomplexe, in der Akutphase ST-Senkungen, anschließend Ausbildung einer gleichschenklig negativen T-Welle.

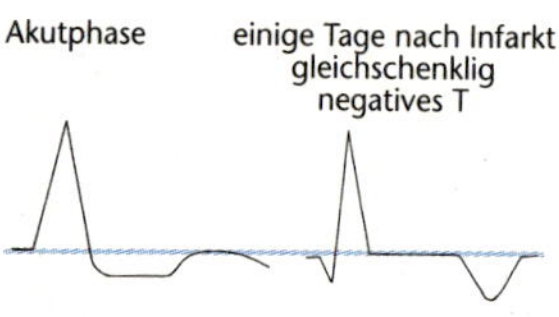

Abb. 6.3: EKG beim intramuralen Infarkt

Pleuritis (☞ 7.4)

Atemabhängige, umschriebene thorakale Schmerzen. Meist sekundär, z.B. bei Pneumonie, Tbc, Lungeninfarkt, Bronchial-Ca. Auskultatorisch atemabhängiges Reibegeräusch (DD Perikarditis).

Lungenembolie (☞ 7.1.5)

Akut einsetzende Dyspnoe, keine pulmonale Stauung im Rö-Thorax, Schmerzen v.a. bei Inspiration, Hustenreiz, Tachykardie. Thrombosehinweise (Beinumfangsdifferenz, Druckschmerz, ☞ 6.7). Bei großen Embolien RR-Abfall, evtl. Bewußtlosigkeit. Symptomarmer Verlauf häufig. EKG-Veränderungen möglich (S_IQ_{III}-Typ, inkompletter RSB, Rechtsdrehung des Lagetyps, ST-Hebung oder T-Negativierung in V_1,V_2).

S_I Q_{III} -Typ
negative T-Welle in III

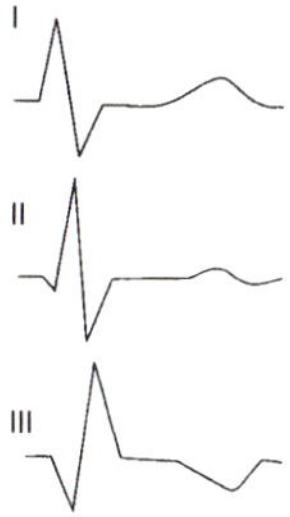

Abb. 6.4:
EKG bei Lungenembolie

Pneumothorax

Plötzlich auftretende Dyspnoe, tympanitischer Klopfschall, aufgehobenes Atemgeräusch. Durch mögliche Ateminsuffizienz oder bei Spannungspneumothorax lebensbedrohlicher Verlauf möglich, ☞ 7.1.

Thorakales Aortenaneurysma

Anamnestisch meist Risikofaktoren für Arteriosklerose. Oft asymptomatisch. Evtl. Husten, Dyspnoe, Dysphagie, bei Nervenirritation evtl. Rückenschmerzen, Lumbago. Akute Schmerzen sind Alarmzeichen!

Aneurysmaruptur

Schwerstes Krankheitsbild! Plötzlich, evtl. nach Belastung (DD Angina pectoris!) oder Husten auftretende, stärkste Schmerzen mit Ausstrahlung in Arme, Rücken, Bauch und Beine. Bei tiefer Lokalisation bzw. Bauchaortenaneurysma akutes Abdomen. Schock. Evtl. ANV, Apoplex, periphere oder intestinale Ischämie, Paresen.

Aneurysma dissecans

Nicht selten (USA: 2000 Fälle/Jahr). Plötzlich auftretender, massiver Schmerz, der sich (dem Verlauf der Dissektion folgend) verlagert. Substernaler Schmerz bei proximaler Dissektion, Ausstrahlung in den Rücken bei distaler Dissektion, Austrahlung in Nacken, Arme und Schultern bei Dissektion der Aorta ascendens oder des Aortenbogens. *DD Myokardinfarkt:* Crescendoartiger Schmerzverlauf, Verlagerung der Schmerzen. Schocksymptomatik. Evtl. ANV, periphere Ischämie, Paresen, Verwirrtheit.

Interkostalneuralgie

Durch Irritation eines oder mehrerer Nn. intercostales ausgelöste Schmerzen im jeweiligen Versorgungsbereich, häufig bei Herpes zoster (☞ 20.4), Rippenerkrankungen (z.B. Periostitis) oder Wirbelsäulenveränderungen.

HWS/BWS-Syndrom

Myalgien und Nervenirritation durch degenerative Veränderungen der Wirbelsäule. Evtl. nach längerem Liegen, belastungsunabhängig. Beschwerden sind oft durch manuellen Druck auf Sternum oder Thorax verstärkbar ☞ 17.2.

Seltenere Ursachen

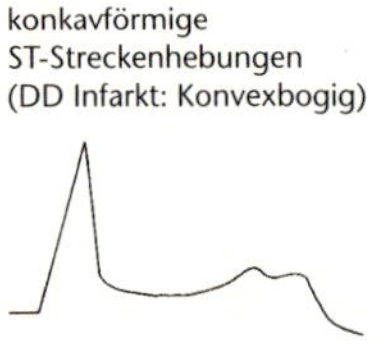

Abb. 6.5: EKG bei Perikarditis

- *DaCosta-Syndrom* (Effort-Syndrom): Psychosomatischer Symptomenkomplex. Meist scharf umschriebene, schneidende Schmerzen von Sekunden bis Stunden Dauer, oft über der Herzspitze lokalisiert, oft belastungsunabhängig oder nach (nicht während) Belastung auftretend. Evtl. Hyperventilation, Atemnot, Palpitationen. Im EKG gelegentlich ST-Strecken-Senkung. Verschwinden unter β-Blockern. Im Nachtdienst: Ausschlußdiagnose!
- *Perikarditis:* Oft schweres Krankheitsgefühl, Pat. sitzt vornübergebeugt, Dyspnoe (flache Atmung), präkordialer, atemabhängiger Schmerz. Bei Ergußbildung Nachlassen der Schmerzen. Bei begleitender Endo- oder Myokarditis Palpitationen, Tachykardie, Fieber, Schwäche, rasche Ermüdbarkeit, Myalgien, Arthralgien, bei schwerem Verlauf Zeichen der Herzinsuff. Auftreten einer Perikarditis auch postoperativ nach herzchirurgischen Eingriffen (Postkardiotomiesyndrom) sowie nach Infarkt (Dresslersyndrom) möglich. *DD zu Angina pectoris:* Nicht belastungsabhängig, oft Schmerzunahme bei Inspiration, Auskultationsbefund (perikardiales Reiben). *Labor:* BSG ↑, Leukos ↑. Echo: Evtl. Ergußnachweis, evtl. Klappenvegetationen bei Endokarditis. EKG: Konkave ST-Strecken-Hebung vom aufsteigenden S ausgehend über allen Ableitungen. Bei Erguß Niedervoltage.
- *Mitralklappenprolaps* (☞ 6.2.1): Minuten bis Stunden anhaltende, belastungsunabhängige linksthorakale Schmerzen möglich. Im EKG evtl. ausgeprägte ST-Senkung (DD myokardiale Ischämie). Auskultation: Evtl. mitsystolischer Klick, Spätsystolikum.
- *Tachykarde Rhythmusstörungen* (☞ 6.2.1): Retrosternales Druckgefühl möglich, evtl. Hypotonie und Synkope.
- *Aortenvitien:* Belastungsabhängige thorakale Druckschmerzen möglich. Häufig besteht gleichzeitig eine Linksherzinsuff., anamnestisch evtl. Synkopen.
- *Hypertensive Krise* (☞ 6.4): Krisenhafter RR-Anstieg, meist diast. > 130 mmHg. Kopfschmerzen, verschwommenes Sehen, Verwirrtheit, evtl. Bewußtseinstrübung, Zeichen der akuten Linksherzdekompensation, evtl. retrosternale Schmerzen, v.a. bei begleitender KHK.
- *Roemheld-Syndrom:* Verlagerung des Herzens durch Zwerchfellhochstand (meist links) bei überblähtem Magen oder Darm. Kardiale Beschwerden, evtl. Angina pectoris (Verminderung der Koronardurchblutung), Magenschmerzen, Nausea.
- *Refluxösophagitis/Ösophagusspasmus* (☞ 8.1): Retrosternale Schmerzen mit Ausstrahlung in den Rücken, Sodbrennen, evtl. Dysphagie. Ösophagusspasmen können nach Belastung auftreten und bessern sich unter Nitroglycerin (schwierige DD zu Angina pectoris).
- *Ulcus ventriculi / duodeni:* Thorakale Ausstrahlung möglich. Bei Perforation Bild des akuten Abdomens ☞ 8.1.
- *Akute Pankreatitis:* Gürtelförmige Oberbauchschmerzen mit Ausstrahlung in den Rücken. Bei schwerer Verlaufsform lebensbedrohlich ☞ 8.1.

6.1.3 Pieps – Erste Orientierung am Telefon

Erste Anweisungen an das Pflegepersonal

- Kontrolle von Puls und Blutdruck (Veränderungen?)
- EKG schreiben
- Lagerung mit erhöhtem Oberkörper und Sauerstoffgabe, z.B. 2 l O_2/Min.
- Temperatur messen
- Blutentnahmeröhrchen und i.v.-Zugang vorbereiten
- Evtl. Nachtdienst von Labor und Röntgen schon verständigen.

Dringlichkeit

Thorakale Schmerzen sind stets sehr dringlich! Immer Pat. aufsuchen. Keine Ferndiagnosen stellen!

6.1.4 Diagnostisches Vorgehen

Die Verdachtsdiagnose Infarkt sollte möglichst zügig anhand von Anamnese und EKG gestellt werden. Danach richtet sich das weitere Vorgehen.

Beurteilung des EKGs

Wenn möglich, immer Vergleich mit Vorbefunden. Besonders achten auf:

- ST-Hebung: Bei akutem Myokardinfarkt oft typische ST-Elevation aus absteigendem Schenkel des R, R-Reduktion; bei Perikarditis konkave ST-Hebung aus aufsteigendem S. Cave: Persistierende ST-Hebungen bei bestehendem Ventrikelaneurysma (→ Vorbefunde)
- S-Senkung: z.B. bei akuter Ischämie, bei entzündlichen Herzerkrankungen (DD zur Ischämie: Ableitungen passen nicht zum Koronarmuster), unspezifische Erregungsrückbildungsstörungen (z.B. dilatative Kardio myopathie). Auch bei Mitralklappenprolaps (harmlos)
- Schenkelblock: Neu aufgetretene Blockbilder bei Myokardinfarkt, Rechtsschenkelblock, z.B. bei Lungenembolie
- R-Zacken: R-Reduktion (Ischämiezeichen) bei Myokardinfarkt (s.o.)
- Q-Zacken: Tief bei Z.n. Myokardinfarkt, S_IQ_{III}-Typ bei Lungenembolie
- Niedervoltage: z.B. Perikarderguß
- Rhythmus ☞ 6.2.

Anamnese/Krankenakte

- Nicht atemabhängiger brennender Brustschmerz, evtl. bekannt, Nitro-positiv → V.a. Angina pectoris.
- Nicht atemabhängiger brennender Brustschmerz, evtl. bekannt, evtl. Angst, Nitro-negativ → V.a. Myokardinfarkt.
- Stechend zwischen den Schulterblättern, nach unten ziehend, ggf. RR-Differenz re./li.: Notfall! → V.a. Aneurysma dissecans.
- Atemabhängig, ohne Dyspnoe: Rippen, vertebragene Ursache?

- Thorakoabdomineller Übergang: evtl. gastrointestinale Ursache.
- Atemabhängiger Schmerz, Dyspnoe, plötzlicher Beginn: Lungenembolie? Pneumothorax?
- Schon früher ähnliche Beschwerden? Wenn ja, wie ausgelöst (z.B. durch körperliche oder psychische Belastung bei Angina pectoris)?
- Begleitsymptome: Atemnot, Übelkeit, Erbrechen, Bewußtseinsstörung?
- Vorerkrankungen: Bekannte KHK, Kardiomyopathie, Vitien, Arteriosklerose (thorakales Aneurysma), Z.n. OP (Lungenembolie)?

Körperliche Untersuchung mit besonderem Augenmerk auf

- Aspekt: Allgemeinzustand, Dyspnoe?
- Puls, RR (*beidseits* bei V.a. Aneurysma dissecans)
- Herzauskultation: Aortenstenose (rauhes Systolikum mit Punctum maximum über 2. ICR rechts und Erb, leiser 2. Herzton)? Mitralklappenprolaps (mitsystolischer Klick, Spätsystolikum). Perikardreiben?
- Lungenauskultation: Beidseits belüftet? Feuchte RGs bei Stauung?
- Halsvenen: Gestaut als Hinweis auf Rechtsherzinsuffizienz?
- Thoraxkompression: Schmerzhaft bei vertebragener Ursache.

Weiterführende Diagnostik

Noch in der Nacht

- Wiederholte EKG-Kontrollen (mind. alle 6 h)
- *Labor:* Wenn verfügbar Myoglobin oder Troponin T. Infarktenzyme CK, CKMB, GOT, HBDH, Wiederholung nach 6 und 12 h. Außerdem BGA (keine arterielle Punktion, wenn Lyse diskutiert wird!). Bei V.a. Entzündung/Infektion BSG und Leukozyten. Bei Pankreatitisverdacht Lipase und Amylase, evtl. Cholestaseparameter, ☞ 8.1.9, 8.5.3
- Rö-Thorax: Stauung, Erguß (Linksdekompensation)? Hinweise auf pulmonale Erkrankungen. (z.B. Pneumonie, Pneumothorax, ☞ 7.4, 7.1.5). Mediastinalverbreiterung, evtl. Doppelkontur bei Aneurysma dissecans. Immer auch auf Abdomen achten! Freie Luft (bei Perforation). Bei V.a. primär abdominelle Ursache evtl. Abdomen-Leeraufnahme (weitere Diagnostik ☞ 8.1.3)
- Echo (Hintergrund): Bei V.a. Aneurysma oder Perikarderguß. Bei V.a. Lungenembolie evtl. Nachweis eines vergrößerten re. Ventrikels oder einer Trikuspidalinsuffizienz
- Szintigraphie oder Angiographie bei V.a. ausgedehnte Lungenembolie evtl. schon nachts (Rücksprache Hintergrund)
- Falls Herzkatheterlabor zur Verfügung steht bei jungen Pat. mit instabiler Angina evtl. notfallmäßige Koronarangiographie (Rücksprache Hintergrund)
- Sono-Abdomen bei V.a. abdominelles Aneurysma oder bei akutem Abdomen ☞ 8.1
- Evtl. Thorax- oder Abdomen-CT bei V.a. Aneurysma dissecans (Rücksprache Hintergrund).

Hinter einem Schenkelblock kann sich ein Myokardinfarkt verbergen, Therapieentscheidung nach Klinik, Verlaufskontrollen. Kleine Infarkte sind im EKG oft erst nach 24 h erkennbar, wenn sich die Nekrosezone ausgeweitet hat (Verlaufskontrollen wichtig).

6.1.5 Management der stabilen Angina pectoris

Initiales Management

Stabile Herz-Kreislaufverhältnisse

- Verordnung von Bettruhe
- Falls noch nicht erfolgt, 2 Hub Nitrospray, ggf. nach 5 Min. wiederholen
- Wenn keine Besserung eintritt, i.v. Zugang, Nitro über Perfusor (1 Amp. à 50 mg auf 50 ml NaCl, 1–6 ml/h) unter RR-Kontrolle, Wirkung abwarten
- Wenn keine Besserung 5 000 bis 10 000 IE Heparin als Bolus i.v., dann über Perfusor (10 000 IE auf 50 ml je nach Körpergewicht, z.B. 5 ml/h). Verlängerung der PTT auf das 1,5 bis 2fache anstreben
- O_2 über Nasensonde 2–4 l/Min.
- ASS initial 300–500 mg p.o., z.B. ASS ratiopharm®
- Bei f ehlendem Ansprechen und RR syst. ≥ 100 mmHg, evtl. Kalziumantagonist (z.B. Adalat® 10 mg sublingual)
- Bei erregtem Pat. evtl. 5 mg Diazepam p.o. (*Cave:* Atemdepression)
- Bei weiterbestehender Symptomatik Verlegung auf die Intensivstation.

Nach erfolgreicher Anfallskupierung

- Kontrolle von Puls und RR in halbstündlichen Abständen, Monitorüberwachung bei Ischämiezeichen im EKG, erstmaligem Auftreten oder Zunahme der Symptomatik im Vergleich zu früheren Anfällen
- Kontroll-EKG nach spätestens 6 h
- Labor am nächsten Morgen: Kontrolle Infarktenzyme (CK, CKMB, GOT, LDH, HBDH, Myoglobin), großes BB, BSG
- Bei bekannter KHK: Korobefund heranziehen. Bei schwerer KHK auch bei Besserung Verlegung auf die Intensivstation erwägen (Rücksprache Hintergrund).

6.1.6 Management von instabiler Angina pectoris und Myokardinfarkt

Initiales Management

Sofortiger Therapiebeginn bei V.a. instabile Angina pectoris oder Myokardinfarkt (ca. 50 % aller Todesfälle treten in den ersten 3–4 h auf).

- Patient bequem lagern, Oberkörper aufrichten, evtl. beengende Kleidung entfernen. Patient beruhigen
- Nitrospray 2 Hub
- I.v. Zugang legen
- Verlegung auf die Intensivstation
- EKG-Monitor, engmaschige Kontrolle von RR, Puls, Atmung, Atemfrequenz
- Schmerzbekämpfung mit Fentanyl (Fentanyl®-Jansen) 0,05–0,1 mg i.v., weitere Dosierung nach Bedarf. *Cave:* Opiate nicht mit Diazepam kombinieren (Atemdepression)
- Sauerstoffgabe über Nasensonde 2–6 l O_2/Min.
- Nitro über Perfusor, 2–6 mg/h (1 Amp. a 50 mg in 50 ml NaCl, 2–6 ml/h). *KI:* RR (systolisch) < 90 mmHg, Schock

- Heparin 5 000 bis 10 000 IE als Bolus, weiter über Perfusor (10 000 IE auf 50 ml NaCl, 5–10 ml/h = 1 000–2000 IE/h). Auch vor geplanter Lyse! PTT auf das 1,2 bis 2fache erhöhen
- ASS 300–500 mg möglichst i.v. (Aspisol®).

Weiteres Management der instabilen Angina pectoris

Eine Angina pectoris-Anfall sollte sich nach Durchführung des initialen Managements zumindest *bessern* (nicht immer legen!).

- Wenn möglich sofort Koronarangiographie und ggf. Bypass-Chirurgie am selben Tag
- Falls nicht möglich: Lyse (s.u.)
- Bei nach Initialtherapie beschwerdefreien, jungen Pat.: Verlegung in Klinik mit Herzchirurgie (Rücksprache Hintergrund).

Weiteres Management des Myokardinfarkts

- *Lyse anstreben.* Möglichst bald, bei kardiogenem Schock oder persistierenden Schmerzen aber auch nach mehr als 6 h. Bei Vorderwandinfarkt (schlechtere Prognose) Lyseindikation großzügiger stellen. Bei fehlender Erfahrung Hintergrund verständigen. Einverständnis des Patienten einholen. Ausschluß von Kontraindikationen ☞ 22.2.2. *Labor:* Gerinnungsstatus (Quick, PTT, Thrombos), BB
- Wenn möglich frühzeitige Koronarangiographie zur Diagnose und weiteren Therapieplanung (Bypass?).

Systemische Lyse bei Myokardinfarkt

Über peripheren oder zentralvenösen Zugang:

- Initial Bolusgabe von 5 000 IE Heparin (z.B. Liquemin®) i.v.
- 1,5 Mill. IE Streptokinase über 1 h, davor 250 mg Prednison i.v. *oder*
- 2 Mill. IE Urokinase über 2–5 Min. i.v. *oder*
- rt-PA 15 mg als Bolus über 1–2 Min. i.v., anschließend 50 mg rt-PA über 30 Min. (über Perfusor in 50 ml NaCl 0,9% auf 100 ml/h), danach 35 mg rt-PA über 1 h (über Perfusor in 50 ml NaCl 0,9% auf 50 ml/h)
- *oder* APSAC 30 IE über 5 Min. i.v., davor 250 mg Prednison i.v.
- *Laborkontrollen:* 2 h nach abgeschlossener Lysether., dann alle 6 h: Herzenzyme, PTT
- Kontroll-EKG nach abgeschlossener Lysetherapie.

Komplikationen der systemischen Lysetherapie

- Anaphylaktische Reaktionen nach Streptokinase und APSAC möglich, Ther. ☞ 3.2.4
- Blutungskomplikationen: Lyseabbruch, falls möglich Beseitigung der Blutungsquelle. Bei Blutdruckabfall Volumensubstitution (☞ 3.2.2), evtl. Bluttransfusionen ☞ 2.2
- Reperfusionsarrhythmien ☞ 6.2.1.

Weiteres Procedere bei unkompliziertem Verlauf

- Strikte Bettruhe
- Fortsetzung des EKG-Monitoring, halbstündliche Kontrolle von RR und Atmung, Flüssigkeitsbilanzierung
- Sauerstoff über Nasensonde 2–6 l/Min. nach BGA

- Fortsetzung der Heparin- und Nitrogabe
- Laborkontrollen am nächsten Morgen: Herzenzyme (CK, CKMB, GOT, LDH, HBDH), E'lyte
- Wiederholte EKG-Kontrollen
- Entscheidung über weitere diagnostische Schritte trifft der Tagdienst.

Vorgehen bei akuten Komplikationen des Herzinfarktes

Die Behandlung sollte auf der Intensivstation erfolgen. Sofort Hintergrund verständigen!

Rhythmusstörungen (90 % der Infarktpatienten)

Tachykarde ventrikuläre Rhythmusstörungen

- Kammerflimmern und Asystolie: Sofortige Reanimation ☞ 3.1
- Bei Kammertachykardie mit Frequenz > 150/Min. ohne Angina pectoris Lidocain (z.B. Xylocain®) 100 mg i.v. als Bolus, bei Erfolglosigkeit und RR-Abfall sofortige Defibrillation (☞ 3.1). Rezidivprophylaxe mit Lidocainperfusor (s.u.)
- Bei anhaltenden („sustained") ventrikulären Tachykardien (> 30 Sek.)
  - Initial Lidocain (z.B. Xylocain®) 100 mg i.v. als Bolus, nach 5–10 Min. nochmals 40 mg i.v. Gleichzeitig Lidocainperfusor 120–240 mg/h (z.B. Xylocain®) 20 % 1000 mg auf 50 ml NaCl 0,9% mit 3–12 ml/h. Bei Schock oder schwerer Leberinsuffizienz Dosisreduktion um 50 %
  - Bei Erfolglosigkeit (selten) Sotalol (z.B. Sotalex®) 20–40 mg i.v.
  - Ggf. Amiodaron (Cordarex®) initial 5 mg/kg über 20–120 Min. als Kurzinfusion in 250 ml Glukose 5 % i.v. Dauerinfusion 10–20 mg/kg in 500 ml Glukose 5 % tägl.
- Bei Hypokaliämie: Kaliumspiegel auf hochnormale Werte (> 5 mmol/l) anheben ☞ 21.1.1.

Tachykarde supraventrikuläre Rhythmusstörungen

- Tachyarrhythmia absoluta: einseitiger Karotisdruckversuch. Bei Erfolglosigkeit Verapamil (z.B. Isoptin®) 1 Amp. (5 mg) als Bolus i.v., ggf. einmal wiederholen. Bei Erfolglosigkeit schnelle i.v.-Digitalisierung (einzige Indikation für Digitalis beim Myokardinfarkt) mit initial 0,4 mg Digoxin (z.B. Novodigal®), dann 0,2–0,4 mg nach 4 h und 12 h
- Bei hämodynamisch relevanter paroxysmaler supraventrikulärer Tachykardie 5 mg Verapamil (z.B. 1 Amp. Isoptin®) langsam i.v.

Bradykardie/Leitungsstörungen

- Sinusbradykardie i.d.R. nicht therapiebedürftig. Bei HF < 40/Min. Atropin 0,5–1 mg i.v., evtl. Wiederholung nach 5 Min. Bei Versagen evtl. passagerer Schrittmacher (Rücksprache Hintergrund) ☞ 3.1
- AV-Block (alle Typen) bei Hinterwandinfarkt: Ein neu aufgetretener AV-Block kann einer Asystolie vorausgehen. Bei HF < 50/Min. passagerer Schrittmacher (Hintergrund)
- AV-Block (alle Typen) bei Vorderwandinfarkt: Schlechtere Prognose. Übergang in trifaszikulärern Block häufig (HIS-Bündel im Infarktareal) → passagerer Schrittmacher.

Linksherzinsuffizienz mit Lungenstauung (20–50 % der Infarktpat.)

- Fortsetzung der laufenden Therapie (Nitrate senken auch Vorlast)
- Oberkörper hoch-, Beine tieflagern
- Furosemid (z.B. Lasix®) 40–80 mg i.v. Alle 3–4 h wiederholen
- Ausreichend Sauerstoff über Nasensonde (4–6 l/Min)
- Falls noch nicht erfolgt, ZVK legen. In Rücksprache mit Hintergrund Pulmonaliskatheter zur Therapiesteuerung
- Evtl. Dobutamin (z.B. Dobutrex®) initial in niedriger Dosierung (250 mg Dobutamin/50 ml NaCl, 4 ml/h über Perfusor)
- Bei Erfolglosigkeit weiter mit Dopamin und Dobutamin oder Amrinon (s.u.).

Kardiogener Schock (10 % der Infarktpatienten)

Klinische Zeichen: Herzfrequenz > 100/Min, RR syst. < 80 mmHg, Urinproduktion < 30 ml/h. Bei Hinterwandinfarkt (RCA-Verschluß) und beginnender Schocksymptomatik auch an rechtsventrikulären Infarkt denken, spricht gut auf Volumengabe an.

- Dopamin 250 mg auf 50 ml NaCl mit 2 (Nierendosis) –6–12 ml/h
- Dobutamin (z.B. Dobutrex®) 250 mg auf 50 ml NaCl 2,5–5–10 ml/h. Verhältnis Dopamin: Dobutamin sollte 2 : 1 sein
- Volumen geben. Eine evtl. auftretende Lungenstauung in Kauf nehmen (evtl. Intubation), wenn durch die Volumengabe der RR auf > 80 mmHg gehalten werden kann
- Evtl. Phosphodiesterasehemmer z.B. Amrinon (Wincoram®) 0,5 mg/kg langsam i.v., weitere Bolusgaben im Abstand von 10 Min. bis zur Maximaldosis von 4 mg/kg/h. Erhaltungsdosis 5–10 µg/kg/Min.
- Bei nicht beherrschbarer Symptomatik evtl. intraaortale Ballongegenpulsation (Hintergrund).

Bei katecholaminrefraktärem Schock an Perikarderguß denken → Echo.

Akute Mitralisinsuffizienz durch Papillarmuskelabriß (1–2 %)

Klinische Zeichen: Akute Linksherzinsuff., neuaufgetretenes Insuffizienzgeräusch. *Echo:* Massive Mitralinsuff., Abriß oft sichtbar.

Therapie: Blutdrucksenkung mit Nitroprussidnatrium 60 mg auf 50 ml Glukose mit 1 ml/h beginnen, minütliche RR-Kontrollen. Evtl. intraaortale Ballongegenpulsation, Perikarddrainage bei Tamponade, umgehend OP.

Komplikationen nach der Akutphase eines Herzinfarktes

Reinfarkt (35 % der Infarktpatienten), Ther. ☞ s.o.

Wurde beim Erstinfarkt eine Lyse mit Streptokinase oder APSAC durchgeführt, darf diese aufgrund der AK-Bildung frühestens nach 4–5 Monaten wiederholt werden. Alternativ wird bei diesen Patienten, falls keine Kontraindikationen vorliegen, eine Urokinase- oder rt-PA-Lyse durchgeführt.

Ventrikelruptur (1–3 %, meist nach 3–10 Tagen)

Klinische Zeichen: Schock mit Rechtsherzversagen (obere Einflußstauung), Blutdruckabfall, Niedervoltage im EKG, echokardiographisch Nachweis von Perikarderguß.

Management: Echo (Diagnosesicherung, evtl. Lokalisation der Ruptur und Perikardpunktion unter Echokontrolle), wenn möglich Koronarangiographie (Darstellung der Koronarien, um Bypass zu ermöglichen), anschließend OP (Verschluß der Ruptur und Bypasschirurgie).

Pericarditis epistenocardica (15 % aller Infarktpatienten)

Tritt innerhalb der ersten Woche nach Infarkt auf.

Klinische Zeichen: Atemunabhängige stechende retrosternale Schmerzen, bessern sich bei vornübergeneigter Haltung; auskultatorisch auch bei Atempause systolisch-diastolisches Reibegeräusch.

Therapie: Azetylsalizylsäure 0,5–1 g p.o., strenge Bettruhe.

Dressler-Syndrom (= Postmyokardinfarktsyndrom)

Autoimmun-Perikarditis, die nach 4–6 Wochen auftritt.

Klinische Zeichen: Schmerzen, Perikardreiben, Fieber. Evtl. Perikarderguß (Echo). Labor: Entzündungszeichen (BSG ↑, CRP ↑).

Therapie: ASS 0,5–1 g p.o., evtl. Indometacin 50–150 mg p.o. oder Glukokortikoide z.B. Prednisolon® 50–100 mg p.o., ausschleichende Dosierung. Bei Perikarderguß Diuretika, z.B. Furosemid, bei Perikardtamponade Punktion.

Arterielle Embolien

Auf dem veränderten Myokard (z.B. nach Aneurysmabildung) können sich Thromben bilden und zu arteriellen Embolien, z.B. der Intestinalorgane (☞ 8.1), des Gehirns (☞ 14.6) oder der Extremitäten (☞ 6.8) führen.

6.1.7 Therapeutisches Vorgehen bei nichtischämischen Thoraxschmerzen

- *Peri-, Myo- oder Endokarditis:* Bettruhe. Bei Fieber und V.a. bakteriell-infektiöses Geschehen Abnahme von mehreren Blutkulturen, danach antibiotische Behandlung beginnen: z.B. Penicillin G 3–4 x10 Mio. IE i.v. + Gentamycin (Refobacin®) 3 x 1–1,5 mg/kg als Kurzinfusion über 30 Min. tägl. Bei sehr akutem Verlauf (V.a. Staphylokokken) evtl. zusätzl. Flucloxacillin (Staphylex®) 4 x 2–3 g tägl. i.v. Bei Perikarditis postop. oder nach Infarkt ASS 3–4 x 500 mg tägl. Bei Perikarderguß: Diuretische Ther. z.B. mit Furosemid (Lasix®). Falls dieser hämodynamisch relevant ist (Zeichen der oberen Einflußstauung, RR-Abfall) → Hintergrund verständigen mit Fragestellung Punktion.
- *Tachykarde Rhythmusstörungen* ☞ 6.2.4
- *Thorakales Aortenaneurysma:* Bei Größenzunahme oder großem Aneurysma (ca. > 5 cm) Bettruhe, regelmäßige Kontrolle von Puls und RR, sofortige Klärung einer OP-Indikation (Rücksprache Hintergrund).

Aneurysma dissecans/Aortenruptur

- Sofortige Verlegung auf die Intensivstation schon bei Verdacht
- Hintergrund verständigen
- Mehrere großlumige i.v. Zugänge
- Kreuzblut und Blutgruppe abnehmen, mindestens 10 EKs kreuzen und sofort bringen lassen
- Umgehend OP einleiten. Chirurgie (Thoraxchirurgie), Anästhesie
- Schmerz- und Schockbekämpfung ☞ 3.2
- Bei RR-Erhöhung kontrollierte RR-Senkung, z.B. mit Nitroprussid (z.B. Nipruss®) 0,3–0,8 μg/kg/Min., bei Tachykardie evtl. β-Blocker z.B. Metoprolol (z.B. Beloc®) 5 ml langsam i.v. und Furosemid 20–40 mg i.v., *Zielwert:* RR 100–120 mmHg systolisch, Frequenz 60–80/Min.

- *Mitralklappenprolaps*: Keine spezifische Ther. erforderlich. Bei Palpitationen niedrig dosierter β-Blocker, z.B. Metoprolol 2 x 50 mg tägl. (z.B. Beloc mite®) 2 x 1 tägl.
- *Lungenembolie* ☞ 7.1.5
- *Pleuritis:* Bei starken Schmerzen Analgetikum (z.B. Paracetamol/Codein ☞ 4.2). Ursächliche Erkrankung therapieren, z.B. bei Pneumonie Beginn einer Antibiose ☞ 7.4
- *HWS-/BWS-Syndrom* (☞ 17.2): Nichtsteroidales Antiphlogistikum z.B. Diclofenac (Voltaren®) 50 mg p.o. oder 100 mg Supp., evtl. leichtes Schlafmittel mit muskelrelaxierender Wirkung, z.B. Diazepam (Valium®) 5 mg p.o.
- Herpes zoster ☞ 20.4
- *Interkostalneuralgie:* Subkutane Infiltration des schmerzhaften Bereichs mit einem Lokalanästhetikum (z.B. Xylocain® 1 %)
- *Gastrointestinale Erkrankungen:* Akutes Abdomen (☞ 8.1); Refluxösophagitis: Antazidum, z.B. Mg-Al-Silicathydrat (Gelusil-Lac®) 1 Beutel; Ösophagusspasmus: Nitroglycerin 2 Hub, evtl. Antazidum.

Fußangeln und Fingerzeige

- Keine i.m. Injektionen zur Schmerztherapie (Infarktenzyme verfälscht, keine Lysetherapie mehr möglich)!
- Kein Patiententransport ohne ärztliche Begleitung!
- Keine Korrelation zwischen Schwere der Erkankung und Stärke der Schmerzen (z.B. leichter thorakaler Druck bei Herzinfarkt, starke Beeinträchtigung mit Erstickungsangst bei Interkostalneuralgie).
- Kein Digitalis zur Ther. der Linksherzinsuffizienz!
- *Lysetherapie:* Durch Kürze der Lyse beim Infarkt sind schwere Blutungskomplikationen selten (< 1 %). Vor allem innerhalb der ersten 6 h führt die Lyse zur deutlichen Prognoseverbesserung. Deshalb nur bei gravierenden Kontraindikationen nicht durchführen (☞ 22.2.2). Bei Lysebeginn innerhalb von 6–12 h nach Schmerzbeginn ist ein Nutzen noch wahrscheinlich.

Hintergrund

Der Hintergrund sollte i.d.R. in folgenden Situationen eingeschaltet werden:

- Bei unklarem Krankheitsbild mit primär schlechtem oder sich verschlechterndem AZ des Patienten (z.B. kontinuierlicher RR-Abfall, Bewußtseinsverlust).
- Zur Beurteilungung von Kontraindikationen zur Lyse und Stellung der Lyseindikation ☞ 22.2.2
- Bei schwerwiegenden Komplikationen (kardiogener Schock bei Herzinfarkt, akute Rechtsherzinsuffizienz bei Lungenembolie)
- V.a. Aneurysma dissecans oder V.a. Aortenruptur
- Zur Durchführung diagnostischer Maßnahmen, die dringend in der Nacht geschehen sollten z.B.: Echokardiographie bei V.a. Perikarderguß oder Aortenaneurysma, Oberbauchsonographie bei V.a. Aneurysma dissecans
- Vor Einleitung weiterführender Diagnostik, die die Hinzuziehung von Spezialisten (Radiologe, Gefäßchirurg) oder die Verlegung des Patienten bedeuten (z.B. Durchführung eines CT zur Sicherung eines Aneurysmas).

Aufnahme ambulanter Patienten

Pat. mit akuten retrosternalen Schmerzen bis zur ätiologischen Klärung stationär überwachen.

6.2 Herzrhythmusstörungen

Die subjektive Wahrnehmung von *Herzrasen* oder *Herzstolpern* läßt keine direkten Rückschlüsse auf die Bedrohlichkeit der zugrundeliegenden Rhythmusstörung zu. Oft werden z.B. harmlose, vereinzelt auftretende supraventrikuläre Extrasystolen als besonders störend empfunden. Maligne Rhythmusstörungen treten besonders bei Patienten mit vorbestehender kardialer Grunderkrankung auf. Eine sofortige Therapie muß dann eingeleitet werden, wenn es durch die Rhythmusstörungen zum Absinken der kardialen Förderleistung mit Blutdruckabfall und Zeichen einer akuten Herzinsuffizienz kommt.

Hinweise zur Abschätzung der Gefährlichkeit von ventrikulären Rhythmusstörungen gibt die Einteilung nach Häufigkeit und Form nach Lown.

Lown-Klassifikation

0	keine VES	
I	< 30/h VES	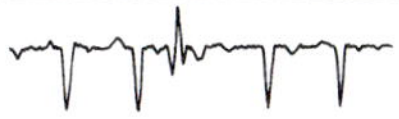
II	> 30/h VES	
IIIa	multiforme VES	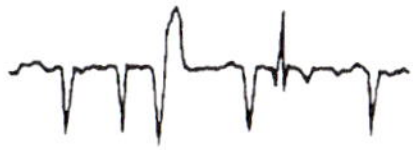
IIIb	Bigeminus (VES – normaler Komplex – VES – normaler Komplex im Wechsel)	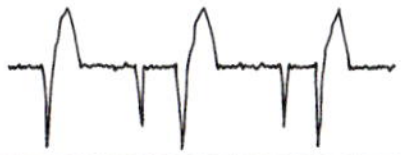
IVa	Couplets (zwei VES direkt hintereinander)	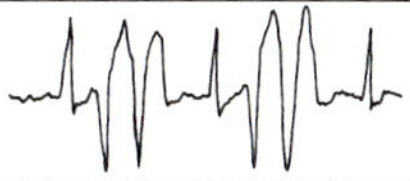
IVb	Salven (> 2 VES hintereinander)	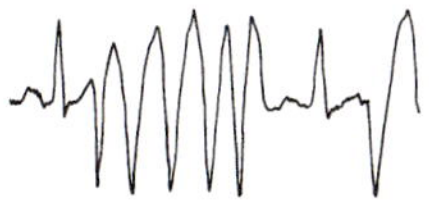
V	R auf T Phänomen*	Extrasystolen, die in die vulnerable Phase von T fallen

6.2.1 Differentialdiagnostische Überlegungen

Tachykarde Rhythmusstörungen

Ursachen
- *Herzgesunde:* gefördert unter Streß (Sympathikotonus ↑), nach Alkohol oder Koffein.
- *Organische Herzkrankheit:*
  - Kardiale Ischämie bei KHK und Herzinfarkt ☞ 6.1
  - Kardiomyopathie
  - Herzvitien
  - Angeborene QT-Zeit-verlängerung (z.B. Romano-Ward-Syndrom)
  - Myokarditis

Abb. 6.7: Sinustachykardie

- *Mitralklappenprolapssyndrom:* Systolische Vorwölbung eines oder beider Mitralsegel in den linken Vorhof bei ca. 4 % der Gesamtbevölkerung, kann zu Rhythmusstörungen mit Schwindel und Palpitationen führen
- *Extrakardiale Ursachen:* Hyperthyreose (☞ 10.2), E'lytstörungen (v.a. Kalium- oder Magnesiummangel ☞ 21.1), Lungenembolie (☞ 7.1), pulmonale Erkrankungen mit Hxpoxämie, Medikamentennebenwirkung (z.B. Digitalis, Sympathomimetika, Theophyllin, Antiarrhythmika!).

Supraventrikuläre tachykarde Rhythmusstörungen

Sinusknotentachykardie

EKG: HF zwischen 100–140/Min. (selten bis 180/Min.). Auf jede P-Welle folgt ein normal geformter QRS-Komplex, bei hohen Frequenzen evtl. Verschmelzung von P- und T-Wellen. Häufig reaktiv bei Fieber, Anämie, Herzinsuff., Hypovolämie, Medikamentennebenwirkung (Sympathomimetika, Theophylline, Atropin), Entzugssymptomatik (☞ 5.1.3). Nach auslösender Ursache suchen, auch an Lungenembolie oder Hyperthyreose denken. Häufige Rhythmusstörung, selten bedrohlich. Subjektiv oft als sehr störend empfunden.

DD Sinustachykardie/Vorhofflattern mit 1:1–Überleitung: Bei Vorhofflattern mit 1:1–Überleitung vereinzelt P-Wellen im QRS-Komplex erkennbar.

Paroxysmale supraventrikuläre Tachykardie (Vorhoftachykardien)

Anfallsweise auftretendes Herzrasen bei Vorhofreentrymechanismen, ektopem schnellem Vorhofautomatiezentrum oder AV-Knotentachykardie (häufigste Form). Vorhoffrequenzen von 160–200/Min. *EKG:* In der Regel 1:1-Überleitung (jeder P-Welle folgt ein normal konfigurierter QRS-

Abb. 6.8: Paroxysmale supraventrikuläre Tachykardie (Vorhoftachykardie)

Komplex), bei AV-Knotentachykardie retrograde Vorhoferregung mit evtl. negativen P-Wellen (häufig P-Wellen jedoch im QRS-Komplex verborgen), meist spontan limitierend. Evtl. begleitend Schwindel, thorakaler Druck, anschliessend Polyurie. Häufig bei Herzgesunden (erhöhter Sympathikotonus, Nikotin, Alkohol), Mitralklappenprolaps.

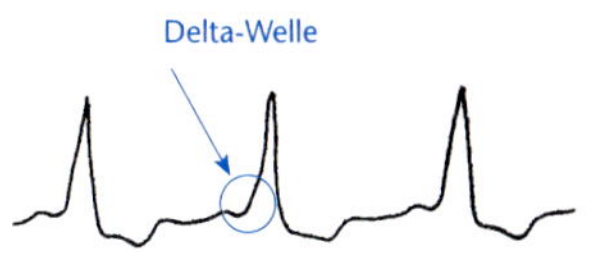

Abb. 6.9: Präexzitationssyndrom

Sonderformen

- *Präexzitationssyndrome:* Retrograde Vorhoferregung über akzessorisches Leitungsbündel bewirkt Reentrytachykardie. EKG: verkürzte PQ-Zeit, evtl. Deltawelle im anfallsfreiem Intervall (Wolf-Parkinson-White-Syndrom), evtl. verbreiterter QRS-Komplex, Erregungsrückbildungsstörungen. Bei längerem Bestehen mit hohen Frequenzen sind hämodynamische Auswirkungen (Blutdruckabfall, Synkope) möglich.
- *Atriale Tachykardie mit AV-Block:* Typisch für Digitalisintoxikation. EKG: Vorhoffrequenz 140–160/Min., wechselnde höhergradige AV-Blockierungen.

Supraventrikuläre Extrasystolen (SVES)

EKG: deformierte oder negative P-Welle, normaler QRS-Komplex, nicht-kompensierende, postextrasystolische Pause. Häufige Form der Rhythmusstörung, auch bei Herzgesunden. SVES bedürfen in der Regel keiner Therapie. Nur bei massiv gehäuftem Auftreten zeigen sie hämodynamische Auswirkungen.

Abb. 6.10: Supraventrikuläre Extrasystolen

Vorhofflattern

EKG: Vorhoffrequenz 220–350/Min., sägezahnartige P-Wellen in Ableitung V_1. Meist regelmäßige Überleitung auf die Ventrikel (2:1 oder 3:1). Normal konfigurierte QRS-Komplexe. Gefahr der 1:1-Überleitung mit Kammertachykardie. Seltene Störung, der meist eine organische Herzerkrankung zugrunde liegt.

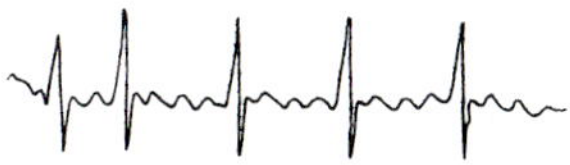

Abb. 6.11: Vorhofflattern

Vorhofflimmern

Abb. 6.12:
Vorhofflimmern/ absolute Arrhythmie

EKG: Vorhoffrequenz 350–600/Min., evtl. Flimmerwellen in Abl. V_1 erkennbar. Durch unregelmäßige Überleitung auf die Ventrikel resultiert absolute Arrhythmie. Häufige Rhythmusstörung, die meist chronisch vorliegt, aber auch akut oder chronisch rezidivierend in Erscheinung tritt. Meist kardiale Grunderkrankungen. Mögliche extrakardiale Ursachen sind z.B. Lungenembolie, Hyperthyreose, Alkoholkonsum, selten idiopathisch. Je nach Überleitung auf die Kammern kann die absolute Arrhythmie normofrequent, tachykard (Tachyarrhythmia absoluta) oder bradykard (Bradyarrhythmia absoluta) sein. Bei ausgeprägter Tachy- oder Bradykardie evtl. hämodynamische Auswirkungen (akute Herzinsuff. mit RR-Abfall).

Ventrikuläre tachykarde Rhythmusstörungen

Ventrikuläre Extrasystolen (VES)

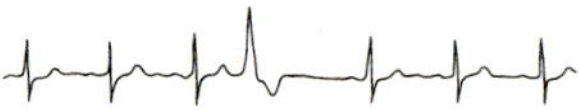

Abb. 6.13: Ventrikuläre Extrasystole

EKG: Schenkelblock-ähnliche Veränderungen des QRS-Komplexes, kompensatorische postextrasystolische Pause. Vereinzelte VES sind häufig und ungefährlich.

Ventrikuläre Tachykardie

EKG: HF 140–220/Min., regelmäßige Tachykardie mit monomorphen, schenkelblockartig deformierten, verbreiterten QRS-Komplexen (> 0,12 Sek.), P-Zacken ohne Beziehung zum QRS-Komplex. Häufig Übergang zu Kammerflattern oder -flimmern, vor allem bei vorgeschädigtem Herzen, dadurch gefährlich. Zu unterscheiden sind nicht-anhaltende ventrikuläre Tachykardien („non-sustained", innerhalb von 30 Sek. selbstlimitierend) und anhaltende („sustained") ventrikuläre Tachykardien mit schlechter Prognose und hoher Rezidivneigung.

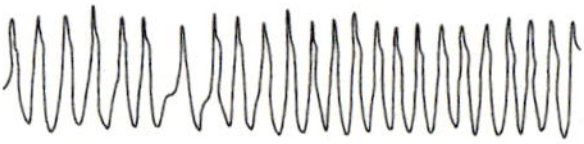

Abb. 6.14: Ventrikuläre Tachykardie

Sonderform: „Torsade-de-pointes"-Tachykardie:
Kammertachykardie mit wechselnder QRS-Achse. Auslösend können sein: Hypokaliämie, vorbestehende Verlängerung der QT-Zeit (z.B. bei angeborenem Jervell-Lange-Nielsen-Sy.) oder Medikamente, die zur Verlängerung der QT-Zeit führen (z.B. Chinidin, trizyklische Antidepressiva).

Kammerflattern

EKG: HF 250–400/Min. Breite, haarnadelförmig deformierte QRS-Komplexe, häufig Übergang zu Kammerflimmern.

Kammerflimmern

EKG: HF > 400/Min., unregelmäßige, verbreiterte, regellose Kammerkomplexe wechselnder Amplitude.

Kammerflattern und -flimmern führen zum Kreislaufstillstand. Nach 10–15 Sek. Bewußtlosigkeit, nach 1 Min. Atemstillstand, nach 3–5 Min. irreversible Hirnschädigung, nach 5 Min. in der Regel Hirntod.

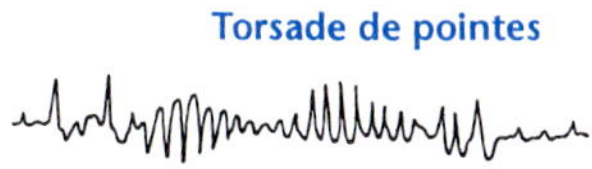

Abb. 6.15: „Torsade-de-pointes"-Tachykardie

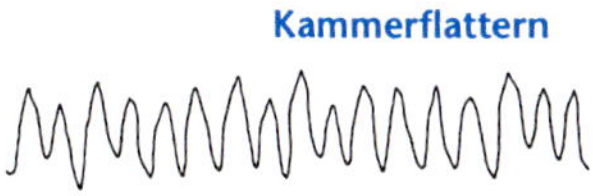

Abb. 6.16: Kammerflattern

Abb. 6.17: Kammerflimmern

Fußangeln und Fingerzeige

Anhand des EKGs kann primär unterschieden werden zwischen Tachykardien mit *schmalem Kammerkomplex* (< 0,12 Sek.), die immer supraventrikulären Ursprungs sind, und Tachykardien mit *breitem Kammerkomplex*. Bei verbreitertem Kammerkomplex können zugrunde liegen: ventrikuläre Tachykardien, supraventrikuläre Tachykardien mit aberrierender Leitung/bei vorbestehendem Block (P-Wellen nachweisbar) oder atrioventrikuläre Tachykardien (Präexzitationssyndrome).

Bradykarde Rhythmusstörungen

Ursachen

- *Herzgesunde:* Sinusbradykardie bei Vagotonus (z.B. Sportlern)
- *Organische Herzkrankheit:* KHK, Kardiomyopathie, Myokarditis, Myokardinfarkt mit Schädigung von Sinusknoten oder AV-Leitungssystem
- *Sick-Sinus-Syndrom* (Sinusknotensyndrom): Bei älteren Menschen durch degenerative Veränderungen des Sinusknoten, bei KHK oder postentzündlich; charakteristischer Wechsel zwischen bradykarden und tachykarden Phasen (Sinusbradykardie/Vorhof- oder AV-Knotentachykardie)

- *Extrakardiale Ursachen:* E'lytstörungen (Hyperkaliämie), Hypothyreose, Medikamentennebenwirkung (z.B. β-Blocker, Digitalis), zentrale Störung des Kreislaufzentrums (z.B. bei erhöhtem Hirndruck), Karotissinussyndrom ☞ 6.3.1.

Abb. 6.18: Sinusbradykardie

Sinusbradykardie

EKG: Regelmäßige P-Wellen gefolgt von normal konfiguriertem QRS-Komplex, HF < 60/Min. Häufig bei Vagotonus und im Schlaf, dann harmlos. Evtl. beginnendes Sick-Sinus-Sy. Bei lang anhaltenden Frequenzen < 40/Min. häufig symptomatisch (Schwindel, Schwäche). *Cave:* Keine Unterscheidung von SA-Block II. Grades (s.u.) möglich.

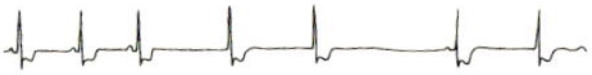

Abb. 6.19: Sinusknotensyndrom

Sinusknotensyndrom (Sick-Sinus-Syndrom)

EKG: Sinusbradykardie bis hin zum Sinusstillstand, evtl. im Wechsel mit schnellen atrialen Arrhythmien (supraventrikuläre Tachykardie, Vorhofflimmern oder -flattern). Gefährlich beim plötzlichen Auftreten eines totalen Sinusknotenstillstandes: Morgagni-Adams-Stokes-Anfall (vor Einspringen eines Ersatzschrittmachers Asystolie mit Bewußtlosigkeit), bei fehlendem Ersatzrhythmus lebensbedrohliche Asystolie.

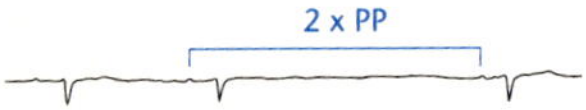

Abb. 6.20: SA-Block II. Grades

Sinuatrialer Block (SA-Block)

I. Grades: Verzögerte Reizleitung vom Sinusknoten auf das Vorhofmyokard, im Oberflächen-EKG nicht erkennbar.

- II. Grades: *Typ 1:* Verkürzung der PP-Intervalle bei gleichbleibender PQ-Zeit bis eine Herzaktion komplett ausfällt. *Typ 2:* Ausfall einer Herzaktion ohne vorherige Änderung der PP-Intervalle.
- III. Grades: Totaler SA-Block, entspricht Sinusstillstand. Mit Latenz evtl. Anspringen eines Ersatzrhythmus.
- Während ein SA-Block I. und II. Grades meist asymptomatisch ist, entspricht ein SA-Block III.Grades einem Sinusknotenstillstand (s.o.).

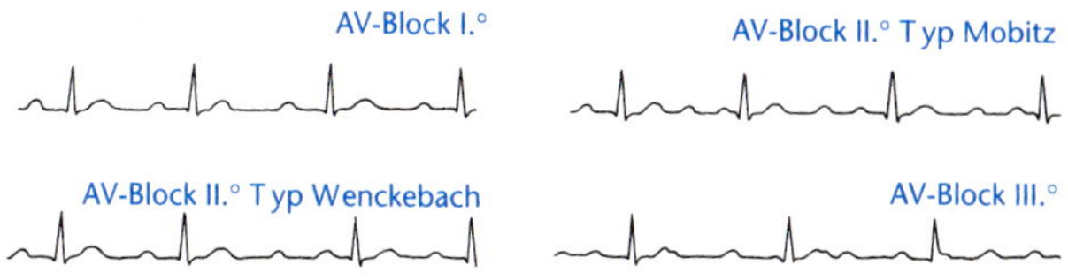

Abb. 6.21: AV-Blockierung

Fußangeln und Fingerzeige

- Frühzeitige passagere Schrittmacherversorgung bei Bradykardien durch Myokardinfarkt.
- Asystoliegefahr bei akuten AV-oder SA-Blockierungen wesentlich größer als bei Sinusbraykardien oder Bradyarrhythmia absoluta.
- Bei Sick-Sinussyndrom mit Tachykardie-Bradykardiesyndrom keine elektrischen Kardioversionsversuche bei tachykarden Phasen, da Gefahr längerer asystolischer Pausen.

Atrioventrikulärer Block (AV-Block)

- I. Grades: Verlängerte PQ-Zeit > 0,2 Sek.
- II. Grades: Typ I, Mobitz I = Wenckebach-Periodik: kontinuierliche Verlängerung der PQ-Zeit bis zum Ausfall eines QRS-Komplexes nach vorangehender P-Welle (Supra-His-Block → schneller Ersatz). Typ II, Mobitz II: Fixiertes Blockierungsverhältnis bei gleichbleibender PQ-Zeit (Infra-His-Block → langsamer Ersatz).
- III. Grades: Totaler AV-Block, komplette Dissoziation von Vorhof- und Kammererregung. Normofrequente P-Wellen, langsamere Kammerfrequenz bei sekundärem oder tertiärem Schrittmacher, v.a. bei tertiärem Schrittmacher evtl. schenkelblockartig deformierte QRS-Komplexe. Bei plötzlichem Auftreten eines AV-Block III. Grades evtl. Morgagni-Adams-Stokes-Anfall. Auch hier besteht Lebensgefahr bei fehlendem Anspringen eines ventrikulären Ersatzrhythmus.

Fußangeln und Fingerzeige

Bei Patienten mit kardialer Grunderkrankung können auch β-Blocker-haltige Augentropfen zu bradykarden Rhythmusstörungen führen.

6.2.2 Pieps – Erste Orientierung am Telefon

Fragen an das Pflegepersonal

- Herzfrequenz, beim Pulszählen Unregelmäßigkeit aufgefallen?
- Blutdruck?
- Kardiale Vorerkrankungen nach Kurve?
- Begleitsymptome wie z.B. Atemnot oder thorakale Schmerzen? Fieber?

- Bettlägrigkeit, Zustand nach OP, tiefe Beinvenenthrombose, als Risiko für eine Lungenembolie?

Erste Anweisungen an das Pflegepersonal

- EKG mit langem Rhythmusstreifen schreiben (25 mm/Sek.), EKG-Elektroden liegen lassen
- Engmaschige Puls- und Blutdruckkontrollen
- Bei Dyspnoe Lagerung mit erhöhtem Oberkörper, Gabe von Sauerstoff über Nasensonde 2–4 l/Min.

⌛ Dringlichkeit

- Besonders dringend sind Patienten mit Begleiterscheinungen wie thorakalen Schmerzen oder Blutdruckabfall
- Dringend gesehen werden müssen außerdem Pat. mit objektivierbaren Pulsunregelmäßigkeiten, Tachykardie (HF > 100/Min.) oder Bradykyardie (HF < 60/Min.)
- Weniger dringlich sind Fälle, in denen der Patient subjektiv Herzstolpern verspürt (Palpitation), ohne klinisch objektivierbare Auffälligkeiten von Puls oder Frequenz. Trotzdem müssen diagnostisch Rhythmusstörungen sorgfältig ausgeschlossen werden (EKG über mind. 5 Min. beobachten, evtl. Monitor).

6.2.3 Diagnostisches Vorgehen

- Kontrolle von Puls (über mind. 1 Min. fühlen) und Blutdruck, achten auf Pulsdefizit (gleichzeitig Herz auskultieren und peripheren Puls auszählen: Sind alle Herzaktionen peripher als Pulswelle spürbar?)
- EKG-Beurteilung
- Bei V.a. Rhythmusstörungen, die intermittierend auftreten → Monitorüberwachung
- Bei supraventrikulärer Tachykardie unter EKG-Kontrolle Karotisdruck (Ansprechen erlaubt DD Vorhoftachykardie/AV-Reentry-Tachykardie)
- Orientierende Abschätzung der Malignität der Rhythmusstörung nach folgenden Aspekten:
  - Regelmäßigkeit
  - Ventrikulär / supraventrikulär
  - Hämodynamische Auswirkungen
  - Kardiale Grunderkrankung.

Anamnese /Krankenakte

- Bereits früher Herzrasen, Herzstolpern gefühlt? Anamnestisch Synkopen oder Schwindel?
- Hinweise auf koronare Herzkrankheit (Angina pectoris-Beschwerden, entsprechende Risikofaktoren ☞ 6.1)
- Bekannte Schilddrüsenerkrankungen oder Hinweise darauf ☞ 10.2?
- Kaliumwerte?
- Möglichkeit eines Alkoholentzugs ☞ 5.13?
- Hinweise auf Lungenembolie (☞ 7.1): Postop., Bettruhe, tiefe Bein- oder Beckenvenenthrombose, begleitend Dyspnoe oder thorakale Schmerzen?
- Medikamentenanamnese: Digitialis, β-Blocker oder -mimetika, Ca^{2+}-Antagonisten, Theophyllin, Antiarrhythmika (proarrhythmogener Effekt)?

Körperliche Untersuchung mit besonderem Augenmerk auf

- Allgemeinzustand: Gute Verfassung, geringe oder fehlende Beeinträchtigung bei harmlosen Rhythmussstörungen, z.B. vereinzelten Extrasystolen? Unruhig, blaß, kaltschweißig z.B. bei ausgeprägten tachykarden Rhythmusstörungen mit RR-Abfall?
- Hals: Struma?
- Herz: Auskultation: Perikardreiben bei Perimyokarditis? Auffällige Geräusche (z.B. systolischer Klick bei Mitralklappenprolapssyndrom, Hinweise auf Vitien?).
- Lunge: Stauungszeichen? Evtl. pleuritisches Reibegeräusch bei Lungenembolie?
- Extremitäten: Hinweise auf Thrombose (☞ 6.7) → Lungenembolie
- Hyperthyreosezeichen ☞ 10.2

Weiterführende Diagnostik

Noch in der Nacht durchzuführen

- EKG mit langem Rhythmusstreifen: Rhythmusstörungen, Frequenz, Zeichen für Infarkt (☞ 6.1) oder Lungenembolie (☞ 6.1)?
- Labor: E'lyte (insbesondere Kalium), Herzenzyme, evtl. Entzündungszeichen (BSG, Leukos). Bei Fieber > 38,5 °C Blutkulturen ☞ 2.11.1
- Röntgen-Thorax bei klinischem V.a. Stauung oder Dyspnoe
- Echokardiographie bei V.a. akute entzündliche Herzerkrankung: Erguß, Kontraktionsstörung, Endokarditis mit thrombotischen Auflagerungen?

Für den nächsten Tag planen

- Labor: Ggf. Kontrolle der Herzenzyme, Digitalisspiegel bei digitalisierten Patienten, Schilddrüsenwerte, Mg^{2+}, K^{+}, BSG. Bei V.a. Myokarditis Virusserologie
- EKG-Kontrolle mit Rhythmusstreifen, in den nächsten Tagen wiederholte Langzeit-EKGs, evtl. Belastungs-EKG bei V.a. KHK (Belastungsischämie?) oder Sick-Sinus-Syndrom (fehlender Frequenzanstieg unter Belastung)
- Bei Z.n. ventrikulärer Tachykardie evtl. elektrophysiologische Abklärung.

6.2.4 Therapeutisches Vorgehen

Sinustachykardie

Behandlung der Grundkrankheit. Akuttherapie: Volumenausgleich bei Hypovolämie (☞ 22.5), Fiebersenkung (☞ 4.4), Lungenembolie (☞ 7.1). Kleines BB zum Ausschluß einer Anämie. β-Blocker bei Hyperthyreose (☞ 10.2.4). Absetzen evtl. auslösender Medikamente. Analgesie bei Schmerzen (☞ 4.2). Akut evtl. Sedierung, z.B. mit Diazepam (Valium®) 5–10 mg p.o., evtl. Gabe von niedrig dosierten β-Blockern z.B. Metoprolol (Beloc®) 50–100 mg p.o. täglich.

Supraventrikuläre Extrasystolen (SVES)

Ther. nur bei erheblichen subjektiven Beschwerden mit niedrig dosierten β-Blockern, z.B. Metoprolol (Beloc®) 25–50 mg p.o.

Vorhoftachykardien

Paroxysmale supraventrikuläre Tachykardie: Im Anfall Vagusreiz (z.B. Karotisdruck, Valsalva-Preßmanöver, Trinken von kaltem Mineralwasser) unter EKG-Kontrolle. *Cave:* Herzstillstand. Medikamentös: Verapamil (Isoptin®) 5–10 mg i.v. oder Sotalol (z.B. Sotalex®) 20–40 mg langsam i.v. (*Cave:* Die i.v.-Gabe von β–Blockern ist bei vorausgegangener Gabe von Verapamil und umgekehrt kontraindiziert → wechselseitige Verstärkung der negativ dromotropen Wirkung). Falls erfolglos und bei begleitender akuter Herzinsuff. (RR-Abfall) evtl. Kardioversion mit 10–50 Joule. *Bei V.a. Präexzitationssyndrom:* Ajmalin (Gilurytmal®) 50 mg langsam i.v. *Cave:* Keine Gabe von Verapamil oder Digitalis, da Gefahr der akzelerierten Leitung im akzessorischen Bündel.

Vorhofflattern und -flimmern

- Bei akut aufgetretenem Vorhofflattern oder -flimmern: Versuch der sofortigen medikamentösen oder evtl. elektrischen Rhythmisierung. Bei längerem Bestehen von Vorhofflimmern (Gefahr von Vorhofthromben) und stabilen Herz-Kreislaufverhältnissen (Herzfrequenz < 120/Min.) keine akute Rhythmisierung, zunächst Antikoagulation ☞ 22.2.1.
- *Akutes Vorhofflattern:* Digitalisierung (☞ Vorhofflimmern), damit ist auch Überführung in stabileres Vorhofflimmern möglich. Evtl. Verapamil (z.B. Isoptin®) 5 mg i.v. zur Frequenzsenkung. Falls medikamentöse Kardioversion erfolglos → elektrische Kardioversion (Hintergrund). Bei hämodynamisch stabilen Pat. erst für den nächsten Tag planen (☞ Vorhofflimmern).
- *Akutes Vorhofflimmern:* I.v.-Zugang. Unter Monitorkontrolle Digoxin (z.B. Novodigal®) 0,4 mg i.v., wiederholen nach 4 und 12 h, anschl. 0,2 mg p.o. täglich. Zur Senkung der Kammerfrequenz bei Tachyarrhythmia absoluta mit hämodynamischen Auswirkungen ggf. zusätzlich: Verapamil (z.B. Isoptin®) 5–10 mg langsam i.v. (*Cave:* Hypotonie-Provokation) oder β-Blocker z.B. Metoprolol (z.B. Beloc®) 5 mg langsam i.v. Evtl. elektrische Kardioversion (Rücksprache Hintergrund).
- Folgetag: Zur Rhythmisierung bei weiterbestehender absoluter Arrhythmie zusätzlich Chinidin (z.B. Chinidin duriles®) 3–5 x 200 mg p.o. tägl. oder Disopyramid (Rythmodul®) 3 x 100–200 mg p.o. oder Propafenon (z.B. Rytmonorm®) 3 x 150 mg p.o. Zur Frequenzsenkung evtl. begleitend Verapamil (auch in fixer Kombination mit Chinidin = Cordichin® 3 x 80 mg p.o. einsetzbar). Alternativ Sotalol (Sotalex®) 2 x 80–160 mg p.o. Behandlung exazerbierender Faktoren, z.B. Hyperthyreose.

Vorhoftachykardie mit AV-Block II. Grades

Häufig als Folge einer Digitalisintoxikation, dann Digitalispause, Anheben der Kaliumwerte auf hochnormale Werte (☞ 21.1.1) und abwarten, evtl. bei Tachykardie Phenytoin 125–250 mg langsam i.v. Liegt keine Digitalisintoxikation vor, wird zur Senkung der Kammerfrequenz digitalisiert (☞ Vorhofflimmern). Evtl. Gabe von Ca^{2+}-Antagonisten z.B. Verapamil (z.B. Isoptin®) 5–10 mg oder β-Blocker z.B. Pindolol (z.B. Visken®) 0,4 mg langsam i.v., nach 20 Min. Nachinjektion von 0,2 mg.

Ventrikuläre Extrasystolen

Die Behandlungsindikation richtet sich nach Art und Häufigkeit der VES (Klassifikation nach Lown s.o.); Zeichen einer hämodynamischen Auswirkung der Rhythmusstörungen und der zugrundeliegenden Erkrankung. Pat. mit schwerem Ventrikelschaden und anamnestisch höhergradigen Rhythmusstörungen zeigen ein erhöhtes Risiko für den plötzlichen Herztod (Herz-Kreislaufstillstand durch anhaltende ventrikuläre Tachykardien oder Kammerflimmern) und bedürfen daher einer frühzeitigen antiarrhythmischen Behandlung.

Im Nachtdienst gilt

- Herzgesunde bedürfen nur bei ausgeprägten subjektiven Beschwerden einer Behandlung, z.B. mit Magnesium (z.B. Magnesium Verla® N) 3 x 90 mg (= 3 x 1 Dragee) p.o. tägl. oder niedrig dosierten β-Blockern, z.B. Metoprolol (z.B. Beloc®) 5–10 mg p.o. tägl.
- Gehäufte VES bis Lown III bei stabilen Herz-Kreislaufverhältnissen: Beschränkung auf Monitorkontrolle, regelmäßige RR-Kontrollen. Bei starker subjektiver Beeinträchtigung niedrig dosiert Sotalol (z.B. Sotalex®) 1–2 x 80 mg p.o. tägl. Absetzen von verursachenden oder verstärkenden Medikamenten, z.B. Digitalis, Theophyllin, β-Mimetika.
- VES ab Lown IV über einen längeren Zeitraum bei zusätzlicher linksventrikulärer Schädigung: Monitorüberwachung, initial orale Gabe von Sotalol (z.B. Sotalex®) 2 x 80–160 mg tägl. oder Mexiletin (Mexitil®) 3 x 200 mg tägl.
- Nur bei akuter Insuffizienzsymptomatik (RR-Abfall, Lungenstauung) unter Monitorkontrolle Lidocain 50–100 mg i.v. oder Sotalol 20 mg langsam i.v. Anschließend evtl. Lidocainperfusor (☞ Ventrikuläre Tachykardie) bzw. Wiederholung der Sotalolgabe nach 20 Min. Kalium auf hochnormale Werte anheben (☞ 21.1.1).

Ventrikuläre Tachykardie

Je nach vermuteter Ursache, z.B. Lidocain 100 mg als Bolus i.v., anschließend Lidocainperfusor mit 2–4 mg/Min. (☞ 22.1) oder Propafenon (z.B. Rytmonorm®) 1 mg/kg (= 1 Amp. bei 70 kg) über 3–5 Min. i.v., anschl. Perfusor: 175 mg (= 2 1/2 Amp.) auf 50 ml Glukose 5 % mit 3,4–8,5 ml/h laufen lassen. Kalium auf hochnormale Werte anheben (☞ 21.1.1). *Cave:* Bei Herzinsuff. oder Leberfunktionsstörung wegen Kumulationsgefahr Verringerung der Lidocain-Perfusordosis um die Hälfte. *Bei Versagen der medikamentösen Ther.* oder rascher Therapiebedürftigkeit (hämodynamische Verschlechterung) externe Kardioversion (R-Zacken-getriggert, beginnend mit 25–50 J. in Kurznarkose) ☞ 3.1.

„Torsade-de-pointes"-Tachykardie

Ursache beseitigen. K^+ auf hochnormale Werte anheben (☞ 21.1.1). Mg^{2+}-Sulfat initial 2–3 g langsam i.v., dann 12 g/12 h. Lidocain 100 mg als Bolus i.v., anschl. Perfusor ☞ 22.1.

Kammerflattern und -flimmern

Präkordialer Faustschlag, Herzdruckmassage sofort beginnen, dann externe Defibrillation mit 200–360 J., weiter Reanimation nach ABCD-Regeln ☞ 3.1. Falls Defibrillation erfolglos Vorinjektion von Suprarenin 1/2 Amp., dann erneuter Defibrillitationsversuch. Zur Rezidivprophylaxe nach Wiederherstellung des Sinusrhythmus Lidocainbolus von 100 mg i.v., anschl. Perfusor (☞ Ventrikuläre Tachykardie und ☞ 22.1)

Bradykarde Rhythmusstörungen

- *Sinusbradykardie:* Ther. nur bei akuter Symptomatik (z.B. Synkope, RR-Abfall) notwendig: Unter Monitorüberwachung: Atropinsulfat 0,5–1 mg i.v. Bei mangelhaftem Ansprechen evtl. Orciprenalin (z.B. Alupent®; *gefährliche NW: „Alupent, nur wer es kennt!")* 0,5–1 mg in 10 ml NaCl 0,9% verdünnt, evtl. als Perfusor (20 mg Orciprenalin in 500 ml Ringer-Laktat mit 10–20 µg/Min.). Bei Bradykardie mit hämodynamischen Auswirkungen, die medikamentös nicht beherrschbar sind, evtl. temporärer Schrittmacher (Rücksprache Hintergrund). Oral Ipratropiumbromid (z.B. Itrop®) 3 x 10 mg tägl. Abklärung der Schrittmacherindikation einleiten. Bei schmerzbedingter Vagotonie, die zur Bradykardie führt, Schmerzbekämpfung ☞ 4.2.

- *Sinusknotensyndrom* (Sick-Sinus-Sy., Bradykardie-Tachykardie-Sy.): Bei Tachykardie Digitalis (☞ Vorhofflimmern) unter Monitorüberwachung (Bradykardien!). *Cave:* Keine elektrische Kardioversion von Vorhoftachykardien bei Sinusknotensyndrom, da anschließend Gefahr langer asystolischer Pausen. Langfristig medikamentöse antitachykarde Behandlung nach Implantation eines Schrittmachers zum Schutz vor Bradykardien.
- *Sinuatriale Leitungsblockierung:* SA-Blöcke Grad I und II können sich als Bradykardie äußern → falls symptomatisch erfolgt medikamentöse Behandlung (☞ Sinusbradykardie). SA-Block III. Grades: Behandlung wie AV-Block III. Grades.
- *Atrioventrikuläre Blöcke:* Bei akutem Auftreten von AV-Blöcken I. und II. Grades Monitorüberwachung. In der Regel keine Akuttherapie erforderlich. *Ausnahmen:* Z.n. Synkope, zunehmende Herzinsuff., zusätzliche Pausen während der Monitorüberwachung, bei medikamentös-toxischer Wirkung. In diesen Fällen und bei *AV-Block III. Grades:* Verlegung auf die Intensivstation, Monitorüberwachung, medikamentöser Behandlungsversuch mit Atropin 0,5–1 mg i.v. oder Orciprenalin (z.B. Alupent®) 0,5–1 mg mit 10 ml NaCl 0,9% verdünnt, anschließend Orciprenalininfusion (☞ Sinusbradykardie). Meist Schrittmacher notwendig (Hintergrund). *Bei mangelhaftem Ansprechen* → temporärer Schrittmacher. Absetzen von Medikamenten, die die AV-Überleitungszeit verlängern: Digitalis, β-Blocker, Kalziumantagonisten.
- *Asystolie:* Reanimation nach ABCD-Regeln ☞ 3.1. Medikamentös Adrenalin 0,5–1 mg in 10 ml NaCl 0,9% i.v., nach 5 Min. wiederholen mit 3–5 mg. Bei ausbleibendem Erfolg Versuch mit Atropin 1–3 mg Bolus i.v., Wiederholung nach 5 Min. Evtl. temporärer Schrittmacher.

Bei Bradykardie besteht oft Reflexhypertonie, Druck nicht senken.

Verlegung auf die Intensivstation

- Bei neu aufgetretenen höhergradigen Rhythmusstörungen > Lown IV mit RR-Abfall
- Bei anhaltender Bradykardie < 50/Min. oder Tachykardie > 120/Min. mit RR-Abfall
- Bei V.a. Herzinfarkt oder große Lungenembolie
- Indikationen für temporären Schrittmacher:
  - Symptomatische Bradykardie z.B. bei akutem Myokardinfarkt oder akut aufgetretenem AV-Block III. Grades
  - Suppression von medikamentös nicht beherrschbaren Tachyarrhythmien (overdrive).

Hintergrund

In der Regel einschalten

- Bei jeder ätiologisch unklaren oder therapierefraktären Rhythmusstörung
- Bei kardiogenem Schock mit massivem RR-Abfall durch Rhythmusstörungen
- Bei Notwendigkeit eines passageren Schrittmachers bei therapierefraktärer Bradykardie, neuaufgetretenem AV-Block II.–III. Grades, neu aufgetretenem bifaszikulärem Block ☞ 2.1
- Bei Fragestellung einer elektrischen Kardioversion.

Aufnahme ambulanter Patienten

Aufnahme in der Regel nicht notwendig bei:

- Nicht objektivierbaren Rhythmusstörungen nach wiederholten EKG-Dokumentationen und stabilem RR
- Nachweis vereinzelter supraventrikulärer oder ventrikulärer Extrasystolen und fehlender kardialer Grunderkrankung. Falls diese subjektiv als sehr störend empfunden werden: Gabe von Magnesium (z.B. Magnesium Verla®) 3 x 1 Dragee täglich.

Aufnahme notwendig:

- Nach Synkope zur Überwachung und Klärung der Ursache (☞ 6.3)
- Bei V.a. Infarkt oder Lungenembolie (☞ 7.4)
- Bei gehäuften und höhergradigen ES unklarer Genese zur Überwachung, insbesondere bei kardialer Vorerkrankung
- Bei neuaufgetretenem Vorhofflimmern, -flattern zur Klärung der Ursache und Rhythmisierung
- Bei Begleitsymptomen, z.B. Schwindel, Thoraxschmerzen zur Überwachung
- Bei instabilen Herz-Kreislaufverhältnissen (Hypotonie) zur Überwachung.

Digitalisintoxikation

Eine Digitalisintoxikation kann alle Formen bradykarder oder tachykarder Herzrhythmusstörungen auslösen. *Typisches Bild:* rascher Wechsel verschiedener Rhythmusstörungen, z.B. Vorhoftachykardie mit Block. *Begleitsymptome:* Übelkeit, Erbrechen, ZNS-Störungen (Farbensehen, Benommenheit, Halluzinationen).

Auslösend bei Dauermedikation: E'lytstörung (Hypokaliämie, Hyperkalziämie). Interaktionen mit anderen Medikamenten, z.B. Digoxinspiegelerhöhung durch Chinidin, Ca^{2+}-Antagonisten oder Levodopa. Hypoxämie, Niereninsuffizienz, Hypothyreose.

Vorgehen bei V.a Digitalisintoxikation

„Echte" Vergiftung durch akzidentelle oder suizidale Einnahme zu hoher Dosen:

- Primär Giftelimination durch Magenspülung, bei länger zurückliegender Einnahme Gabe von Kohle, ☞ 3.6
- Behandlung von Rhythmusstörungen s.o.
- Bei lebensbedrohlichen Rhythmusstörungen evtl. Gabe von Digitalis-Antidot (vorher subkutane Allergietestung): 80 mg Digitalis-Antidot binden 1 mg Digitalis
- Nach Einnahme von Digitoxin Cholestyramin (z.B. Quantalan® Pulver) 1–2 Beutel p.o. (= 4–8 g) alle 6 h zur Unterbrechung des enterohepatischen Kreislaufs, evtl. Hämoperfusion.

Vorgehen bei Vergiftungserscheinungen unter Dauermedikation

- Digitalispräparat sofort absetzen
- Behandlung von Rhythmusstörungen
- Monitorüberwachung.

- Bradykardie: Niedrige Dosen Atropin (0,5 mg i.v.), bei mangelndem Ansprechen evtl. 1/10 Amp. Phenytoin (= 25 mg) i.v.
- VES: Lidocain 100–200 mg i.v., bei Unwirksamkeit Phenytoin 50–100 mg langsam i.v.
- Bei schweren Herzrhythmusstörungen Digitalis-Antidot s.o.
- Hyperkaliämie > 5 mmol/l: Glukose-Insulin-Infusion zur Senkung des Kaliumspiegels ☞ 21.1.1; temporärer Schrittmacher obligat
- Evtl. Cholestyramin s.o.

„Anticholinerges Syndrom"

Bei Vergiftung mit anticholinerg wirkenden Substanzen (z.B. trizyklischen Antidepressiva, Phenothiazin-Neuroleptika). Schwerwiegende Rhythmusstörungen: z.B. AV-Block, supraventrikuläre und ventrikuläre Tachykardien, Asystolie mit elektromechanischer Entkopplung.

Therapie

- Unter Monitorkontrolle Physostigmin (z.B. Anticholium®) initial 2 mg (= 1 Amp.) langsam i.v., bei Wirksamkeit evtl. Perfusor mit 2 mg/h
- Bei persistierender Tachykardie vorsichtige Gabe von β–Blockern, z.B. Metoprolol mg-weise (*Cave:* bei gleichzeitiger Physostigmingabe Bradykardien und AV-Block möglich)
- Bei chinidinartigen EKG-Veränderungen (QRS-Verbreiterung, QT-Verlängerung) Gabe von 10–30 ml 5,85 % NaCl. Bei Erfolglosigkeit Lidocain (☞ Ventrikuläre Tachykardie)
- Bei Azidose Natriumbikarbonat 8,4 % ☞ 9.6
- Bei schwerer Intoxikation Hämoperfusion (Rücksprache Hintergrund).

Fußangeln und Fingerzeige

- Prinzipiell zurückhaltender Einsatz von Antiarrhythmika, da sie aufgrund ihrer proarrhythmogenen Wirkung auch zur Verstärkung von Rhythmusstörungen beitragen können. Bei Zunahme von Rhythmusstörungen unter laufender Therapie vor Höherdosierung auch daran denken
- Alle Antiarrhythmika haben negativ inotrope Wirkung
- Keine Kombination von Klasse II- und IV-Antiarrhythmika (β–Blocker und Ca^{2+}-Antagonisten vom Verapamil-Typ), da Verstärkung des negativ dromotropen Effektes möglich
- Primär sollten immer E'lytimbalancen (v.a. Hypokaliämie oder Hypomagnesiämie) ausgeglichen werden
- Bei jeder höhergradigen akut aufgetretenen Rhythmusstörung muß ein frischer Myokardinfarkt ausgeschlossen werden
- Elektrophysiologische Abklärung veranlassen zur Entscheidung über weitere Therapie nach schwerwiegenden Rhythmusstörungen.

6.3 Synkope

Kurzzeitiger, spontan reversibler Bewußtseinsverlust. Neben der Therapie evtl. aufgetretener Sturzverletzungen müssen im Nachtdienst anhaltende Herzrhythmusstörungen (☞ 6.2) und akute zerebrale Blutungen (☞ 14.7) erkannt und therapiert werden. In den meisten anderen Fällen reicht eine stationäre Diagnostik am nächsten Tag.

6.3.1 Differentialdiagnostische Überlegungen

Häufige Ursachen von Synkopen

- *Orthostatische Synkope, Kollaps*: Häufig z.B. nach längerer Bettruhe beim Aufstehen, nach längerem Stehen (orthostatische Kreislaufregulation) oder essentiell (hypotone Kreislaufdysregulation)
- *Vasovagale Synkope:* Durch Vagusreiz ausgelöste Vasodilatation und Bradykardie führt zur Bewußtlosigkeit. Mögliche Auslöser: Schreck, Schmerz, Miktion, Husten, Lachen, warme, überfüllte Räume. Vorboten: evtl. Übelkeit, Schwitzen, Gähnen, Schwäche
- *Adams-Stokes-Anfall:* Zerebrale Minderdurchblutung durch akute Herzrhythmusstörungen. Die asystolische Form tritt vor Einspringen eines Ersatzschrittmachers bei intermittierendem totalen SA-, AV-Block oder Sick-Sinus-Syndrom auf. Der tachysystolischen Form liegen kurzfristige Vorhof- oder Kammertachykardien zugrunde. ☞ 6.2
- *TIA* (☞ 14.7): Vorübergehende zerebrale Durchblutungsstörung.

Seltenere Ursachen für Synkopen

- Lungenembolie (☞ 7.1): Synkope durch Abfall des HZV
- Epileptischer Anfall ☞ 14.4
- Karotissinus-Syndrom: Hypersensitiver Karotissinus mit Auslösung des Karotissinusreflexes (vagusvermittelte Bradykardie bis hin zur Asystolie oder massiver RR-Abfall) durch Kopfbewegungen oder leichten Druck (z.B. beim Rasieren, Sicherheitsgurt, ZVK)
- Schrittmacherdysfunktion: z.B. Bradykardien oder totaler AV-Block bei Ausfall ☞ 6.6
- Aortenklappenstenose: Synkope unter oder direkt nach Belastung (inadäquater Anstieg des HZV). Außerdem evtl. Dypnoe, Angina pectoris
- Hypoglykämie (☞ 10.1): Hypoglykämien können z.B. bei Diabetikern zur Synkope führen
- Drop-attack: Versagen der Beine meist ohne Bewußtlosigkeit durch vertebrobasiliäre Insuffizienz ohne Prodromi. Häufig bei älteren Pat. ☞ 14.7
- Subclavian-steal-Syndrom: Bei Stenose der A. subclavia kommt es bei Armbewegung zur Flußumkehr in der ipsilateralen A. vertebralis → zerebrale Minderdurchblutung → Synkope
- Medikamenten-induziert: Nitrate, β-Blocker, Antihypertensiva, Digitalis, Diuretika, Antiarrhythmika der Klasse I
- „Funktionelle Synkopen": z.B. bei Hyperventilation (☞ 9.5.1), psychischen Störungen.

6.3.2 Pieps - Erste Orientierung am Telefon

Erste Anweisungen an das Pflegepersonal

- Stabile Seitenlagerung, falls Pat. noch bewußtlos
- Kontrolle von RR und Puls
- Bei niedrigem RR ohne Dyspnoe Beine hochlagern (*cave:* Lungenembolie)
- 12-Kanal EKG schreiben, ausreichend lange Streifen
- BZ-Stix durchführen.

Dringlichkeit

Eine körperliche und neurologische Untersuchung v.a. nach Sturz oder Krampfanfall ist unerläßlich. Besondere Dringlichkeit besteht, wenn der Pat. über längeren Zeitraum bewußtlos bleibt (☞ Koma 3.7) oder Hinweise auf schwerwiegende Rhythmusstörungen mit RR-Abfall oder zerebrale Ischämie bestehen.

6.3.3 Diagnostisches Vorgehen

Krankenakte/Anamnese

- Eigen- und Fremdanmanmese
  - Dauer der Bewußtlosigkeit?
  - Hat Pat. gekrampft oder kam es zum Urin- oder Stuhlabgang?
  - In welchem Zusammenhang kam es zur Synkope: Beim raschen Aufstehen (orthostatische Dysregulation), beim Pressen auf Toilette oder nach langem Stehen (vagovasale Synkope), nach rascher Kopfwendung (Karotissinussyndrom), „schlagartig“ ohne Prodromi (kardiale Synkope)?
- Begleitsymptome: Thorakale Schmerzen, Atemnot, neurologische Ausfälle (TIA), Kopfschmerzen?
- Vorerkrankungen: Kardiale Grunderkrankung (z.B. Aortenklappenstenose, KHK, absolute Arrhythmie, SM), Hypertonie oder bekannte Gefäßsklerose als Auslöser zerebraler Durchblutungsstörungen, Epilepsie?
- Anamnestisch wiederholt Synkopen? In welchen Situationen?
- Bestehen im Moment Beschwerden: Schmerzen nach Sturz? Kopfschmerzen? Lähmungs- oder Taubheitsgefühle?
- Medikamente, die Rhythmusstörungen auslösen können (z.B. Digitalis, Antiarrhythmika der Klasse I) oder RR-Abfall bewirken (z.B. β-Blocker, Nitrate, ACE-Hemmer, Diuretika)?
- Evtl. vorliegende (Langzeit)-EKGs (Rhythmusstörungen?).

Körperliche Untersuchung mit besonderem Augenmerk auf

- Bewußtseinslage: Pat. normal ansprechbar, zeitlich/räumlich orientiert?
- Pupillen: Direkte, konsensuelle Lichtreaktion, Isokorie (Pupillen gleich groß?)
- Mundhöhle: Zungenbiß? Alkoholfötor?
- *Puls:* Unregelmäßigkeiten, peripheres Pulsdefizit (☞ 6.2), absolute Arrhythmie? Seitendifferente Pulse bei einseitiger Stenose der A. subclavia/A. brachialis
- *RR:* Hypotonie z.B. bei Kollaps, Seitendifferenz bei Stenose der A. subclavia/A. brachialis
- *Auskultation*
  - Herz: Hinweise auf Aortenklappenstenose oder Mitralvitium (vergrößerter li Vorhof als Ausgangspunkt arterieller Embolien)

- Gefäße: Stenosegeräusche über den Karotiden oder den Aa. subclaviae?
- *Thorax:* Rippenfrakturen (Druckschmerzhaftigkeit, Instabilität)? Bei V.a. Rippenfraktur auch auf Zeichen eines Pneumothorax (☞ 7.1, 7.1.7) achten
- Abtasten der *Schädeldecke* nach Druckschmerz, Schwellungen oder Instabilitäten nach Sturz
- Inspektion der *Extremitäten*
  - Thrombosezeichen (Lungenembolie; ☞ 6.7)?
  - Verletzungen? Eingeschränkte Beweglichkeit nach Sturz (z.B. Schenkelhalsfraktur bei älteren Pat.; ☞ 12.1)?
- Neurologische Untersuchung ☞ 14.1.

Weiterführende Diagnostik

Noch in der Nacht

- BZ-Stix
- EKG: Akute Ischämie (☞ 6.1), Myokardinfarkt (☞ 6.1), Rhythmusstörungen (☞ 6.2), Lungenembolie ☞ 7.1.5
- Monitorüberwachung bei V.a. Rhythmusstörungen
- Labor: Bei Rhythmusstörungen E'lyte (K^+), bei kardialen Vorerkrankungen evtl. Infarktenzyme
- Röntgen bei V.a. Frakturen
- CCT: Bei V.a. zerebrale Durchblutungsstörung bzw. zum Blutungsausschluß (neurologische Ausfälle) evtl. schon nachts (Rücksprache Hintergrund)
- Echo: Bei V.a. arterielle Embolie (Emboliequelle).

Für den nächstenTag planen

- Langzeit-EKG, Belastungs-EKG (*KI* Aortenklappenstenose) zum Ausschluß von Rhythmusstörungen bzw. KHK
- Echo: Kardiale Grunderkrankung, Vitium cordis?
- Neurologisches Konsil, CCT, Doppler der Hirngefäße falls nachts nicht erfolgt bei V.a. zerebrale Ursache
- Schellong-Test zum Nachweis einer orthostatischen Dysregulation.

6.3.4 Therapeutisches Vorgehen

Initiales Management

- Bei noch bewußtlosem Pat. Aspiration und Verlegung verhindern: stabile Seitenlagerung, evtl. Guedel-Tubus. *Cave:* Bewußtseinsverlust bei Synkope max. für Minuten, dann rasche Erholung. Bei längerer Bewußtlosigkeit an andere Ursache denken (☞ Koma 3.7)
- Orthostatische Dysregulation/Kollaps: Beine hochlagern, Kontrolle von RR und Herzfrequenz. Evtl. Gabe von Sympathomimetika, z.B. Norfenefrin (z.B. Novadral®) 5–10 mg s.c. oder i.v. oder Etilefrin (z.B. Effortil®) 10–20 Trpf. p.o. *Cave:* Keine Sympathomimetika bei „sympathikusbetonten" Hypotonikern (RR-Abfall bei Tachykardie) → evtl. Beschwerdeverstärkung
- Vasovagale Synkope: Pat. hinlegen, Beine hochlagern. Medikamentös evtl. Atropin 0,5 mg i.v. oder Volumengabe (☞ 22.5). Bettruhe, Aufstehen nur in Begleitung, regelmäßige Kontrollen von Puls und RR in 1–2stündlichen Abständen
- Behandlung von Rhythmusstörungen (☞ 6.2.4); bei Rhythmusstörungen mit RR-Abfall Verlegung auf die Intensivstation

- Aortenklappenstenose: Bettruhe, evtl. Monitoring. Tagdienst: Zügig Diagnostik (Echo, Linksherzkatheter) durchführen
- TIA / Drop attack ☞ 14.7
- Epileptischer Anfall ☞ 14.4
- Karotis-Sinus-Syndrom: Überwachung von Puls und RR. Bei symptomatischer Bradykardie mit RR ↓, evtl. passagerer Schrittmacher nach Rücksprache mit Hintergrund ☞ 3.1
- Hypoglykämie ☞ 10.1.4
- Schrittmacherdysfunktion ☞ 6.6
- Bei Z.n. Schädelprellung: Engmaschige neurologische Überwachung (Pupillenreaktionen), Kontrolle von Puls und RR ☞ 4.3
- Bei bekannter schwerer kardialer Grunderkrankung Monitorüberwachung.

Verlegung auf die Intensivstation

- Bei V.a. Infarkt (☞ 6.1) oder ausgedehnte Lungenembolie ☞ 7.1.5
- Zur Überwachung und Therapie bei Rhythmusstörungen, z.B. höhergradige Blockierung ☞ 6.2.4.

Hintergrund

Die Einschaltung des Hintergrundes empfiehlt sich in der Regel bei

- Unklarer persistierender Bewußtseinstrübung
- Vor Einleitung weiterführender Diagnostik, die die Verlegung des Pat. bedeuten (z.B. Durchführung eines CCT)
- Bei Schrittmacherindikation (persistierende Bradykardie mit Hypotonie, neuaufgetretener AV-Block II. oder III. Grades).

Aufnahme ambulanter Patienten

- Stationäre Aufnahme zur Überwachung, da eine Schädelverletzung nie sicher auszuschließen ist (Eintrübung bei intrazerebraler Blutung ☞ 4.3)
- Unklare Synkopen sofort ätiologisch abklären.

Fußangeln und Fingerzeige

- Ein epileptische Anfall kann Ausdruck einer hirnorganischen Erkrankung (z.B. Tumor, Blutung) sein. Bei jedem 1. Anfall CT
- Immer BZ-Kontrolle zum Ausschluß einer Hypoglykämie
- Bei Sturz auf Kopf mit bleibender Bewußtseinstrübung frühzeitig Indikation zum CCT zum Ausschluß einer intrakraniellen Blutung stellen
- Eine Aortenklappensklerose (ohne wesentliche Stenosierung) ist bei alten Menschen sehr häufig. Auskultatorisch wie bei Aortenklappenstenose rauhes Systolikum gleicher Lokalisation, aber: lauter 2. Herzton.

6.4 Hypertonie und hypertensive Krise

Erhöhte Blutdruckwerte werden meist bei Pat. mit bekannter chron. Hypertonie, die neu eingestellt werden soll, gemeldet. Bei der antihypertensiven Ther. daran denken, daß gerade Hypertoniker zu RR-Schwankungen (z.B. bei Aufregungen) neigen; zu starke oder abrupte RR-Senkung kann negative Folgen haben (zerebrale oder Myokardischämie), da der Pat. an hohen Blutdruck adaptiert ist. Bei hypertensiver Krise mit Gefahr von kardialen oder neurologischen Komplikationen sofort konsequent therapieren.

6.4.1 Differentialdiagnostische Überlegungen bei erhöhten Blutdruckwerten

Die wichtigsten Ursachen

- *Reaktive RR-Erhöhung:* durch erhöhten Sympathikotonus bei Aufregung oder Schmerzen, häufig bei neuaufgenommenen Patienten oder vor belastenden Eingriffen.
- *Chronische essentielle Hypertonie:* Oft stark schwankende RR-Werte. Hypertensive Entgleisung ist selten, dann medikamentöse Soforttherapie (→ Verlegung auf die Intensivstation).

Hypertensive Krise
Plötzlicher massiver diastolischer RR-Anstieg auf > 130 mmHg mit Begleitsymptomen: Sehstörungen, Schwindel, Kopfschmerzen, Bewußtseinsstörungen, Erbrechen, Angina pectoris, akute Linksdekompensation.
Wichtig ist nicht die absolute Höhe des RR, sondern das Bestehen einer klinischen Symptomatik!

Seltenere Ursachen

- *Renoparenchymatöse oder renovaskuläre Hypertonie:* z.B. bei chronischen Nierenerkrankungen wie Glomerulonephritis oder Nierenarterienstenose. Bei renoparenchymatösen Veränderungen erhöhte Gefahr der hypertensiven Entgleisung
- *Endokrine Hypertonie*, z.B. bei Phäochromozytom, Cushing- oder Conn-Syndrom, Hyperthyreose. Hypertensive Entgleisungen relativ häufig
- *Zentrale Hypertonie,* z.B. bei Enzephalitis oder Hirntumor: Entspr. neurologische Begleitsymptomatik (Meningismus, neurologische Ausfälle, ☞ 14.5
- Vegetative Begleiterscheinung bei *Entzugssymptomatik* ☞ 5.1.3 und 5.2.2
- *Schwangerschaftshypertonie* (EPH-Gestose ☞ 15.3.7): Relativ hohe Gefahr der hypertensiven Entgleisung
- *Aortenisthmusstenose:* Isolierte RR-Erhöhung an den oberen Extremitäten
- Reaktiver RR-Anstieg bei *bradykarden Herzrhythmusstörungen*
- *Volumen-Hochdruck* bei überwässerten Dialyse-Patienten.

6.4.2 Pieps - Erste Orientierung am Telefon

Erste Anweisungen an das Pflegepersonal

- Kontrolle der RR-Werte in 5–10 minütigen Abständen, RR an beiden Armen messen
- Bei begleitenden Thoraxschmerzen: EKG
- Bei Dyspnoe: Oberkörper hoch-, Beine tieflagern. O_2 über Nasensonde mit 2–6 l/Min.

Dringlichkeit: Besondere Dringlichkeit bei V.a. hypertensive Krise.

6.4.3 Diagnostisches Vorgehen

Meist handelt es sich um stationäre Patienten mit bereits bekanntem Hypertonus. Bei Symptomfreiheit ist nachts keine Diagnostik, sondern nur eine angemessene Therapie erforderlich.

Anamnese/Krankenakte

- Bekannter Hypertonus? Bisherige RR-Werte?
- Vorerkrankungen: Nierenerkrankungen (evtl. auch Diabetes mellitus mit Nierenbeteiligung), Nierenarterienstenose, endokrinologische Erkrankungen (Hyperthyreose, Phäochromozytom, Cushing- oder Conn-Syndrom)?
- Bei Frauen: Vorliegen einer Schwangerschaft?
- Medikamentenanamnese: z.B. Kontrazeptiva, Glukokotikoide?

Körperliche Untersuchung mit besonderem Augenmerk auf

- Bewußtseinslage: Hinweise auf Störung der Vigilanz als Folge stark erhöhter RR-Werte?
- RR-Messung: wiederholt an beiden Armen. Bei jungen Pat. auch an Bein (systolisch niedrigere RR-Werte bei Aortenisthmusstenose → Differenz abhängig vom Stenosegrad)
- Lunge: Stauung?
- Gefäßstatus: Beidseitig bei RR-Differenz
- Nieren: Evtl. Stenosegeräusch über A. renalis?
- Hinweise auf Hyperthyreose: Tremor der Hände, feucht-warme Haut, evtl. Struma? ☞ 10.2
- Hinweise auf M. Cushing: Vollmondgesicht, Stammfettsucht, Striae?
- Bei Kopfschmerzen oder neurologischen Auffälligkeiten: Neurologische Untersuchung ☞ 14.1.

Weiterführende Diagnostik

Noch in der Nacht

- Labor: E'lyte, Krea, Harnstoff, Urinstatus. Bei Thoraxschmerzen Infarktenzyme
- EKG: Hinweise auf hypertensive Herzkrankheit (Linksherzhypertrophie) Ausschluß einer Ischämie
- Röntgen-Thorax: Bei akuten Stauungszeichen, zur Beurteilung der Herzgröße, bei ambulanten Pat..

Für den nächsten Tag planen
- Echo: Herzgröße? Hypertrophie?
- Abdomen-Sono: Nierenveränderungen, Nebennieren (Phäochromozytom).

6.4.4 Therapeutisches Vorgehen

Initiales Management
- Bei erhöhten RR-Werten aufgrund psychischer Belastung: Pat. beruhigen, evtl. leichte Sedierung (☞ 4.1), zunächst keine medikamentöse RR-Senkung
- Erhöhte Blutdruckwerte bei chronischem Hypertonus:
  - Bei symptomlosen Pat. mit mäßiggradig erhöhten Werten (RR syst. bis 200 mmHg, diastol. bis 110 mmHg) Pat. beruhigen, Wiederholung der RR-Messung nach 15 Min.
  - Bei bleibend erhöhten RR-Werten oder primär stark erhöhten Werten (RR diastol. > 120 mmHg) evtl. Gabe eines Ca^{2+}-Antagonisten, z.B. Nifedipin (z.B. Adalat®) 5–10 mg, Kapsel zerbeißen, Inhalt schlucken (nicht sublingual!). RR-Kontrolle nach 10 Min. ggf. wiederholen. Bei fehlendem Effekt s.u. Zielwert: 160/110 mmHg
- Bei V.a. Hyperthyreose ☞ 10.2
- Bei Schwangerschaftshypertonus ☞ 15.3.7.

Hypertensive Krise
- Verlegung auf die Intensivstation
- Zielwert der RR-Senkung ca. 160/110 mmHg, bei Lungenödem niedriger
- Oberkörper hochlagern
- Monitorüberwachung und RR-Kontrolle
- Nifedipin (z.B. Adalat®) 1 Kapsel à 10 mg zerbeißen und Inhalt mit Flüssigkeit schlucken lassen, RR-Kontrolle nach ca. 10 Min., ggf. wiederholen
- Bei Lungenödem zusätzlich Furosemid (z.B. Lasix®) 20–40 mg i.v. Nitroglycerin (z.B. Nitrolingual®) 1–2 Hub sublingual, ggf. nach 15 Min. wiederholen
- Bei Nichtansprechen oder bei Pat. mit kardialen Grunderkrankungen Nitroperfusor (50 mg Nitro auf 50 ml 0,9 % NaCl-Lösung, 1–6 ml/h)
- Bei nicht ausreichender RR-Senkung Urapidil (z.B. Ebrantil®) 25 mg i.v., weiter mit Perfusor (50 mg auf 50 ml NaCl mit 3–10 ml/h)
- Alternativ bei Tachykardie Clonidin (z.B. Catapressan®) 0,15 mg (= 1 Amp.), ggf. nach 30 Min. nochmals 0,3 mg Clonidin. *Cave:* initialer RR-Anstieg möglich
- Alternative bei Bradykardie Dihydralazin (Nepresol®) 6,25 mg (= 1/4 Amp.) langsam i.v., ggf. nach 30 Min. nochmals 12,5 mg
- Bei Versagen aller Maßnahmen Nitroprussid-Natrium Perfusor *(nur auf der Intensivstation, Rücksprache mit Hintergrund!!!).*
  - Vor Therapiebeginn ZVK legen
  - 60 mg in 0,9 % Natriumcitrat auflösen, auf 50 ml mit 5 % Glukose auffüllen
  - Mit 1 ml/h beginnen, ggf. langsam steigern (max. 28 ml/h). Stärkster Vasodilatator, daher minütliche RR-Kontrolle. Stets lichtgeschützt infundieren. Gefahr der Zyanidvergiftung besonders bei vorbestehender Leberschädigung bzw. der Thiocyanatvergiftung bei Niereninsuffizienz
- Bei bekanntem Phäochromozytom oder bei Versagen der Therapiemaßnahmen Phentolamin (z.B. Regitin®) 5 mg i.v.

Fußangeln und Fingerzeige

- RR-Senkung zunächst nicht unter 160/110 mmHg wegen Hirnischämiegefahr, besonders bei generalisierter Arteriosklerose.
- Bei Apoplex und Myokardinfarkt RR-Anstieg reaktiv. Bei zu rascher oder zu starker RR-Senkung besteht Gefahr einer Minderperfusion.

6.5 Herzinsuffizienz

Eine chron. Linksherzinsuffizienz wird in den Nachtstunden oft durch Dyspnoeanfälle („Asthma cardiale") und Orthopnoe manifest. Bei dekompensierter Linksherzinsuffizienz sofort konsequente Therapie (Lungenödem).

Klinik: Meist plötzliches Erwachen mit Atemnot, massiven Angstgefühlen, Schwindel, Schweißausbruch, Lufthunger, Orthopnoe. Bei zusätzlicher Rechtsherzinsuff. (*„Globalinsuffizienz"*): Einflußstauung, Ödeme in den abhängigen Körperpartien. Evtl. Nausea, epigastrische Schmerzen. Isolierte Rechtsherzinsuff. bei pulmonalem Hypertonus (z.B. Lungenembolie ☞ 7.1.5), pulmonalen Erkrankungen.

6.5.1 Differentialdiagnostische Überlegungen

DD Dyspnoe ☞ 7.1.1

Zu einer akuten kardialen Dekompensation führen

- Myokardinfarkt (☞ 6.1): Beim „stummen Infarkt" kann die Linksherzinsuff. Leitsymptom sein
- Perikardtamponade ☞ Perikarditis 6.1.4
- Herzrhythmusstörungen: ☞ 6.2
- Mitralvitien, Aortenvitien: Nach oft jahrelangem, symptomlosen Verlauf Erstmanifestation mit Links-/Globalinsuffizienz
- Dilatative Kardiomyopathie: Idiopathisch oder sekundär (z.B. Alkohol, Adriamycin, Kokain)
- Hypertensive Krise ☞ 6.4
- Schrittmacher-Syndrom ☞ 6.6.3
- Lungenödem ohne kardiale Ursache: Überwässerung (Niereninsuff., Dialyse), seltener durch Permeabilitätsstörung der Kapillaren, z.B. toxisches Lungenödem nach Reizgasinhalation oder Heroinlungenödem (☞ 5.2.1), sowie durch verminderten onkotischen Druck (Nephrotisches Syndrom).

6.5.2 Pieps - Erste Orientierung am Telefon

Erste Anweisungen an das Pflegepersonal

- Bei Dyspnoe Lagerung mit erhöhtem Oberkörper, Beine tief
- O_2 mit 2–4 l über Nasensonde
- Engmaschige Kontrolle von Puls und RR.

Dringlichkeit

Jeder Pat. mit akut aufgetretener Atemnot muß sofort gesehen werden.

6.5.3 Diagnostisches Vorgehen

Anamnese/Krankenakte

- Vorerkrankungen: Kardiale Erkrankungen, Hypertonus, Niereninsuff.
- Medikamente: Kardiotoxisch (z.B. Adriamycin), Therapieumstellung bei bekannter chron. Herzerkrankung? → Evtl. Ursache einer Exazerbation.

Körperliche Untersuchung mit besonderem Augenmerk auf

- Inspektion: Ödeme, Einflußstauung
- Puls: rhythmisch?
- RR ↑ z.B. bei hypertensiver Krise (Auslöser einer akuten Linksherzdekompensation), RR ↓ als Folge der Linksherzinsuffizienz
- Auskultation: Über den Lungen feuchte RGs, je nach Schwere von leichten basalen RGs bis zum „Brodeln" über allen Lungenabschnitten. Giemen, Brummen, verlängertes Expirium. Die obstruktive Komponente kann überwiegen (DD chronisch obstruktive Atemwegserkrankungen/Asthma bronchiale). Bei chronischer Herzinsuffizienz evtl. nur geringe RGs.

Weiterführende Diagnostik

Noch in der Nacht

- EKG: Herzrhythmusstörungen, Hinweise auf Ischämie oder Perikarderguß (Niedervoltage, evtl. Zeichen einer Perikarditis ☞ 6.1)?
- Rö-Thorax: Fluid lung? Kerley-B-Linien? Erguß?
- Labor: BGA, BB.

Am nächsten Tag: ggf. Echo.

6.5.4 Therapeutisches Vorgehen

Initiales Management

- Bettruhe, Oberkörper hochlagern, Beine tief (z.B. im „Herzbett")
- Venöser Zugang
- O_2-Gabe 2–6 l/Min über Nasensonde
- Nitroglycerin 2 Sprühstöße sublingual
- Bei starker Unruhe vorsichtige Sedierung, z.B. mit Diazepam 2–5 mg i.v. (*Cave:* Atemdepression)
- Initial Furosemid 20–40 mg i.v., weitere Dosierung nach Therapieeffekt und Kreatinin. Evtl. weiter über Perfusor (Dosierung ☞ 22.1)
- Bei nicht ausreichender Wirksamkeit: Verlegung auf die Intensivstation, Nitro über Perfusor (50 mg/50 ml NaCl, nach RR 0,5–5 ml/h)

- Alternativ evtl. niedrig dosiert Dobutamin (Dobutrex®) über Perfusor (250 mg Dobutamin/50 ml NaCl, z.B. 4 ml/h).
- Urindauerkatheter zur Flüssigkeitsbilanzierung, Flüssigkeitsrestriktion (Trinkmenge 750 ml/tägl.)
- Bei Rhythmusstörungen, ☞ 6.2.4
- Bei Hämatokrit > 55 %: Aderlaß.

Intensivtherapie des Lungenödems

Bei mangelndem Therapieerfolg und ausgeprägter Dyspnoe Verlegung auf die Intensivstation.

- Fortsetzung der eingeleiteten Maßnahmen
- Bei Ateminsuff.: BGA, Intubationszeitpunkt nicht verpassen ☞ 3.1.
- Bei kardiogenem Schock: Dobutamin und Dopamin im Verhältnis 2 : 1. Dobutamin 2,5–5–10 ml/h bzw. Dopamin 6–12–18 ml/h (Perfusoreinstellungen ☞ 22.3)
- Bei nicht beherrschbarer Herzinsuff., z.B. nach kardiochirurgischer OP (nicht bei akutem Herzinfarkt!) Enoximon (z.B. Perfan®) 0,5 mg/kg i.v. über 5 Min, anschl. über Perfusor: 100 mg auf 50 ml NaCl 0,9% mit 10,5–42 ml/(0,3–1,2 mg /kg/h bei 70 kg). *KI:* Hypovolämie, Klappenstenosen, supraventrikuläre Tachykardie. *Cave* bei schwerer Leber- oder Niereninsuffizienz
- Bei lebensbedrohlicher Schocksymptomatik Pulmonaliskatheter zur Therapiesteuerung
- Behandlung auslösender Faktoren
- Gezielte Ther. von Rhythmusstörungen ☞ 6.2.4. Wenn Tachyarrhythmia absoluta die Ursache ist, rasche Digitalisierung ☞ 6.2.4 (einzige Indikation für Digitalis bei Behandlung der akuten Herzinsuffizienz)
- RR-Senkung bei hypertensiver Krise ☞ 6.4.4.

6.6 Schrittmacherpatienten

Normales EKG des Schrittmacherpatienten

- *Reine Eigenaktionen:* Konfiguration von P-Welle und QRS-Komplex nicht verändert, häufig jedoch unspezifische Veränderungen der Kammerendteile: Leicht gesenkte ST-Strecke, präterminal bis terminal negative T-Welle.
- *Reine Schrittmachertätigkeit:* Bei Vorhofstimulation: Spike gefolgt von P-Welle. Bei Kammerstimulation: Spike gefolgt von schenkelblockähnlich deformiertem QRS-Komplexe (in der Regel linksschenkelblockartig, da die Stimulation im rechten Ventrikel erfolgt).
- *Wechsel* von Spontan- und Schrittmacheraktionen (Parasystolie).

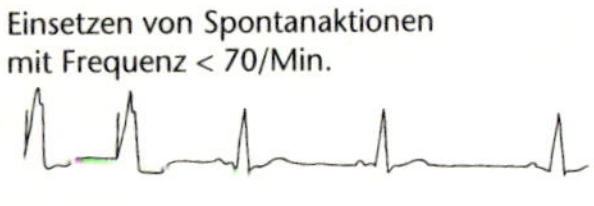

Abb. 6.22: Parasystolie

- Evtl. *intermittierende Fusionsschläge* mit deformierten QRS-Komplexen ☞ Abb. 6.23.

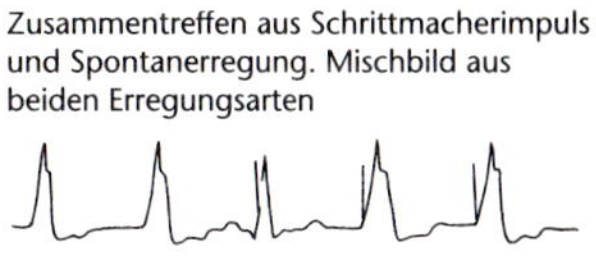

Abb. 6.23:
Fusionsschläge (Kombinationssystolen)

Rhythmusstörungen bei normaler Schrittmacherfunktion

Auch bei normaler Schrittmacherfunktion können Rhythmusstörungen auftreten, die man nicht als Fehlfunktion des Schrittmachers werten darf. Die Behandlung dieser Rhythmusstörungen richtet sich nach den allgemeinen Behandlungskriterien bei Rhythmusstörungen ☞ 6.2.4.

Beispiele

- *Extrasystolen* ☞ Abb. 6.24: Interponierte Extrasystolen sind harmlos. V.a. bei ventrikulärem Bigeminus kann der Schrittmacherimpuls jedoch in die absolute Refraktärphase der Extrasystole fallen und unbeantwortet bleiben → hämodynamische Bradykardie.

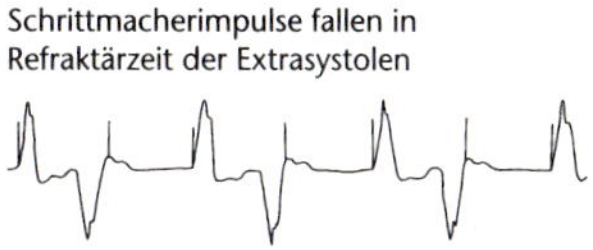

Abb. 6.24: Ventrikuläre Extrasystolen

- *Paroxysmale Kammertachykardie:* Auslösung durch Einfall von Extrasystolen oder Schrittmacheraktionen in vulnerable Phase möglich.

Schrittmacherdysfunktion

Diagnostisches Vorgehen

- Schrittmacherausweis zeigen lassen
- RR in kurzfristigen Abständen messen
- Überprüfung der Herzschrittmachertasche
- Ruhe-EKG mit langem Rhythmusstreifen (25 mm/Sek.)
- Überprüfung der Schrittmacherfunktion: Typ des Schrittmachers, Art und Lokalisation der Stimulation (EKG), programmierte Frequenz (Stimulationsfrequenz)
- Rö-Thorax, mbei V.a. Sondendislokation oder Elektrodenbruch evtl. Durchleuchtung.

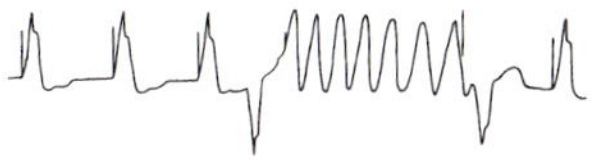

Abb. 6.25: Ventrikuläre Tachykardie bei Schrittmacherpatienten

Mögliche Störungen antibradykarder Systeme

- *Frequenzabfall:* Ein Frequenzabfall um 5–10 % ist Zeichen einer nachlassenden Batteriespannung. *Cave:* Bei älteren Modellen kann auch ein Anstieg der Impulsfrequenz Hinweis auf nachlassende Batteriespannung sein. Die durchschnittliche Lebensdauer von Herzschrittmachersystemen liegt bei ca. 10 Jahren.
- *Ausfall von Schrittmacherimpulsen*: Fehlende Impulsabgabe bei Abfall der Spontanaktion unter die Interventionsfrequenz → Hinweis auf Impulsgeberdefekt oder Kabelbruch.
- *Fehlende Impulsbeantwortung:* Schrittmacherimpulse ohne folgende P-Welle bzw. QRS-Komplex → Reizschwellenerhöhung an der Elektrodenspitze oder Dislokation der Sonde.
- *Sensing-Defekt:* Schrittmacherimpulse trotz normaler Eigenaktionen → Sensingschwelle zu hoch.

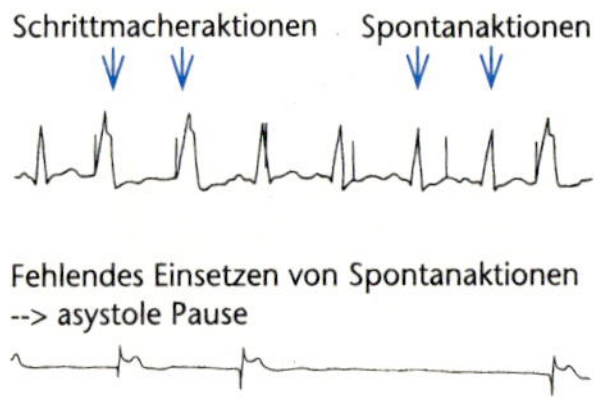

Abb. 6.26: Sensing-Defekt

Abb. 6.27: Fehlende Impulsbeantwortung

Mögliche Störungen antitachykarder Systeme

- *Sensing-Defekt:* Tachykardie wird nicht erkannt. Medikamentöse Unterbrechung der Tachykardie mit Lidocain 100 mg i.v., evtl. Defibrillation ☞ 3.1
- *Unerwünschte Elektroschockabgabe:* Inaktivierung der antitachykarden Funktion durch Magnetauflegen. Monitorüberwachung.

Procedere bei Patienten mit Schrittmacherdysfunktion

- Bei symptomatischer Bradykardie (z.B. RR-Abfall):
  - Verlegung auf die Intensivstation
  - Sicherung der Vitalfunktionen
  - Rücksprache mit Hintergrund
  - Evtl. Versorgung mit temporärem Schrittmacher ☞ 3.1
  - Nach Stabilisierung Vorstellung in kardiologischer Abteilung.
- Ausreichende Spontanfrequenz mit stabilen Kreislaufverhältnissen:
  - Verlegung auf die Intensivstation
  - Kontinuierliche Monitor- und RR-Kontrolle, um kritisches Absinken der Herzfrequenz sofort zu bemerken
  - Bei stabilen Verhältnissen am Folgetag Vorstellung in kardiologischer Abteilung.

Fußangeln und Fingerzeige

- Bei Kammertachykardien oder Kammerflattern oder -flimmern stellt ein Schrittmacher keine Kontraindikation für Defibrillation dar.
- Bei Pat. mit Schrittmacher und Zeichen der Perikardtamponade an Schrittmacherperforation in den Herzbeutel denken.

6.7 Akute Schwellung einer Extremität

Bei akuter Beinschwellung besteht bis zum Beweis des Gegenteils Thromboseverdacht und damit die Gefahr einer Lungenembolie. Im Zweifelsfall muß bei begründetem klinischem Verdacht eine entsprechende Therapie begonnen werden. Zur Klärung einer OP- oder Lyseindikation muß die Diagnose auch nachts durch Phlebographie erzwungen werden.

6.7.1 Differentialdiagnostische Überlegungen

Häufige Ursachen

- *Phlebothrombose:* Risikofaktoren: Immobilisierung, Gefäßwandschäden (z.B. nach Frakturen) oder Hyperkoagulabilität (z.B. bei Einnahme von Ovulationshemmern). Akute, meist einseitigen Schwellung des betroffenen Beines (in 60 % linkes Bein, in 10 % beide Beine). Begleitend Schwere- und Spannungsgefühl, ziehender Schmerz, Überwärmung und Zyanose.
- *Thrombophlebitis:* Entzündung der oberflächl. Venen, häufig nach Bagatelltraumen, Infusionen, Injektionen. Lokale Schwellung, Vene als schmerzhafter, verdickter Strang palpabel, Überwärmung und Rötung der Haut.
- *Rechtsherzinsuffizienz:* In der Regel über längeren Zeitraum (Tage bis Wochen) Ausbildung eines beidseitigen Unterschenkelödemes. In Einzelfällen, z.B. nach ungewohnten Anstrengungen, kann es auch innerhalb von Stunden akut zum kardial bedingten Ödem kommen.

Seltenere Ursachen

- Beinschwellung nach *Venenentnahme* für aortokoronaren Bypass.
- *Phlegmasia coerulea dolens:* Fulminant verlaufende Thrombose des gesamten venösen Querschnitts einer Extremität. Durch die venöse Stauung kommt es zum Erliegen der arteriellen Zirkulation. Die Extremität ist sehr schmerzhaft, maximal geschwollen, zyanotisch und kühl. Durch Entstehung eines hypovolämischen Schocks mit Verbrauchskoagulopathie oder Auslösung einer Lungenembolie besteht Lebensgefahr. Die arterielle Zirkulationsstörung kann zur Gangrän führen.
- *Paget-von-Schroetter-Syndrom* (Thrombose par effort): Thrombose der V. axillaris oder subclavia, in der Regel nach größerer Anstrengung (Sport, Tragen schwerer Taschen).

- *Erysipel:* Akute Entzündung des Koriums meist durch β-hämolysierende Streptokokken der Gruppe A. Neben der Schwellung bestehen ausgeprägte lokale und systemische Entzündungszeichen (scharf begrenzte flammende Rötung, Fieber, Leukozytose) ☞ 20.2.
- *Bakerzyste:* Anschwellung poplitealer Schleimbeutel v.a. bei chronischen Entzündungen (z.B. rheumatische Arthritis) oder Kniegelenksschaden. Einseitige, weiche, evtl. fluktuierende Schwellung im Kniekehlen- oder proximalen Unterschenkelbereich. Diagnosesicherung sonographisch, Ther. operativ. *Komplikation:* Bei Ruptur starke Unterschenkelschwellung und lokale Entzündungsreaktion möglich (DD Unterschenkelvenenthrombose).
- *Muskelriß:* Anamnestisch meist nach Trauma oder „ungeschickter" Bewegung. Sonographisch evtl. Hämatomnachweis.
- *Kompartmentsyndrom* ☞ 12.1.

6.7.2 Pieps – Erste Orientierung am Telefon

Fragen an das Pflegepersonal

- Ein- oder beidseitige Schwellung der Beine?
- Patient immobilisiert (bettlägrig oder postoperativ)?
- Über welchen Zeitraum aufgetreten: Schon seit einigen Tagen „dicker", akut über Stunden?
- Begleitsymptome: Schmerzen im Bein, thorakale Schmerzen (Lungenembolie)?

Erste Anweisungen an das Pflegepersonal

- Strikte Bettruhe
- Bei begleitenden Thoraxschmerzen EKG schreiben.

Dringlichkeit

- Bei jeder akut aufgetretenen Schwellung sowie bei begleitenden Schmerzen muß eine tiefe Venenthrombose ausgeschlossen werden. Auch bei Zunahme einer chronischen Schwellung, z.B. bei Herzinsuff., muß nach dem Auslöser gesucht werden.
- Besonders dringlich V.a. bereits eingetretener Lungenembolie (Thoraxschmerzen, Dyspnoe).

6.7.3 Diagnostisches Vorgehen

Anamnese/Krankenakte

- Genauer Beginn und Begleitumstände (z.B.Trauma) der Beinschwellung?
- Begleitsymptome: Lokale Schmerzen, Bewegungseinschränkung, thorakale Schmerzen oder Hustenreiz?
- Risikofaktoren für Beinvenenthrombose: Einnahme von Kontrazeptiva in Kombination mit Zigarettenrauchen, Bettlägrigkeit, postop., Diuretikather.?
- Anamnestisch oder in der Familie Thrombosen bekannt (familiärer AT III-Mangel)?
- Vorerkrankungen: z.B. abflußbehindernde Tumoren im kleinen Becken?
- *Bei immobilisierten oder postoperativen Pat.:* konsequente Thromboseprophylaxe durchgeführt (Strümpfe, Heparin)?

- *Bei ambulanten Pat.:* Orthopädische Maßnahmen: z.B. Kniepunktion; Z.n. längerer Flug- oder Busreise?

Körperliche Untersuchung mit besonderem Augenmerk auf

- Objektivierung der Schwellung durch Nachmessen: 15 cm proximal des oberen Patellarandes und 15 cm distal des unteren Patellarandes sowie auf Knöchelhöhe zirkulär Beinumfänge beidseits messen (Meßstelle markieren mit wasserfestem Filzstift, Werte für Verlaufskontrolle in Kurve festhalten). Umfangsdifferenz von > 2 cm kann Zeichen für tiefe Venenthrombose sein.
- Inspektion der Beine: Diffuse oder umschriebene Schwellung? Zyanose? Überwärmung? Prall gespannte Haut? Entzündliche Rötung? Dilatation oberflächlicher Venen (sog. Warnvenen).
- Palpation: Konsistenz der Schwellung (weiches eindrückbares Ödem, harte Schwellung, Fluktuation?). Thrombosierte Vene evtl. palpabel. Palpation der peripheren Pulse: arterielle Durchblutung normal?
- „Thrombose-Tests": Payr-Zeichen: Fußsohlendruckschmerz. Homann-Zeichen: Wadenschmerz bei Dorsalflexion des Fußes bei gestrecktem Bein (*Cave:* Durch den Test kann eine Lungenembolie ausgelöst werden). Venendruckschmerz bei Palpation entlang des Verlaufs.

Weiterführende Diagnostik

Noch in der Nacht

- Falls verfügbar Doppler-Ultraschall (DUS) der Venen oder farbcodierte Duplexsonographie: Nachweis (nicht Ausschluß) einer Arm- oder Beinvenenthrombose mit 80–90%iger Sicherheit.
- *Labor:* Vor Einleitung einer Lyse oder Antikoagulation Gerinnungswerte (Minimalprogramm Quick, PTT, Protein S und Protein C), bei V.a. entzündliches Geschehen BSG und Leukos.
- Bei traumatisch bedingter Schwellung Röntgen zum Frakturausschluß, evtl. sonographische Hämatomsuche.
- Evtl. sofortige Phlebographie zur Diagnosesicherung und Therapieplanung (z.B. Lyse, OP)

Für den nächsten Tag planen

- Phlebographie oder Duplexsonographie umgehend am nächstem Morgen bei V.a. kleinere Phlebothrombose.
- Abklärung der Thromboseursache (z.B. Ausschluß von Tumoren im kleinen Becken).

6.7.4 Therapeutisches Vorgehen

Initiales Management

- *Thrombophlebitis:* Entfernung noch liegender Braunülen, Lokalbehandlung mit Heparinsalbe, regelmäßig Alkoholwickel, Kompressionsverband (auch nachts), nächtliche Hochlagerung, evtl. Stichinzision zum Auspressen von Koageln. Keine Bettruhe (Kunstfehler!). Low-dose-Heparinisierung ☞ 22.2.1.
- *Phlebothrombose:* Sofortige Bettruhe. Venöser Zugang. Vor Antikoagulation oder Lyse Gerinnungsstatus abnehmen. Ruhigstellung, high-dose-Antikoagulation mit Heparin (☞ 22.2.1), am nächstem Morgen Phlebographie und Entscheidung über das weitere Procedere (weiter Heparin, Lyse oder OP).

Lysetherapie bei Phlebothrombose

- Indikationsstellung anhand des Phlebographiebefundes, in der Regel erst am nächsten Morgen (s.o.)
- Lyseindikation bei Phlebothrombose: Thrombose der V. poplitea oder höher, Pat. < 65 Jahre und keine Kontraindikationen, ☞ 22.2
- Streptokinase (z.B. Streptase®): Bolus mit 250 000 IE über 30 Min. i.v., dann 100 000 IE/h über 3–6 Tage i.v. oder ultrahochdosierte Kurzzeitlyse (UHSK) mit Bolus von 250 000 IE über 30 Min. i.v., dann 9 Mio. IE über 6 h i.v. an max. 3 aufeinanderfolgenden Tagen *oder*
- Urokinase (z.B. Actosolv®): Bolus von 250 000 IE über 2–5 Min. i.v., dann 50 000–100 000 IE/h über 7 Tage (max. 28 Tage). Z.T. noch höhere Dosen bis zum Fibrinogenabfall auf Werte um 0,5–1 g/l
- High-dose Heparinisierung begleitend zur Fibrinolyse durchführen ☞ 22.2
- Kurzfristige duplexsonographische Verlaufskontrollen, bei fehlendem Erfolg evtl. am 4. Tag Präparatewechsel.

Bei KI gegen Thrombolyse: Vollheparinisierung: Initial Bolus von 5–10 000 IE i.v., dann perfusorgesteuerte Dauerinfusion unter tägl. PTT-Kontrolle (ca. 30000–35 000 IE tägl.).

Bei KI gegen Antikoagulation (☞ 22) und kurzstreckiger oder peripherer Thrombose: Low-dose-Heparinisierung, Bettruhe, Kompressionstherapie. Bei langstreckigen proximalen Verschlüsssen innerhalb der ersten Tage Thrombektomie anstreben.

- *Phlegmasia coerulea dolens:* Schockbekämpfungt (Volumenersatz) ☞ 3.2, Schmerzbehandlung ☞ 4.2, Ruhigstellung (Verhinderung von Lungenembolien) und Einleitung der Thrombektomie (Gefäßchirurg).
- *Paget-von Schroetter-Sy.:* Thrombose der V. axillaris oder subclavia: High-Dose-Heparinisierung ☞ 22.2, Indikation zu Lysether. bzw. Thrombektomie wird unterschiedlich gehandhabt. Bei V.a. begleitende Lungenembolie ☞ 7.4.

Hintergrund

In der Regel empfiehlt es sich den Hintergrund einzuschalten

- Zur Durchführung entsprechender Diagnostik (z.B. farbcodierter Duplexsonographie)
- Vor Durchführung einer Phlebographie, die die Hinzuziehung eines Radiologen notwendig macht
- Zur Festlegung des weiteren Procedere: OP- oder Verlegungs-Indikation in die Gefäßchirurgie
- Bei ausgedehnter Lungenembolie mit akutem Rechtsherzversagen (kardiogener Schock) und/oder Ateminsuffizienz mit Frage der Intubation und Beatmung.

Chirurgisches Konsil

Ggf. Gefäßchirurgen einschalten. Erkundigen, wie es üblicherweise gehandhabt wird, es gibt keine einheitliche Empfehlung.

- Bei Beckenvenenthrombosen oder die Beckenstrombahn mitbetreffend Oberschenkelvenenthrombose bis zu 7 Tagen → Thrombektomie?
- Bei V.a. Phlegmasia coerulea dolens.

Aufnahme ambulanter Patienten

Bei der Anamnese gezielt erfragen:

- Längere Immobilisation (z.B. auch längere Autofahrten oder Flugreisen) als Auslöser einer Thrombose
- I.m. Injektionen bei antikoaguliertem Pat. (Schwellung durch Hämatom)?
- Pat. mit unklaren oder neuaufgetretenen Beinschwellungen müssen zur ätiologischen Klärung und Behandlung stationär aufgenommen werden.
- Bei posttraumatischen Beinschwellungen ohne Frakturnachweis oder größeres Hämatom ist eine ambulante Behandlung mit elastischer Binde und Heparinsalbe (s.o.) ausreichend.

Fußangeln und Fingerzeige

- Beidseitige Beinschwellung schließt tiefe Beinvenenthrombose nicht aus (da in 10 % der Fälle beidseitiges Auftreten).
- Keine i.m. Injektionen vor geplanter Lyse oder Antikoagulation.
- Schwellung ist ein Spätsymptom bei Thrombose, auch bei anderen klinischen Zeichen (z.B. ziehende Schmerzen) und entsprechenden Risikofaktoren (z.B. Immobilisierung) früh daran denken. Wegen Gefahr der Lungenembolie Therapiebeginn schon bei Verdacht.
- Bei Hypertonikern vor Lysether. fundoskopischer Ausschluß eines Fundus hypertonicus Grad III oder IV (Hintergrund).
- *Phlebothrombose:* Thromben, die die Vene vollständig verschließen, führen meist zur klinischen Symptomatik der venösen Abflußbehinderung, selten zu Embolien. Thromben, die das Gefäß nur teilweise verschließen („flottierende Thromben") verursachen häufig nur eine geringe Störung des venösen Abflusses, aber häufiger Lungenembolien. Etwa ein Drittel der akuten tiefen Beinvenenthrombosen manifestiert sich zuerst durch eine Lungenembolie.
- Protein S- und C-Bestimmung nach begonnener Antikoagulation nicht mehr möglich → vorher Blutabnahme für Bestimmung.

6.8 Extremitätenschmerzen

Die Ursache akut auftretender Extremitätenschmerzen ist meist vaskulär oder orthopädisch. Nachts steht der Ausschluß eines akuten arteriellen Verschlusses im Vordergund.

6.8.1 Differentialdiagnostische Überlegungen

Vaskuläre Ursachen

- *Akuter Arterienverschluß:* In 70–90 % embolischer Verschluß, selten akute arterielle Thrombose. Emboliequelle in 90 % der Fälle kardial (z.B. Vorhofflimmern, Endokarditis), in 10 % extrakardial (z.B. arteriosklerotische Plaques). Die Klinik ist gekennzeichnet durch die „6P": Pain (Schmerz), Paleness (Blässe), Paresthesia (Gefühlsstörung), Pulselessness (Pulslosigkeit), Paralysis (Bewegungsunfähigkeit), Prostration (Schock). Die Ischämietoleranz der Extremitäten liegt bei ca. 5 h. Lebensbedrohliche Komplikation: Kreislaufversagen und Schock, später Gangrän.
- *Leriche-Syndrom:* Komplettes Ischämiesyndrom durch Verschluß der distalen Aorta. Diagnosesicherung sonographisch und angiographisch.
- *Periphere arterielle Verschlußkrankheit:* Im Stadium III nach Fontaine kommt es zum Auftreten von Ruheschmerzen, die sich beim Herunterlassen des Beines bessern.
- *Venöse Durchblutungsstörungen:* Sowohl chronisch venöse Stauung (z.B. bei postthrombotischem Syndrom) als auch eine akute tiefe Beinvenenthrombose (☞ 6.5) können Extremitätenschmerzen verursachen.
- *Phlegmasia coerulea dolens* ☞ 6.5: Abgeschwächte oder fehlende arterielle Pulse durch venösen Kompressionsdruck.
- *Akutes Aneurysma dissecans* ☞ 6.1: Fehlende Pulse an beiden Beinen bzw. auch an den Armen.

Nicht vaskuläre Ursachen

- *Degenerative Gelenkserkrankungen* (Arthrose): Häufig nach ungewohnten Belastungen (z.B. neu verordneter Krankengymnastik) Aktivierung einer vorbestehenden Arthrose. Klinisch Crepitatio und schmerzhafter Bewegungseinschränkung, evtl. Rötung und Schwellung des betroffenen Gelenkes.
- *Myo- oder Tendopathien:* Myopathien treten nach chronischen Fehlbelastungen oder ungewohnten Anstrengungen auf und führen zum Muskelhartspann. Tendopathien sind ebenfalls Folge chronischer Überlastung. Häufig nächtliche Schmerzen z.B. beim Supraspinatussyndrom (Periarthritis humeroscapularis) durch Liegen auf der Schulter. Außerdem Beschwerden bei bestimmten Bewegungen sowie Druck über den Sehnenansatzpunkten.
- *Ischialgien* ☞ 17.1: Bei Bandscheibenprolaps oder Vorfall kann es zur Schmerzausstrahlung in die Extremitäten kommen. Begleitend bestehen Sensibiliätsstörungen und Reflexausfälle.
- *Gichtanfall* ☞ 17.3: Der akute Gichtanfall manifestiert sich typischerweise am Großzehen- oder Daumengrundgelenk.

- *Karpaltunnelsyndrom:* Durch Kompression des N. medianus im Karpaltunnel häufig nächtliche Schmerzattacken mit Ausstrahlung in die drei radialen Finger.
- *„Burning feet syndrome":* Anfallsweise, meist nachts auftretendes „Brennen" der Füße bei Polyneuropathie, z.B. bei Diabetes mellitus.
- *Kompartmentsyndrom:* In der Regel posttraumatisch (nach Frakturen) durch Ödem ausgelöste Mikrozirkulationsstörung innerhalb einer Faszienloge (Kompartiment), häufig im Unterschenkelbereich. Lokale Anschwellung, Hautrötung, Schmerzen, Parästhesien, Bewegungseinschränkung. *Cave:* Periphere Pulse bleiben erhalten. Kann auch als Folge eines länger bestehenden arteriellen Verschlusses auftreten.
- Akute Gelenkschwellungen ☞ 17.3.

6.8.2 Pieps – Erste Orientierung am Telefon

Fragen an das Pflegepersonal

- Beginn und Dauer der Schmerzen: Rezidivierende Symptomatik seit Jahren (z.B. bei chronischen Gelenkveränderungen), akut aufgetretene Schmerzen?
- Begleitsymptome: Gefühlsstörungen, Kältegefühl, Schwellung der Extremität?
- Vorerkrankungen nach Kurve: Bekannte pAVK, Vorhofflimmern?

Erste Anweisungen an das Pflegepersonal

- Bei starken Schmerzen beim Pat. bleiben und ihn beruhigen
- Bei anamnestisch rezidivierendem Vorhofflimmern evtl. EKG.

Dringlichkeit

Besondere Dringlichkeit besteht bei akut aufgetretenen, neuartigen Beschwerden, Begleitsymptomen (z.B. Rötung oder Schwellung), bekannte pAVK.

Bei bekannten chronisch rezidivierenden Gelenkbeschwerden ohne Begleiterscheinungen. kann man sich evtl. auf Gabe eines Analgetikums beschränken (was hat sonst immer gut geholfen?). Bei persisitierenden Beschwerden, Pat. auf alle Fälle anschauen.

6.8.3 Diagnostisches Vorgehen

Anamnese / Krankenakte

- Beginn und Auslöser der Symptomatik, z.B. ungeschickte Bewegung, Trauma?
- Begleiterscheinungen: Bewegungseinschränkung, Gefühlsstörung, Kältegefühl?
- Vorerkrankungen durchsehen: pAVK bzw. Risikofaktoren für Arteriosklerose (Rauchen, Hypertonus, Fettstoffwechselstörung). Vorhofflimmern, Vitien, Z.n. Herzinfarkt oder Endokarditis als Emboliequelle. Bekannte venöse Durchblutungsstörungen oder degenerative Gelenkserkrankungen.

Körperliche Untersuchung mit besonderem Augenmerk auf

- Kardiale Untersuchung: Absolute Arrhythmie bei Vorhofflimmern? Vitientypische Geräusche?
- Inspektion der Extremität: Blässe, Zyanose, Schwellung (evtl. Ausmessen ☞ 6.5) Rötung, Gelenksschwellung
- Palpation: Kälte, Überwärmung, periphere Pulse (vgl. Aufnahmebefund)
- Auskultation: Stenosegeräusche über den peripheren Arterien

- Neurologische Untersuchung: Seitengleiche Sensibilität, Reflexe, grobe Kraft
- Aktive und passive Gelenksbeweglichkeit
- „Bandscheibenzeichen": Lasegue ☞ 17.1.

Weiterführende Diagnostik

Noch in der Nacht

- Bei V.a. akuten Arterienverschluß oder tiefe Beinvenenthrombose Doppler-Ultraschall, Duplexsonographie oder Angiographie (Rücksprache Hintergrund)
- EKG; Bei V.a. arterielle Embolie evtl. auch Echo
- Labor: Vor Lyse Gerinnungsparameter, vor operativer Gefäßrekonstruktion Gerinnung, großes Blutbild, E'lyte
- Bei Trauma als Auslöser: Röntgen zum Frakturausschluß.

6.8.4 Therapeutisches Vorgehen

Initiales Management

- Schmerzen bei chronischer pAVK: Gabe von Analgetika ☞ 4.2. Im Tagdienst Abklärung weiterer therapeutischer Möglichkeiten (PTCA, Bypass-OP, durchblutungsfördernde Maßnahmen).
- Aktivierte Arthrose: Bei entzündlichen Zeichen Behandlung mit Eisbeuteln, ansonsten Wärme. Bei starken Schmerzen lokal und evtl. oral Antiphlogistika, z.B. Diclofenac (z.B. Voltaren®) ☞ 4.2.
- Myopathien: Wärme und durchblutungsfördernde Lokaltherapeutika (z.B. Rubriment®) oder antiphlogistikahaltige Salben (z.B. Voltaren®) Emulgel. Bei starken Schmerzen evtl. zentral muskelrelaxierendes Mittel, z.B. Tetrazepam (z.B. Musaril®) 50 mg p.o.
- Tendopathien: orale Gabe nicht-steroidaler Antiphlogistika ☞ 4.2. Evtl. Injektion von Lokalanästhetika, z.B. Scandicain®) 1 % 5–15 ml.
- Karpaltunnelsyndrom: Akut zur Schmerzbehandlung peripheres Analgetikum ☞ 4.2. Im Tagdienst Diagnosesicherung, Abklärung einer OP-Indikation.

Therapeutisches Vorgehen bei arteriellem Verschluß

- Legen eines i.v.-Zugangs; 5 000–10 000 IE Heparin i.v.
- Schmerzbekämpfung, z.B. mit Pethidin (Dolantin®) 75–100 mg i.v., evtl. Sedierung z.B. mit Diazepam (z.B. Valium®) 5–10 mg i.v.
- Extremität tieflagern (verbesserter Perfusionsdruck) und in Watte verpacken (senkt Wärmeverlust, Dekubitusprophylaxe)
- Infusion (z.B. HAES®)
- (Gefäß-)Chirurgen konsultieren zur Entscheidung, ob Embolektomie direkt oder indirekt, z.B. mit Fogarty-Ballonkatheter; anschließend high-dose Heparinisierung ☞ 22.2.1
- Bei peripheren Verschlüssen evtl. Einsatz vasoaktiver Substanzen intraarteriell oder i.v., z.B. Prostacyclin oder Pentoxyphyllin, lokale intraarterielle Katheterfibrinolyse oder Heparinisierung.
- Heparinisierung auch bei KI zur Fibrinolyse ☞ 22.2.2.
- Verlegung auf die Intensivstation.

Hintergrund

- Zur urchführung der Diagnostik bei V.a. arteriellen Verschluß oder Phlebothrombose (z.B. Duplex-Sonographie)
- Vor Durchführung einer Angio- oder Phlebographie durch den Radiologen
- Vor Einschaltung des Gefäßchirurgen
- Vor Durchführung eines CT bei V.a. Bandscheibenprolaps mit ausgedehnter Neurologie (gestörte Miktion oder Stuhlverhalt).

Aufnahme ambulanter Patienten

Bei eindeutig gelenkbedingten Beschwerden ist eine Entlassung nach Gabe leichter Schmerzmittel oder lokal anzuwendender Salben möglich. Vorstellung beim Orthopäden empfehlen. Bei V.a. Gefäß- oder Bandscheibengeschehen stationäre Aufnahme.

Fußangeln und Fingerzeige

- *Bei V.a. arteriellen Verschluß* keine i.m. oder i.a.-Injektionen (KI für Fibrinolyse). Keine Vasodilatatoren (Steal-Effekt).
- *Bei V.a. distale Lokalisation* eines arteriellen Verschlusses können die Beschwerden uncharakteristisch sein, z.B. nur Parästhesien (DD Polyneuropathie) oder Schweregefühl. Bei begleitender diabetischer Neuropathie können Schmerzen auch ganz fehlen.

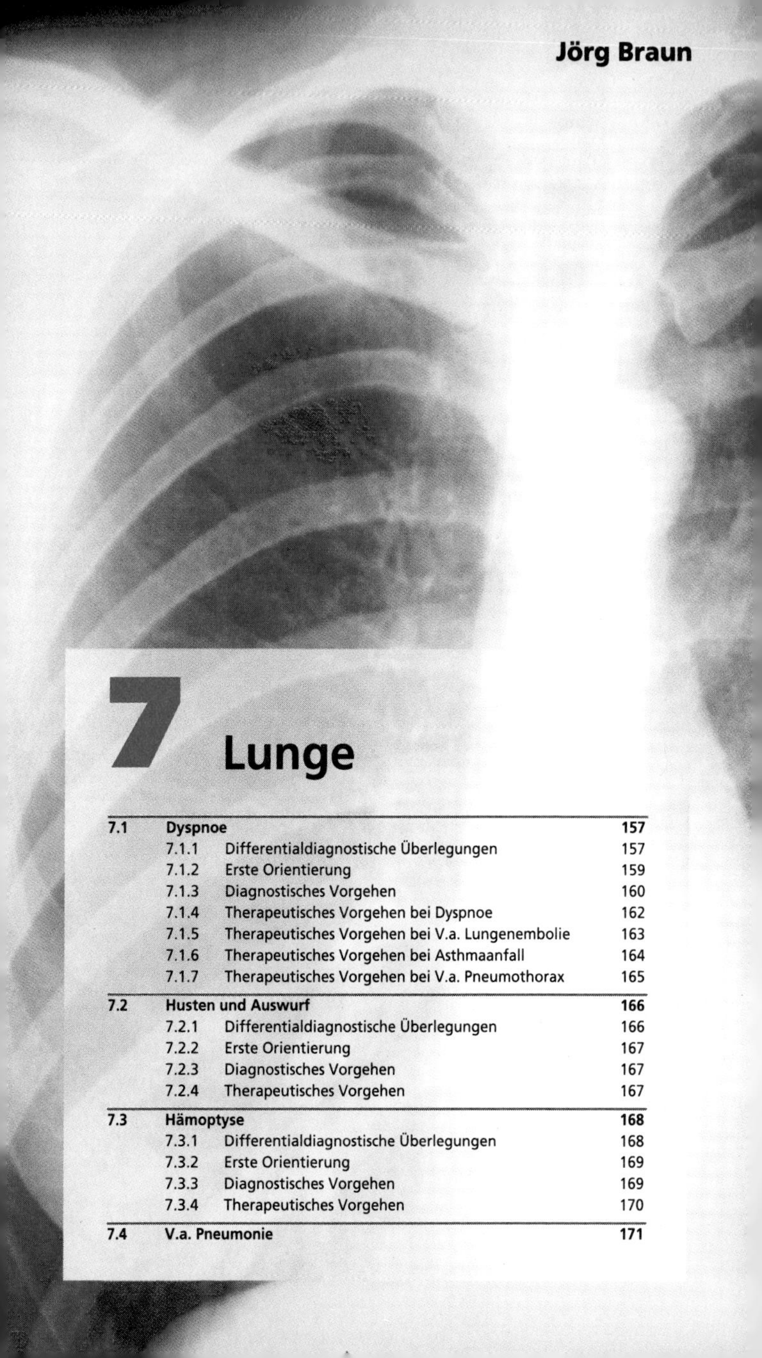

Jörg Braun

7 Lunge

7.1 Dyspnoe

7.1.1 Differentialdiagnostische Überlegungen

Luftnot ist ein häufiges Nachtdienstproblem mit einer Vielzahl von möglichen Ursachen. Sie kann zwar harmlose Ursachen (z.B. psychogene Hyperventilation) haben, gewöhnlich ist sie jedoch Ausdruck einer schweren Funktionsstörung der Lunge (z.B. akute Atemwegsobstruktion) oder des Herzens (z.B. akute Linksherzdekompensation).

Definition

- Dyspnoe: subjektives Gefühl, die Atemarbeit steigern zu müssen
- Tachypnoe: Atemfrequenz > 20/Min.
- Orthopnoe: Dyspnoe, die zum Sitzen und Inanspruchnahme der Atemhilfsmuskulatur zwingt.

Hauptursachen der Dyspnoe

	Mechanismus
Pulmonale Dyspnoe	Restriktive Ventilationsstörung (v.a. Belastungsdyspnoe), obstruktive Lungenerkrankung
Kardiale Dyspnoe	Herzinsuffizienz mit mangelnder Anpassung des HZV an den Bedarf
Kreislauf	Störung des Sauerstofftransports in die Peripherie
Azidose	Kompensation durch CO_2-Abatmung
ZNS	Hypoventilation durch Störung der Atemregulation, Psychische Ursachen

Häufige Ursachen der Dyspnoe

- *Akute Linksherzdekompensation* (☞ 6.5): Orthopnoe, Husten, periphere Zyanose, Tachykardie. Auskultatorisch feuchte Rasselgeräusche, evtl. „Distanzrasseln". Evtl. Giemen *(„Asthma cardiale")*. Bei Lungenödem evtl. Husten mit rötlich-schaumigem Auswurf. Auslösende Ursache oft tachykarde Rhythmusstörungen (z.B. Tachyarrhythmia absoluta), Pneumonie oder anderer Infekt, hypertensive Entgleisung oder kardiale Ischämie bei KHK, seltener Anämie, Hyperthyreose, Perikarderguß. Meist vorbestehende Linksherzinsuff., z.B. nach Myokardinfarkt. Komplikation bei Klappenvitien und Kardiomyopathie.
- *Chronisch obstruktive Bronchitis:* Husten, Auswurf oft putride (= gelb-grün, bei Infektexazerbation). Auskultatorisches Giemen und Brummen, verlängertes Exspirium. Zeichen des Lungenemphysems (hypersonorer Klopfschall, Faßthorax). Bei *„pink puffer"* (kachektischer Kämpfer mit Lungenemphysem) meist starke Dyspnoe ohne Zyanose, bei *„blue bloater"* (gemütlicher

Dicker mit Zeichen der CO_2-Retention) meist geringe Dyspnoe und massive Zyanose.

- *Asthma bronchiale* (☞ 7.1.6): Unruhe, Angst, der Pat. sitzt gewöhnlich im Bett und fixiert durch Festhalten, z.B. am Nachttisch, seine Atemhilfsmuskulatur. Auskultatorisch Giemen und Brummen bei verlängertem Exspirium. Bei massiver Atemwegsobstruktion evtl. abgeschwächtes Atemgeräusch („*silent lung*": Warnzeichen!). Tachykardie in Folge von Obstruktion und evtl. bereits eingenommener Medikamente (z.B. β_2-Sympathomimetika, Theophyllin). Erst bei zunehmender Erschöpfung Zyanose, Zeichen der CO_2-Retention (z.B. Venendilatation an Augen und Extremitäten, Somnolenz). Auftreten oft in den frühen Morgenstunden (erhöhter Vagotonus, „Cortisol-Tief").
- *Lungenembolie* (☞ 7.1.5): Akut aufgetretene Dyspnoe, meist nach längerer Bettruhe oder nach Operation. Typischerweise Todesangst, evtl. akute, atemabhängige thorakale Schmerzen, bei schwerer Lungenembolie RR-Abfall, Tachykardie und Schock. Seltener Hämoptysen (v.a. bei Lungeninfarkt); evtl. Zeichen der akuten Rechtsherzinsuffizienz, z.B. obere Einflußstauung (erhöhter jugularvenöser Puls), untere Einflußstauung (druckschmerzhafte Hepatomegalie).
- *Pneumonie* (☞ 7.4): Fieber, Tachypnoe, Husten, evtl. Auswurf. Bei begleitender Pleuritis atemabhängige Schmerzen. Auskultatorisch typischerweise klingende (ohrnahe) feuchte Rasselgeräusche.
- *Hyperventilationssyndrom:* Tachypnoe, Panik, Erregung, periorale Kribbelparästhesien, Pfötchenstellung der Hände und Muskelkrämpfe.
- *Herzklappenfehler:* meist vorbestehendes Aorten- oder Mitralvitium mit plötzlicher Dekompensation. Seltener akut auftretender Klappenfehler, z.B. bei bakterieller Endokarditis.
- *Kardiomyopathie:* meist dilatative Kardiomyopathie mit vergrößerter Herzdämpfung, lateralisiertem Herzspitzenstoß. Seltener obstruktive Kardiomyopathie mit typischem Auskultationsbefund (systolisches Austreibungsgeräusch) und gedoppeltem, hebenden Herzspitzenstoß: positiv inotrope Substanzen kontraindiziert!

Seltenere Ursachen der Dyspnoe

- *Laryngospasmus:* Inspiratorischer Stridor und Erstickungsgefühl. V.a. nach Larynxreizung z.B. nach Operation (Intubation), Bronchoskopie.
- *Quincke-Ödem:* Schwellung von Glottis, Zunge und Gesicht mit inspiratorischem Stridor und Hustenreiz. Oft andere Zeichen der anaphylaktischen Reaktion, z.B. Hautrötung, Juckreiz.
- *Epiglottitis:* hohes Fieber, inspiratorischer Stridor, Halsschmerzen v.a. beim Schlucken, kloßige Stimme, Speichelfluß. Auftreten v.a. bei Kindern, aber auch im Erwachsenenalter daran denken! Erreger: z.B. Haemophilus influenzae Typ B. *Cave:* Racheninspektion kann akute Epiglottisschwellung auslösen!
- *Krupp, Pseudokrupp:* Heiserkeit, bellender Husten, inspiratorischer Stridor v.a. bei Kleinkindern.
- *Tracheomalazie:* z.B. durch retrosternale Struma: inspiratorischer Stridor.
- *Akute Bronchitis:* Husten, Fieber, eitriger Auswurf, auskultatorisch Brummen. Akute Dyspnoe ohne zusätzliche Atemwegsobstruktion ist selten.
- *Atelektase:* Husten, evtl. mit Auswurf. Klopfschalldämpfung mit fehlendem Atemgeräusch. Dyspnoe gewöhnlich nur bei akuter Atelektase einer Lungen-

seite, seltener bei Atelektase eines Lungenlappens. Auslösende Ursache meist Pneumonie, zentrales Bronchialkarzinom oder Fremdkörperaspiration.

- *Fremdkörperaspiration:* plötzlich einsetzende Dyspnoe, trockener Husten, in- und/oder exspiratorischer Stridor. Evtl. thorakale Schmerzen, Zyanose (Warnsignal). Evtl. Zeichen der Atelektase.
- *Pneumothorax* (☞ 7.1.7): akut einsetzende Dyspnoe mit Angst, trockenem Husten, atemabhängigem Thoraxschmerz. Erhöhtes Risiko bei jungen asthenischen Pat. (ggf. Zweitereignis), nach stattgehabter Punktion (z.B. bei Pleuraerguß) oder Thorax-OP, bei Pneumonie (v.a. Pneumocystis carinii-Pneumonie). Auskultatorisch fehlendes Atemgeräusch bei tympanischem Klopfschall. Bei Spannungspneumothorax progrediente Verschlechterung mit zunehmender oberer Einflußstauung durch Mediastinalverlagerung, ggf. Schock. Sofortige Punktion lebensrettend!
- *Rippenserienfraktur:* atemabhängige Schmerzen, bei Druck Krepitation der verschieblichen Rippenfragmente. Evtl. Zeichen des Pneumothorax oder des Hautemphysems („Knistern" bei Palpation der Haut besonders im Bereich der oberen Thoraxapertur und des Halses).
- *Anämie:* Belastungs-Dyspnoe, Tachykardie, Blässe (Konjunktiven, Fingernägel). Ausmaß der Beschwerden v.a. abhängig von der Geschwindigkeit der Anämieentstehung. Häufig zusätzlich Zeichen der oberen gastrointestinalen Blutung (Hämatemesis, Teerstuhl). Seltener Ikterus (z.B. bei perniziöser Anämie), Zeichen der chronischen Niereninsuffizienz (z.B. *Café au lait*-Hautfarbe, *Foetor uraemicus*).
- *Metabolische Azidose: Kussmaulatmung* (regelmäßige, tiefe Atemzüge), oft typischer Mundgeruch (z.B. ketonartig bei diabetischer Ketoazidose, urinartig bei Urämie). Meist Tachypnoe ohne Gefühl der Atemnot.
- *Zentral bedingte Hyperventilation:* bewußtseinsgestörter Patient, evtl. Hirndruckzeichen (Augenspiegel).
- *Intoxikation:* Luftnot v.a. nach Einnahme von Methanol und Salicylaten (metabolische Azidose), Biguanide (durch Laktatazidose), Anilin und anderen Methämoglobinbildnern, Zyanide.
- *Toxisches Lungenödem:* nach Inhalationsnoxe (z.B. Rauchgasinhalation, Nitrosegase). Angst, auskultatorisch feuchte Rasselgeräusche.
- *Neurogene oder muskuläre Erkrankung:* Luftnot mit Erstickungsangst bei flacher Atmung, z.B. durch *Guillain-Barré-Syndrom.*

7.1.2 Pieps – Erste Orientierung am Telefon

Fragen an das Pflegepersonal

- Vitalzeichen: Puls, RR, Atemfrequenz
- Beginn und Dauer der Luftnot: immer wieder seit Jahren, über den ganzen Tag zunehmend, schon in der letzten Nacht ähnliches Ereignis, plötzlich aufgetreten?
- Begleitsymptome: Bewußtseinslage, thorakale Schmerzen?
- Vorerkrankungen nach Kurve: z.B. bekanntes Asthma bronchiale oder chronisch obstruktive Lungenerkrankung, bekannte koronare Herzkrankheit, bekanntes Herzklappenvitium, frisch operierter Patient (Lungenembolie), anbehandelte Pneumonie (Atelektase? Auch an Pneumothorax denken).

- Hat der Patient aufgrund ähnlicher Beschwerden bereits in den letzten Nächten oder tagsüber Medikamente erhalten? Worauf hat er gut angesprochen?
- Bei akuter Luftnot: nicht lange fragen, hingehen!

Erste Anweisungen an das Pflegepersonal

- Beim Patienten bleiben! Sauerstoffgabe von 2–4 l/Min. über Nasensonde. Lagerung mit erhöhtem Oberkörper
- Bei hypertensiver Entgleisung z.B. 2 Hübe Nitroglyzerin geben
- Bei bekanntem Asthma bronchiale 2 Hübe eines inhalativen β_2-Sympathomimetikums, alternativ eine halbe Ampulle Terbutalin (z.B. Bricanyl®) s.c.

Dringlichkeit

Persönlicher Augenschein ist obligat.

- Besondere Dringlichkeit bei: akut einsetzender Luftnot (→ V.a. Lungenembolie), massiver Angst, zunehmender Bewußtseinseintrübung, ausgeprägter Tachykardie und Hypotonie, bekannten kardialen oder pulmonalen Vorerkrankungen.
- Weniger dringlich sind bekannte, rezidivierende Hyperventilationstetanien: Versuch der Beutelrückatmung, Beruhigung.

7.1.3 Diagnostisches Vorgehen

- Erster Eindruck: z.B. Todesangst bei Lungenembolie, akutem Linksherzversagen, Atemwegsobstruktion. Bewußtseinslage: höchste Gefahr bei zunehmender Eintrübung (scheinbare Beruhigung)!
- Vitalzeichen:
  - Atemfrequenz, Atemtiefe (z.B. flache Atmung bei Pleuraschmerz, tiefe Atmung bei Azidose)
  - Herzfrequenz: Tachykardie v.a. bei akuter Atemwegsobstruktion und akuter Linksherzinsuffizienz. Eine Bradykardie bei diesen Erkrankungen ist ein Warnsignal und erfordert sofortiges Handeln!
  - Blutdruck: Hypertonus meist Ausdruck der sympathiko-adrenergen Reaktion (Angst!), seltener Auslöser der Dyspnoe z.B. bei hypertensiver Entgleisung mit konsekutiver Linksherzinsuffizienz. Normotonie: schließt kardiale Genese nicht aus! Hypotonie v.a. bei akuter Lungenembolie oder bei kardiogenem Schock.

Anamnese/Krankenakte

- Beginn, Auslöser der Luftnot. Beschwerden dem Patienten bekannt, Begleiterkrankungen?
- Krankenakte: Vorerkrankungen, Medikamente (z.B. neu angesetzte β-Blokker → Obstruktion; neg. inotrope Medikamente → Linksherzdekompensation; Theophyllin → Tachyarrhythmia absoluta) und Untersuchungsergebnisse (z.B. Rö-Thorax, BGA, EKG).

Körperliche Untersuchung mit besonderem Augenmerk auf

- Bewußtseinslage, Somnolenz oder Verlangsamung als Zeichen einer schwerwiegenden Störung, z.B. zunehmende Hypoxie und CO_2-Retention bei respiratorischer Erschöpfung im Rahmen einer akuten Atemwegsobstruktion, Koma z.B. bei kardiogenem Schock, Agitiertheit z.B. bei Hyperventilationstetanie.

- Körperhaltung: aufrecht bei Linksherzdekompensation, aufrechtsitzend und Schultergürtel durch Festhalten fixierend, z.B. bei Atemwegsobstruktion. Flach liegend bei akuter Rechtsherzdekompensation, Schonhaltung bei Pleuritis.
- Zyanose: peripher, z.B. bei Linksherzinsuff.; zentrale Zyanose bei Atemwegsobstruktion mit zentraler Atemantriebsstörung (z.B. bei CO_2-Retention im Rahmen einer obstruktiven Ventilationsstörung) oder bei Polyglobulie.
- Distanzrasseln v.a. bei Linksherzdekompensation. Giemen und verlängertes Exspirium bei Atemwegsobstruktion.
- Beinödeme: symmetrisch bei Rechtsherz- oder biventrikulärer Herzinsuff., einseitig evtl. mit vermehrter Venenzeichnung und Wadendruckschmerz bei tiefer Beinvenenthrombose. Anasarka (präsakrale Ödeme) v.a. durch Herzinsuffizienz bei bettlägerigen Patienten.
- Mundhöhle: Fremdkörper (z.B. bei Aspiration), Schleim, Zungengrundvenen gestaut (bei oberer Einflußstauung), Foetor uraemicus oder hepaticus bei Urämie bzw. Leberversagen mit metabolischer Azidose, Ketongeruch bei Ketoazidose im Rahmen eines entgleisten Diabetes mellitus.
- Hals: erhöhter jugularvenöser Puls bei oberer Einflußstauung, Struma.
- Herz/Kreislauf:
  - Puls, Frequenz (Tachykardie, bei fast allen Pat. mit Dyspnoe, selten Bradykardie, z.B. bei Linksherzdekompensation bei bradykarden Herzrhythmusstörungen, Schrittmacherpat., schwerer Hypoxie), Rhythmus (regelmäßig, unregelmäßig). Bei unregelmäßig tachykardem Rhythmus meist Tachyarrhythmia absoluta, die Ursache einer Linksherzdekompensation sein kann. Hierbei meist peripheres Pulsdefizit (nicht jede auskultierte Herzaktion geht mit einem tastbaren peripheren Pulsschlag einher). Pulsus paradoxus (Pulsabschwächung bei Inspiration) z.B. bei massiver Atemwegsobstruktion oder bei hämodynamisch wirksamen Perikarderguß. RR (s.o.).
  - Herzspitzenstoß: nicht tastbar bei Lungenblähung (z.B. Lungenemphysem) oder bei Perikarderguß. Nach links verlagert („lateralisiert"), verbreitert und hebend z.B. bei Aortenstenose oder hypertroph obstruktiver Kardiomyopathie.
  - Herzauskultation: Galopprhythmus bei Herzinsuffizienz, systolisches oder diastolisches Geräusch bei Klappenvitium oder Anämie, Perikardreiben bei Perikarditis.
- Lunge:
  - Atemfrequenz: Tachypnoe, Dyspnoe, Orthopnoe. Flache Atmung z.B. bei Pleuritis (bei Pleuropneumonie, Lungenembolie), tiefe Atemzüge z.B. bei metabolischer Azidose (Kussmaul-Atmung).
  - Perkussion: gedämpfter Klopfschall bei Erguß oder Infiltration (z.B. Pneumonie), tympanischer Klopfschall bei Pneumothorax.
  - Auskultation: ohrnahe feuchte Rasselgeräusche bei Pneumonie, ohrferne feuchte Rasselgeräusche bei Linksherzversagen. Abgeschwächtes Atemgeräusch bei Erguß oder Pneumothorax. Exspiratorisches Giemen mit verlängertem Exspirium bei Atemwegsobstruktion, zusätzlich Brummen bei vermehrter Schleimproduktion z.B. im Rahmen einer Infektexazerbation bei chronisch obstruktiver Bronchitis.
  - Stimmfremitus („99") oder Bronchophonie („66"): einseitig verstärkt bei Infiltration (z.B. Pneumonie).
  - Abdomen: Hinweise für akutes Abdomen (☞ 8.1.1)? Tachypnoe z.B. durch Azidose oder Schmerzen.

Noch in der Nacht durchzuführende Diagnostik

- *EKG:* Tachyarrhythmia absoluta, ST-Streckenveränderungen bei Ischämie oder Myokardinfarkt, Niedervoltage z.B. bei Perikarderguß, Lungenemphysem.
- *Labor:* Blutbild (Anämie? Leukozytose als Infekthinweis?) Falls nachts verfügbar und klinischer Verdacht Infarktenzyme (CK, CKMB, GOT, HBDH, evtl. Myoglobin, Troponin. Wiederholung nach sechs Stunden).
- *BGA:* hilfreich zur Objektivierung der Dyspnoe (Verlegung auf die Intensivstation), zum Nachweis einer Azidose und zur Verlaufsbeurteilung (Therapieerfolg? Intubation?) *Cave:* art. Punktion kann KI für Lyse-Ther. sein.
- *Röntgenthorax:* meist erst nach Stabilisierung oder Verlegung auf die Intensivstation oder in ärztlicher Begleitung! Zeigt Herzgröße, Stauungszeichen bei Linksherzdekompensation, Infiltrat und evtl. Erguß bei Pneumonie, Atelektase, Pneumothorax.

7.1.4 Therapeutisches Vorgehen bei Dyspnoe

Initiales Management

- Patient (und sich selber) beruhigen
- Bei noch wachem Patienten O_2 2–4 l/Min. über Nasensonde
- Bei Atemwegsobstruktion (☞ 7.1.6) 2–5 Hübe eines inhalativen β_2-Sympathomimetikums (z.B. Salbutamol)evtl. zusätzlich Terbutalin (z.B. Bricanyl®) ½ Amp. s.c.: Vorsicht bei Tachykardie > 140/Min!
  - Zusätzlich 20–250 mg Prednison i.v. (in Abhängigkeit von Vormedikation und Schwere der Dyspnoe), Wirkungseintritt nach ca. 30 Min)
  - Theophyllin, z.B. 240 mg langsam i.v. (Vormedikation?), wirkt schnell. NW: Tachykardie, evtl. Kammerflimmern bei gleichzeitiger Hypokaliämie und Hypoxie
- Bei zusätzlicher Angina pectoris 2 Hübe Nitroglyzerin
- Bei Linksherzdekompensation (☞ 6.5) Furosemid 20–40 mg i.v. Nitroglyzerin über Perfusor (50 mg auf 50 ml, mit 1–4 ml/h, *cave:* systolischer RR soll nicht auf < 100 mmHg absinken!)
- Bei stark erhöhtem Blutdruck Nitrospray oder Kalziumantagonist: z.B. 10 mg Nifedipin p.o.
- Bei Pneumothorax und Hinweis auf Mediastinalverlagerung („Spannungspneu" ☞ 7.1.7) sofortige Punktion ☞ 2.6
- Bei massivem Pleuraerguß evtl. Notfallpunktion (selten nötig)
- Bei Verschleimung v.a. bei bewußtseinsgestörten Patienten Absaugen
- Bei bewußtlosem, ateminsuffizientem Pat. ggf. Intubation.

Verlegung auf die Intensivstation bei

- Linksherzdekompensation, die nicht sofort auf die Therapie anspricht
- Atemwegsobstruktion mit zunehmender Verschlechterung z.B. durch Erschöpfung des Patienten (Status asthmaticus ☞ 7.1.6)
- Bei Spannungspneumothorax zur Anlage eines *Pleurocath*® bzw. einer *Bülau*-Drainage ☞ 2.6
- Bei V.a. Herzinfarkt ☞ 6.1.

Hintergrund: sollte i.d.R. in folgenden Situationen eingeschaltet werden:

- Bei unklarer Diagnose und zunehmender Verschlechterung des Patienten
- Vor Thrombolyse bei Herzinfarkt oder Lungenembolie ☞ 22.2.2
- Bei notwendiger Intubation und Beatmung.

Aufnahme ambulanter Patienten

Bei unklarer Diagnose muß der Patient klinisch überwacht werden!

Weiteres Procedere

- Bettruhe (auch nach Rückgang der Beschwerden)
- Regelmäßige Überwachung durch die Nachtschwester z.B. in halbstündlichen Abständen
- EKG-Kontrolle nach spätestens 6 Stunden
- Labor (am nächsten Morgen): Infarktenzyme, großes BB, BSG, CRP bei Pneumonie, Krea und E'lyte (bei Asthma häufig Hypokaliämie, u.a. durch β_2-Sympathomimetika!), BZ (BZ-Entgleisung z.B. durch Glukokortikoid-Gabe)
- Mit dem Tagdienst mögliche Änderung der Therapie besprechen: z.B. erhöhte Steroiddosis bei Asthma, Erhöhung der Furosemiddosis bei Linksherzinsuff., Ein- und Ausfuhrkontrolle
- Bei V.a. Lungenembolie Lungenszintigraphie oder Pulmonalisangiographie, bereits in der Nacht Vollheparinisierung ☞ 7.1.5.

7.1.5 Therapeutisches Vorgehen bei V.a. Lungenembolie

Erstmaßnahmen

Meist Überwachung auf der Intensivstation notwendig!

- Strenge Bettruhe, Sauerstoffgabe, z.B. 2–8 l/Min. über Nasensonde, evtl. Analgesie, z.B. Morphium 1 Amp. = 10 mg i.v., alternativ (z.B. Fentanyl®) 0,05–0,1 mg i.v., Sedierung, z.B. Diazepam 3–5 mg i.v.
- High-Dose Heparin (☞ 22.2.2): Initial Bolus von 7500 I.E., danach ca. 1000 I.E./h über Perfusor, z.B. 10 000 I.E. auf 50 ml mit 5 ml/h. Verhindert weitere Thrombenbildung und mindert so die Gefahr von Reembolien.

Lysetherapie (☞ 22.2.2)

- Durchführung nur auf der Intensivstation
- *Ind.:* massive oder fulminante Lungenembolie mit hämodynamischer Instabilität (Schock) und/oder neu aufgetretene schwere respiratorische Insuffizienz
- Substanzen: rt-PA 100 mg über 2 h (50 mg/h). Zus. high-dose Heparin (s.o)!
  - Alternativ Urokinase: Initial 2 Mio. I.E. als Bolus i.v., alternativ 1 Mio. I.E. als Bolus, dann 2 Mio. I.E. über 2 h i.v., Vollheparinisierung!
  - Alternativ Streptokinase: z.B. 1,5–3 Mio. I.E. als Bolus. Zusätzlich high-dose Heparin. Evtl. Vormedikation mit 250 mg Prednison, 1 Amp. Ranitidin (z.B. Zantic®), 1 Amp. Clemastin (z.B. Tavegil®) i.v.

Weitere Maßnahmen

- Alternative zur Lyse bei im Hause vorhandener Kardiochirurgie: Notfallembolektomie nach Trendelenburg. Hohe Mortalität!
- Nitrate zur Senkung des Pulmonalarteriendruckes (z.B. 1–6 mg Nitroglycerin pro Stunde i.v.)
- Bei Hypotonie bevorzugt Dobutamin, z.B. mit 6–12 µg/kg/Min.: Perfusor mit 250 mg/50 ml → 6–12 ml/h
- Bei schwerem Schock zusätzlich Dopamin mit 6–12 µg/kg/Min.: Perfusor mit 250 mg/50 ml → 6–12 ml/h
- Bei respiratorischer Insuff. Intubation und Beatmung.

Fußangeln und Fingerzeige

- Vollheparinisierung schon bei begründetem Verdacht! Eine Diagnosesicherung wird gewöhnlich erst am nächsten Tag mittels Perfusions-/Inhalationsszintigramm oder Pulmonalisangiographie möglich sein.
- Kleine Lungenembolien sind sehr häufig und werden meist übersehen! Rezidivierende Lungenembolien sind eine der häufigsten Ursachen für die Entwicklung eines Cor pulmonale!
- Lysether. bei massiver Lungenembolie erfolgt immer aus vitaler Indikation: deshalb gibt es kaum absolute KI ☞ 22.2!

7.1.6 Therapeutisches Vorgehen bei Asthmaanfall

Erstmaßnahmen

- Sauerstoffgabe: bei wachem Patienten 4–6 l/Min über Nasensonde. Bei Hyperkapnie unbedingt Überwachung der Bewußtseinslage. Kommt es unter Sauerstofftherapie zu Eintrübung → Sauerstoffdosis reduzieren, evtl. assistierte Beatmung mit Ambu-Beutel, evtl. Intubation
- Venöser Zugang
- Glukokortikoid-Stoß (z.B. 100 mg Prednison alle 4–6 h i.v.)
- Inhalative β_2-Sympathomimetika: z.B. Salbutamol Dosieraerosol initial 2–5 Hübe. Bei schwerem Asthmaanfall ist die inhalative Ther. oft ineffektiv
- Evtl. zusätzlich 0,25–0,5 mg Terbutalin (z.B. ½ Amp. Bricanyl®) subkutan. Vorsicht bei Tachykardie > 140/Min
- Theophyllin: immer langsam geben! Bei nicht-vorbehandeltem Patienten 5 mg/kg als Kurzinfusion zur Aufsättigung über 5 Min., danach ca. 1 mg/kg/h über Perfusor (z.B. 0,72 g auf 50 ml 0,9%ige NaCl, mit 2–6 ml/h). Nach 12 h Dosisreduktion auf 0,8 mg/kg/h. Bei Vorbehandlung mit Theophyllin Aussättigungsdosis halbieren. Am nächsten Morgen Blutspiegelkontrolle: 1 mg/kg Theophyllin erhöht den Blutspiegel um ca. 2 mg/l
- Antibiose: bei V.a. Infektexazerbation (Ursache häufig Pneumokokken, Haemophilus influenzae, seltener Staph. aureus, Pseudomonas aeruginosa, Mykoplasmen) z.B. Gabe von Clarithromycin 2 x 250 mg p.o. oder Cephalosporin (z.B. Zinacef®) 3 x 750 mg bis 1,5 g tägl. i.v.
- Ausreichende Flüssigkeitszufuhr (oral oder i.v.)
- Möglichst keine Sedierung!

Vorgehen bei Fortbestehen der Atemwegsobstruktion

- Ruhe bewahren, unnötige Therapieeskalation vermeiden.
- Erneute Gabe eines inhalativen Sympathomimetikums in Abhängigkeit von der Herzfrequenz: z.B. 2 Hübe Salbutamol alle 30 Min.
- Frühestens nach 1 h erneute Glukokortikoid-Gabe: z.B. 100 mg Prednison i.v.
- Evtl. Kaliumsubstitution.

Weiteres Vorgehen bei unkompliziertem Verlauf

- Sauerstoffgabe über Nasensonde mit 2–4 l/Min.
- Theophyllin-Perfusor bis zum Morgen weiterlaufen lassen.
- Nach 6 Stunden erneute Prednison-Gabe in halber Dosierung.

Fußangeln und Fingerzeige

- Eine zu starke Sedierung ist häufigste Todesursache!
- Tachykardie nie mit β-Blockern behandeln (verstärkt Obstruktion). Verapamil oder Digoxin können bei pulmonalem Hypertonus tödlich sein! Die Tachykardie wird durch Besserung der Obstruktion, Beruhigung des Pat. bei besserer Oxygenation und später meist möglicher Dosisreduktion tachykardisierender Medikamente behandelt.
- Insbesondere nach reichlicher Benutzung eines inhalativen Sympathomimetikums v.a. in Kombination mit Theophyllin und Glukokortikoiden ist eine ausgeprägte Hypokaliämie häufig: Rhythmusüberwachung möglichst mittels Monitor, evtl. Kaliumsubstitution mit KCl (z.B. Kalium duriles®) oder KCl-Perfusor: 50 mmol/50 ml mit 5–10 ml/h, nur über ZVK (☞ 21.1.1)!
- Respiratorische Azidose nicht mit Natrium-Bicarbonat ausgleichen, da die Azidose häufig einziger Atemantrieb ist.
- Bei Patienten mit chronisch obstruktiver Bronchitis und bereits vorbestehender Hyperkapnie ist die Gefahr einer zunehmenden Hyperkapnie unter Sauerstoffgabe sehr viel höher als bei Patienten mit Asthma bronchiale, bei denen es fast nie zur Eintrübung unter Sauerstoff kommt. Deswegen im Status asthmaticus Sauerstoff großzügig dosieren: zunächst wichtigstes Medikament zur Beruhigung des Patienten!

7.1.7 Therapeutisches Vorgehen bei V.a. Pneumothorax

Erstmaßnahmen

Zunächst muß abgeschätzt werden, ob ein Spannungspneumothorax (progrediente Symptomatik, zunehmende obere Einflußstauung, Kreislaufschock durch Mediastinalverlagerung) vorliegt, der ein sofortiges Handeln erfordert oder ein Pneumothorax ohne Spannungssymptomatik.

Vorgehen bei Pneumothorax ohne Spannungssymptomatik

- Bei V.a. Pneumothorax Verlegung auf die Intensivstation zur Überwachung, Diagnostik (Rö-Thorax) und evtl. Ther.
- Bei kleinem Spontanpneumothorax (im Röntgenthorax ca. fingerbreit) Bettruhe, flach liegen. Luft wird gewöhnlich innerhalb von Tagen resorbiert.
- Analgesie: z.B. mit Paracetamol 0,5 g alle 3–4 h p.o.
- Antitussiva: z.B. Codein 60 mg 4–6 x tägl. p.o.
- Ggf. Sauerstoffgabe über Nasensonde 2–6 l/Min.
- Bei Angst und Unruhe Sedierung z.B. mit Diazepam 2–10 mg p.o.
- Bei größerer Luftmenge Anlage einer Drainage (z.B. Pleuro-Cath®, alternativ Bülau-Drainage) mit Sog (☞ 2.6). Anlage erst nach Vorliegen von Röntgen-Thorax und Blutgerinnung!

Vorgehen bei Spannungspneumothorax

Akute Lebensgefahr! Deshalb sofortige Verlegung auf die Intensivstation.

- Bei akuter hochgradiger Luftnot und typischem Untersuchungsbefund sofortige Punktion im 2. oder 3. ICR in der ventralen Medioklavikularlinie am Oberrand der Rippe (☞ 2.6): Luft entweicht unter Druck.
- Direkt anschließend Saugdrainage.

Fußangeln und Fingerzeige

- Ungenügend gesicherte Absaugschläuche bei unruhigen Patienten führen regelmäßig zur Diskonnektion! Deshalb engmaschige Überwachung durch entsprechend geschultes Personal
- Drainagekatheter von dünnem Kaliber können leicht durch Blutkoagel verstopfen. Deshalb nötigenfalls anspülen, besser großkalibrige Katheter verwenden
- Der Sog sollte zwischen 15 und 25 cm H_2O betragen. Bei zu geringem Sog entfaltet sich die Lunge nicht, bei zu hohem Sog Gefahr des Lungenödems und eines zu großen Fistelvolumens, das den Parenchymdefekt offenhält!

7.2 Husten und Auswurf

Husten wird vor allem nachts, wenn der Patient schlafen will, als vermehrt störend wahrgenommen. Hilfreich ist die Unterscheidung zwischen unproduktivem Reizhusten, d.h. Husten ohne Auswurf (bei tiefer Inspiration), und produktivem Husten mit Auswurf. Reizhusten ist immer Ausdruck eines pathologischen Prozesses in den großen Atemwegen.

7.2.1 Differentialdiagnostische Überlegungen

Reizhusten

- Akute Tracheitis oder Bronchitis: Vor allem bei viralem Infekt. Evtl. begleitet von Hämoptysen. Meist auch andere Symptome eines grippalen Infektes (z.B. Kopfschmerzen, Fieber, Knochenschmerzen, Schnupfen)
- Reizung der Trachea z.B. durch Fremdkörperaspiration, endotrachealen Tumor oder Kompression der Trachea z.B. durch Struma, Lymphknoten oder Mediastinaltumoren
- Atemwegsobstruktion: Reizhusten kann einziges Symptom eines Asthma bronchiale sein!
- Pleurareizung: z.B. bei Pneumothorax, Pleuritis oder akuter Lungenembolie
- Keuchhusten: wird bei Erwachsenen wegen des schleichenden Beginns oft verkannt! Inkubationszeit 7–10 Tage, dann 1–2 Wochen subfebrile Temperaturen, Husten, Schnupfen. Typischerweise inspiratorischer Stridor, „Stakkato-Husten", Erstickungsgefühl, evtl. Erbrechen.

Produktiver Husten

- Infektexazerbation einer chronischen Bronchitis: chronischer Husten mit vermehrtem, meist gelbgrünlichem Auswurf
- Pneumonie: Auswurf v.a. bei Bronchopneumonie, im Initialstadium einer Lobärpneumonie können Husten und Auswurf fehlen!

- Akute Bronchitis: bei vermehrtem Auswurf an bakterielle Superinfektion denken
- Andere Erkrankungen, die nachts nur selten zu akut vermehrtem Husten führen: Bronchiektasen, Mukoviszidose, Lungentuberkulose, Bronchialkarzinom.

7.2.2 Pieps – Erste Orientierung am Telefon

Fragen an das Pflegepersonal

Neu aufgetretener Husten oder verstärkte Beschwerden bei chronischem Husten? Begleitsymptome wie Dyspnoe, thorakale Schmerzen, Fieber?

Dringlichkeit

- Besondere Dringlichkeit: plötzlich neu aufgetretener Husten, bettlägeriger Patienten oder nach Operation: an akute Lungenembolie denken!
- Weniger dringlich: geringe Änderung der Beschwerden (Nachtschwester: „Der Patient hat die letzten Nächten auch schon gehustet"). Hier evtl. Gabe eines Antitussivums z.B. 20 Tropfen Codein p.o.

7.2.3 Diagnostisches Vorgehen

Anamnese/Untersuchung

- Reizhusten? Auswurf? Die Hustenhäufigkeit abschätzen: Patient wird ständig von Hustenattacken unterbrochen, Patient hustet einmal zur Bestätigung nach einer ausführlichen Schilderung. Auswurf in ein Gefäß abhusten lassen und betrachten. Erster Hustenanfall nach Trinken oder Essen? → Hinweis auf Aspiration z.B. bei Schluckstörung, ösophago-bronchialer Fistel.
- Auskultation: Giemen und Brummen v.a. bei Infektexazerbation einer chronischen obstruktiven Bronchitis, ohrnahe Rasselgeräusche bei Pneumonie.
- Auch Beine inspizieren: Hustenreiz kann einziges Symptom einer Lungenembolie bei tiefer Beinvenenthrombose (☞ 6.7) sein!

Weiterführende Diagnostik

Evtl. Röntgen-Thorax bei V.a. Aspiration oder Pneumothorax.

7.2.4 Therapeutisches Vorgehen

Initiales Management

- Gabe eines Antitussivums (z.B. 20 Trpf. Codein p.o.)
- Bei Atemwegsobstruktion 2 Hübe eines β_2-Sympathomimetikums (z.B. Salbutamol Dosieraerosol®)
- Bei starkem Husten evtl. Verlegung in ein Einzelzimmer erwägen.

Hintergrund:

I.d.R. empfiehlt sich die Einschaltung des Hintergrundes bei V.a. Lungenembolie oder Pneumothorax (körperliche Untersuchung!).

Aufnahme ambulanter Patienten

- Bei schwerer Pneumonie
- Infektexazerbation einer chronisch obstruktiven Lungenerkrankung (kann schnell zu einer massiven Atemwegsobstruktion führen)
- Bei V.a. Aspiration (z.B. Erdnüsse, ölhaltige Flüssigkeiten)
- Bei Inhalationstrauma (z.B. Rauchvergiftung)
- Bei V.a. Lungenembolie
- Bei schweren Begleitsymptomen.

Fußangeln und Fingerzeige

- Husten ist bisweilen einziger Ausdruck einer Atemwegsobstruktion: Beim Tagdienst evtl. Lungenfunktionsuntersuchung mit Metacholintest zum Nachweis eines hyperreagiblen Bronchialsystems anregen. Evtl. Ther.-Versuch mit einem inhalativen β_2-Sympathomimetikum.
- An potentiell lebensbedrohliche Erkrankungen wie Lungenembolie oder Pneumothorax denken, auch wenn die Ursachen für Husten gewöhnlich nicht akut bedrohlich sind.

7.3 Hämoptyse

Die Begriffe Hämoptyse (Aushusten von Blut) und Hämoptoe werden meist synonym verwendet. Geringe Blutbeimengungen im Sputum sind relativ häufig, zwingen aber nur selten zu nächtlichem Eingreifen. Selten kommt es zu massiven, lebensbedrohlichen Blutungen („Blutsturz"). Dennoch muß jeder Bluthusten abgeklärt werden!

7.3.1 Differentialdiagnostische Überlegungen

Häufige Ursachen

- Akute und chronische Entzündungen von Trachea und Bronchien (z.B. hämorrhagische Tracheobronchitis, chronische Bronchitis, Bronchiektasen)
- Bronchialkarzinom
- Lungeninfarkt bei Lungenembolie und gleichzeitiger Linksherzinsuffizienz
- Akutes Lungenödem bei Linksherzdekompensation ☞ 6.5.

Seltene Ursachen

- Lungenabszeß
- Lungentuberkulose (z.B. durch Einblutung in eine Kaverne, früher häufigste Todesurache bei Tuberkulose!)
- Thoraxtrauma und Bronchusverletzungen (z.B. nach Rippenfraktur, Fremdkörperaspiration, nach Bronchoskopie)
- Pneumonie

- Systemerkrankungen: z.B. Goodpasture-Syndrom, Wegener'sche Granulomatose
- Blutung im Rahmen einer hämorrhagischen Diathese ☞ 11.1
- Lungenendometriose (Zyklusanamnese), Hämangiome z.B. bei Morbus Osler, Lungenhämosiderose.

7.3.2 Pieps – Erste Orientierung am Telefon

Fragen an das Pflegepersonal

- Vitalzeichen: Puls, RR, Atmung
- Blutmenge, Farbe (hellrotes Blut spricht für arterielle Blutung), Beschaffenheit (bereits koaguliert, schaumig).

Dringlichkeit

- Bei massiver Blutung sofortigen Transport auf die Intensivstation organisieren
- Weniger dringlich sind erstmals bemerkte, geringe Blutspuren bei Husten mit Auswurf.

7.3.3 Diagnostisches Vorgehen

Anamnese/Krankenakte

- Beginn, Auslöser, Erstereignis?
- Patienten-Akte auf bekannte Vorerkrankungen (z.B. chronische Bronchitis, Pneumonie), Medikamente (z.B. ASS, Marcumar®) und stattgehabte Untersuchungen (z.B. Bronchoskopie am Vortag, transthorakale Punktion) durchsehen.

Körperliche Untersuchung mit besonderem Augenmerk auf

- Inspektion von Hautfarbe (blasser Pat. z.B. bei Hb-wirksamer Blutung?), Mundhöhle, Nasen- und Rachenraum sowie des ausgehusteten Blutes
- Dyspnoe (☞ 7.1) bei massiver Blutaspiration?
- Auskultation: seitengleiches Atemgeräusch (evtl. abgeschwächt auf der Blutungsseite), evtl. lokalisierte oder beidseitige Rasselgeräusche
- Perkussion: umschriebene Dämpfung durch aspiriertes Blut oder Hämatothorax
- Inspektion der Beine: Zeichen der tiefen Beinvenenthrombose?
- Uhrglasnägel bei chron. Bronchitis, Bronchiektasen oder Bronchialkarzinom
- Inspektion von Konjunktiven und Nagelbett: Anämie?

Weiterführende Diagnostik

Noch in der Nacht

- Labor: Quick, PTT, BB (Anämie, Thrombozytopenie?)
- Evtl. Röntgenthorax: Infiltrat als Ausdruck einer Blutaspiration oder einer vorbestehenden Pneumonie, Stauungszeichen, Hinweis auf Lungeninfarkt (keilförmiges, peripheres Infiltrat) z.B. bei Lungenembolie.

Für den nächsten Tag planen

- Rö-Thorax: Bronchialkarzinom, Pneumonie, Kaverne, Abszesse, Rippenfraktur?
- Bronchoskopie meist indiziert bei massiver Blutung (Lokalisation und mögliche Therapie), bei leichter Blutung (Diagnosesicherung). Ausnahmen: keine Bronchoskopie nach Lungenembolie oder Lungenödem!
- Bei V.a. Lungenembolie Lungenperfusionsszintigraphie oder Pulmonalisangiographie.

7.3.4 Therapeutisches Vorgehen

Initiales Management

- Bei massiver Blutung sofortige Verlegung auf die Intensivstation
- Bei geringer Blutung Pat. beruhigen, Abklärung meist erst am Folgetag nötig
- Bei Dyspnoe Sauerstoff über Nasensonde
- Evtl. blutungsverstärkende Medikamente (z.B. ASS, Heparin) absetzen.

Hintergrund informieren

- Nach Verlegung auf die Intensivstation bei Blutsturz
- In der Regel bei Hämoptyse im Rahmen einer hämorrhagischen Diathese
- Evtl. bei Verdacht auf Lungenembolie.

Aufnahme ambulanter Patienten

Sind Hämoptysen anamnestisch wahrscheinlich, stationäre Aufnahme zur invasiven Diagnostik mittels Bronchoskopie. Bei Zweifel Fremdanamnese, Inspektion des Nasen-Rachen-Raums.

Fußangeln und Fingerzeige

- Ein Blutsturz ist meist nicht durch den blutungsbedingten Volumenmangelschock, sondern viel häufiger durch die akute respiratorische Insuffizienz durch massive Blutaspiration lebensbedrohlich
- Bisweilen ist eine Abgrenzung von Blutungen aus dem Nasen-Rachen-Raum oder dem oberen Gastrointestinaltrakt (Hämatemesis, ☞ 8.2) von einer Hämoptyse nur schwer möglich
- Nahrungskarenz wegen evtl. notwendiger Bronchoskopie
- Bei hämorrhagischer Diathese evtl. Substitution fehlender Gerinnungsfaktoren ☞ 11.1.

7.4 V.a. Pneumonie

Erstmaßnahmen

- Sauerstoffgabe: bei wachen Patienten 2–8 l/Min. über Nasensonde.
- Bei Exsikkose reichlich Flüssigkeit p.o. oder i.v. (z.B. Ringer mit 60–200 ml pro Stunde), *cave:* Linksherzdekompensation.
- Fiebersenkung: vor allem bei älteren Patienten und Temperaturen > 38,5 °C, bei Kreislaufsymptomen des Fiebers (z.B. Tachykardie, Hypotonie. DD: septischer Schock!). Initial physikalische Maßnahmen: z.B. kalte Wadenwickel. Ggf. medikamentöse Fiebersenkung: 1 g Paracetamol p.o., bei Versagen evtl. Metamizol (z.B. Novalgin®) z.B. 500–1000 mg p.o., alternativ 1 Amp. = 1 g i.v. *Cave*: seltene, aber lebensbedrohliche Agranulozytose!
- Vor allem bei älteren Pat. an Thromboseprophylaxe denken (☞ 22.2): Heparin low dose.

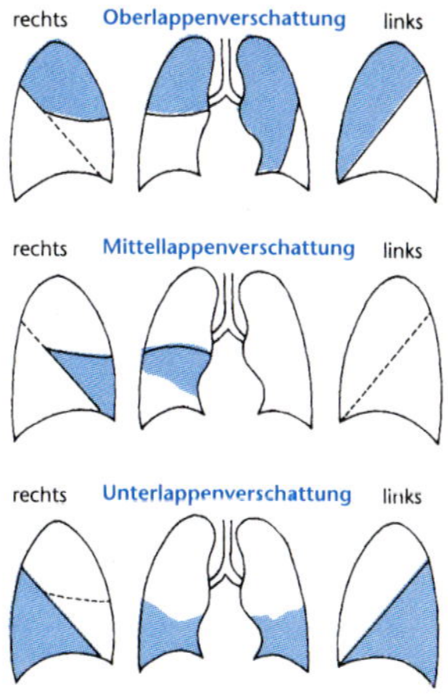

Abb. 7.1: Lobärpneumonie

Antibiotische Therapie

- *Zunächst* Blutkultur!
- Bei auswärts erworbener, primärer Pneumonie Makrolidantibiotikum, z.B. Clarithromycin (z.B. Klacid®) 2 x 250 mg p.o., Erythromycin 2 x 1 g p.o., Penicillin G, z.B. initial 4 x 2 Mio IE tägl. i.v.
- Im Krankenhaus erworbende Pneumonie: Cefalosporin der zweiten Generation (z.B. Zinacef®) 3 x 1,5 g am ersten Tag, danach 3 x 750 mg i.v.
- Bei Aspirationspneumonie Cefalosporin der dritten Generation (z.B. Claforan®) 3 x 2 g i.v. in Kombination mit Clindamycin (z.B. Sobelin®) 3 x 600 mg p.o. oder Metronidazol (z.B. Clont®) 2–3 x 500 mg tägl. p.o. oder i.v. Alternativ Monotherapie mit Amoxicillin-Clavulansäure (z.B. Augmentan®) 3–4 x 1,2 g i.v.
- Bei V.a. Staphylokokkenpneumonie: z.B. Clindamycin oder Flucloxacillin 4 x 1 g i.v., Vancomycin, z.B. 2 x 1 g als Kurzinfusion über 60 Min. i.v.
- Bei V.a. auf Pseudomonas-Pneumonie: Imipenem-Cilastin (z.B. Zienam® 3 x 0,5–1 g tägl.), alternativ Ceftazidim (z.B. Fortum®) 3 x 1–2 g i.v. oder Ciprofloxacin (z.B. Ciprobay®) 2 x 200–400 mg i.v., 3 x 500–750 mg p.o.,

jeweils in Kombination mit Amikacin (z.B. Biklin®) 1 x 15 mg/kg tägl. als Kurzinfusion über 30 Min.; Dosisreduktion bei Niereninsuffizienz.

- Bei Verdacht auf Pneumocystis carinii-Pneumonie: Cotrimoxazol, z.B. Trimethoprim, 15–20 mg/kg p.o., Sulfamethoxazol 80–100 mg/kg verteilt auf 4 Einzeldosen. Alternativ Pentamidin 3–4 mg/kg i.v. tägl. Ggf. zusätzlich Prednison (besonders bei initialem $pO_2 < 65$ mmHg): Initial 1–2 mg/kg p.o. oder i.v.

Fußangeln und Fingerzeige

- Bei akut auftretendem Fieber auch an andere Ursachen denken: z.B. Exsikkose, Hyperthyreose (Jod-Überdosierung z.B. durch Kontrastmittel, Betaisodona®-Bäder?).
- Bei Fieber und typischem Auskultationsbefund (ohrnahe endexpiratorische Rasselgeräusche) ist die Diagnose einer Pneumonie hinreichend sicher, eine Röntgen-Thorax-Untersuchung in der Nacht unnötig.
- Eine Blutgasanalyse dient vor allem dazu, die Gefährdung des Patienten abzuschätzen: schlechte Prognose bei $pO_2 < 60$ mmHg und $pCO_2 > 45$ mmHg. Bei Azidose an septischen Schock denken!
- Nach Abnahme eine Blutkultur unverzüglich mit einer antibiotischen Therapie beginnen. Diese reicht allein oft zur Fiebersenkung aus. Bei besonderer Gefährdung des Patienten kann einige Stunden nach Beginn der Antibiose ggf. eine antipyretische Therapie begonnen werden.
- Eine Pneumonie ist kein Grund für Bettruhe! Bei schwerkranken Patienten an Thromboseprophylaxe denken.

Bettina Assmann-Sauerbrey
Claudia Matthias

Gastro-intestinaltrakt 8

8.1 Abdominalschmerzen/ Akutes Abdomen

Abdominelle Schmerzen haben ihre Ursache nicht nur im Abdominalbereich (z.B. Myokardinfarkt, basale Pleuritis). Die Schmerzintensität läßt nicht immer auf die Bedrohlichkeit einer Situation rückschließen – auch hinter undramatischen Beschwerden können sich lebensbedrohliche Situationen verbergen (z.B. Peritonitis beim Diabetiker oder unter Steroidmedikation). Wichtigste Entscheidung: liegt eine OP-Indikation vor?

8.1.1 Differentialdiagnostische Überlegungen

Abdominelle Ursachen

- *Ileus* (häufig, ☞ 8.1.6). Mechanischer Ileus: kolikartige Schmerzen, Stuhl- und Windverhalt, Erbrechen, klingende Darmgeräusche, ggf. Abwehrspannung. Paralytischer Ileus: stark aufgetriebener, druckempfindlicher Leib, Erbrechen
- *Appendizitis* (bei jüngeren Pat. häufig. Im Alter ist die Symptomatik oft uncharakteristisch, ☞ 8.1.7)
- *Generalisierte Peritonitis* (☞ 8.1.5): diffuser Schmerz, bretthartes Abdomen, Druck- und Klopfempfindlichkeit, Abwehrspannung, Loslaßschmerz, Fieber, später paralytischer Ileus, Schock, Nierenversagen
- *Pankreatitis* (☞ 8.1.9): akuter Beginn, oft gürtelfömig in den Rücken ausstrahlende Schmerzen, gespanntes, druckschmerzhaftes Abdomen, Übelkeit und Erbrechen, ggf. Schock und Sepsis

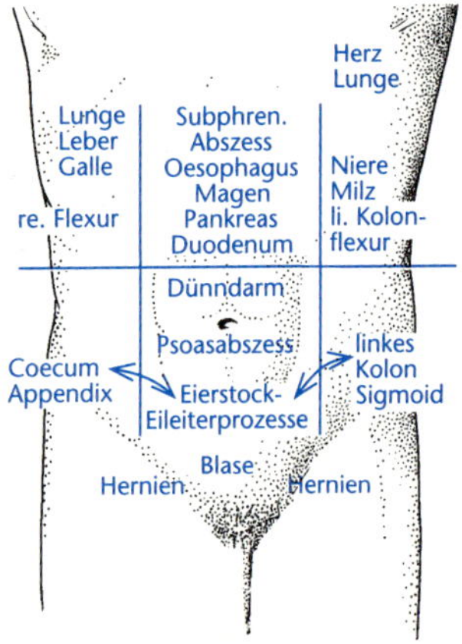

Abb. 8.1: Schmerzlokalisationen

- *Ulcus* ventriculi/duodeni, Gastritis (häufig): episodisch auftretende epigastr. Schmerzen, lokaler DS im Epigastrium
- *Gallenkolik* (häufig, ☞ 8.1.8): vor Schmerzen unruhiger Patient, wellenförmiger Schmerz, oft Erbrechen
- *Divertikulitis:* Schmerzen und tastbare Walze im li. Unterbauch, Fieber, häufig gedeckte Perforation mit lokaler Abwehrspannung
- *Nierenkolik* (häufig, ☞ 9.3): Pat. unruhig, stärkste Schmerzen, Ausstrahlung in den Unterbauch, Hoden oder Schamlippen
- *Enterocolitis:* Übelkeit und Erbrechen, Diarrhoe
- *Hernien* (Bruchpforten untersuchen!): bei Einklemmung evtl. Ileus.

Andere Ursachen

- *Mesenterialinfarkt:* meist alte Menschen mit KHK und absoluter Arrhythmie. Plötzlich einsetzende starke Schmerzen mit auffallender Diskrepanz zwischen schlechtem Allgemeinbefinden und relativ unauffälligem Abdominalbefund. Nach einem beschwerdearmen Intervall kommt es zu zunehmendem Verfall mit Ileusentwicklung, Peritonitis, Schock, Multiorganversagen
- *Rupturierendes Aortenaneurysma:* plötzlich auftretender Abdominal- oder Rückenschmerz (Vernichtungsschmerz), fehlende Femoralispulse (50 %), protrahierter Blutungsschock ☞ 6.1.6
- *Milz-, Leber-, Nierenruptur:* z.B. nach stumpfem Bauchtrauma, M. Pfeiffer
- *M. Crohn, Colitis ulcerosa:* manchmal Erstmanifestation, aber meist ist der Pat. mit seinen Beschwerden vertraut. Notfallsituation ist das toxische Megakolon bei Colitis ulcerosa
- *Gynäkologische Erkrankung* (☞ 15.2.2), z.B. rupturierte Extrauterin-Gravidität, Adnexitis
- Bauchschmerzen bei Kindern ☞ 13.5.5.

Extraabdominelle Ursachen

- *Hinterwandinfarkt:* Bauchschmerzen manchmal als einziges Symptom. Muß immer ausgeschlossen werden ☞ 6.1
- *Akute Rechtsherzinsuff.:* z.B. nach Lungenembolie (Kapselspannung der Leber), ☞ 7.1.5
- *Basale Pleuropneumonie* ☞ 7.2
- *Diabetische Ketoazidose* („Pseudoperitonitis"): Oberbauchkrämpfe, Erbrechen, Azetongeruch ☞ 10.1.4
- *Rektusscheidenhämatom, retroperitoneale Blutung:* z.B. bei Antikoagulantien-Therapie ☞ 11.1
- *Neurologische Erkrankungen:* z.B. Herpes zoster, abdominelle Epilepsie und Migräne ☞ 14.2
- Von Wirbelsäule, Becken und Hüfte ausgehende Schmerzen ☞ 17.1
- Selten: Purpura Schönlein-Henoch (vor allem Kinder), akute intermittierende Porphyrie (abdominelle Koliken, gelegentlich Polyneuropathie, rötlicher, beim Stehen nachdunkelnder Urin), fam. Mittelmeerfieber, Sichelzellanämie, Mononukleose, HIV-Erkrankung
- Intoxikationen (z.B. Bleiintox.), Medikamente (z.B. Theophyllin, Tiabendazol u.a.), extraabdominelle Infektionen.

8.1.2 Pieps – Erste Orientierung am Telefon

Fragen an das Pflegepersonal

- Blutdruck, Puls: Hypotonie im Zusammenhang mit Bauchschmerzen kann für eine Hypovolämie, eine Blutung oder einen septischen Schock sprechen.
- Temperatur: intraabdominelle Infektion oder Entzündung. *Cave:* Fieber kann beim älteren Menschen, bei der Behandlung mit antipyretischen Mitteln oder Antibiotika sowie bei immunsupprimierten Patienten fehlen.
- Atmung: bei extraabdominellen Ursachen oft verändert. Schonatmung? Hyperventilation?
- Begleitsymptome: Übelkeit und Erbrechen, Stuhl- und Windverhalt, Diarrhoe?
- Schmerzcharakter: Dauerschmerz, Kolik?
- Schmerzbeginn: plötzlich, schleichend, bereits den ganzen Tag bestehend, seit längerer Zeit ähnliche Beschwerden, periodisch?
- Vorerkrankung: (z.B. Ulkuskrankheit, Pankreatitis, Stoffwechselstörungen), frisch operierter Patient?
- Medikamente (z.B. ASS, Kortikosteroide?).

Erste Anweisungen an das Pflegepersonal

- Bei leichten Beschwerden wie Sodbrennen oder Meteorismus kann zunächst ein Antazidum (z.B. Maaloxan®) gegeben, bzw. eine Wärmflasche auf den Bauch gelegt werden (alternativ: Sab® oder Lefax®)
- Bei unklaren, stärkeren Beschwerden i.v.-Zugang vorbereiten.

Dringlichkeit

Jeden Pat. mit unklaren abdominellen Beschwerden anschauen und eigenhändig untersuchen. Der persönlich erhobene Befund ist vor allem auch für die Verlaufskontrolle wichtig.

8.1.3 Diagnostisches Vorgehen

Anamnese/Krankenakte

- Letzte Mahlzeit, Appetit
- Letzter Stuhlgang, letzte Miktion
- Medikamente (z.B. Antikoagulantien)
- Fieber, Übelkeit, Erbrechen
- Zurückliegende oder aktuelle OP's
- Bei Frauen Zyklusanamnese (EU-Gravidität)
- Genaue Schmerzanamnese:
  - Lokalisierte Schmerzen ☞ Abb. 8.1
  - Generalisierte Schmerzen: Peritonitis (jeder Genese), Obstruktionen, entzündliche Darmerkrankungen, diabetische Ketoazidose, Sichelzellanämie, akute intermittierende Porphyrie, akute Nebennierenrindeninsuff. nach Steroidentzug
  - Ausstrahlung ☞ Abb. 8.2
  - Charakter: Dauerschmerz, Kolik
  - Beginn: plötzlich, schleichend
  - Dauer: Stunden, Tage, Wochen, Monate, Periodik, Progredienz

- Schmerzauslösung durch:
  - Fettreiche Mahlzeiten: z.B. bei Gallenwegserkrankungen
  - Miktion: Erkrankungen der Harnwege
  - Stuhlentleerung: z.B. bei Kolonstenose
  - Gehen: z.B. beim aortoiliakalen Stealsyndrom, Bauchwandprozesse, WS-Erkankungen
  - Stehen: z.B. bei Inguinal- und Femoralhernien
  - Liegen: z.B. bei Hiatushernie, akuter Pankreatitis
  - Atmung: z.B. bei Pleuritis, subphrenischem Abszeß.
- Medikamente: nichtsteroidale Antiphlogistika, Zytostatika, Glukokortikoide → Ulcus ventriculi/duodeni, Antikoagulantien → Retroperitoneale Blutung
- Alkoholanamnese: Gastritis, Leberzirrhose, Ösophagusvarizen, Pankreatitis
- Stuhlunregelmäßigkeiten: Tumor, funktionelle Symptome
- Familienanamnese: fam. Mittelmeerfieber, Thallassämie, Porphyrie, Sichelzellenanämie, Karzinome
- Vorerkrankungen
- Zurückliegende OP's
- Bereits vorhandene Untersuchungsergebnisse.

Körperliche Untersuchung

- Inspektion: liegt der Patient ruhig, gekrümmt, windet er sich vor Schmerzen?
- Palpation: vorsichtig bis zum Schmerzzentrum vortasten. Bei zu hastiger und bereits zu Beginn schmerzhafter Untersuchung verspannt sich der Patient. Zeichen peritonitischer Reizung: muskuläre Abwehrspannung, kontralateraler Loslaßschmerz, Klopfschmerz und Intensivierung durch Husten
- Untersuchung der Bruchpforten und alter OP-Narben
- Perkussion: Meteorismus?
- Auskultation: metallisch klingende, „hochstehende" Darmgeräusche bei mechanischem Ileus, „Totenstille" bei Darmparalyse
- rektale Untersuchung: Rektum-Ca, Druckschmerz im Douglasraum bei Appendizitis, Fluktuation bei Douglasabszeß, Blut am Fingerling bei Invagination (Kleinkinder) und Mesenterialinfarkt
- allgemeine klinische Untersuchung zum Ausschluß einer extraabdominellen Ursache: kardiovaskuläre Erkrankungen, neurologischer Befund
- Temperatur rektal und axillär
- Evtl. zusätzliches Konsil, z.B. gynäkologisches Konsil.

Weiterführende Diagnostik

Noch in der Nacht

- Labor
  - Standardprogramm: Lipase (Ausschluß Pankreatitis, cave: bei Niereninsuff. oft erhöht), BB, BSG, E'lyte, Krea, Laktat, γ-GT und AP, GOT, GPT, BZ, Quick, PTT, Kreuzblut, evtl. BGA (diabetische Ketoazidose)
  - Urinstatus und Sediment: Hämaturie (Steine, Tumoren), Leukos, pos. Nitrittest Bakterien (Harnwegsinfekt).

  Vorsicht bei der Interpretation des Leukobefundes: Bei Perforation kann eine Leukozytose fehlen. Bei Pankreatitis oft starke Leukozytose. Bei V.a. Herzinfarkt CK, CKMB und HBDH.

- Bildgebende Verfahren
  - Rö-Thorax in 2 Ebenen: Pneumonie, Pleuraergüsse, freie Luft subphrenisch, Zwerchfellhochstand bei subphrenischem Abszeß

- Abdomenübersicht im Stehen oder in Linksseitenlage: subphrenische Luftsichel, Steinschatten, Spiegel (Ileus), Luft in den Gallenwegen (Gallensteinileus), Z.n. Papillotomie
- Wenn möglich Sonographie: Steine, Gallen- und Pankreasgänge, Nierenbeckenkelchsystem (gestaut?), Gallenblasenhydrops, freie Flüssigkeit (Aszites, Blut), Peristaltik, flüssigkeitsgefüllte Darmschlingen, Pankreatitis, Abszesse, Milzkapselhämatom, Aortenaneurysma, Invagination, Ovarialzyste, Tubargravidität, Kokardenphänomen bei Appendizitis, Leberrandherde
- Weitere Untersuchungen: CT, ggf. Laparoskopie, Peritoneallavage (stumpfes Bauchtrauma), Endoskopie (blutendes Ulkus), Angiographie (Mesenterialinfarkt)
- EKG: Infarktausschluß, prä-op. Vorbereitung.

Hintergrund

In der Regel sollte der Hintergrund bei nicht eindeutigen Situationen und zum Stellen einer OP-Indikation einschaltet werden.

Falls in der Nacht eine Operation erforderlich wird

- Anästhesie und OP-Team in Bereitschaft versetzen
- EKG, Rö-Thorax, evtl. EKs und FFP bereitstellen lassen
- OP-Einwilligung nicht vergessen!
- Dokumentation.

8.1.4 Therapeutisches Vorgehen

Initiales Management

- I.v.-Zugang, Blutabnahme (Standardprogramm), Nahrungskarenz, Bettruhe
- Evtl. Schockbehandlung ☞ 3.2
- Temperaturmessung, Urin-Status, evtl. Magensonde
- EKG zum Infarktausschluß bei allen Pat. über 40 J.

Aufnahme ambulanter Patienten

Bei unklaren abdominellen Symptomen ist die stationäre Aufnahme, Verlaufsbeobachtung und Nahrungskarenz obligatorisch.

Verlegen in ein anderes Krankenhaus

- Bei akuten Erkrankungen, die aus technischen Gründen in dem jeweiligen Haus nicht behandelt werden können (z.B. rupturierendes Aortenaneurysma)
- Ist eine aufnahmebereite Klinik gefunden, erfolgt der Transport im *Rettungswagen* mit ärztlicher Begleitung.

Verlegung auf die Intensivstation

Bei Kreislauf- oder Bewußtseinsstörungen (z.B. Blutung, hepatisches Koma, Pankreatitis, Ileus, u.a.), Stoffwechsel- oder E'lytentgleisungen (z.B. diabetische Ketoazidose, Ileus mit Schock und E'lytverschiebungen).

Fußangeln und Fingerzeige

- Häufige Ursache abdomineller Beschwerden besonders bei bettlägerigen Patienten ist der Meteorismus. Er kann starke Schmerzen, oft verbunden mit thorakalem Engegefühl, verursachen.
  Wichtig: Ausschluß bedrohlicher Erkrankungen
- Auch nachts die notwendige Diagnostik durchführen, rechtzeitig den Chirurgen hinzuziehen
- Vor Diagnosestellung Vorsicht bei Gabe von Analgetika (Verschleierung der Symptomatik besonders durch Morphine)
- Bei fraglicher OP-Indikation Patient nüchtern lassen
- Vor Probelaparotomie immer ausschließen: Myokardinfarkt, Lungenembolie, Pneumonie, akute Rechtsherzinsuffizienz
- *Cave:* Steroide verschleiern das Krankheitsbild.

8.1.5 Vorgehen bei Peritonitis

Klinik: Abwehrspannung lokal oder diffus (bretthartes Abdomen), Loslaßschmerz und Klopfschmerz, paralytischer Ileus, Fieber, Übelkeit und Erbrechen, später hypovolämisch/septischer Schock, Oligurie, metabolische Azidose, ggf. kompensatorisch respiratorische Alkalose (*DD* akutes Abdomen, ☞ 8.1).

Diagnostisches Vorgehen

- Körperliche Untersuchung (auch rektal)
- Axilläre und rektale Temperatur, Puls, RR
- Nahrungs- und Flüssigkeitskarenz, Blasenkatheter, Magensonde, i.v.-Zugang, evtl. ZVK
- *Labor:* BB, BSG, Quick, PTT, E'lyte, Laktat, Transaminasen, Lipase, Krea, Kreuzblut, evtl. EK und FFP, Albumin, Urinanalyse und BGA
- Rö-Thorax, Abdomen-Übersicht und in Linksseitenlage
- Sono-Abdomen, ggf. CT-Abdomen
- Laparoskopie oder evtl. Peritoneallavage.

Therapeutisches Vorgehen

- Bei stabilem Kreislauf sofortige OP, sonst zuerst Schocktherapie ☞ 3.2.2
- *Ausnahmen:* sichere Pneumokokkenperitonitis (hochdosierte Gabe von Penicillin G 3 x 5–10 Mio IE i.v. tägl.), Unterbauchperitonitis bei Adnexitis (☞ 15.1.3), moribunder Patient mit Schock und rascher Progredienz der Erkr. trotz Ther. (diese Entscheidungen zusammen mit Hintergrund treffen)
- *Komplikationen:* septischer Schock (☞ 3.5), ARDS (☞ 3.3), ANV (☞ 9.1), GIT-Blutung (☞ 8.2), abdominelle Abszesse, Verwachsungen (Spätkomplik.).

Fußangeln und Fingerzeige

- Auf ausreichende Kreislaufstabilisierung vor OP achten.
- Korrektur von E'lytstörungen (häufig Hypokaliämie, ☞ 21.1.1)
- Diabetische Pseudoperitonitis oder akute Porphyrie nicht übersehen
- Eine primäre Pneumokokkenperitonitis ist keine OP-Indikation
- Ältere Pat. und Kinder zeigen oft abgeschwächte oder atypische Zeichen
- Unter Glukokortikoidtherapie kann das bretthart Abdomen fehlen
- Vorsicht bei „Entwarnung" durch Schmerzlinderung.

8.1.6 Vorgehen bei Ileus

Mechanischer Ileus
- Kolikartige Schmerzen, Wind- und Stuhlverhalt, Erbrechen, evtl. Koterbrechen (Miserere)
- Klingende, „hochgestellte" Darmgeräusche. Manchmal äußerlich erkennbare Darmsteifungen. Narben (zurückliegende OPs, Bridenbildung, Adhäsionsileus). Bei Dickdarmverschluß massiv geblähtes, zunächst wenig druckschmerzhaftes Abdomen. Mit zunehmender Dauer Übergang in paralytischen Ileus.

Paralytischer Ileus
- Stark aufgetriebener, druckempfindlicher Leib, Erbrechen, häufig Singultus, Flüssigkeitsverlust
- Auskultatorisch „Totenstille".

Komplikationen

- Hypovolämischer Schock, E'lytstörungen (Hypokaliämie, Hyponatriämie)
- Metabolische Azidose (Bikarbonatverluste über die Sonde aus dem Darm, vermehrter Säureanfall durch katabole Stoffwechselsituation, Laktatspiegel ↑)
- Sepsis infolge einer Durchwanderungsperitonitis (Darmwandnekrose), Schock, ARDS, ANV.

Diagnostisches Vorgehen

- Körperliche Untersuchung, inkl. rektaler Untersuchung
- *Labor wenig hilfreich zur DD.* Leukozytose kann bei Strangulation und Peritonitis fehlen. Amylase kann erhöht sein. *Minimalprogramm zur OP-Vorbereitung:* BB, E'lyte, Krea, Quick, PTT, BZ, Transaminasen, Laktat, CK, Lipase, AP, bei mechanischem Ileus Blutgruppe und Kreuzprobe (z.B. für 4 EK und 2 FFP), BGA und Urinanalyse
- *Rö-Thorax:* obligat zum Ausschluß einer thorakalen Ursache der Darmparalyse (Pneumonie oder Pleuritis), freie Luft
- Abdomenübersicht und Abdomen in Linksseitenlage: luftgeblähte Darmschlingen mit Flüssigkeitsspiegeln.

- Evtl. Gastrographinschluck, Kolon-Kontrasteinlauf (kein Barium!) oder Angiographie (bei V.a. Mesenterialinfarkt sofort Mesenterikographie, wenn nicht möglich, sofort OP: Rücksprache mit dem Hintergrund)
- Sono: freie Flüssigkeit, Pankreatitis, flüssigkeitsgefüllte Darmschlingen, Pendelperistaltik, Darmschlingenkonglomerate, Gallenwege, Nierenbeckenaufstau, Bauchaortenaneurysma.

Therapeutisches Vorgehen

- Nahrungskarenz, venöser Zugang, zentralvenöser Zugang
- Magen- und/oder Dünndarmsonde (Entlastung)
- Sofortige OP bei Strangulation, Mesenterialinfarkt, Dickdarmileus mit Gefahr der Gangrän, Perforation
- Flüssigkeits- und E'lytsubstitution: ZVD zwischen 4–8 cm H_2O anstreben
- Blasenkatheter: Ein- und Ausfuhrbilanz
- Evtl. Antibiose einleiten
- Beim paralytischen Ileus hohe Einläufe und Darmstimulation mit Metoclopramid, Bepanthen und Neostigmin oder Ceruletid ☞ 22.1.

Fußangeln und Fingerzeige

- Übersehen einer Invagination oder eines Volvulus bei Kindern
- Diagnostik zügig durchführen
- Rektale Untersuchung nicht versäumen
- Leukozytose kann bei Strangulation oder Peritonitis fehlen
- Möglichst keine Analgetika vor sicherer Diagnosestellung. Kurzwirksame Spasmolytika sind erlaubt (z.B. Butylscopolamin).

8.1.7 Vorgehen bei Appendizitis

Eine akute Appendizitis hat eine höchstens 12–48stündige Vorgeschichte. Häufig finden sich initial periumbilikale Schmerzen mit Inappetenz, dann Einsetzen von Übelkeit und Erbrechen. Im weiteren Verlauf verlagern sich die Schmerzen in den rechten Unterbauch, die Temperatur steigt an.
Besonderheiten: bei kleinen Kinder kann hohes Fieber und Durchfall vorkommen. Appetitlosigkeit ist oft der entscheidende Hinweis. Bei alten Menschen findet man gelegentlich, trotz raschen Verlaufs, eine blande Symptomatik. In der Schwangerschaft hat die Appendix eine atypische Lokalisation, die Abwehrspannung kann fehlen.

Differentialdiagnostische Überlegungen

Lymphangitis mesenterialis, M. Crohn, Meckelsches Divertikel, infektiöse Enterokolitis, Uretersteine, Zysto-Pyelonephritis, Adnexitis, EU, Follikelsprung, stielgedrehte Ovarialzyste, Epididymitis, Hodentorsion, akute Cholezystitis, basale Pneumonie, v.a. bei Kindern.

Diagnostisches Vorgehen

- *Körperlicher Untersuchungsbefund:* Druckschmerz re. Unterbauch (McBurney: Mitte zwischen Nabel und Spina iliaca ant. sup., Lanz: re. Drittel zwischen den Spinae), lokaler Klopfschmerz, lokale Abwehrspannung, gekreuzter Loslaßschmerz, positives Psoaszeichen (Flexion im Hüftgelenk führt zur Schmerzentlastung vor allem bei retrozökaler Lage).
- *Fieber messen:* rektal-axilläre Temperaturdifferenz (0,5 °C),
- *Rektale Unterschung*
- *Labor:* BB, Gerinnung, E'lyte, Krea, Amylase, Kreuzblut, Urin zum Ausschluß einer Hämaturie
- *Evtl. Sono-Abdomen:* entzündliche Wandverdickung, perityphlitisches Infiltrat, umgebender Flüssigkeitssaum, Kokardenphänomen, Abszeß. Rö-Abdomen bei V.a. Ileus oder Perforation.

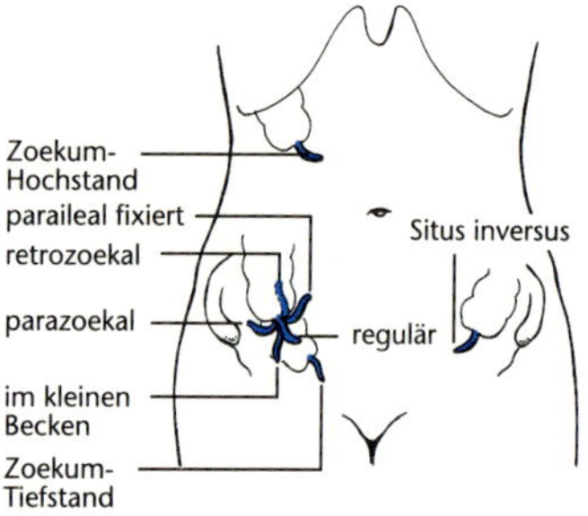

Abb. 8.2: Lageanomalien der Appendix

Therapeutisches Vorgehen

- Nahrungskarenz, i.v.-Zugang
- OP: sofort bei Peritonitis; frühzeitig bei begründetem V.a. akute Appendizitis
- Konservativ
  - In fraglichen Fällen 4–6 h beobachten. Bettruhe, Nahrungskarenz, Einlauf, Eisblase, engmaschige Verlaufskontrolle auch in der Nacht. Falls die Symptomatik progredient ist, sofort OP
  - Bei perityphlitischem Infiltrat (palpabler Tumor 3–5 Tage nach Beginn der Symptomatik): Nulldiät, Eisblase, parenterale Ernährung, Antibiose: z.B. Cefotaxim (Claforan®) 3 x 2 g zusammen mit Metronidazol (z.B. Clont®) 3 x 0.5 g i.v.; Appendektomie im freien Intervall.

Fußangeln und Fingerzeige

- Immer an atypische Lage denken, häufige Fehlinterpretation als Harnwegsinfekt
- Fehlende Leukozytose schließt Appendizitis bei eindeutiger Klinik nicht aus.
- An Perforation als mögliche Komplikation denken!

8.1.8 Vorgehen bei Gallenkolik und Cholezystitis

Erkrankungen der Gallenblase äußern sich häufig durch Schmerzen im rechten Oberbauch, die in die rechte Schulter ausstrahlen können und nicht selten durch fettreiche Mahlzeiten ausgelöst werden.

Klinik der Gallenkolik

- Wellenartiger Schmerz, bereits nach wenigen Minuten Schmerzmaximum und rasches Abklingen des Schmerzes. Gelegentlich flüchtiger Ikterus, Begleitsymptome: Übelkeit, Erbrechen, Temperaturerhöhung, BSG-Beschleunigung, Leukozytose. Bei Verschluß des Ductus choledochus tritt bereits nach 4–6 h ein Ikterus mit Juckreiz auf
- Anamnese: Vorangegangene Koliken, Farbe des Stuhles (bei Cholestase hell) und des Urins (bei Cholestase dunkel)
- Untersuchung: Druckschmerz und Klopfschmerz über der Gallenblase.

Klinik der Cholezystitis: Schmerzen re. Oberbauch, Fieber, Schüttelfrost, Übelkeit und Erbrechen, Ikterus, Gallenblase oft tastbar.

Differentialdiagnostische Überlegungen

- Ulcus duodeni/ventriculi, Appendizitis, Pankreatitis, Nierenkolik, Herzinfarkt, Lungenembolie, andere Ursachen des Ikterus, andere Ursachen des akuten Abdomens
- Bei Cholezystitis auch an akute Hepatitis, Pyelonephritis, subdiaphragmatischer Abszeß oder Leberabszeß sowie rechts-basale Pneumonie denken.

Diagnostisches Vorgehen

- Labor: BB, BSG, BZ, E'lyte, Bili, γ-GT, AP, Transaminasen, Amylase, Lipase, Quick, PTT, evtl. Blutgruppe und Kreuzblut (falls am nächsten Morgen eine ERCP oder Cholezystektomie erfolgen soll)
- Urinstatus (*DD:* Nierenstein)
- Abdomen-Sono; Rö-Abdomen, AP und LSl
- EKG, Rö-Thorax
- Bei septischen Temperaturen Blutkulturen
- ERCP für den nächsten Tag planen.

Therapeutisches Vorgehen

Initiales Management

- Nahrungskarenz, venöser Zugang, Blutabnahme
- Überwachung d. Kreislaufparameter, der Urinausscheidung; Verlaufskontrolle
- 20 mg N-Butylscopolamin (z.B. Buscopan®) langsam i.v. Bei Erfolglosigkeit Pethidin (z.B. Dolantin®) 25–100 mg i.v. wenn die Diagnose gesichert ist, Vorsicht mit Morphinderivaten, sie wirken spasmogen.

Bei V.a. Gallenkolik

- Infusion z.B. 500 ml Ringerlactat mit 3 Amp. N-Butylscopolamin über 24 h
- Bei Temp. > 38,5 °C rektal Antibiose mit z.B. Cefotaxim (z.B. Claforan®) 3 x 2 g oder Piperacillin (z.B. Pipril®) 3 x 4 g i.v.
- Bei Choledocholithiasis mit Fieber, Gangerweiterung, starker AP- und Lipaseerhöhung evtl. Notfall-ERCP vorbereiten (Rücksprache mit Hintergrund).

Bei V.a. Cholezystitis

- Antibiose: z.B. Piperacillin (z.B. Pipril®) 3 x 4 g tägl. i.v., bei V.a. Anaerobier zusätzlich Metronidazol (z.B. Clont®) 3 x 500 mg i.v. tägl.
- Bei Anamnese < 48 h OP, bei längerer Anamnese und erhöhtem OP-Risiko Cholozystektomie im freien Intervall.

Hintergrund

- Hintergrund hinzuzuziehen, wenn trotz intensiver spasmolytischer Therapie die Koliken weiterbestehen oder Komplikationen auftreten
- Frage nach Sofort-OP.

8.1.9 Vorgehen bei akuter Pankreatitis

Klinik

- Akut einsetzender, heftiger Oberbauchschmerz, der in der Tiefe lokalisiert wird und in den Rücken ausstrahlt, häufig gürtelförmige Schmerzausstrahlung
- Gleichzeitig Übelkeit und Erbrechen
- Evtl. Gesichtsrötung (Flush)
- Gespanntes, druckschmerzhaftes Abdomen (sog. Gummibauch), spärliche Darmgeräusche (Subileus), bei biliärer Pankreatitis auch Ikterus.
- Bei schwerem Verlauf Schock- und Sepsiszeichen.

Komplikationen

ARDS, ANV, paralytischer Ileus, Pseudozysten, Infektion der Parenchym- und Fettgewebsnekrosen und Sepsis, Schock, E'lyt-Entgleisung (Hypokaliämie, Hypokalzämie), GIT-Blutung.

Differentialdiagnostische Überlegungen

Ulkusperforation, mechanischer Dünndarmileus (☞ 8.1.6), Mesenterialinfarkt, akute Cholezystitis (☞ 8.1.8), Myokardinfarkt (☞ 6.1), basale Pleuritis, Lungenembolie (☞ 7.1), weitere Erkrankungen mit akutem Oberbauchschmerz ☞ 8.1.

Diagnostisches Vorgehen

- Labor
  - Lipase: Anstieg nach 3–6 h. Typisch sind Werte über 600 U/l. Die Höhe des Lipaseanstieges geht nicht immer mit der Schwere des Krankheitsbildes parallel. Normalisierung nach 5–20 Tagen. Ein Wiederanstieg weist auf Komplikationen hin. Eine Pankreatitis ohne Lipaseanstieg ist extrem selten. (Andere Gründe für Lipaseerhöhung: Mitreaktion des Pankreas bei Schockzuständen, Erhöhung der Lipase bei terminaler Niereninsuff., nach Gastroskopie, ERCP)
  - BB, E'lyte (Hypokaliämie), Krea, BZ, Eiweiß, BGA, Gerinnung, AP, γ-GT, Transaminasen (Cholestasezeichen?), Laktat, LDH
  - Lipase und Amylase am nächsten Tag kontrollieren
- Rö-Thorax: Plattenatelektasen, Pneumonie, Erguß v.a. linksseitig, ARDS
- Abdomenübersicht: Ileus, Pankreasverkalkungen, freie Luft (*DD:* z.B. perforiertes Ulcus)
- Evtl. Sono-Abdomen zur Organbeurteilung (Auftreibung, Echoarmut, Abgrenzbarkeit), Gallensteine, Cholestase, Pankreaskopfkarzinom, entzündliches Exsudat in der Loge zwischen Leber und Niere, Nekrosestraßen, Pseudozysten, Pleuraerguß.

Weitere diagnostische Maßnahmen (CT mit KM, ERCP und Papillotomie) bleiben dem Tagdienst überlassen.

Therapeutisches Vorgehen

- Bettruhe, bei schwerem Verlauf Intensivüberwachung
- Nahrungs- und Flüssigkeitskarenz
- Bei Darmatonie Magensonde ☞ 2.9.2
- Parenterale Volumen- und Kaloriensubstitution (E'lyte-, Glukose- und Aminosäurengemische), zunächst positive Volumenbilanz (Einfuhr mindestens 2,5 l tägl.), Abschätzen des Flüssigkeitsbedarfs nach ZVD (*Ziel:* + 2 bis + 10 cm H_2O)
- Schmerzbekämpfung mit Procainhydrochlorid (50 ml 1 % mit 2–4 ml/h, max 2 g tägl.). Bei Bedarf zusätzlich starke Analgetika, z.B. 1/2 bis 1 Amp. Buprenorphin (z.B. Temgesic®, Wirkdauer 8 h), 1/2 Amp. Pentazocin (z.B. Fortal®, Wirkdauer 4 h), 1/2–1 Amp. Pethidin (z.B. Dolantin®, Wirkdauer 3 h)
- *Cave:* bei unmittelbaren Morphinabkömmlingen Gefahr des Papillenspasmus. Evtl. Epiduralkatheter: Bupivacain (z.B. Carbostesin®) 0,25 % mit 2,5–4,5 ml/h
- H_2-Blocker zur Streßulkusprophylaxe und zur Vermeidung des Säuresekretionsreizes des Pankreas: z.B. 3–4 x 1 Amp. Ranitidin (z.B. Zantic®) i.v. tägl.
- Bei schwerem Verlauf und bei der biliären Form mit V.a. Cholangitis Gabe von Antibiotika: z.B. 3 x 2 g Cefotaxim (z.B Claforan®) i.v., ggf. auch in Kombination mit Aminoglykosiden: z.B. Gentamycin (z.B. Refobacin®) 3 x 80 mg i.v. Bei schwersten Formen Imipenem (z.B. Zienam®) 4 x 500 mg tägl. i.v. in Kombin. mit Metronidazol (z.B. Clont®) 3 x 500 mg tägl. i.v. Teuer!

Fußangeln und Fingerzeige

- *DD:* an Hinterwandinfarkt und perforiertes Ulcus duodeni denken.
- Ausreichende Flüssigkeitszufuhr zur Prophylaxe eines hypovolämischen Schocks
- *Cave:* Die Bedrohlichkeit des Krankheitsbildes wird häufig unterschätzt.

8.2 Gastrointestinale Blutung

Gastrointestinale Blutungen haben vielfältige Ursachen, das Primärmanagement ist jedoch unabhängig von der zugrundeliegenden Störung. Viele Blutungen sistieren spontan. Manche können aber auch innerhalb von wenigen Minuten zum schweren hämorrhagischen Schock führen. Deshalb auch bei kleineren Blutungen engmaschige Kreislaufüberwachung und i.v.-Zugang. 90 % der Blutungen entstammen Läsionen des oberen Verdauungstraktes. Blutungen des unteren Verdauungstraktes sind eher chronisch, aber gelegentlich auch akut und lebensbedrohlich (massive Blutungen bei Colitis ulcerosa, Marcumar).

8.2.1 Differentialdiagnostische Überlegungen

Ätiologie der oberen GIT-Blutung

- Ulcus duodeni
- Ulcus ventriculi
- Magenerosionen
- Ösophagusvarizen
- Seltener: Mallory-Weiss-Syndrom, Angiodysplasien, Ca.

Untere GIT-Blutung

- Hämorrhoidenblutung
- Karzinome
- Entzündliche Darmerkrankungen
- Divertikel
- Angiodysplasien
- Blutungen aus weiter oral gelegenen Quellen, wenn sie massiv sind.

8.2.2 Pieps – Erste Orientierung am Telefon

Fragen an das Pflegepersonal

- Frisches Blut, kaffeesatzartiges Erbrechen, Teerstuhl?
- Wieviel Blut hat der Pat. verloren, wie lange blutet er?
- Vitalfunktionen? (RR, Puls, Bewußtsein, Luftnot)
- Relevante Vorerkrankungen (Leberzirrhose, Ulcera des oberen Verdauungstraktes)
- Antikoagulantien, Thrombolyse?

Erste Anweisungen an das Pflegepersonal

- Großlumigen I.v.-Zugang, Blutabnahme, Infusion (z.B. Ringerlaktat) und Ösophagussonde vorbereiten
- Kreislaufüberwachung
- Evtl. Intensivstation informieren
- Labor benachrichtigen (sind bereits Blutkonserven gekreuzt?).

Dringlichkeit

- Jede GIT-Blutung erfordert die umgehende Anwesenheit des Arztes. Auch aus einer anfangs „harmlosen Blutung" kann sich schnell eine bedrohliche Situation entwickeln.
- Hilfe organisieren bei schwerer oberer GIT-Blutung mit Schock (Reanimationsteam rufen lassen).

8.2.3 Diagnostisches Vorgehen

Wichtigste Erstentscheidung: Bedarf der Pat. sofortiger Ther. (Volumentherapie, Intubation, intensivmedizinische Maßnahmen) oder hat man Zeit, den Pat. zu untersuchen?

Anamnese/Krankenakte

- Blutungsart (s.u.), Blutungsdauer
- Relevante Vorerkrankungen (Ulkusleiden, bekannte Lebererkrankungen, Gerinnungsstörungen, Infektionen, Tumorleiden)?
- Zuvor heftiges Erbrechen (Mallory-Weiss-Syndrom)
- Medikamente (Antikoagulantien, nichtsteroidale Antiphlogistika)
- Durchfall (z.B. bei Colitis ulcerosa)
- Alkoholabusus.

Körperliche Untersuchung

- *Meläna* (Teerstuhl): schwarzer, glänzender, klebriger Stuhl, 5 Stunden bis 2 Tage nach Blutung. Kommt schon bei relativ geringer Blutung (60 ml) vor. Bei massiver Blutung oder schneller Darmpassage rote Blutstühle. *DD:* schwarzer Stuhl auch bei oraler Eisentherapie, Kohletabletten, Wismut, Blaubeeren, Spinat, Rote Beete.
- *Hämatemesis* (Bluterbrechen): meist „kaffeesatzartig", bei starker Blutung oder Anazidität rotes Bluterbrechen.
- Zeichen der Anämie: Schwäche, Schwindel, Luftnot, Blässe
- Zeichen der Hypovolämie: Durst, Kaltschweißigkeit, Tachykardie, Hypotonie
- Blutung aus Nasenrachenraum und Lunge ausschließen (Hämoptyse: hellrotes, schaumiges Blut, auskultatorisch oft feuchte RGs, ☞ 7.3).

Weiterführende Diagnostik

Labor: BB, Blutgruppe, Kreuzblut für 4–6 EK und 2 FFP, Quick, PTT, Fibrinogen, E'lyte, Krea, Transaminasen, Lipase, Laktat.

8.2.4 Therapeutisches Vorgehen

Bei kleinen Blutungen ohne Kreislaufreaktion und Hkt.-Abfall

- Großlumiger, sicherer i.v.-Zugang, Infusion (z.B. Ringerlaktat)
- Kreislaufüberwachung, Hb-Kontrollen
- Nahrungskarenz
- Endoskopie für den nächsten Tag planen.

Initiales Management bei größeren Blutungen

- Nach Möglichkeit Verlegung auf Intensivstation
- Kreislaufstabilisation: mehrere großlumige periphervenöse Zugänge zur Volumensubstitution (ZVK später zur ZVD-Messung): kristalline Lösungen, 1–2 l frei Hand, je nach Blutverlust Plasmaexpander (max. 1 l tägl.). FFP nicht routinemäßig, sondern nur bei Massentransfusionen (> 4 EK) und Gerinnungsstörungen. *(Ziel:* Hkt. > 30 %). Jede Konserve erhöht den Hkt. um ca. 3–4 %
- Bei mehr als 10 Konserven droht eine DIC (☞ 3.4), deshalb rechtzeitige OP-Entscheidung
- Endoskopie (bei schwerer oberer GIT-Blutung mit Bluterbrechen Intubation vor Endoskopie zur Vermeidung einer Aspiration): Endoskopische Blutstillung durch Unterspritzung mit Adrenalin (z.B. Suprarenin®) 1:10.000, ggf. Polidocanol (z.B. Aethoxysklerol®) oder Fibrinkleber (z.B. Beriplast®). Volumensubstitution und Endoskopie parallel durchführen
- Bei diffuser Sickerblutung (Forrest Ib) evtl. Somatostatin (z.B. Somatofalk®) über Perfusor: 3 mg auf 50 ml NaCl, zunächst 4 ml im Bolus, dann 3 ml/h über 12–24 h
- Bei Blutung aus der A. gastroduodenalis oder bei endoskopisch nicht stillbarer Blutung Notfall-OP
- Weicher Magenschlauch, anspülen (Frage: Blutungsrezidiv?)
- Zur Abheilung der blutenden Läsionen pH-Anhebung z.B. mit 80 mg Omeprazol (z.B. Antra®, Hochdosisther. z.Zt. umstritten) als Kurzinfusion i.v., dann 40 mg alle 8 h oder Ranitidin 3–4 mal tägl. 1 Amp. i.v
- Bei V.a. Aspiration Rö-Thorax (neg. Rö-Befund schließt allerdings eine Aspiration nicht aus, Klinik berücksichtigen).

Engmaschige Kontrolle von Blutdruck und Puls, Flüssigkeitszufuhr nach ZVD (Ziel 4–8 cm H_2O). *Cave:* Herzinsuff., Niereninsuffizienz.

Vorgehen bei akuter Ösophagusvarizenblutung

- Wenn möglich, Sklerosierung der blutenden Varizen. *Cave:* Äthoxysklerol ist stark kardiodepressiv. Bei persistierender Blutung Ballonkompression mit Senkstaken-Blakemore-Sonde (Doppelballonsonde: Rö-Kontrolle, da es bei Fehlplazierung des gastralen Ballons im Ösophagus zur Perforation kommen kann) oder Linton-Nachlaß-Sonde (bei Fundusvarizen besser) ☞ 2.9.1

- Wenn Endoskopie nicht verfügbar:
  - Sonde
  - Kreislaufstabilisierung
  - Verlegung in geeignete Klinik im RTW mit Reanimationsmöglichkeit unter ärztlicher Begleitung.
- Evtl. Terlipressin (Glycylpressin®) 1–2 mg i.v., ggf. alle 4 h wiederholen; NW: Myokardischämie, Erniedrigung des Herzzeitvolumens, abdominelle Schmerzen, Blässe, Kontraindikation: KHK.
- Leberkomaprophylaxe bereits in der Nacht beginnen: Neomycin 4 x 2 g tägl p.o., Laktulose z.B. 20 ml alle 2 h bis Durchfall eintritt.

Hintergrund

Hintergrund verständigen (zum Legen einer Ösophagussonde, zur endoskopischen Sklerosierung oder zur Stellung einer OP-Indikation).

Aufnahme ambulanter Patienten

Jeder Pat. mit gastrointestinaler Blutung bedarf der stationären Beobachtung und Abklärung.

Fußangeln und Fingerzeige

- Mehrere großlumige Zugänge sind zunächst wichtiger als ein ZVK
- Regelmäßige Kreislaufüberwachung (*Cave*: bei Patienten mit β-Blockern kommt es im Schock nicht zu einem Frequenzanstieg bei Volumenmangel, dadurch wird eine Hypotonie verstärkt)
- Patient bleibt nüchtern, da Endoskopie und ggf. OP folgen können
- Keine oralen Hämostyptika, keine Eiswasserspülung (Wirkung nicht belegt)
- Bei Aspirationsgefahr: Indikation zur Intubation überdenken.
- Übersehen von Gerinnungsstörungen
- Sondenlagekontrolle, Füllung kontrollieren, regelmäßiges Anspülen nicht vergessen (Rezidivblutung?)
- 20–30 % der Pat. bluten aus zwei oder mehr Läsionen
- Normaler Hkt schließt eine Blutung nicht aus: Verdünnung aus dem Extravasalraum dauert mehrere Stunden
- Bei Massivtransfusionen (10 EK) droht DIC → rechtzeitig OP-Entscheidung treffen.

8.3 Übelkeit und Erbrechen

Übelkeit und Erbrechen können Symptom bei gastrointestinalen Erkrankungen, aber auch Ausdruck anderer, z.T. lebensbedrohlicher Erkrankungen (z.B. Herzinfarkt, Hypertensive Krise, Schock) und medikamentöser NW sein.

8.3.1 Differentialdiagnostische Überlegungen

- Leitsymptom des Ileus und beim akuten Abdomen
- GIT: Schleimhautreizung bei Ösophagitis, akute Gastroenteritis, Nahrungsmittelvergiftung, Gastritis (Alkohol?), Ulcus ventriculi oder duodeni, Karzinom
- Kreislauf: Myokardinfarkt, Stauungsgastropathie bei Herzinsuff., Hyper- und Hypotonie, Herzrhythmusstörungen, Schock
- ZNS: erhöhter Hirndruck, Migräne, Meningitis, M. Menière ☞ 14.1
- Durchblutung: Angina abdominalis, Mesenterialinfarkt, disseziierendes und rupturiertes Bauchaortenaneurysma ☞ 6.1
- Medikamentös: z.B. Digitalis, nicht steroidale Antiphlogistika, Antibiotika, Opiate, Zytostatika u.a.
- Endokrin: Schwangerschaft, diabetische Ketoazidose, Hypoglykämie, primärer Hyperparathyreoidismus, Hyperthyreose, autonome Neuropathie
- Urogenital: Pyelonephritis, Urolithiasis, akutes Skrotum
- Infektiös-toxisch: Hepatitis, Intoxikationen, Nahrungsmittelallergie
- Andere Ursachen: Urämie (☞ 9.1), Glaukomanfall (☞ 19.2), psychogen.

8.3.2 Pieps – Erste Orientierung am Telefon

Fragen an das Pflegepersonal

- Vitalfunktionen (RR, Puls, Bewußtsein, Atmung)
- Begleitsymptome (Schmerzen, Hypo- oder Hypertonie, Fieber, Schock)
- Bei Erbrochenem: Menge und Aussehen (Blut- oder Stuhlbeimengungen?)
- Bekannte Vorerkrankung, aktuelle OP im Abdominalbereich?
- Medikamente (z.B. Zytostatika).

Erste Anweisungen an das Pflegepersonal

- Vitalparameter überwachen
- Etwas Erbrochenes asservieren (Blut, Kaffeesatz, Darminhalt?)
- Bei anhaltendem Erbrechen Magensonde und i.v.-Zugang richten
- Bei V.a. Herzinfarkt → EKG schreiben lassen.

Dringlichkeit

Dringlichkeit besteht:

- Bei Begleiterscheinungen wie Kreislaufdepression, Fieber oder Schmerzen oder wenn sich Blut- oder Stuhlbeimengungen finden.

8.3.3 Diagnostisches Vorgehen

Anamnese/Krankenakte

- Anfallsweise Erbrechen: z.B. Migräne (Kopfschmerz, Augenflimmern), M. Menière (Ohrensausen, Schwindel)
- Regelmäßig intermittierendes Erbrechen, z.B. im 12–48 h-Rhythmus, bei Magenausgangsstenose oder Syndrom der zuführenden Schlinge
- Begleitsymptome: Oberbauchschmerzen (Peritonitis, Ulkus, Pankreatitis, Cholezystitis, Cholezystolithiasis), Kopfschmerzen (Hypertonus, Migräne, Hirndruck, Meningitis)
- Zeitpunkt des Erbrechens: morgens (Schwangerschaft, Alkoholismus), nachts (Ulcus duodeni), sofort nach dem Essen (akute Gastroenteritis, Hepatitis, psychogen), verzögert nach dem Essen (Pylorusstenose, Vagotomie)
- Erleichterung durch Erbrechen bei Ulkus, nicht bei Gallen- und Pankreaserkrankungen
- Gewichtsverlust: längerdauernde organische Erkrankungen, Anorexia nervosa
- Zusammensetzung des Erbrochenen: unverdaut (z.B. Achalasie, Ös.-Stenose, Divertikel), blutig, gallig, kaffeesatzartig
- Medikamente, Toxine, berufliche Exposition
- Bekannte Vorerkrankungen: Ulkusleiden, Diabetes mellitus, vorangegangene OPs.

Körperliche Untersuchung

- Haut: Exsikkose (stehende Hautfalten, trockene Zunge, Oligurie), Hyperpigmentation (M. Addison), Ikterus
- Kreislauf: Bradykardie (bei Digitalisintox. und bei erhöhtem Hirndruck), Tachykardie (bei Schmerzen und Hypovolämie)
- Pupille: Miosis (z.B. Opiatvergiftung), Mydriasis (z.B. beim akuten Glaukomanfall, Erregung), Pupillendifferenz (z.B. bei ZNS-Blutung, Apoplexie; Hirndruck: Kopfschmerzen, Übelkeit, Papillenödem, fokale Zeichen, ☞ 12.1.2)
- GIT: Hernien, OP-Narben, Zeichen des Ileus (z.B. fehlende oder hochgestellte Darmgeräusche), sichtbare Peristaltik (z.B. bei Pylorusstenose), peritonitische Zeichen (Abwehrspannung, kontralateraler Loslaßschmerz), Hepatosplenomegalie

Weiterführende Diagnostik

- *Labor:* Bei schwerem oder unklarem Erbrechen in der Nacht: BB, BSG, Krea, E'lyte, Laktat, BGA (metabolische Alkalose, Azidose), CK, GOT, γ-GT, AP, Transaminasen, Gerinnung, Lipase, BZ, Urinstatus. Ggf. Digitalisspiegel, Toxikologie, Porphyrine abnehmen und für Untersuchung am nächsten Morgen konservieren.
- Je nach Verdacht und Dringlichkeit, Rö-Thorax und Abdomen, Sono, EKG, bei V.a. Hirndruck noch nachts CCT.
- ggf. Gastroskopie, Kontrastuntersuchungen.

8.3.4 Therapeutisches Vorgehen

Akute Erkrankungen, die sofortiges Handeln erfordern
- neurologisch: Hirndruck, SHT (☞ 12.1.2), Meningitis (☞ 14.5)
- ophthalmologisch: akuter Glaukomanfall (☞ 19.2)
- otologisch: M. Menière (☞ 18.5)
- urologisch: akutes Scrotum (z.B. Hodentorsion ☞ 16.3), Urolithiasis (☞ 9.3)
- kardiovaskulär: Herzinfarkt (☞ 6.1), akute Herzinsuff., Lungenembolie (☞ 7.1)
- Herzrhythmusstörungen (☞ 6.2), Hypertensive Krise (☞ 6.4), Schock (☞ 3.2)
- metabolisch: Ketoazidotisches Koma, Hypoglykämie (☞ 10.1)
- gastroenterologisch: akutes Abdomen (☞ 8.1).

Initiales Management
- Metoclopramid (z.B. Paspertin®), 10 mg i.v., evtl. alle 8 h wdh.; nicht bei Kindern; alternativ Triflupromazin (z.B. Psyquil®) 2 x 5–10 mg (1/2–1 Amp) i.v.
- Flüssigkeitssubstitution mit Ringerlösung, E'lyt-Ausgleich.
- Bei zytostatikainduziertem Erbrechen Ondansetron, z.B. Zofran® 3 x 8 mg tägl. per os oder 1 mg/h über Perfusor i.v. ☞ 11.2.2.

Aufnahme ambulanter Patienten

Bei unklaren Beschwerden oder vorliegenden Begleitsymptomen (z.B. Kreislaufstörungen) stationäre Aufnahme und Beobachtung.
Pat. kann wieder nach Hause gelassen werden bei: leichter Gastroenteritis (symptomatische Ther. z.B. mit Metoclopramid), induziertes Erbrechen (psychologische Betreuung?), leichtere Formen der Migräne (ASS, Paracetamol, Ergotamin/Coffein-Präparate).

Fußangeln und Fingerzeige

- E'lyt-Störungen (z.B. Hypokaliämie) nicht übersehen.
- Übersehen einer nicht gastrointestinalen Ursache für Übelkeit und Erbrechen: Hinterwandinfarkt, Glaukom, Hirndruck, akute Porphyrie, Intoxikation.

8.4 Diarrhoe

8.4.1 Differentialdiagnostische Überlegungen

- Infektiös
  - Bakt.: E. coli, Salmonellen (S. enteritidis, typhus, paratyphus), Shigellen (Ruhr), Campylobacter jejuni, Yersinien, Clostridium difficile
  - Viren: Rota-Viren (Kleinkinder), Parvoviren. Parasiten: Entamöba histolytica, Gardia lamblia

- Medikamentös: Mg-haltige Antazida, Digoxin, Anticholinergika, Laxantien, Antibiotika, Zytostatika
- Toxisch: Pilze, Arsen, Quecksilber, Bakterientoxine (Staphylokokken, Botulinustoxin)
- Nahrungsmittelallergie: z.B. Erdbeeren
- Dünndarmerkrankungen: z.B. M. Crohn, Malabsorptionssyndrome, Durchblutungsstörungen, Lactoseintoleranz
- Dickdarmerkrankungen: z.B. Colitis ulcerosa, ischämische Kolitis, Strahlenkolitis, Kolon-Ca
- Nach chirurgischer Therapie: z.B. Syndrom der zuführenden Schlinge, Dumpingsyndrom
- Pankreaserkrankungen, Leber-Galle-Erkrankungen (osmotische Diarrhoe: mangelnder Aufschluß der Nahrung durch ungenügende Sekretion)
- Endokrine- und Stoffwechselstörungen: Diabetes mellitus, Hyperthyreose, M. Addison u.a.
- Vegetativ: bei Angst, Nervosität (Ausschlußdiagnose)
- Sonstige: Kollagenosen, AIDS, neurologische Erkrankungen, Urämie.

Äiologie der blutigen Diarrhoe

- Infektiöse Enterocolitiden: Campylobacter jejuni, Shigellen, Salmonellen, Yersinien, enteroinvasive E. coli, Clostridium difficile, Amöben und Schistosomen, Tbc
- Divertikulitis, ischämische Kolitis, inkomplett stenosierendes Kolon-Ca, Colitis ulcerosa, M. Crohn, Mesenterialinfarkt, Invagination, Volvulus, Endometriose, untere Intestinalblutung.

8.4.2 Pieps – Erste Orientierung am Telefon

Fragen an das Pflegepersonal

- Vitalfunktionen?
- Heftigkeit der Beschwerden, Beimengungen von Blut?
- Begleitsymptome: Fieber? Hautausschläge?
- Akut oder chronisch?
- Hat der Pat. schmerzhafte Stuhlentleerungen oder sonst Schmerzen?
- Wurde der Pat. operiert?
- Medikamente (z.B. Antibiotika, Zytostatika).

8.4.3 Diagnostisches Vorgehen

Anamnese/Krankenakte

- Dauer der Erkrankung
- Durchfallcharakteristik
- Begleiterscheinungen (Schmerzen, Fieber, Übelkeit)
- Vorerkrankungen, zurückliegende OP's
- Bereits seit Tagen bestehende Durchfälle
- Medikamente, Laxantien
- Ernährung
- Auslandsaufenthalte?

Körperliche Untersuchung

- Besonders beachten: Exsikkosezeichen, Exantheme, Darmgeräusche, Gefäßgeräusche, Meteorismus, tastbare Resistenzen, Ödeme, Kreislaufveränderungen
- Rektale Untersuchung
- Temperatur
- Abschätzen der Erkrankungsschwere: Dehydratation? – häufig bei älteren Patienten. Metabolische Azidose? (Hyperventilation, BGA), Hypokaliämie

Weiterführende Diagnostik

Labor: BB, E'lyte, BSG, Krea, BZ, Laktat, CK, BGA .Stuhluntersuchungen und Serologie für den nächsten Tag planen.

8.4.4 Therapeutisches Vorgehen

- Salzreiche Nahrung und viel trinken, (z.B. Elotrans®, Oralpädon®). Ggf. i.v. Flüssigkeits- und Elektrolytersatz, dazu Zuckergabe
- Keine blinde Antibiotikather. außer in schweren Fällen (Dysenterie, Sepsis)
- Antisekretorische Mittel, Aktivkohle etc., sind umstritten. Motilitätshemmer, z.B. Loperamid (z.B. Imodium®) 4 x 2 mg nur bei leichten Verläufen. *Cave:* nicht bei Kindern < 2 J. und nicht bei infektiöser Enterokolitis
- Bei V.a. antibiotika-assoziierte Kolitis: auslösendes Antibiotikum absetzen und Vancomycin 3 x 125–250 mg tägl. oral
- Isolation bei V.a. infektiöse Enteritis.

Aufnahme ambulanter Patienten

Häufiger bei ambulanten als bei stationären Patienten:

- *Lebensmittelvergiftung:* Brechdurchfall wenige Stunden nach toxinhaltigen Nahrungsmitteln (z.B. Tiefkühlkost, Fleisch, Geflügel, Eier, Milchprodukte, Speiseeis). Erreger: Salmonellen (Inkubationszeit 12–36 h), Staph. aureus (1–2 h), Clostridium botulinum und perfringens. Bei sonst gesunden Pat. ist keine Antibiose erforderlich (Ausnahme: Botulismus).
- Leichtere infektiöse Durchfälle werden symptomatisch versorgt (☞ oben) und können ambulant bleiben.
- Bei schweren Diarrhöen mit Begleitsymptomatik oder Blutbeimengungen im Stuhl stationäre Aufnahme.

Fußangeln und Fingerzeige

- Bei leichtem Krankheitsverlauf einer infektiösen Enteritis keine Antibiotika
- Infektiöse Enteritiden sind meldepflichtig
- Zur besseren Resorption der Flüssigkeit und der E'lyte gleichzeitig Zucker geben.

8.5 Ikterus

Der Ikterus ist selten ein akut auftretendes Problem. Ausnahmen stellen Ikterus als Folge eines akuten Leberversagens, der akute Verschlußikterus und der Ikterus bei Sepsis und Schock dar, die noch in der Nacht diagnostiziert und behandelt werden müssen.

8.5.1 Differentialdiagnostische Überlegungen

- Prähepatischer Ikterus: Hämolyse, große Hämatome, Transfusionszwischenfälle
- Leberzellschädigung (intrahepatischer Ikterus, Parenchymikterus): infektiöse Hepatitis, akuter Schub einer chronischen Hepatitis oder Zirrhose, Intoxikationen (z.B. Pilze, CCl_4), Arzneimittelhepatitis, Alkoholhepatitis, Begleithepatitis (Zytomegalie, Mononukleose u.a.).

Verschlußsyndrome

Intrahepatische Cholestase
- Cholestatische Verlaufsform der Virushepatitis
- Cholestatischer Medikamentenikterus (Phenothiazine, Hormone, Ajmalin)
- Alkoholfettleber
- Schwangerschafts-Cholestase
- Bakterielle Infektionen (Leptospirose, Salmonellen)
- Primäre biliäre Zirrhose
- Idiopathisch rezidivierende Cholestase.

Extrahepatische Cholestase
- Verschlüsse im Gangsystem (Cholelithiasis, Cholangitis, Tumoren, Parasiten)
- Kompression des Gangsystemes von außen (Cholezystitis, Pankreatitis, Lymphome, Tumor, Leberechinokokkus, Leberabszeß).

Außerdem gibt es seltene konstitutionelle Hyperbilirubinsyndrome (z.B. M. Meulengracht, Crigler-Najjar-Syndrom, Arias-Syndrom, Dubin-Johnson-Syndrom, Rotor-Syndrom).

8.5.2 Pieps – Erste Orientierung am Telefon

Fragen an das Pflegepersonal
- Störungen der Vitalfunktionen, Koma
- Fieber, Übelkeit, Erbrechen oder Schmerzen

Erste Anweisungen an das Pflegepersonal
- I.v.-Zugang und evtl. Magensonde richten (z.B. bei Verschlußikterus)
- Bei Störung der Vitalfunktionen Intensivstation benachrichtigen (z.B. Leberausfallskoma)

Dringlichkeit

- Akuter Verschlußikterus mit Schmerzen und Fieber, Leberausfallskoma, Ikterus bei Sepsis und Schock akut behandlungsbedürftig.
- Weniger dringlich ist der sich langsam entwickelnde Ikterus ohne Störung der Vitalfunktionen, ohne Schmerzen und Fieber.

8.5.3 Diagnostisches Vorgehen

Anamnese/Krankenakte

- Schmerzen, Übelkeit und Erbrechen: Erkrankungen der Gallenwege (Gallensteine?), Pankreaserkrankungen, akute Rechtsherzinsuff.
- Anorexie, Gewichtsverlust: Pankreas-Ca
- Fieber, Arthralgien: Virushepatitis
- Medikamente, Alkohol: med.-tox. bedingte Hepatitis
- Familienanamnese: z.B. M. Wilson, fam. Hypercholesterinämie
- Vorerkrankung und Vormedikation.

Körperliche Untersuchung

- Schmerzen im rechten Oberbauch, evtl. Courvoisier'sches Zeichen (palpable Gallenblase bei Pankreaskopf-Ca), lokalisierte Abwehrspannung bei Cholecystitis und Cholangitis mit beginnender Perforation
- Leberklopfschmerz (Kapselspannung bei Hepatitis und Stauungsleber)
- Reduzierter Allgemein- und Ernährungszustand sowie zentralnervöse Störungen, Spider naevi, Palmarerythem, Störung der Körperbehaarung, Gynäkomastie und Hodenatrophie sowie Aszites weisen auf eine chronische Lebererkrankung hin
- Kayser-Fleischerscher Kornealring: M.Wilson
- Foetor hepaticus: Leberkoma.

Weiterführende Diagnostik

- Labor:
  - BB, E'lyte, Krea, Transaminasen, Gesamt-Bili (direkt und indirekt für den nächsten Tag), Cholestaseenzyme (AP und γ-GT), Quick, PTT
  - Bei V.a. akute Cholezystitis (☞ 8.1.8): Kreuzblut. Blutkultur oder Blut für Virusserologie bei entsprechendem Verdacht am nächsten Tag abnehmen
- Sono: bei V.a. eingeklemmten Stein
- Rö-Thorax, Abdomen, EKG: bei geplanter OP
- Bei mechanischem Galleabflußhindernis baldige ERCP (Steinentfernung oder bei Tumor Drainageeinlage).

Sofortige OP-Indikationen

- Perforierte Gallenblase mit galliger Peritonitis
- Gangränöse Cholezystitis und Gallenblasenempyem.

Aufnahme ambulanter Patienten

Jeder Patient mit einem Ikterus muß stationär aufgenommen werden.

Fußangeln und Fingerzeige

Umgehende Sonographie zur Differentialdiagnose.

8.6 Leberkoma

Leberausfallskoma: exogenes Leberkoma durch ungenügende Entgiftung bei bestehender Leberschädigung (meist Zirrhose). Auslöser: z.B. GIT-Blutung, proteinreiche Kost, E'lytstörung (v.a. Hypokaliämie), Diuretika, Sedativa, Aszitespunktion, Infektion, Schock, OP, Diarrhoe, Erbrechen.
Leberzerfallskoma: endogenes Leberkoma bei akuter Leberinsuff. Auslöser: fulminante Virushepatitis, Intox. (z.B. CCl_4, Paracetamol), Medikamente (z.B. Halothan), Alkoholhepatitis, Schwangerschaftshepatitis, Cholangitis, Lebertumoren (Metastasen, Hepatom).

Klinik: Allgemeiner Leistungsabbau, Oberbauchbeschwerden, Appetitlosigkeit, Übelkeit, Foetor hepaticus, art. Hypotonie, häufig GIT-Blutungen (Ulcus, Ösophagusvarizen), Leberzeichen (☞ 8.5.3), Aszites, Ikterus.

8.6.1 Diagnostisches Vorgehen

Anamnese/Krankenakte

Medikamente, Berufsanamnese, Alkohol, Familienanamnese (Stoffwechselstörungen), Fremdanamnese.

Weiterführende Diagnostik

Noch in der Nacht *Labor:*
- Transaminasen, direktes und indirektes Bili, Cholestaseenzyme, Syntheseparameter (nachts nur Quick, PTT, am nächsten Morgen ChE, AT III, Fibrinogen).
- BB, Blutkultur
- E'lyte, Krea, BZ, BGA, Laktat.

Für den nächsten Tag planen:
- E'phorese, Virusserologie bei unklarer Ätiologie, Spezialuntersuchungen
- Sonographie und erweiterte Diagnostik.

8.6.2 Therapeutisches Vorgehen

Initiales Management

- Intensivüberwachung mit Kontrolle von Puls, Blutdruck, Atemfunktion, Temperatur, Einfuhr- und Ausfuhrbilanz, regelmäßiger Neurostatus, BGA, Kreislaufüberwachung mittels ZVK wenn möglich
- Darmsterilisation: Neomycin 4 x 2 g oder Paromomycin 4 x 1 g (Humatin®) tägl p.o., wenn Pat. wach: 30–50 ml Laktulose (z.B. Bifiteral®) p.o. zweistündlich, evtl. über Magensonde, bis Diarrhoe eintritt. Alternativ Einlauf mit 300 ml Laktulose + 700 ml Wasser 2 x tägl. Wenn Pat. komatös ist, Lactulose über Magensonde erst nach Intubation
- Flüssigkeitsrestriktion zur Vermeidung von Hirnödem und Aszitesbildung bzw. -zunahme. Wichtig ist eine ausreichende Glukosezufuhr und eine Stabilisierung der Gerinnungsfunktion

- Hepatotoxische Medikamente vermeiden
- Bei Oligurie: wenn ZVD < 5 cm H_2O, Volumengabe. Wenn ZVD > 5 cm H_2O Gabe von Furosemid i.v.
- Gerinnungsstörungen: FFP, so daß PTT unter dem dreifachen des Normalbereiches liegt. Bedarf etwa 4–8 FFP. Vit. K 10 mg tägl. i.v. (in 100 mg NaCl 0,9 % als Kurzinfusion)
- Streßulkusprophylaxe: Ranitidin (z.B. Zantic®) 2–4 x 50 mg tägl i.v. oder Sucralfat (z.B. Ulcogant®) 4 x 1 g p.o. bzw. per Magensonde (*KI:* schwere Niereninsuffizienz)
- Labor: BZ stündlich, BB, E'lyte, PTT, Quick, AT III tägl.
- Sedation z.B. mit Diazepam (halbe Dosierung). Kein Metoclopramid.

Parenterale Ernährung bei Leberinsuffizienz über ZVK

- Glucose 2–5 g/kg tägl. (max. 400 g tägl.) als 50 % Glucoselösung
- Keine Fruktose, Sorbit oder Xylit (Gefahr der Laktatacidose)
- E'lyte nach Laborwerten. *Cave*: einem erniedrigten Na^+ liegt meist eine Verdünnungshyponatriämie zugrunde, die nicht durch Natriumgabe sondern durch Flüssigkeitsrestriktion behandelt werden muß
- Keine Fettemulsionen im Leberkoma
- Eiweißfrei nur nach GIT-Blutungen und dann auch nur für wenige Tage. Nach Besserung unter NH_3-Kontrolle 1 g/kg AS tägl.
- Verzweigtkettige AS z.B. als Comafusin Hepar® über drei Tage, sonst Aminofusin Hepar® (niedriger Anteil zyklischer AS).

Therapie häufiger Komplikationen

- GIT-Blutung ☞ 8.2
- Gerinnungsstörung: Quickerniedrigung, Thrombozytopenie. Bei Absinken des Quick unter 30 %: Gabe von Vit. K (10–30 mg i.v.) und FFP oder Faktorenkonzentraten (z.B. PPSB), bei Absinken der Thrombozyten < 20 000/nl und Blutung: Gabe von Thrombozytenkonzentraten. Bei Blutung: Quick 40 % und Thrombozytenzahl 50 000/nl anstreben, Heparin max. 200–400 I.E./h
- Hirnödem: 30° Oberkörperhochlagerung, Mannitgabe, sofern Nierenfunktion normal ist i.v., evtl. Intubation und Hyperventilation
- Sepsis, Pneumonie: nach Abnahme einer Blutkultur z.B. Cefotaxim (Claforan®) 3 x 2 g tägl. i.v.
- Respiratorische Insuffizienz: Intubation und Beatmung
- Akute Begleitpankreatitis: wird oft übersehen ☞ 8.1.9
- Kardiale Arrhythmien, art. Hypotension.

Aufnahme ambulanter Patienten

Patienten mit gestörter Bewußtseinslage stationär aufnehmen.

Fußangeln und Fingerzeige

- Zu drastische diuretische Therapie kann zum hepatorenalen Syndrom führen
- Kommt der Pat. für eine Lebertransplantation in Frage?
- Bei GIT-Blutungen Darm ausreichend sterilisieren.

Bettina Assmann-Sauerbrey

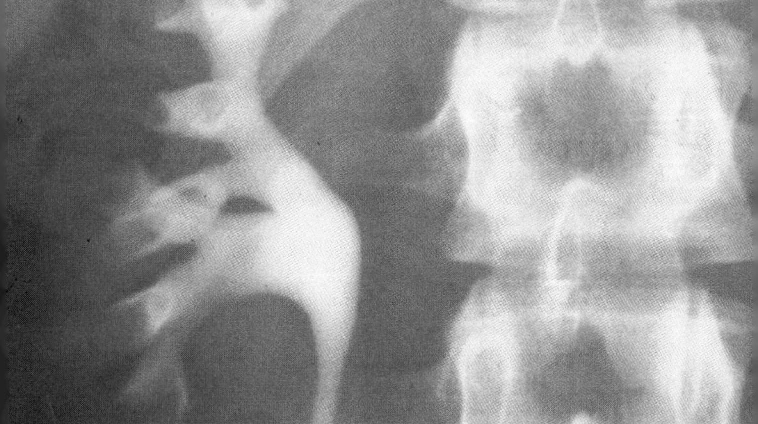

Niere, Wasser- und E'lyt-Haushalt

9

9.1. Oligurie / Anurie

Oligurie/Anurie ist das Leitsymptom des Akuten Nierenversagens (ANV). In 15 % der Fälle besteht ein polyurischer Verlauf. Im Nachtdienst muß das ANV unbedingt erkannt und therapiert werden. Eine schnelle ätiologische Klärung ist wichtig für die Therapie.
Bei Anurie immer Sono-Abdomen zum Ausschluß eines Harnaufstaus. Jeder Harnaufstau ist potentiell lebensbedrohlich (Urosepsis).

Oligurie: Harnproduktion unter 500 ml tägl. (< 20 ml/h)
Anurie: Harnproduktion unter 100 ml tägl (< 5 ml/h)

Akutes Nierenversagen

Leitsymptome des ANV	
Überwässerung	Beinödeme, Luftnot bei Lungenödem, Gewichtszunahme (→ Rö-Thorax)
Oligurie/Anurie	Rückgang der Harnmenge (→ Sono)
E'lyt-Störungen	Hyperkaliämie mit lebensbedrohlichen Herzrhythmusstörungen (→ EKG)
Säure-Base-Haushalt	Metabolische Azidose mit komp. resp. Hyperventilation (→ BGA)
ZNS-Störungen	Coma uraemicum, Krampfanfälle.
Ursache: In 80 % zirkulatorische Ischämie bei Schock oder Dehydratation, in 15– 20 % durch Nephrotoxine, z.B. i.v. Kontrastmittel, Medikamente. Dekompensation der chron. Niereninsuff. meist durch Infektion (v.a. Pyelonephritis, Urosepsis), akute Herzinsuff., Exsikkose. *Ther.:* wie bei ANV. *Cave:* bestehende Anämie, Hypokaliämie, Hyperphosphatämie beobachten.	

Stadien des akuten Nierenversagens

- *1. Schädigung der Niere:* Dauer Stunden bis Tage. Oligurie bis Normurie bei zunächst noch erhaltener Konzentrationsfähigkeit
- 2. *Oligurie/Anurie:* Überwässerung (Lungenödem, Hirnödem), Hyperkaliämie (Herzrhythmusstörungen), metabolische Azidose, später Urämie
- *3. Polyurie:* Verlust von Wasser, E'lyten (resorptive Funktion des Tubulus erholt sich erst nach der Glomerulusfunktion). Dauer: 2–4 Wochen
- *4. Restitution,* evtl. mit verbleibendem Schaden. Dauer: Wochen bis Monate.

9.1.1 Differentialdiagnostische Überlegungen

Prärenale Ursachen von Oligurie/Anurie

- *Exsikkose* (Durst, Schwäche, verminderter Hautturgor, trockene Schleimhäute, Kreislaufdysregulation mit Tachykardie, niedrigem RR; Verwirrtheit bis Somnolenz und Koma). Häufig bei alten Menschen, die zu wenig trinken (funktionelle Oligo-/Anurie). Urin meist dunkel und konzentriert

- *Volumenmangel, z.B. im Schock* (häufigste Ursache des ANV: septischer Schock)
- Verminderte Pumpleistung des Herzens (z.B. kardiogener Schock b. Herzinf.)
- *Rhabdomyolyse,* z.B. bei Verbrennungen, Polytrauma
- *Postoperativ* durch Blutdruckabfall oder zu geringe Infusionsmenge
- *Hepatorenales Syndrom* (Niereninsuff. bei dekompensierter Leberzirrhose)
- *Vaskuläre Ursachen:* beidseitiger Nierenarterienverschluß (bei disseziierendem Aortenaneurysma), beidseitiger Nierenvenenverschluß (aufsteigende Thrombose der V. cava inf., selten).

Renale Ursachen von Oligurie/Anurie

- Akute Dekompensation einer chronischen Niereninsuff., *DD zum ANV:* urämisches Hautkolorit (Café au lait-Farbe), meist Hypertonus, Anämie, Hypokalzämie, Nieren-Sono: häufig Schrumpfnieren
- Interstitielle Nephritis: medikamentös-toxisch (z.B. Antibiotika, Röntgenkontrastmittel, nichtsteroidale Antiphlogistika, ACE-Hemmer, Zytostatika, Schwermetalle), allergisch oder infektiös
- Akute Glomerulonephritis (unterschiedliche Formen mit Hämaturie, Proteinurie und Hypertonie)
- Nephritiden bei Systemerkrankungen (z.B. SLE)
- Akute tubuläre Nekrose: postischämisch, Hämolyse (Transfusionszwischenfall, auch im Rahmen eines hämolytisch-urämischen Syndroms, meist postinfektiös), septischer Abort, Trauma, Verbrennung
- Plasmozytomniere, Uratnephropathie.

Postrenale Ursachen von Oligurie/Anurie

- Harnverhalt (☞ 16.1): Obstruktionen im Bereich von Blase und Urethra (z.B. Prostatahypertrophie)
- Medikamente: z.B. Opiate, Psychopharmaka, Parasympatholytika
- Obstruktion der Ureteren (z.B. Tumoren im kleinen Becken, Z.n. Radiatio)
- Verstopfter Blasenkatheter
- Neurogene Blasenentleerungsstörungen (z.B akute Querschnittslähmung, Bandscheibenprolaps).

9.1.2 Pieps – Erste Orientierung am Telefon

Fragen an das Pflegepersonal

- Vitalfunktionen
- Temperatur, Bewußtseinslage, Luftnot, Exsikkosezeichen (☞ oben)
- Hat der Pat. einen Blasenkatheter?
- Bilanzen? (Urinausscheidung, Trinkmenge, Gewichtszunahme)
- Suprapubische Schmerzen? (Hinweis auf Harnwegsobstruktion)
- Kalium? BGA (Azidose?).

Erste Anweisungen an das Pflegepersonal

- Bei liegendem Blasenkatheter Durchgängigkeit überprüfen (Anspülen mit Kochsalz-Lösung)
- Bei postoperativem Harnverhalt zunächst Versuch mit 1/2 Amp. Carbachol (z.B. Doryl®) i.m. oder s.c. Bei Mißerfolg Einmalkatheter durch Pflegepersonal oder Arzt.

⌛ Dringlichkeit

Sehr dringlich sind Hyperkaliämie, ANV und kolikartige starke Schmerzen (Nephrolithiasis?). Eine Hyperkaliämie kann zu lebensbedrohlichen Herzrhythmusstörungen führen (☞ 21.1.2).

9.1.3 Diagnostisches Vorgehen

Anamnese

- Koliken, Flankenschmerz
- Luftnot (fluid lung), Kopfschmerzen (Hypertonus)
- Beinödeme, Lidödeme
- Trinkmenge (funktionelle Oligurie)?
- Flüssigkeitsverluste: Schwitzen, Fieber, Durchfälle, Erbrechen (E'lytstörungen)?
- Harnträufeln, Überlaufblase, Harnverhalt?
- Bekannte Nierenerkrankungen (aufgepfropftes ANV bei vorbestehender chronischer Niereninsuffizienz)
- Diabetes mellitus (diabetische Nephropathie)
- Urämiesymptome, z.B. Übelkeit, Erbrechen, Diarrhoe, Unruhe
- Aktuelle oder vorausgegangene Infekte (z.B. akute Glomerulonephritis, Poststreptokokkenglomerulonephritis)
- Hypertonie (z.B. Glomerulonephritis)
- Medikamente (toxisch-allergische Nephritis)
- Rö-Kontrastmitteluntersuchungen.

Krankenakte

- *Labor:* Krea, K, Ca^{2+}, BB
- Transfusionen
- Medikamente (s.o.)
- Vorerkrankungen: Diabetes mellitus, chron. Niereninsuff., Leberzirrhose, Systemerkrankungen (SLE, Plasmozytom), Hypertonie, Streptokokkeninfekt.
- Bilanzen.

Körperliche Untersuchung

- Bewußtseinslage
- Hautkolorit (chron. Niereninsuff.), Foetor ex ore (Urämie), Zyanose (Herzerkrankungen)
- Ödeme oder Exsikkosezeichen, Halsvenenfüllung
- Auskultation: feuchte RG, Perikardreiben?
- Blutdruck (Hypertonie z.B. bei Glomerulonephritis), Tachykardie (Herzinsuff.), Fieber (Infekte)
- Nierenlager dolent (Harnaufstau, Entzündung)?
- Perkussion der Harnblase (Hochstand?)
- Rektale Untersuchung (Prostatahyperplasie?).

Weiterführende Diagnostik

Labor:

Noch in der Nacht erforderlich sind:

- BB (Anämie?), Hkt (Exsikkose?), Krea (Retention?), E'lyte (Hyperkaliämie, Hypo-/Hypernatriämie) und BGA (metabolische Azidose?), Transaminasen, γ-GT (bei V.a. hepatorenales Syndrom), Quick, PTT, TZ (bei V.a. Gerinnungsstörungen, vor geplanten Eingriffen).

- Urin- und Blutkultur bei Fieber und V.a. Pyelonephritis.
- Urin-„Stix“: Erythrozyturie und Proteinurie deuten auf Glomerulonephritis,

Für den nächsten Tag planen
- Z.B. E'phorese, qualitative und quantitative Immunelektrophorese zur Plasmozytomdiagnostik, bei V.a. Systemerkrankungen entsprechende Antikörper.
- *Urin-Sediment:* Hämaturie, Proteinurie, granulierte oder Erythrozyten-Zylinder deuten auf renale Ursache hin, bei prärenaler und postrenaler Ursache oft keine Veränderungen, 24-h-Sammelurin (Eiweißausscheidung, evtl. E'lyte)
- Bei Fieber und V.a. Pyelonephritis: Urin- und Blutkultur
- *Sono*: wenn möglich noch in der Nacht zum Ausschluß von Harnstau; Nierengröße (groß bei ANV, klein bei Schrumpfniere), Perikarderguß?
- *Doppler*: bei V.a. beidseitigen Nierenarterienverschluß, bzw. beidseitige Nierenvenenthrombose (bei Anurie oder Exsikkose Kontrastmittelgabe nur bei strenger Indikation)
- *Rö-Thorax*: Fluid lung? Weiterführende Rö-Diagnostik (z.B. Abdomen: Leeraufnahme und Ausscheidungsurogramm) für den nächsten Tag planen
- *EKG*: bei Herzrhythmusstörungen (Hyperkaliämiezeichen?).

9.1.4 Therapeutisches Vorgehen

Das therapeutische Vorgehen richtet sich nach der zugrundeliegenden Störung.

Prärenale Störungen
- Akute Herzinsuff.: z.B. Dopamin/Dobutamin, Therapie des akuten Lungenödems ☞ 6.5
- Exsikkose: Flüssigkeitsbedarf abschätzen (ZVK?); bei Defizit Flüssigkeitszufuhr mit 0,9 % NaCl, bei alten Pat. (*Cave:* Herzinsuff.!) z.B. 80–120 ml/h bis zum nächsten Tag. Flüssigkeit substituieren. *Cave:* Kein Kalium in die Infusionen, solange der Pat. kein Wasser gelassen hat. Auch Ringerlaktat enthält Kalium
- Volumenmangel bei Schock ☞ 3.2.2.

Postrenale Störungen
- Bei V.a. postrenale Störung, Blasenkatheter legen
- Bei subvesikalem Hindernis entleeren sich bei der Katheterisierung meist mehr als 600 ml Urin. Enthält die Blase wesentlich mehr Flüssigkeit, zur Vermeidung einer Blutung e vacuo Katheter liegen lassen und Urin fraktioniert ablassen (in 300 ml Portionen) ☞ 16.1.4
- Falls Katheterisierungsversuch erfolglos und Blase perkutierbar → suprapubischer Katheter ☞ 2.10, wenn möglich vorher Sono.

Management des ANV

- In der Regel Behandlung auf Intensivstation erforderlich
- Behandlung der Grundkrankheit (z.B. Schock)
- Im Frühstadium bei abnehmender Diurese auf sorgfältige Flüssigkeitsbilanzierung achten. Volumendefizite ausgleichen. *Faustregel:* Einfuhr = Ausfuhr des Vortages plus 500 ml plus zusätzliche extrarenale Verluste (Erbrechen, Durchfall, Wundsekrete)

- Potentiell nephrotoxische Medikamente absetzen oder in ihrer Dosis der eingeschränkten Nierenfunktion anpassen (☞ 22.3). Kaliumhaltige Lösungen oder kaliumsparende Diuretika sowie ACE-Hemmer möglichst absetzen
- Falls Infusionsther. notwendig wird: ZVK (ZVD von 8 cm H_2O anstreben)
- Dauerkatheter (Beseitigung postrenaler Hindernisse, Bilanzierung).

Stadium der Oligurie/Anurie

- *Furosemid* (z.B. Lasix®): initial 20–80 mg als Bolus i.v. alle 2–6 h. Alternativ: Beginn mit 250 mg in 50 ml 0,9 % NaCl mit 5 ml/h (Perfusor). Max. Tagesdosis 2 g
- *Dopamin* 250 mg auf 50 ml NaCl über Perfusor (2–4 ml/h) zur Förderung der Nierendurchblutung und Ultrafiltration. *Cave:* bei höherer Dosierung Arrhythmien, bei weiterer Steigerung Aktivierung der α-Rezeptoren: Vasokonstriktion auch in der Niere
- Bei *Hyperkaliämie* Kationenaustauscher (z.B. Resonium®) 20 g p.o. oder als Klysma), evtl. 10 ml 10 % NaCl. *Alternative:* 8 IE Altinsulin/h in 500 ml 5 % Glukose (bei guter Diurese) oder 200 ml 20 % Glukose + 20 IE Altinsulin über 30 Min. (*Cave:* verlängerte HWZ von Insulin bei Niereninsuff. → Hypoglykämie. Bei lebensbedrohlicher Hyperkaliämie Dialyse
- *Metabolische Azidose*: nur bei akuter Azidose Bikarbonat ☞ 9.4.1
- *Herzinsuffizienz*: ☞ 6.5
- *Gewichtskontrolle* tägl., evtl. parenterale Ernährung über ZVK, bei Temperaturerhöhung frühzeitig Antibiose, jedoch keine generelle ungezielte Antibiotikaprophylaxe
- Bei beginnender *Urämie* (Enzephalopathie, Perikarditis) Dialyse einleiten. Bei Unruhe Sedierung, bei perikarditisbedingten Schmerzen evtl. nichtsteroidale Antiphlogistika bis die Dialyse beginnt.

Stadium der Polyurie

In der *polyurischen Phase* sind die Pat. bedroht durch Verluste von Wasser und E'lyten: engmaschige E'lyt-Kontrollen und parenterale Flüssigkeitssubstitution.

Dialyseindikation (rechtzeitig stellen!)

- Perikarditis mit Perikarderguß.
- Überwässerung („fluid lung", Hirnödem, dekompensierte Herzinsuff.)
- Urämische Enzephalopathie, urämische Gastritis
- Relative Ind.: Harnstoff > 180 mg% und Oligurie/Anurie < 300 ml/Tag.
- Harnstoffanstieg tägl. um mehr als 60 mg%.
- Konservativ nicht beherrschbare Hyperkaliämie (> 6,5 mmol/l) oder Herzrhythmusstörungen
- Metabolische Azidose (Bicarbonat < 15 mmol/l).

Behandlung des Dialysepatienten im Nachtdienst

Anamnese: Dialysetage, wann war die letzte Hämodialyse? Sollgewicht vs. aktuelles Gewicht, Diätfehler (z.B. Erdbeeren?), Medikamente
Management: Entscheidung: Akut-Dialyse?
- Trinkmenge festlegen: bei Anurie 0,75–1 l tägl.
- Kaliumarme Kost verordnen
- Labor für nächsten Tag (inkl. PO_4^{3-}, BGA, CRP).

Fußangeln und Fingerzeige

- Keine Blutdruckmessung oder Venenverweilkanüle am Shuntarm
- Keine Blutentnahme aus dem Shunt
- BSG bei Dialysepat. nicht verwertbar, da immer erhöht!

Hintergrund

Zur Stellung der Dialyseindikation und zur Durchführung der Dialyse empfiehlt es sich in der Regel den Hintergrund hinzuzuziehen.

Aufnahme ambulanter Patienten

Patienten mit Oligurie/Anurie auf jeden Fall stationär aufnehmen. Auch eine Exsikkose beim älteren Menschen bedarf oft der parenteralen Flüssigkeitssubstitution.

Fußangeln und Fingerzeige

- Bei ANV und Hyperkalzämie immer Plasmozytom ausschließen
- Bei alten Menschen mit sehr schlechten Venenverhältnissen können bis zu 2 l NaCl 0,9 % tägl. s.c. gegeben werden (gute Resorption).
- I.v.-Gabe von Furosemid nur nach Anlage eines Blasenkatheters
- Bei der antibiot. Ther. eines Harnwegsinfektes nephrotoxische Substanzen (z.B. Gentamycin, Cotrimoxazol) meiden
- Bei dekompensierter chron. Niereninsuff. einen Arm (vorzugsweise den linken bei Rechtshändern) als zukünftigen Shuntarm schonen
- Vor Ausschluß eines Nierenversagens keine kaliumhaltigen Lösungen
- Bei Krea-Erhöhung kein Ausscheidungsurogramm. Führt oft zur Verlängerung des Nierenversagens. Andere Kontrastmitteluntersuchungen nur nach strenger Indikationsstellung
- Vermeiden unnötiger Blasenkatheterisierungen (Infektionsgefahr)
- *Cave:* Anstieg harnpflichtiger Substanzen bei Exsikkose und Diuretika möglich.

9.2 Harnwegsinfektionen, Urosepsis

9.2.1 Zystitis

Nachts therapiebedürftig sind symptomatische, akute Harnwegsinfekte. Wichtig ist festzustellen, ob ein Harnaufstau vorliegt oder eine Pyelonephritis wahrscheinlich ist. Vor (zunächst blindem) Therapiebeginn Urinkultur mit Antibiogramm anlegen.

Klinik: Pollakisurie, Dysurie, Unterbauchschmerzen, Mikro- oder (selten) Makrohämaturie, meist kein Fieber.

Diagnostisches Vorgehen

- *Urin-Stix:* Leukozyturie, Bakteriurie, Nitrit meist pos., evtl. Mikrohämaturie. Sediment für nächsten Tag ansetzen, *Urin-Kultur* (Infekt bei ≥ 10^5 Keimen)
- Bei Männern Nebenhoden und Prostata untersuchen (Entzündung?).

Therapeutisches Vorgehen

Bei einer erstmalig aufgetretenen, ambulant erworbenen Zystitis ist eine antibiotische Therapie nicht zwingend.

- Erhöhte Trinkmenge bis 3 l tägl. (Spüleffekt) und Spasmolytika N-Butylscopolamin (z.B. Buscopan®) 3–5 x 10 mg als Dragee oder Supp. evtl. in Kombination mit einem Analgetikum (z.B. Tramadol®) 4–6 x 50 mg p.o. oder Metamizol bis 4 x 500 mg p.o., zusätzlich Bettruhe und feuchte Wärme sind oft ausreichend
- „Single shot"-Therapie: Cotrimoxazol 1 x 2880 mg (= 3 Tabl. Cotrim forte® p.o.), Amoxicillin (Clamoxyl®) 3 x 1 g p.o. ist bei Frauen meist ausreichend
- Rezidivierende Zystitiden bei Frauen: Cotrimoxazol 2 x 960 mg p.o. (z.B. Cotrim forte®) 2 x 1 Tabl für 7 Tage
- Zystitis beim Mann: Cotrimoxazol 2 x 960 mg p.o. über 10–14 Tage, urologische Diagnostik einschließen
- Bei Gravidität Antibiose über 7 Tage 3 x tägl. 750 mg p.o. Amoxicillin oder Cephalosporin (z.B. Panoral®) 3 x 500 mg
- Bei Diab. mell. Antibiose über 7 Tage mit Amoxicillin, Oral-Cephalosporin oder Cotrimoxazol.

Der Pat. bleibt i.d.R. ambulant. Immer darauf hinweisen, das 3 Tage nach Beendigung der Antibiose eine Urin-Kultur-Kontrolle erfolgen muß.

9.2.2 Pyelonephritis

Klinik: Fieber > 38 °C, Flankenschmerz, klopfschmerzhaftes Nierenlager, Übelkeit und Erbrechen, evtl. paralytischer Ileus. Pollakisurie und Dysurie können fehlen. Potentiell lebensbedrohliche Erkrankung, bes. bei obstruktiver Ursache.

Diagnostisches Vorgehen

- U-Status, Sediment, U-Kultur, Blutkultur, BB, ↑ BSG, Krea
- Ein- und Ausfuhrkontrolle
- *Sono:* Harnaufstau, Steine, Abszeß, Nierengröße.

Therapeutisches Vorgehen

- Ambulante Patienten stationär aufnehmen
- Bettruhe, Ausfuhr > 1500 ml tägl.
- Bei auswärts erworbener Pyelonephritis: Antibiosebeginn mit Amoxycillin (z.B. Clamoxyl®) 3 x 2 g i.v. tägl. oder Cephalosporin (z.B. Claforan®) 2 x 2 g i.v.
- Bei im Krankenhaus erworbener Pyelonephritis Kombination von Cephalosporin und Aminoglykosid (z.B. Refobacin®) 3 x 1 mg/kg tägl. als Kurzinfusion über 1/2 h. Dauer der i.v.-Therapie ca. 10 Tage, Aminoglykoside können zumeist nach Entfieberung abgesetzt werden. Nach der i.v.- Therapie evtl. orale Therapie mit Ampicillin oder Cotrimoxazol über 2 Wo.
- Liegt Antibiogramm vor, evtl. entsprechende Therapieumstellung
- Bei rezidivierenden Pyelonephritiden Ursachenklärung: Abflußstörung? Nephrolithiasis?

9.2.3 Urosepsis

Akute aszendierende obere Harnwegsinfektion meist durch gramnegative Keime. Keiminvasion in die Blutbahn führt zur Urosepsis. *Prädisponierende Faktoren:* Harnwegsobstruktion (z.B. Prostatahyperplasie), Dauerkatheter, Zystennieren, Schwangerschaft, Diab. mell., Immunsuppression. Meist gramneg. Sepsis mit septischem Schock.

Klinik

- Stark reduzierter AZ, Unruhe bis Verwirrtheit und Koma
- Fieber mit septischen Temperaturen, selten afebril
- Schüttelfrost, Erbrechen und Durchfall, Oligurie bis Anurie
- Evtl. periphere Zyanose, marmorierte Haut, Schock
- *DD:* akutes Abdomen, Appendizitis, Gallenkolik, Bauchhöhlenschwangerschaft, Ischialgie.

Diagnostisches Vorgehen

- *Labor:* U-Status, U-Kultur, Blutkultur, Krea (mäßig erhöht), E'lyte, BB, BSG (stark beschleunigt), CRP-Quick, PTT, evtl. großer Gerinnungsstatus (AT III, Fibrinmonomere), BGA
- *Sono:* Harnaufstau, Splenomegalie, Abszeß?

Therapeutisches Vorgehen

Initiales Management

- Behandlung auf Intensivstation, nicht zuviel Zeit mit Diagnostik verschenken
- Mindestens einen großlumigen periphervenösen Zugang
- E'lytlösung, ggf. Plasmaexpander (z.B. HAES® 250 ml, Vorsicht bei Niereninsuffizienz)
- Sauerstoff per Nasensonde (4–6 l O_2/Min.).

Intensivmaßnahmen

- ZVK
- Monitoring mit Dauerüberwachung
- Flüssigkeitsbilanzierung, Dauerkatheter
- Low-Dose-Heparinisierung als DIC-Prophylaxe, wenn keine Gerinnungsstörung vorliegt
- I.v.-Antibiose, z.B. Cefotaxim (Claforan®) 3 x 2 g und Aminoglykosid (Refobacin®) 2–3 mg/kg tägl. bei normaler Nierenfunktion
- Korrektur von E'lytverschiebungen
- Evtl. Schocktherapie ☞ 3.2.

Fußangeln und Fingerzeige

- Ausschaltung der Infektionsquelle oder Beseitigung einer Obstruktion
- Bei Schwangeren sind Cotrimoxazol und Gyrasehemmer kontraindiziert
- Besonders bei Aminoglykosiden, β-Laktam-Antibiotika und Gyrasehemmern auf Dosisreduktion bei Niereninsuffizienz achten
- Gerinnungsstatus nicht vergessen, falls operativer Eingriff (Beseitigung einer Obstruktion, Abszeßspaltung) erfolgen muß
- Entfernen bzw. Wechseln liegender Katheter und Zugänge
- Sofort nach Abnahme von Urin- und Blutkultur Beginn einer bakteriziden antibiotischen Kombinationstherapie!

9.3 Nierenkolik

Ursächlich sind meist Nierensteine oder Blutkoagel.

9.3.1 Differentialdiagnostische Überlegungen

- Gallenkolik (☞ 8.1.8), Appendizitis, ☞ 8.1.7
- Stielgedrehte Ovarialzyste, Extrauteringravidität, Adnexitis, ☞ 15.2.2
- Niereninfarkt: *Labor:* Proteinurie, Hämaturie, sehr hohe LDH, GOT nur leicht erhöht. *EKG:* Oft absolute Arrhythmie, ☞ 16.2.4
- Nierentumor (Koagelabgang)
- Hämolytische Krise
- Lumboischialgie, ☞ 17.1.4
- Weitere Ursachen des akuten Abdomens, ☞ 8.1.

DD „schattengebende Struktur" in der Rö-Übersicht

- Gallensteine (in der Durchleuchtung durch Herausdrehen vor dem Nierenschatten erkennbar)
- Verkalkungen der Gefäße (Gefäßverlauf)
- Verkalkte Rippenknorpel (Form und Lage in Verlängerung der Rippen)
- Verkalkte Mesenteriallymphknoten (schollige Struktur, meist im re. Unterbauch)
- Phlebolithen (Verkalkungen der Venen im kleinen Becken)
- Pankreasverkalkungen (chron. Pankreatitis)
- Tabletten im Darm.

9.3.2 Pieps – Erste Orientierung

Fragen an das Pflegepersonal

Vitalfunktionen, Begleitsymptome (Übelkeit, Erbrechen?), Temperatur?

Erste Anweisungen an das Pflegepersonal: i.v. Zugang vorbereiten.

⌛ **Dringlichkeit:** Rascher Handlungsbedarf wegen der starken Schmerzen.

9.3.3 Diagnostisches Vorgehen

Anamnese

- Koliken? Flankenschmerzen? - Übelkeit, Erbrechen?
- Schmerzausstrahlung in Leiste oder Hoden?
- Bekanntes Steinleiden?
- Bekannter Nierentumor?

Körperliche Untersuchung

Abdominelle Untersuchung (Flankenschmerz? Darmatonie?); Temperatur.

Weiterführende Diagnostik

Noch in der Nacht
- Urin-Status und Urin-Kultur (Hämaturie, Bakterien), BB (Leukos), Krea, E'lyte, Gerinnung
- Sono-Abdomen (Harnaufstau, Steinnachweis).

Für den nächsten Tag planen
- Urin sieben (Steingewinnung)
- Analyse lithogener Stoffe im Urin (Ca^{2+}, Mg^{2+}, Harnsäure, Phosphat, Zystin), pH, im Serum: Phosphat, Harnsäure, Parathormon, AP, Bikarbonat
- *Rö:* Abdomen leer im Liegen (80 % aller Steine sind röntgendicht), für den nächsten Tag Ausscheidungsurogramm planen.

9.3.4 Therapeutisches Vorgehen

- Patienten mit Nierenkolik stationär aufnehmen
- Nachts in der Regel nur konservative Therapie
- Akutbehandlung der Kolik durch N-Butylscopolamin (Buscopan®) 20–40 mg i.v. evtl. zusätzlich Tramadol (Tramal®) 50–100 mg i.v. (*Cave:* Opiate führen zur Erhöhung des Tonus der glatten Sphinktermuskulatur ☞ 4.2)
- Bei Fortbestehen der Koliken Dauertropf (3 Amp. N-Butylscopolamin in 500 ml 0,9 % NaCl Lösung über 24 h).

Reichlich Flüssigkeitszufuhr (viel trinken, notfalls Ringerlösung infundieren), wenn kardial vertretbar. *KI:* Harnverhalt.

Fußangeln und Fingerzeige

- Die häufigste Komplikation bei Ureterstein ist die Pyelonephritis mit Gefahr der Urosepsis, deshalb regelmäßig Temperaturkontrolle
- Bei V.a. Harnwegsinfekt Antibiotika.

9.4 Azidose/Alkalose

- *Respiratorische Störungen werden metabolisch kompensiert und umgekehrt*
- Eine Alkalose führt zur Hypokaliämie, eine Azidose geht meist mit einer *Hyperkaliämie* einher (Azidose und normales Kalium bedeutet immer einen K^+-Mangel).

Metabolische Azidose

Die metabolische Azidose ist die häufigste Störung des Säure-Basen-Haushaltes. Pathogenetische Hinweise gibt die Anionenlücke: Serumnatrium - (Serumchlorid + Bicarbonat); normal: 12 +/- 2, vergrößert > 15 mval/l).

Ätiologie

Mit erweiterter Anionenlücke

- Ketoazidosen: Diabetes mell., Alkoholabusus, Hunger
- Lactatazidosen: primäre Lactatazidose, medikamentenbedingt, Gewebehypoxie im Schock, Septikämie
- Akute und chronische Niereninsuffizienz
- Vergiftungen: Salizylate, Methanol und Äthylalkohol, Äthylenglykol.

Mit normaler Anionenlücke

- Renale tubuläre Azidosen
- Diarrhoe; enterale Fisteln und Drainagen; Uretersigmoidostomie und Ileoblase
- Medikamente: Ammoniumchlorid, Lysin- und Argininhydrochlorid, Azetazolamid (Alkaliverluste).

Klinik

- Vertiefte Atmung (Kußmaulsche Atmung), später auch Steigerung der Atemfrequenz (Versuch, respiratorisch zu kompensieren)
- Lethargie, Desorientierheit, Stupor
- Vasodilatation, niedriger diastolischer Blutdruck, Tachykardie, Hyperkaliämie ☞ 21.1.2.

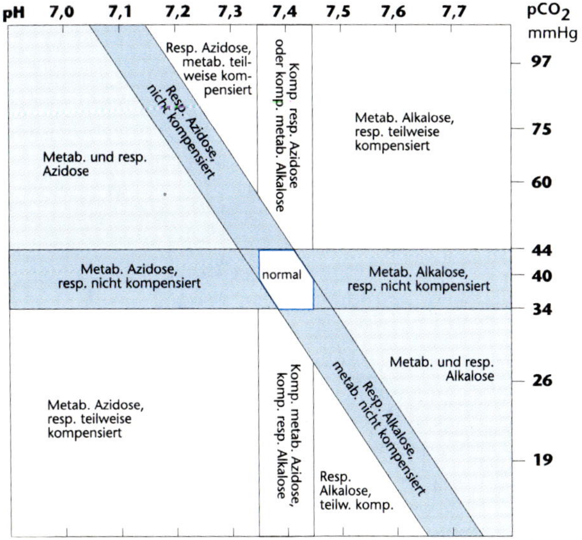

Abb. 9.1: Säure-Basen-Nomogramm

Therapie

- Grundkrankheit behandeln
- Sicherung der Ventilation und Hydratation
- Bei akuter metabolischer Azidose (pH < 7,2 oder HCO_3 < 15 mmol/l) Natriumbicarbonat 8,4 % 50 ml/h (1:1 mit physiologischer NaCl-Lösung verdünnen) über ZVK nach BGA
- *Cave:* Hirnödem bei zu schneller Substitution, Natriumüberlastung des Organismus, Kaliumshifts nach intrazellulär
- Bedarf an Natriumbicarbonat ist überschlagsmäßig: *mmol benötigte Base = base excess x 0,5 x kg KG.* Wichtig: vorsichtiges Substituieren. Zunächst max. 50 % des errechneten Bedarfs „blind" ersetzen, dann weiter nach BGA-Kontrolle.

Fußangeln und Fingerzeige

- Vorsicht vor zu hohen Bikarbonatgaben (Hyperkapnie, CO_2-Narkose, Abfall des ionisierten Kalziums)
- Übelkeit und Erbrechen bei Peritonitis kann Ausdruck einer Azidose sein
- Auslösung einer Hypokaliämie (Transmineralisation nach intrazellulär)
- Gefahr ther.-refraktärer ventrikulärer Extrasystolen bis hin zum Kammerflimmern.

Respiratorische Azidose

Ätiologie

- Obstruktive und restriktive Ventilationsstörungen
- Lungenödem, Pneumothorax
- Insuffizienz der Atemmuskulatur (z.B. Myasthenia gravis, Poliomyelitis), reflektorisch bei Schmerzen
- Zentrale, z.B. medikamentös induzierte, Atemstörung (Morphinderivate, Barbiturate, Benzodiazepine).

Klinik

- Atemnot, Zyanose, Blutdruckabfall bei pCO_2 > 50 mmHg
- Hyperkaliämie
- Herzrhythmusstörungen
- Benommenheit, Tremor, Papillenödem, Koma.

Therapie

- *Leichte Azidose (pH 7,30–7,35):* Pat. beobachten, BGA wiederholen. Grunderkrankung therapieren. Eine Behandlung der Azidose ist i.d.R. nicht erforderlich. *Cave:* Bei Asthmatikern kann eine leichte respiratorische Azidose auf eine beginnende respiratorische Insuffizienz hinweisen
- *Mittlere Azidose (pH 7,20–7,29):* Wenn die Grunderkrankung nicht sofort ausreichend therapiert werden kann, Pat. auf die Intensivstation verlegen. BGA alle 30–60 Min
- *Schwere Azidose (pH < 7,20):* Beseitigung der Atemstörung, Atemwege freimachen, ggf. Intubation und Beatmung
- Medikamente, die Atemantrieb hemmen (z.B. Sedativa, Opiate), absetzen.
- Bei leichter Hypoventilation Versuch mit Theophyllin (z.B. Perfusor: 0,72 g auf 50 ml 0,9 % NaCl –2 ml/h)
- Bei gleichzeitiger kompensatorischer metabolischer Alkalose (Base Excess positiv) Versuch mit Azetazolamid (Diamox®) 500 mg i.v.

Fußangeln und Fingerzeige

- Wichtiger als die Beseitigung der Azidose ist die Behandlung der Hypoxämie
- Bei reiner respiratorischer Azidose ist Bikarbonat kontraindiziert
- Vorsicht vor unkontrollierter O_2-Gabe bei Hyperkapnie.

Metabolische Alkalose

Ätiologie

- Magensaftverluste durch Erbrechen oder Absaugen
- Diuretika (Hypokaliämie)
- Mineralcorticoidüberschuß (Conn-Syndrom, M. Cushing, Bartter-Syndrom, Lakritzabusus)
- Überhöhte Alkalizufuhr
- Schwere Hypokaliämie.

Klinik

- Durst, Verwirrtheit
- E'lytstörungen (Hypokalzämie und Hypokaliämie mit EKG-Veränderungen, Herzrhythmusstörungen, Tetanie, Darmatonie).

Therapie

- *Leichte Formen:* Volumenersatz mit 0,9 % NaCl i.v., evtl. Kaliumsubstitution oral (KCl-Tabl.)
- *Schwere Formen* (→ Verlegung auf Intensivstation): K^+-Substitution i.v. (☞ 21.1.1), evtl. L-Argininhydrochlorid i.v., z.B. 50 mmol HCl auf 500–1000 ml isotone NaCl-Lösung (selten indiziert).

Fußangeln und Fingerzeige

- Volumenmangel nicht verkennen
- Begleitende E'lytstörung mitbehandeln, Auslösende Diuretika absetzen.

Respiratorische Alkalose

Ätiologie

- Häufig psychogene Hyperventilation
- Fieber, Hyperthyreose, Delirium tremens
- Peritonitis, gramneg. Sepsis
- Dekompensierte Leberzirrhose
- Beatmung.

Klinik

- Schwindel, Benommenheit, Sehstörungen
- Parästhesien, Angst
- Atemnot durch Bronchospasmus
- Tetanie, Hypokaliämie, Kollaps.

Therapie

- Grunderkrankung therapieren, evtl. bestehendes Fieber senken (Wadenwikkel, ASS), Analgesie
- Bei Beatmung Totraum vergrößern, Atemfrequenz erniedrigen
- Bei Unruhe Sedierung (z.B. Diazepam 5 mg i.v.)
- Bei psychogener Hyperventilation Beutelrückatmung ☞ 9.6.4.

Fußangeln und Fingerzeige

- Respiratorische Alkalose nicht unterschätzen
- Hypoxämie trotz Hyperventilation pCO_2 ↓ typisch für Lungenembolie.

9.5 Ödeme

Die häufigste Ursache generalisierter Ödeme ist die Herzinsuff.. Sie entwikkelt sich meist über einen längeren Zeitraum. Die ausschwemmende Therapie vorsichtig und schonend durchführen. Bei beginnendem Lungenödem, erheblicher Tachykardie oder akuten Ödemen mit Störungen der Vitalfunktionen (z.B. allergischem Ödem) umgehend mit der Therapie beginnen.

9.5.1 Differentialdiagnostische Überlegungen

Generalisierte Ödeme

- *Kardiales Ödem*: Rechtsherzinsuff., meist peripher betonte, symmetrische Ödeme. Bei bettlägrigen Pat. Ödemlokalisation an Rücken und Flanken („Anasarka"), zusätzlich oft Aszites und Pleuraergüsse
- *Linksherzinsuffizienz:* Lungenstauung bis Lungenödem
- *Renales Ödem* (Krea und Harnstoff erhöht) z.B. Niereninsuff., nephrotisches Syndrom (Ödeme durch Eiweißmangel), akute Glomerulonephritis (Hämaturie, Proteinurie, Hypertonie, Ödeme vor allem periorbital)
- *Hepatisches Ödem* (Gesamteiweiß durch Leberinsuff. vermindert, sek. Hyperaldosteronismus) meist als Aszites durch zusätzliche portale Hypertension
- *Hungerödem* (Mangelernährung oder Malassimilation, Tumorleiden)
- *Exsudative Enteropathie* (enterale Eiweißverluste)
- *Medikamentös induziertes Ödem*: Nifedipin, Glukokortikoide, Phenylbutazon, Hydralazin, u.a.
- *Wasser- und E'lytstörung*: Hyperhydratation, chron. Nierenversagen, EPH-Gestose
- *Endokrin*: Hyperaldosteronismus, M. Cushing, Schwartz-Bartter-Syndrom
- *Idiopathisches Ödem.*

Lokalisierte Ödeme

- *Akute oder chron. venöse Zirkulationsstörung* (z.B. Phlebothrombose: meist einseitige Extremitätenschwellung, Schmerz, livide Verfärbung, Spannungsgefühl; chronisch venöse Insuffizienz; chron. Lähmungen; ☞ auch 6.7)

- *Lymphödem*: Haut nicht verfärbt, schmerzlos. Entwicklung meist von distal nach proximal, Zehen miteinbezogen (postop. nach Lymphknotenextirpationen, bei Neoplasien, nach Radiatio durch Infektionen, idiopathisch)
- *Allergisches Ödem* (z.B. angioneurotisches Quincke-Ödem: akuter umschriebener Beginn, meist im Gesicht auftretend, Juckreiz, evtl. Eosinophilie; Insektenstiche)
- *Entzündliches Ödem* (infektiös/nicht infektiös): „heiße" Schwellung; z.B. Erysipel (☞ 20.2.4), Thrombophlebitis ☞ 6.7
- *Myxödem:* prätibiale Schwellung bei Hypothyreose.

9.5.2 Pieps – Erste Orientierung am Telefon

Fragen an das Pflegepersonal

- Vitalfunktionen?
- Lokalisiertes oder generalisiertes Ödem
- Akut aufgetretenes oder bereits seit längerem bestehendes Ödem?
- Bekanntes Grundleiden (z.B. Herz-, Leber-, Niereninsuffizienz).

Erste Anweisungen an das Pflegepersonal

- Bei Vorliegen von Begleitsymptomen i.v.-Zugang richten
- Kreislaufüberwachung.

Dringlichkeit

- Dringlich sind akut aufgetretene Ödeme mit Störung der Vitalfunktionen (z.B. allergisches Ödem mit Atemnot und Blutdruckabfall; EPH-Gestose; Dekomp. Herzinsuff. → Lungenödem)
- Bei Quincke-Ödem mit Atemnot bzw. Stridor keine Untersuchung des Rachens mit dem Spatel: Gefahr des „Zuschwellens" mit Intubationspflichtigkeit. Ggf. Anästhesisten hinzuziehen
- Weniger dringlich sind alle bereits länger bestehenden Ödeme ohne wesentliche Begleitsymptomatik.

9.5.3 Diagnostisches Vorgehen

Anamnese

- Bekannte Vorerkrankung (Herz-, Leber-, Niereninsuff., Stoffwechselerkrankungen), bekannte allergische Diathese
- Insektenstiche oder kleine Verletzungen (Insektenstichallergie, Erysipel)
- Varikosis (Thrombophlebitis), venöse Stase in den Beinen, z.B. durch längere Immobilisation (Phlebothrombose)
- Medikamente (medikamentös bedingtes Ödem)
- Gewichtszunahme.

Diagnostik

- *Labor:* BB, E'lyte, Krea. *Für den nächsten Tag:* Flüssigkeitsbilanzierung, Gesamteiweiß, E'phorese, U-Status
- *Sono:* Pleura-, Perikarderguß, Lebervenenstauung
- *Rö-Thorax:* Stauung, Herzvergrößerung
- Duplexsonographie, evtl. Phlebographie bei V.a. Phlebothrombose.

Körperliche Untersuchung

- Generalisiertes oder lokalisiertes Ödem
- Überwärmung im ödematösen Gebiet (entzündlich?)
- Einstichstellen (Insektenstiche), Verletzungen
- schmerzhaft (Ödem bei Phlebothrombose)
- feuchte RG's (Lungenstauung), Dämpfung über den basalen Lungenabschnitten (Pleuraerguß)
- Tachykardie, Luftnot (Herzinsuff.)
- Hypertonie (EPH-Gestose, akute GN)
- Lymphome (Lymphödem bei Tumorerkrankungen).

9.5.4 Therapeutisches Vorgehen

- Behandlung lebensbedrohlicher Zustände (anaphylaktischer Schock ☞ 3.2.4, Lungenödem ☞ 6.5.4 oder EPH-Gestose ☞ 15.3.7) auf der Intensivstation
- *Kardiale Ödeme* ohne Lungenödem und Luftnot, die bereits länger bestehen: Bettruhe, wenn nötig Digitalisierung (☞ 6.2.4), ACE-Hemmer (z.B. Captopril® 6,25–12,5 initial, Dauertherapie 2 x 12,5 mg/Tag)
- Diuretikatherapie möglichst erst am nächsten Tag beginnen, um Nachtruhe des Pat. nicht zu stören. Falls eine schnellere Entwässerung nötig ist, Furosemid (z.B. Lasix®) z.B. 20–80 mg i.v. und evtl. Dauerkatheter
- Low-dose-Heparinisierung (erhöhtes Thromboserisiko).

Aufnahme ambulanter Patienten

- Alle Pat. mit unklaren Ödemen oder Ödemen mit Störungen der Vitalfunktionen stationär aufnehmen
- Bei allergischem Ödem (z.B. Quincke-Ödem) Clemastin (z.B. Tavegil®) 1–2 Amp. i.v., *Cave:* sedierender Effekt, Fahrtauglichkeit vermindert. Bei gutem Rückgang der Schwellung kann der Patient nach Hause, sonst zur Überwachung stationär aufnehmen
- Bei Insektenstichen antihistaminikumhaltige Salben
- Bei Insektenstichallergie Antihistaminikum (z.B. Tavegil®) 1–2 Amp. i.v. und evtl. zusätzlich Glukokortikoide (Dosierung nach Schweregrad, z.B. Prednisolon 50–250 mg i.v.) geben.

Fußangeln und Fingerzeige

- Hypokaliämierisiko bei Schleifendiuretika beachten
- ACE-Hemmer nicht mit kaliumsparenden Diuretika (v.a. Spironolacton) kombinieren: Hyperkaliämie
- Beidseitige Beinödeme nicht unkritisch als kardialbedingt einstufen, auch an beidseitige Phlebothrombose denken.
-

9.6 Tetanie

Meist harmlose Ursache: Hyperventilation (respiratorische Alkalose mit Abfall des ionisierten Kalziums). Im Anfall findet sich eine typische Klinik mit Pfötchenstellung der Hände, Spitzfußstellung und Fischmaulstellung des Mundes. Dem Anfall gehen häufig periorale Parästhesien und Gliederschmerzen voraus. Komplikationen: Laryngospasmus, Angina pectoris, viszerale Tetanie.

9.6.1 Differentialdiagnostische Überlegungen

- Häufigste Ursache: *Hyperventilation*
- *Hypokalzämie:* Hypoparathyreoidismus (Komplikation einer Strumektomie)
- Hypomagnesiämie
- Schwere Infektionen
- Hyperemesis, Stillen
- Intoxikationen (z.B. CO)
- Chronische Niereninsuffizienz
- Zitratüberladung nach Massivtransfusionen

Tetanus (Wundstarrkrampf durch Clostridium tetani): Verletzungsanamnese: 4–14 Tage nach Verletzung krampfartige, tonische Kontraktionen, Risus sardonicus. Diagnose durch Toxinnachweis.

9.6.2 Pieps – Erste Orientierung am Telefon

Fragen an das Pflegepersonal

- Bewußtseinszustand des Pat.?
- Hyperventilation?
- Fieber, Erbrechen?

Erste Anweisungen an das Pflegepersonal

Bei Hyperventilationstetanie Patient beruhigen, evtl. in vorgehaltene Hand oder Plastiktüte rückatmen lassen.

Dringlichkeit: Eine manifeste Tetanie sollte unverzüglich abgeklärt werden.

9.6.3 Diagnostisches Vorgehen

Anamnese/Krankenakte

- Strumektomie? Vorerkrankungen?
- Parästhesien? Bauchschmerzen?
- Gravidität?
- Akte: E'lyte.

Klinische Untersuchung

- Krämpfe der Arm- und Beinmuskulatur, Pfötchenstellung der Hände, Spitzfußstellung, „Fischmaulstellung" des Mundes
- Besonders bei psychogener Tetanie oft dramatisches Erscheinungsbild, Patient meint, „es ginge mit ihm zu Ende"
- Muskelsteife, trockene, rissige Haut, Nagelquerrillen (bei chron. Hypokalzämie)
- Kiefersperre? Ophistotonus? (V.a. Tetanus).

Diagnostik: E'lyte (Normo- oder Hypokalzämie), BGA.

9.6.4 Therapeutisches Vorgehen

Initiales Management

- Bei Normokalzämie kein Ca^{2+}! Pat. beruhigen, evtl. Sedierung mit z.B. 10 mg Diazepam i.v. oder Pat. langsam in eine möglichst große Plastiktüte rückatmen lassen
- Bei V.a. E'lytstörung E'lyte abnehmen, EKG (QT-Verlängerung bei Hypokalzämie), BGA
- Hypokalzämische Krise ☞ 21.1.3.

Tetanus-Behandlung

- Ausgedehnte Wundausschneidung und offene Wundbehandlung
- Gabe von Hyperimmunglobulin (passiver Schutz, klingt nach 3–4 Wo ab)
- Aktive Impfung mit Tetanustoxoid (nach Tetanusinfektion keine Immunität!)
- Hochdosiert Penicillin G
- Symptomatische Intensivtherapie: Sedierung, Muskelrelaxation, Abschirmung gegenüber äußeren Reizen, evtl. künstliche Beatmung. Prävention ☞ 12.2.2.

Ambulante Patienten

Bei Hyperventilationstetanie kann der Patient nach Rückgang der Symptomatik nach Hause entlassen werden. Bestehen jedoch Zweifel am Erfolg der Maßnahmen oder liegen Hinweise auf eine schwierige psychische Konfliktkonstellation vor, den Pat. lieber zur Beobachtung stationär aufnehmen. Eine hypokalzämische Krise wird stationär behandelt.

Fußangeln und Fingerzeige

- Hyperventilation kann auch organische Ursachen haben, z.B. Schmerzen, Angina pectoris, Fieber
- Keine unkontrollierten Kalziumgaben bei Hyperventilationstetanie
- Beurteilung des Serumkalziumspiegels immer zusammen mit dem Serumalbumin: Bei Hypalbuminämie ist eine mäßige Hypokalzämie normal!

Dorothee Bergfeld

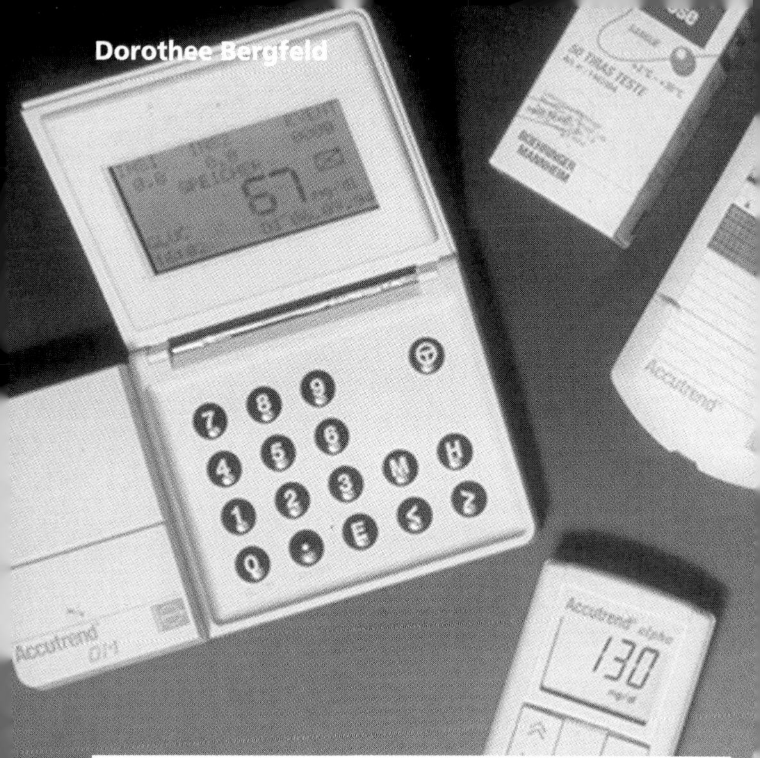

Endokrinologie und Stoffwechsel 10

10.1 Blutzuckerentgleisungen

Blutzuckerentgleisungen treten am häufigsten bei Patienten mit bekanntem Diabetes mellitus auf. Bei entsprechender Symptomatik (s.u.) fällt daher die Diagnosesicherung durch einfache Durchführung eines Blutzuckerstix nicht schwer. Problematisch ist die Erkennung von Blutzuckerentgleisungen bei Patienten mit Erstmanifestation eines Diabetes mellitus („Manifestationskoma") oder Stoffwechselgesunden, bei denen es, z.B. nach Alkoholkonsum, zur Hypoglykämie kommen kann.

10.1.1 Differentialdiagnostische Überlegungen

Hypoglykämie

Symptome finden sich i.d.R. bei BZ-Werten < 40 mg/dl, je nach gewohntem BZ-Niveau und Geschwindigkeit des Abfalls aber auch schon bei Werten < 100 mg/dl (z.B. bei Diabetikern) oder erst < 30 mg/dl. Klinisch kommt es zu Heißhunger, Schwäche, Übelkeit und Erbrechen, anschließend Unruhe, Schwitzen, Kältegefühl (adrenale Gegenreaktion), Tachykardie, Tremor. In der Spätphase finden sich zentralnervöse Störungen: Angst, Kopfschmerzen, endokrines Psychosyndrom mit Verhaltensauffälligkeiten, periorales Mißempfinden und primitive Automatismen (Greifen, Schmatzen), Konvulsionen, Gähnen, schließlich Somnolenz und Koma.

Mögliche Ursachen

- Diabetes mellitus: relative Überdosierung von Insulin und Sulfonylharnstoffen (zu langer Spritz-Eßabstand, normale Insulindosis bei verringerter Nahrungsaufnahme (z.B. bei Erbrechen) oder bei ungewohnter körperlicher Belastung, versehentliche Insulin-i.m.-Injektion). Bei Sulfonylharnstoffen Interferenz mit anderen Medikamenten (z.B. Marcumar®, Sulfonamide, β-Blocker)
- Stoffwechselgesunde: Nach Alkoholexzeß mit Nahrungskarenz (häufig auch bei Diabetikern) oder als Folge eines verstärktenVagotonus bei vegetativer Labilität
- Dumping-Syndrom bei Magenoperierten
- Pankreatitis
- NNR-Insuffizienz: Ausfall kontrainsulinärer Hormone ☞ 10.3.

Hyperglykämie

Mäßig erhöhte Blutzuckerwerte führen nicht zu akuten klinischen Symptomen. Sie fallen meist im Rahmen von Blutzuckertagesprofilen bei neueinzustellenden Diabetikern auf und werden dem Diensthabenden mit der Frage nach der weiteren Insulindosierung vorgelegt. Evtl. Polyurie und -dipsie (Urinvolumen oder Trinkmenge > 3 l pro Tag).

Ursachen für unerwartete BZ-Werte im Nachtdienst		
Zeit	**BZ zu hoch**	**BZ zu niedrig**
Vor dem Abendbrot, ca. 17.00 Uhr	• Mittags- oder Nachmittagsmahlzeit zu reichlich • Zwischenmahlzeit zu groß • Morgendl. Verzögerungsinsulin zu gering • Nomalinsulin zu Mittag zu gering • Hypoglykämie am Vormittag	• Mittags-oder Nachmittagsmahlzeit zu gering • Morgendl. Verzögerungsinsulin zu hoch • Normalinsulin zum Mittag zu hoch • Körperliche Aktivität am Nachmittag
Vor dem Schlafengehen, ca. 22.00 Uhr	• Abendbrot zu reichlich • Normalinsulin zum Abendbrot zu gering • Streßreiche Betätigung am Spätnachmittag/Abend	• Verzögerungsinsulin oder Normalinsulinanteil am Abend zu hoch • Spätmahlzeit zu gering
Nachts, 0.00–3.00 Uhr	• Spätmahlzeit zu reichlich • Basalrate zu gering • Bei Ketose: Infektfolge	• Spätmahlzeit zu gering • Basalrate zu hoch • Normalinsulin zum Abendbrot zu hoch • Maximum der Insulinwirkung bzw. anhaltend starke Hormonwirkung in der insulinempfindlichen Phase
Morgens (nüchtern)	• Spätmahlzeit oder Abendbrot zu reichlich • Verzögerungsinsulin am Abend zu gering / zu früh injiziert • Nächtliche Hypoglykämie (Somogyi-Effekt) • Dawn-Phänomen (Dämmerungsphänomen) wg. nächtlicher GH-Ausschüttung (Wachstumshormon) mit nachfolgender Hyperglykämie	• Spätmahlzeit zu gering • Alkoholgenuß • Verzögerungsinsulin am Abend zu hoch • Intensiver Sport am Vorabend • Langzeitdiabetes mit fehlender Gegenregulation
Für alle Tageszeiten gilt: **Infekt? Spritz-Eß-Abstand zu kurz? Fehlerhafte Insulinapplikation**		

Ketoazidotisches Koma

Im Gegensatz zum hyperosmolaren Koma oft rasche Entstehung: bei Typ I-Diabetes (absoluter Insulinmangel) in 20–30 % als Erstmanifestation.

- Auslöser oft Infekte. Polyurie, Polydipsie, zunehmende Somnolenz → Koma, „Kußmaul'sche Atmung" (tiefe, schnelle Atmung), Azetongeruch der Atemluft, Muskeltonus ↓, evtl. pseudoperitonitische Verlaufsform (peritoneale Reizerscheinungen, Magenüberblähung, *DD:* Akutes Abdomen ☞ 8.1
- *Diagn.:* Klinik
- *Labor:* BZ 400–800 mg/dl, Plasmaketon > 300 mg/dl, Glukosurie, Ketonurie, Hkt und Hb ↑, Na^+ ↑, K^+ ↓, BGA: metabolische Azidose.

Hyperosmolares Koma

Meist schleichender Verlauf

- Überwiegend Typ II-Diabetiker, auslösend Infekte und Diätfehler
- *Klinik:* Polyurie, Polydipsie, Kollapsneigung. Somnolenz → Koma, Muskeltonus ↑, Atmung normal
- *Diagn.:* Klinik
- *Labor:* BZ > 600 mg/dl, Glukosurie, Hb und Hkt ↑, Na^+ ↑, K^+ ↓, BGA.

10.1.2 Pieps – Erste Orientierung am Telefon

Fragen an das Pflegepersonal

- Diabetes mellitus oder andere Stoffwechselerkrankung bekannt?
- Begleitsymptome: Hypotonie, Tachykardie, Übelkeit oder Erbrechen, Bewußtseinsstörung?

Erste Anweisungen an das Pflegepersonal

- Blutzucker- und Urinstix; bei V.a. Infekt Urinkultur
- Temperatur messen
- Bei Polyurie und/oder -dipsie mit Bilanzierung von Trinkmenge und Ausscheidung beginnen
- Engmaschige Kontrolle von RR und Herzfrequenz
- EKG.

Dringlichkeit

Eine Hypoglykämie muß sofort behandelt werden. Besonders dringlich sind außerdem erhöhte Blutzuckerwerte, die mit klinischen Begleitsymptomen wie Polyurie und Exsikkose oder Bewußteinsstörungen (Hinweise auf ein beginnendes hyperglykämisches Koma) einhergehen.

10.1.3 Diagnostisches Vorgehen

Beurteilung BZ- und Urinstix

Glukosurie, Ketonurie, Hinweise auf Infekt (Leukos, Nitrit)?

Anamnese/Krankenakte

- Begleitsymptome: Schwindel, Schwäche, Übelkeit, Appetitlosigkeit?
- Bekannter Diabetes mellitus: Blutzuckerwerte in den letzten Tagen → Hinweise auf Entgleisungstendenz? Bisherige Antidiabetika, Diätfehler (sehr häufig), bei Insulintherapie: Abweichungen vom bisherigen Spritzschema?
- Zeichen eines Infektes (erhöhte Gefahr der Entgleisung eines Diabetes mellitus): Husten, Auswurf, Halsschmerzen, Brennen beim Wasserlassen? Andere Belastungssituationen (OP, Unfälle, psychische Belastung)?

Körperliche Untersuchung mit besonderem Augenmerk auf

- Bewußtseinslage: Bewußtseinseintrübung bei beginnendem Koma
- Exsikkosezeichen: Hauttemperatur und -turgor, stehende Hautfalten, trockene Schleimhäute, borkige Zunge, weiche Augenbulbi?
- Atmung: Bei ketoazidotischem Koma vertiefte Kußmaul'sche Atmung und Azetongeruch
- Muskeleigenreflexe: Herabgesetzt bei diabetischem Koma

- Abdomen: Peritoneale Reizung („Pseudoperitonitis" und Magenüberblähung bei ketoazidotischem Koma möglich).

Weiterführende Diagnostik

Noch in der Nacht durchführen

- *Labor:* BZ im Serum, K^+, Na^+, Ca^{2+}, Hkt und Hb (erhöht als Folge einer Exsikkose?), Leukozyten
- Bei V.a. ketoazidotisches Koma: Immer *BGA* bei bewußtseinsgetrübten Patienten (Azidose?).

10.1.4 Therapeutisches Vorgehen

Hypoglykämie

- Stix: bei Hypoglykämie zuerst sofortige Glukosegabe:
  - Bei bewußtseinsklaren Pat. mit BZ > 40 mg/dl orale Glukosezufuhr in Form von Tee mit 10–20 g Traubenzucker, anschließend 1–2 BE langsam resorbierbarer Kohlenhydrate (z.B. Brot), BZ-Kontrolle nach 15 Min. und 1 h
  - Bei zentralnervösen Störungen oder BZ-Wert < 40 mg/dl 50–100 ml Glukose 40 % i.v., bis zum Aufklaren wiederholen, anschl. Glukose 5 % als Infusion
- Zusätzlich evtl. Glukagon 1 mg/h i.v. (z.B. Glucagon Novo®), zur Steigerung der endogenen Glukoseproduktion
- Angestrebter BZ-Wert ca. 200 mg/dl (BZ-Kontrollen anfangs in 30minütigem Abstand)
- Bei protrahierter Hypoglykämie und nur zögerlicher Aufklarungstendenz evtl. Verlegung auf Intensivstation.

Hyperglykämie ohne Begleiterscheinungen

(z.B. bei routinemäßigem BZ-Profil)

- Handelt es sich um einen für den betreffenden Patienten auffallenden Wert?
- Ist der gemessene Wert ein „Ausrutscher", der durch einmalige Gabe von Normalinsulin aufgefangen werden sollte, oder ist die Einstellung prinzipiell noch zu verbessern (z.B. durch Erhöhung des Verzögerungsinsulins)?

Insulindosis bei ungeklärter BZ-Entgleisung (Anhaltspunkte für stat. Pat.)		
BZ > 250 mg/dl	8 IE Normalinsulin s.c	initial
BZ > 300 mg/dl	10 IE Normalinsulin s.c	
BZ > 350 mg/dl	12 IE Normalinsulin s.c	

- Bei nicht zu stark erhöhten Werten (< 250 mg/dl) und Wohlbefinden des Pat. kann man meist abwarten und evtl. eine weitere BZ-Kontrolle nach 1–2 h anordnen.
- Bei bleibend erhöhten bzw. ansteigenden Werten (> 250 mg %) Gabe von Normalinsulin. *Regel:* 1 IE Normalinsulin senkt den BZ um ca. 30 mg/dl (bei BZ-Werten < 200 mg/dl).

V.a. hyperglykämisches Koma

- Verlegung auf Intensivstation
- Zentralvenöser Zugang (☞ 2.7.1), Blasenkatheter zur Bilanzierung (☞ 2.10), bei tiefem Koma ggf. Intubation und Beatmung (☞ 2.3).

Rehydratation

- In der 1. Stunde max. 1 l NaCl 0,9 %, in den nächsten 6 h 500 ml/h, in den nächsten 4 h 250 ml/h unter Kontrolle des ZVD (insgesamt 10 % des Körpergewichtes i.v. in den ersten 12 h)
- *Cave:* Bei Herzinsuff. Volumensubstitution nach ZVD: Bei ZVD > 8 cm H_2O → 1/2 der Infusionsmenge, bei ZVD > 12 cm H_2O → 1/4 der Infusionsmenge. Bei Niereninsuff.: Infusionsmenge nach Ausscheidung
- Bei Na^+ > 150 mmol/l bzw. S-Osmolalität > 350 mosmol/l: 0,45%ige NaCl-Lösung. Bei Na^+ > 165 mmol/l: 2,5%ige Glukoselösung. Später je nach Situation weiter mit 0,9 % NaCl
- Wenn BZ < 300 mg/dl: 5%ige Glukose mit 80–100 ml/h, ggf. NaCl 0,9 % reduzieren
- Wenn BZ < 120 mg/dl: 10%ige Glukose 80–100 ml/h, ggf. Insulin reduzieren
- Wenn orale Nahrungsaufnahme möglich ist, Glukoseinfusion absetzen.

Insulinsubstitution

- Initial Bolus (5)-10 IE Normalinsulin i.v., dann 6–10 IE/h Normalinsulin über Perfusor (50 IE/50 ml). *Ziel:* BZ sollte für die nächsten 8 h nicht unter 200–250 mg/dl absinken
- Falls BZ-Abfall < 10 % in den ersten 2 h zusätzlich Insulinbolus von 0,2 IE/kg i.v., BZ-Kontrolle nach 1 h. Falls kein Effekt, Verdopplung der kontinuierlichen Insulinzufuhr, Kontrolle nach 1 h.

K^+-Substitution

- Ind.: K^+ < 6 mmol/l und Diurese > 30 ml/h
- Bei normaler Nierenfunktion kann man für die Kaliumzufuhr näherungsweise pro 1 IE Insulin 1,5 mmol KCl rechnen.

Substitutionsdosis von K^+ bei Coma diabeticum in Abhängigkeit vom pH-Wert

K^+ (mmol/l)	< 3	3–3,9	4–4,9	5–5,9	> 6	Bemerkungen
pH < 7,1	20–30 mmol/h	15–20 mmol/h	10–15 mmol/h	5–10 mmol/h	–	Max. 240 mmol tägl., max. 20 mmol/h. Nur bei K^+ < 2,0 mmol/l oder Lähmungen: bis 40 mmol/h
pH > 7,1	20 mmol/h	15 mmol/h	10 mmol/h	5 mmol/h	–	

Azidosekorrektur

- *Ind.:* pH < 7,1
- Berechnung der Bikarbonatdosis: 0,2 x Base Excess (BE) x kg = Na^+-Bikarbonat, davon 1/3 bis max. 1/2 der Dosis infundieren (*cave:* Hypokaliämie!)
- Infusion über mind. 2 h.

Phosphatsubstitution

(nur bei Ketoazidose mit normaler Diurese)

- *Ind.:* PO_4^{3-} < 1,5 mg/dl. Durchführung in der 6.–8. h nach Therapiebeginn (PO_4-Bestimmung im Tagdienst). Gabe von Kaliumphosphat 4–8 mmol/h
- *Cave:* Bei Niereninsuff., Hypokalziämie.

Weitere Maßnahmen
- Magensonde bei Erbrechen und Magenatonie ☞ 2.9.2
- Low-dose-Heparin ☞ 22.2.1
- Dekubitusprophylaxe, v.a. an den Fersen
- Bei zugrundeliegender Infektion Antibiotika entsprechend Infektionsherd (☞ 4.4.4), ansonsten evtl. Infektionsprophylaxe, z.B. mit Cefotaxim (z.B. Claforan®).

Verlaufskontrollen
In den ersten 12 h
- Stündlich BZ, ZVD, K^+, Urinmenge
- 2–4 stündlich: Na^+, Krea, Harnstoff, Serumosmolalität, BGA
- 6–stündlich: Keton im Urin bei ketoazidotischem Koma, BB
- Nach 6–8 h: PO_4^{3-}, Ca^{2+}, Laktat, Cl^-, CK, Transaminasen, Amylase, Albumin
- EKG.

In den nächsten 24 h
- 2–stündlich: BZ, ZVD, K^+, Urinmenge
- 4–stündlich: Na^+, BGA, Krea, Harnstoff, Keton im Urin, Serumosmolalität
- 8–stündlich: Cl^-, PO_4^{3-}, Laktat und pathologische Parameter.

Hintergrund
In der Regel empfiehlt sich die Benachrichtigung des Hintergrundes bei:
- V.a. Coma diabeticum
- Unter Therapie persisitierender Bewußtseinsstörung.

Aufnahme ambulanter Patienten
Bei manifester Blutzuckerentgleisung stationäre Aufnahme zur Ursachensuche und Einstellung.

Fußangeln und Fingerzeige
- Bei jeder Stoffwechselentgleisung im Nachtdienst Patient anschauen, keine „Telefondiagnosen".
- Bei mäßiggradiger Hyperglykämie bei bekanntem Diab. mell. nicht auf jede Entgleisung sofort mit Insulingabe reagieren. Nur einen Parameter (Insulin oder Diät) ändern, prinzipielle Änderungen des Behandlungsregimes in der Regel dem Stationsarzt im Tagdienst überlassen.
- Insulingabe im Notfall niemals s.c. wegen unsicherer Resorption.
- Bei hyperglykämischem Koma: Keine zu rasche BZ-Senkung (Gefahr des Hirnödems). Eine leichte Azidose bedarf keiner medikamentösen Korrektur, da sie sich durch Hemmung der Lipolyse unter Insulinwirkung selbständig korrigiert. Kaliummangel nicht unterschätzen. Durch die anfangs bestehende Azidose können K^+-Werte im Normbereich liegen. Bei Einsetzen der Insulinwirkung und Rückbildung der metabolischen Azidose entwickelt sich dann ein K^+-Mangel, daher engmaschige Verlaufskontrollen.
- Die beim Coma diabeticum ablaufenden Wasserverschiebungen im ZNS gleichen sich erst allmählich aus. Trotz Normalisierung der BZ- und pH-Werte kann sich daher die Bewußtseinsstörung erst verzögert bessern.
- Bei sulfonylharnstoffinduzierter Hypoglykämie oder nach Gabe von Verzögerungsinsulinen Gefahr des protrahierten Verlaufs mit erneutem Schock. Nach Aufklaren Infusion von 10%iger Glukose, BZ-Kontrollen in 2 stündli-

chem Abstand über 24 h. Bei drohender Überwässerung 4stündlich 4–8 mg Dexamethason
- Hypoglykämien bei Pat., die Acarbose (z.B. Glucobay®) einnehmen, müssen mit Traubenzucker therapiert werden, Rohrzucker ist unwirksam.

10.2 V.a. Hyperthyreose

Symptome der akuten Hyperthyreose sind: tachykarde Herzrhythmusstörungen (z.B. Sinustachykardie, Tachyarrhythmia absoluta, Extrasystolie), (Durch-)schlafstörungen und Nervosität. Da im Nachtdienst meist keine Möglichkeit besteht, die Schilddrüsenhormone zu bestimmen, sind Anamnese und klinische Untersuchung für die Diagnosestellung wegweisend. Wichtig ist der Ausschluß nichtthyreoidaler Ursachen. Die weitere Diagnostik und gezielte Behandlung der Hyperthyreose kann am nächsten Tag eingeleitet werden.

10.2.1 Differentialdiagnostische Überlegungen

Zeichen der Hyperthyreose

Typische Symptomatik: Nervosität, innere Unruhe, Reizbarkeit, Palpitationen (meist Sinustachykardie, evtl. Extrasystolen), Schlafstörungen, feinschlägiger Fingertremor, warme feuchte Haut, erhöhte Stuhlfrequenz, Haarausfall, erhöhte RR-Amplitude, auskultatorisch gelegentlich Schwirren über der Schilddrüse (sog. „Nonnensausen"). Gewichtsabnahme bei gutem Appetit, oft Struma. Bei älteren Menschen häufig oligosymptomatischer Verlauf mit depressiver Verstimmung. Pathognomonisches prätibiales Myxödem bei immunogener Genese (sehr selten). Eine *endokrine Orbitopathie* liegt nur bei immunogener Hyperthyreose (Typ Basedow) in 40 % vor.

Wichtigste Differentialdiagnosen

- Tachykarde Rhythmusstörungen (☞ 6.2). Vegetative Symptomatik meist geringer ausgeprägt
- Hyperkinetisches Herzsyndrom: Tachykardie, hohe RR-Amplitude, stark ausgeprägtes Angstgefühl → Ausschlußdiagnose
- Beginnendes Entzugsdelir ☞ 5.1.3
- Akute psychotische Zustände ☞ 14.8
- Intoxikationen, z.B. mit Amphetaminen ☞ 5.2.1.

Ursachen einer Hyperthyreose

- Immunogen (M. Basedow): Autoantikörper (TRAK = TSI) gegen TSH-Rezeptor der Thyreozytenmembran. *Diagn.*: Sono, Nachweis TRAK
- Funktionelle Autonomie (Formen: unifokal, multifokal, disseminiert): Struma, oft knotig. *Diagn.*: Sono, Szintigraphie. Hyperthyreose oft ausgelöst durch Jodexposition, z.B. durch Untersuchungen mit jodhaltigen Röntgenkontrastmitteln oder Einnahme jodhaltiger Medikamente (Amiodaron)
- Selten: passagere Hyperthyreose bei Thyreoiditis.

Thyreotoxische Krise

Exazerbation einer meist unbekannten Hyperthyreose, z.B. durch Jodexposition (Gabe von KM!). Symptome: Tachykardie/Tachyarrhythmie, Exsikkose, Fieber (39–41 °C), Erbrechen, Durchfall, Hypotonie bis zum Kreislaufversagen (high-output-failure), Zeichen der Bulbärparalyse (verwaschene Sprache), Psychosyndrom mit psychomotorischer Erregung, Halluzinationen, evtl. Übergang in Koma. Letalität ca. 40 %.

10.2.2 Pieps – Erste Orientierung am Telefon

Erste Anweisungen an das Pflegepersonal

- Engmaschige Kontrolle von Puls und RR
- 12–Kanal-EKG mit langem Rhythmusstreifen
- Temperatur messen.

Dringlichkeit

Besondere Dringlichkeit: Rhythmusstörungen oder massive Tachykardie mit begleitendem RR-Abfall sowie Hinweise auf kardiale Dekompensation oder Bewußtseinstrübung. Thyreotoxikose ist akut lebensbedrohend (Letalität 20–30 %) und intensivpflichtig!

10.2.3 Diagnostisches Vorgehen bei V.a. Hyperthyreose

Anamnese/Krankenakte

- Schilddrüsenerkrankung bekannt? Z.n. Schilddrüsen-OP oder Radiojodther.?
- Hyperthyreosezeichen ☞ 10.2.1?
- Medikamentenanamnese: L-Thyroxin (Hyperthyreosis factitia)? Thyreostatika? Einnahme jodhaltiger Substanzen (z.B. Jodid, Amiodaron, Antitussiva)? Kontrastmitteluntersuchungen? Jodhaltige Hautdesinfektionsmittel?

Körperliche Untersuchung mit besonderem Augenmerk auf

- Hände: Feucht-warm, feinschlägiger Tremor?
- Struma evtl. mit palpatorischem oder auskultatorischem Schwirren
- Endokrine Orbitopathie?
- Beine: Selten prätibiales Myxödem (grobporig, nach Druck bleibt keine Delle)
- Herz: Frequenz, Extrasystolie, absolute Arrhythmie?
- Lunge: Stauungszeichen bei kardialer Dekompensation („high-output-failure")?

Weiterführende Diagnostik

Noch in der Nacht

- EKG: Bei Tachykardie, Rhythmusstörungen oder Hinweisen auf Herzinsuff.
- Labor: E'lyte (K^+, Ca^{2+}), BSG.

Für den nächsten Tag planen

- Labor: T_3, T_4, TSH basal. Bei V.a. auf M. Basedow: TRAK
- Sono und Szintigraphie der Schilddrüse.

Weiterführende Diagnostik

Noch in der Nacht:

- Labor: E'lyte, BZ, Hkt ↑, K^+↑, Na^+ ↓ ($Na^+/K^+ < 30$), BZ ↓, BGA (metabol. Azidose). Bei Fieber > 39 °C Blutkulturen, Urinkultur ☞ 2.9
- Vor Beginn einer Substitutions-Ther. mit Kortison Abnahme einer Blutprobe zur Bestimmung von ACTH und Cortisol.

Labor für den nächsten Tag planen: ACTH, Cortisol, Cortisol-Tagesprofil, freies Cortisol im Urin, Corticotropin-Releasing-Tests.

10.3.3 Therapie der akuten Addison-Krise

- Verlegung auf Intensivstation
- Zentralvenöser Zugang
- Initial 50 ml 40%ige Glukose + 500 ml 0,9 % NaCl, später 5%ige Glukose unter ZVD-Kontrolle (*cave:* keine K^+ -haltigen Infusionen)
- Dexamethason (z.B. Fortecortin®) 10–20 mg i.v. oder Hydrocortison (z.B. Hydrocortison Hoechst®) 100 mg i.v., dann Dauerinfusion Hydrocortisonhydrogensuccinat 10 mg/h. Sobald orale Zufuhr möglich, Umstellung auf 4 x 50 mg Hydrocortison p.o., schrittweise Reduzierung auf Erhaltungsdosis
- Falls Kortisongabe nicht ausreicht: Aldosteron (z.B. Aldocorten®) 0,5–1 mg i.v.
- Bei persistierender Hypovolämie Humanalbumin 20 % 50–100 ml i.v. Bei Schock evtl. Dopamin/Dobutamin ☞ 3.2
- Vollheparinisierung ☞ 22.2
- Bei Infektionen Antibiotika ☞ 4.4.4
- Evtl. Ausgleich einer metabol. Azidose (BGA!): $NaHCO_3$ = BE x kgKG x 0,2 davon 1/3 bis max. 1/2 der Dosis infundieren.

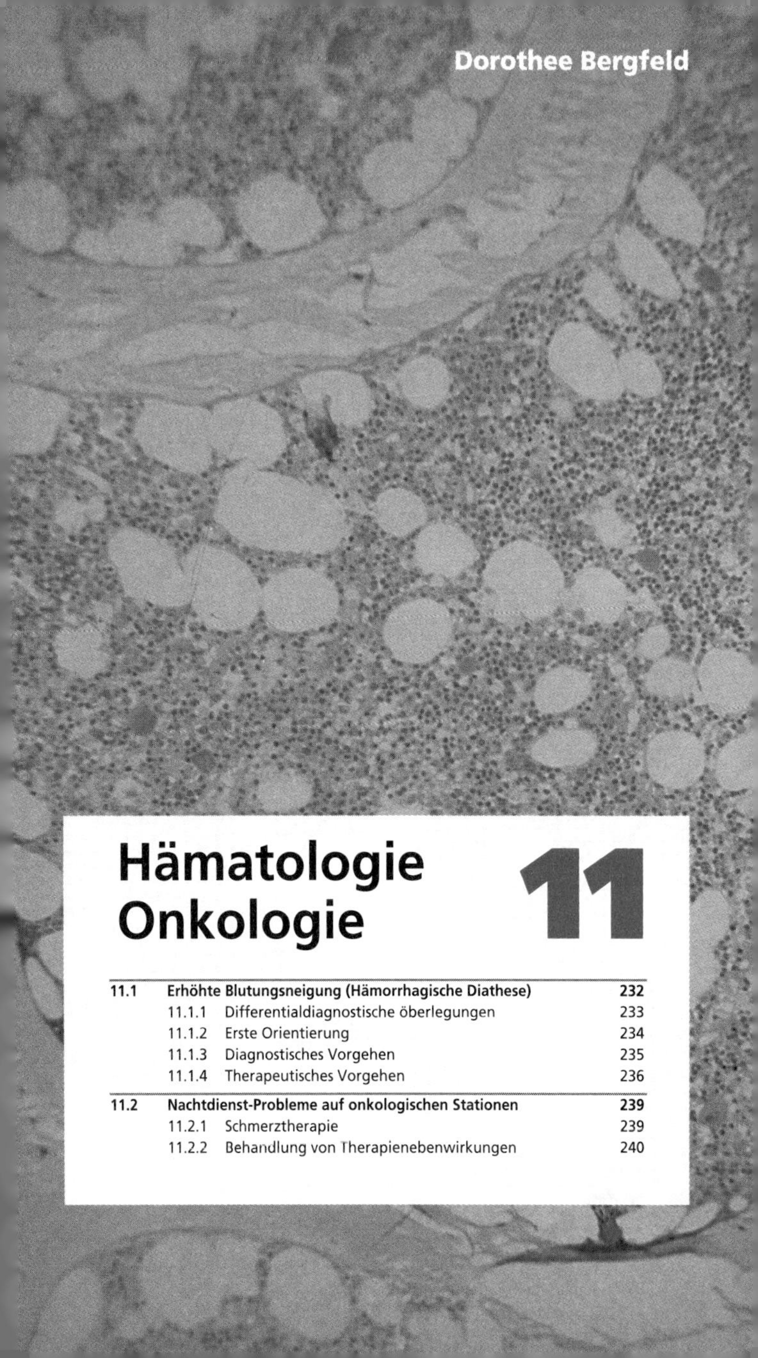

Dorothee Bergfeld

Hämatologie Onkologie

11

11.1 Erhöhte Blutungsneigung (Hämorrhagische Diathese)

Das häufigste und schwerwiegendste hämatologische Problem im Nachtdienst ist eine erhöhte Blutungsneigung, d.h. daß Blutungen ohne adäquaten Anlaß auftreten oder zu lange bzw. zu stark anhalten. Eine erhöhte Blutungsneigung äußert sich klinisch in der Regel als starke posttraumatische Blutung, Nasenbluten, gastrointestinale Blutung, Hämaturie oder Blutungen aus venösen Kathetern (immer pathologisch). Häufig sind auch Blutungen nach Dialyse bzw. Shunt-OP (durch Heparingabe).

Eine hämorhaghische Diathese ist meist *medikamenteninduziert* (Antikoagulantien) oder tritt im Rahmen einer Verbrauchskoagulopathie bei Schock (Disseminierte intravasale Gerinnung ☞ 3.4) oder nach Infektionen auf. Besonders bei DIC können massive, nur schwer beherrschbare Blutungen auftreten.

Ursachen hämorrhagischer Diathese

		Koagulopathie	Thrombopathie Thrombopenie	Vasopathie
Klinik		Hämatome (Blutung in Subkutis und Muskulatur). Bei schweren Formen: Hämarthros (v.a. Pat. < 15 J.)	Stecknadelkopfgroße Blutungen (Petechien). Kleinflächige Kapillarblutungen v.a. der unteren Extremität (Purpura). Flächenhafte Blutungen (Ekchymosen = Sugillationen), Schleimhautblutung	Uncharakt., meist petechial mit Hauteffloreszenzen und Purpura. Ebenfalls Ekchymosen
Orientierende Diagnostik	Quick	erniedrigt*	normal	normal
	PTT	verlängert**	normal	normal
	Blutungszeit	normal	verlängert	verlängert
	Rumpel-Leede-Test ☞ 11.1.3	normal	normal oder pathologisch	pathologisch

* Normal bei Mangel an F VIII, IX, XI, XII
** Normal bei F VII-Mangel

- *Thrombozytäre Störungen* führen meist zu Spontanblutungen aus stark kapillarisierten Gebieten (z.B. Locus Kieselbachii) oder zu verlängerter Blutung nach Verletzungen oder Eingriffen, seltener zu petechialen Blutungen besonders an den Unterschenkeln.
- *Blutungen infolge von Koagulopathien* erfolgen oft posttraumatisch in Haut, Muskulatur oder Gelenke, häufiger sind auch Hämaturien.
- *Vaskuläre Blutungen* sind selten, in der Regel finden sich Einblutungen in die Haut. Die Klärung der zugrundeliegenden Störung ist im Bereitschaftsdienst in der Regel nicht möglich. Diagnostik und Behandlung richten sich auf die Lokalisation der Blutungsquelle und Blutstillung sowie Kreislaufstabilisierung ☞ 22.5 und 3.2.

11.1.1 Differentialdiagnostische Überlegungen

Häufige Ursachen einer hämorrhagischen Diathese

- *Medikamentenwirkungen und -nebenwirkungen:*
  - Orale Antikoagulantien: Kumarine (z.B. Marcumar®) → Quick ↓ → < 15 % deutlich erhöhte Blutungsneigung. Nach Traumen, aber z.B. auch nach i.m.-Injektionen können lebensbedrohliche Blutungen auftreten
  - Heparin ☞ 22.2.1
  - Lysetherapie: Schwere Blutungen in 10 % der Fälle. Therapie ☞ 22.2.2
  - Thrombozytenaggregationshemmer: schwere Blutungen v.a. unter Einnahme von ASS sind möglich, aber relativ selten (z.B. als gastrointestinale Blutung)
  - Antibiotika: Blutgerinnungsstörungen durch Störung der intestinalen Vit. K-Produktion und -Resorption sowie Überempfindlichkeitsreaktionen, die zu Thrombopenien führen
- *Verbrauchskoagulopathie*: Auslöser, Diagnostik und Ther. ☞ 3.4
- *Thrombozytenproduktionsstörungen*: Knochenmarksschädigung durch Neoplasmen, Radiatio, Zytostase, toxische Schädigungen (Alkohol, Urämie), medikamentös-toxisch (z.B. Chinin, Chinidin, Sulfonamide, Sulfonylharnstoffe, Thiaziddiuretika, Goldsalze)
- *Vit. B_{12}*-, Folsäure- und Eisenmangel: Durch Störung der Zellreifung eingeschränkte Thrombozytenproduktion
- *Lebererkrankungen:* Synthesestörung der Gerinnungsfaktoren II, VII, IX und X. Evtl. begleitend Hyperspleniesyndrom mit vermehrtem Abbau von Thrombos in der Milz.

Seltenere Ursachen

- *Purpura Schoenlein-Henoch*: Bei Kindern und Jugendlichen 2–3 Wochen nach einem Infekt auftretende Hypersensitivitätsvaskulitis. Fieber, Arthralgien, Abdominalschmerzen, evtl. GIT-Blutungen (blutig-schleimige Stühle), in 70 % Glomerulonephritis (evtl. Makrohämaturie, Proteinurie)
- *M.Werlhof* (Chronische idiopathische thrombozytopenische Purpura): v.a. bei Erwachsenen. In > 80 % der Fälle Nachweis von Thrombo-AK. In Schüben verlaufend, z.T. durch Infektionen verstärkt. Thrombos zwischen 10–80/nl, positiver Rumpel-Leede-Test, Quick und PTT im Normbereich.

- *Angeborene Koagulopathien*
  - *Hämophilie A und B*: X-chromosomal-rezessiv vererbter Mangel an Faktor VIII (85 % der Fälle) bzw. IX (15 %). Hämorrhagische Diathese bei Erniedrigung des jeweiligen Faktors auf < 10 %, Auftreten von Spontanblutungen (z.B. in Gelenke oder Muskulatur) bei Faktorrestaktivität < 1 %. *Diagn.*: Familienanamnese (*cave*: 30–50 % der Fälle Spontanmutationen mit leerer Familienanamnese), normale Blutungszeit, verlängerte PTT, Erniedrigung von Faktor VIII bzw. IX.
  - *Von-Willebrand-Syndrom*: Angeborener oder erworbener Defekt (z.B. bei malignen Lymphomen) des von-Willebrand-Faktors (2 Funktionen: Thrombozytenaggregation an den Gefäßwänden, Beeinflussung der Aktivität des Faktors VIII). Thrombozytärer Blutungstyp. *Diagn.*: Verlängerte Blutungszeit bei normaler Thrombozytenzahl, positiver Rumpel-Leede-Test, Erniedrigung des von-Willebrand-Faktors und Faktor VIII.

- *Vitamin-K-Mangel* durch Mangelernährung, längere parenterale Ernährung oder Störung der intestinalen Resorption bei Alkoholikern, Malabsorption, Cholestase, Einnahme von Antibiotika (s.o.) oder Cholestyramin.

11.1.2 Pieps – Erste Orientierung am Telefon

Fragen an das Pflegepersonal

- Art der Blutung: Äußerlich sichtbare, stärkere Blutung (z.B. auch bei liegender Venenverweilkanüle/ZVK), Hämaturie, GIT-Blutung, Hypermenorrhoe, Hämatome, Petechien?
- Puls und Blutdruck (Schockzeichen)?
- Patient antikoaguliert?
- Vorausgegangene Operation? Shuntrevision bei Dialyse-Pat.? Vorausgegangener diagnostischer Eingriff (z.B. Koronarangiographie)?
- Gravidität?
- Blutgruppe bekannt?

Erste Anweisungen an das Pflegepersonal

- RR- und Pulskontrolle in 5–10 minütigen Abständen
- Falls möglich bisher verlorenes Blut zur Abschätzung der Menge und Schwere des Geschehens aufheben
- Bei äußerlichen Blutungen: Druckverband, Extremität hochlagern
- Bei stärkerer Blutung mehrere großlumige i.v.-Zugänge vorbereiten; Blutabnahmeröhrchen für Blutgruppe (falls noch nicht bekannt), Kreuzblut, Blutbild (Thrombos!), Quick, PTT, TZ, AT III Fibrinogen vorbereiten.

Dringlichkeit

Besondere Dringlichkeit bei Schockzeichen (niedriger RR, Tachykardie), starker Blutung, Pat. unter Antikoagulation oder Lysetherapie.

11.1.3 Diagnostisches Vorgehen

Prüfung der Vitalzeichen (Puls, RR, Atmung)

Anamnese/Krankenakte

- Begleitsymptome: Übelkeit, Erbrechen (Erbrochenes wie „Kaffeesatz")? Farbe von Stuhl und Urin in den letzten Tagen (Teerstühle/Hämaturie)?
- Erhöhte Blutungsneigung bekannt?
- Medikamentenanamnese: Einnahme gerinnungshemmender Medikamente? Medikamente, die auf andere Weise die Gerinnung beeinflussen können, ☞ 11.1.1?
- Bekannte Leberfunktionsstörung? Alkoholismus?
- Bekannte Erkrankung mit Beteiligung des Knochenmarks (z.B. Leukämie)?
- Bekanntes Malignom als evtl. Blutungsquelle oder Ursache für erhöhte Blutungsneigung, z.B. Kolon-, Magen-, Pankreas- oder Prostata-Karzinom?
- Menstruation (Hypermenorrhoe, Gravidität)?

Körperliche Untersuchung mit besonderem Augenmerk auf

- Haut: Petechien (stecknadelkopfgroße Blutungen v.a. an Extremitäten oder tieferliegenden Körperteilen), Sugillationen (kleinflächige Blutungen), Ekchymosen (flächenhafte Blutungen)
- Evtl. Durchführung eines *Rumpel-Leede-Tests:* Blutdruckmanschette 5 Min. lang über den diastol. RR aufpumpen. Bei Kapillarfragilität zahlreiche punktförmige Blutungen v.a. in der Ellenbeuge
- Hämatome in Kutis oder Subkutis, Gelenkschwellung als Hinweis auf Hämarthros
- Abdomen: Hepatomegalie und Leberhautzeichen (Spider naevi, Venenzeichnung ↑, Abdominalglatze) als Zeichen einer Lebererkrankung, Splenomegalie. Bei GIT-Blutung Hinweise auf Perforation (Peritonismus, Druckschmerz) ☞ 8.1.1
- Rektale Untersuchung: Blut oder Teerstuhl am Fingerling?

Weiterführende Diagnostik

Noch in der Nacht

- *Labor:* Gerinnungsstatus (Quick, PTT, TZ, Fibrinogen, AT III). Blutbild mit Thrombos, Hb, Hkt, Blutgruppe, Kreuzprobe. Bei V.a. Koagulopathie falls im Labor möglich Bestimmung der Gerinnungsfaktoren VIII, IX, XIII
- *Bei massiver Blutung:* Suche nach Blutungsquelle (Gastroskopie, Sono) → Blutstillung (evtl. chirurgisch) anstreben.

Für den nächsten Tag anordnen

- *Labor:* Bei V.a. M. Werlhof Bestimmung von Thrombozytenautoantikörpern. Bei entsprechenden Hinweisen im Blutbild (makrozytäre Anämie) Vitamin B_{12}, Folsäure und Eisen. Bei V.a. Thrombopathie Thrombozytenfunktionstests, z.B. Thrombelastogramm oder Aggregationsverhalten
- *Knochenmarksbiopsie:* Bei V.a. Thrombozytenproduktionsstörungen/Knochenmarkserkrankung
- *Genaue Lokalisation von Blutungsquellen:* Endoskopie (Gastro-, Rekto- und Koloskopie), evtl. Angiographie, Szintigraphie mit Tc-markierten Erythrozyten (nur bei akuter Blutung).

11.1.4 Therapeutisches Vorgehen

Initiales Management

- *Bei schwerer Blutung mit RR-Abfall:*
  - 2–3 großlumige Zugänge, Blutabnahme
  - Bis zum Vorliegen der Kreuzproben: Kristalloide (z.B. Ringer) und kolloidale Lösungen (z.B. HAES® 10 %) bzw. Humanalbumin 5 % ☞ 3.2.2
  - Verlegung auf die Intensivstation
  - Bluttransfusion (☞ 2.2), bei Gerinnungsstörungen gezielte Substitution der Faktoren s.u.
- *Bei leichterer Blutung* mit stabilen Herz-Kreislaufverhältnissen: I.v.-Zugang, Blutabnahme (s.o.), Ringerlaktat zum Offenhalten des Zugangs
- *Bei äußerlicher Blutung:* Druckverband, Kühlen, ggf. Extremität hochlagern. Ggf. Auflegen von fibringetränktem Schwamm oder z.B. Tabotamp®
- Falls erforderlich Schmerzbehandlung mit mildem Opiat, z.B. Tilidin (Valoron®) ☞ 4.2
- Epistaxis ☞ 18.2
- Blutung bei Prothrombinstörung (z.B. Kumarinnebenwirkung): Rasche Substitution der Gerinnungsfaktoren mit Prothrombinkomplex (PPSB) (Faktorensubstitution ☞ 22.2.1). Zur langfristigen Antagonisierung der Kumarin-Wirkung zusätzlich 10 mg Vit. K (Konakion MM®) als Kurzinfusion i.v.
- Blutung als Heparin-NW: Heparinther. sofort beenden, evtl. Antagonisierung der Heparinwirkung mit Protamin (z.B. Protaminsulfat Novo®). 1 mg antagonisiert 100 IE Heparin. Genaue Ther. ☞ 22.2.1
- Blutung durch Thrombozytenaggregationshemmer: Absetzen des Präparates. Bei schwerster Blutung evtl. Gabe von Thrombozytenkonzentraten (☞ Verlegung auf die Intensivstation)
- Chronische idiopathische thrombozytopenische Purpura (M.Werlhof): Im Nachtdienst Beschränkung auf Blutstillung und Herz-Kreislaufstabilisierung. Nach Diagnosesicherung (Nachweis von Thrombozytenantikörpern) je nach Schweregrad Einleitung einer Steroidtherapie:
  - Prednison (z.B. Decortin®) 1,5 mg/kg p.o.
  - Bei schwerem Verlauf Erhöhung der Steroiddosis bis auf die vierfache Tagesmenge, evtl. Versuch mit Immunglobulinen (z.B. Sandoglobulin®) 0,4 g/kg tägl. i.v. über 3 Tage.

Thrombozytenkonzentrate bei V.a. M. Werlhof nur bei manifester schwerer Blutung, da Transfusionen zur zusätzlichen Bildung von Isoantikörpern führen können.

- Medikamentös induzierte Thrombopenie: Noxe ausschalten, Prednison (z.B. Decortin®) 1–2 mg/kg tägl., hochdosiert Immunglobuline 2–3 x 10–40 g tägl., nur bei Thrombos < 10–20 /nl und/oder manifester Blutung Thrombozytensubstitution.

- Thrombopenie (z.B. nach Radiatio oder Zytostase) mit manifester Blutung: Gabe von Thrombozytenkonzentraten ☞ Verlegung auf die Intensivstation.
- Blutungen bei Hämophilie: Blutstillung (Ruhigstellung, Druckverband, Hochlagerung, Faktorensubstitution), falls möglich Beseitigung der Blutungsquelle (Chirurg). Ggf. Analgesie mit milden Opiaten. Bei anhaltender Blutung evtl. Vorliegen von *Hemmkörpern* (Auto-AK gegen Gerinnungsfaktoren). *Diagn.* durch AK-Nachweis (Tagdienst). *Ther.:* Bei geringem AK-Titer Erhöhung der Faktorensubstitution, Gabe von Feiba® S-TIM (Factor Eight Inhibitor Bypassing Activity), Glukokortikoide, evtl. Plasmapherese.
- Blutung bei von-Willebrand-Syndrom: Bei leichterer Blutung Desmopressin (Minirin®) 0,4 g/kg in 50 ml NaCl als Kurzinfusion über 30 Min., Wiederholung nach 12 und 24 h. Bei schwereren Blutungen zusätzlich Faktor VIII (☞ Hämophilie) bzw. Präparat mit von-Willebrand-Faktor, (z.B. Ristofact®) 20–40 IE/kg, evtl. Wiederholung nach 12 h.

Faktorensubstitution

- FFP (= zellarmes Zitratplasma, enthält F II, F VII, F IX, F X, F XI, F XII, F XIII, sowie mit eingeschränkter Aktivierbarkeit F V und F VIII): bei Massentransfusionen 1 FFP auf 2 EK
- Beriate HS® (= F VIII und F IX): Substitutionseinheit = erforderlicher Aktivitätszuwachs in % x kg KG (1 IE/kg erhöht den Faktor um 1 %) Substitution von Faktor VIII 2–3 x tägl., von Faktor IX 2 x tägl. unter Therapiekontrolle (Klinik, PTT, Faktorenanalyse)
  Faustregel: 2. Dosis und folgende halb so groß wie erste Dosis
- PPSB (= F II, VII, IX, X). Substitutionseinheit = (Differenz zwischen Quick-Ist-Wert in % und gewünschtem Wert) x kg KG; *Cave:* Vor Gabe von PPSB Bestimmung von AT III, Substitution nur falls erniedrigt, sonst Gefahr von DIC
- Kybernin (= AT III): Substitutionseinheit = (Differenz zwischen Ist-Wert in % und gewünschtem Wert) x kg KG
- Einzelfaktoren: 0,1–1 IE/kg pro 1 % gewünschte Aktivitätserhöhung
- *NW der Substitutionstherapie:* Anaphylaxie, Isoantikörperhämolyse, Hepatitis- oder HIV-Infektion.

Fußangeln und Fingerzeige

- Bei Desmopressingabe (= DDAVP) Hyperfibrinolyse möglich!
- Bei Koagulopathien (Normaler Quick, PTT ↑, normale TZ und Fibrinogen): Möglichst gezielte Substitution der fehlenden Gerinnungsfaktoren s.o.

Verlegung auf die Intensivstation

- Bei stärkerer Blutung mit RR-Abfall
- Bei V.a. Verbrauchskoagulopathie (Quick ↓, PTT und TZ ↑, Thrombos ↓, in späteren Stadien Fibrinogen ↓, Fibrinspaltprodukte ↑). Ther. ☞ 3.4
- Bei Notwendigkeit einer Substitutionsther. mit Blutprodukten.

Thrombozytensubstitution

- Nur bei schweren thrombozytopenischen Blutungen (Gefahr der Antikörperbildung): initial Gabe von 6–10 Einfach-Thrombozytenkonzentraten (erhöht Thrombos um ca. 30/nl)
- Bei zu erwartenden längerem Substitutionsbedarf und/oder Vorliegen von Thrombozyten-AK Gabe von Zellseparator-TK
- Bluttransfusionen bei entsprechendem Hb- und Hkt-Abfall ☞ 2.2
- Engmaschige Kontrolle von Puls, RR, Temperatur, 1–2stündliche Kontrolle von Hb, Hkt, evtl. ZVD-Kontrolle. Bei laufender Substitutionsther. Kontrolle der Gerinnungsparameter z.B. in stündlichen Abständen
- Frühzeitige Benachrichtigung des Chirurgen, falls operative Blutstillung erforderlich erscheint (Rücksprache mit Hintergrund).

Hintergrund

In der Regel empfiehlt es sich, den Hintergrund einzuschalten

- Zur Klärung der Blutungsquelle/Blutstillung bei massiver Blutung (z.B. Gastroskopie, Sono)
- Bei fraglicher OP-Indikation (z.B. Revision bei postoperativer Nachblutung).

Aufnahme ambulanter Patienten

Bei Hinweisen auf hämorrhagische Diathese (z.B. Petechien) oder manifeste Blutung stationär aufnehmen, bei Schockzeichen auf die Intensivstation.

Fußangeln und Fingerzeige

- Keine i.m.-Injektionen.
- Keine Gabe von Heparin, Thrombozytenaggregationshemmern (v.a. ASS), niedermolekularen Dextranen.
- Blutungen in und unter die Haut werden leicht in ihrem Ausmaß unterschätzt. Intramuskuläre Hämatome führen klinisch oft zu ausgeprägten Schmerzreaktion (z.B. bei Einblutung in rechten M. psoas, *DD:* Appendizitis). Sonographische Hämatomsicherung bei klinischem Verdacht.
- Bei Übersubstitution von Gerinnungsfaktoren vorübergehend erhöhtes Thromboserisiko, daher engmaschige Kontrollen des Gerinnungsstatus.
- Bei hoher Volumenzufuhr, z.B. durch FFP-Gabe, v.a. bei Pat. mit vorbestehender myokardialer Schädigung, Gefahr der Herz-Kreislaufdekompensation.
- Bei Nachblutungen 1–6 h postop. bei normalen Gerinnungstests besteht häufig F XIII-Mangel, ggf. blind substituieren: 1250 IE F XIII-Konzentrat. Blutungen bei normalen Gerinnungsparametern treten oft nach urologischen oder gynäkologischen OPs durch hohe fibrinolytische Aktivität des Organs auf. Operative Entfernung des Organs evtl. notwendig.
- Bei Frauen an Gravidität denken. In diesem Fall Gynäkologen hinzuziehen.

11.2 Nachtdienst-Probleme auf onkologischen Stationen

11.2.1 Schmerztherapie

Die Schmerztherapie bei Tumorpatienten unterscheidet sich nicht grundsätzlich von der bei anderen chronischen Schmerzpatienten (☞ 4.2).

Schmerzen trotz laufender Behandlung

- Genaue Schmerzanamnese: Änderung des Schmerzcharakters, andere Lokalisation (auch ein Tumorpatient kann einen Herzinfarkt haben!)?
- Mit dem Pat. sprechen: oft hat der Pat. Angst oder kann nicht einschlafen → Zuwendung, evtl. Sedierung (z.B. Atosil®) oder Diazepam ☞ 4.1.
- Hat der Pat. schon öfter zusätzliche Schmerzmedikamente benötigt? Was hat bisher gut geholfen? Ist eine Höherdosierung oder Verkürzung des Einnahmeabstandes der laufenden Analgetika möglich? Evtl. parenterale Gabe des jew. Präparates zum Erreichen einer höheren analgetischen Wirkung, z.B. wenn Resorption oral verabreichter Analgetika bei Erbrechen unsicher ist.
- Keine Kombination verschiedener Opiate (Rezeptoren bereits besetzt), besser Kombination mit nichtsteroidalen Analgetika, z.B. Metamizol (Novalgin®) 4 x 30 Trpf.
- Da das Schmerzempfinden von der Psyche mitbeeinflußt wird, evtl. Therapieversuch mit niedrig dosierten Neuroleptika, z.B. Haloperidol 1,5 mg p.o. oder Levopromazin (Neurocil®) 30–60 mg tägl.

Adjuvante Medikamente (je nach Ursache bei akuten Schmerzen)

- Bekannte Knochenmetastasen oder Osteoporose (z.B. bei Plasmozytom): Nichtsteroidale Antiphlogistika, z.B. Diclofenac (z.B. Voltaren®) 50–100 mg alle 6–8 h oder Ibuprofen (z.B. Ibuprofen Stada®) 200–400 mg alle 4–6 h. Zur Prophylaxe gastrointestinaler Beschwerden evtl. Gabe von Antazida.
- Viszerale Schmerzen durch Tumorinfiltration (z.B. bei Pankreaskarzinom) oder Spannungsschmerzen von Hohlorganen: Metamizol (z.B. Novalgin®) 500–1000 mg alle 4–6 h. Bei kolikartigen Schmerzen Spasmolytika, z.B. Buscopan® 3–5 x 10–20 mg s.c. oder i.m.
- Bei weiterbestehenden Schmerzen und infauster Prognose ggf. Morphium-Perfusor: z.B. 100 mg/50 ml nach Wirkung dosieren (initial 0,5–1 ml/h).

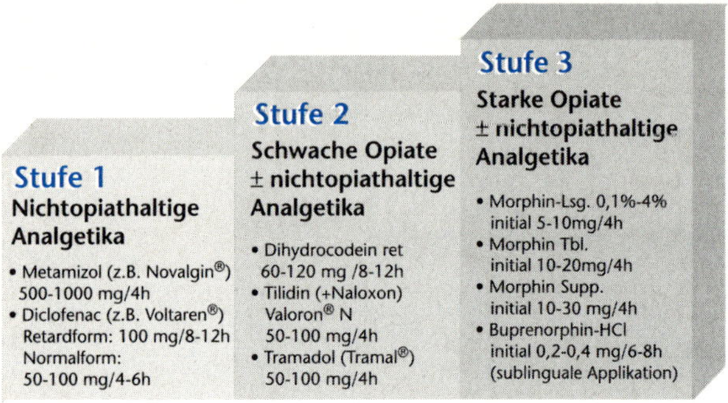

Grundregeln
- Orale Applikation bevorzugen (Ausnahme z.B. Dysphagie, Stomatitis, Bewußtseinstrübung, Erbrechen, Schmerzattacken)
- Regelmäßige Analgetika-Gabe nach 24-Stunden-Zeitschema; analgetische Zusatzmedikation beim Auftreten von Schmerzspitzen
- Langwirkende Präparate bevorzugen
- Individuelle Dosierung (keine Angst vor hohen Dosen)
- Bei besonderen Schmerztypen modifizierte Schmerztherapie

Abb. 11.1: Stufenschema der onkologischen Schmerztherapie

11.2.2 Behandlung von Therapienebenwirkungen

Agranulozytose

Alle Zytostatika führen in unterschiedlichem Ausmaß zur KM-Depression. Granulo- und Thrombozyten erreichen ihre Tiefstwerte ca. 10–14 Tage nach Beginn der Zytostase. *Klinik:* bei Infektion akutes Auftreten mit Schüttelfrost, Fieber, Schleimhaut- und Tonsillenulzerationen, evtl. Sepsis.
Laborwerte: Leukos < 1/nl, Neutrophile < 0,5/nl.

Maßnahmen

- „Schleu*senpflege*“*:* Einzelzimmer mit eigenem Sanitärbereich. Saubere Kittel, Händedesinfektion und Mundschutz für Pflegepersonal und Besucher.
- „Schleu*senkost*“*:* Keine Salate, Rohkost oder Obst, kein Schimmelkäse.
- Möglichst Entfernung aller parenteraler Zugänge. Bei Fieber Katheterspitzen in sterilen Röhrchen für mikrobiologische Diagnostik aufbewahren (☞ 2.11.4). Falls Zugänge erforderlich sind, Bakterienfilter verwenden.
- *Antibiotische Prophylaxe*, z.B. Ciprofloxazin (z.B. Ciprobay®) 2 x 250–750 mg p.o. tägl.

- Antivir*ale Prophylaxe:* Aciclovir (z.B. Zovirax®) 5 x 200 mg p.o. tägl.
- *Stomatitisprophylaxe:* Mundspülungen 6 x tägl. mit Polyvidon-Jod (z.B. Betaisadona®) und Chlorhexidin (z.B. Chlorhexamed®), Zähneputzen wegen der Gefahr von Mikroverletzungen verboten.
- *Antimykotische Prophylaxe:* Vor den Mahlzeiten Amphotericin B Lösung (z.B. 4 x 5 ml Amphomoronal® Suspension) und Fluconazol (z.B. Diflucan®) 1 x 200 mg p.o., Inhalation mit Amphotericin (2 Hub Salbutamol-Spray, dann 1 ml = 0,5 mg über Düsenvernebler 2 x tägl.) Amphomoronal supp.® und Amphomoronal ovula® in Rektum und Scheide 1 x tägl. abends.
- *Bei Fieber* > 38,5 °C nach Infektionsherd suchen (Mund, Vagina → Abstriche, Inspektion parenteraler Zugänge), Auskultation (Pneumonie?) Abnahme von Blut-, Urin- und Sputumkulturen, Rachen-, Vaginal- und Rektalabstrich (☞ 2.11). Danach sofort hochdosierte Antibiotika-Kombinationsther. nach *Stufenschema:* z.B. Amoxycillin (z.B. Clamoxyl®) 3 x 2 g i.v. und Ceftadixim (z.B. Fortum®) 3 x 2 g i.v. Ggf. zusätzlich Antimykotika und/oder Virostatika und Immunglobulinsubstitution (z.B. Pentaglobin®) in Absprache mit Hintergrund.
- *Tagdienst:* Evtl. Gabe von G-CSF (granulocyte colony stimulating factor) = (Neupogen®) 30/46 1 Amp. s.c. tägl. KI: myeloische Leukämie.

Bei Fieber auch bei gutem Befinden und fehlenden Zeichen einer Infektquelle keinen Spontanverlauf der Temperaturen abwarten. In jedem Fall Antibiotikagabe!

Übelkeit und Erbrechen

Häufig nach Chemotherapie oder als Opiat-NW

- *Zytostatikanebenwirkung:* Übelkeit und Erbrechen treten je nach Präparat 1–5 h nach Applikation auf, durch psychische Belastung (Erwartungsangst) jedoch häufig schon vorher. Bei Zytostase daher evtl. am Vorabend bereits Tranquilizer, z.B. Oxazepam (Adumbran®) 10 mg p.o. Antiemetische Behandlung nicht nach Bedarf, sondern prophylaktisch, z.B. durch Metoclopramid (Paspertin®) 3 x 10 mg vor den Mahlzeiten (Beginn 1 h vor Therapiebeginn). Bei unzureichender Wirkung oder bei höherer emetogener Potenz des Zytostatikums 20 mg i.v. als Bolus 1/2 h vor Therapiebeginn. Bei anhaltendem Erbrechen Metoclopramid als Dauerinfusion 2–6 ml/h = 10–30 mg/h. *Cave*: Extrapyramidal-motorische Störungen bei hohen Dosen. *Ther.:* Biperidin (z.B. Akineton®) 5 mg i.v.
- Falls die antiemetische Medikation nicht ausreicht oder bei zu erwartender starker Übelkeit 5HT-3-Antagonisten (z.B. Ondansetron®, Zofran®) 2 x 8 mg p.o. oder i.v. 1–2 h vor Therapiebeginn, weiter alle 8 h bis zu 5 Tagen (cave: sehr teuer) oder Neuroleptika (s.u.).
- Bei Übelkeit infolge einer Opiatmedikation Gabe von sedierenden Phenothiazin-Neuroleptika z.B. Triflurpromazin (z.B. Psyquil®) 1 Supp. à 70 mg oder Haloperidol (z.B. Haldol®) 15 Trpf.

Stomatitis nach Zytostatikatherapie

- Intensive Mund-/Zahnhygiene (weiche Bürste)
- Regelmäßiges Spülen mit desinfizierenden Lösungen, z.B. Chlorhexidin (z.B. Chlorhexamed®)
- Schmerzstillung mit Oberflächenanästhetikum (z.B. Xylocain® Gel)

- Bei Zeichen eines Pilzbefalls (weißliche, abstreifbare Schleimhautbeläge) antimykotische Ther., z.B. Fluconazol (z.B. Diflucan®) 100 mg tägl. und Mundspülung mit Antimykotika-Suspension (z.B. Amphomoronal®)
- Bei Zeichen einer Herpesinfektion Aciclovir (z.B. Zovirax®) 3 x 400–800 mg p.o. tägl. bzw. 3 x tägl. 5–10 mg/kg i.v. ☞ 20.4
- Bei massiver Stomatitis vorübergehend parenterale Ernährung.

Paravasate bei Zytostatikatherapie

Besonders gefährlich bei Vincristin, Vinblastin, Adriamycin, Etoposid und Mitomycin-C.

- Zytostatikagabe sofort unterbrechen
- Zugang unter Aspiration entfernen
- Extremität hochlagern, trockene Eiswickel (bei Vinca-Alkaloiden sofortige Auflage von warmen, trockenen Umschlägen)
- Ggf. nach Rücksprache mit Hintergrund Umspritzung des Paravasates mit 5000 IE Heparin und 50 mg Prednison in 20 ml NaCl 0,9 % und Injektion eines Antidots (Wirkung umstritten, > 100 Präparate für 100 Chemotherapeutika! → Packungsbeilage des Chemotherapeutikums beachten!)
- Bei größeren Paravasaten, v.a. mit Doxorubicin mit einem Tumorzentrum Kontakt aufnehmen.

Akute Therapienebenwirkungen einer Strahlentherapie

- „Strahlenkater“: Müdigkeit, Erbrechen und Kopfschmerzen, Anorexie. Symptomatische Ther.: Wunschkost, Antiemetika z.B. Triflurpromazin (z.B. Psyquil®), periphere Analgetika z.B. Paracetamol
- Lokale Strahlenreaktion: Reversible Hautveränderungen, z.B. Rö-Erythem oder -dermatitis. Unter Ther. keine Anwendung von Salben und Puder. Behandlung der betroffenen Hautareale nur nach Rücksprache mit Strahlentherapeuten, z.B. mit Dexpanthenol (Bepanthen®Salbe). *Cave:* steroidhaltige Salben (Hautatrophie)
- Bei Schluckschmerzen z.B. infolge von strahlenbedingter Ösophagitis schmerzstillende Lösungen, z.B. Tepilta®-Suspension
- Bei unstillbarem Schluckauf 1 Amp. Metoclopramid (z.B. Paspertin®) i.v.

Therapienebenwirkung von Opiaten

- Obstipation: Lactulosesirup (z.B. Bifiterale®) 2 Eßl. morgens oder (Agarol®) 1 Eßl.
- Übelkeit und Erbrechen s.o.
- Hautjucken: H_1-Rezeptorantagonisten, z.B. Clemastin (Tavegil®) 3 x 2 mg p.o. oder Promethazin (Atosil®) 3 x 25 mg.

Peter Benecke
Claudia Matthias

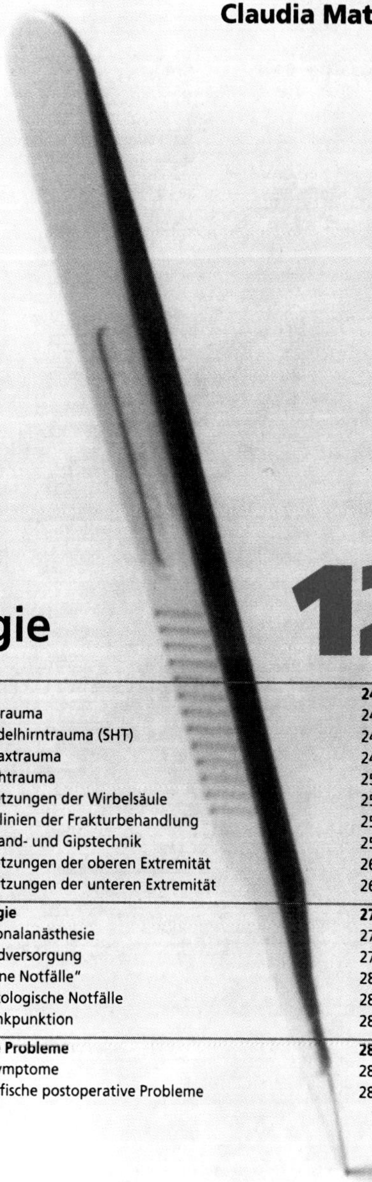

Chirurgie 12

12.1 Ambulanz

12.1.1 Polytrauma

Gleichzeitige Verletzung mehrerer Organsysteme oder Körperregionen, wobei wenigstens eine Verletzung oder die Kombination mehrerer Verletzungen lebensbedrohlich ist (n. Tscherne).

Untersuchung bei Polytrauma	
Schädel	Neurologische Untersuchung, Blutungen, Liquorfisteln, offenes/geschlossenes SHT
Wirbelsäule	Schmerzen, periphere Sensibilität und Motorik, kyphotische Knickbildung, Stufenbildung
Thorax	Stabil/instabil, Belüftung, Hautemphysem
Abdomen	Prellmarken, Resistenzen, Abwehrspannung
Extremitäten	Weichteilverletzungen, Frakturen und Luxationen, offen – geschlossen, periphere Pulse, Sensibilität, Motorik

Bei Ankündigung eines polytraumatisierten Patienten, Team organisieren. Erstmaßnahmen und Untersuchung möglichst simultan durchführen, koordiniert durch den erfahrensten Arzt. Zunächst Einschätzung der Vitalfunktionen (☞ Abb. 12.1).

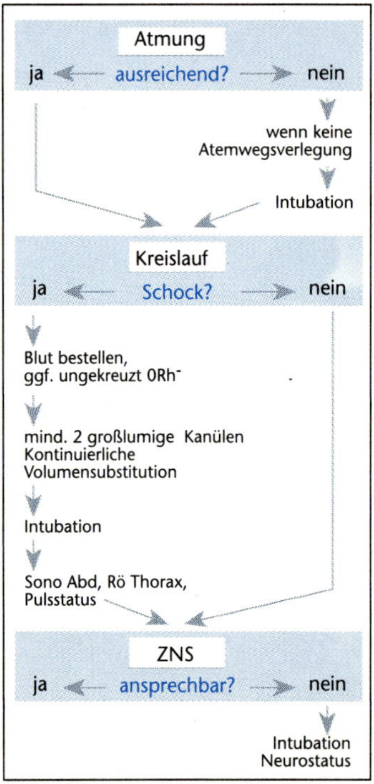

Abb. 12.1: Checkliste Polytrauma

OP-Indikationen (Prioritätenliste)

- 1. Durch Substitution nicht beherrschbare Blutung
- 2. Epidurales Hämatom mit Einklemmung
- 3. Wirbelsäulenfraktur mit zunehmender neurologischer Symptomatik
- 4. Versorgung offener Frakturen.

Diagnostisches Vorgehen

Klinische Untersuchung des Mehrfachverletzten (☞ Tab. Polytrauma).

Apparative Diagnostik

- Sono: Ausschluß von abdominellen, retroperitonealen und thorakalen Blutungen, Perikarderguß.
- Rö: Schädel, HWS seitlich, Thorax, Becken, weitere Aufnahmen nach jeweiligem Verdacht.

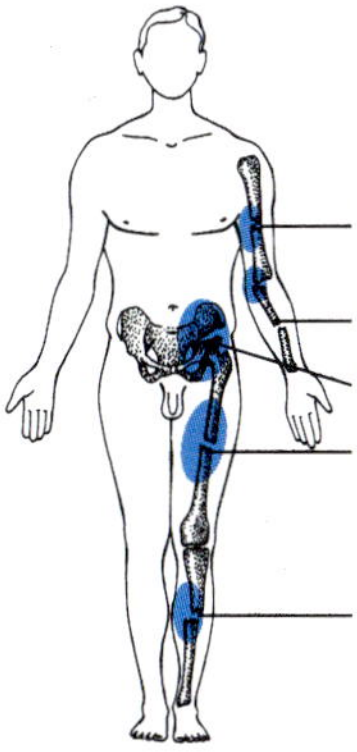

Abb. 12.2: Abschätzung des Blutverlustes

Therapeutisches Vorgehen

Reanimationsphase (Minuten)

- Reanimation nach ABCD-Regel ☞ 3.1
- Beatmung: frühzeitig, großzügige Ind., evtl. bronchoskopische Intubation (*cave:* HWS-Verletzung). Respiratoreinstellung: Atemzugvolumen 15 ml/kg, Atemfrequenz 12/Min., FiO_2 1,0, evtl. PEEP 5 cm H_2O
- Mehrere großvolumige venöse Zugänge
- ZVD, art. Katheter, Blasenkatheter, bei komplexer Beckenringverletzung zunächst Urethrozystogramm
- Überwachung von RR, Puls, BGA, ZVD. Großzügige Volumensubstitution nach zu erwartendem Verlust ausrichten, nicht nach aktuellem Status
- Lagerung auf Vakuummatratze, Stabilisierung der HWS
- Blutungen durch manuelle Kompression oder Kompressionsverband versorgen
- Offene Wunden, Frakturen, Körperhöhlen steril abdecken
- Grob dislozierte Extremitätenfrakturen und Luxationen reponieren (Vermeidung von Durchblutungs- und Nervenschäden). Bei erhaltenem Bewußtsein: Analgesie, Sedierung, evtl. Narkose
- Abgetrennte Gliedmaßen zur Replantation steril, trocken und kühl verpacken ☞ 12.1.8.

Gegenstände bei Stich- und Pfählungsverletzungen erst im OP-Saal entfernen.

Erste operative Phase: Sofort-OP von lebensbedrohlichen Verletzungen, die eine definitive Reanimation nicht erlauben.

Erste Stabilisierungsphase: Normalisierung der Organperfusion, Voraussetzungen für die 2. Operationsphase (Minuten bis Stunden) schaffen.

Zweite operative Phase: Versorgung von Verletzungen mit sehr hoher Priorität (z.B. offene Frakturen), kritische Abwägung, ob der Zustand des Pat. diesen Eingriff erlaubt.

Zweite Stabilisierungsphase (ein bis mehrere Tage): Minimierung der Sekundärfolgen.
Dritte operative Phase: Versorgung der Verletzungen mit aufgeschobener Dringlichkeit, z.B. geschlossene Frakturen bei gegebener OP-Indikation.

12.1.2 Schädelhirntrauma (SHT)

Im Gegensatz zur Schädelprellung geht das SHT mit Bewußtseinsstörung, vegetativer Begleitsymptomatik wie Erbrechen und heftigen Kopfschmerzen einher. Je nachdem, ob eine Verbindung zwischen Liquorraum und Außenwelt besteht, unterscheidet man offenes und gedecktes SHT.

	Einteilung nach Tönnis, Loew und Hermann
SHT 1. Grades	Bewußtlosigkeit (nicht Amnesie) < 5 Min., vollständige Rückbildung aller Symptome innerhalb von 5 Tagen.
SHT 2. Grades	Bewußtlosigkeit > 5 < 30 Min., völlige funktionelle Rückbildung oder Endstadium mit geringen verbleibenden Störungen innerhalb von 30 Tagen.
SHT 3. Grades	Bewußtlosigkeit > 30 Min. Bleibende Defekte mit Funktionsstörungen sind obligatorisch.
SHT 4. Grades	Schwere neurologische Defekte machen den Pat. auf Dauer pflegeabhängig und unfähig zur Kontaktaufnahme.

Erhöhter intrakranieller Druck

- Frühzeichen: Schwindel, Übelkeit, Erbrechen
- *„Obere Einklemmung"* (Einklemmung des medialen Temporallappens im Tentoriumsschlitz):
  - Okulomotorische Symptome: Primär Reizmiosis, dann evtl. erst einseitige Mydriasis mit erloschener Lichtreaktion (innere Okulomotoriuslähmung), später evtl. totale Ophthalmoplegie (Blick nach außen unten)
  - Extremitätenlähmung erst einseitig, dann beidseits
- *„Mittlere Einklemmung":* Bewußtseineintrübung bis hin zum Koma. Zunächst motorische Unruhe, dann zunehmende Tonuserhöhung der Muskulatur zunächst Streckstellung der Beine, Beugung der Arme; nachfolgend Streckspasmen aller Extremitäten („Enthirnungsstarre"), vegetative Symptome
- *„Untere Einklemmung"* (Einklemmung des Kleinhirns im Foramen magnum): durch Beteiligung vegetativer Zentren Bradykardie, RR-Abfall, Hyperthermie, Atemlähmung.

Anamnese

Wichtig sind Eigen- und Fremdanamnese zur Klärung des Unfallhergangs:
- Dauer und Zeitpunkt des Einsetzens der Bewußtlosigkeit
- Dauer der anterograden Amnesie (diese ist im Gegensatz zur retrograden proportional zum Trauma)
- Hirndrucksymptome, wie Übelkeit, Erbrechen, Schwindel, Kopfschmerzen
- Sehstörungen

- Alkohol, Drogen und Medikamenteneinfluß
- Krampfleiden und neurologische Erkrankungen
- Diabetes mellitus und andere Stoffwechselerkrankungen
- Blutungsneigung (z.B. Marcumar®).

Diagnostisches Vorgehen

Neurologische Statuserhebung: Einschätzung der Bewußtseinslage anhand der Glasgow-Coma-Scale (bei Kindern ☞ 13.4.3)

- Okulo- und Pupillomotorik (Anisokorie? Lichtreaktion? Augenmuskellähmung?), Motorik, Sensibilität, Reflexstatus
- Foetor-Kontrolle (Alkohol, Azeton)
- Temperaturkontrolle
- sorgfältige Suche nach äußeren Verletzungszeichen: Hämatom, Schwellung, Blutung, Liquorrhoe (pos. Glukosereaktion bei Glukostix)
- Klinischer Frakturausschluß, insbesondere sorgfältige Inspektion und Palpation bei der Wundversorgung (Stufe?)
- Suche nach möglichen Begleitverletzungen, insbesondere an Wirbelsäule, Thorax und Abdomen.

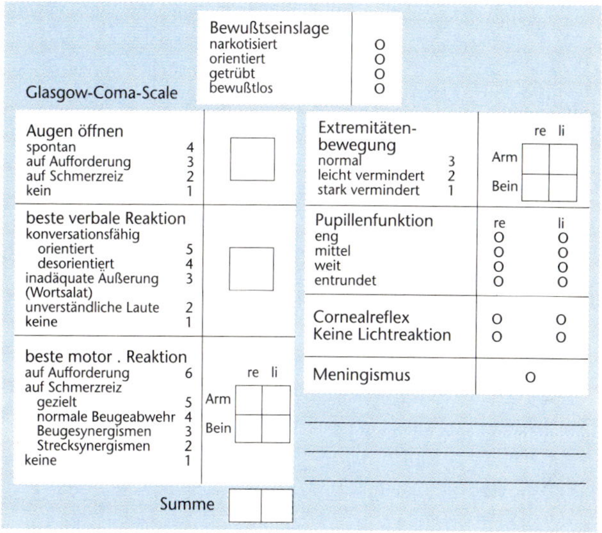

Glasgow-Coma-Scale

Bewußtseinslage
narkotisiert O
orientiert O
getrübt O
bewußtlos O

Augen öffnen
spontan 4
auf Aufforderung 3
auf Schmerzreiz 2
kein 1

beste verbale Reaktion
konversationsfähig
orientiert 5
desorientiert 4
inadäquate Äußerung (Wortsalat) 3
unverständliche Laute 2
keine 1

beste motor . Reaktion
auf Aufforderung 6
auf Schmerzreiz
gezielt 5
normale Beugeabwehr 4
Beugesynergismen 3
Strecksynergismen 2
keine 1
re li
Arm
Bein

Summe

Extremitätenbewegung
normal 3
leicht vermindert 2
stark vermindert 1
re li
Arm
Bein

Pupillenfunktion re li
eng O O
mittel O O
weit O O
entrundet O O

Cornealreflex O O
Keine Lichtreaktion O O

Meningismus O

Abb. 12.3: Glasgow-Coma-Scale

Apparative Diagnostik

- *Röntgen:* Schädel in 2 Ebenen, Halswirbelsäule in 4 Ebenen, weitere Aufnahmen je nach Verdacht (☞ Tab. Rö-Diagnostik bei Schädelfrakturen)
- Bei Gesichtsschädelverletzungen Stellung der CT-Indikation in Absprache mit den Spezialisten (HNO, ZMK, Augen)

- CCT: bei Verdacht auf intrakranielle Blutung, Bewußtlosigkeit ohne Besserungstendenz, Verschlechterung der Bewußtseinslage, klinisch nicht sicher beurteilbarer Pat., z.B. nach Alkohol- oder Medikamenteneinwirkung.

Röntgendiagnostik bei Schädelfrakturen

Verdachtsdiagnose	Aufnahmetechnik
Okzipitale Fraktur	Hinterhauptsaufnahme nach Towne
Nasenbeinfraktur	Nasenbein seitlich
Gesichtsschädelfraktur	Nasennebenhöhlenaufnahme
Orbitafraktur	Orbitaaufnahme
Felsenbeinfraktur (eine oder beide Seiten)	Schüller-Stenvers oder CT (besser)
Unterkieferfraktur	Unterkiefer nach Clementschitsch
Jochbeinfraktur	Jochbein axial

- CCT-Wiederholung bei ausbleibender Befundbesserung bei primär unauffälligem CT, zur Verlaufskontrolle eines primär pathologischen Befundes, als postoperative Kontrolle
- *Labor:* Blutgasanalyse, Blutbild, E'lyte, Gerinnung, BZ.

Therapeutisches Vorgehen

Initiales Management

- Sicherung der Vitalfunktionen
- Volumensubstitution
- Stabilisierung der Halswirbelsäule mit Krawatte
- Oberkörperhochlagerung bis 30° (senkt den intrakraniellen Druck)
- *Kontinuierliche Überwachung* von Puls, RR, Atmung (Monitor). Halbstündlich Kontrolle der Pupillenreaktionen
- Indikation zur Beatmung großzügig stellen (Glasgow-Coma-Scale-Index < 8, arterielle Sättigung bei Sauerstoffinsufflation unter 96 %), der angestrebte pCO_2 bei Beatmung liegt bei 30 mmHg
- Bei V.a. offenes SHT antibiotische Behandlung einleiten, z.B. Cefuroxim 2 x 1,5g tägl.

Weitere Maßnahmen

- Ulkusprophylaxe, z.B. 3 x 1 Amp. Ranitidin i.v. tägl.
- Thromboseprophylaxe, z.B. 1 x 1 Amp. niedermolekulares Heparin s.c.
- Nahrungskarenz
- Stationäre Beobachtung für mind. 24 h.

Hirndrucktherapie

- Osmotherapie nach Rücksprache mit Hintergrund, z.B. Sorbit (z.B. Tutofusin S 40®) 4 x 125 ml i.v. über 20 Min. tägl. *Cave:* Rebound mit erhöhtem Hirndruck 4–8 h nach Infusion
- Überwachung der Osmother.: Ausgeglichene Flüssigkeitsbilanz (nicht negativ!), Serumosmolalität, ZVD, BB, E'lyte, Kreatinin.

Indikation zur neurochirurgischen Intervention

- Raumfordernde intrakranielle Blutung
- Impressionsfrakturen über Kalottenbreite
- Offene Hirnverletzungen.

Hintergrund: Bei neurologischer Symptomatik Hintergrund informieren.

Fußangeln und Fingerzeige

Ein SHT kann laborchemisch eine CKMB-Erhöhung verursachen.

12.1.3 Thoraxtrauma

Erstbeurteilung der wichtigsten Thoraxverletzungen

Verdachts-diagnose	Verdacht bei	Weitere Abklärung	Erstmaßnahme
Spannungs-pneumothorax	Abgeschwächtes Atemgeräusch; Hypersonorer Klopfschall, Einflußstauung; ZVD ↑; geblähter Hemithorax mit herabgesetzter Beweglichkeit		Sofort Thoraxdrainage ☞ 2.6
Offener Pneumothorax	Thoraxwunde mit Geräusch ein- und ausströmender Luft		Intubation, Beatmung, wenn keine Beatmung möglich luftdichter Wundverschluß. *Cave:* Spannungspneumothorax → Thorakotomie
Herztamponade	Wundlokalisation im Bereich des Präkordiums oder Wundkanalverlauf in Herzrichtung. Einflußstauung, ZVD-Anstieg		Nur wenn ohne den geringsten Zeitverlust möglich: Sono. Erstmaßnahmen: Perikardpunktion → Thorakotomie
Hämatothorax	Dämpfung bei Perkussion, Hypovolämie	Röntgen Thorax, Sono (in 50 % der operationspflichtigen Blutungen bei Thoraxtrauma liegt die Blutungsquelle im Abdomen)	→ Thoraxdrainage Bei Blutverlust > 300 ml/h über 3 h → Thorakotomie.
Pneumothorax	Atemgeräusch abgeschwächt, Klopfschall hypersonor	Röntgen Thorax	Thoraxdrainage ☞ 2.6
Rippenfrakturen	Lokale Druckdolenz, evtl. paradoxe Atmung,	Rö-Thorax, knöcherner Hemithorax	Analgetika, Intubation und Beatmung bei Ateminsuffizienz
Subkutanes Emphysem	Knistern bei Palpation	Rö-Thorax	
Mediastinalemphysem	Herzschlagsynchrones, knisterndes Geräusch bei Auskultation, Einflußstauung	Rö-Thorax, ggf. Bronchoskopie oder Ösophagographie (wasserlösliches Kontrastmittel!)	Kollare Mediastinotomie nur nach Ausschluß von Bronchus- oder Ös.-Ruptur bei erheblicher Einflußstauung

Erstbeurteilung der wichtigsten Thoraxverletzungen			
Verdachts-diagnose	**Verdacht bei**	**Weitere Abklärung**	**Erstmaßnahme**
Zwerchfell-ruptur	Intrathorakale Darm-geräusche, charak-teristische Zeichen fehlen meist bei Primäruntersuchung	Röntgen Thorax, ggf. mit Kontrast-mittelschluck (wasserlöslich!)	Operation
Bronchus-ruptur	Mediastinalemphysem, keine Ausdehnung der Lunge nach Thorax-drainage	Bronchoskopie	Operation
Ösophagus-ruptur	Mediastinalemphysem, ggf. Pneumothorax	Ösophagographie (wasserlösliches Kontrastmittel!)	Operation
Thorakale Aortenruptur	Mediastinalverbreiterung im Röntgen Thorax. Blutdruckdifferenz zw. oberen und unteren Extremitäten	Angio CT	Operation
Herz-kontusion	Präkordiales Trauma	EKG, Herzenzyme	Monitorüberwachung
Tabelle nach Werner Glinz: Thoraxverletzungen, Diagnose, Beurteilung und Behandlung. Springer Verlag. West-Berlin 1979.			

Durchspießende Fremdkörper dürfen erst im OP entfernt werden.

12.1.4 Bauchtrauma

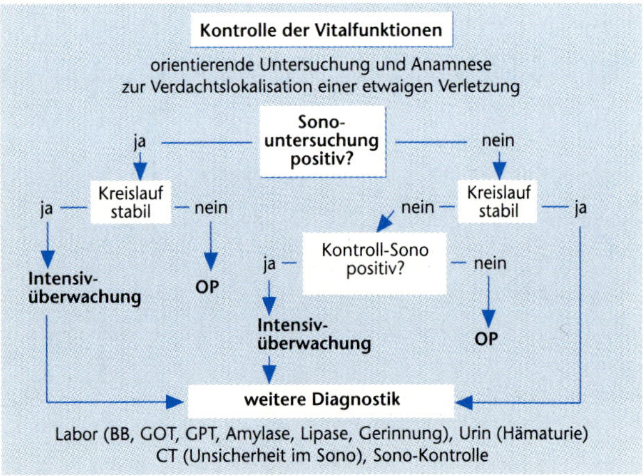

Abb. 12.4: Vorgehen bei stumpfem Bauchtrauma

Jedes offene Bauchtrauma bedarf der operativen Revision, Fremdkörper bis zur OP belassen (☞ Abb. 12.4).

12.1.5 Verletzungen der Wirbelsäule

Immobilisation bis zur Klärung, ob Fraktur stabil oder instabil.
Cave: Da insbesondere Halswirbelsäulenverletzungen häufig asymptomatisch bleiben, ist es wichtig, den Unfallhergang zu rekonstruieren. Vorbestehende Schäden und Beschwerden müssen erfragt werden.

Diagnostisches Vorgehen

- *Untersuchung:* Schmerzlokalisation, Druckschmerz, Klopfschmerz, exakte neurolog. Untersuchung (Motorik, Sensibilität, Reflexstatus).
  Cave: Segmenthöhe der Rückenmarksschädigung und Höhe des verletzten Wirbels sind nicht identisch. Auskultation des Abdomens: retroperitoneales Hämatom verursacht einen paralytischen Ileus. Frage nach Schluckstörungen als Zeichen eines retropharyngealen Hämatoms
- *Sono:* Ausschluß von Begleitverletzungen (insbesondere Thorax, Niere, Pankreas)
- *Röntgen:* HWS in 2 Ebenen, Schräg- und Densaufnahmen, *Cave:* keine Funktionsaufnahmen bei frischen Verletzungen! BWS in 2 Ebenen, LWS in 2 Ebenen
- Jeder unklare Befund stellt eine CT-Indikation dar
- Bei traumatischem Querschnitt ohne knöcherne Verletzung *NMR* durchführen, jedoch nur wenn ohne Zeitverzug möglich.

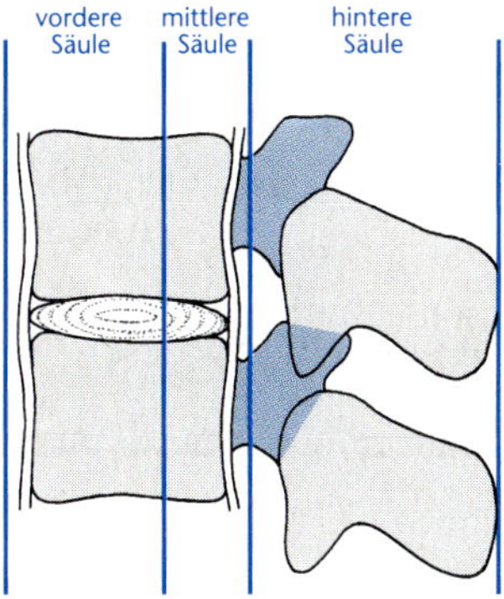

Abb. 12.5: Die osteoligamentären Säulen der Wirbelsäule

Vordere Säule: Vorderes Längsband, vordere 2/3 des Wirbelkörpers, Bandscheibe.
Mittlere Säule: Bandscheibe, hinteres Drittel des Wirbelkörpers, hinteres Längsband.
Hintere Säule: Wirbelbögen und Fortsätze, Gelenkkapsel, dorsaler ligamentärer Komplex.

Hinweise auf Instabilität im Standardröntgen
- Translation/Luxation
- Fraktur der oberen und unteren Deckplatten
- Fraktur der Wirbelkörperhinterkante
- Abstandsvergrößerung der Bogenwurzeln in der a.p.-Aufnahme
- Keilwirbelbildung > 20°

HWS-Schleudertrauma

Der Begriff ist ausschließlich für das eindimensionale Hyperflexions-Extensionstrauma bei Auffahrunfällen reserviert.

Klinik
- In ca. 90 % der Fälle Zerrung der Halsweichteile (Distorsion), dadurch tage- bis wochenlang schmerzhafte Verspannung der Halsmuskulatur
- Schmerzhafte Bewegungseinschränkung der HWS, gelegentlich mit ein- oder doppelseitiger Ausstrahlung der Schmerzen in Schulter(n) und Arm(e). Bei leichteren Traumen treten diese Beschwerden meist erst 1–3 Tage nach dem Unfall auf
- Oft auch (meist einseitige) suboccipitale Schmerzen mit Ausstrahlung in die Stirn; bei der Beschreibung dieser Schmerzen machen die Pat. typischerweise die „Bewegung des Helmabstreifens“
- Gelegentlich werden auch Kribbelparästhesien in Armen und Händen oder sogar motorische Schwächen angegeben.

Therapeutisches Vorgehen

- *HWS-Distorsion:* Schanz'sche Krawatte, Antiphlogistika (z.B. Voltaren® 3 x 50 mg tägl.), Muskelrelaxantien (z.B. Muskel Trancopal® 2 x 1 tägl.)
- *Instabile HWK-Fraktur bzw. Luxation:* Zunächst Anlage einer steifen Halskrawatte, dann Crutchfield-Extension bzw. Halofixateur, bei zunehmender neurologischer Symptomatik umgehende Operation
- *Stabile Frakturen der unteren BWS und LWS:* Zunächst Bettruhe, Analgetika (s.o.), Nahrungskarenz bis regelrechte Darmtätigkeit gesichert (paralytischer Ileus durch retroperitoneales Hämatom)
- *Instabile Frakturen der unteren BWS und LWS:* Strikte Immobilisation im Unfall- bzw. Gipsbett
- *Neurologische Verlaufskontrolle:* Bei zunehmender neurologischer Symptomatik umgehende Operation
- *Zentrale Vermittlungsstelle* für die Behandlung von Querschnittverletzten: Bg-Unfallkrankenhaus, Bergedorfer Str. 10, 21033 Hamburg, Tel. 040/7306 2604.

Nur bei isolierter Verletzung der *vorderen Säule* handelt es sich um eine stabile Fraktur.

12.1.6 Richtlinien der Frakturbehandlung

- Jede Fraktur umgehend und schonend reponieren, um eine sekundäre Vergrößerung des Weichteilschadens zu vermeiden. Der Unfallmechanismus muß in umgekehrtem Ablauf nachvollzogen werden
- Stabile Schienung, um eine Sekundärdislokation zu verhindern
- Röntgendiagnostik in zwei Ebenen unter Einschluß der benachbarten Gelenke (ggf. Spezialaufnahmen)
- Auslösen einer Krepitation zum Frakturnachweis unterlassen.
- Subtile Kontrolle der peripheren Durchblutung und der Sensibilität, Befunde sorgfältig dokumentieren
- Nach jeder Gipsanlage oder operativen Frakturversorgung umgehende Röntgenkontrolle.

Besonderheiten bei offenen Frakturen

- Einen angelegten Verband erst unter sterilen Bedingungen im Operationssaal entfernen; ist kein Verband angelegt, Wunde umgehend steril abdecken
- Bei erstgradig offenen Frakturen Wundausschneidung, Drainage und primärer Wundverschluß. Weiterbehandlung wie bei geschlossenen Frakturen
- Bei zweit- bis viertgradig offenen Frakturen, umgehende operative Versorgung und Einleitung einer antibiotischen Behandlung
- An Tetanus-Impfschutz denken!

Klassifizierung des Weichteilschadens bei Frakturen	
Geschlossene Frakturen	
Fr G 0	Geringer Weichteilschaden, einfache Bruchform
Fr G I	Oberflächliche Schürfung, einfache bis mittelschwere Bruchform
Fr G II	Tiefe kontaminierte Schürfung, lokalisierte Haut- oder Muskelkontusion, alle Bruchformen
Fr G III	Ausgedehnte Hautkontusion, Hautquetschung oder Zerstörung der Muskulatur, subkutanes Décollement, dekompensiertes Kompartmentsyndrom, alle Bruchformen
Offene Frakuren	
Fr O I	Fehlende oder geringe Kontusion, unbedeutende bakterielle Kontamination, einfache bis mittelschwere Bruchform
Fr O II	Umschriebene Haut- und Weichteilkontusion, mittelschwere Kontamination
Fr O III	Ausgedehnte Weichteildestruktion, häufig zusätzlich Gefäß- und Nervenverletzungen, starke Wundkontamination
Fr O IV	Totale oder subtotale Amputation

Modifiziert nach Tscherne, H, Gotsen, L: Fraktur und Weichteilschaden. Hefte zur Unfallheilkunde 162 (1983)

Kindliche Frakturen: Grünholz-Fraktur: der stark entwickelte kindliche Periostschlauch bleibt intakt (wie die elastische Rinde eines grünen Astes).

Besonderheiten bei kindlichen Frakturen

Die operative Behandlung eines kindlichen Knochenbruchs stellt die Ausnahme dar (10–15 % der Fälle). Indikationen:

- Frakturen durch die Wachstumsfuge (Aitken II und III)
- Schenkelhalsfraktur mit Dislokation (medial und lateral)
- Distraktionsfrakturen (Patella, Olekranon usw.)
- Offene Frakturen (Fr 0 II–IV)
- Irreponible Frakturen
- Schaftfrakturen langer Röhrenknochen im Rahmen der Intensivpflege
- Pathologische Frakturen.

	Epiphysenlösung		Epiphysenfraktur		
Salter	I	II	III	IV	V
Aitken	0 (I)	I	II	III	

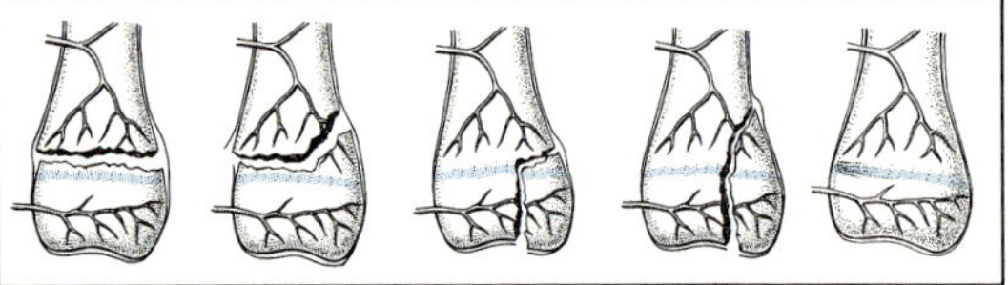

Abb. 12.6: Epiphysenverletzungen nach Aitken

12.1.7 Verband- und Gipstechnik

Wichtige Verbände

Modifizierter Desaultverband

Technik: Einlegen eines Achselpolsters, Überziehen eines Trikotschlauches von knapp doppelter Rumpflänge. Den Verband bis in beide Achseln hochziehen, unterhalb des verletzten Armes umschlagen. In der Achsel auf der unverletzten Seite einschneiden und U-förmig über der Schulter verknoten. Öffnungen für Fingergrundgelenke und Daumen einschneiden, ggf. Aufkleben von breiten Pflasterzügeln zur Verbandstabilisierung.

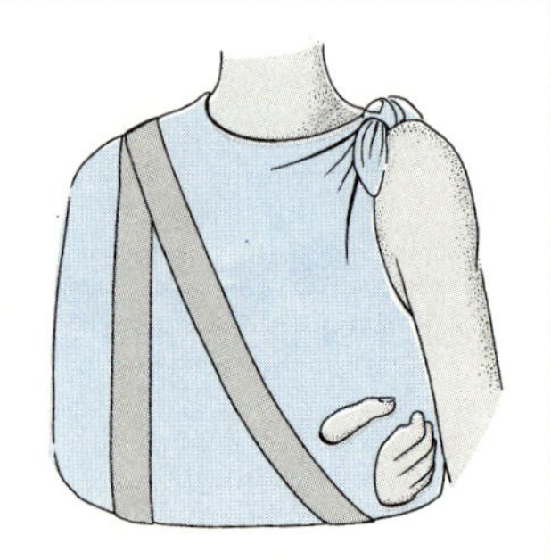

Abb. 12.7: Desault-Verband

Gilchrist-Verband

Schlauchmull in doppelter Armspannweite nach 2/3 einschneiden und Einführen des Armes in das längere Ende. Einlegen eines Achselpolsters. Kurzes Ende um den Hals führen und nach Führen um das Handgelenk verknoten. Langes Ende um den Rumpf führen, um den distalen Oberarm schlingen und fixieren. Öffnungen für Fingergrundgelenke und Daumen einschneiden.

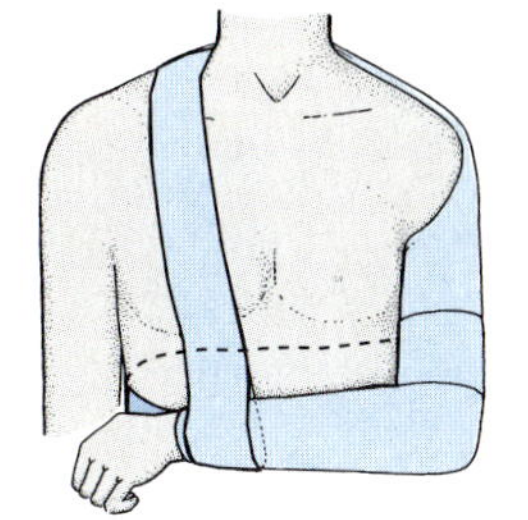

Abb. 12.8: Gilchrist-Verband

Rucksackverband

Gefüllter Schlauchverband von Armspannenlänge. Legen des Schlauchverbandes über den Nacken,dann über die Schlüsselbeine nach vorne führen, dann durch die Achseln nach hinten und bei rückwärtig geneigten Schultern verknoten. Beim Anlegen des Verbandes muß auf eine straffe Fixierung ohne Beeinträchtigung der Armdurchblutung geachtet werden. Tägliche Kontrolle und ggf. Nachspannen des Verbandes erforderlich.

Kopfverband

Ein Schlauchmull von dreifacher Kopflänge wird nach einem Drittel torquiert und das kürzere Ende über den Kopf gezogen. Das längere Ende wird als zweite Lage über den Kopf gezogen, an der Stirn eingeschnitten und die entstandenen Zipfel werden unter dem Kinn verknüpft.

Gipstechnik

- Die Polsterung soll so dünn wie möglich und so dick wie nötig sein. Hierbei besonders auf druckgefährdete Stellen Rücksicht nehmen (☞ Abb. 12.11). Es darf nie Haut auf Haut zu liegen kommen.
- Bereits bei der Polsterung auf regelrechte Gelenkstellung achten (☞ Abb. 12.11), um eine Faltenbildung zu vermeiden. Die Polsterung sollte 2 cm über die geplante Gipslänge hinausgehen. Unterhalb des Verbandes dürfen sich keine Pflaster befinden (Allergie), Wundverbände werden durch die Polsterung fixiert. Günstig ist eine 3-lagige Polsterung aus einem Baumwollschlauchver-

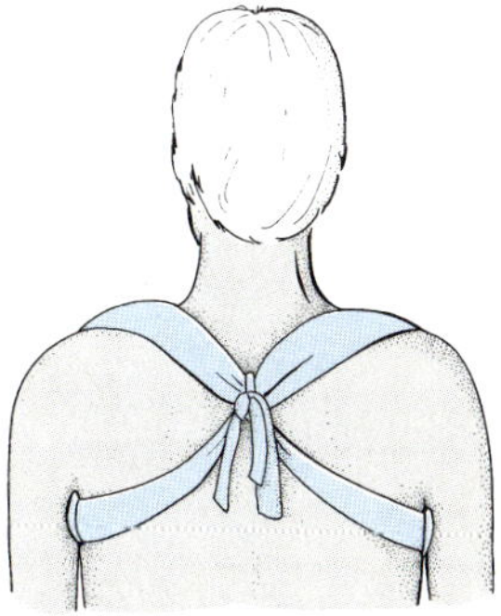

Abb. 12.9: Rucksackverband

band zum Hautschutz, synthetischer Watte zur Polsterung und Kreppapier zur Fixation der Polsterung und Schutz derselben vor Feuchtigkeit.

- Bei einer Temperatur des kalten sauberen Tauchwassers von 20° C beträgt der Zeitraum zwischen erstem Eintauchen und letzter Modellierungsmöglichkeit 5 Min. Mit jedem Grad Temperaturerhöhung sinkt diese Zeit um 10 Sek. Die Wassertemperatur darf nicht über 30°C liegen.
- Gips wässern bis keine Luftblasen mehr auftauchen und anschließend vollständig ausdrücken.

Fußangeln und Fingerzeige

- Jeder zirkulär unelastisch angelegter Verband (auch nach Operation oder bei Infektion) muß bis auf die Haut gespalten werden.
- Jeder Klage über einen Gips nachgehen, bis diese ausgeräumt ist.
- Obligatorische Gipskontrolle nach 24 h.
- Alle immobilisierenden Verbände der unteren Extremität erfordern eine Thromboseprophylaxe (z.B. Fraxiparin 0,3 s.c/d), auch ambulant.

Wichtige Gipse

Dorsale Fingergipsschiene

Von knapp über den Fingerspitzen bis 2 QF unterhalb der Ellenbeuge, Arm durch Aufstützen des Ellenbogens hochhalten lassen, interdigitale Mullkompressen.

Material
- 1 Trikotschlauch, 2fache Unterarmlänge
- 1 Rolle Synthetikwatte, 6–10 cm breit
- 1 Rolle Kreppapier, 6–8 cm breit
- 1 Gipslongette, 15 cm, 12–lagig

Iselingips

Von der Hohlhandfurche bis 2 QF unterhalb der Ellenbeuge nach Auflegen der ersten Gipslongette Metallschiene in Streckstellung anpassen und mit zweiter Gipslongette fixieren. Metallschiene mit Filz polstern, Finger mit Pflasterzugstreifen über den Fingernagel am Ende der Metallschiene befestigen, dann diese in Höhe der Hohlhandfurche in Funktionsstellung biegen.

Material
- 1 Trikotschlauch, 2fache Unterarmlänge
- 1 Rolle Synthetikwatte, 6–10 cm breit
- 1 Rolle Kreppapier, 6–8 cm breit

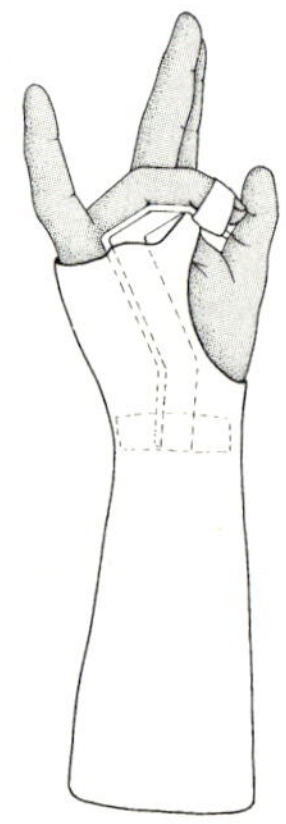

Abb. 12.10: Iselingips

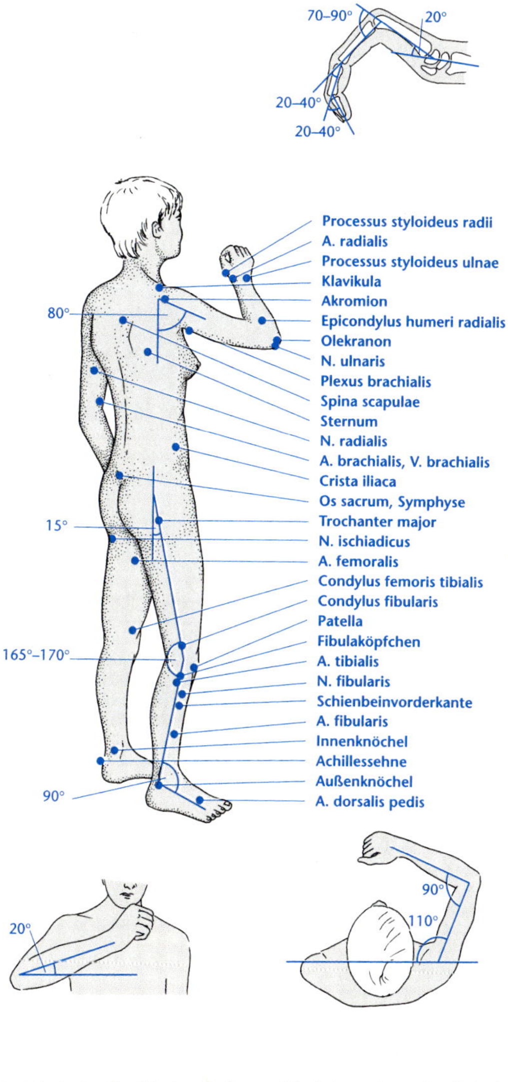

Abb. 12.11: Druckgefährdete Stellen und Funktionsstellung der Gelenke

- 1 Gipsbinde, 6 cm breit
- 2 Gipsbinden, 8 cm breit
- 1 Aluminiumschiene (gepolstert), 1,5–2 cm breit
- 1 Pflasterstreifen, 15 cm lang

Kahnbeingips

Von den Metacarpaleköpfchen bzw. Hohlhandfurche bis 2 QF unterhalb der Ellenbeuge unter Einschluß der Daumengrundphalanx.

Material
- 1 Trikotschlauch, 1,5fache Unterarmlänge
- 1 Fingertrikotschlauch f. d. Daumen
- 1 Rolle Synthetikwatte, 6–10 cm breit
- 1 Rolle Kreppapier, 6–8 cm breit
- 1 Gipslongette, 15 cm, 12–lagig, palmare Länge
- 1 Gipslongette, 10 cm, 12–lagig, dors. Länge
- 2 Gipsbinden, 8 cm

Dorsale Unterarmgipsschiene

Von den Metacarpaleköpfchen bzw. Hohlhandfurche bis 2 QF unterhalb der Ellenbeuge, vor dem Wässern einschneiden der Gipslongette, so daß ein Streifen zwischen Daumen und Zeigefinger eingeschlagen werden kann.

Material
- 1 Trikotschlauch, 1,5fache Unterarmlänge
- 1 Rolle Synthetikwatte, 6–10 cm breit
- 1 Rolle Kreppapier, 6–8 cm breit
- 1 Longuette Gips, 15 cm, 12lagig, Unterarmlänge
- 2 Mullbinden, 6–8 cm breit

Unterschenkelgipsschiene

Plantar von den eingeschlossenen Zehenspitzen 2 QF unterhalb der Kniekehle, dorsal müssen alle 5 Zehennägel einsehbar sein. Zum Erzielen der Rechtwinkelstellung im oberen Sprunggelenk sollte das Kniegelenk bei Gipsanlage gebeugt sein. Hilfreich ist hierzu die Gipsanlage in Bauchlage.

Material
- 1 Trikotschlauch, 1,5fache Unterschenkellänge
- 1–1 1/2 Rollen Synthetikwatte, 10 cm breit
- 1 Rolle Kreppapier, 8 cm breit
- 1 Gipslonguette, 15 cm/1fache Unterschenkellänge, 12lagig
- 1 Gipslonguette, 10 cm/2fache Unterschenkellänge, 4lagig
- 2 Mullbinden, 10 cm breit

Oberschenkelgipsschiene

Von Handbreit unterhalb der Leistenbeuge bis 1 cm über die Zehenspitzen, dorsal müssen alle 5 Zehennägel einsehbar sein. Möglichst mit 2 Helfern arbeiten.

Material
- 1 Trikotschlauch, 1,5fache Beinlänge
- 1 Rolle Synthetikwatte, 10 cm breit
- 1 Rolle Synthetikwatte, 15 cm breit

- 1 Rolle Kreppapier, 8 cm breit
- 1 Rolle Kreppapier, 10 cm breit
- 1 Gipslonguette, 15 cm/beinlang, 12lagig
- 1 Gipslonguette, 10 cm/beinlang, 4lagig
- 4 Mullbinden, 10 cm breit

Extensionsverbände

Eine kurzdauernde Extension kann mit Hilfe von Heftpflastern oder rutschfesten Schaumgummibändern über den Weichteilmantel erfolgen. Hierbei Hautläsionen unbedingt vermeiden.

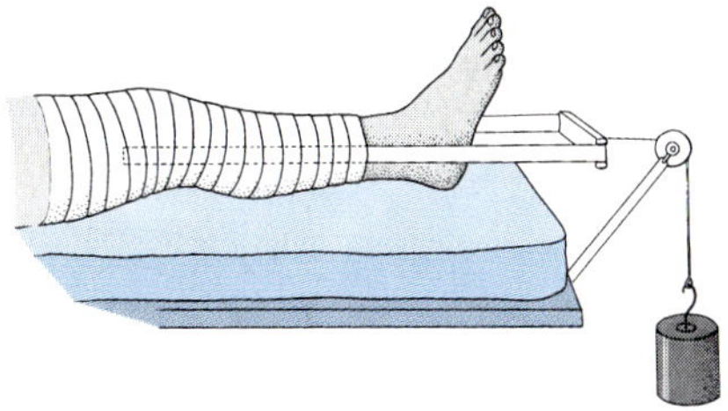

Abb. 12.12: Heftpflasterstreckverband

Drahtextensionen: Hierzu sind Lokalanästhetikum, steriles Abdecken, OP-Kleidung, ein 2 mm Kirschner-Draht und eine Druckluftpistole erforderlich. Die regelrechte Plazierung ist den Abbildungen zu entnehmen.

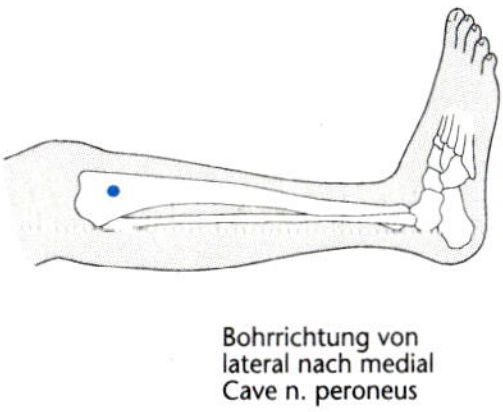

12.13: Calcaneus-Drahtextension

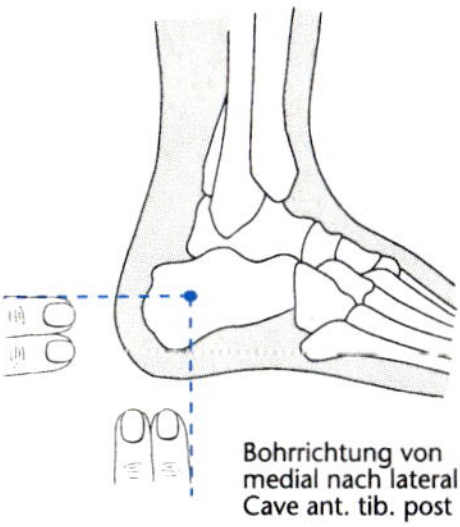

12.14: Tibiakopf-Drahtextension

12.1.8 Verletzungen der oberen Extremität

Rotatorenmanschettenruptur

Ursächlich sind häufig vorbestehende degenerative Veränderungen. Meist Pat. > 40. Lj. Insbesondere die Außenrotation und die Abduktion von 30–90° ist schmerzhaft eingeschränkt bzw. aufgehoben.

Diagnostisches Vorgehen

- Röntgen: Schulter a.p. und axial (zum Ausschluß knöcherner Verletzungen, bei ausgedehnten Rupturen zeigt sich evtl. ein Humeruskopfhochstand)
- Sonographie (Verschmälerung bzw. Kalibersprung d. Rotatorenmanschette)
- Ggf. NMR planen für Tagdienst.

Therapeutisches Vorgehen

- Anlage eines Gilchrist-Verbandes ☞ 12.1.7
- Bei aktivem Pat. und gesicherter, ausgedehnter Ruptur ist elektive OP indiziert.

Ein passiv auf > 90° abduzierter Arm kann vom Pat. oft auf dieser Höhe gehalten werden und schließt eine Rotatorenmanschettenruptur nicht aus.

Klavikulafraktur

Diagnostisches Vorgehen

- Gefäß-Nervenverl. (Plexus brachialis) ausschließen
- Sek. Hautschädigung durch Druck der knöchernen Fragmente ausschließen
- Röntgen: a.p., ggf. Schrägaufnahme im kaudokranialen Strahlengang.

Therapeutisches Vorgehen

- Anlage eines Rucksackverbandes ☞ 12.1.7
- Indikation zur OP:
  - *sofort:* bei sek. oder prim. Nervenverl., Durchblutungsstör., offener Fraktur
  - *elektiv:* laterale Fraktur mit Verletzung des coracoclaviculären Bandapparates (Nachweis durch gehaltene Aufnahme).

Sprengung des Schultereckgelenkes

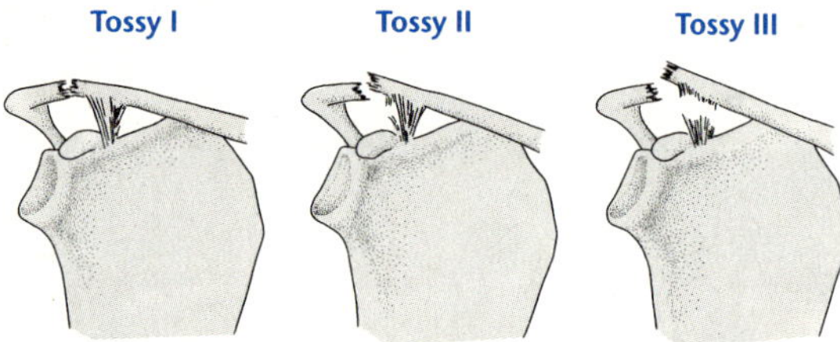

Abb. 12.15: Schultereckgelenkssprengung: Einteilung nach Tossy

Diagnostisches Vorgehen:
Röntgen: Schulter mit Klavikula a.p. zum Frakturausschluß; dann gehaltene Aufnahmen beider AC-Gelenke unter Belastung mit 10 kg, wobei die Arme in Neutral-Null-Stellung gehalten werden.

- *Tossy I:* Zerrung des ligamentum acromioclaviculare, keine Dislokation im Akromioclaviculargelenk
- *Tossy II:* Ruptur der acromioclaviculären Bänder, Dislokation der Clavicula um weniger als Schaftbreite nach kranial
- *Tossy III:* Ruptur der acromioclaviculären und coracoclaviculären Bänder, Dislokation der Clavicula um mindestens Schaftbreite nach kranial.

Therapeutisches Vorgehen

- *Tossy I:* konservativ; Gilchrist-Verband (☞ 12.1.7), frühfunktionelle Behandlung nach Abklingen der Schmerzsymptomatik
- *Tossy II:* konservativ; Gilchrist-Verband
- *Tossy III:* operativ (elektiv), bis dahin Ruhigstellung im Gilchrist-Verband.

Skapulafraktur (Schulterblattfraktur)

Diagnostisches Vorgehen

- Ausschluß von Verletzung des N. axillaris (autonomes sensibles Gebiet liegt über dem M. deltoideus) und des N. suprascapularis (Außenrotation unmöglich)
- Thorakale Begleitverletzung klinisch ausschließen
- *Rö:* Schulter a.p. und Tangentialaufnahme der Skapula, bei V.a. Gelenkbeteiligung: CT.

Therapeutisches Vorgehen
Nahezu alle Skapulafrakturen können konservativ behandelt werden (Desault- bzw. Gilchristverband (☞ 12.1.7). Ausnahmen:

- Dislozierte Glenoidfrakturen
- Skapulahalsfrakturen in Kombination mit Korakoidfraktur oder lat. Klavikulafraktur Typ II, d.h. im Bereich des korakoklavikulären Bandapparates
- Dislozierte Akromionfraktur
- Dislozierte Korakoidfraktur.

Schulterluxation

Diagnostisches Vorgehen

- N. axillaris Schädigung ausschließen
- Rö: Schulter a.p. und axial zum Ausschluß knöcherner Begleitverletzungen

Therapeutisches Vorgehen: schnellstmögliche Reposition in Analgosedierung. Gabe von Dormicum® 7,5 mg i.v., ggf. Maskennarkose.

Reposition nach Arlt

Der Patient sitzt auf einem Stuhl mit hoher Lehne. Der Arzt sitzt ihm schräg gegenüber auf einem etwas niedrigeren Hocker. Der luxierte Arm hängt etwa 40° abduziert über die gepolsterte Stuhllehne. Dabei ist der Ellenbogen rechtwinklig gebeugt. Unter leichten Rotationsbewegungen wird mit zunehmender Kraft in Längsrichtung des Armes gezogen.

Nach erfolgter Reposition Anlage eines Desault- oder Gilchrist-Verband (☞ 12.1.7). Röntgenkontrolle der Schulter in zwei Ebenen.

Reposition nach Hippokrates

Die Reposition wird am liegenden Pat. durchgeführt. Die Ferse des Arztes wirkt in der Achselhöhle des Pat. wie ein Hypomochlion. Unter gleichmäßigem Zug wird der Humeruskopf über dieses Hypomochlion lateral abgedrängt. Zunächst wird der Arm außenrotiert und abduziert. Dann folgt eine Innenrotation und Adduktion unter gleichmäßigem Zug. Durch Druck der Ferse nach kranial wird der Oberarmkopf in die Pfanne gedrängt. ☞ Abb. 12.16

Weiterbehandlung und Diagnostik an den folgenden Tagen

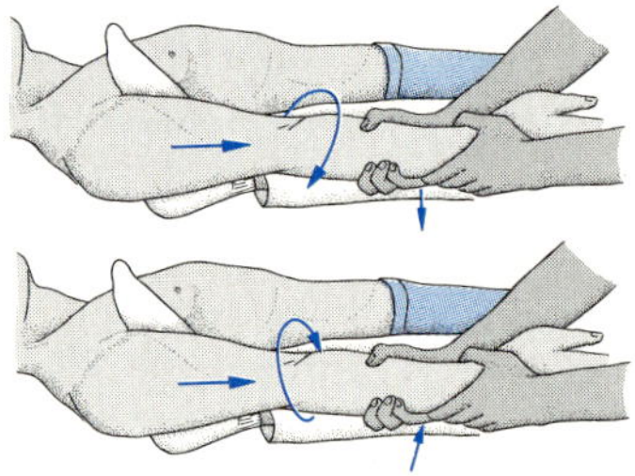

Abb. 12.16: Repositionstechnik bei vorderer Luxation (nach Hippokrates)

- *Erstmalige traumatische Luxation*
  - Bei Pat. < 40 J.: Ausschluß einer Verletzung des Labrum genoidale durch Pneumarthro-CT, NMR oder Arthroskopie, bei Labrumabriß operative Refixation
  - Bei Pat. > 40 J.: Ausschluß einer OP-pflichtigen Rotatorenmanschettenruptur durch Sonographie, NMR oder Arthroskopie. Desaultverband für 5 Tage, anschließend Krankengymnastik
- *Rezidivierende Luxation*: Weiterführende Diagnostik durch Pneumarthro-CT, NMR oder Arthroskopie. Operative Stabilisierung angeraten
- *Habituelle Luxation:* Krankengymnastische Übungsbehandlung.

Humeruskopffrakturen

Diagnostisches Vorgehen

- Schädigung des N. radialis und/oder der A. brachialis ausschließen
- *Rö:* Schulter a.p., und axial, bei starker Schmerzhaftigkeit alternativ Skapula-Ypsilon-Aufnahme oder transthorakale Aufnahme
- Indikation zur operativen Versorgung (Abriß des Tuberculum majus, Luxationsfrakturen; 15 % der Fälle) am nächsten Tag besprechen.

Therapeutisches Vorgehen

- Bestmögl. Reposition (ggf. Analgosedierung od. Bruchspaltanästhesie ☞ 12.2.1)
- Anlage eines Desault-Verbandes ☞ 12.1.7
- Röntgenkontrolle
- Bei nicht dislozierten Frakturen (85 %): konservative Behandlung durch 5tägige Ruhigstellung im Desaultverband und anschließender krankengymnastischer Nachbehandlung

- Bei dislozierten Frakturen: in der Regel operativ, frühzeitige Versorgung anstreben, jedoch keine Notfallindikation
- Bei Luxationsfrakturen Hintergrund verständigen.

Humerusschaftfrakturen

Diagnostisches Vorgehen

Schädigung des N. radialis und/oder der A. brachialis ausschließen. *Rö:* Oberarm in zwei Ebenen unter Einschluß von Schulter und Ellenbogengelenk.

Therapeutisches Vorgehen

- I.d.R. konservative Therapie durch 5tägige Ruhigstellung im Desaultverband (☞ 12.1.7), anschließend Anpassung eines Sarmiento-Braces und krankengymnastische Übungsbehandlung.
- *OP Indikation bei:*
  - Offenen Frakturen 2. und höhergradig, drohender Fragmentdurchspießung
  - Primärer und sekundärer Radialisparese
  - Läsionen der A. brachialis
  - Irreponiblen Frakturen (Muskelinterposition, großer knöcherner Defekt)
  - Kettenfrakturen der oberen Extremität
  - Beidseitigen Oberarmfrakturen
  - Polytraumatisierten Patienten.

Distale Humerusfrakturen

Diagnostisches Vorgehen

- Läsion des N. ulnaris ausschließen
- *Rö:* distaler Oberarm mit vollständiger Abbildung des Ellenbogengelenkes in zwei Ebenen.

Therapeutisches Vorgehen

Primäre Ruhigstellung in einer Oberarmgipsschiene (☞ 12.1.7), in der Regel ist die operative Behandlung indiziert.

Ellenbogenluxation

Diagnostisches Vorgehen

- Ausschluß von Gefäß- und Nervenverletzungen
- *Rö:* Ellenbogengelenk in 2 Ebenen, ggf. Schrägaufnahme 45° zur Freiprojektion des Proc. coronoideus.

Therapeutisches Vorgehen: Repositionstechnik bei hinterer Luxation des Ellenbogengelenks (> 90 % der Fälle):

- Lokal-, Plexusanästhesie oder Maskennarkose
- Der Pat. liegt auf dem Rücken. Der Arm wird mit einer Belastung von 4–5 kg extendiert. Die Finger I und III sind über Mädchenfänger am Repositionsgalgen aufgehängt, das Extensionsgewicht hängt unmittelbar proximal des Ellenbogengelenkes.
- Am 30–40° gebeugten Unterarm wird Längszug ausgeübt mit gleichzeitigem Gegenzug am Oberarm.
- In der letzten Phase der Reposition drückt der Daumen auf das Olecranon. Falls der Proc. coronoideus verhakt, diesen zunächst durch Hyperextension im Ellenbogengelenk und gleichzeitigen Zug nach ventral lösen, bevor die Flexion im Ellenbogengelenk erfolgt.

Die weitere Behandlung erfolgt in Abhängigkeit von knöchernen und ligamentären Begleitverletzungen: bei stabilem Repositionsergebnis und fehlenden knöchernen Verletzungen konservative Behandlung in der Oberarmgipsschiene (☞ 12.1.7) für 3 Wochen. Sonst elektive operative Versorgung.

Olekranonfraktur

Diagnostisches Vorgehen: *Rö:* Ellenbogengelenk in 2 Ebenen

Therapeutisches Vorgehen: Olekranonfrakturentei werden bis zum Operationszeitpunkt (keine Notfallindikation) in einer Oberarmgipsschiene (☞ 12.1.7) ruhiggestellt.

Radiusköpfchenfraktur

Diagnostisches Vorgehen: Röntgen: Ellenbogengelenk in 2 Ebenen.

Therapeutisches Vorgehen
- I.d.R. konservative Behandlung durch Anlage einer Oberarmgipsschiene (☞ 12.1.7) für 5 Tage, anschließend Krankengymnastik
- OP-Indikation: bei Meißelfrakturen, wenn das Fragment > 1/3 der Gelenkfläche und die Stufe > 2 mm ist; bei dislozierten Radiushalsfrakturen.

Unterarmfrakturen

Unterscheidung in:
- Komplette Unterarmschaftfraktur
- Luxationsfraktur
  - *Monteggia-Fraktur:* Ulnafraktur mit Sprengung des proximalen radioulnaren Gelenkes
  - *Galeazzi-Fraktur:* Radiusschaftfraktur im distalen Drittel mit Sprengung des distalen Radioulnargelenkes
- Isolierte Radius- oder Ulnaschaftfraktur.

Diagnostisches Vorgehen

Rö: Unterarm mit Hand u. Ellenbogengelenk in 2 Ebenen.

Therapeutisches Vorgehen
- Reposition, Oberarmgipsschiene ☞ 12.1.7
- Bei nicht bzw. nur gering dislozierter isolierter Ulnafraktur konservative Weiterbehandlung im Oberarmgips möglich
- In der Regel operative Behandlung.

Distale Radiusfraktur

Diagnostisches Vorgehen
- Schädigung des N. medianus ausschließen
- Begleitende Verletzung der Handwurzelknochen (Navikularfraktur, perilunäre Luxation) ausschließen
- Rö: Handgelenk mit distalem Unterarm in 2 Ebenen.

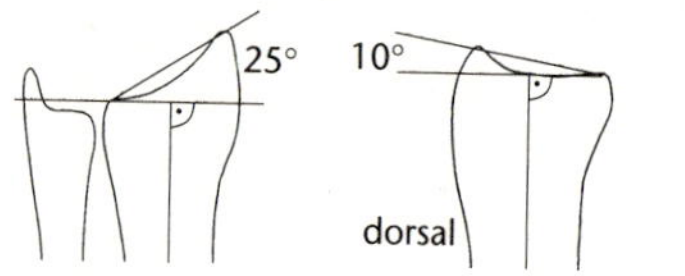

Abb. 12.17:
Normale Winkelverhältnisse am distalen Radius

Therapeutisches Vorgehen

Faustregel: instabil sind Radiusfrakturen mit einer dorsalen Kippung ≤ –15°, Flexionsfrakturen, intraartikuläre Frakturen.

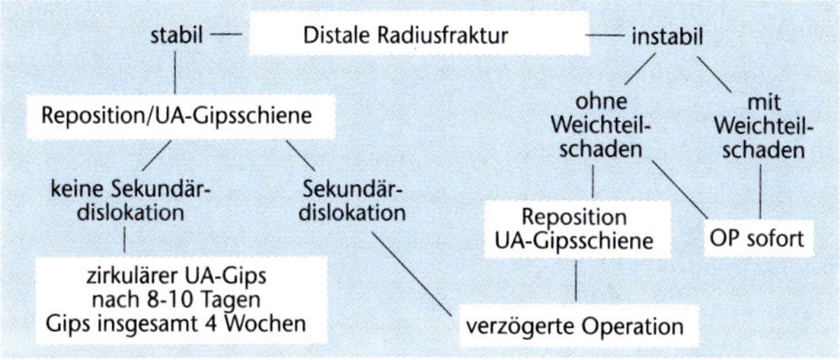

Abb. 12.18: Vorgehen bei distaler Radiusfraktur

Reposition

Bruchspaltanästhesie ☞ 12.2.1

Zunächst Ausgleich der Dislokation nach radial durch verstärkten Zug am ersten Mittelhandknochen. Zur Reposition der Dorsalverschiebung wird mit der einen Hand Druck von dorsal auf das distale Fragment und die Handwurzel ausgeübt. Die andere Hand umfaßt gleichzeitig als Gegenhalt von volar den distalen Unterarm in Höhe des proximalen Fragmentes. Bei Flexionsfrakturen Repositionsgang entgegengesetzt und Anlage der Unterarmgipsschiene volar. Die Hohlhand darf durch den Gips nicht eingeengt werden.

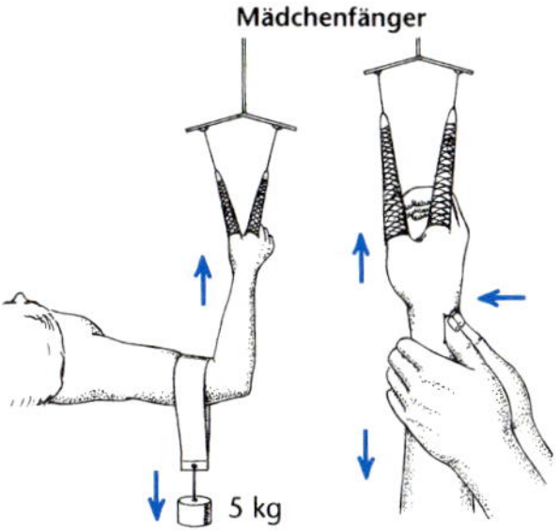

Abb. 12.19:
Repositionstechnik bei distaler Radiusfraktur

Mittelhandfrakturen

Diagnostisches Vorgehen: *Röntgen:* Hand in zwei Ebenen.

Therapeutisches Vorgehen

- Köpfchenfraktur mit Gelenkbeteiligung: Reposition und Iselingips (☞ 12.1.7), elektive OP
- Subkapitale Frakturen und Schaftfrakturen: Reposition und Iselingips; wenn anschließend palmare Kippung > 20° ist, elektive OP
- Basisnahe Frakturen:
  - Reposition und palmare Unterarmgipsschiene ohne Fingereinschluß
  - bei starker Dislokation und allen basisnahen Frakturen am 1. Mittelhandknochen, elektive OP.

Bei der Reposition neben der Achsen- auch auf eine korrekte Rotationsstellung achten. Hierbei zeigen bei Faustschluß alle Finger in Richtung auf das Os naviculare.

Fingerfrakturen

Diagnostisches Vorgehen: Rö: Finger in zwei Ebenen

Therapeutisches Vorgehen

Endgliedfrakturen
- Entlastung eines subungualen Hämatoms durch Nageltrepanation ☞ 12.1.7; ☞ Abb. 12.28
- Ruhigstellung in einer Stack'schen Schiene.

Mittel- und Grundgliedfrakturen
- Reposition und Ruhigstellung im Iselingips ☞ 12.1.7
- Bei Gelenkbeteiligung in der Regel elektive operative Versorgung.

Bandverletzungen, Fingerluxation

Diagnostisches Vorgehen: *Rö:* Finger in zwei Ebenen, ggf. gehaltene Aufnahmen im Seitenvergleich.

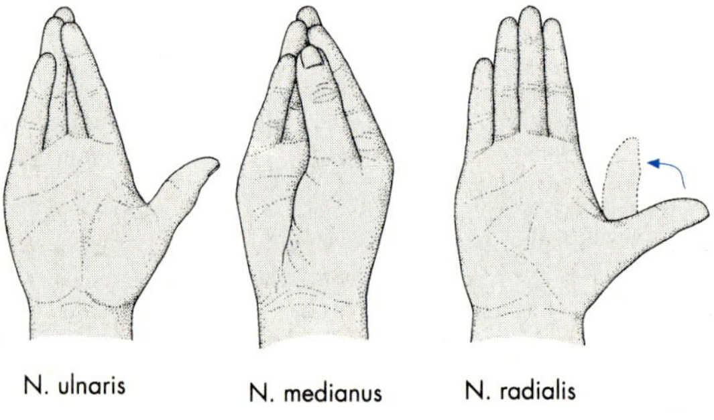

Abb. 12.20: Innervationsprüfung

Therapeutisches Vorgehen

- Beseitigung einer evtl. Luxation durch vorsichtigen kontinuierlichen Längszug, ggf. in Oberstscher Leitungsanästhesie ☞ 12.2.1
- Anlage einer Fingergipsschiene, wobei die Finger im Interphalangealgelenk 90° und im Endgelenk 45° gebeugt sein sollten, für eine Woche
- OP-Indikation:
  - Bei konservativ nicht vollständig reponierbaren oder reponierten Luxationen, die zu reluxieren drohen
  - Bei Luxation mit Kompressionssymptomen von Nerven
  - Bei Luxationen, die nach Reposition instabil sind, müssen diese temporär mit Kirschner Drähten fixiert werden
  - Bei Bänderrissen an der radialen Seite der Langfinger und an der ulnaren Seite der Daumengelenke (für Radialseite des Daumens und Ulnarseite der Langfinger: relative OP-Indikation)
  - Bei dislozierten knöchernen Bandausrissen mit Gelenkflächenbeteiligung.

Beugesehnenverletzung: Operative Versorgung durch Spezialisten.

Funktionsprüfungen bei Handverletzungen

- *Tiefe Beugesehnen:* Bei fixiertem Grund- und Mittelgelenk Endgelenk beugen lassen. Die tiefe Beugesehne ist bei Funktionsausfall der Beweglichkeit des Endgliedes verletzt.
- *Oberflächliche Beugesehnen:* Bei im Grundgelenk fixiertem Finger ist die Flexion des verletzten Fingers im Mittelgelenk (Superfizialisfunktion) nicht möglich.
- *Strecksehnen:* Streckfunktion der einzelnen Gelenke bei fixierten übrigen Gelenken prüfen.
- *N. medianus:* Prüfung der Sensibilität der Beugeseite des 1.–3. Fingers sowie der Radialhälfte des 4. Fingers. Die Motorik wird durch Daumenabduktion und -opposition geprüft.
- *N. ulnaris:* Die Sensibilität wird an der ulnaren Hälfte des 4. und 5. Fingers der Beugeseite geprüft. Die Motorik wird durch Spreizen und Schließen der Finger geprüft. Der 5. Finger ist bei Ausfall d. N. ulnaris adduziert; Krallenstellung des 4. und 5. Fingers beim Streckversuch.
- *N. radialis:* Die Sensibilität wird an der Radial-Hälfte d. Handrückens bis zu den Fingermittelgelenken geprüft. Die Fingerstreckung ist nicht möglich: Fallhand (Prüfung der Motorik).

Strecksehnenverletzung

Therapeutisches Vorgehen

- Bei subkutanen Abrissen im Bereich des distalen Interphalangealgelenkes Ruhigstellung in einer Stack'schen Schiene (☞ 12.1.7) für 6 Wochen
- Bei allen anderen Verletzungen operative Versorgung durch Spezialisten.

Replantation

Amputate ohne Muskulatur, z.B. Finger haben ungekühlt eine maximale Revaskularisierungszeit von 8–12 h (gekühlt bis zu 23 h), Amputate mit Muskulatur, z.B. Arm ungekühlt 4–5 h (gekühlt bis zu 8 h).

Behandlung von Amputationsverletzungen bis zur Replantation:

- *Amputationsstumpf:* keine Reinigungsversuche, wenn möglich, keine Unterbindungen, sterile Kompressionsverbände
- *Amputat:* keine Reinigungsversuche.

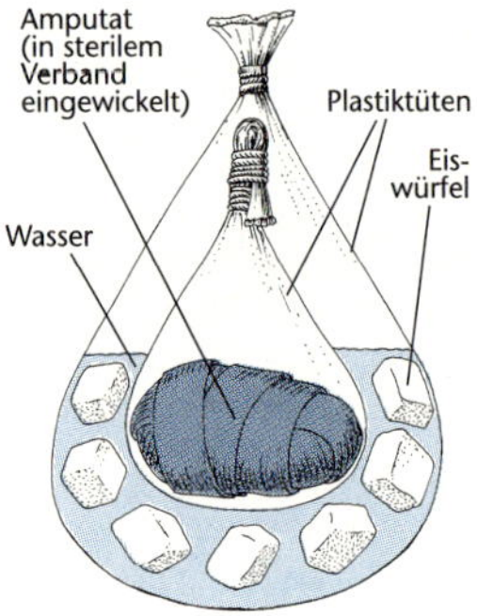

Abb. 12.21: Amputatverpackung

Indikation zur Replantation		
Absolute Indikation	**Relative Indikation**	**Keine Indikation**
• Daumen • Mehrere Langfinger bei schwerer Verletzung weiterer Langfinger • Hand, Arm • Skalp • Penis	• Langfingerendglied • Einzelne Finger • Schwere Traumatisierung des Amputats • Unterschenkel, Fuß • Bein	• Lebensbedrohliche Begleitverletzung • Ungenügender Zustand des Amputats (z.B. falsche Behandlung oder Unfallereignis)

12.1.9 Verletzungen der unteren Extremität

Beckenfrakturen: Unterscheidung in Beckenring- und Azetabulumfrakturen

Diagnostisches Vorgehen

- Ausschluß von Harnblasen- und Harnröhrenverletzung: blutiger Urin, → Urethrographie vor Anlage eines Dauerkatheters
- Ausschluß einer Rektumverletzung (digitale Untersuchung)
- Ausschluß von Iliakalgefäßverletzung (Leistenpulse)
- Ausschluß von Verletzungen des Plexus sacralis und N. ischiadicusn (Sensibilität)
- Sonographie: Beurteilung von Begleitverletzungen und Blutverlust
- Röntgen: Beckenübersicht, bei Beckenringfraktur Inlet- und Outlet-Aufnahmen, bei Verdacht auf Azetabulumfraktur Ala- und Obturatoraufnahme
- *CT:* bei Verdacht auf Verletzung des hinteren Beckenringes.

Therapeutisches Vorgehen

- Bei Beckenringfrakturen ohne Verletzung des sakroiliakalen Komplexes: Analgetika, Mobilisation sobald als möglich

- Bei Beckenringfrakturen mit Verletzung des sakroiliakalen Komplexes: Bettruhe
- Bei Dislokation: suprakondyläre Extension, in der Regel operative Stabilisierung (elektiv)
- Bei Azetabulumfrakturen Bettruhe.

Indikationen zur notfallmäßigen Operation bei Beckenfrakturen

- Azetabulumluxationsfraktur mit nicht reponierbarem Hüftkopf
- Komplexe Beckenringsprengung mit hohem Blutverlust und therapierefraktärem hypovolämischen Schock
- Beckenringfrakturen mit Verletzung intrapelviner Organe.

Besteht nach ventraler Beckenringstabilisierung durch Fixateur externe und Ausschluß einer intraabdominellen Blutung ein persistierender Blutverlust, muß sich eine interventionelle Angiographie mit Versuch der Katheterembolisation anschließen.

Frakturen des proximalen Femurs

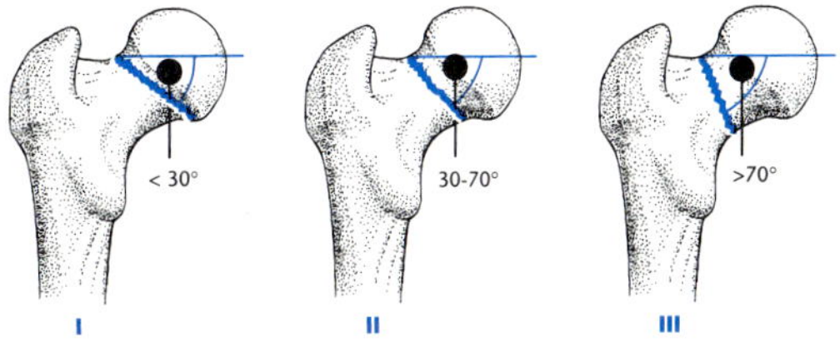

Abb. 12.22: Frakturen des koxalen Femurendes

Diagnostisches Vorgehen: Rö: Beckenübersicht und verletzte Seite axial.

Therapeutisches Vorgehen

- Mediale Schenkelhalsfraktur Typ Pauwels I, Pat. < 65 J.: Zugschraubenosteosynthese (als Notfall-OP)
- Pauwels I, Pat > 65 J.: Mobilisation nach Abklingen der Schmerzen, bei Sekundärdislokation Endoprothese
- Mediale Schenkelhalsfraktur Pauwels II und III, Pat. < 65 J. ohne ausgeprägte Koxarthrose: kopferhaltende Osteosynthese, Notfallindikation!
- Mediale Schenkelhalsfraktur Pauwels II + III, Pat. > 65 J.: Pflasterextension (☞ 12.1.7) bis zur OP, Endoprothese
- Laterale Schenkelhalsfraktur:Pflasterextension bis zur OP, kopferhaltende Osteosynthese, bei alten Pat. oder ausgeprägter Koxarthrose ggf. Endoprothese.
- Pertrochantäre Oberschenkelfraktur: Pflasterextension, Osteosynthese
- Subtrochantäre Oberschenkelfraktur: Pflasterextension, Osteosynthese.

Hüftluxationen

Diagnostisches Vorgehen

- Begleitverletzung der Femoralgefäße ausschließen
- Verletzung des N. ischiadicus und des N. femoralis ausschließen
- Röntgen: Beckenübersicht.

Therapeutisches Vorgehen: Reposition in Vollnarkose, Notfallindikation!
- *Repositionsmanöver bei hinterer Luxation:* Zug am im Hüftgelenk gebeugten Bein deckenwärts, anschließende Außenrotation. Wichtig: sichere Fixierung des Pat., ausreichende Relaxation
- *Repositionsmanöver bei vorderer Luxation:* Längszug am gestreckten Bein nach kaudal, wobei sich der Fuß des Reponierenden an der Symphyse abstützt
- Nach Reposition Rö-Kontrolle: Beckenübersicht, Ala- und Obturatoraufn.
- CT: bei Verdacht auf knöcherne Verletzung
- Bettruhe bis aktive schmerzfreie Bewegung möglich
- Entlastung für mindestens 6 Wochen
- Bei lux. Endoprothese identisches Vorgehen, nach Reposition Lagerung in einer Spreizschiene.

Femurschaftfrakturen

Diagnostisches Vorgehen: Röntgen in 2 Ebenen mit Knie- und Hüftgelenk. **Therapeutisches Vorgehen:** Tibiakopfdrahtextension bis zur OP-Versorgung.

Distale Oberschenkelfrakturen

Diagnostisches Vorgehen
- Verletzung der A. poplitea ausschließen
- Röntgen: Oberschenkel mit Knie und Hüftgelenk in 2 Ebenen.

Therapeutisches Vorgehen
- Suprakondyläre Fraktur: Tibiakopfdrahtextension bis zur OP-Versorgung
- Diakondyläre Fraktur: Oberschenkelgipsschiene (☞ 12.1.7) bis zur operativen Versorgung, Punktion (☞ 12.2.5) bei Hämarthros.

Kniegelenksverletzungen

Klinik

Typische Unfallmechanismen mit daraus resultierenden Verletzungsmustern:
- Bei Hyperextension: dorsale Instabilität, isolierte vordere Kreuzbandruptur, vorderes Kreuzband und dorsale Kapsel rupturiert
- Bei Hyperflexion: Meniskusverletzung (Hinterhorn), vordere Kreuzbandruptur
- Bei forcierter Innenrotation: Außenmeniskusverletzung
- Bei forcierter Außenrotation: Innenmeniskusverletzung, mediales Seitenband, evtl. vorderes Kreuzband rupturiert, Patellaluxation
- Bei Varustrauma: laterale Instabilität
- Bei Valgustrauma: mediale Instabilität (häufig)
- Bei Flexion-Varus-Innenrotation: anterolaterale Instabilität
- Bei Flexion-Valgus-Außenrotation: anteromediale Instabilität.

Diagnostisches Vorgehen
- *Rö:* Kniegelenk in 2 Ebenen und Patella tangential, bei Verdacht auf freien Gelenkkörper oder knöchernen Kreuzbandausriß zusätzlich Tunnelaufnahme nach Frick
- *Klinische Untersuchung:* Erguß? Weichteil-Schwellung? Aktive und passive Beweglichkeit? Mediale oder laterale Aufklappbarkeit in 30° Beugung und Streckung? Vordere oder hintere Schublade in 30° (Lachmann-Test, ☞ Abb. 12.24) und 90° Beugung.

Apley-Test

Der Apley-Test dient der Differenzierung von Band- und Meniskusläsionen.

- Mit gestrecktem Hüft- und gebeugtem Kniegelenk liegt der Pat. in Bauchlage. Der Untersucher führt unter axialer Kompression in verschiedenen Flexionsgraden (Grinding-Test) und axialem Zug (Distraktions-Test) Rotationsbewegungen des Unterschenkels durch. Schmerzen während der axialen Belastung weisen auf eine Meniskusläsion hin. Die Läsion ist bei stark gebeugtem Kniegelenk mehr im hinteren, bei etwa 60–70° gebeugtem Gelenk im mittleren Meniskusanteil lokalisiert.
- Bei Schmerzen durch axiale Distraktion besteht ein Hinweis auf eine Kapselbandläsion, jedoch ohne Aussage über deren Ausmaß.

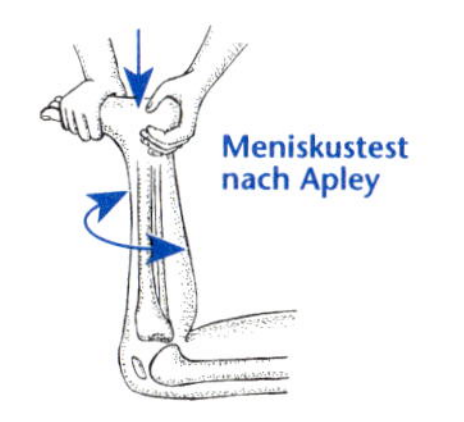

Abb. 12.23: Apley-Test

Modifizierte Prüfung des Lachmann-Testes

Der Oberschenkel des Pat. wird mit der Hand gegen den Oberschenkel des Untersuchers fixiert. So wird eine für jede Untersuchung konstante, vom Pat. nicht veränderbare Flexion erzielt. Der Tibiakopf ist bei vorderer Kreuzbandinsuffizienz deutlich nach ventral zu verschieben.

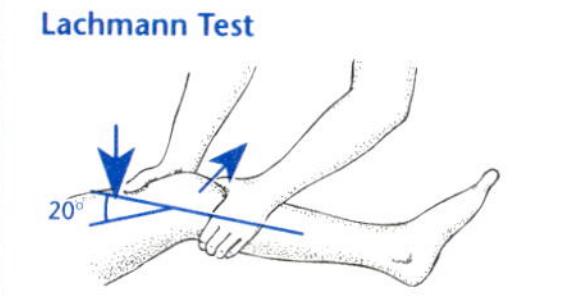

Abb. 12.24: Lachmann-Test

Fußangeln und Fingerzeige

- Rekonstruktion des Unfallherganges und Frage nach Vorverletzungen
- Die Untersuchung des verletzten Kniegelenkes ist aufgrund der Schmerzhaftigkeit oft nur eingeschränkt aussagefähig
- Nach Abklingen der akuten Schmerzen unbedingt subtile Nachuntersuchung.

Therapeutisches Vorgehen bei Knieverletzungen

- Jeder Erguß beim verletzten Kniegelenk muß punktiert werden (☞ 12.2.5). Bei blutigem Erguß oder serösem Erguß und klinischem Verdacht auf Meniskusläsion oder freien Gelenkkörper Arthroskopie. Bei V.a. offene Bursaverletzung (sichtbare glänzende Schleimhaut) muß die Bursa im Rahmen der Primärversorgung exzidiert werden. Bei Verdacht auf offene Kniegelenksverletzung umgehende operative Versorgung unter antibiotischer Abdeckung. In allen anderen Fällen Hochlagerung auf Schiene, Kühlung und analgetische Behandlung nach Bedarf.
- *Patellaluxation:* Reposition durch Streckung des Kniegelenkes in Analgosedierung und Anlage einer Oberschenkelschiene. Bei rezidivierender oder habitueller Luxation Arthroskopie und operative Stabilisierung. Bei erstmaliger traumatischer Luxation Arthroskopie zum Ausschluß von Abscherfrakturen und Naht des medialen Retinakulums (elektiv)

- *Patellafraktur:* I.d.R. osteosynthetische Versorgung (elektiv), nicht dislozierte Patella-Längsfrakturen können konservativ frühfunktionell behandelt werden
- *Kollateralbandverletzung:* Isolierte Kollateralbandverletzungen konservativ mit einer Orthese bzw. Gipstutor für 6 Wochen versorgen, bei knöchernen Ausrissen oder Kombinationsverletzungen operative Versorgung (elektiv)
- *Kreuzbandverletzung:* knöcherne Ausrisse werden refixiert, intraligamentäre Rupturen durch eine autologe Kreuzbandplastik stabilisiert (elektiv)
- *Meniskusverletzung:* bei Gelenkblockade zunächst Reposition in Analgosedierung. Frühzeitige arthroskopische Abklärung notwendig.

Patella bipartita: Isolierter, mit der Patella nicht verschmolzener Knochenkern, meist am oberen äußeren Patellapol. In der Regel keine Beschwerden, außer nach direkter Traumatisierung. Nicht mit Fraktur verwechseln!

Tibiakopffrakturen

Diagnostisches Vorgehen: Peroneusläsion ausschließen; *Röntgen:* Kniegelenk mit Unterschenkel in 2 Ebenen, ggf. Tomographie.

Therapeutisches Vorgehen: Kniegelenkspunktion (☞ 12.2.5) bei ausgeprägtem Hämarthros und Anlage einer Oberschenkelgipsschiene (☞ 12.1.7) bis zur operativen Versorgung.

Unterschenkelschaftfrakturen

Kombinierter Bruch von Tibia und Fibula, sonst Unterscheidung in isolierte Fibula- oder Tibiafraktur.

Diagnostisches Vorgehen

- Suche nach klin. Zeichen für Verletzungen des oberen Sprunggelenkes: Hämatom, Druckschmerz
- Röntgen: Unterschenkel mit OSG und Kniegelenk in 2 Ebenen

Therapeutisches Vorgehen

- Reposition, in der Regel OP, bis dahin Oberschenkelgipsschiene (☞ 12.1.7)
- Bei Schräg- oder Mehrfragmentfrakturen: Kalkaneusextension zur Aufrechterhaltung des Repositionsergebnisses
- Bei Fibulafraktur durch direkte Gewalteinwirkung: Unterschenkelgehgips (☞ 12.1.7) für 2 Wochen (Sprunggelenksfraktur muß ausgeschlossen sein)
- Bei nicht dislozierten Tibiafrakturen konservativ: Oberschenkelgips (☞ 12.1.7) für 8 Wochen

Pilon-Frakturen

Distale Tibia-Fraktur mit Beteiligung des oberen Sprunggelenkes, die durch axiale Stauchung entsteht. *Röntgen:* Unterschenkel mit oberem Sprunggelenk in zwei Ebenen. *Therapie:* in der Regel OP (elektiv). Bis dahin Ruhigstellung in Oberschenkelgipsschiene mit Kalkaneus-Draht-Extension (☞ Abb. 12.13).

Sprunggelenksfrakturen

Sonderform (☞ Abb. 12.25):

- Weber A: Bruch des Außenknöchels unterhalb der Syndesmose ohne Verletzung derselben
- Weber B: Bruch des Außenknöchels in Höhe der Syndesmose mit fakultativer Verletzung derselben
- Weber C: Bruch des Außenknöchels oberhalb der Syndesmose mit Verletzung derselben)
- Maisonneuvefraktur – hohe Fibulafraktur mit Zerreißung der Syndesmose und der Membrana interossea. Entstehung in der Regel durch indirekte Gewalteinwirkung, meist liegt ein Supinations-Innenrotationstrauma vor.

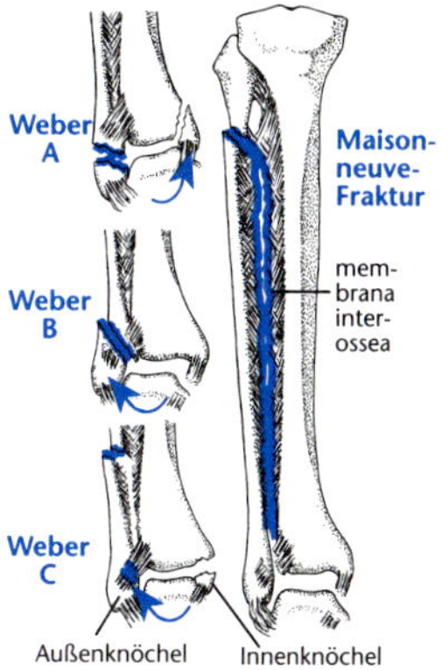

Abb. 12.25: Einteilung der Sprunggelenksfrakturen nach Weber

Diagnostisches Vorgehen

- Röntgen: OSG in 15° Innenrotation a.p. und seitlich. Bei V.a. auf Maisonneuve-Fraktur Rö-Kniegelenk mit prox. Unterschenkel
- Auf zusätzliche Frakturen des Innenknöchels (bimalleoläre Sprunggelenksfraktur), Abrißfrakturen der hinteren Tibiakante (Volkmannsches Dreieck) sowie auf klin. Zeichen für zusätzliche Zerreißung des Innenbandes (Hämatom und Druckschmerz am Innenknöchel) achten!

Therapeutisches Vorgehen

- In der Regel operativ (elektiv). Bis dahin Anlage einer Unterschenkelgipsschiene ☞ 12.1.7
- Außenknöchelfrakturen Typ Weber A und isolierte Innenknöchelverletzungen können bei guter Reposition konservativ behandelt werden (6 Wochen Unterschenkelgips).

Außenbandverletzung oberes Sprunggelenk

Druckschmerz und Hämatom ven-trodistal des Außenknöchels nach Supinations-Innenrotations-Trauma.

Diagnostisches Vorgehen

- *Rö:* OSG in zwei Ebenen zum Frakturausschluß. Gehaltene Aufnahmen des oberen Sprunggelenkes in 2 Ebenen bei starker Schmerzhaftigkeit im Fibularisblock (☞ Abb. 12.25). Bei Druckschmerz an der lateralen Fußkante (V.a. Metatarsale V-Basis-Abrißfraktur): Rö-Vorfuß.
- *Bildinterpretation:* Taluskippung > 7° und/oder Talusvorschub > 7 mm (☞ Abb. 12.17) bzw. > 5° und/oder > 5 mm im Vergleich zur gesunden Gegenseite spricht für eine Bandruptur; bei geringeren Werten Sprunggelenksdistorsion.

Therapeutisches Vorgehen

- *Distorsion:* Salbenverband, Kühlung
- *Bandruptur:* bei sportlich sehr aktiven Pat., Taluskippung > 12°, Verdacht auf intraartikuläre Abscherfraktur, knöchernen Bandausriß oder rezidivierende Traumen mit persistierendem Instabilitätsgefühl: Operation
- In allen übrigen Fällen konservative Therapie mit Orthese.

Achillessehnenruptur

Der Pat. berichtet typischerweise über einen lauten Knall verbunden mit Schmerzen im Bereich der Achillessehne.

Diagnostisches Vorgehen

- Tastbare Delle (Untersuchung in Bauchlage im Seitenvergleich)
- Plantarflexion abgeschwächt bzw. aufgehoben, Einbein-Zehenstand nicht möglich
- *Rö:* Kalkaneus seitlich zum Ausschluß eines knöchernen Sehnenausrisses
- Evtl. Sonographie.

Therapeutisches Vorgehen: Sehnennaht, bis dahin Ruhigstellung in Spitzfußstellung in Unterschenkelgipsschiene ☞ 12.1.7.

Kalkaneusfrakturen entstehen durch axiale Stauchung.

Diagnostisches Vorgehen: Rö: Kalkaneus seitlich und axial, CT vor operativer Versorgung.

Therapeutisches Vorgehen: Hochlagerung, Kühlung, Indikation zur sekundären operativen Versorgung abhängig vom Frakturtyp.

Mittelfußfrakturen

Diagnostisches Vorgehen: Röntgen: Vorfuß in zwei Ebenen.

Therapeutisches Vorgehen:

- Frakturen der Metatarsalia II–IV. Bestmögliche Reposition und Anlage einer Unterschenkelgipsschiene ☞ 12.1.7
- Frakturen der Metatarsalia I + V. In der Regel operative Versorgung indiziert. Bis zur Operation Behandlung wie bei Metatarsale II-IV-Frakturen
- Metatarsale V-Basis-Frakturen. Bei Dislokation unter 2 mm ist eine konservative Behandlung im Unterschenkelgips (☞ 12.1.7) möglich. Bei Dislokation über 2 mm ist die operative Versorgung indiziert.

Zehenfrakturen

Therapeutisches Vorgehen: Anlegen eines Dachziegelverbandes und Tragen von Schuhwerk mit unelastischer Sohle, z.B. Holzschuh. Bei dislozierten D1–Grundgliedfrakturen relative OP-Indikation.

Kompartmentsyndrom

Ein Kompartmentsyndrom kann überall dort auftreten, wo Muskeln, Gefäße und Nerven in abgeschlossenen Räumen vorkommen. Besonders häufig betroffen sind die Faszienlogen an Unterschenkel und Unterarm.

Klinik

- Starke bohrende Schmerzen, keine Besserung durch Ruhigstellung
- Mißempfindungen, später Sensibilitätsausfälle
- Schmerzverstärkung durch Dehnung der Muskeln in den betroffenen Logen
- Palpatorisch und meßtechnisch erhöhter Gewebsinnendruck
  Die Mikrozirkulation sistiert, wenn die Druckdifferenz zwischen subfaszialem Druck und diastolischem Blutdruck 30 mmHg unterschreitet. Absolutwerte > 40 mmHg sind immer alarmierend
- Periphere Pulse zunächst noch regelrecht und palpabel.

Therapeutisches Vorgehen

- Entfernen aller strangulierenden Verbände
- Flachlagerung der Extremität → Erhöhung der arteriovenösen Druckdifferenz.

Hintergrund informieren, Indikation zur Fasziotomie großzügig stellen.

12.2 Kleine Chirurgie

Anwendung und Eigenschaften von Lokalanästhetika

(Modifiziert nach: Larsen, Anästhesie, 3. Aufl., Urban & Schwarzenberg, München 1991)

Substanz	Anwendung und Konzentration (%)		Wirkungseintritt, -dauer*	Max. Einzeldosis (mg)
Lidocain® (Xylocain®)	Oberfläche** Infiltration Nervenblock Peridural Spinal	2–4 0,5–1 1–1,5 1–2 5	rasch, 60–120 Min.	200 o.A.*** 500 m.A.
Mepivacain® (Meaverin®, Scandicain®)	Infiltration Nervenblock Peridural Spinal	0,25–0,5 1–1,5 1,5–2 4	relativ rasch, 90–180 Min.	300 o.A. 500 m.A.

* Die Wirkungsdauer hängt von der jeweiligen Blockadetechnik ab.

** Oberflächenanästhesie: Wirkung nach 5 Min., Wirkungsdauer bei Lidocain etwa 15–20 Min. Aufgrund schneller Resorption wird rasch hoher Plasmaspiegel erreicht!

*** o.A. = ohne Adrenalinzusatz, m.A. = mit Adrenalinzusatz

Kontraindikation für Adrenalinzusatz: Anästhesien in Endarteriengebieten (Finger, Ohren, Penis, Zehen), → Gangrängefahr, zirkuläre Injektion an den Extremitäten Hypertonie, Glaukom, Mitralstenose, EPH-Gestose, Thyreotoxikose, Diab.mell., Arteriosklerose, Erkr. des Herzmuskels, paroxysmale Tachykardie, hochfrequente Arrhythmia absoluta, KHK, Behandlung mit trizyklischen Antidepressiva.

12.2.1 Regionalanästhesie

Infiltrationsanästhesie

- Ausgehend vom gesunden Gewebe wird das gesamte Gebiet der Verletzung infiltriert. Bei Wundversorgung keine Infiltration vom inneren Wundrand (zur Vermeidung von Keimverschleppung)
- Bei der Notwendigkeit zur Verwendung längerer dickerer Kanülen zunächst Infiltration der Eintrittsstelle mit kleinster Kanüle
- Bei Verletzungen der Hohlhand oder der Fußsohle ist die Injektion von dorsal wesentlich schmerzarmer.

Bruchspalt-Anästhesie

Indikation: Frakturreposition, wenn der Bruchspalt ohne Gefährdung von Nerven und Gefäßen erreichbar ist.

Technik: Unbedingt steril arbeiten (Eröffnung eines geschlossenen Bruches), unter Berücksichtigung der Fragmentlage (Röntgenbild) Punktionskanüle im Bruchspalt plazieren. Bei Wahl der Stichrichtung auf Lage von Nerven und Gefäßen achten, Vergewissern der richtigen Kanülenlage durch Aspiration von Frakturhämatom. Je nach Lokalisation 5–20 ml Lokalänästhetikum, z.B. Xylocain 1 %. Wirkungseintritt nach ungefähr 10 Min.

Oberstsche Anästhesie

Indikation: Eingriffe an Fingern und Zehen.
Technik: Betäuben des 1. Einstichs durch Hautquaddel mit dünnster Nadel. Anschließend mit stärkerer Nadel (12er) quer auf die Gegenseite stechen und 2. Einstichstelle infiltrieren. 3 bis max. 5 ml Lokalanäthetikum (z.B. Xylocain 1 %) ohne Adrenalinzusatz. Wirkungseintritt nach ca. 10 Min.

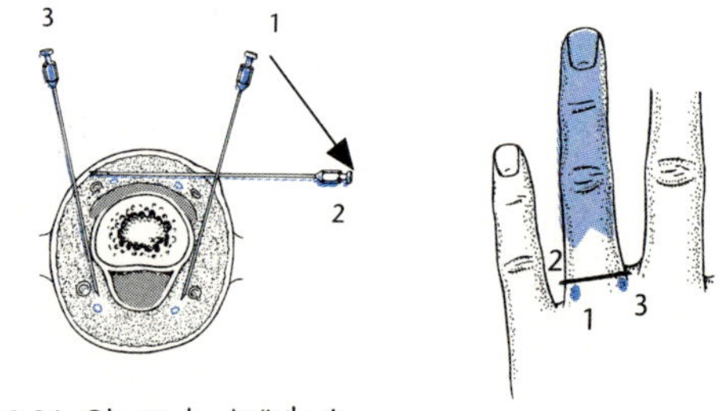

Abb. 12.26: Oberstsche Anästhesie

Intravenöse Regional-Anästhesie

Indikation: Eingriffe an oberer und unterer Extremität (gut anwendbar bei begrenzter Erfahrung in der Leitungsanästhesie). Dauer ca. 40 Min.

Technik: Braunüle legen, Extremität auswickeln, Anlegen einer doppelkammerigen Blutsperrmanschette. Der angelegte Druck der proximalen Manschette sollte möglichst 100 mmHg über dem systolischen Druck am Ort der Manschettenanlage liegen, Arm bis 300, Bein bis 500 mmHg, Injektion von bis zu 60 ml 0,5%igem Lokalanästhetikum, Wirkungseintritt nach ca. 10 Min., anschließend distalen Manschettenanteil aufpumpen und proximal entlasten.

Cave: Zur Vermeidung von Nebenwirkungen Manschette am OP-Ende langsam und in Etappen öffnen.

Blockade peripherer Nerven am Fuß

Ind.: OP im Fuß- und Zehenbereich (z.B. Hallux valgus, Dornwarzen).

- *N. tibialis posterior:* Punktionsort: Beidseits der A. tibialis post. Technik: Kanüle senkrecht zur Haut einstechen (0,5–2 cm). Dosierung: Je 2 ml Xylonest®
- *N. peroneus profundus:* Punktionsort: Beidseits der A. dorsalis pedis. Technik: Kanüle senkrecht zur Haut einstechen, oberhalb des Knöchels zw. Sehne des M. tibialis ant. und M. halucis long. Dosierung: Je 2 ml Xylonest® 1 %
- *N. saphenus:* Punktionsort: eine Handbreit oberhalb des Innenknöchels bis zur Achillessehne. Technik: Infiltration eines subkutanen Hautwalls. Dosierung: 5–10 ml z.B. Xylonest® 1 %
- *N. peroneus superficialis und N. suralis:* Punktionsort: eine Handbreit oberhalb des Außenknöchels nach medial bis zur Achillessehne. Technik: Infiltration eines subkutanen Hautwalls. Dosierung: 5–10 ml z.B. Xylonest® 1 %.

Kontraindikationen für Lokalanäthetika: bekannte Überempfindlichkeit gegen Lokalanästhetika, Gerinnungsstörungen, Sepsis (☞ 22.1.1), Entzündung im zu punktierenden Gebiet, Ablehnung durch den Patienten.

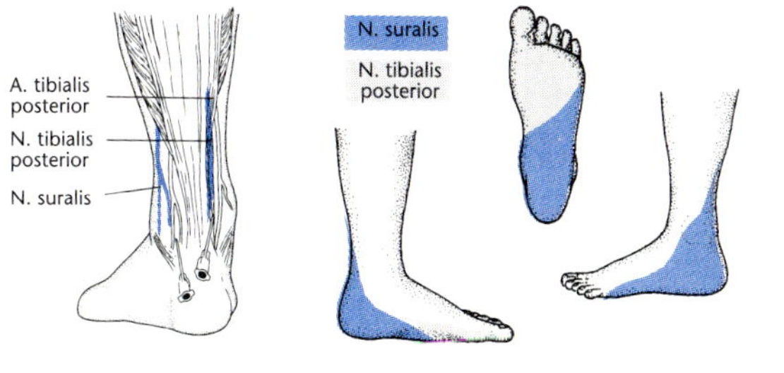

Abb.12.27: Blockade peripherer Nerven am Fuß

12.2.2 Wundversorgung

Nahtmaterialien und Techniken

Nahtmaterial	
Resorbierbares Nahtmaterial: Kollagen (Catgut®), Polygycolsäure (Dexon®, Vicryl®), Polidioxanon (PDS®). Vorteil: kein Fädenziehen, jedoch stärkere Narbenbildung.	
Nicht-resorbierbares Nahtmaterial: Polyester (Ethibond®, Mersilene®), Polyamid (Seralon®), Polypropylen (Prolene®).	
Fädenziehen: Faustregel: nach 10–14 Tagen; im Gesicht und bei Kindern nach 5–7 Tagen.	
Anwendungsbeispiele	
Kopfplatzwunde:	2/0 oder 3/0 Seralon® (2/0 dicker als 3/0 Faden)
Gesicht:	5/0 oder 6/0 Seralon®
Fingerverletzung:	4/0 oder 5/0 Seralon®
Fasziennaht:	2/0 oder 3/0 Dexon®
Lippe, Zunge, Wangenschleimhaut:	4/0 Vicryl rapid® oder 4/0 Catgut®

Schnittführungen

Das kosmetisch günstigste Ergebnis wird bei Schnittführung im Verlauf der Spaltlinien erreicht. Es müssen jedoch bei der Wahl der Schnittführung die anatomischen Strukturen in tiefer liegenden Schichten sowie funktionelle Besonderheiten berücksichtigt werden. Es darf z.B. keinesfalls eine gelenküberschreitende Schnittführung senkrecht zur Beugefalte erfolgen.

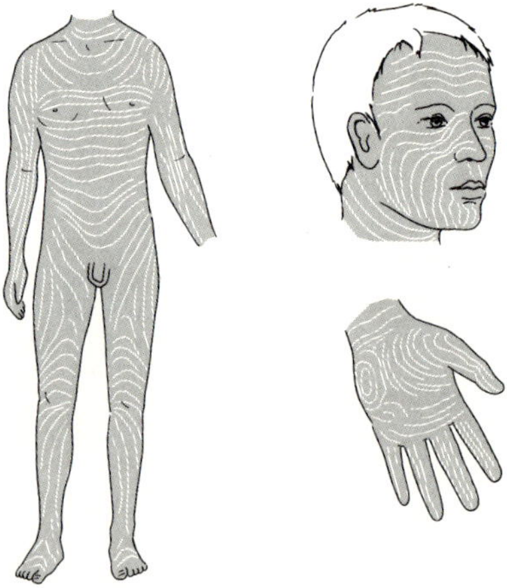

Abb. 12.28: Langersche Spaltlinien

Wundversorgung

- Ziel der Wundversorgung ist die Keimreduktion und die Vermeidung von Sekundärinfektionen
- Zeitpunkt: Sobald als möglich. Grundregel:
  primärer Wundverschluß innerhalb von 6 h. Bei sauberen, gut durchbluteten Wundverhältnissen bis 24 h. Im Zweifelsfall sekundären Wundverschluß anstreben. Primär Verband mit lokalen Antiseptika, z.B. Furacine® Salbe. Es kann dann bei sauberem Granulationsgrund und reizloser Umgebung in der Regel nach 3–5 Tagen eine Sekundärnaht erfolgen.

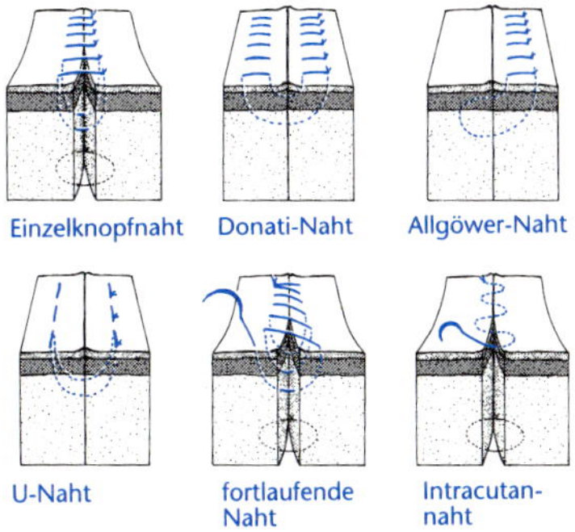

Abb. 12.29: Nahttechniken

Biß- und Schußwunden: grobe Verunreinigungen und Fremdkörper entfernen. Kein primärer Wundverschluß, Ausnahme Gesichtsverletzung, hierbei jedoch immer erfahrenen Kollegen zu Rate ziehen.

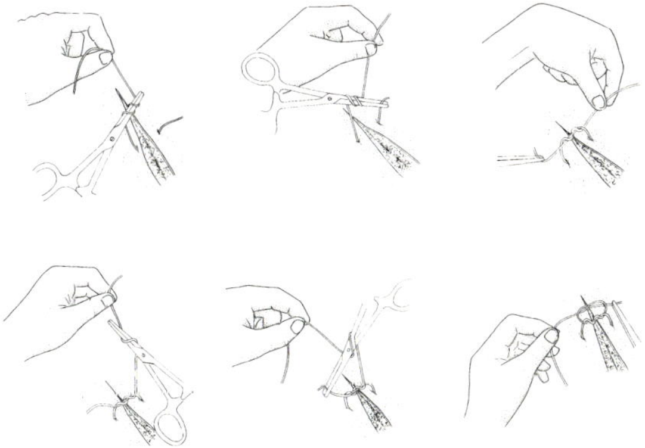

Abb. 12.30: Instrumentelles Knoten mit dem Nadelhalter

Vorgehen

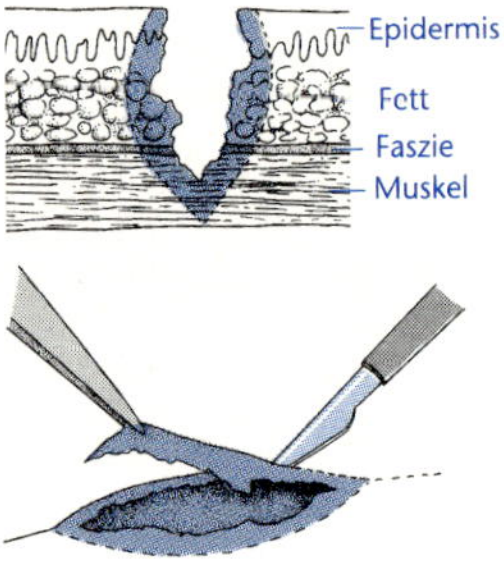

Abb. 12.31: Wundausschneidung

- Kontrolle v. Motorik und Sensibilität!
- Rasur des OP-Gebietes unmittelbar präoperativ, am Kopf zunächst Haare mit der Schere kürzen, dann Verwendung eines Einmalrasierers. Gründliches Entfernen aller Haare durch Abtupfen mit Pflasterstreifen. Keine Rasur der Augenbrauen
- Steriles Arbeiten: Mundschutz, Haube, Handschuhe. Desinfektion in zentrifugaler Technik, bei entsprechender Lokalisation Abdeckung von Augen, Nase, Ohren, kein Desinfektionsmittel in die Wunde bringen (Ausnahme Tollwut)
- Ausreichende Betäubung
- Ausgiebige Spülung der Wunde mit physiologischer Kochsalzlösung
- Wundausschneidung, gequetschtes und verunreinigtes Gewebe exzidieren. Wundausschneidung muß alle Schichten erfassen, keine Taschen in der Tiefe entstehen lassen
- Bei schlechter Übersicht ggf. Verlängerung der Inzision. Die verbleibenden Wundränder müssen gut durchblutet sein
- Sorgfältige atraumatische zielgerichtete Inspektion (Fremdkörper? Gelenkeröffnung? Sehnenverletzung?)
- Spannungsfreie Naht, Wundränder nicht mit Pinzette quetschen, besser Wundrand mit nur einer Pinzettenbranche unterfahren. Knoten auf den besser vaskularisierten Wundrand legen
- Steriler, saugfähiger Verband.

Regionale Besonderheiten

- *Kopfplatzwunde:* Die Naht muß zur sicheren Blutstillung die Galea aponeurotica mitfassen, ggf. Aufknoten einer gerollten Kompresse mit Hilfe der langgelassenen Hautfäden. Sorgfältige Inspektion und Palpation zum Frakturausschluß wichtig
- *Lidverletzung:* Keine Rasur der Augenbrauen, Tränengang am inneren Augenwinkel beachten, vollständiger Lidschluß muß erhalten bleiben. Möglichst, Wundversorgung durch Augenarzt
- *Ohrverletzung:* Hohes Risiko einer Knorpelnekrose, Hämatome müssen vollständig abpunktiert werden, möglichst Versorgung durch Hals-, Nasen-, Ohrenarzt
- *Lippenrotverletzung:* Erster Stich zur exakten Adaptation an der Hautlippenrotgrenze. Bei tiefen Verletzungen zweischichtige Naht, wobei die erste Schicht die Muskulatur, die zweite Schicht die Haut faßt
- *Perforierende Wangenverletzung:* Dreischichtige Naht: erste Schicht Schleimhaut, zweite Schicht Muskulatur, dritte Schicht Haut.

Infektionsgefahren und Impfschutz

Tetanus

Ein kompletter Impfschutz muß gewährleistet sein: bei allen offenen Wunden, Erfrierungen, Verbrennungen, Wiederöffnung alter Wunden (Fremdkörperentfernung, Osteomyelitis-Behandlung).

Vorherg. *Tetanol®*-Inj. (laut Impfausweis)	Abstand zur letzten Inj. am Verletzungstag	Am Verletzungstag		Abstände zu weiteren Inj. mit *Tetanol®* zur Vervollständigung des aktiven Schutzes.	
		Tetagam® 250 IE i.m.	*Tetanol®* 0,5 ml i.m.	2–4 Wo.	5–12. Mon.
		Gleichzeitig an kontralateralen Körperstellen			
keine	—	ja	ja	ja	ja
1	bis 2 Wo.	ja		ja	ja
1	2–8 Wo.	ja	ja		ja
1	> 8 Wo.	ja	ja	ja	ja
2	bis 2 Wo.	ja			ja
2	> 2 Wo. bis 6 Mon.				ja
2	6–12 Mon.		ja		
2	> 12 Mon.	ja	ja		
3	bis 5 J.				
3	> 5 J. bis 10 J.		ja		
3	> 10 J.	ja	ja		

Tollwut

Übertragung durch Speichel, Urin oder Milch warmblütiger Tiere. Verdacht besteht bei ungewohnt aggressiven Haustieren (Impfschutz des Tieres erfragen), Wildtieren, Kontakt mit verendetem Wild sowie jedem Tierbiß in Tollwut-verseuchtem Gebiet. Bei jedem begründeten Verdacht Impfung und entsprechende Lokaltherapie. Die Diagnosesicherung erfolgt über das Tier. Ein verdächtiges Tier sollte mindestens 10 Tage unter Aufsicht eines Tierarztes beobachtet werden. Bleibt es über diese Zeit symptomlos, so kann Tollwut mit Sicherheit ausgeschlossen und die begonnene Impfung abgebrochen werden.

- *Postexpositionelle Impfung:* Aktive Immunisierung bei fehlender Immunität 1 ml HDC-Vakzine an den Tagen 0, 3, 7, 14, 30 90. Bei vorhandener Grundimmunisierung innerhalb der letzten 5 Jahre 1 ml HDC-Vakzine an den Tagen 0 und 3. Bei vorhandener Grundimmunisierung innerhalb des letzten Jahres 1 ml HDC-Vazine am Unfalltag.
- *Passive Immunisierung:* Humanes Rabies-Immunglobulin, Dosierung 20 Einheiten/kg KG, davon die Hälfte i.m. gleichzeitig mit der ersten Impfstoffdosis an anderer Körperstelle, die andere Hälfte wird lokal um die Wunde infiltriert. Bei Tollwutverdacht erfolgt ausnahmsweise das Einbringen von Desinfektionsmittel in die Wunde.

Fußangeln und Fingerzeige

- Jeder Tollwutverdacht ist meldepflichtig.
- Verhalten bei Kontamination mit HIV-positiven Materialien ☞ 1.5.

12.2.3 „Kleine Notfälle"

Nageltrepanation

Ohne jeglichen Druck auf das schmerzempfindliche Nagelbett wird mit der glühend erhitzten Büroklammer in den nicht sensiblen Nagel ein Loch zum freien Abfluß des subungualen Hämatoms gebrannt. Anästhesie nicht erforderlich.

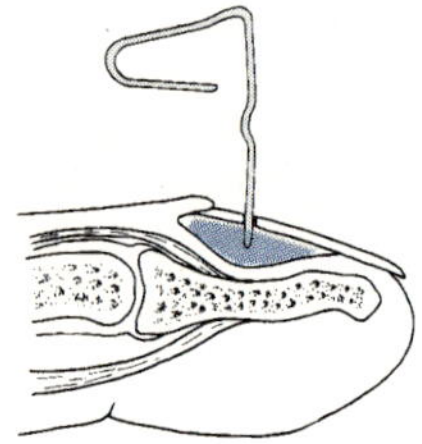

Abb. 12.32: Nageltrepanation

Nagel und Nagelbettverletzungen

Bei Rißverletzungen können Teile des Nagelbettes ausreißen oder es kann zur Luxation der Nagelwurzel kommen. Bei der Refixation darauf achten, daß die Nagelbettanteile unter den Nagelwall geschoben und dort fixiert werden. Ist der Nagelwall selbst mitverletzt, muß zwischen ihn und das wiederhergestellte Nagelbett (Naht 6.0) ein Salbenstreifen gelegt werden, um Verklebungen und damit Wachstumsstörungen zu verhindern. Refixation des ggf. angefrischten Nagels anstreben.

Weichteilinfektionen am Finger

- Bereits vor Einschmelzung des Herdes vollständige Ausräumung des Infektionsherdes anstreben
- Verletzung von Nerven und Gefäßen vermeiden. Die mögliche Ausbildung von Kontrakturen durch spätere Narbenschrumpfung beachten
- Infektionsherd säubern und nekrotisches Gewebe entfernen
- Intraoperativ Abstrich zur Keimbestimmung
- Auf ausreichende Drainage der Wunde achten
- Die Finger müssen postoperativ in Funktionsstellung ruhiggestellt werden
- Auf systemische Antibiotikabehandlung achten.

Bei allen über das Endglied hinausgehenden infektiösen Prozessen ist die Oberstsche Leitungsanästhesie kontraindiziert.

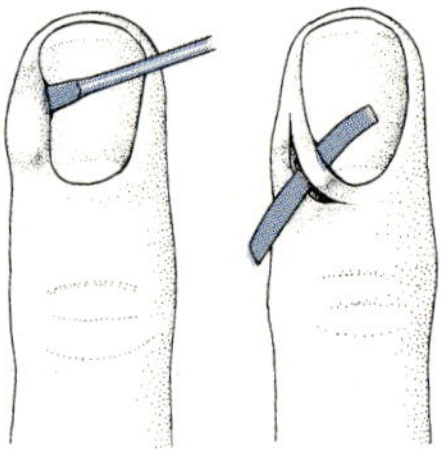

Abb. 12.33: Paronychie

Paronychie

- Abschieben und Inzision des Nagelwalles
- Parallel zum Rand verlaufende Inzision, Einlage einer Gummilasche.

Nagelbetteiterung

- Proximales subunguales Panaritium: Nach türflügelartiger Inzision Abheben des proximalen Nagelwalles von der Nagelwurzel zur Infektausräumung und Entfernung des proximalen Nagels
- Distales subunguales Panaritium: häufig auftretend nach Fremdkörperinokkulation. Distale Keilexzision

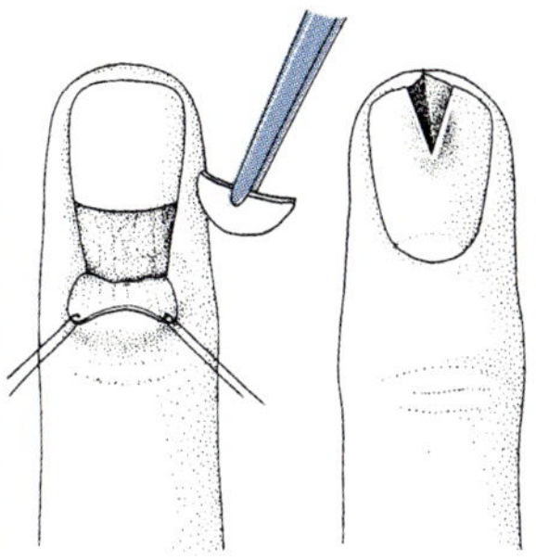

Abb. 12.34: Eiterungen des Nagelbettes

Panaritium subcutaneum

Inzision und Drainage. Die Inzisionen liegen streckseits der Gefäßnervenbündel.

Nagelkeilexzision bei Unguis incarnatus

Bei der Schnittführung darauf achten, daß insbesondere an der lateralen Nagelbegrenzung die Matrix komplett entfernt wird. Das laterale Drittel des Nagels auf der betroffenen Seite wird am besten mit einer spitzen graden Schere unterfahren.

Anschließend Nagelextraktion und komplette Entfernung der Nagelmatrix durch Exzision bis auf den Knochen. Bei fehlenden entzündlichen Veränderungen ist eine adaptierende Naht des proximalen Wundwinkels möglich.

Fremdkörperentfernung

- Die Markierung röntgendichter Fremdkörper erfolgt unter Bildwandlerkontrolle mit 2 Injektionskanülen in 2 Ebenen
- Wenn möglich, in Blutsperre operieren
- Schnittführung über dem Fremdkörper
- Bei kleinen tiefen Wunden oder grob verunreinigtem Fremdkörper kein Wundverschluß
- Bei röntgendichten Fremdkörpern radiologische Dokumentation der vollständigen Entfernung.

Die Entfernung zufällig entdeckter symptomloser Fremdkörper ist nicht indiziert.

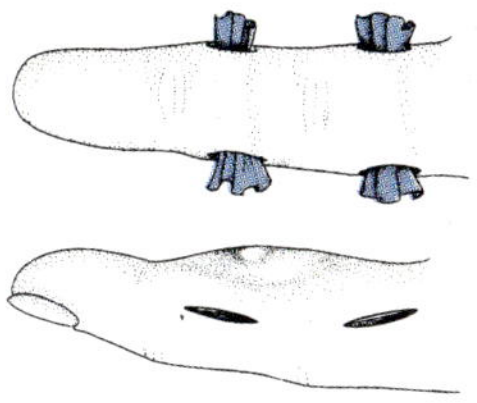

Abb. 12.35: Inzision und Drainage bei subkutanem Abszeß am Fingergrund- u. -mittelgelenk

12.2.4 Proktologische Notfälle

Peranaler Blutabgang

DD: Rektum Ca/Colon Ca, entzündliche Darmerkrankungen, Angiodysplasien, blutende Hämorrhoiden, Fissur.

Blutende Hämorrhoiden

Klinik: meist hellrote Sicker- und Schmierblutungen in den Stadien I und II (selten spritzende Hb-wirksame Blutungen).

- Prädispositionsstellung bei 3^{00}, 7^{00}, 11^{00} in Steinschnittlage (SSL) entsprechend den Zuflüssen aus der A. rectalis superior
- Gradeinteilung:
  - I° aus Proktoskop prolabierend
  - II° Hervortreten beim Pressen, spontan reponibel
  - III° manuell reponibel
  - IV° nicht reponierbar.

Therapie

- Akut bei spritzender Blutung: Gefäßligatur oder Gummibandsaugligatur oder Versuch der Blutstillung mittels Sklerosierung (5 % Chininlösung via Proktoskop)
- Nicht akut: Stadiengerechte Therapie *nach* (!) Ausschluß höher gelegener Blutungsquelle.

Perianale Schmerzen

DD: Analabszeß/perianale Fisteln, Abszeß im Bereich eines Sinus pilonidalis, Perianalvenenthrombose, Fissur, selten Hämorrhoidalthrombose.

Analabszeß

- Infektion im Bereich einer Proktodealdrüse im intersphinktären Bereich. *Klinik:* sich langsam entwickelnde sicht- und tastbar schmerzhafte Schwellung und Rötung perianal, Abgeschlagenheit, Fieber, Leukozytose.
- *Diagnostik:* Inspektion, Palpation, Prokto-Rektoskopie (Fistelöffnung darstellbar?)

Therapie

- OP-Vorbereitung (Labor: BB, Gerinnung, E'lyte, Anästhesie verständigen)
- Abszeßspaltung und Drainage, Sondierung zur Auffindung einer ggf. vorhandenen Fistel
- Bei vorliegender Fistel zum Analkanal: Einlage einer temporären Fadendrainage.

Fußangeln und Fingerzeige

- Aufklärung über ggf. notwendigen Zweiteingriff bei Vorliegen einer Fistel sowie mögliche Inkontinenzerscheinungen.
- Häufig Erstsymptom bei M. Crohn (Diagnostik später).

Abszeß im Bereich eines Sinus Pilonidalis

Wichtigste DD zum Analabszeß. *Ätiologie:* Fistelbildende Entzündung im Subkutangewebe über dem Os sacrum mit enger Beziehung zur Rima ani.

Klinik: sich langsam entwickelnde schmerzhafte gerötete ggf. fluktuierende Schwellung in der Medianlinie der Kreuz-Steißbeinregion, Fieber, Leukozytose. *Diagnostik:* Inspektion, Palpation, ggf. Sonographie.

Therapie: OP-Vorbereitung, *Labor:* BB, Gerinnung, E'lyte, Anästhesie verständigen. Abszeßspaltung.

Aufklärung über notwendige en bloc Exzision des gesamten Pilonidalsinus im Intervall

Perianalvenenthrombose

- Thrombosierung des venösen perianalen Plexus durch Druckerhöhung im Sphinkterbereich oder ohne erkennbare Ursache. *Klinik:* plötzliche schmerzhafte perianale Knotenbildung mit Druck und Spannungsgefühl.
- *Diagnostik:* Inspektion: bläulich livider, von außen sichtbarer prall-elastischer Knoten, ausgehend von distal (!) der Linea dentata. Zur sicheren Differenzierung von einer thrombosierten Hämorrhoide: Prokto-Rektoskopie.

Therapie

- Bis 72 h nach Auftreten der Symptome: radiäre Inzision und Enukleation der Koagel in Lokalanästhesie
- Danach oder bei geringen Schmerzen konservative Ther. mit heparinhaltigen Salben (z.B. Heparinsalbe ratiopharm®). Eisfingerling.

12.2.5 Gelenkpunktion

Indikationen

- Materialgewinnung zur Diagnostik bei Gelenkergüssen
- Entspannung der Gelenkkapsel zur Schmerzerleichterung
- Medikamentenapplikation.

Kontraindikation: Infektion und Hautschäden in der Umgebung der Punktionsstelle.

Eine Gelenkpunktion muß unter streng aseptischen Bedingungen durchgeführt werden (OP-Kleidung, steriles Abdecken).

Technik

- *Schultergelenk* von dorsal: Pat. sitzt mit hängendem Arm. Einstich 2 cm medial und 2 cm kaudal des hinteren Akromionecks in Richtung auf den palpierten Processus coracoideus.
- *Ellenbogengelenk* von radial: Pat. in Bauchlage, ggf. sitzend. Ellenbogengelenk 90° gebeugt. Tasten des Gelenkspaltes zwischen Radiusköpfchen und Capitulum radii unter Rotation.
- *Kniegelenk:* Pat. in Rückenlage mit gestrecktem Kniegelenk. Drücken der Patella nach lateral und Punktion des Gelenkes von lateral in Höhe des Patellaoberrandes.
- *Hüftgelenk* von anterolataral: Einstichstelle am Kreuzungspunkt einer horizontalen Linie durch die Symphyse und einer vertikalen Linie durch die Spina iliaca ant. sup. Die A. femoralis liegt somit medial der Punktionsstelle. Stichrichtung nach medioapikal, wobei die Nadel zu jeder Körperebene im Winkel von 45° stehen soll.

12.3 Postoperative Probleme

12.3.1 Leitsymptome

Bei jedem operierten Patienten, der durch Symptome wie Fieber, Dyspnoe, Blutdruckabfall oder -anstieg, Tachykardie, Sistieren der Ausscheidung, Veränderung der Bewußtseinslage oder Schmerzen auffällt, muß primär der Zusammenhang zur OP aufgeklärt oder ausgeschlossen werden.

Zur schnellen klinischen Einschätzung der Situation empfiehlt sich ein standardisiertes Vorgehen am Bett, hierzu beim Blick von oben nach unten einschätzen:

- Bewußtseinslage, Pupillenkontrolle, Konjunktiven (Blässe?), Zunge (trokken?), Lippen (Zyanose? Schleimhaut-Blässe?), Halsvenenfüllung, Atemfrequenz und -qualität, Radialispuls, ggf. Leistenpulse, Carotispuls. Hautverhältnisse (Differenz peripher – zentral? grau, marmoriert?); auffällig heiß, warm und rosig → Sepsis. Asymmetrien (z.B. bei Einblutungen, Hautemphysem), aufgetriebenes Abdomen?
- Blick auf Drainagen-, Sonden- und Urinverluste.

Daraufhin Entscheidung über sofortige Verlegung auf die Intensivstation (wenn nicht primär Reanimation ☞ 3.1) oder weitere Maßnahmen und Diagnostik auf der peripheren Station.

Patienten zur Untersuchung ganz abdecken.

Nachblutung

- *Klinik:* Blasse Schleimhaut, verminderte Halsvenenfüllung, Tachykardie, Tachypnoe, Blutdruckabfall, verminderte Ausscheidung.

Geringe Drainageverluste schließen eine Nachblutung nicht aus: Drainagen können abknicken, verrutschen, verstopfen!

- *Vorgehen*
  - Großvolumigen peripheren Zugang legen oder sichern
  - ZVD. Wenn kein zentraler Zugang vorhanden Lagerungsprobe (Abnahme der Tachykardie bei Oberkörpertieflagerung?)
  - Schnelle Infusion von 250 ml Ringer und Pulsbeobachtung
  - *Labor:* BB, Gerinnung (Verlaufskontrolle), EKs und FFPs bestellen
  - *Diagnostik:* Sono (Einblutung?), freie abdominelle Flüssigkeit? CT bei v.a. retroperitoneale Blutung.

Hintergrund rechtzeitig verständigen (danach entsprechend OP-Team, Anästhesie).

Respiratorische Insuffizienz

- *Mögliche Ursachen:* Schonatmung wegen Schmerzen, Opiatüberhang, Lungenödem (bei Hypervolämie i.R. von Umverteilungsphänomenen, v.a. nach langer OP/Beatmungszeit), Pleuraerguß, Lungenembolie, abgeknickte Bülaudrainage bei Pneumothorax, Pneumonie (indirekte klinische Hinweise: Unruhe, Verwirrtheit, Tachykardie), Hb ↓, Hk ↓

- *Diagnostik:* Auskultation! BGA, Rö-Thorax, EKG
- *Therapie:* Analgetika (s.u.). Bei V.a. Opiatüberhang Antagonisierung (z.B. Narcanti®) und anschließende Überwachung; bei Lungenembolie und Lungenödem (☞ 7.1.5), bei Hypervolämie: Diuretika (☞ 9.5); Pneumonie ☞ 7.4.

Sepsis (☞.3.3)

Vor allem nach abdominellen Eingriffen bei Peritonitis, sowie nach Abszeßspaltungen/-ausräumungen muß mit einer septischen Einschwemmung gerechnet werden. Hierbei kann es zur Entwicklung eines hyperdynamen (Abfall des peripheren Gefäßwiderstandes mit Shuntbildung) oder eines hypodynamen (Anstieg des peripheren Widerstandes durch DIC) Schocks kommen.

Fieber

Temperaturen bis 38 °C (rektal) sind postoperativ im Rahmen des Postaggressionssyndroms bis zum 3. Tag möglich. Bei frühem ausgeprägtem postop. Fieber oder schnellem Temperaturanstieg immer an septische Einschwemmung denken (s.o.), sehr selten maligne Hyperthermie.

Weitere mögliche Fieberursachen: Wundinfekt, Pneumonie, Harnwegsinfekt, Phlebothrombose. Z.n. Darmeingriff (→ V.a. Anastomoseninsuffizienz mit Peritonitis oder Abszeß).

Alle Drainagen und Zugänge sind mögliche Keimeintrittspforten.

Diagnostik: genaue körperliche Untersuchung incl. Wund- und Drainagenkontrolle sowie ZVK-Einstichstelle. U-Stix, ggf. Rö-Thorax, Sono Abdomen, ggf. CT (→ Prozesse im Retroperitoneum oder kleinen Becken). Stets Versuch der Keimgewinnung (Abstriche, Blutkulturen, Urinkultur, ZVK-Spitze einschikken).

Therapie: Allgemeine Fieberther. ☞ 4.2. Ab einer Temp. von 39 °C kalkulierte Antibiose: Nach Knochen- und Weichteileingriffen, z.B. Flucloxacillin (Staphylex®) 3 x 1–2 g oral tägl. oder Cefuroxim (z.B. Zinacef®) 3 x 750–1500 mg i.v. tägl. Nach abdominellen Eingriffen z.B. Cefotaxim (z.B. Claforan®) 2 x 1–2 g i.v. tägl. und Metronidazol (z.B. Clont®) 2–3 x 500 mg i.v. tägl. Harnwegsinfekt ☞ 9.2.

Oligurie/Anurie

- *Mögliche Ursachen:* Volumenmangel, Hypoxämie und stattgehabter (z.B. intraoperativer) RR-Abfall, mechanische Ursachen.
- *Diagnostik:* Abschätzen des Hydrierungszustandes (Halsvenenfüllung), ZVD-Messung, falls ZVK vorhanden, evtl. Urinkatheter auf Durchgängigkeit prüfen, Sono Abdomen und Retroperitoneum zum Ausschluß einer Harnleiterverlegung.
- *Therapie:* ☞ 9.1.

Tachykardie

Mögliche Ursachen: Volumenmangel, O_2-Mangel, Herzinfarkt, Lungenembolie, Lungenödem, K^+-Mangel, fehlende Dauermedikation, Schmerzen/Angst, erhöhter Sympathihetonus im Rahmen des Postaggressionssyndromes.

Diagnostik

- Volumenmangel: Kombination mit niedrigem RR und ZVD, OP Protokoll anschauen: Verluste? Substitutionsmenge? Volumenverluste über Drainagen, Magensonde, Polyurie, ausgeprägte Temperaturerhöhung?
- *O_2-Mangel:* Kombination mit Tachy- oder Dyspnoe, ggf. RR-Anstieg, Lippenzyanose, Atemwegsverlegung (☞ 3.12)? Stimmbandödem (☞ 12.3.2)?, sinkender PO_2 in der BGA, Sättigung?, auskultatorisch RG?, respiratorische Insuff.? (s.o.)
- *K^+-Mangel:* Magensonde/Drainagenverluste? Polyurie? (E'lyt-Kontrolle, BGA, Säure-Basen-Haushalt).

Cave: Ein Volumenmangel kann auch durch Nachblutung, Sepsis, ANV mit Polyurie oder durch Ileus bedingt sein!

Management: Großvolumiger Zugang bei Hypovolämie (☞ 2.7), Schmerztherapie (☞ 4.2), K^+-Substitution (☞ 21.1.1), O_2-Sonde, Intubation ☞ 2.3.

Hypotonie

Mögliche Ursachen: Volumenmangel, kardiale Dekompensation, Medikamente.
Diagnostik: Halsvenenfüllungszustand, ZVD, intra- und perioperative Ein- und Ausfuhr ermitteln (Narkoseprotokoll), Vergleich mit präoperativen Blutdruckwerten, Medikamente überprüfen.

Cave: Ein Volumenmangel durch Streßulkusblutung, Nachblutung oder Sepsis bedingt sein.

Therapie: Volumenzufuhr, Schocklagerung, Schocktherapie ☞ 3.2.

Hypertonie

Mögliche Ursachen: Schmerzen, Hypoxämie, Hypervolämie (v.a. möglich nach langen OPs: Umverteilungsphänomen nach Extubation → Narkoseprotokoll und Ein/Ausfuhr-Bilanz ermitteln), fehlende Dauermedikation (Vergleich mit präop. Werten).

Bei Schmerzen auch an volle Harnblase denken!

Therapie je nach Ursache. *Ohne erkennbare Ursache ☞ 6.4.4*

Übelkeit und Erbrechen

Häufige Ursachen: paralyt./mechanischer Ileus nach OP's im Gastrointestinaltrakt, Peritonitis, Magenausgangsstenose durch Streßulcus, Hypotonie (☞ 6.3), Narkoseüberhang. Nach Ausschluß anders zu therapierender Ursachen z.B. Metoclopramid 10 mg i.v. (Paspertin® 1 Amp à 2 ml).

Muskelzittern

Besonders nach Inhalationsnarkosen besteht ein erhöhter O_2-Bedarf (2–4 l O_2 über Nasensonde). Bei wachen Pat.: Pethidin (z.B. Dolantin®) 1/2–max. 1 Amp (25–50 mg) i.v., zur Reduzierung des Zitterns.

Schmerzen/Schmerztherapie (☞ 4.2)

Der Patient hat ein Recht auf Analgesie. Schmerzprophylaxe (bei sicher zu erwartendem postop. Schmerz) erfordert in der Regel niedrigere Dosen als Schmerzbekämpfung!

Initiales Management

- Geringe postop. Schmerzen: z.B. Paracetamol Supp 3 x 1 g, alternativ Ibuprofen Supp 0,5 g (max. 3 g/24 h)
- Stärkere postop. Schmerzen:
  - Z.B. Schmerzperfusor mit Tramadol (z.B. Tramal®) 4 Amp. (400 mg = 24 h-Dosis) auf 50 ml NaCl mit 2 ml/h i.v.
  - Zur Wirkungsverstärkung kann zusätzlich Promethazin (z.B. Atosil®, 1 x 50 mg = 1 Amp., HWZ 8–15 h) als Neuroleptikum gegeben werden
  - Bei Einzelgaben eignen sich die Opiate Piritamid (z.B. Dipidolor®, 1/2–1 Amp. à 2 ml = 7,5–15 mg i.v., HWZ 4–8 h) und Pethidin (z.B. Dolantin®, 1/2–1 Amp. = 25–50 mg i.v., HWZ 2–3 h). *Cave:* Atemdepression, immer titrieren, Notfallinstrumente und Naloxon (Narcanti®, Morphinantagonist) greifbar haben.

12.3.2 Spezifische postoperative Probleme

Schilddrüse/Nebenschilddrüse

Nachblutung

Meist nach Extubation binnen der ersten 12–24 h postop., Ausmaß nicht unterschätzen (oft Sickerblutungen).

Klinik: Vergrößerung des Halsumfangs, Verluste über Drainagen > 200 ml insgesamt. Atemnot, RR-Abfall und Tachykardie (= *absoluter Notfall).*
Diagnostik: Halsumfangmessung, ggf. Sonographie; *Labor:* BB, Gerinnung.
Vorgehen: engmaschige Überwachung, ggf. Intubation; ggf. Revision.

Doppelseitige Rekurrensparese

Tritt im Verlauf der ersten postop. Nacht auf. Eine einseitige Rekurrensparese macht keine respiratorischen Probleme!
Klinik: Stridor nach Extubation, Heiserkeit, zunehmende Luftnot.
Vorgehen: Verlegung auf die Intensivstation, frühzeitige Reintubation, vor Zunahme des Stimmbänderödems in Tracheotomiebereitschaft, ggf. Gabe von Ca^{2+} 1 x 1 g i.v. und Glukokortikoiden: z.B. 50 mg Prednisolon®.

Hypoparathyreoidismus

Klinik: Parästhesien, Krämpfe, Chvostek-Zeichen pos. (☞ 21.1.3)
Diagnostik: postop. Kontrolle des Serum Ca^{2+}; *Vorgehen:* bei Zeichen eines Hypoparathyreoidismus für 3–4 Wo. Ca^{2+}-Substitution (z.B. 3 x 1 g Ca^{2+} i.v. und gleichzeitig oral 2–8 g tägl.).

Fußangeln und Fingerzeige

- Keine Gabe von Vit D und AT 10 (verschleiert weitere Diagnostik)
- Nach subtotaler Strumektomie thyreotoxische Krise (☞ 10.2) möglich.

Mamma

Nachblutung: Tritt während der ersten postop. Nacht auf.

Klinik: zunehmende lokale und Armschwellung, Drainagenverluste, Tachykardie, RR-Abfall. *Diagnostik:* Armumfangsmessungen, Inspektion, ggf. Sonographie. *Labor:* BB, Gerinnung. *Vorgehen:* engmaschige Umfangs- und Drainagenkontrollen, möglichst konservative *Therapie:* Kompression, Gerinnung optimieren.

Eine später als 24h postop. auftretende Armschwellung weist auf ein Lymphödem oder eine Thrombophlebitis hin (Ther. des Lymphödems nicht im Nachtdienst).

Hernien

Hodenschwellung

DD: Hämatom, Abflußbehinderung.

Diagnostik: Inspektion (ausgedehntes sichtbares Skrotal- oder Hodenhämatom?), Palpation (Konsistenz, Druckschmerz?), Sonographie, Dopplersonographie (A. testicularis, Plexus pampiniformis).

Vorgehen: Konservativ: Hochlagerung des Skrotums; wenn Abflußbehinderung durch oben angegebene Diagnostik ausgeschlossen ist, sofortige operative Revision bei V.a. venöse Abflußbehinderung (starke Schwellung und Druckschmerzhaftigkeit, kein Hämatom).

Infektion im Wundgebiet

Cave: Gefährdung der Fasziennaht. *Vorgehen:* frühzeitige Eröffnung der Naht von Haut und Unterhaut.

Ösophagus

Nach Ösophagusresektion

Insuffizienz der zervikalen Anastomose

Klinik: Rötung im Bereich der Halswunde, Fluktuation, Wundsekretion, Temperaturerhöhung, Leukozytose. *Diagnostik:* Sono (Verhalt?), ggf. Hals-CT.

Vorgehen: Bei Leukozytose, Temperaturerhöhung, nachgewiesenem Verhalt: Rücksprache mit dem Hintergrund. Ggf. Eröffnung der Halswunde zur offenen Wundbehandlung und, sofern keine Magensonde vorhanden: radiologisch kontrollierte Einlage einer Magensonde. Bei sichtbarer Durchblutungsstörung des proximalen Magen- bzw. Kolonanteils operative Revision notwendig.

Insuffizienz der intrathorakalen Anastomose

Klinik: Temperaturanstieg, Leukozytose, ggf. „leise Klinik". *Diagnostik:* Labor: BB, Sono (Pleuraergüsse?), Rö-Thorax (Mediastinalverbreitung?), Gastrografinschluck (Leckage), ggf. CT-Thorax.

Nach Fundoplicatio

Eine leichte Dysphagie ist 8–10 Tage postop. zu erwarten. Bei Erbrechen von Magensaft, Völlegefühl nach Nahrungsaufnahme mögliche Ursache: versehentliche Vagotomie. *Diagnostik:* Gastrografinschluck, Gastroskopie. *Vorgehen:* Magensonde unter radiologischer Kontrolle nach Gastrografinschluck legen, parenterale Ernährung, weitere Diagnostik später.

Nach Kardiomyotomie

Treten Oberbauch-Beschwerden, Druckschmerz, Erbrechen auf, an versehentliche Perforation denken. *Diagnostik:* BB, Temperatur, RR, Rö: Thorax, Abdomenübersicht und Linksseitenlage (freie Luft?). *Vorgehen*: 1–2 Tag postop.: sofortige Relaparotomie, später: sofortige Relaparotomie bei Peritonitis.

Magen-Darmtrakt

Vom Patienten gezogene Magensonde

Cave: Zu frühe Sondenentfernung kann durch Überdehnung der Magenwand zu Ischämie und Nahtinsuffizienz führen.

Vorgehen: Wiedereinlage nach Vagotomie, part. distaler Magenresektion und bei weiter aboral gelegenen Anastomosen zur Sekretableitung bis zum 3. postop. Tag, danach nur sofern noch größere Mengen gefördert werden. Nach Gastrektomie und Ösophagusresektionen (Lage der Magensonde über einer Anastomose) Wiedereinlage nur bei dringender Indikation unter radiologischer Kontrolle nach Rücksprache mit dem Hintergrund.

Blut oder Hämatin in der Magensonde

DD: direkt postop. intraluminäre Nachblutung, Streßulkusblutung.

Vorgehen
- RR, Pulskontrollen, ggf. ZVD, HB-Kontrolle
- Bei HB-Abfall vorsichtige Endoskopie, ggf. endoskop. Blutstillung, wenn dies nicht möglich und mehr als 4 EK's erforderlich sind → Relaparotomie

Anastomosen-/Nahtinsuffizienzen, Magen-Darmwandnekrosen.

Klinik: länger bestehende Darmatomie (Ileus ☞ 8.1.6). Druckschmerzhafter, gespanntes Abdomen, persistierendes Fieber, schließlich Peritonitis ☞ 8.1.5.

Cave: früh postop. Symptome oft verschleiert durch postop. Darmatonie und OP-Trauma. Selten Magenwandnekrose nach SPV (Nektrose der kleinen Kurvatur infolge Devaskularisierung).

Diagnostik
- Labor: BB, Gerinnung, E'lyte, Amylase, Lipase, Bili, γ-GT, AP (DD: Cholecystitis, Pankreatitis)
- Rö: Abdomen-Übersicht und Linkseitenlage (freie Luft?)
- Sono Abdomen (freie Flüssigkeit?)
- Ggf. Gastrografinpassage (von oral oder distal).

Cave: Kein Barium zur Passagedarstellung!!

Vorgehen: Rücksprache mit Hintergrund!! Jede Peritonitis erfordert eine sofortige Relaparotomie. Bei abgedeckeltem Prozeß: konservatives Vorgehen: Drainagelegung durch Hintergrund, parenterale Ernährung, Magensonde, kalkulierte Antibiose (☞ 4.4), ggf. sonographisch oder CT-gesteuerte Punktion und Drainage.

Platzbauch

Einige Tage postop. plötzlicher Vorfall der Darmschlingen vor die Bauchdecke.

Vorgehen: Untersuchung nach sterilem Abdecken mit sterilen Handschuhen, abdecken mit feuchten sterilen Bauchtüchern, sofortige OP zur Sekundärnaht.

Gallenwege

T-Drainage

Bei sistierendem Gallefluß aus dem T-Drain während der ersten 3 postop. Tage an Luxation oder Verstopfung des T-Drains denken.

Diagnostik: Bili-Kontrolle, γ-GT, AP; *Rö:* T-Drain Darstellung mit wasserlöslichem Kontrastmittel.

Vorgehen: Wenn der T-Drain verrutscht ist, diesen nach Rücksprache mit dem Hintergrund ggf. herausziehen, danach engmaschige klinische Labor- und Sonokontrollen.

Ikterus nach Gallenwegs-OP

Ohne Eröffnung des Ductus choledochus

Diagnostik: Labor: BB, Bili, γ-GT, AP, Amylase, Lipase, Gerinnung, Temperatur, Evtl. Sono (Erweiterung des Duct. Choledochus?) postop. unsicher.
Vorgehen: Indikation zur ERCP bei Temperaturanstieg und Leukozytose.

Mit Eröffnung des Ductus choledochus

Röntgen: T-Drain-Darstellung bei V.a. Koagelverstopfung (s.o.).
Vorgehen bei Koagelverstopfung: Spülbehandlung über T-Drain mit 1000–1500 ml Ringer tägl., Laborkontrollen.

Gallige Sekretion aus der Zieldrainage

Wenn Zusammenhang zur OP unklar, Hintergrund verständigen → Indikation zur Relaparotomie. *Diagnostik:* Abdomen Befund? Temperatur? Leukozytose? Sono-Abdomen (freie abdominelle Flüssigkeit?).

Herbert Renz-Polster

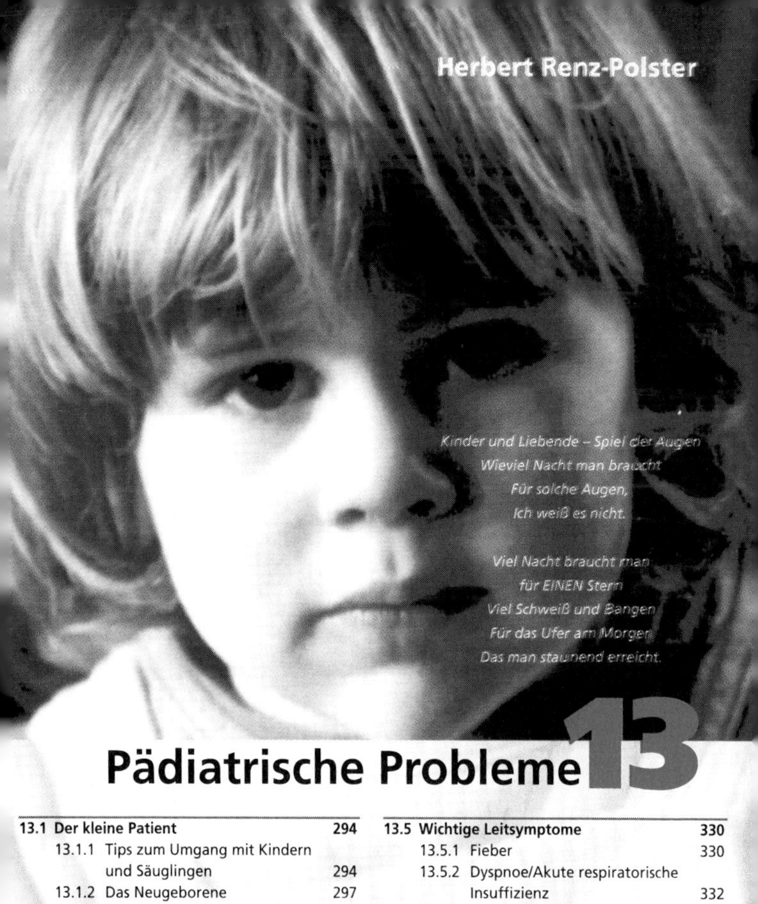

13 Pädiatrische Probleme

13.1 Der kleine Patient

Grundsätzlich gilt: Keine Angst vor kleinen Menschen! Die meisten medizinischen Fertigkeiten sind auch am Kind anwendbar.

13.1.1 Tips zum Umgang mit Kindern/Säuglingen

Was ist anders an Kindern?

- Die Schwere der Erkrankung ist oft nicht leicht einzuschätzen (erstaunliche Kompensationsfähigkeit des Kreislaufs; jedoch geringe absolute Reserven, daher oft überraschend schnelle Dekompensation) → auch banal erscheinende Erkrankungen sorgfältig abklären (komplette körperliche Untersuchung!); in jedem Zweifelsfall rasch an den Pädiater überweisen!
- *Emotionalität!* Auch Erwachsene haben Angst bei der Untersuchung, aber Kinder *zeigen* ihre Angst und wehren sich! → Mit rücksichtsvoller Konsequenz vorgehen (s.u.)
- Neben dem Patienten begibt sich i.d.R. ein ganzes System von Angehörigen in Behandlung → die Eltern miteinbeziehen, gut informieren, Ängste verstehen und ernst nehmen! Jedoch *cave:* leicht wird beim „vernünftigen" Umgang mit den Eltern das „unvernünftige" Kind vergessen. Primär muß *das Kind* wissen, was los ist!
- *Grundsatz:* Je jünger das Kind, desto wichtiger ist bei allen ärztlichen Maßnahmen die *warme Umgebung.* Ein Neugeborenes, das bei 23 °C Raumtemperatur ausgezogen wird, kühlt so schnell aus wie ein Erwachsener bei 1 °C Lufttemperatur. Deshalb:
  - Bei der Untersuchung und Stabilisierung von Säuglingen Heizung aufdrehen, evtl. Wärmelampe (*Cave:* Verbrennungen)
  - Junge Säuglinge nicht unnötig lange ausziehen
  - Verdunstung verhindern (Urin, Desinfektionsmittel etc. abtrocknen)
  - Während des Transports *Wärmeverluste minimieren:* Säuglinge nur im maximal aufgewärmten NAW transportieren; bei Neugeborenen Inkubatortransport anstreben → muß vom Notarzt bei der Rettungsleitstelle angefordert werden, setzt entsprechende Ausstattung und Erfahrung des Notarztes voraus; sonst vorgewärmte Decken verwenden, Kind einschlagen in Metallinefolie, im Winter notfalls Wärmeflaschen zu beiden Seiten (*Cave* Verbrennungen: Wasser nicht > 45 °C, d.h. man muß noch hineinfassen können). Kopf gut einhüllen (größter Wärmeverlust). Thorax muß allerdings beurteilbar bleiben (Atemexkursionen).

Was ist im Nachtdienst zu erwarten?

Allein die Tatsache, daß ein Kind vorgestellt wird, ist noch kein Notfall (☞ 13.5.11). Dennoch muß man gefaßt sein auf:

- *Bedrohliches (selten):*
  - z.B. schwerer Dehydratationszustand bei Sgl./Kleinkindern (oft unterschätzt)
  - Schockzustand (bei Sgl. meist hypovolämisch, bei Sgl. von ca. 4–8 Wo. evtl. dekompensierte Herzinsuff. bei zuvor nicht erkanntem Vitium)
  - Koma unklarer Genese

  - Sepsis; foudroyante Meningitis
  - Polytrauma, schweres Schädelhirntrauma
  - Epiglottitis
- *Potentiell Bedrohliches:* z.B. schwerer Pseudokrupp, Bronchiolitis des Säuglings, Krampfanfall, Fieberkrampf
- *Gewöhnliches:* z.B. leichter Pseudocroup, Gastroenteritis ohne größere Exsikkose, hohes Fieber bei viralem Infekt, Angina, Otitis.

Fußangeln und Fingerzeige

- Primär kardiovaskuläre Probleme sind im Gegensatz zum Erw. selten
- Altersspektrum: leider sind die jüngeren Altersgruppen bei den kranken Kindern häufiger vertreten als die älteren → das „handling" des Säuglings kann nicht oft genug an gesunden Kindern geübt werden.

Kind ist nicht gleich Kind

Die Altersstufen der Kinder haben ihre eigenen Gesetze und ihre eigene Physiologie. Nicht schlecht, wenigstens die *Definitionen* zu kennen:

- Neugeborenes: < 28 Tage; Sgl.: < 1 Jahr; Kleinkind: 2–6 Jahre; Schulkind: 6–12 Jahre. Das *Gewicht* entscheidet über Arznei- und Flüssigkeitsdosierung.
- Die Schätzung ist aus der folgenden Grafik möglich (z.B. mit Maßband orientierend messen):

Tab. 13.1: Hinweise zur Schätzung des Körpergewichts

Alter	Gewicht	Länge
NG	3 kg	50 cm
1 Monat	4 kg	55 cm
3 Monate	6 kg	60 cm
6 Monate	8 kg	70 cm
1 Jahr	10 kg	80 cm
3 Jahre	15 kg	95 cm
6 Jahre	20 kg	115 cm
10 Jahre	30 kg	140 cm
12 Jahre	40 kg	150 cm

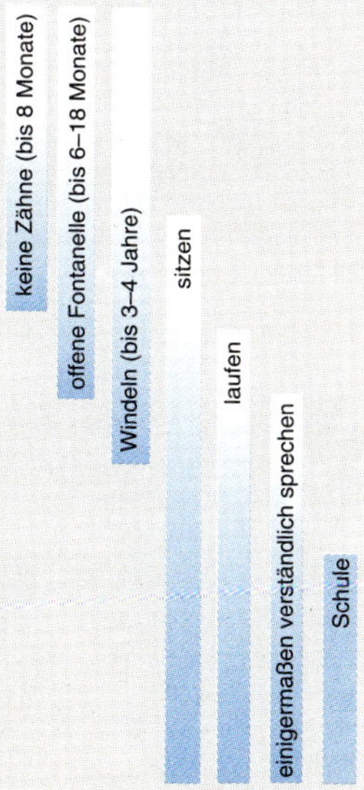

Von der Angst des Kindes

Kranke Kinder erwarten Hoffnung und Sicherheit primär von den Eltern und nahen Bezugspersonen: Das kranke Kind braucht seine Eltern!

- *Allgemeiner Rahmen:* Möglichst ruhige, freundliche Atmosphäre. Keine Hektik, langsame Annäherung, ruhige Stimme. Kleine Kinder mit Schnullern, Spielzeug und ähnlichen Tricks spielerisch in Anamnese und Untersuchungen einbeziehen.
- *Freundlicher Umgang mit den anwesenden Eltern:* „Wer sich mit Mammi gut versteht, kann nicht der Schlimmste sein...".
- *Ehrliche Kommunikation!* Niemals Dinge versprechen, die nicht zu halten sind („Das tut gar nicht weh"). Kinder verzeihen keine Lügen → vor schmerzhaften oder unangenehmen Untersuchungen stets sagen, was passieren wird und wie das Kind evtl. dabei helfen kann!
- *Protest akzeptieren:* das Kind zeigt Angst und Aggression, z.B. durch Schreien, Weinen, Trotz, Zorn. Nicht „dagegenhalten" wollen!

Von der Angst der Eltern

Jeder Krankenhauskontakt eines Kindes ist auch ein Notfall für die Familie! Ängste (wird mein Kind wieder gesund?), Schuldgefühle (z.B. bei einem Unfall des Kindes) oder Abneigungen gegen das Krankenhaus berücksichtigen!

- Besonders in der Aufnahmesituation Vertrauen schaffen: die Fragen der Eltern erst nehmen, ihre Sorgen verstehen und darauf eingehen, auch wenn die Eltern nicht alles in Worte fassen können. Sich bewußt sein, daß es für Eltern ein schwerer Schritt ist, ihr Kind in die Hand fremder Menschen zu geben.
- Eltern reagieren unter Streß oft emotionaler als unter Normalbedingungen. Erklärungen in verständlichem Deutsch!
- Oft leiden die Eltern bei Untersuchungen (z.B. Blutentnahmen) mehr als das Kind → klare „Führung" der Eltern: kleine Aufgaben verteilen (z.B. Kopf halten und streicheln), bei großer Verunsicherung evtl. auch Eltern kurz hinausbitten; Thematisierung des Problems, z.B.: „Auch wenn's wehtut, ist diese Untersuchung wichtig, weil...".

Strategien gegen die Angst vor Kindern

- Trost gegen die Angst: ein expansives pädiatrisches Management ist im Nachtdienst gar nicht gefragt, sondern lediglich die zurückhaltende Vorbereitung zum Transport!
- Hilfsmittel: In Kliniken mit zu erwartender pädiatrischer „Klientel" sollten entsprechende Medikamente (☞ 13.6.6), Infusionslösungen (☞ 13.6.2) und Notfallgeräte (☞ 13.4.1) bereitgehalten werden → im Kollegenkreis und mit den leitenden Ärzten Listen erstellen und die Hilfsmittel organisieren.
- Beschränkung auf das Wesentliche: Die Pädiatrie ist ein ausuferndes Fach. Sich auf die tragenden Säulen der Pädiatrie konzentrieren („wesentliche Endstrecken des Managements"), z.B. O_2-Therapie (☞ 13.6.1), Infusion legen (☞ 13.3.2), Flüssigkeitstherapie (☞ 13.6.2), 5 Krankheitsbilder, 5 typisch pädiatrische Medikamente und ihre Indikationen ☞ 13.6.
- Kinder schreien zwar viel und wehren sich teuflisch, was die Untersuchung erschwert; „aufsässige" Kinder sind jedoch auch meist so stabil, daß sie es bis zum nächsten Pädiater schaffen...
- Anamnese ersetzt einen großen Teil der Untersuchung. Eltern können meist mehr Informationen bieten als der durchschnittliche erwachsene Patient, so daß mit einfachen Mitteln oft schon viel erreicht werden kann.

13.1.2 Das Neugeborene

Der unreife bzw. in Adaptation befindliche Neugeborene hat eigene Differentialdiagnosen, eigene Therapieansätze. Was für das größere Kind gilt, gilt hier in noch stärkerem Maße: eine differenzierte Versorgung ist nur dem versierten Pädiater möglich!

Alarmierende Krankheitszeichen beim Neugeborenen

- Apathie: Kind schwer weckbar, wacht bei Hunger nicht auf
- Trinkschwäche (d.h. das Kind trinkt *mehrere* Mahlzeiten hintereinander nicht richtig, d.h. schläft nach wenigen Schlucken wieder ein)
- Tachypnoe: Normale Frequenz 40–50/Min.; beim Schreien sehr viel höher. Verdächtig ist eine *Ruheatemfrequenz* von > 60/Min.; alarmierend > 80/Min. (Hinweis auf Sepsis oder Lungenerkrankung, seltener Herzinsuffizienz bei Vitium)
- Einziehungen: atemsynchrone Einziehungen des Sternums, interkostal oder jugulär (☞ Abb.13.11): Hinweis auf respiratorische Insuffizienz
- „Komische" Hautfarbe:
  - Grau-blasse Haut: Hinweis auf gestörte Mikrozirkulation bzw. Hypoxämie (z.B. Schock, Sepsis, Hypoglykämie, Anämie); erstes Zeichen ist oft ein leicht bläuliches Munddreieck (Bereich zwischen Nase, Nasolabialfalten und Oberlippe); später übriger Körper
  - Blasse Haut (Schock, Anämie)
  - Zyanose: Periphere Zyanose z.B. als Hinweis auf Hypothermie, evtl. Sepsis. Stets alarmierend ist eine zentrale Zyanose (auch Körperstamm und Zunge blau): Hinweis auf respiratorische Insuffizienz oder zyanotischen Herzfehler

Hinweis: leichte periphere Zyanose (Füße, Hände, Munddreieck) kann in den ersten Tagen normal sein.

- Erbrechen: „Spuckeln" ist normal. Auffällig ist wiederholtes Erbrechen ganzer Mahlzeiten
- Krampfanfälle: Sporadische „Zuckungen" sind normal. Klinik der echten Krampfanfälle beim Neugeborenen ☞ 13.5.9.

Fünf Regeln für das Erstmanagent bei kranken Neugeborenen

1. Die schnellstmögliche Verlegung in eine Kinderklinik anstreben.
2. Wärme ist lebensnotwendig! (s.o.)
3. Suffiziente O_2-Versorgung ☞ 13.6.1
4. Krankheiten sind oft nicht an den „typischen" Zeichen zu erkennen und Symptome oft noch wenig organbezogen. Der Einschätzung des Allgemeinzustandes kommt deshalb eine entscheidende Bedeutung zu (☞ Kasten)
5. Nicht nur das Kind, auch die Mutter ist noch in einem labilen Gleichgewicht: höfliche und informative Zuwendung!

Anamnestische Leitfrage an die Eltern

- Was ist anders als sonst (☞ oben)? Bedenken: Erstgebärenden fehlt noch die Vergleichsmöglichkeit zu eigenen anderen Kindern
- Bestehen die Symptome seit Geburt?
- Wie rasch hat sich das Problem entwickelt?

13.1.3 Krankes Kind kommt in die Klinik – Was tun?

Grundsatz: Kinder sind vom Nicht-Pädiater nur so lange zu behandeln, bis sie einem Pädiater vorgestellt werden können! Je kleiner das Kind (Neugeborenes, Säugling) desto rigoroser muß die frühzeitige Überführung an den Fachkollegen verfolgt werden.

Erste Überlegung: Wo ist fachliche Hilfe zu bekommen?

- Ist evtl. eine pädiatrisch versierte Kollegin verfügbar?
- *Stets Hintergrund hinzuziehen!* Bei bedrohlich erscheinenden Situationen gleich auch Anästhesisten. Keine Zeit verlieren!
- Evtl. diensthabenden Kinderarzt der nächsten Kinderklinik anrufen (kann oft wertvolle Tips zum Procedere geben).

Erste Entscheidung: Kind an Fachklinik weiterschicken oder nicht?

- Bei Kindern mit *banal erscheinenden Erkrankungen:* zuerst in Ruhe untersuchen. Erscheint das Bild auch nach der Untersuchung undramatisch: Beratung und evtl. symptomatische Therapie (z.B. Fiebersenkung, Analgetika). Baldige Vorstellung beim Facharzt empfehlen (Ambulanz einer Kinderklinik oder niedergelassener Kinderarzt). Eltern über mögliche Komplikationen aufklären: wenn dies oder jenes auftritt, dann wieder Kontakt aufnehmen.
- Bei Kindern mit *bedrohlich erscheinenden Erkrankungen, bei Unsicherheit oder bei Säuglingen:* Transportfähigkeit herstellen (Stabilisierung) und Weitertransport *mit ärztlicher Begleitung* (NAW).

Fußangeln und Fingerzeige

- Entschlüsse bezüglich des Erstmanagements (z.B. welche Maßnahmen vor Transport noch in der eigenen Klinik durchgeführt werden) sind in der Regel Grenzentscheidungen, die oft situationsabhängig getroffen werden müssen. Stets mit dem verantwortlichen Hintergrund abstimmen!
- Bei Anforderung des NAW Alter des Kindes angeben (z.B. zur evtl. Vorbereitung eines Inkubatortransports bei Neugeborenen).
- Nach Möglichkeit kann bei wachen Kindern Mutter/Vater im NAW mitfahren (oft bestes Sedativum).

Fünf Regeln zur Versorgung von Kindern im Nachtdienst

1. Eine stationäre Aufnahme von Kindern ist in nicht-pädiatrischen Kliniken nur in Ausnahmefällen sinnvoll. Voraussetzung ist das Vorhandensein von personellem *Know-how* (Kinderkrankenpflege- und ärztliches pädiatrisches Personal) und entsprechende Einrichtungen (z.B. Säuglingspflegeplätze, Gitterbettchen etc.).

2. Es ist oft nicht ganz einfach, Eltern von der Notwendigkeit eines Weitertransports zu überzeugen („wo ich doch schon zu einem Arzt gegangen bin"). Offen ansprechen, daß die optimale Versorgung des Kindes nur in einer Fachklinik möglich ist.

3. Auch wenn die Eltern anbieten, das Kind mit dem eigenen Auto mitzunehmen: auf NAW-Transport bestehen. Die damit verbundene Dramatisierung durch sachliche Information begrenzen.

4. Hilfreich bei unklarem Vorgehen kann die telefonische Kontaktaufnahme zum diensthabenden Arzt des nächsten pädiatrischen Zentrums sein (→ Telefonnummer notieren). Auch „dumme" Fragen stellen: Es geht um die Versorgung eines kranken Kindes, nicht um persönlichen Ehrgeiz!

5. Kein Aktionismus vor dem Transport: *das Kind kann erst in der Kinderklinik vollständig behandelt werden!* Die eigenen Maßnahmen sollen nur ca. die erste Stunde überbrücken (Transportphase) → Intervention auf wirklich notwendige Maßnahmen beschränken, selbst wenn man sich „sicher" fühlt. Dies bedeutet, daß die Beurteilung des Kindes in aller Regel *klinisch* erfolgen muß. Labor und apparative Diagnostik auf Vitalfragen beschränken: kapilläre oder venöse Blutgasanalyse (pH > 7,25: ausreichend, wenn Allgemeinzustand gut), bei jungen Sgl. auch BZ (Stix: wenn Farbe erscheint, ausreichender BZ; Richtwert: Neugeborene > 30 mg% > 2,5 mmol/l, ältere > 50 mg% = > 3,5 mmol/l). Das Warten auf Laborwerte darf das weitere Procedere nicht verzögern.

Pädiatrische Probleme am Telefon

- *Keine Ferndiagnosen!* Eltern nehmen im Widerstreit zwischen Angst und Hoffnung die Symptome bei ihren Kindern sehr subjektiv wahr
- Bei bedrohlich erscheinenden Symptomen an die nächste Kinderklinik verweisen (Transport mit NAW organisieren)
- Bei banalen und nicht dringlichen Problemen: An Kinderarzt/Hausarzt verweisen.
- Telefongespräch strukturieren und dokumentieren: *Alter* des Kindes, Symptome, bedrohliche Entwicklung der Beschwerden? Objektive Befunde? (Fieber? Wurde das Fieber *tatsächlich gemessen?*)

13.2 Die körperliche Untersuchung

Grundsätze und Tips zur Untersuchung

- Für Wärme sorgen (insbesondere bei Säuglingen): warme Instrumente (Stethoskop möglichst mit Gummiring, in den Handflächen vorwärmen), warme Hände (da aus Angst oft kalt: vorwärmen).
- Einfache, nicht schmerzhafte Untersuchungen an Mutter oder Vater vormachen (z.B. Blutdruck-Messen).
- Untersuchungsgang planen: Je kleiner die Kinder, desto variabler vorgehen: Belastende Untersuchungen erst am Schluß (Ohreninspektion und Racheninspektion führen bei Kindern < 3–4 J. meist zu Wein- und Schreiattacken → Bauch läßt sich nicht mehr palpieren, Lunge nicht auskultieren).
- Bei Kleinkindern sind Schmerzangaben mit Vorsicht zu genießen. Oft werden Schmerzen aus anderen Körperregionen (z.B. Ohr auf den Bauch) „projiziert".
- Bei ausländischen Familien ist nachts mangels Übersetzungshilfe oft keine differenzierte Anamnese zu erheben; umso wichtiger ist die Untersuchung (kann in manchen Kulturen bei älteren Kindern auf Widerstand stoßen): mit taktvoller Konsequenz vorgehen.
- Kinder möglichst komplett ausziehen (bzw. ausziehen lassen, z.B. von den Eltern), dabei jedoch klug vorgehen (Ausziehen ängstigt Kinder, zumal viele Eltern in der Aufregung hektisch an den Kleidern zerren → erneutes Weinen). Evtl. zuerst Auskultation am leicht bekleideten Kind auf dem Schoß der Mutter. Wenn möglich nicht alle Kleidungsstücke auf einmal ausziehen: verhindert Auskühlung und Widerspruch des Kindes.
- Stets Fieber messen (Angaben der Eltern sind nicht immer verläßlich; Fiebermessung kann ggf. ans Ende der Untersuchung verlegt werden).
- Besonderheiten einzelner Altersstufen:
  - Im ersten Lebensjahr: Warmer (!) Untersuchungsplatz. Satte Kinder sind am ausgeglichensten (nicht immer realisierbar). Ab 6–9 Monaten am besten Untersuchung auf dem Schoß oder über der Schulter der Mutter oder des Vaters (Untersuchung auf dem Schoß bis 4 Jahre!).
  - 1–3 Jahre alte Kinder: Spielerische Einbeziehung des Kindes (z.B. Untersuchungsschritte an einem Teddy demonstrieren oder auch an sich selbst, z.B. Auskultation). Die Kinder sind oft überraschend verständig (Kinder loben; die Dinge erklären, die man tut).
  - 3–6 Jahre alte Kinder: Komplimente! Erzählen lassen. Alles erklären, auch wenn nicht alles verstanden wird und nochmals: Keine falschen Versprechungen.
  - > 7 Jahre: Meist Erwachsenen-ähnliche Modalitäten, meist Untersuchung in Kooperation möglich.

13.2.1 Anamnese

Im Nachtdienst wird kaum die ganze Batterie der Anamnesekunst ablaufen können → Kurzanamnese. Spezielle Anamnese beim Neugeborenen ☞ *13.1.2*

- *Krankheitsbezogene Anamnese:* Hauptbeschwerden (Anlaß der Vorstellung: aus der Sicht der Eltern, aus der Sicht des Kindes); damit im Zusammenhang stehende Vorerkrankungen (z.B. frühere Krampfanfälle?); weitere Krankheitszeichen (z.B. Stuhlgang, „Spucken", Nahrungsverweigerung). Seit wann? Verschlechterung plötzlich, langsam?
- *Gezielte Fragen nach dem Allgemeinzustand:* wann hat das Kind zum letzten Mal gegessen, hat es Appetit, verweigert es die Nahrung? Stuhlgang (Konsistenz, Farbe, wieviel – in der Windel durch „Versinken" oft schwer beurteilbar), Miktion (war Windel voll? Wann zuletzt gewechselt), Spielverhalten in der gewohnten Umgebung? (Spielaktivität sagt bei Kindern mehr über Allgemeinzustand aus als Fieber und Leukozytenzahl).
- Letzte Therapie vor Aufnahme (Medikamente, Dosierung, seit wann, von wem verabreicht?).

13.2.2 Befunderhebung

Einschätzung des Allgemeinbefindens

Noch wichtiger als beim Erwachsenen, v.a. bei Säuglingen oft schwierig.

Wie sieht das Kind aus?

- Hautkolorit (blaß-grau? zyanotisch? marmoriert? allseits rosig?)
- Körper- und Kopfhaltung (Schonhaltung? Lichtscheu? Opisthotonus? Berührungsempfindlicher als sonst?)
- Mimik (gequält? Reaktionen auf Ansprache, Lächeln, Anfassen?)
- Augen (haloniert?)
- Atmung (tachypnoisch? erschwert?)
- Vigilanz (trübe? Intermittierendes „Wegschwimmen"? Übererregbar, schreckhaft?).

Was macht das Kind?

Für einen ausreichenden Allgemeinzustand sprechen:

- *Drama* (Geschrei, Tränen): je mehr Mimik und Lärm, desto undramatischer der Zustand. Zorniges Schreien ist besser als klagendes Wimmern
- *Interesse:* Spielende Kinder sind halb so krank. Apathie ist ein Alarmzeichen
- *Sport* (Krabbeln, Klettern, Laufen): Ein auf den eigenen Füßen ins Untersuchungszimmer wanderndes Kind ist meist in ausreichendem Allgemeinzustand. *Cave:* auf dem Arm der Mutter hängenden Kinder (hohes Fieber? Exsikkose? Meningitis?)
- *Hunger* (wichtig beim Säugling!). Ein mehr als 1 Fütterung „auslassender" Säugling ist *krank*!

Alarmzeichen:
Marmorierte oder blaßgraue Haut (Schockzeichen, Sepsis, Auskühlung); Zyanose; starrer Blick, seltener Lidschlag, halonierte Augen (z.B. bei Exsikkose); wach erscheinendes, aber sich nicht wehrendes Kind (z.B. bei Exsikkose); Schonhaltung des Kopfes, Opisthotonus (z.B. bei Meningitis); anhaltend schnelle Atemfrequenz, angestrengte Atmung mit jugulären/supraklavikulären/interkostalen Einziehungen.

„Physikalische" Basiswerte

- Gewicht: Wichtig z.B. für die Medikamentendosierung. Im Notfall die Eltern fragen oder schätzen ☞ 13.1.
- Temperatur: bei allen < 6-jährigen Kindern wird rektal gemessen (oral ist unzuverlässig). Vorgehen: Kind quer über Elternschoß legen, linker Unterarm flach auf dem Rücken, der linke Daumen und Zeigefinger spreizt die Pobacken, Einführung des Thermometers mit der rechten Hand. Normwert. bis 37,8 °C; bei starker körperlicher Aktivität auch etwas höher.
- Puls, Atemfrequenz ☞ Tab. 13.2.
- Blutdruck (Normwerte ☞ Tab. 13.3). Kinder halten den Blutdruck selbst bei Schockzuständen sehr viel länger aufrecht als Erwachsene. Niedrig gemessene Blutdrücke bei gutem AZ sind deshalb mit hoher Wahrscheinlichkeit Fehlmessungen. Wichtig ist die korrekte *Manschettenbreite.* Faustregeln:
  - Die Breite der Manschetten-Blase soll die Hälfte des Extremitäten*umfangs* betragen; *oder*
  - Mindestens 2/3 der *Länge* des Oberarms/-schenkels betragen

  Bei Säuglingen kann bei korrekter Manschettenbreite der systolische Wert evtl. palpatorisch gemessen werden.

Tab. 13.2: Tolerable Grenzen für Herz- und Atemfrequenz

	Alter	Wachzustand	Schlafzustand	Bei Anstrengung/ Fieber
Herzfrequenz	NG	100–180	80–160	< 220
	1 Wo–3 Mon	100–220	80–200	< 220
	3 Mon–2. Lj	80–150	70–120	< 220
	2.–10. Lj.	70–110	60–90	< 220
	> 10. Lj.	55–90	50–90	< 220
Atemfrequenz	**Alter**	**Wachzustand**	**Schlafzustand**	
	NG	50–60	40–50	
	6.–12. Mon.	58–75	22–31	
	1.–2. Lj.	30–40	17–23	
	2.–4. Lj.	23–42	16–25	
	4.–6. Lj.	19–36	14–23	
	6.–8. Lj.	15–30	13–23	
	8.–10. Lj.	15–31	14–23	
	10.–12. Lj	15–28	13–19	
	12.–14. Lj.	18–26	15–18	

Tab. 13.3: Blutdruck – Untere Grenzwerte

Neugeborene	45/30 mmHg	Kleinkind	60–70/40 mmHg
Säuglinge	50–60/35 mmHg	Schulkind	80/50 mmHg

Fußangeln und Fingerzeige

- Je kleiner die Kinder, desto variabler der Puls (schießt bei Fieber oder Schreien rasch in die Höhe). Besser zu beurteilen ist die Atemfrequenz: Liegt eine nicht nur situativ bedingte (Aufregung, Angst, Schreien), sondern konstant erhöhte Atemfrequenz mit Fieber vor und bestehen evtl. noch interkostale oder supraklavikuläre Einziehungen oder eine stoßende Atmung, so ist dies ein Alarmzeichen!
- Falls keine passende Blutdruckmanschette zur Verfügung steht: Solange ein kräftiger Puls an A. radialis, A. brachialis (beim Säugling oft besser tastbar) oder A. femoralis zu fühlen ist, kann von einem ausreichenden Kreislauf ausgegangen werden.
- Aussagekräftiger als die RR-Messung ist oft die Beurteilung der Mikrozirkulation. Klinische Zeichen einer Störung: blasse, marmorierte, kühle Haut. Untersuchung durch Nagelbettprobe: Nach Druck auf Nagel wird Nagelbett normalerweise nach ca. 2 Sek. wieder rosig.

Schritt-für-Schritt-Untersuchung

Haut

- Farbe: rosig, blaß, blaß-grau (bes. bei Säuglingen), zyanotisch, ikterisch, marmoriert?
- Turgor: ausreichend, reduziert, beim Hautfaltentest stehenbleibende Hautfalten (besonders gut beurteilbar über den Wadenmuskeln und der Bauchhaut)? Stets Schleimhäute und Windel mit beurteilen (beide trocken bei Exsikkose)!
- Exantheme: Morphe, Verteilung; liegt ein Alarmbefund (☞ 13.5.8) vor?
- *Sonstige Auffälligkeiten:* z.B. Petechien, Ödeme (bei Kindern selten und nicht unbedingt nur in den Beinen lokalisiert (z.B. Gesichtsödeme, Lidödeme, Anasarka).

Fußangeln und Fingerzeige

- Unterscheidung zwischen karotinbeladener und ikterischer Haut: Karotin-Pigmentation ist in der Regel in der Handinnenfläche und auf den Sohlen und um die Nase herum ausgeprägt und spart die Konjunktiven aus.
- Periphere Zyanose oder blaßgraues Kolorit beim Säugling kommt bei Auskühlung vor, ansonsten ist es ein Alarmsignal z.B. für O_2-Mangel, Sepsis. *DD* ☞ 13.5.3.
- Die Handinnenflächen und die Sohlen können beim Neugeborenen (1. Lebensmonat) auch im Normalzustand etwas zyanotisch und kühl sein.
- Vorsicht bei der Beurteilung von Blässe: Blässe ist bei vielen Kindern normal → zusätzlich Schleimhäute, z.B. subtarsale Konjunktiva beurteilen!

Kopf und Hals

- Niveau und Spannung der Fontanellen (meist bis zum 6. Monat beurteilbar): erhöht bei Hirndruck, z.B. Meningitis.
  Hinweis: Fontanellenspannung kann am besten am ruhigen und sitzenden Kind beurteilt werden (schreiende Kinder haben gespannte Fontanellen!). Leichte Pulsationen sind normal.
- *Prüfung auf Meningismus* (je kleiner das Kind, desto unzuverlässiger): Bei jedem fiebernden Kind und bei allen unklaren neurologischen Zeichen oder Kopfschmerzen. Ein Meningismus ist bis zum Beweis des Gegenteils (Lumbalpunktion) verdächtig auf Meningitis oder Enzephalitis; alle anderen Ursachen (z.B. Subarachnoidalblutung, Hirntumoren, andere schwere Infektionskrankheiten) sind selten.
  - Nackensteifigkeit: Schmerzen beim passiven Anheben des Kopfes in Rükkenlage ☞ Abb. 13.1.
  - ,,Kniekuß": Beim älteren Kind aktiv (Kind soll seine Knie küssen), beim kleineren Kind passiv (Kind wird in den Kniekehlen und im Nacken gefaßt und passiv gebeugt, bis die Stirn die Knie berühren). Schmerzschreien des Säuglings gilt als möglicher Hinweis auf Meningismus.
  - Weitere Hinweise auf Meningismus: Kind will seitlich liegen, opisthotone Kopfhaltung.
- *Lymphknoten* (Präaurikulär, retroaurikulär, submaxillär, seitlicher Hals, Kieferwinkel, subokzipital, nuchal, axillär und inguinal: beidseitige Schwellung als Hinweis auf Infektionserkrankung, einseitige deutliche Schwellung: Verdacht auf Lymphadenitis; maligne Prozesse selten. *Hinweis:* Bei Kleinkindern sind auch im ,,Normalzustand" häufig Lymphknoten geschwollen (insbesondere haben praktisch alle gesunden Kinder kleine inguinale Lymphknoten). Kleinfleckiges Exanthem + nuchale LK: pathognomonisch für Röteln.

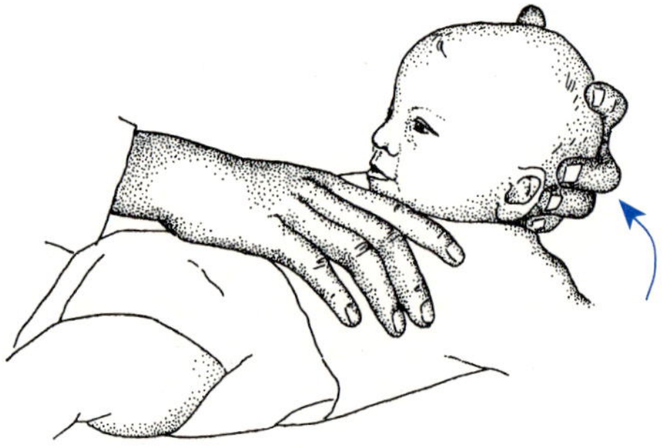

Abb. 13.1: Untersuchung auf Nackensteifigkeit; auch auf Beine achten (werden evtl. angezogen, Gesamtreaktion beachten!)

Thorax/Lungen

(unbedingt solange das Kind noch geduldig ist; orientierende Auskultation ist auch durch noch angezogenes Hemd möglich und vermeidet evtl. Weinen oder Schreien)

- *Atemfrequenz* (Normwerte ☞ Tab. 13.1)
- *Einziehungen:* supraklavikulär, interkostal, unter dem Rippenbogen (Hinweis auf Dyspnoe). Epigastrische Einziehungen sind insbesondere bei Säuglingen schwierig zu beurteilen (Bauchatmer).
- *Auskultation*
  - Atemgeräusche bei Säuglingen und Kindern sind normalerweise intensiver und mehr bronchial als beim Erwachsenen; die Ausatmung ist länger. Insbesondere das Bronchialatmen beim Säugling nicht mit Pneumonie verwechseln!
  - Fortgeleitete feuchte Rasselgeräusche sind häufig (entstehen beim verrotzten/verschleimten Kind in den oberen Luftwegen) → auf Seitenunterschiede achten, evtl. Stethoskop vor den Mund des Kindes halten, hierdurch ist eine Differenzierung von den intrathorakal entstehenden Geräuschen möglich.
- *Perkussion:* Ergibt vor allem bei kleinen Kindern nur Hinweise auf ausgedehnte Prozesse: Erguß, Pneumothorax, Pneumonie. Ab 1 Jahr am besten im Sitzen von hinten: Mittelfinger auf Dornfortsätze, Hand spreizen, Ring- und Zeigefinger perkutieren (Seitenvergleich).

Pathologika bei der Auskultation

- Verlängerte Exspiration bei obstruktiver Bronchitis/Asthma bronchiale
- Trockene Rasselgeräusche (z.B. exspiratorisches Giemen, Brummen) bei Obstruktion der unteren Luftwege (obstruktive Bronchitis, Asthma)
- Einseitig abgeschwächtes Atemgeräusch bei Pneumonie, Aspiration, Atelektase, Pneumothorax, Erguß
- Lokal oder einseitig verschärftes Atemgeräusch bei Pneumonie, auch bei Fremdkörper
- Stridor: Inspiratorisches, supraglottisch entstehendes Atemgeräusch, bei Obstruktion der oberen Luftwege (Krupp, Epiglottitis).

Augen

„Augen lassen tief blicken“ – Untersuchung gibt mit einfachen Mitteln Hinweis auf Allgemeinzustand (insbes. beim kranken Säugling):

- Versuch der Kontaktaufnahme. Wird beantwortet: gutes Zeichen; Kind „schwimmt weg“, „starrt“, seltener Lidschlag: schlechtes Zeichen
- Eingesunkene, halonierte Augen bei Exsikkose
- Photophobie (unzuverlässiges Zeichen, z.B. bei Meningitis)
- Lakrimation (reichlich Tränen sprechen gegen Exsikkose)
- Konjunktivitis (oft begleitend bei Virusinfekten)
- Pupillen: wie beim Erwachsenen.

Herz

Primär kardiale Probleme beim Kind selten → eine ausgefeilte kardiale Untersuchung ist im Nachtdienst wenig ergiebig. Evtl. Besonderheiten beim Kind:

- Systolische akzidentelle Geräusche sind auch bei gesunden Kindern und Jugendlichen häufig, ebenso funktionelle Geräusche (meist systolisch, z.B. bei Fieber). Organische Geräusche sind dagegen selten!
- Oft ausgeprägte, atemabhängige Sinusarrhythmien
- Einzelne Extrasystolen (bis 5/Min.) sind meist supraventrikulären Ursprungs und nicht gefährlich.

Windel und was darunter ist

Wichtiger Schritt! Die Windeluntersuchung hat schon manche unklare Erkrankung schlagartig geklärt.

- *Wasserpegel*: Ist er hoch, droht zumindest keine Exsikkose. Ist die Windel trocken, fragen, wann zuletzt gewechselt wurde; ist sie beim Säugling länger als 6 h trocken, *kann* dies auf eine Exsikkose hinweisen (→ Trinkanamnese, Durchfall? Erbrechen?)
- *Stuhlgang:* wässriger, grünlich-breiiger oder auffallend stinkender Stuhl als Hinweis auf Gastroenteritis. Beim gestillten Säugling sind breiige Stühle normal (dann meist goldgelb und angenehm riechend; Stuhlfrequenz bei *gestillten* Kindern weniger aussagekräftig: zwischen 1 x in 10 Tagen und 10 x an einem Tag ist normal!)
- *Stets darunter schauen:* ein wunder Po kann sich so dramatisch wie ein akutes Abdomen präsentieren (auch Penis – inklusive Unterseite – und Schamlippen anschauen, schmerzhafte Hautmazerationen möglich.

Abdomen

Die Beurteilung des Bauches ist bei Säuglingen und Kleinkindern nicht einfach (oft angespannt wegen Schreien, Strampeln, Sich-Wehren). Man muß zusehen, was an Informationen zu erhaschen ist:

- *Inspektion* (einschließlich Nabel – kann nässen und Infektionsquelle sein): Hernien? Gebläht, ausladend (nur beim älteren Kind vernünftig beurteilbar, der Bauch eines Säuglings ist immer ausladend, vor allem seitlich, der Bauch eines Kleinkindes immer „dick" (vor allem nach vorne).
- *Abwehrspannung?* Säugling so lagern, daß ein entspannter Bauch überhaupt möglich ist (Beine im Hüftgelenkt beugen); ablenken, nur mit warmen Händen untersuchen. Phase des Luftholens beim Schreien zur Palpation nutzen.
- *Palpation der Leber* (im Nachtdienst ohne falschen Ehrgeiz, selten akut relevant). Beim Säugling meist 1–2 cm unter dem Rippenbogen tastbar, Vergrößerung auch bei Obstruktion der Atemwege bei tiefliegenden Zwerchfellen.
- *Palpation der Milz* (idem): normalerweise nur bei tiefer Inspiration tastbar, sonst liegt eine Vergrößerung vor.
- *Auskultation:* plätschernde Darmgeräusche als möglicher Hinweis auf eine in Gang kommende Gastroenteritis (kann z.B. ein unklares Erbrechen eingrenzen); ansonsten wie beim Erwachsenen.
- *Rektale Untersuchung* (nur bei akutem Abdomen). Hauptfragestellung: Blut am Fingerling (Invagination, Volvulus). Bringt nur bei erfahrenem Untersucher verwertbare Informationen.

- *Hoden:* Leistenbruch (mit kleinem Finger nach oben „hakeln"); Hydrozele (prall elastisch, evtl. ausdrückbar; leuchtet bei Durchleuchtung mit Taschenlampe rot auf); Hodentorsion (selten aber gefährlich, kein Taschenlampen-Phänomen).

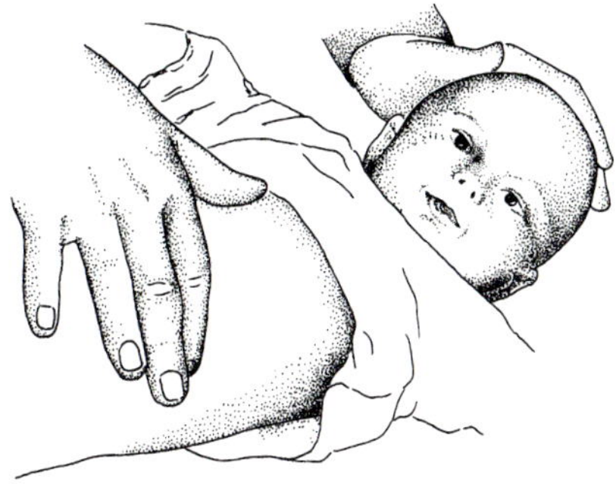

Abb. 13.2: Palpation des Bauches (warme Hände!)

Mundhöhle und Rachen

Haltung des Kindes ☞ Abb. 13.3. Kind wenn möglich vorher mit Spatel und Taschenlampe spielen lassen, bei älteren Kindern kann evtl. durch Anweisungen wie „Aaaa sagen", „Hecheln" oder „Zunge raus und gähnen" ein befriedigendes Untersuchungsergebnis erzielt werden, evtl. auch indem die Zunge jeweils von beiden Seiten seitlich verschoben wird. Bei jüngeren Kindern geht es ohne das Auslösen des Würgereizes kaum. Manche Kinder machen auch beim Schreien den Mund von selbst weit genug auf.

- *Mundhöhle/Rachen:* weiße Beläge beim Säugling durch Soor (nicht mit Milchresten nach Trinken verwechseln), geröteter Rachenring und/oder des ganzen Pharynx z.B. bei Virusinfekt. Beim älteren Kind vergrößerte, glänzend geschwollene und evtl. mit Stippchen belegte Tonsillen bei Tonsillitis (z.B. Streptokokken, aber auch z.B. EBV). Trockene Schleimhäute bei Exsikkose
- *Zunge:* Vorstehende rote Papillen („Erdbeerzunge") bei Scharlach, evtl. auch bei anderen Infektionserkrankungen. Belegte Zunge: unspezifisches Krankheitszeichen.

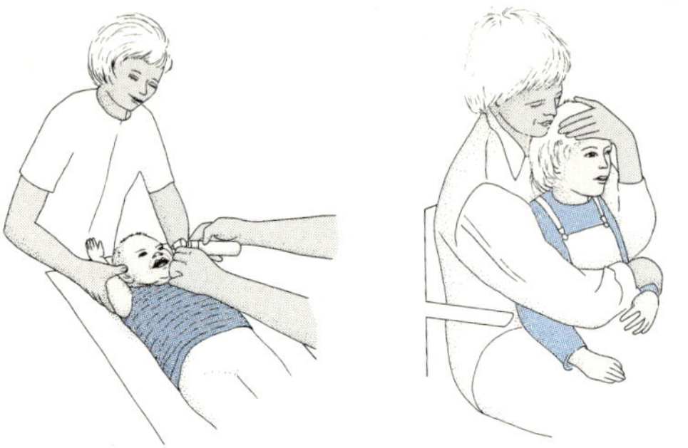

Abb. 13.03: Haltung des Kindes bei der Racheninspektion

Ohren

An sich ist eine Ohrenspiegelung bei allen fiebernden Kindern indiziert (Otitis media? – häufig), aber ohne Übung ist die diagnostische Ausbeute gering (v.a. < 1 J.: dem Pädiater überlassen).

Vorgehen Otoskopie:

- Kind gut fixieren (Schwester). Tobende Kinder am besten flach hinlegen (können leichter festgehalten werden). Ohrenspiegel gut am Schädel des Kindes abstützen, um Verletzungen durch plötzliche Bewegungen zu vermeiden (abgespreizter Finger)!
- Um beim Säugling das Ohr zu untersuchen, muß das Ohrläppchen normalerweise nach hinten und nach unten gezogen werden, beim älteren Kind eher rückwärts und aufwärts.
- *Cave:* Beim schreienden Kind sind die Trommelfelle oft beidseits diffus gerötet (Reflexe sind jedoch erhalten).

Pathologische Befunde bei der Ohrspiegelung:

- Hinweis auf Otitis media: einseitig stark gerötetes, reflexloses, evtl. vorgewölbtes Trommelfell (oft basal mit „Injektion" beginnend).
- Beim Sgl. unspezifischer (z.B. grau-rötliches oder grau-mattes Trommelfell → Pädiater!)
- Beidseitige Rötung oft bei Virusinfekt
- Retraktion bei chronischer Otitis.

Weitere Untersuchungspunkte

Inspektion der Genitalien (z.B. Phimose? → bei Säugling und Kleinkind physiologisch, nicht manipulieren; Hodentorsion/Hydrozele s.o.); Inspektion der Extremitäten (z.B. Arthritis?). Rektum und Anus (z.B. Analfissuren?).

Die schwierigste Übung der Pädiatrie, die neurologische Untersuchung, ist im Akutfall nur in Ausnahmefällen (Verdacht auf Lähmungen, unklare Bewußtseinstrübung) angezeigt.

13.3 Arbeitstechniken

13.3.1 Blutentnahme

Im Nachtdienst selten nötig. Blut geplant und kalkuliert abnehmen; Minimalmengen für bestimmte Laboruntersuchungen vor der Blutentnahme mit dem Labor absprechen (für Blutbild und für Elektrolyte z.B. sollte je 1 ml ausreichen).

Kapillär

- *Ind.*: BZ- und Bilirubinbestimmung, kleines BB, BGA, (evtl. CRP)
- *Material:* Sterile Hämostiletten (Einmallanzetten), Hautdesinfektionsmittel, Tupfer, Pflaster
  - *Heparinisierte Glaskapillaren:* BGA
  - *EDTA-Röhrchen:* Blutbild; am besten spezielle Röhrchen mit integriertem Steigrohr (→ vorrätig halten!)
- Punktionsstellen (☞ Abb. 13.5): Fußsohle bei Säuglingen, bei allen übrigen Altersstufen Fingerbeere des 3., 4., 5. Fingers und Ohrläppchen. *Punktionsorte unbedingt einhalten, sonst Gefahr der Osteomyelitis durch Verletzung des Kalkaneus oder der Endphalanx des Fingers.*

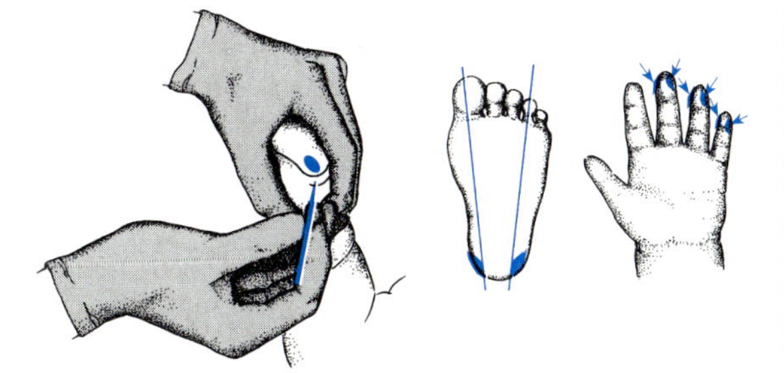

Abb. 13.4: Kapilläre Blutentnahme am Fuß (links); Punktionsstellen an Fuß und Hand (rechts)

- Ggf. Punktionsort anwärmen (z.B. mit in Warmwasser getränktem Tuch)
- Hautdesinfektionsmittel auftragen, 30 Sek. trocknen lassen
- Gewebe um den Einstichort mit 2 Fingern der linken Hand zusammenschieben, in den Wulst Lanzette senkrecht zur Haut kurz einstechen
- Mit der linken Hand locker lassen, Blut fließen lassen
- Ersten Tropfen abwischen (ist evtl. mit Desinfektionsmittel versetzt)
- Haut um den Einstichort wieder etwas zusammenpressen und das austretende Blut auffangen
- Zur BGA luftfrei Blut entnehmen. Dafür Röhrchen senkrecht in den austretenden Bluttropfen halten und langsam waagerecht kippen – das Blut fließt die Kapillare hinauf. Ist der Bluttropfen aufgebraucht, Kapillare wieder senkrecht halten – neuen Bluttropfen vorsichtig herausdrücken und Öffnung des Glasröhrchens wiederum in den Bluttropfen hineinhalten. Ist doch Luft in die Kapillare gekommen, Tupfer an das untere Ende der Kapillare halten und Luftblase herauslaufen lassen. Nach Entnahme Punktionsstelle mit Tupfer abdrücken. Pflaster.

Fußangeln und Fingerzeige

- Hämolyse durch Desinfektionsmittel und Quetschen während Blutentnahme
- Verdünnung durch Gewebewasser durch zu starkes Quetschen.

Venös

Material: mehrere Kanülen (z.B. 20 G = gelb und 21 G = grün), Tupfer, Hautdesinfektionsmittel, bei größeren Kindern Stauschlauch, Pflaster, evtl. Spritzen; Röhrchen s.o.

Allgemeines zur venösen Blutentnahme bei Säugling und Kleinkind

- Evtl. mit dem Legen eines venösen Zugangs kombinieren (das Kind muß dann nicht zweimal gestochen werden): Blut aus der liegenden Verweilkanüle direkt nach Punktion abtropfen lassen (nach Anschluß der Infusion wegen Verdünnungseffekten nicht mehr möglich).
- Wenn nicht zu stark gestaut wurde, kann auch die BGA venös entnommen werden (pH > 7,30 normal; pCO_2 ca. 5–10 mmHg höher als kapillär; BE bis -6 normal. O_2 ist bei venöser Entnahme allerdings nicht verwertbar!).
- Immer mit einer Schwester! (Eltern nur im Ausnahmefall um Mithilfe bitten; besonders Blutabnahmen am Kopf gut erklären, Befürchtungen zerstreuen: es gibt berühmte Ärzte, die von Eltern wegen des Legens einer „Hirnsonde" angezeigt wurden!). Stets fragen, ob Eltern wirklich dabei sein wollen: Das große Werk des sicheren Stiches gelingt manchmal nur ohne Publikum.
- Kind gut fixieren (evtl. auch Beine!). Kinder reagieren auf den Anblick einer Kanüle mit Bärenkräften. Kleinkinder müssen immer von mindestens einer Hilfsperson gehalten werden.
- Mögliche Stellen zur Blutentnahme: Handrücken, Fußrücken, evtl. Handgelenk (palmare Seite), Kopfhaut (auch vordere Schläfe, Stirnmitte); V. saphena magna (vor Innenknöchel). Kubitalvenen schonen, wenn sich etwas anderes finden läßt (Reserve für Silastikkatheter). Am einfachsten ist meist der Handrücken.
- Venen schimmern meist nur durch, treten aber nicht hervor. Bisweilen sind Venen tastbar, ohne sichtbar zu sein. Wenn keine Venen sichtbar sind, Punktionsgebiet leicht klopfen.

- Blutentnahme erfordert viel Geduld und Zeit. Peripherie gründlich absuchen. Auch kleine Gefäße können punktiert werden, z.B. Venen auf den Knöcheln der Hand. Bei kalten Extremitäten warme Tücher umschlagen und abwarten, bis sich Gefäße dilatiert haben. Geduld lohnt!
- Häufiger Anfängerfehler bei Kindern: Nadel wird zu steil eingestochen.
- Stauschlauch wird selten benutzt. Gestaut wird mit der linken Hand (☞ Abb. 13.5) oder mit der Hand der Schwester. So wird ein zu starker Stau vermieden. Anfänger stauen oft mit der Hand zu fest (bei schreienden Kindern spritzt dann das Blut aus der Kanüle oder das arterielle Gefäß wird so abgeklemmt, daß kein Blut mehr fließt).
- Spritzen sind unhandlich oder lassen durch den Sog die Venenwand kollabieren. Nur mit der Kanüle in die Vene stechen und Blut frei heraustropfen lassen (Ausnahme: Punktion der Jugularis externa, im Nachtdienst unterlassen). Bei feinen Venen evtl. den Konus der Kanüle abbrechen und nur mit der Nadel einstechen (verhindert die Bildung eines Gerinnsels im Konus)
- Hämatokrit beachten (bei hohem Hkt. geringe Serum-Ausbeute!)
- Wenn das Blut nicht mehr tropft, evtl. vorsichtig an der Nadel drehen, evtl. auch intravasal die Nadel leicht vor- und zurückschieben.

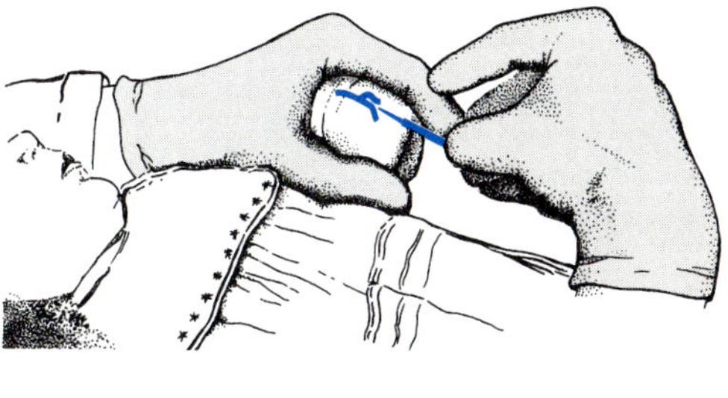

Abb. 13.5: Punktion der Handrückenvene
Mit der linken Hand stauen, mit dem Daumen die Haut straffen.

Punktion der Kopfhautvenen bei Säuglingen (☞ Abb. 13.6)

- Kind auf den Rücken legen
- Kopf von Hilfsperson fixieren lassen
- Voraussichtliche Punktionsstelle gut ausleuchten
- Bei unübersichtlichen Gefäßverhältnissen zunächst Venen und Arterien unterscheiden (Arterien: Pulsation, nicht staubar)
- Falls Venen schlecht zu sehen sind, mit dem Finger stauen
- Wenn Haare die Sicht behindern: Haare naß machen (z.B. mit Desinfektionsmittel) und in einer Richtung bürsten oder einen Scheitel ziehen, dadurch kommen die Venen besser zum Vorschein
- Punktionsort mit Desinfektionsmittel besprühen und 30 Sek. trocknen lassen
- Haut entgegengesetzt zur Einstichrichtung mit der linken Hand spannen und

- Kanüle oder Nadel einführen
- Blut in Röhrchen tropfen lassen
- Danach Nadel entfernen und Punktionsstelle sofort gut (und lange) abdrükken.

13.3.2 Peripherer venöser Zugang

- *Ind.:* parenterale Flüssigkeitsgabe; i.v. Medikamentengabe. *Hinweis:* Infusionen bei Sgl. und Kleinkindern nur über Perfusor oder Infusomaten (sonst Gefahr, daß zu viel läuft, vgl. 13.6.2). Ausnahme: kristalloide Lösungen bei Schock bzw. drohendem Schock.
- *Material:* Am günstigsten sind Verweilkanülen (Abbo-Cath®, Jelco®); Alternative insbesondere für die Kopfhaut: Butterflys; Schlauchzwischenstück, 2 ml Spritze mit NaCl 0,9 % oder 5%iger Glukose gefüllt, Pflaster.
- *Punktionsstellen:* wie beim Erwachsenen, zusätzlich: Fußvenen (Fußrücken, hinter dem Knöchel); Kopfhautvenen.
- *Schwierigkeiten* ergeben sich bei Hypovolämie, Auskühlung, Babyspeck (6–18 Monate) und bei Gegenwehr.
- *Größen der Verweilkanülen:*
  - Sgl./Kleinkinder: 24 G
  - Ab 6 kg 22 G
  - Ab 15 kg: 20 G und darunter.

Vorgehen bei Verwendung von „Butterflys"

- Schlauch des Butterflys vor der Punktion mit NaCl 0,9 % durchspritzen; Spritze bleibt während der Haut-Punktion dran
- Flügel des Butterflys nach oben biegen und zwischen Daumen und Zeigefinger fixieren

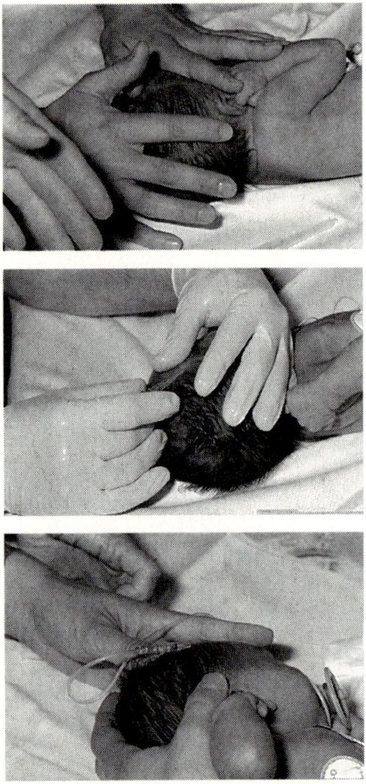

Abb. 13.6: Punktion der Kopfhautvenen. Mit freundlicher Genehmigung des Antilla Verlages, Berlin, aus: Vieten/Heckrath: Famulatur und PJ – das Praxislexikon, 1993

- Nadel tangential durch Haut einführen, 0,5 cm distal der vermutlichen Venenpunktionsstelle. Nach Punktion der Haut Entfernung der Spritze, damit das Blut frei zurückfließen kann. Nadel in der Haut langsam in Richtung Vene vorschieben
- Vene punktieren, bei richtiger Lage erscheint Blut im Vorderteil des Plastikschlauches
- Wenn Blut kommt, NaCl 0,9 % langsam injizieren. Wenn es sich gut spritzen läßt, Butterfly gut mit Pflasterstreifen fixieren
- Nadel nur so weit vorschieben, bis sicher intravasal, nicht weiter
- Plasterstreifen bei Fehllage mit Benzin leichter ablösbar
- Alternative zum Rekonnektieren der Spritze nach Hautpunktion: In der Spritze ca. 0,5 ml Luft mit aufziehen. Bei regelrechter Punktion einer Vene erscheint Blut gerade am Beginn des Schlauches.

Fußangeln und Fingerzeige

Darauf achten, daß während der Fixierung die Nadel nicht verrutscht (tut sie beim Anfänger oft): sobald die Nadel liegt, vorsichtig die auseinandergespreizte Haut (linke Hand) loslassen und mit dem linken Zeigefinger den Butterfly dort, wo Schlauch zwischen die Flügel eintritt, fixieren; mit der anderen Hand vorbereitete Pflasterstreifen anbringen.

Technik der peripher-venösen Infusion mit Verweilkanülen

Punktionsort möglichst distal. Kubitalvenen schonen für evtl. folgende Silastikkatheter.

- Fixieren des Kindes und der Punktionsstelle (mit der Hand Haut straffen); Hautdesinfektion
- Punktion der Haut flach, im Winkel von ca. 15 Grad über der zu punktierenden Vene.
- Langsam vorschieben; wenn Blut erscheint, Nadel ganz flach, so daß Kanüle exakt parallel zur Vene liegt
- Sofern immer noch Blut erscheint vorsichtig ca. 2–4 mm vorschieben
- Dann Nadel herausziehen, dabei Verweilkanüle mit anderer Hand festhalten
- Nach Punktion Extremität auf kleine Schiene wickeln (Ruhigstellung des proximalen und distalen Gelenks) – Zugang wird sonst schnell wieder abgestrampelt.

Fehlermöglichkeiten

- Vene „platzt". Häufiger Anfängerfehler. Entweder zu steiler Einstich oder: Nadel liegt schon „richtig" im Venenlumen, obwohl noch kein Blut am Kanülenansatz erscheint. Schiebt man dann weiter vor, durchsticht man die Hinterwand der Vene. Deswegen evtl. Verweilkanüle bereits legen, wenn man das Gefühl hat, in der Vene zu sein und nicht auf das Blut am Konus warten
- Kunstoffkanüle läßt sich nicht vorschieben, rollt sich auf (selten). Spritze mit NaCl 0,9 % an das Ende anschließen und während des Spritzens vorschieben
- Verweilkanüle liegt in der Arterie. Häufiger Fehler bei Punktion von Kopfhautgefäßen. Umgebung des Gefäßes wird nach dem Durchspritzen von NaCl 0,9 % weiß. Kanüle sofort entfernen, Gefahr von Kopfhautnekrosen
- Bei versehentlicher intraarterieller Injektion eines Wirkstoffes Nadel/Verweilkanüle liegen lassen und sofort reichlich NaCl 0,9 % nachspritzen (→ Verdünnung des Wirkstoffes).

13.4 Notfälle

13.4.1 Kardiopulmonale Reanimation

Im Kindesalter liegt dem Herz-Kreislauf-Stillstand meist eine Atemstörung mit Hypoxie oder ein Volumenmangelschock zugrunde. Der Herzstillstand ist in der Regel sekundär infolge Bradyarrhythmie/Asystolie.
Die erfolgreiche Kardiopulmonale Reanimation beginnt am Schreibtisch! In jede Klinik mit potentiell pädiatrischen Patienten gehört die entsprechende Notfallausrüstung.

Sinnvolle Geräte zur Erstversorgung von Kindern

- Atembeutel verschiedener Größe mit Ventil und O_2-Schlauch (darunter möglichst 1 Ambu-Beutel für Säuglinge)
- Masken Größe 0–5
- Guedel-Tubi Größe 0–4
- Laryngoskop mit Spateln (gerade, gebogen) Größe 0–3, Ersatzbirnen, -batterien – Laryngoskop möglichst 2-fach (falls eines ausfällt)
- Orale Tubi Größe 2,5–6,5 ohne Cuff, Größe 6,5–7,5 mit Cuff
- Führungsstäbe für Trachealtubus verschiedener Größe
- Magill-Zangen klein/mittel/groß
- Absaugkatheter und Magensonden verschiedener Größe (≥ 8 Charrière)
- Kleine Venenverweilkatheter (24 G bis 20 G)
- Absaugapparat.

A Atemwege freimachen, Alarmierung (Hintergrund, Anästhesist)

Abb. 13.7: Korrekte Lagerung des Kopfes bei der Reanimation

- Korrekte Lagerung des Kopfes (☞ Abb. 13.7): *leichte* Überstreckung hilft in allen Lebensaltern, die Atemwege offen zu halten. Anheben des Unterkiefers durch Kiefergriff nach Esmarch
- Absaugen von Mund und Rachen (Absaugkatheter: blau = 8 Charrière, schwarz = 10 Charrière, orange = 12 Charrière; Sog ca. 20 mbar).

  Guedeltubus macht dem Unerfahrenen oft Probleme: erst einsetzen, wenn die Reanimation bzw. Bebeutelung länger erfolglos andauert. *Richtige Größe:* Abstand vom Mundwinkel des Kindes bis zum Ohrläppchen; eine unpassende Größe kann zur zusätzlichen Obstruktion der Atemwege führen. Beim nicht tief bewußtlosen Kind Gefahr von Würgen und Erbrechen.

Vorgehen bei durch Fremdkörper verlegten Atemwegen

Fremdkörper „rutschen" meist in den rechten Hauptbronchus. Supraglottische Fremdkörper sind selten.

- Keine „blinde" Extraktion, da der Fremdkörper dadurch weiter in die Atemwege gedrückt werden kann!
- Falls Bewußtsein erhalten und Atmung und Hustenstoß ausreichend: keine Maßnahmen. Engmaschige Beobachtung, Beruhigung, bei Zyanose O_2-Gabe und Vorbereitung für die bronchoskopische Entfernung des Fremdkörpers bzw. Verlegung in pädiatrisches Zentrum im NAW.
- Bei Bewußtlosigkeit und Atemstillstand (rasch zunehmende Dyspnoe und Zyanose, kein Husten, Sprechen, Schreien mehr, Maskenbeatmung unmöglich): Laryngoskopische Inspektion des Rachenraumes und Extraktionsversuch supraglottischer Fremdkörper mittels Magill-Zange.
- Bei Erfolglosigkeit als ultima ratio (Kinder > 3 J.): Heimlich-Handgriff.
- Bei Säuglingen und Kleinkindern bis 3 Jahre: modifiziertes Heimlich-Manöver: Kopftieflage (z.B. auf dem eigenen Schoß, Bauchlage des Säuglings, Kopf hängt über die Knie), Mund mit Zeigefinger öffnen und 4 feste Schläge mit der flachen Hand zwischen die Schulterblätter geben, bei Erfolglosigkeit Umlagerung auf den Rücken und Thoraxkompression wie bei der Herzmassage. Evtl. mehrmals wiederholen.
- Bei Erfolglosigkeit Intubation und Beatmung mit hohen Drucken (mit dem Tubus wird der Fremdkörper in den rechten Hauptbronchus vorgeschoben, so daß eine einseitige Beatmung möglich ist).

Beatmung

Techniken

Grundsatz: möglichst frühzeitig O_2 applizieren (Techniken ☞ 13.6.1).

- Mund-zu-Mund/Nase-Beatmung:
  - Bis 3 Jahre Mund-zu-Mund *und* Nase. Darauf achten daß sich Thorax ausreichend hebt (eher kommt zu wenig an, als zuviel)
  - Bei größeren Kindern Mund-zu-Mund oder Mund-zu-Nase-Beatmung
- Besser: Beatmung mit Atembeutel und Maske, möglichst mit Reservoir für O_2 am Beutel. *Möglichst mit reinem O_2* beatmen (Flow bei Ambu-Beutel für Kinder: 10 l/Min., bei Erwachsenen-Beutel 15 l/Min.). Frequenz ☞ Tab. 13.4.
  - Maske je nach Alter des Kindes Größe 0 bis 4, auf Dichtigkeit achten (wichtig!). Maske soll nicht auf die Augen drücken.
  - Größe des Ambu-Beutels: möglichst Ambu-Beutel für Säuglinge verwenden (Volumen 300 ml); bei Verwendung des Erwachsenen-Beutels nur soviel Druck geben, daß sich der Thorax ausreichend hebt.

- Erholt sich das Kind nicht trotz suffizienter Maskenbeatmung: Oro- oder nasotracheale Intubation und manuelle Ventilation über den Trachealtubus.

Die Maske mit Daumen und Zeigefinger einer Hand gut dichthalten, gleichzeitig mit dem Mittelfinger das Kinn an den Mandibulae leicht nach oben ziehen, dabei jedoch nicht den Mundboden eindrücken.

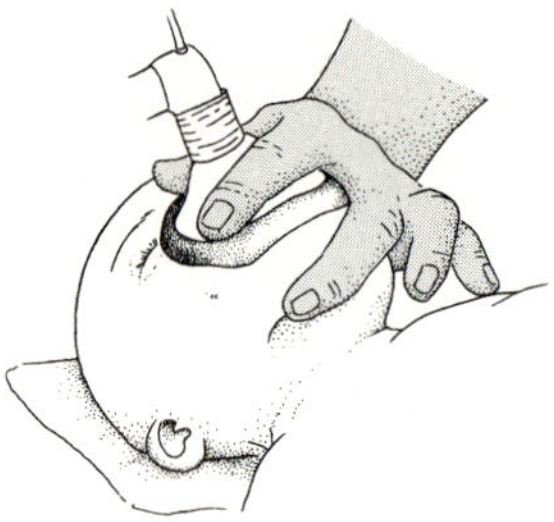

Abb. 13.8: Handhaltung bei bei Maskenbeatmung

Fußangeln und Fingerzeige

- Die Intubation kleiner Kinder ist riskant. Eine suffiziente Maskenbeatmung ist wesentlich besser als ein nach erfolglosen Intubationsversuchen zuschwellender Kehlkopf!
- Langsame Inspiration (= Beutel-Kompression) wegen drohender Magenüberblähung; Dauer der Inspiration 1–1,5 Sek.
- Entscheidendes Erfolgskriterium: Thoraxhebung! Die applizierten Drücke hiervon abhängig machen
- Zeichen für inadäquate Beatmung: minimale Thoraxexkursion, auskultatorisch schwaches Atemgeräusch
- Magensonde erst nach Intubation.

Technik der Intubation beim Säugling

Primär immer oral bei allen Kindern!

- Gerade Laryngoskopspatel! (Länge bis ca. 6 Mon.: 9 cm, danach 13 cm)
- Kopf in Neutralposition oder leichte Überstreckung
- Laryngoskop mit linker Hand halten. Mit rechtem Zeigefinger an Zahnleiste ziehen und dadurch Mundhöhle öffnen
- Spatel unter Sicht etwas in den Ösophagus einführen, langsam zurückziehen. Bis Aryknorpel vorschnappen, Epiglottis bleibt aufgeladen. Nicht am Laryngoskop hebeln, sondern am Griff nach oben vorne ziehen!
- Zweite Methode: Unter Sicht direkt einstellen. Tip: Zuweilen ist zweizeitiges Vorgehen sinnvoll: Erst Larynx einstellen und sich orientieren, dann nochmals kurz Maskenbeatmung, dann Intubation
- Mit dem kleinen Finger der linken Hand von außen etwas Druck auf den Kehlkopf geben, der sich dadurch aufrichtet (evtl. auch durch Helfer).
- Bei starker Verschleimung kurz absaugen; Tubus vorschieben bis schwarze Markierung am Tubusende gerade noch auf der Stimmbandebene sichtbar ist.

- Führungsdraht (darf nicht über das Ende des Tubus hinausragen!) kann die Erfolgsquote bei kleinen Kindern (orale Intubation!) erhöhen, erhöht aber auch das Risiko der trachealen Schädigung.

Tab. 13.4: Notfalltabelle, modifiziert nach Dorsch

Alter (Mon./Jahre) **Gewicht (kg)** **Größe (cm)**	NG 3 50	3 Mon. 7 70	6 Mon. 7 70	1 Mon. 10 75	2 J. 12 90	3 J. 15 95	5 J. 20 110	7 J. 25 125	10 J. 35 140	14 J. 50 160
Tubus Ø außen (Charr) Ø innen (mm) Länge oral (cm)	14–16 3,0–3,5 8–11	14–16 3,0–3,5 10–12	16–18 3,5–4,0 11–13	16–18 3,5–4,0 12–13	18–20 4,0–4,5 13–14	20–22 4,5–5,0 14–15	22–24 5,0–5,5 15–17	24–26 5,5–6,0 17–19	26–28 6,0–6,5 19–20	30–32 7,0–7,5 20–22
	ungeblockt →								← geblockt —	
Magensonde (Bauch entlasten)			8 Charrière →				12 Charrière →		16 Charr.	
Ambu-Beutel	Für Säuglinge = 250 ml				Großer Ambu-Beutel					
Absaugkatheter	— 8 Charrière →					10 Charrière →			12 Charrière	
Adrenalin **1:10 000** i.v., (ml) (endobronchial x 2)	0,3	0,5	0,7	1,0	1,2	1,5	2,0	2,5	3,5	5,0
Atropin (mg)	0,06	0,1	0,15	0,2	0,25	0,3	0,4	0,5	0,5	0,5
Ringer-Laktat (ml) ca. 20 ml/kg	20–60	100	150	200	250	300	400	500	700	1 000
Plasma Expander (ml) ca. 10 ml/kg	10–30	50	75	100	125	150	200	250	350	500
Diazepam i.v. (mg) Rektiole (mg)	1 2,5	1,5 2,5	2 5	3 5	3,5 5	4 5–10	5 10	7 10	10 10	10–15 15–20
Defibrillation initial (Joule)	5	10	15	20	25	30	40	50	70	100

nach Dorsch: Pädiatrische Notfallsituationen, MMV-Verlag, 1991

Technik der Intubation beim Kleinkind bis Schulkind

- Gebogener oder gerader Spatel (Größe s.o.). Spatel in die Umschlagfalte zwischen Zungengrund und Epiglottis einführen. Kinder jünger als 6–8 Jahre immer ohne Blockmanschette (cuff) intubieren
- Nach jeder Intubation sowohl über den Lungen als auch über dem Epigastrium auskultieren (richtige Tubuslage?)
- Tubus gut fixieren.

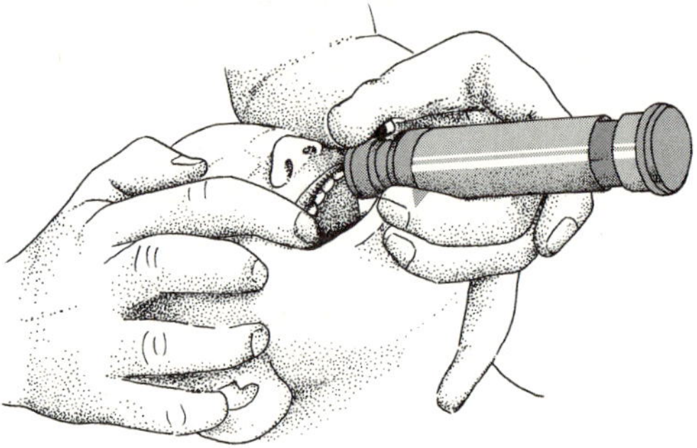

Abb. 13.9: Kopfhaltung bei Intubation
Beachte die Stellung des linken kleinen Fingers zur Einstellung des Kehlkopfes

Fußangeln und Fingerzeige

- Häufige Fehler:
  - Zu starke Extension des Kopfes, besonders bei kleinen Kindern
  - Hebeln am Laryngoskop → Beschädigung der Zähne, mangelnder Intubationserfolg
  - Tubus wird zu tief geschoben, gelangt dann in den rechten Hauptbronchus (→ einseitiges Atemgeräusch)
  - Tubus darf beim Kind < 6–8 Jahre nicht dicht sein, im Gegenteil: Muß unter mäßigem Beuteldruck leicht „rinnen". Sonst Gefahr subglottischer Stenose

- Orientierendes Maß für die Tubusgröße = Kleinfingerdicke des Patienten!
- Die engste Stelle bis etwa Schulalter liegt unterhalb der Stimmbänder → wenn Tubus kurz hinter der Stimmritze gegen weichen Widerstand stößt, kleinere Größe versuchen (selbst wenn dann z.T. keine ausreichende Ventilation möglich ist, so lassen sich die Kinder am Leben halten bis ein Erfahrenerer zur Stelle ist!)
- Keine Gewaltanwendung bei der Intubation an der subglottischen Enge, Einführen des Endotrachealtubus unter leichter Drehung
- Blinde nasale Intubationen führen bei Kindern praktisch nie zum Erfolg
- Bei Obstruktion der oberen Luftwege (Pseudocroup, Epiglottitis): um 1 mm kleinere Endotrachealtuben wählen als vom Alter her vorgesehen.

C Cirkulation

Falls unter suffizienter Beatmung (möglichst mit Intubation) keine ausreichende spontane Herzaktion mit adäquater Auswurfleistung (Pulspalpation, RR-Messung, EKG-Monitor) nachweisbar ist, Beginn mit der externen Herzmassage.

- Lagerung auf harter Unterlage (Brett, Boden)
- Aufsuchen des Druckpunktes
- Herzdruckmassage:
  - Beim Schul- und Kleinkind prinzipiell wie beim Erwachsenen (☞ 3.1), Eindrücktiefe 1/3 der Thoraxdicke, Rippen brechen beim Kleinkind nicht so leicht wie beim Erwachsenen
  - Beim Sgl. Brustkorb mit beiden Händen umfassen, Daumen drückt auf die untere Brustbeinhälfte, die Fingerspitzen bilden ein Widerlager unter dem Rücken. Eindrücktiefe 1/3 der Thoraxdicke
  - Verhältnis von Kompression zu Beatmung = 5:1
- Überprüfung des Kreislaufs. Zeichen einer suffizienten Massage: Puls wird spürbar (Taststellen bei Sgl.: Arminnenseite, älteres Kind auch A. carotis); Inspektion: Rückgang der Zyanose/Marmorierung, enger werdende Pupillen.

Tab. 13.5: Richtlinien für Beatmung und externe Herzmassage

Altersgruppe	Beatmung/ Frequenz	Herzmassage		
		Technik	Frequenz	Kompressionstiefe
Säuglinge/ NG	30–40/Min.	Thorax umfassen, 2 Finger	100–120	2–3 cm
Kleinkinder	20–25/Min.	Handballen	80–100	4–4 cm
Schulkinder	15–20/Min.	1 oder 2 Hände	80–100	4–5 cm

D Drugs

Vor Applikation von Notfallmedikamenten suffiziente Ventilation sicherstellen. Ausschluß von Tubusfehllage, Pneumothorax, Hypovolämie. Häufigster Fehler, insbes. bei Säuglingen/Neugeborenen: Zeit wird auf das Legen eines Katheters verwendet, statt zügig eine suffiziente Atmung herzustellen!

Dominierende Herzrhythmusstörungen im Kindesalter: Asystolie oder Bradykardie als Hypoxiefolge, evtl. auch elektromechanische Entkopplung.

Applikation von Notfallmedikamenten

- *Gefäßzugang:* Zunächst peripheren Venenzugang versuchen (☞ 13.3.2). Zentrale Venenkatheter sind für Reanimation unter Schulkindalter nicht geeignet. Im Kreißsaal (nur für Erfahrene): Nabelvenenkatheter (gleich schnell wie periph. Leitung, liegt oft im Pfortadersystem)
- *Adrenalin:* Applikation intratracheal, i.v., intraossär. Keine gemeinsame Applikation mit $NaHCO_3$ (Inaktivierung). Initialdosierung: 10–50 µg/kg. Bei ausbleibendem Erfolg 2–3 x nach je 3–5 Min. wiederholen (bei intratrachealer Gabe doppelte Dosis).
  Regeldosis: 10–50 µg/kg. (bei Bedarf wiederholen, wirkt ca. 3–10 Min.)
  Konzentration in Ampulle (1:1000): 1 mg/ml → zum besseren Handling auf 10 ml verdünnen (1: 10 000 → 100 µg/ml)
  - Dosis Neugeborenes (ca. 3 kg): 30–150 µg = 0,3–1,5 ml
  - Dosis Sgl. (ca. 8 kg): 80–400 µg = 0,8–4 ml

- Dosis Kleinkind (ca. 15 kg): 150–750 µg = 1,5–7,5 ml
- Dosis Schulkind (ca. 20 kg): 200–1000 µg = 2–10 ml

- *Natriumbikarbonat* erst *nach* effektiver Ventilation und Perfusion (Gefahr der Hyperkapnie und Verstärkung der intrazellulären Azidose). „Blinde" Initialdosierung 1 mmol/kg (1:1 mit Aqua pro injectione oder Glukose 5 %). Hinweis: Suffiziente Beatmung ist die beste Azidosekorrektur! Möglichst rasche Kontrolle der Blutgase. Bei Dauerreanimation ca. alle 10–15 Min. wdh.
- *Volumen!* Praktisch bei jeder Reanimation besteht eine Hypovolämie Faustregel: 20 ml/kg, evtl. nach 30 Min. wiederholen
- *Kalzium:* Kalziumglukonat 10 % 0,3–0,5 ml/kg langsam i.v. Bei Azidose (Schock, Asphyxie) ist ionisiertes Ca^{2+} meist erniedrigt. Dadurch Kontraktilität des Herzmuskels vermindert. *Cave:* Fällt mit Natriumbicarbonat aus. Bei rascher Injektion Bradykardie
- *Lidocain* (z.B. Xylocain 2 %). Selten indiziert: nur bei bedrohlichen ventrikulären Herzrhythmusstörungen. Dos.: 1 mg/kg i.v. oder doppelte i.v.-Dosis endotrachial.

Defibrillation: Nur bei im EKG gesichertem Kammerflimmern (beim Kind sehr selten; meist liegt ein Herzstillstand in Asystolie vor).

Richtlinien

- Kleinflächige Paddeln verwenden (Säugling bis Kleinkind: 4,5 cm Durchmesser, Schulkind: 8 cm Durchmesser)
- Kleine Energiedosis wählen: Initial 2 Joule/kg, bei Repetitions-Defibrillationen auf 4 Joule/kg steigern
- Möglichst in Exspirationslage defibrillieren.

Weiterführende Therapie während des Transports

Nach erfolgreicher Reanimation kann es beim Transport erneut zur Dekompensation kommen! Transport nur von erfahrenen Notärzten unter ununterbrochenem Monitoring! Evtl. Gabe inotroper Substanzen (Dopamin 6–14 µg/kg/Min.) über Perfusor. Muskelrelaxation, Sedierung, Analgesie. Evtl. wiederholte Volumengabe. (Berechnung Dopaminperfusor: kg x 15 = mg Dopamin in 50 ml Glukose 5 %. Mit dieser Konzentration ist 1 ml/h = 5 µg/kg/Min. Dopaminampulle: 1 ml = 10 mg).

13.4.2 Schock

Formen

- *Hypovolämischer S.:* Ursache z.B. Exsikkose, Polytrauma.
- *Septischer S.:* Ursache z.B. primäre Sepsis bei Meningokokken, sekundär bei Meningitis, Pneumonie, Pyelonephritis.
- *Anaphylaktischer S.:* Ursache z.B. Insektenstich.
- *Kardiogener S.:* Häufigste Ursachen:
  - supraventrikuläre Tachykardie (Frequenz 240–300/Min., ab > 12 h Dauer kann Herzinsuff. beginnen)
  - bei Sgl. angeborene Herzfehler (z.B. in der Neugeborenenperiode übersehene Aortenisthmusstenose: Tachypnoe, Zyanose, schlechter AZ, kein Fieber, RR-Differenz obere/untere Extremität)
  - Myokarditis.

Klinik

- Eingeschränkte Perfusion: kühle Extremitäten, marmorierte Haut, blasse, peripher zyanotische (Sgl.: graue) Hautfarbe, verminderte Mikrozirkulation. *Ausnahme:* „warme Phase" des septischen Schocks
- Angst, Unruhe als Zeichen der zerebralen Hypoperfusion
- Tachypnoe, Azidoseatmung
- Oligo- bis Anurie
- Hautturgor bei Dehydratationsschock vermindert
- Schwitzen (kardiogener Schock)
- *Eingeschränkter Kreislauf (Spätzeichen):* Tachykardie, kleine Pulsamplitude, leise Herztöne, Blutdruck normal oder erniedrigt, Apathie bis Bewußtseinstrübung.

Fußangeln und Fingerzeige

- Wichtig: Kreislaufsymptome mit Hypotension und Tachykardie sind wegen der leistungsfähigen Autoregulation des Kindes späte Schockzeichen. *Primär Perfusionszustand beurteilen! (s.o.)*
- Der beim Erwachsenen gebräuchliche Schockindex ist nutzlos.
- Bei richtig rosiger Zunge kann eine O_2-Sättigung von mind. 85–90 % angenommen werden.

Diagnostik

1. Frage: Welche Schockform liegt vor?

- *Hinweise auf hypovolämischen Schock:* Anamnese: Erbrechen, Durchfall. Trockene Schleimhäute; keine Tränenflüssigkeit; Hautturgor ↓, eingesunkene Fontanelle; halonierte Augen; Eintrübung.
- *Hinweise auf septischen Schock:* „Schlechtes Aussehen" (graue Peripherie durch gestörte Mikrozirkulation), fehlende Anamnese für Flüssigkeitsverluste, ausreichend feuchte Schleimhäute; Kind apathisch ohne zu schwitzen; Evtl. Fieber und Schüttelfrost *(Ausnahme:* Neugeborene), bei fortgeschrittenem Stadium auch Hypothermie; evtl. Meningismus, Krampfanfälle, Petechien/Ekchymosen (Mikroembolien, DIC). Blutbild: Leukos > 20 000/µl oder < 5000/µl; Linksverschiebung; häufig: Thrombopenie!
- *Hinweise auf anaphylaktischen Schock:* Hauterythem, Juckreiz, Urtikaria; Bronchokonstriktion (Giemen; Asthma bronchiale); Schleimhautschwellung (Stridor, z.B. bei Glottisödem).
- *Hinweise auf kardiogenen Schock:* Anamnese (angeborene Herzfehler); Tachydyspnoe (Lungenstauung, dann oft auch feuchte Rasselgeräusche), Tachykardie, kalte, marmorierte Extremitäten, Blässe, evtl. Zyanose, Ödeme, Hepatomegalie; vermehrtes Schwitzen auf Stirn, Nahrungsverweigerung, Unruhe, Angst.

2. Frage: Schwere des Schocks?

Beurteilung stets klinisch!

- Perfusionszustand? (klin. Zeichen s.o.)
- Kreislaufzustand? (klin. Zeichen s.o.)
- *BGA* hilft Schwere des Schocks einzuschätzen. Pulsoximetrie bei gestörter Mikrozirkulation nicht immer zuverlässig, erlaubt Oxigenierung zu beurtei-

len. Noch kompensierter Zustand bei venöser BGA von pH > 7,25, pCO_2 < 60 mmHg, BE bis 8. Bedrohlicher Zustand bei pH < 7,15
- Weitere Diagnostik erst in weiterversorgender Kinderklinik.

Allgemeine Therapie (unabhängig von der Schockursache!)

- Sicherung der Vitalfunktionen (ABCD-Regel ☞ 13.4.1, O_2-Zufuhr, großzügige Indikation zur Beatmung bei manifestem Schock obligatorisch bei tiefer Bewußtlosigkeit, wenn trotz maximaler O_2-Vorlage keine Sättigung von > 90 erreicht wird)
- Venöser Zugang (22 G reicht, im Notfall lassen sich sogar durch 24 G 500 ml pro 30 Min. applizieren)
- *Volumentherapie:* Ringer-Lsg. 20 ml/kg in 15 Min; wenn Situation nicht stabil 2–3 mal wiederholen. Eventuell Humanalbumin 5 % (Dosis s.u.). Damit rechnen, daß nach 30 bis 90 Min. erneute Volumengaben nötig werden.
- Korrektur der metabolischen Azidose bei pH < 7,25 (1 mmol $NaHCO_3$/kg)
- Hypothermie vermeiden
- Rasch in pädiatrisches Zentrum verlegen (dort z.B. Behandlung von evtl. Gerinnungsstörungen).

Therapie des hypovolämischen Schocks

Nach Sicherung der Vitalfunktionen konsequente Flüssigkeitstherapie:
- Initial Ringer-Laktat oder 0,9 % NaCl 20 ml/kg über 5–15 Min. je nach Schweregrad der klin. Symptomatik, *ggf. repetitiv* (wenn Tropf schlecht läuft evtl. mit auf 3-Wegehahn aufgesetzter Spritze)
- Bei schweren Schockformen evtl. Humanalbumin 5 % 10–20 ml/kg in 15–30 Min., ggf. repetitiv; wenn nichts anderes verfügbar HAES (ohne Vorteil in der initialen Stabilisierung ☞ 13.6.2)
- Bei hämorrhagischem Schock Transfusion von Erythrozytenkonzentrat nach geschätztem Blutverlust, klinischer Symptomatik und Hkt. (Ziel: > 30 %; Beginn mit 20 ml/kg)
- Weitere Volumentherapie bei Dehydratation: ☞ 13.5.7.

Fußangeln und Fingerzeige

Bei perakutem hämorrhagischen Schock (Polytrauma, Milzruptur etc.) braucht Hkt. gewisse Zeit, um sich anzugleichen. Daher Transfusion nach Klinik. Bei schwerem Zustandsbild keine Zeit mit Testen verlieren. Gabe von „Universalspenderblut": 0 neg. Erykonzentrat, wenn möglich lysinfrei.

Klinische Zeichen für ein Ansprechen der Volumentherapie
- Sinkende Herzfrequenz
- Kräftiger werdender Puls
- Bessere Perfusion (Rückgang der Marmorierung, der peripheren
- Zyanose, Blässe, Kälte in den Extremitäten)
- Bessere Ansprechbarkeit, Besserung der Bewußtseinstrübung
- Evtl. steigender Blutdruck.

Therapie bei septischem Schock

- Hohe Volumenzufuhr: 20–40 ml/kg Ringer-Laktat oder NaCl 0,9 % über 15–30 Min., ggf. repetitiv. Weitere Volumentherapie nach Klinik (Perfusion?), evtl. Blutdruck
- Katecholamine bei volumenrefraktärem Schock (Evtl. Adrenalin 5–10 µg/kg. Wirkung etwa 5–10 Min.; Dopaminperfusor für Tranport: Initial mit 10 µg/kg/Min., Berechnung ☞ 13.4.1
- Frühzeitige Intubation, Beatmung und Verlegung in ein pädiatrisches Zentrum.

Lumbalpunktion nie beim bewußtlosen oder eingeschränkt vigilanten Kind. Im Zweifelsfall eher auf Meningitis behandeln. Augenhintergrund zur Beurteilung von Hirndruck sehr unzuverlässiges Kriterium.

Therapie bei anaphylaktischem Schock

Bei Herz- + Atemstillstand → Reanimation. Bei ausgeprägter Hypertension, Bronchospasmus, Kehlkopfödem:

- Adrenalin, 3 Möglichkeiten der Applikation:
  - i.v: 10–50 µg/kg (Dosierungsschema ☞ 13.4.1), Wiederholung alle 3–5 Min. bis Wirkung eintritt
  - endobronchial (doppelte i.v.-Dosis); Wiederholung alle 5 Min. hilft bes. bei Bronchospasmus
  - wenn kein Zugang: subkutan: z.B. Adrenalin Mini Jet®: 0,01–0,02 ml/kg s.c. Alternative: Adrenalin (z.B. Suprarenin®) s.c. (0,01 ml/kg); max. Einzeldosis 0,5 mg (= 0,5 ml)
- Aggressive Volumentherapie (z.B. 20–40 ml/kg Ringer-Laktat)
- Glukokortikoide, z.B. Dexamethason 1 mg/kg i.v. oder Prednisolon (z.B. Ultracorten H®), 10–30 mg/kg/Dosis
- Ggf. $NaHCO_3$ 1 mmol/kg (bei pH < 7,25, BE unter -8)
- Antihistaminika: H_1-Blocker: Dimetinden (z.B. Fenistil®) 0,1–(0,5) mg/kg i.v. Einzeldosis, Clemastin (z.B. Tavegil®) 0,025–0,05 mg/kg i.v. Einzeldosis.

Therapie bei kardiogenem Schock

Im Kindesalter selten; oft liegen anamnestische Hinweise vor (angeborener Herzfehler). Häufigste Ursache bei zuvor gesundem Kind: tachykarde Rhythmusstörung (z.B. supraventr. Tachykardie bei ektopem Schrittmacher, WPW Syndrom). Der Verlauf ist meist *nicht* perakut → in der Regel rascher Weitertransport in ein Kinderzentrum. Kammerflimmern tritt extrem selten auf, etwa bei Schrittmacherdysfunktion oder nach Elektrounfällen. Schwerwiegende Rhythmusstörungen bei angeborenen Herzfehlern (AV-Block, ektope Schrittmacher). Asystolie zumeist *Folge* von Hypoxie, Azidose und Volumenmangel, sehr selten Hyperkaliämie (iatrogen, Zellzerfall).

- O_2-Gabe ☞ 13.6.1
- Supraventrikuläre Tachykardie wird nur bei Schockzeichen therapiert: Vagale Manöver: z.B. Eisauflage (bzw. kaltes Wasser) auf Stirn, einseitiger Carotisdruck. *Cave:* Nicht mit Fieber- oder Volumenmangel-Tachykardie verwechseln!
- Oberkörper beim Transport hochlagern, Vorsicht mit Flüssigkeitstherapie!
- Bei schwerem Schock frühzeitige Beatmung (Rücksprache mit Kinderklinik).

13.4.3 Bewußtseinsstörungen und Koma

Ätiologie

Im Säuglingsalter

- Infektionen (Sepsis, Meningitis)
- Schädel-Hirn-Trauma: z.B. Sturz vom Wickeltisch, aber auch Kindesmißhandlung (Schütteltrauma → Abriß Brückenvenen → langsam progrediente Blutung)
- Postiktal nach Krampfanfall
- Sehr selten: CO-Vergiftung, Stoffwechseldefekte.

Ab Kleinkindalter

- Trauma
- Krampfanfälle
- Schock (insbes. hypovolämischer Schock, z.B. durch Blutung, Dehydratation, Sepsis, aber auch kardiogener und anaphylaktischer Schock: hier ist die Bewußtseinstörung kombiniert mit den typischen Schockzeichen: kühle, marmorierte Haut, Tachykardie, schwacher bis nicht fühlbarer Puls, Oligo-/Anurie, selten bei Hitzschlag)
- Meningitis, Enzephalitis
- Medikamenten- oder Genußmittelintoxikation: Acetylsalicylsäure (erst ab hohen Dosen um 500 mg/kg), trizyklische Antidepressiva, Opiate, Antiepileptika, Klebstoff; insbes. bei der Alkoholintoxikation oft mit zerebralen Krampfanfällen verbunden
- Metabolische Ursachen: z.B. Hypoglykämie, diabetische Ketoazidose, angeborene Stoffwechselerkr., akute Nebennierenrindeninsuff.; Urämie selten
- Selten: intrakranielle Raumforderung (Hirntumoren, -abszesse, Hydrozephalus).

Vorgehen

Bei allen Zuständen mit Bewußtseinsstörungen erfahrenen Kollegen, möglichst auch Anästhesisten hinzuziehen.

- Überprüfung und Sicherung der Vitalfunktionen (bei drohender respiratorischer Insuffizienz frühzeitige Intubation)
- Kurze klin. Orientierung zur Ursacheneinschätzung:
  - Anamnese (Trauma? Krampfanfall? Ingestion von Giftstoffen (s.o.)? Bekannte Vorerkrankung? Herzkrankheit? Insektenstich? Bekannte Allergie?)
  - Klin. Untersuchung: Exsikkosezeichen (☞ 13.5.7), Zeichen der Zentralisation? Puls? RR? Mundgeruch (Azeton? Alkohol?) Verletzungszeichen?
- Bei Schock entsprechende Stabilisierung (Schockther. ☞ 13.4.2)
- Falls Ätiologie unklar und BZ-Wert nicht rasch verfügbar, probatorisch 0,25 g/kg Glukose i.v. (z.B. als 20%ige Lösung)
- Schnellstmöglicher begleiteter Transport in eine Kinderklinik.

Fußangeln und Fingerzeige

Keine LP bei stark eingeschränktem AZ, bei Vigilanzstörungen oder fokalen neurologischen Zeichen.

13.4.4 Vergiftungen und Ingestionsunfälle

Ingestionsunfälle sind bei Kindern wesentlich häufiger als Intoxikationen, so daß in den meisten Fällen Beratung und Überwachung ausreicht. *Cave* Übertherapie! Erst klären, ob Therapie notwendig ist (Vergiftungszentrale). Meistens sind Kinder zwischen 6 Mon. und 3 J. betroffen. Bei älteren Kindern und Jugendlichen kaum akzidentielle Vergiftungen, meist mehr oder weniger ernst gemeinte Suizidversuche.

- *Ingestion:* Einnahme eines potentiell gefährdenden Stoffes
- *Intoxikation:* Vergiftungserscheinungen durch Aufnahme einer Noxe.

Kurzanamnese

Wichtigste Fragen, die zu dokumentieren sind, auch schon, wenn telephonisch um Rat gefragt wird:

- Uhrzeit des Anrufes/der Vorstellung bzw. Aufnahme
- Name des Meldenden, bzw. Vorstellenden
- Alter, Zirka-Gewicht des Kindes
- Was wurde wahrscheinlich eingenommen
- Wieviel maximal/minimal
- Wann ist die Einnahme erfolgt
- Was ist bisher beobachtet worden
- Was ist bisher unternommen worden.

Überregionale pädiatrische Vergiftungszentralen

Berlin:	030 / 30 35 42 91
Wien:	222 / 43 43 43
Zürich:	011 / 2 51 51 51

Fußangeln und Fingerzeige

- Vergiftungen gehören in eine Kinderklinik. Meist ist Zeit zum Transport. Bei telephonischer Anfrage zumindest jüngere Kinder am besten gleich an eine Kinderklinik verweisen (sofern keine sehr langen Transportwege entgegenstehen). Transport im NAW anraten!
- Immer Medikamentenpackung bzw. Haushaltsmittel etc. mitbringen lassen!
- Bei Verdacht auf Verätzungen von Mund und Speiseröhre bereits telefonisch die Zufuhr von reichlich Milch per os empfehlen.

Initiales Vorgehen

- Klinische und orientierende neurologische Untersuchung (Bewußtsein? Krämpfe? Ataxie?)
- Bei Intoxikation zusätzlich BZ-Stix, evtl. BGA (weitere Laborwerte in der weiterversorgenden Klinik: z.B. Leberwerte, Elektrolyte, Gerinnung, Laktat
- *Besonders wichtig:* Asservierung von Serum, Magensaft, Urin, Stuhl etc. zur toxikologischen Untersuchung
- *In jedem Fall Rücksprache mit einer Vergiftungszentrale!*

Induziertes Erbrechen

- Die Entleerung des GI-Traktes ist hierbei vollständiger als bei einer Magenspülung, da der obere Dünndarm auch mit entleert wird, und eine Retroperistaltik entsteht.

- Mittel der Wahl (in der Regel nur in Kinderkliniken verfügbar): *Ipecacuanha-Sirup:* Bessere Wirkung bei vollem Magen, am besten z.B. Saft, Tee etc. nachtrinken lassen. Latenz bis Wirkungseintritt 15–20 Min.
  - *Dosis:* 9–12 Mon.: 10 ml; 12 Mon.-2 J.: 15 ml, darüber 15–30 ml. Falls innerhalb 20–30 Min. kein Erbrechen einsetzt, kann die Dosis noch *einmal* wiederholt werden
  - *Ind.:* Bei den meisten Ingestionsunfällen im Kleinkindesalter, wenn Giftmenge potentiell gefährlich
  - *KI:* Bewußtlosigkeit bzw. zunehmende Somnolenz (Aspirationsgefahr); Sgl. < 9 Mon. (evtl. toxisch, keine sichere Wirkung); Verätzung mit Säuren oder Laugen (vergrößert Schaden); schäumende Substanzen wie Spülmittel (erhöht Aspirationsgefahr); Benzin oder organische Lösungsmittel; Krampfanfälle; Schock
- *Alternative:* Apomorphin. Dosis 0,07–0,1 mg/kg einmalig s.c.; Wirkung wie Ipecac-Sirup, aber wesentlich schneller (nach ca. 5 Min.). KI wie bei Ipecac. Als NW ZNS-Depression möglich, RR-Abfall, Atemdepression, auch Nachschlaf, dadurch schlechtere klinische Verlaufsbeurteilung. Wegen vagotoner Wirkung evtl. mit Norfenefrin s.c. (z.B. Novadral®) kombinieren (Mischspritze möglich): Kleinkinder 0,3 mg/kg; Schulkinder 0,2 mg/kg. *Antidot bei NW* oder unstillbarem Erbrechen: Naloxon (Narcanti®) 0,1 mg/kg i.m.

Ipecac-Sirup ist eine feststehende Rezeptur (Rad. ipecac. pulv. 7,0; Glycerini 10,0; Sirupi Sacchari ad 100,0), *niemals verwechseln mit Ipecac-Fluidextrakt! Hochtoxisch!*

Magenspülung

Bei Sgl. < 9 Mon. und bei hochtoxischen Substanzen (z.B. Alkylphosphate). Möglichst erst in Kinderklinik! Bei Bewußtlosigkeit nur nach Intubation! *KI:* Bewußtlosigkeit ohne Intubation, Krampfanfall, Säure-/Laugenverätzung.

- Sicherer venöser Zugang; Gabe von Atropin 0,01 mg/kg. i.v., i.m.
- Möglichst dicke Magensonde; körperwarme NaCl-Lösung; Einzelspülung mit 5–10 ml/kg. So lange Spülen bis der Reflux klar ist
- Nach Ende der Spülung: Gabe von Aktivkohle (1–2 g/kg) und eventuell Glaubersalz (0,25 g/kg der 50%igen Lösung; langsam per Magensonde, da sonst Brechreiz!).

Forcierte Diurese, Dialyse und Hämofiltration bzw. Austauschtransfusion: sehr selten indiziert.

Aktivkohle

In vielen Fällen der Giftentfernung durch Erbrechen oder Magenspülung überlegen. Überdosierung nicht möglich, mind. 1 g/kg, am besten pulverförmige Kohle mit Wasser aufschwemmen und dann trinken lassen. Evtl. über Magensonde applizieren. Kohlekompretten können von Kindern meist nicht geschluckt werden (*Cave* Aspiration!).

Glaubersalz (Natriumsulfat)

Als Laxans zusätzlich zur Aktivkohle, um die Darmpassage zu beschleunigen, Dosis 0,25 g/kg. Bei darmlähmender Wirkung des Giftes (Schlafmittel, Psychopharmaka, Atropin) wirkungslos.

Spezifische Antidota (z.B. Digitalis-Antikörper; Komplexbildner bei Schwermetallen): nach Empfehlungen der Giftzentrale.

13.4.5 Verbrennung

Gradeinteilung ☞ Tab. 13.6; zur Beurteilung der Ausdehnung der thermischen Schäden ☞ Abb. 13.10.

Tab. 13.6: Gradeinteilung bei Verbrennungen und Verbrühungen

Grad I	Erythem, Ödem der Epidermis, lokale Schmerzen. Nur Epidermis betroffen, Heilung ohne Narbe.
Grad II	Erythem mit Blasenbildung, starke Schmerzempfindlichkeit. Ausdehnung in das Korium mit Teilnekrose der Epidermis, Reepithelialisierung von intakten Hautanhangsgebilden ausgehend.
Grad III	Blaß-weiß, keine Blasenbildung, gering oder nicht schmerzhaft. Nekrose von Epidermis und Korium einschließlich Hautanhangsgebilde, Heilung durch Epithelwachstum vom Rand her oder durch Deckung mit Hauttransplantaten.
Grad IV	Betroffene Areale schwarz, trocken, lederartig, indolent. Verkohlung, Ausdehnung der Nekrosen bis in die Subcutis, Beteiligung der Muskulatur und anderer tiefer Strukturen.

Vorgehen

- *Erste Maßnahmen:* Verbrannte Haut sofort mit kaltem Wasser kühlen (Berieselung mit Leitungswasser ca. 12–20 °C über ca. 15–20 Min.; sinnvoll bis 1 h nach dem Verbrennungsereignis), anschließend steril abdecken. Bei Säugling und Kleinkind wg. möglicher Hypothermiegefahr → Kühlung auf 10–15 Min. begrenzen.
- Einschätzung des Schweregrades und der Ausdehnung der Verbrennung: hierzu lose Kleider entfernen (anklebende Kleiderreste bei Feuerverbrennung jedoch belassen); Bewertung nach den Kriterien in Tab. 13.5. *Faustregel:* Handfläche des Pat. (Handwurzel bis Fingerspitzen) entspricht 1 % der Körperoberfläche. Flächenausdehnung wird meist überschätzt, Tiefenausdehnung meist unterschätzt. Korrekte Beurteilung meist erst nach 4–5 Tagen möglich.
- Anschließend sterile Abdeckung (burn-pacs Metaline, zur Not sterile Leinentücher).

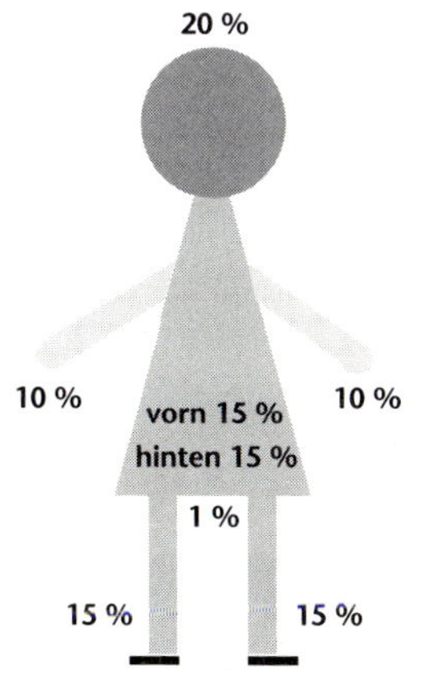

Abb. 13.10: Schema zur Einschätzung der verbrannten Fläche beim Kleinkind/Säugling

Stationäre Versorgung: bei Verbrennungen 2. Grades 5 % der Körperoberfläche bzw. bei Verbrennungen 3. Grades > 2 % der Körperoberfläche sowie bei Inhalationstrauma.

Vor Transport

- Venöser Zugang
- Volumenzufuhr (ab 10 % verbrannter Körperfläche oder bei Transportdauer > 30 Min.): NaCl 0,9 % oder Ringer-Laktat 20–40 ml/kg über 1 h, ggf. wiederholen (häufigster Fehler: Unterdosierung der Flüssigkeit – bei 20 % Verbrennung Grad II-III oder Verbrühung Verlust von ca 20–30 ml/kg innerhalb der 1. Stunde!). Keine Plasma-Expander oder Flüssigkeits-Lösungen!
- Analgetika, z.B. Pethidin (Dolantin®) 0,5 mg/kg beim nicht intubierten Patienten, intubiert bis 2 mg/kg
- Bei größeren Verbrennungen O_2-Vorlage 100 % (stets Gefahr von Rauchvergiftung)
- Bei Dyspnoe, Stridor, Zyanose, Verbrennungen im Bereich des Gesichts und Halses oder Rußpartikel im Sputum an ein Ödem der Atemwegsschleimhaut bzw. eine Rauchvergiftung denken. Atemwege können rasch zuschwellen. Anästhesist hinzuziehen. *Ther.:* Sicherung der Atemfunktionen durch
  - Glukokortikoidspray (z.B. Dexamethason-Spray (Auxilosan®), 2–4 Hübe initial, dann alle 3–5 Min. 1 Hub
  - Intubation
  - Schnellstmöglicher Transport!
- Möglichst frühzeitiger begleiteter Transport
  - Bei Verbrennungen 2. Grades > 15 % (Sgl.) oder > 20 % (ältere Kinder) oder Verbrennungen 3. Grades > 10 % bzw. bei Lokalisation im Gesicht, Perinealbereich, an Händen oder Füßen Verlegung primär in ein Verbrennungszentrum. Nachweis freier Betten über die zentrale Anlaufstelle „Schwerverbrannte" ☞ 13.4.4
  - Ansonsten in eine Kinderklinik
- Überwachung (auch während des Transports): Atmung und Kreislauf (Herzfrequenz, Blutdruck).

13.4.6 „Kleine" Notfälle

Insektenstich

Zwar entsteht das Problem des Insektenstichs meist tagsüber, aber oft werden Schwellungen erst abends beim Ausziehen bemerkt und führen dann zur Vorstellung. Zwei Probleme: Übermäßige Lokalreaktion: Schwellung über zwei benachbarte Gelenke hinaus (meist harmlos). *Allgemeinreaktion:* meist als anaphylaktische Sofortreaktion, selten auch als toxische Reaktion durch übermäßige Giftmenge (viele Stiche oder intravasaler Stich).

Vorgehen

- *Bei übermäßiger Lokalreaktion:* Bei starkem Juckreiz, z.B. Dimetinden (z.B. Fenistil®, 20 Trpf. beim Kleinkind, 40–60 Trpf. beim Schulkind). Juckreizstillende Gels sind weniger sinnvoll, nach Antrocknung entsteht ein Spannungsgefühl wodurch kleinere Kinder erneut kratzen. Beratung, sich bei der Entwicklung von Allgemeinreaktionen (Symptomatik s.o.) sofort an einen Arzt zu wenden.
- *Bei Allgemeinreaktionen:*
  - Stachel entfernen (Pinzette, Giftsack wenn möglich nicht quetschen)
  - Bei leichter Reaktion: Antihistaminika p.o. (s.o.) und Prednisolon p.o. (z.B. Decortin H® 40–80 mg)
  - Bei schwerer Allgemeinreaktion (Atemnot oder Schocksymptome) ☞ 13.4.2.

Zeckenbiß

Komplikationen können durch lokale Entzündung (selten) und Übertragung von Krankheitserregern (FSME und Borrelien, ebenfalls selten) entstehen. Zecke möglichst bald nach Biß entfernen (Erregerübertragung findet erst Stunden nach dem Biß statt).

Vorgehen

Zecke mit feiner, am Ende gebogener Pinzette möglichst hautnah unterhalb des Kopfes fassen und vorsichtig herausziehen. Evtl. verbliebene Teile des Kopfes/Stechapparates werden i.d.R. von selbst durch die lokale Entzündungsreaktion abgestoßen. Anschließend lokale Desinfektion.

Fußangeln und Fingerzeige

Keinesfalls die Zecke durch „Ersticken" (Öl, Nivea-Creme, Anbrennen) unter Streß setzen. Sie erbricht den Darminhalt in den Stichkanal, was bei mit Borrelien infizierten Zecken zu einer Übertragung der Erreger führt.

Sonnenstich und Hitzschlag

Sonnenstich („heat exhaustion"): allmählicher Beginn, normale bis leicht erhöhte Temperaturen, nicht über 39 °C. Feuchte Haut, starkes Schwitzen; Durst. Kind trübe, erregbar, desorientiert, evtl. Kopfweh, Nausea, Erbrechen
Hitzschlag („heat stroke"): Temperatur > 41 °C, Tachykardie mit fadenförmigem, schnellem Puls; Kreislaufkollaps; heiße trockene Haut; Bewußtseinsstörungen, Erregung, Krampfanfälle, Koma.

Vorgehen (je nach Ausprägung des Hitzeschadens)

- Vitalfunktionen sichern ☞ 13.4.1
- O_2
- Patient kühlen (Kleider entfernen, Kaltwasserbad, Haut feucht halten (z.B. nasse Windel auf Bauch legen, sinkt die Temperatur nicht, Ventilator anstellen). Ziel: Kerntemperatur um 38,5 °C. Oberkörper 30–40 erhöht oder sitzend lagern (Hirnödem)
- Volumentherapie ☞ 13.5.7.

13.5 Wichtige Leitsymptome

13.5.1 Fieber

Erhöhung der Körpertemperatur über 38 °C rektal; sehr häufig. Fast immer infektiös bedingt, selten auch einmal als Begleitsymptom bei Kollagenosen/Vaskulitiden, Leukämie oder durch Exsikkose.

Ziel im Nachtdienst ist nicht die Diagnose der zugrundeliegenden Erkrankung, sondern der Ausschluß von Erkrankungen mit akutem bedrohlichem Verlauf (in der Regel Infektionskrankheiten).

Klinik des Fiebers
- Im Fieberanstieg: Kind zentralisiert (peripher kühl, Bauch sehr warm)
- Im Fieberabfall: Kind komplett warm.

Alarmzeichen in Verbindung mit Fieber
- Bewußtseinsstörungen (z.B. bei Sepsis, Enzephalitis, Meningitis)
- Krampfbereitschaft (Übererregbarkeit, erhöhter Muskeltonus) bzw. Krampfanfälle (z.B. bei Meningitis und bei Enzephalitis)
- Petechiale Hauterscheinungen: Verdacht auf septischen Verlauf mit Mikroembolie oder Thrombozytopenie (z.B. bei Meningokokken-Sepsis); andere Exantheme sind dagegen vor allem bei Viruserkrankungen relativ häufig
- Schocksymptomatik mit kühler, marmorierter Haut, schwachem Puls: z.B. bei septischem Schock oder bei Exsikkose (die bei länger bestehender Infektionskrankheit gar nicht so selten ist).

Vordringlich auszuschließende Erkrankungen bei Fieber

- *Sepsis* (jenseits des Neugeborenenalters seltener, vor allem beim älteren Kind oft verbunden mit Risikofaktoren, z.B. Thalassämie, Z.n. Milzentfernung, Glukokortikoidtherapie)
  - *Klinik:* Somnolenz, rascher körperlicher Verfall bis hin zum septischen Schock (☞ 13.4.2); Schüttelfrost; sehr hohes Fieber (außer bei Säuglingen, hier ist der Fieberverlauf nicht vorhersehbar); oft Erbrechen, Durchfall, uncharakteristische Exantheme. Blutungen (petechial oder großflächig) sind Alarmzeichen und Hinweis auf eine in Gang kommende DIC. Evtl. Hepatosplenomegalie
  - *Therapie:* Stabilisierung durch Fiebersenkung (☞ 13.6.4), Flüssigkeitstherapie, evtl. O_2; rascher Transport. Vorgehen bei septischem Schock ☞ 13.4.2
- *Meningitis:* meist Kleinkinder unter 5 J., vor allem die bakterielle Meningitis zeigt eine hohe Letalität und häufige Folgeschäden, rasches Handeln ist erforderlich!
  - *Klinik:* Meningismus (☞ 13.2.2, < 3 J. unsicher, bei Sgl. kaum verwertbar), oft hohes Fieber, Erbrechen (Hirndruck); Schonhaltung des Kopfes, Licht-

scheu, Berührungsempfindlichkeit, das Kind kommt meist auf dem Arm der Mutter in „komischer" bewegungsarmer Haltung; gestörte Mikrozirkulation (marmorierte Haut, wächsern aussehende Hände und Füße); Petechien oder Ekchymosen können Hinweis auf septischen Schock bzw. in Gang kommende Verbrauchskoagulopathie sein
- *Bei Säuglingen/jungen Kleinkindern* oft persistierend hartnäckiges Fieber, Apathie (oder auch körperliche Unruhe), Eintrübung, gräulich-schlechtes Aussehen; gespannte, evtl. vorgewölbte Fontanelle (kann bei gleichzeitiger Dehydratation infolge Erbrechens fehlen), Berührungsempfindlichkeit, Schreien bei passiver Beugung der Beine im Hüftgelenk, Krampfanfälle
- *Ther.:* Möglichst rascher Transport. *Keine Lumbalpunktion* (insbes. nicht bei eingetrübtem Bewußtsein – Gefahr der Einklemmung)! Bei schlechtem Zustand Schockther. (☞ 13.4.2). Antibiotische Blindtherapie nur nach Rücksprache mit Kinderklinik (z.B. bei weitem Transportweg und lange dauernder Stabilisierungsphase): z.B. Ceftriaxon (z.B. Rocephin®) 80–100 mg/kg (1 Dosis pro Tag) oder Cefotaxim (z.B. Claforan®) 200 mg/kg tägl. (4 Dosen pro Tag). Alternative Penicillin G 250 000 IE/kg tägl. (4 Dosen pro Tag). Eventuelle Gabe von Dexamethason mit Kinderklinik abstimmen
- *Akute Komplikationen:* Krampfanfälle, DIC mit lebensbedrohlichem Verlauf (Waterhouse-Friderichsen-Syndrom)

• *Enzephalitis* (meist Virusinfektion): meist hohes Fieber, Nackensteifigkeit in unterschiedlicher Ausprägung, verbunden mit Kopfschmerzen, Übelkeit und Erbrechen, im Gegensatz zur Meningitis meist neurologische Auffälligkeiten (besonders in der Motorik); Bewußtseinsstörungen bis hin zum Koma. Bei überwiegendem Befall des Kleinhirns: Ataxie. Therapie zunächst symptomatisch; rascher Weitertransport
• *Pneumonie* (kann besonders bei kleinen Kindern rasch zur Ateminsuff. führen): Tachydyspnoe, zentrale Zyanose, oft hohes Fieber, Apathie. Oft typischer Auskultationsbefund. Therapie bei akuter respiratorischer Insuffizienz ☞ 13.5.2. Rasch verlegen
• *Epiglottitis:* ☞ 13.5.4.

Vorgehen bei Fieber

• Anamnese: Oft ergeben sich hier schon Hinweise: Kontakt mit kranken Kindern? Ansteckungsmöglichkeiten? Vorerkrankungen (z.B. Harnwegsinfekte)? Anlaß der Vorstellung, sonstige Krankheitszeichen? (z.B. Stuhlgang, „Spukken", Nahrungsverweigerung).
• Nachmessen! Nicht alle häuslichen Messungen stimmen.
• Ist Kind evtl. zu warm angezogen (z.B. Wollmütze bei Säuglingen)?
• Körperliche Untersuchung: Racheninspektion, ganzes Integument, Lymphknotenstatus, Milz, auch Gelenke; evtl. Trommelfelle
• Fiebersenkung ☞ 13.6.4
• Bei allen Alarmzeichen (s.o.) die entsprechenden Sofortmaßnahmen einleiten (bei drohendem Schock ☞ 13.4.2, Eintrübung ☞ 13.4.3)
• Darüber hinausgehende Maßnahmen wie ausgefeiltes Labor oder das Hantieren mit Antibiotika im Nachtdienst unterlassen (einzige Ausnahme ist evtl. die akute Meningitis, s.o.)
• Rasche Verlegung in Kinderklinik.

Fußangeln und Fingerzeige

- Die Höhe des Fiebers ist für die Bedrohlichkeit des Zustands unerheblich; besonders Kinder zwischen 1 und 4 Jahren haben auch bei banalen Infekten rasch Fieber um 40–40,5 °C. Entscheidend sind die *Begleitsymptome:* Rosiges, „genervtes" Kind eher harmlos, grau-blaues, schlaffes und apathisches Kind bedrohlich.
- Hohes Fieber kann Kinder extrem stressen (Somnolenz, Nahrungsverweigerung, leichte Exsikkose, Gliederschmerzen). Oft ist eine vernünftige Beurteilung der Symptome hinsichtlich Grunderkrankung erst im Verlauf möglich.
- Wer sich bei der Einschätzung einer fieberhaften Erkrankung nicht ganz sicher ist, muß entweder dafür sorgen, daß das Kind innerhalb kurzer Zeit wieder bei einem Kinderarzt vorgestellt wird oder das Kind verlegen!
- Problematik des „Urinstix": an sich sinnvolle Möglichkeit zur Eingrenzung bei unklarem Fieber, das Problem ist allerdings die Gewinnung des goldgelben Untersuchungsguts: Klebebeutel sind in nicht-pädiatrischen Häusern kaum verfügbar und brauchen Zeit zur Füllung, das Hineindrücken eines Stix in die nasse (!) Windel erbringt oft falsch-positive Resultate (ernstzunehmende Hinweise nur bei hochpositiven Resultaten).
- Insbesondere bei Kleinkindern mit Fieberkrampfanamnese für rigorose Fiebersenkung sorgen (Maßnahmen ☞ 13.6.4)!
- Auch bei „harmlosem" Fieber und ambulanter Versorgung des Kindes nach vorangegangenen Fieberkrämpfen fragen und entsprechend an Fieberkrampfprophylaxe erinnern (siehe Kasten).

Fieberkrampfprophylaxe (*ab 2. Fieberkrampf* – zur Erinnerung der Eltern): Beim ersten Nachweis des Fiebers Diazepam-Rektiole applizieren, später dann evtl. bis zu 3 x tägl. ein Suppositorium. *Dosis:* Kinder < 3 J. 2,5 mg, Kinder > 3 J. 5 mg. *Dosis für Paracetamol:* Säuglinge 125 mg, Kinder < 3 J. 250 mg, Kinder > 3 J. 500 mg. Medikation für die gesamte Dauer der fieberhaften Erkrankung, längstens allerdings 3 Tage.

13.5.2 Dyspnoe/Akute respiratorische Insuffizienz

Die meisten Formen der respiratorischen Insuffizienz im Kindesalter sind von einer Dyspnoe begleitet (Ausnahmen: „neurologische" Auslöser, z.B. Apnoen bei Säuglingen, Hypoventilation bei Intoxikation oder Schädel-Hirn-Trauma).

Zeichen der respiratorischen Insuffizienz

- Dyspnoe (klin. Zeichen s.u.), Tachypnoe, Angst, Erregung
- Zyanose (rel. spätes Zeichen einer Hypoxie), Blässe (periphere Vasokonstriktion): bei primärer Hypoventilation als Auslöser (z.B. bei Intoxikation, Krampfanfall) oft das einzige Symptom. Für eine Zyanose müssen > 5 g/dl nicht-oxygeniertes Hb vorliegen; da Sgl. oft nur einen Hb von 11–12 g/dl haben, liegt oft nur Blässe vor und leicht bläuliche Lippen
- Zeichen des drohenden Atemstillstands:
  - Zunehmende Bewußtseinstrübung
  - Sinkende Atemfrequenz und nachlassende Atemanstrengung
  - Sinkende Pulsfrequenz.

Zeichen der Dyspnoe

- *Dyspnoe-Zeichen beim Säugling:* Tachypnoe (> 40/Min.), Nasenflügelatmen, Stöhnen, epigastrische, thorakale und juguläre Einziehungen, außerdem juguläre und epigastrische Einziehungen, „Schaukelatmung" (Abdomen wölbt sich vor; gleichzeitig zieht sich der Thorax zusammen)
- *Dyspnoe-Zeichen beim älteren Kind:* Wie beim Säugling; zusätzlich: sichtbare Benutzung der Atemhilfsmuskulatur, Tachypnoe, Orthopnoe.

Differentialdiagnostische Überlegungen bei akuter Dyspnoe

- Pneumonie (Fieber, Tachypnoe, evtl. asymmetr. Auskultationsbefund).
- Obstruktive Bronchitis und Asthma bronchiale (Vorwiegend exspiratorisches Giemen, verlängertes Exspirium, trockene Rasselgeräusche über allen Lungenabschnitten)
- Pseudocroup, Epiglottitis: Dyspnoe mit vorwiegend inspiratorischem Stridor ☞ 13.5.4
- Beim Säugling: Bronchiolitis: starke Dyspnoe ohne wesentlichen Auskultationsbefund. Oft RS-Virus bedingt
- Fremdkörperaspiration: meist verbunden mit Husten, evtl. asymmetrisches Atemgeräusch (nur bei einseitiger Totalobstruktion), lokalisierter Stridor bzw. Giemen, selten Ventilgeräusch. Typische Anamnese: Kind war allein beim Spielen, plötzlicher Hustenanfall
- Selten (und meist mit anamnestisch angegebenen Vorerkrankungen assoziiert): Atelektasen, Pneumothorax, Pleuraerguß, Perikarditis, Herzversagen mit Lungenödem.

Vereinfachte Differentialdiagnose bei Dyspnoe

- *Dyspnoe mit Fieber:*
  - meist hohes Fieber: Pneumonie, Epiglottitis
  - meist mäßiges Fieber: obstruktive Bronchitis, Pseudocroup
- *Dyspnoe mit Stridor* (Obstruktion der oberen Luftwege): Epiglottitis, Pseudocroup
- *Dyspnoe mit Giemen und verlängertem Exspirium* (Obstruktion der unteren Luftwege): obstruktive Bronchitis, Asthma bronchiale, beim Säugling evtl. Bronchiolitis (häufig auch stumm).

Fußangeln und Fingerzeige

Beim NG und jungen Säugling daran denken: In den ersten Lebensmonaten obligate Nasenatmung, bei Obstruktion der Nase kann es zu Dyspnoe kommen → Bei der Versorgung von Sgl. auf freie Nase achten (absaugen, evtl. abschwellende Nasentropfen geben, z.B. Oxymetazolin 0,01 %).

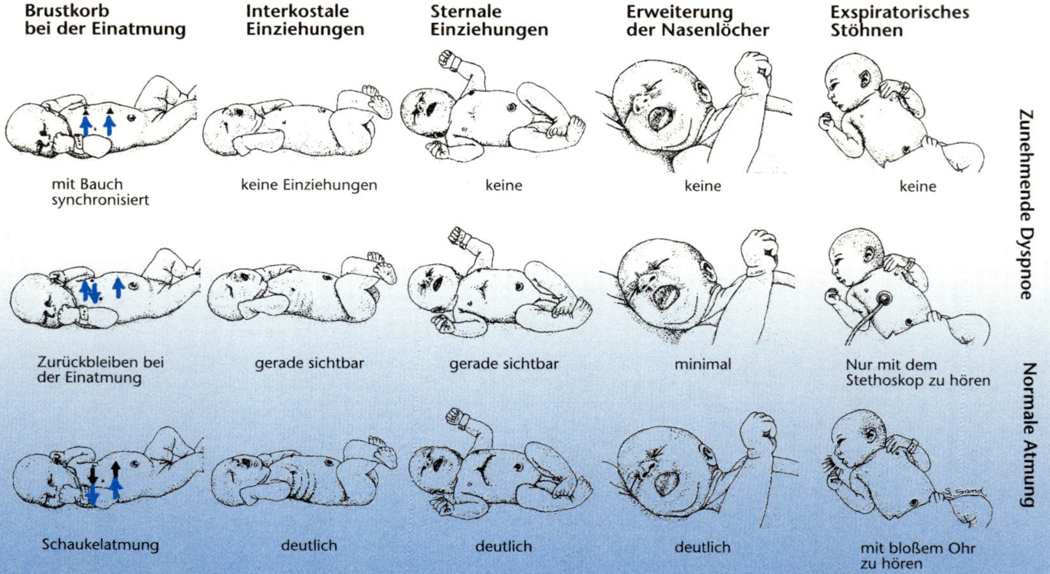

Abb. 13.11: Dyspnoe-Zeichen beim Säugling. Mit freundlicher Genehmigung aus: The Lippincott Manual of Nursing Practice, 5th ed., J.B. Lippincott Company

Vorgehen bei Dyspnoe/akuter respiratorischer Insuffizienz

- Applikation von O_2 (Methoden ☞ 13.6.1)
- Rachen vorsichtig inspizieren (Fremdkörper? – extrem selten). Vorsicht bei Stridor (→ V.a. Epiglottitis, s.u.): *keinesfalls* Manipulation an den Atemwegen!
- Lagerung: orthopnoeische Kinder *nicht* zum Liegen zwingen!
- *Keine* medikamentöse Sedierung (reduziert Atemantrieb), Beruhigung durch die Eltern, evtl. Kind auf den Arm der Mutter – Angst erhöht den O_2-Bedarf!
- Evtl. Blutgase und Pulsoximetrie (*cave:* bei Minderperfusion evtl. fehlerhafte Werte der Pulsoximetrie. Werte müssen zum klinischen Verlauf passen!)
- Bei drohender Dekompensation Intubation (☞ 13.4.1). Kriterien:
  - Hypoxämie trotz suffizienter O_2-Vorlage (Zyanose, Sättigung < 85 %–90 %)
  - Zeichen des drohenden Atemstillstands (s.o.)
- Begleitende Maßnahmen: Fiebersenkung (☞ 13.6.4), Flüssigkeitsausgleich (venösen Zugang legen)
- Wann immer zeitlich möglich: Abklärung der Ursache (*DD* s.o.) und entsprechende zielgerichtete Maßnahmen.

Obstruktive Bronchitis und Asthma bronchiale

Ätiologisch und pathogenetisch zwar unterschiedlich, vom Management aber überwiegend ähnlich zu behandeln.

- *Obstruktive Bronchitis:* Bronchitis mit sekundärer obstruktiver Komponente, meist liegt ein Virusinfekt zugrunde, zum Teil durch allergische, Streß- oder anstrengungsbedingte Komponenten verstärkt.
- *Asthma bronchiale:* bronchiale Hyperreagibilität/Dysregulation; im Kleinkindalter meist durch Infekte ausgelöst, im Schulkindalter häufiger durch Allergene. Im Vordergrund steht die Dyskrinie (zäher Schleim) sowie die beta-adrenerge Stimulation, mit Überblähung.
- *Sonderform beim Säugling: Bronchiolitis.* Obstruktive Erscheinungen v.a. durch Sekretobstruktion und Zuschwellen der noch sehr engen Atemwege. Oft RSV-bedingt. Schwere und nicht „typisch obstruktive" Symptomatik (oft leises Atemgeräusch ohne trockene RGs): Im Vordergrund steht Tachypnoe, Zyanose, Einziehungen, verlängertes Exspirium (für Nichtgeübten schwierig zu beurteilen). *DD* Pneumonie. Vorgehen: O_2-Vorlage und rascher Transport; Beatmung nicht selten erforderlich (*Ind.:* Hyperkapnie/Erschöpfung).

Klinik von Asthma bronchiale und obstruktiver Bronchitis

Speziell im Kleinkindalter sind die beiden Formen kaum zu trennen.

- Exspiratorische Dyspnoe, Tachypnoe, trockener Husten. Auskultatorisch Giemen, Brummen, verlängertes Exspirium. Bei Kleinkindern häufig Bauchschmerzen
- Bei schwerer Obstruktion *(Alarmzeichen)*: Benutzung der Atemhilfsmuskulatur, Angst, Unruhe, Zyanose, Bewußtseinstrübung.

Procedere

- *Leichte Obstruktion:* Eltern und Kind beruhigen, Inhalation mit Salbutamol (D: Sultanol®, Vomac®, Loftan®, u.a., CH: Ventolin®, Dosis s.u.), ausreichend Flüssigkeit trinken lassen
- *Mäßige Obstruktion:* Wie oben, O_2-Vorlage. Inhalation evtl. 1/4 stündl. wiederholen bis Besserung

- *Schwere Obstruktion* (rasche Verlegung auf Intensivstation):
  - Sauerstoffvorlage
  - Dauerinhalation: Salbutamol oder anderes β_2–Mimetikum. Dosis s.u.
  - Venöser Zugang: Flüssigkeitsther.: Ringer 20 ml/kg über 1 h, dann Erhalt ☞ 13.6.2
- I.v. Medikamente zusätzlich zur Dauerinhalation:
  - Prednisolon (z.B. Ultracorten H®) 2 mg/kg i.v. alle 4–6 h. Wirkungseintritt erst nach 4–6 h
  - Salbutamol i.v. (0,2–4 µg/kg/Min.), nur unter Intensivüberwachung, NW: Tachykardie (s.u.)
  - Aminophyllin (z.B. Theophyllin®) i.v.: Ladedosis 6 mg/kg i.v. als Kurzinfusion über 20 Min., Erhalt: 10–30 µg/kg/Min. Gegenüber Dauerinhalation mit β-Mimetika nur beschränkte zusätzliche Wirkung. *Alternative:* Aminophyllin rektal: 3–6 mg/kg
- Beim schwersten Anfall und fehlendem venösen Zugang: Adrenalin 10 µg/kg s.c. *NW:* Erbrechen, Tachykardie
- Initiale Pulsfrequenz beachten: Oft besteht hochgradige Tachykardie 160–200/Min., die sich bei Ansprechen der Therapie etwas bessert. Tachykardie durch Inhalation tritt bei richtiger Dosierung selbst bei Dauerinhalation erst ab frühestens 15–20 Min. auf. Tachykardie bis 200 vorübergehend tolerabel, wichtiger ist die suffiziente Atmung. Erfolgskriterium: Klinisch, bei respiratorischer Azidose: Absinken des pCO_2
- *Häufigster Fehler:* Zu wenig forsche inhalative Therapie, zu rasche Reduktion der Inhalationsfrequenz
- Inhalative Steroide und Cromoglycinsäure sind im akuten schweren Asthmaanfall nicht indiziert
- Bei Status asthmaticus und drohendem Atemstillstand: Anästhesist hinzuziehen. Evtl. Intubation, evtl. Halothannarkose. Verlegung mit NAW auf Kinderintensivstation.

Regeln zur inhalativen Therapie mit β-Mimetika beim Asthmaanfall

Alter des Kindes: Inhalation bei < 4-jährigem Kind am besten über Druckvernebler (Wandanschluß) oder elektrisches Inhaliergerät (z.B. Pari-Boy®); Maske möglichst dicht vorhalten, viele Kinder tolerieren Aufsetzen der Maske nicht; immer mit Sauerstoff. Ultraschallvernebler meist ungeeignet. Dosierungsaerosol („Spray") erst ab ca. 7. Lj. sinnvoll, bei gleichzeitiger Verwendung einer Inhalierhilfe („Spacer", z.B. Volumatic®) ab 4–7 J. Wenn nur Dosieraerosol verfügbar: im Notfall auch bei kleinen Kindern versuchen (Hübe in Inspiration hinein).

Medikamente und Dosierung:

Im Druckvernebler (Trägersubstanz: isotone NaCl-Lösung):

- Salbutamol (z.B. Sultanol®, CH: Ventolin®) oder Terbutalin (z.B. Bricanyl®) 3–10 Trpf. je nach Alter oder 0,1–0,15 mg/kg in z.B. 2 ml NaCl. Inhalation über 20–30 Min., stets mit O_2-Druck! Wiederholung je nach Klinik (bis 1/2 stündlich), auf kardiale NW (Tachykardie) achten. Bei schwerstem Asthma evtl. Dauerinhalation.
- Dosieraerosol (z.B. Sultanol®-Dosieraerosol): 2–4 Hübe; max. 3–4 stündl.

Vorgehen bei Dosieraerosolen
- Spray schütteln, bei längerer Nichtbenutzung einen Hub in die Luft geben, um Düse freizusprühen und Funktion zu prüfen
- Tief ausatmen, in den Mund nehmen (richtig herum, Patrone nach oben)
- Spray zu Beginn der Inspiration betätigen
- Tief einatmen, einige Sek. Luft anhalten, langsam durch die Nase ausatmen.

13.5.3 Zyanose

- Zeichen der zentralen Zyanose: auch gut durchblutete Hautbezirke, z.B. Zunge, Konjunktiven, sind zyanotisch
- Zeichen der peripheren Zyanose (=Ausschöpfungszyanose): Akren sind zyanotisch (bei Säuglingen auch das Munddreieck); Sättigung > 90 %.

Differentialdiagnostische Überlegungen bei Zyanose

Periphere Zyanose
- Hypothermie (v.a. bei Säuglingen und Neugeborenen) → Wärme applizieren und erneut inspizieren
- Herzinsuffizienz
- Durch Zentralisation und Mikrozirkulationsstörungen bei: Sepsis (☞ 13.4.2), Schwerem Schock (☞ 13.4.2), Exsikkose ☞ 13.5.7
- Polyglobulie: jenseits des Neugeborenenalters sehr selten.

Zentrale Zyanose

Wichtige Frage: pulmonale oder kardiale Ursache? Zentrale Zyanose im Kindesalter bei Notfallsituationen meist pulmonal bedingt. Differenzierung: Maximale O_2-Vorlage: Bei pulmonaler Ursache steigt Sättigung, bei kardialer Ursache ändert sie sich praktisch nicht.

- Obere Atemwegsobstruktion (oft mit inspiratorischem Stridor: z.B. Pseudocroup, Epiglottitis; ☞ 13.5.4)
- Untere Atemwegsobstruktion (oft mit Giemen, verlängertem Exspirium: z.B. obstruktive Bronchitis, Asthma bronchiale; ☞ 13.5.2)
- Pneumonie: Fieber, Tachy-Dyspnoe, Nasenflügeln
- Hypoventilation z.B. im Rahmen eines Krampfanfalls oder Intoxikation
- Herzfehler mit Rechts-Links-Shunt (selten)
- Selten: Pneumothorax, Pleuraerguß, Sepsis, Meningitis).

Vorgehen bei Zyanose
- O_2-Gabe (☞ 13.6.1). V.a. bei Sgl. und Neugeborenen mit peripherer Zyanose Wärme applizieren und erneut inspizieren
- Atemwege frei? (insbes. Neugeborenes → evtl. absaugen)
- Kurze Orientierung über die Ursache:
  - *Anamnese:* akut oder chronisch? Kardiale oder pulmonale Vorerkrankungen? Medikamente? Verschluckter Fremdkörper (z.B. Erdnuß)? Hinweise auf Intoxikation? Vorausgegangener Krampfanfall? Vorangegangene Krankheitssymptome (Fieber, „komische" Atemgeräusche, Husten)?

- *Befund:* Vorsichtige Racheninspektion (z.B. sichtbare und geschwollene Epiglottis? Cave: Keine weitere Manipulation bei V.a. Epiglottitis, ☞ 13.5.4), Auskultation (Hinweise auf obere/untere Atemwegsobstruktion, Pneumonie? Herzgeräusche?); Schockzeichen (Vorgehen bei Schock: ☞ 13.4.2); Exsikkosezeichen (Vorgehen bei Exsikkose ☞ 13.5.7), Hinweise auf Herzinsuffizienz (Ödeme, Hepatomegalie, Vorgehen ☞ 13.4.2)
- Vorgehen bei Atemwegsobstruktion ☞ 13.5.2 und 13.4.1
- Bei vitaler Gefährdung Intubation ☞ 13.4.1.

Vereinfachte Differentialdiagnose bei Zyanose
- *Zyanose mit Fieber:* V.a. Infektion, z.B. Pneumonie, obstruktive Bronchitis, infektinduziertes Asthma
- *Zyanose mit Husten:* V.a. Pneumonie oder Fremdkörperaspiration
- *Zyanose mit Röcheln:* V.a. Fremdkörperaspiration
- *Zyanose mit Giemen/exspiratorischer Dyspnoe:* V.a. obstruktive Bronchitis, Asthma bronchiale.

13.5.4 „Komisches" Atemgeräusch

Stridor

Pfeifendes Atemgeräusch als Hinweis auf *Obstruktion der oberen Luftwege,* meist inspiratorisch (selten auch exspiratorisch), auf Distanz hörbar.

Differentialdiagnostische Überlegungen
- Obstruktive Laryngotracheobronchitis (Viraler Croup oder „Pseudocroup"): *am häufigsten*
- Epiglottitis: *am gefährlichsten;* seit Einführung der HiB- Impfung sehr selten
- Bakterielle Tracheitis („membranöser Croup")
- Selten: Laryngealer Fremdkörper, große Tonsillen (z.B. bei Pfeiffer'schem Drüsenfieber), retropharyngealer Abszess, Rauchgasvergiftung, Quincke-Ödem, Diphtherie.

Vorgehen
- Bei der Racheninspektion *keinen* Spatel verwenden!
- Kind *nicht* hinlegen (kann Obstruktion verschlimmern)
- Wichtigste Frage: liegt eine Epiglottitis vor oder nicht (→ Notfall!). Differentialdiagnose Pseudocroup-Epiglottitis ☞ Tab. 13.8. Vorgehen bei Epiglottitis: s.u.
- Hinweise auf Pseudocroup? (bellender Husten, heisere Stimme; Verschlechterung bei oft schon 1 oder 2 Tage bestehendem „Halsweh", Verstärkung in den Abend-/Nachtstunden). Vorgehen bei Pseudocroup s.u.

Epiglottitis und Pseudocroup

Tab. 13.8: Unterscheidungskriterien zwischen Pseudocroup und Epiglottitis

	Pseudocroup	Epiglottitis
	Symptome	
Fieber	meist leicht	> 39–40 °C, oft Sepsis-ähnliches Bild
Speichelfluß	kaum	sehr stark („karchelnde" Atmung)
Schluckstörung	keine	meistens
Lageabhängigkeit der Symptome	keine	in Rückenlage oft Verschlechterung
Heiserkeit	ausgeprägt	kaum, dafür „hot potatoe voice"
Halsschwellung	wenig	meist stark
Anamnese	oft Infekt, langsamer Beginn	keine Hinweise, schneller Beginn (innerhalb von Stunden)
Husten	„bellender" Husten	schwach oder keiner
	Risikofaktoren	
Alter	meist < 4 J.	meist 2–5 J.
Tageszeit	oft abends, nachts	ganztags
Rezidive	häufig	selten

Vorgehen bei Epiglottitis

Eine Epiglottitis kann jederzeit zur Atemwegsverlegung führen. Eine Intubation ist allerdings nur dann zu rechtfertigen, wenn die Möglichkeiten zur fachgerechten Intubation unter erschwerten Bedingungen gegeben sind (nur vom Geübten durchzuführen!). Mißlungene Versuche führen zur Katastrophe.

- Alle Maßnahmen auf das essentielle Minimum beschränken! Insbesonders keine Manipulation im Bereich der Mundhöhle, die Epiglottis kann schlagartig anschwellen und die Atemwege vollends verlegen. Deshalb wenn möglich erfahrenen Anästhesisten hinzuziehen
- O_2-Inhalation
- Ggf. Maskenbeatmung, am besten sitzend (auch im äußersten Notfall ist Maskenbeatmung bei Epiglottitis meist noch möglich). Inspektion des Rachens nur unter Beisein des Anästhesisten bzw. eines in der Intubation erfahrenen Kollegen
- Bei Bestätigung (Epiglottis rot und geschwollen sichtbar) Intubation durch erfahrenen Anästhesisten, möglichst unter Halothan-Einleitung. Beatmung meist nicht nötig, die Kinder können spontan atmen, wenn sie den Tubus tolerieren.

Reflektorische Herz-/Atemstillstände können bei Epiglottitis durch harmlose Maßnahmen (Racheninspektion) ausgelöst werden!

Vorgehen bei Pseudocroup

In der Regel gute Prognose; Intubation ist selten erforderlich. Trotzdem Weiterleitung in Kinderklinik anstreben.

- Therapie der einzelnen Schweregrade ☞ Tab. 13.9. Oft gutes Ansprechen auf Adrenalin-Inhalation: Inhalation mit Suprarenin 2–5 Amp 1:1000 à 1 mg (Druckvernebler). O_2-Flow 4–5 l; die Maske dem Kind nicht aufsetzen (führt zu Angst mit Verstärkung der Symptomatik), es kommt beim „Davorhalten"

meist genügend an. Puls-Monitoring (*cave* Frequenz > 200/Min.); Rebound-Effekt kann auftreten! *Alternative:* Abschwellung mit Adrenalin-Medihaler versuchen (2–3 Hübe, Schulkinder 4–5 Hübe. Dosis kann nach 10 Min *einmal* wiederholt werden)
- Gabe eines rektalen Steroids (z.B. Rectodelt® supp, 100 mg) ist Ermessenssache, Wirkung tritt erst nach 1–2 h ein.

Tab. 13.9: Klinik und Therapie des Pseudocroup

Grad	Symptome	Therapie
I	Bellender Husten, Heiserkeit, leichter inspiratorischer Stridor	Frische (kalte) Luft, ausreichend Flüssigkeit (kalte Getränke), keine Hektik, evtl. feuchte Tücher über die Heizung, Dusche laufen lassen (Wasserdampf).
II	Stärkerer Stridor. Zusätzlich: leichte Atemnot, kaum Einziehungen	Inhalation mit Suprarenin (Dosierung und Vorgehen wie bei Epiglottitis s.o.), kaltvernebelte Luft
III	Starker Stridor, deutliche Atemnot, Einziehungen, Tachykardie	Zusätzlich: Steroid, z.B. Rectodelt® supp. 100 mg
IV	Starke Dyspnoe, Stridor bei langsamerer Atmung wieder leise, Zyanose, evtl. Bewußtseinsstörung, muskuläre Hypotonie	Sofort Intensivstation. *Zusätzlich zu III:* Sauerstoff (Intubation), Sedierung

Fußangeln und Fingerzeige
- Pseudocroup verschlechtert sich durch Streß, daher unnötige Blutentnahme und sonstige Verunsicherung des kleinen Patienten vermeiden; i.v. Glukokortikoide nur im Notfall; unbedingt die Eltern beim Kind lassen
- Bei Pseudocroup oft Rezidiv in der folgenden Nacht → Eltern darauf hinweisen
- Sedierung (z.B. mit Diazepam-Rektiolen 2,5 mg) erwägen.

Giemen

Zeichen der Obstruktion der unteren Luftwege: Bei der Auskultation pfeiffendes, quietschendes, sehr wechselndes Nebengeräusch durch Sekret oder Obstruktion, v.a. endexpiratorisch, evtl. vor dem Mund, manchmal auch auf Distanz hörbar.

Nicht mit Stridor verwechseln (inspiratorisch, aus der Distanz hörbar, Zeichen der Obstruktion der *oberen* Atemwege).

Differentialdiagnostische Überlegungen bei Giemen
Asthma bronchiale bzw. obstruktive Bronchitis (☞ 13.5.2); Fremdkörper (☞ 13.4.1); evtl. bei Bronchitis und Pneumonie; alle anderen Ursachen selten.

13.5.5 Bauchschmerz und akutes Abdomen

Anhaltendes oder intermittierendes Schreien eines Säuglings, das sich nicht unterbrechen läßt, ist bis zum Beweis des Gegenteils verdächtig auf ein akutes Abdomen. Andererseits können gerade beim Säugling auch lebensbedrohliche Störungen im Bereich des Abdomens ohne wesentliche klinische Symptome auftreten!

Differentialdiagnostische Überlegungen bei Bauchweh

- Akute Gastroenteritis (anamnestisch oft Umgebungserkr., z.B. bei Geschwistern, im Kindergarten; geblähtes Abdomen, Fieber, Diarrhoe, Erbrechen)
- Appendizitis (häufige Ursache! Kinder meist > 2 J. Klinischer Befund ☞ s.u.
- Invagination (meist < 3. Lj.): meist urplötzlicher Beginn der Schmerzen (z.B. aus dem Schlaf heraus. Dann anhaltende Schmerzen, Blässe, Lethargie, evtl. tastbare Walze bei der Abdomenpalpation, evtl. blutig-schleimiger Stuhl (Spätsymptom!). *Cave* sekundäre „Verbesserung“: Wenn Darm vollständig stranguliert ist, lassen auch die Schmerzen nach
- Extra-intestinale Ursachen (häufig!): Kinder „spüren“ viele Schmerzen und Unwohlsein im Bauch: z.B. bei Otitis media, Harnwegsinfekt, Pyelonephritis, Pneumonie, Ketoazidose bei längerer Nahrungskarenz (azetonämisches Erbrechen), aber auch bei Diabetes mellitus, Leukämie
- Hodentorsion (Skrotalschwellung und -verfärbung)
- Akute Obstipation (Anamnese, eher selten)
- Peritonitis (primär sehr selten, meist sekundär z.B. bei Appendizitis, Invagination): diffuse Abwehrspannung, vorgewölbtes Abdomen, Fieber.

Beim Säugling kommt zusätzlich in Betracht:
- Inkarzerierte Hernie (Leiste, Nabel)
- Volvulus (galliges Erbrechen, Schreien, blutige Stühle)
- Trimenon-Koliken: wichtige *DD*! Kind in gutem Zustand, läßt sich durch Tragen und Autofahren beruhigen, keine Begleitsymptome, stets Ausschlußdiagnose!

Bei größeren Kindern *DD* wie beim Erwachsenen ☞ 8.1.

Diagnostisches Vorgehen bei Bauchschmerzen

- Klinische Untersuchung des gesamten Körpers ☞ 13.2.2
- Beurteilung *des B*auches bei Sgl. und Kleinkindern: nicht einfach (entweder das Kind strampelt oder es schreit... ☞ 13.2.2). Alarmzeichen (→ Akutes Abdomen):
  - Peritonismus (lokalisierte Schmerzempfindlichkeit, Stuhlverhalten, Abwehrspannung, fehlende Darmgeräusche, Fieber)
  - Zeichen der Obstruktion (Erbrechen, geblähter, aufgetriebener Bauch, Obstipation, hochgestellte Darmgeräusche)
  - Zeichen der gastrointestinalen Blutung

- Rektale Untersuchung (nur bei begründetem Verdacht – kleiner Finger!): Blut am Fingerling: Spätzeichen bei Invagination und Volvulus; bei Rhagaden an chron. Obstipation denken (Inspektion! sehr schmerzhaft!).

Vorgehen bei akutem Abdomen

Verlegung in Kinderklinik bzw. Kinderchirurgie, eventuell ist vorher eine Stabilisierung erforderlich (bei Schockzeichen oder schwerer Dehydratation: Infusionsther. ☞ 13.6.2).

Fußangeln und Fingerzeige

- Wenn (rasch) verfügbar, Chirurgen hinzuziehen
- Schmerzmittel bei Kindern erwägen (genausogut wie eine Symptomatik „verschleiert" werden kann, kann die Beurteilung durch Reduktion des Gejammers erleichtert werden); in jedem Fall Medikation dem nachfolgenden Untersucher mitteilen.

Appendizitis

- Abdominalschmerzen, zu Beginn oft diffus, später im rechten Unterbauch (kann erst > 4–5 J. angegeben werden)
- Evtl. Erbrechen, Fieber, Diarrhoe, Tachykardie, Hinken; Schmerzen beim Hüpfen
- Lokale Abwehrspannung, Druckdolenz (mit der Hand palpieren und mit den Augen im Gesicht lesen!)
- Diagnose erfolgt klinisch (inkl. rektale Untersuchung)! Blutbild (Leukozytose), CRP können die Diagnose unterstützen. Sono nur von wirklichen Großmeistern.

13.5.6 Erbrechen

Differentialdiagnostische Überlegungen

- Liegt überhaupt ein Erbrechen vor? Ein gewisses Spucken nach den Mahlzeiten (z.B. mit dem „Bäuerchen") ist normal
- Infektiöse Ursachen: häufigste Ursache des „echten" Erbrechens. Hierbei ist beim Kind allerdings nicht nur an die Gastroenteritis zu denken, sondern auch z.B. an Otitis media, Inf. der Atemwege, Harnwegsinf., Hepatitis (selten)
- Nahrungsmittelvergiftung (Gruppenanamnese)
- Appendizitis ☞ 13.5.5
- Meningitis, Enzephalitis ☞ 13.5.1
- Alle anderen DD sind selten oder auf ein bestimmtes Lebensalter beschränkt, z.B.:
  - Pylorushypertrophie („Pylorusstenose" 1. Woche bis 6. Monat): Erbrechen *im Schwall* nach jeder Mahlzeit, schlechtes Gedeihen, oft Exsikkose, Alkalose wg. Magensaftverlust
  - Hiatushernie und Gastroösophagealer Reflux: „Spucken" nach den Mahlzeiten (kleine Mengen, nicht im Schwall), gutes Gedeihen; selten akut
  - Invagination (Sgl. und Kleinkind): intermittierende, kolikartige Bauchschmerzen, Erbrechen, Blässe, Apathie, schockartiges Bild, blutig-schleimiger Stuhl als Spätsymptom)

- Nahrungmittelintoleranzen/-allergien
- Metabolische und toxische Ursachen: Adrenogenitales Syndrom mit Salzverlust, diabetische Ketoazidose
- Erhöhter Hirndruck, z.B. bei Sonnenstich
- Migräne (ab Schulkind)
- Azetonämisches Erbrechen: Kleinkind- und frühes Schulalter; schwer beeinflußbare Brechattacken mit gleichzeitiger azetonämischer Entgleisung (obstähnlicher Geruch), Apathie, Azidose-Atmung, häufig Kopfschmerzen.

Vorgehen

Kinder neigen zum Erbrechen. In aller Regel sind die Ursachen banal. *Wichtigstes Ziel im Nachtdienst: Ausschluß einer nicht-banalen Form.*

- *Ausschluß einer Meningitis:* Erbrechen assoziiert mit meningitischen Zeichen (☞ 13.2.2) und evtl. „typischer" Klinik (☞ 13.5.1). Typisches Alter: 1–5 J. Vorgehen ☞ 13.5.1
- *Ausschluß eines akuten Abdomens* (z.B. Appendizitis, Invagination): Erbrechen assoziiert mit akutem Bauch (☞ 13.5.5); wenn Fieber, meist nur mäßig
- *Ausschluß von Komplikationen des Erbrechens:* Wichtig! Bei länger anhaltendem Erbrechen kommt es v.a. bei Säuglingen schnell zur Exsikkose → Hydratationszustand beachten; auf Schockzeichen gefaßt sein (Management der Exsikkose ☞ 13.5.7). Bei nicht lupenreinem Hydratationszustand (üppig feuchte Schleimhäute, nasse Windel, viele dicke Tränen) Transport in Kinderklinik veranlassen.

Fußangeln und Fingerzeige

- Bei ambulanter Versorgung die Eltern entsprechend informieren: wenn das Erbrechen anhält (z.B. > 6 h) und keine Flüssigkeit netto „drin" bleibt, muß eine Vorstellung beim Kinderarzt erfolgen.
- Stillende Mütter sollen weiterstillen.

13.5.7 Exsikkose/Dehydratation

Häufiges Problem, insbesondere im Säuglingsalter bei größeren Flüssigkeitsverlusten über Stuhl oder Erbrechen. Die Einteilung kann nur grob erfolgen:

- *Leichte Dehydratation:* bei Wasserverlust von ca. 5 % des Körpergewichts; Hautturgor kaum vermindert, Lippen sind trocken, Kind nur leicht unruhig, jedoch nicht bewußtseinsgetrübt.
- *Mittelschwere Dehydratation:* bei Wasserverlust von ca. 10 % des Körpergewichts: Hautturgor vermindert (Hautfalten verstreichen träge), Lippen und Schleimhäute trocken, Augen haloniert und leicht eingefallen; seltener Lidschlag; bei Sgl. leicht eingesunkene Fontanelle. Säuglinge sind apathisch; Kleinkinder schreien oft schrill.
- *Schwere Dehydratation:* bei Wasserverlust von ca. 15 % des Körpergewichts: Hautturgor stark vermindert, Hautfalten bleiben stehen (am besten an

der Bauchhaut und an den Waden zu testen), Lippen extrem trocken und brüchig, Augen stark eingefallen, Fontanelle eingesunken; Lidschlag selten bis aufgehoben. Schockzeichen/Zeichen der Minderperfusion: kalte Extremitäten, marmorierte Haut, periphere Zyanose, kollabierte Venen, kaum bis nicht tastbarer Puls. Bewußtseintrübung bis hin zum Koma.

Die hypertone *Dehydratation* (ca. 20 % der dehydrierten Kinder) ist insofern von Bedeutung als sie die klinische Diagnose einer Exsikkose erschwert: wegen überwiegend intrazellulärer Dehydratation sind die oben aufgeführten Exsikkosezeichen nicht verläßlich vorhanden: der Kreislauf bleibt rel. lange stabil, die Augen können nicht haloniert sein, der Blick ist entsprechend der meist vorhandenen Bewußtseinstrübung „starr"; die Haut zeigt keine stehenden Hautfalten, sondern ist samtig bis teigig (v.a. Bauchhaut). Oft besteht Hyperpyrexie, Nackensteifigkeit, Hyperexzitabilität (Krämpfe können auftreten).

Ursachen

- Häufigste Ursachen: Durchfall und Erbrechen
- Seltene, dennoch wichtige Ursachen: diabetische Ketoazidose, adrenale Insuffizienz, Hitzschlag, Diabetes insipidus.

Vorgehen bei V.a. Exsikkose

- Klinische Beurteilung des Schweregrades (Allgemeinzustand, Haut, Augen, Kreislauf). Alarmzeichen: Nicht schreiender, apathischer Säugling, seltener Lidschlag, motorische Übererregbarkeit, Zentralisierung (kühle Extremitäten, marmorierte Haut)
- Puls und evtl. Blutdruck messen
- Windel anschauen: Feuchte Windeln bei Erbrechen sind ein gutes Zeichen, trockene Windeln seit > 6 h ein eher schlechtes
- Befragung der Eltern (Erbrechen? Durchfall? Wie viel, wie oft? Nahrungsverweigerung? Angaben sind jedoch oft unscharf, da Mengen schlecht geschätzt werden können). Für das Procedere ist jedoch die klinische Beurteilung entscheidend!

Wichtigste Entscheidung: muß das Kind ärztlich behandelt werden oder nicht? Indikationen für stationäre Behandlung:
- *Säuglinge* im Nachtdienst stets behandeln/verlegen
- Dehydratation > 5 % (nach klinischer Einschätzung) und bereits länger als 8 h erfolglos versuchter Flüssigkeitszufuhr
- Profuse Durchfälle, häufiges Erbrechen
- Alle „komischen" Formen (z.B. nicht durch Durchfälle oder Erbrechen erklärbare Formen)
- Familiensituation berücksichtigen: Ist den Eltern ein problemgerechter Umgang zuzutrauen (inkl. rechtzeitige Wiedervorstellung bei evtl. Verschlechterung)?

Primärmanagement bei schwerer Dehydratation

- Sofortige Rehydratation mit Ringer-Laktat oder 0,9%iger NaCl-Lösung (20 ml/kg als Kurzinfusion über 30 Min., evtl. auch über 3–Wege-Hahn ,,von Hand" applizieren
- Azidoseausgleich (☞ 13.4.1) nur bei pH < 7,25
- Nach eingeleiteter Kreislaufstabilisierung Transport in die weiterversorgende Kinderklinik. Hier erfolgt eine differenzierte, an die Osmolalität und die entsprechenden E'lytverschiebungen angepaßte Flüssigkeitstherapie.

Fußangeln und Fingerzeige

- Bei allen nicht aufgenommenen bzw. nicht weitergeleiteten Fällen für eine konsequente Beobachtung sorgen: Falls das Kind innerhalb der nächsten 3–4 h nicht anfängt zu trinken und/oder wenn die Durchfälle/Erbrechen an Intensität zunehmen oder das Kind apathisch wird, Arzt aufsuchen
- Evtl. kann in der Klinik ein Versuch mit oraler Flüssigkeit unter Beobachtung gemacht werden, ,,klappt" in fremder Umgebung manchmal besser als zuhause (Vorgehen und Rehydratationslösungen ☞ 13.6.2)
- Beim Primärmanagement der Exsikkose nur isotones NaCl oder Ringer-Lsg. verwenden. Niemals reine Glukose 5 %
- Keine Korrektur der Hypernatriämie versuchen, kann Krampfanfälle auslösen! Initial lediglich Applikation von Ringer/NaCl 0,9 %, um bedrohliche Volumendefizite zu ersetzen. ,,Feinkorrektur" des Natrium-Bestandes in Kinderklinik.

13.5.8 Hautveränderungen

- Ein Exanthem wird erst durch einen schlechten Allgemeinzustand ,,gefährlich"! Exantheme bei gutem AZ müssen zwar ,,pädiatrisch-exanthemologisch" abgeklärt werden, erfordern aber selten akute Interventionen.
- Stets Untersuchung des gesamten Integuments und der Mundhöhle (schwere Schleimhautveränderungen?)

Bedrohliche Hautveränderungen (stets überweisen!)

- Verbrennungen ☞ 13.4.5
- Urtikarielle Effloreszenzen (Quaddeln): können Vorbote oder Begleiterscheinung bei anaphylaktischem Schock sein ☞ 13.4.2
- Quincke-Ödem: lokalisierte, rasch auftretende, in der Regel asymmetrische Schwellung, z.T. mit Rötung. Bedrohlich bei Lokalisation im Pharynx- und Larynxbereich. Ther. wie beim anaphylaktischen Schock ☞ 13.4.2.
  DD: Insektenstich (☞ 13.4.6), Erysipel, Phlegmone
- Petechiale Effloreszenzen: bei gutem Allgemeinzustand meist harmlos (z.B. im Rahmen einer Purpura Schönlein-Henoch); bei reduziertem AZ oder Fieber allerdings Alarmsignal: kann auf beginnende DIC hinweisen. Nach Stabilisierung rascher Transport!
- Petechien mit Ekchymosen oder Ulzerationen sind verdächtig auf ein Waterhouse-Friderichsen-Sy. bei Meningokokken-Sepsis! ☞ 13.5.1

- Grobblasige Hautveränderungen: wie beim Erwachsenen oft gefährlich (z.B. Lyell-Syndrom)
- Phlegmone mit Fieber (insbes. periorbital) → schnell abklären
- Schwere Schleimhautveränderungen (Gingivitis/Stomatitis, z.B. durch Herpes simplex, aber auch als Erythema exsudativum multiforme) können Kinder extrem beeinträchtigen (Exsikkose durch Nahrungs- und Trinkverweigerung, oft starke Schmerzen).

Fußangeln und Fingerzeige

- Generalisierte Ödeme (beim Kind häufig Lid- und Gesichtsödeme, z.B. bei nephrotischem Syndrom, aber auch bei chronische Herzinsuffizienz) entwickeln sich meist chronisch und erfordern meist keine akuten Interventionen, müssen jedoch stets weitergeleitet werden.
- Nicht zuletzt sei an die Hauterscheinungen bei Kindesmißhandlung erinnert: lokale Verbrennungen, Striemen, Hämatome, Ekchymosen; ☞ 13.5.10.

13.5.9 Krampfanfall

Relativ häufiges Ereignis bei Kindern; da es sich oft um ein perakutes Ereignis handelt, kann es schon mal vorkommen, daß von den Eltern ein nicht-pädiatrisches Krankenhaus angesteuert wird. Von den vielen, z.T. altersgebundenen Formen der Krampfanfälle (☞ Tab. 13.9) muß man sich im Nachtdienst vor allem auf tonisch-klonische, generalisierte Krampfanfälle (Grand mal) einstellen. Schwere krampfbedingte Hypoventilationen mit akuter respiratorischer Insuffizienz sind sehr selten, kommen aber vor.

Krampfanfall bei Fieber

Betroffen sind vor allem Kinder < 5 J., insgesamt recht häufig (ca. 3 % aller Kinder erleiden mindestens einmal in ihrem Leben einen mit Fieber verbundenen Krampfanfall).

Zugrunde liegen kann ein

- *Echter „Fieberkrampf" (häufig):* d.h. ein durch Fieber ausgelöster, generalisierter tonisch-klonischer Krampfanfall mit Bewußtseinsverlust ohne nachweisbare Gehirnschädigung oder -erkrankung. Verlauf meist gutartig, allerdings können Fieberkrämpfe innerhalb kurzer Zeit rezidivieren (→ darauf gefaßt sein, Fieber schnell senken, auch wenn der Krampfanfall schon vorbei ist). Der Anfall kann im Fieberanstieg (also bei „noch normalen" Temperaturen) auftreten, aber auch bei hohem Fieber. Meist auf 3–5 Min. selbst limitierend. Ungewöhnlich unter 6 Mon. und über 5 J.
- Krampfanfall bei Meningitis oder Enzephalitis (selten, ☞ 13.5.1).

Vorgehen

1. Ziel: Unterbrechung des Krampfanfalls
- Gabe von Diazepam rektal (z.B. Diazepam Desitin rectal® Tube 5 mg für Kinder < 15 kg bzw. 10 mg für Kinder > 15 kg). Wichtig ist dabei, die Tube korrekt zu applizieren (einführen, Inhalt ausdrücken, Tube stecken lassen und gleichzeitig Po zusammenklemmen. Erst nach einer halben Minute Tube herausziehen)
- Wenn keine Tuben verfügbar: Zugang legen, Diazepam i.v. geben (je nach Alter 3–10 mg i.v.), *Alternative:* Clonazepam 0,05–0,1 mg/kg i.v. (z.B. Rivotril®), langsam titrieren (wirkt innerhalb 60 Sek.)
- Fieber senken (Wadenwickel, korrekte Durchführung ☞ 13.6.4; Paracetamol Zäpfchen ☞ 13.6.6)
- Wenn Krampf anhält oder bei kompliziertem Fieberkrampf: (z.B. Alter des Kindes < 1 oder > 5 J., Herdsymptome, 2. Anfall innerhalb 24 h) Vorgehen wie bei „Krampfanfall ohne Fieber", s.u.

2. Ziel: Vermeidung von Komplikationen
- Vor Verletzungen schützen, Öffnen beengender Kleidungsstücke
- Atemwege freihalten: Lagerung zur Aspirationsprophylaxe. Evtl. Guedel-Tubus, um eine Verlegung der Atemwege in der postiktalen Bewußtlosigkeit zu vermeiden (nicht während des Krampfanfalls)
- Evtl. O_2-Zufuhr (z.B. über Maske) oder Vorlage über Schlauch
- Bei schwerer Hypoventilation/Atemstillstand: evtl. Intubation ☞ 13.4.1.

3. Ziel: Ausschluß einer Meningitis/Enzephalitis

Dies ist während des Anfalls und postiktal ohne Lumbalpunktion nur schwer möglich (Meningismus nur eingeschränkt beurteilbar). Ziel muß es deshalb sein, das Kind so schnell wie möglich in eine Kinderklinik zu transportieren, wo die entsprechende Diagnostik durchgeführt wird. Keine Lumbalpunktion in peripherer Klinik! Keine Lumbalpunktion bei Verdacht auf Hirndruck, bei somnolentem Kind oder bei fokalen Zeichen!

Fußangeln und Fingerzeige
- Wenn der Anfall bereits vorbei ist: Fieber senken (☞ 13.6.4) und Transport in die nächste Kinderklinik
- Bei einem Fieberkrampf von mehr als 10 Min. Dauer ist eine rektale Applikation von Diazepam meist nicht erfolgreich.

Krampfanfall ohne Fieber

Erstmanifestationen von Epilepsien gleich welcher Art kommen sicher auch im Nachtdienst vor, sind im Vergleich zu den nicht-epileptischen Krämpfen jedoch selten. Kinder mit bekannter Epilepsie bringen meist eine längere Vorgeschichte mit → nachts muß keine pädiatrische Epileptologie betrieben werden! Im Falle eines beobachteten Anfalls genau dokumentieren: Dauer, Symmetrie, mot. Phänomene, Muskeltonus, fokale Zeichen, Blickwendung, Bewußtsein/Ansprechbarkeit, postiktaler Schlaf. Auch bei den Krampfanfällen ohne Fieber an Fieberkrämpfe denken (s.o.). Auch fragliche Krampfanfälle an Pädiater überweisen.

Vorgehen bei Krampfanfall ohne Fieber

Ursachen, die eine rasche Intervention erfordern

- Hypoglykämie (→ bei jedem Krampfanfall BZ stixen, v.a. beim Säugling). Intervention: Gabe von Glukose (Bolusinfusion von 2–3 ml/kg Glukose 10 %, anschließend beim Sgl. Erhaltungsinfusion mit 100 ml/kg tägl. Glukose 10 %)
- Intoxikation (Anamnese, evtl. Foetor: z.B. Alkohol, Insektizide, Theophyllin, Antihistaminika). Intervention: Rücksprache mit Giftzentrale ☞ 13.4.4
- Raumforderungen, z.B. epi-/subdurale Hämatome (z.B. nach Schädel-Hirn-Trauma), Hirnabszeß, Tumoren (Anamnese; ob CT sinnvoll ist, hängt von den Möglichkeiten zur Weiterversorgung ab – gegenüber raschem Transport abwägen)
- Schwere Dehydratation („Toxikose"): Nicht ganz einfach, da bei Krampfanfällen oft eine hypertone Dehydratation vorliegt mit untypischen Exsikkose-Zeichen. Vorgehen ☞ 13.5.7
- Elektrolytstörungen: Schwere Hypernatriämie, Hyperventilationstetanie (ältere Kinder), Hypokalzämie (vorw. Säuglinge. Vit.-D-Anamnese!)
- Differentialdiagnose der primär nicht-zerebralen Anfälle durchdenken (s.u.).

Therapie des Krampfanfalls

Vermeidung von Komplikationen siehe unter „Krampfanfall bei Fieber".

- O_2 über Gesichtsmaske oder Nasensonde mit hoher Flußrate
- Wenn verfügbar Diazepam rektal (z.B. Diazepam Desitin rectal® Tube); bei Säuglingen und Kleinkindern: 1–2 Rektiolen à 5 mg, bei Kindern und Jugendlichen 1–2 Rektiolen à 10 mg
- Venösen Zugang schaffen
- Nach Legen des Zugangs bei weiter bestehendem Anfall: Clonazepam (z.B. Rivotril®) 0,05–0,1 mg/kg i.v. (1 Ampulle = 1 mg = 2 ml), evtl. Dosis nach 10 Min. wiederholen; auf Atemdepression achten, evtl. können auch tonische Anfälle ausgelöst werden
- Wenn kein Erfolg oder bei primär tonischen Anfällen: Phenobarbital (z.B. Luminal®) 15 mg/kg als loading-dose i.v., Erhalt 5 mg/kg; *cave:* Atemdepression und Blutdruckabfall
- Nächste Stufe: Phenytoin 10–15 mg/kg als Einzeldosis im langsamen Bolus i.v. Wirkung nach 15 Min. beurteilbar
- Sobald stabiler Zustand, möglichst rasche Verlegung in Kinderklinik.

Krampfanfälle bei Neugeborenen

Sporadische „Zuckungen" sind normal (immer nur eine Extremität). Echte Krampfanfälle beim Neugeborenen verlaufen sehr unterschiedlich: Apnoen mit kurzer Zyanose, abnorme Augenbewegungen (ruckartige Bewegungen, das Trinken wird dabei unterbrochen), Schmatzen. Evtl. klonische Zuckungen der Extremitäten (abzugrenzen von Extremitätenzittern bei Übererregbarkeit – können durch passive Bewegungen unterbrochen werden.

Vorgehen: Ausschluß einer Hypoglykämie (BZ-Stix). Bei BZ < 40 mg% Gabe von Glucose10 % 3–4 ml/kg/h i.v. Rascher Transport; Neugeborenenkrämpfe sind nur von Pädiatern suffizient zu behandeln!

Fußangeln und Fingerzeige

Obwohl selten, muß auch an nicht-zerebrale Anfälle mit ähnlicher Symptomatik gedacht werden:

- *Respiratorische Affektkrämpfe* (mit Frustration oder Zorn verbundene, situativ/demonstrativ ausgelöster Zustand mit primärer Hypoventilation, darauf folgen tonisch-klonische Erscheinungen).
- *Hyperventilation* bei Jugendlichen (meist psychogen), Klinik wie beim Erwachsenen ☞ 9.6.
- *Synkopale Anfälle* (kardiovaskulär bedingt, z.B. durch paroxysmale Tachykardien oder andere Herzrhythmusstörungen; können am ehesten mit Absencen verwechselt werden).
- *Pavor nocturnus:* Im Kleinkindalter auftretende nächtliche psychomotorische Erregungsszustände mit Angstanfällen.
- Wichtige DD bei Babys unter einem Jahr: *„Blue-episodes"*. Die Eltern berichten von einem „plötzlichen Blauwerden" des Kindes und „komischem Verhalten" (Bewußtseinstrübung?). Eine Ursache läßt sich selten finden, eine Abklärung muß jedoch erfolgen. (Schwere „Blue-episodes" können Vorstufen zum „Plötzlichen Kindstod" sein).
- *Reflektorisch anoxische Krämpfe:* ausgelöst durch Schmerz (oft ein Fall auf den Kopf, anschließend Blässe, dann Pulslosigkeit und Bewußtseinsverlust. Abzugrenzen ist in diesem Fall allerdings eine ebenfalls durch Kopftrauma ausgelöste organische Ursache für einen Krampfanfall (Hirnblutung, subdurales/epidurales Hämatom).
- *Kardial:* Adams-Stokes-Anfall: primär als Synkope, selten kann auch durch Anoxie ein echter generalisierter Krampfanfall folgen.

13.5.10 Schädel-Hirn-Trauma

Die meisten Schädel-Hirn-Traumata bei Kindern, v.a. Kleinkindern sind mild. Da eine suffiziente Einschätzung vom Nicht-Pädiater jedoch nicht getroffen werden kann, stets verlegen.

Klinik

Typische Trias: Bewußtseinsstörung (von kurzem „Wegbleiben" bis mehrstündigem Koma), retrograde Amnesie, Nausea/Erbrechen (bei Kindern fast immer).

Warnzeichen, die zu raschem Handeln zwingen

- Zunehmende Bewußtseinstrübung nach anfänglicher Besserung
- Dauerhaftes bzw. über längere Zeit wiederholtes Erbrechen
- Veränderungen der Pupillenreaktion bzw. Asymmetrie
- Gangstörungen, Sprachstörungen, zunehmender Kopfschmerz, zerebrale Krampfanfälle.

Vorgehen bei schwerem Schädel-Hirn-Trauma

- Vitalfunktionen: liegt Atem- oder Kreislaufinsuffizienz vor?
- Unbedingt Suche nach weiteren Schädigungen: Blutungen? Bauchtrauma? → an drohenden Schock denken
- Stabilisierung zum Transport:
  - Hochlagern des Oberkörpers um 30°, Kopf in Mittellage
  - Bei Glasgow Coma Scale < 7 und/oder Hypoventilation Intubation, Beatmung
  - Bei Kreislaufinsuff. durch Begleitverletzungen Schockther. ☞ 13.4.2
  - Ansonsten Venen-Zugang mit wenig Flüssigkeit offen halten (z.B. 50 ml/kg pro Tag
- Rascher Transport (je nach Versorgungsstruktur und Alter des Kindes in die kinderchirurgische Klinik oder neurochirurgische Klinik).

Glasgow-Coma-Scale für Kleinkinder

Kriterium	Zustand	Punkte
Augen-öffnen	Spontan	4
	Auf Anruf	3
	Auf Schmerz	2
	Keine Reaktion	1
Beste sprach-liche Antwort	Brabbelt spontan, einzelne Worte spontan	5
	Schreit spontan	4
	Schreit auf Schmerz	3
	Stöhnt auf Schmerz	2
	Keine	1
Beste moto-rische Reaktion	Normale altersentsprechende Spontanmotorik	6
	Zieht auf Berührung weg, gezielte Abwehr auf Schmerz	5
	Zieht auf Schmerz weg	4
	Abnorme Beugung	3
	Abnorme Streckung	2
	Keine	1

Vorgehen bei mittelschwerem Schädel-Hirn-Trauma

- Begleiteter Transport unter Überwachung von Puls, Atmung, Blutdruck 15-minütig
- Venöser Zugang, evtl. Hilfe beim Erbrechen durch entsprechende Lagerung.

Vorgehen bei leichtem Schädel-Hirn-Trauma

- Begleiteter Weitertransport zur Beurteilung durch einen Pädiater
- Essen ist erlaubt.

Regelmäßig Puls/Blutdruck überwachen, auf zerebralen Anfall gefaßt sein (Ther. ☞ 13.5.9).

Kindesmißhandlung

Äußerst vielschichtiges Problem mit körperlicher, sexueller und/oder seelischer Mißhandlung. Bei hoher Rezidivgefahr und hohem Risiko von Verhaltensstörungen und Mortalität muß jeder Verdacht präzise abgeklärt werden. Unbedingt in ein pädiatrisches Zentrum überweisen. Nur so läßt sich die fragliche Situation in Ruhe abklären.

Verdachtsmomente (bei Kindern jeden Alters)

- Multiple Hämatome in verschiedenen Abheilungsphasen (Beulen an Stirn und Unterschenkeln bei Kleinkindern sind in der Regel durch normales Hinfallen bedingt.)
- Hautabschürfungen und Verbrennungen (z.B. punktförmige Verbrennungen durch Zigaretten).
- Schmerzhafte Schwellungen, periostale Schwellungen, Frakturen
- Schädel-Hirn-Traumen; subdurales Hämatom
- Verletzungen im Genital- und Analbereich
- Zerissenes Frenulum der Oberlippe; ausgerissene Haare
- Vergiftungen (selten).

Weitere Verdachtsmomente ergeben sich aus dem Verhalten der Eltern:

- Wiederholtes Aufsuchen von verschiedenen Ärzten (deshalb könnte eine Familie mit einem mißhandelten Kind auch in einem nicht-pädiatrischen Krankenhaus vorstellig werden)
- Inadäquate, wechselnde oder keine Erklärungen für Verletzungen
- In Anbetracht des Zustandes des Kindes verspätetes Aufsuchen des Arztes.

Seelische Mißhandlungen führen selten zu akuten Vorstellungen, wenigstens nicht in der Nacht. Dasselbe gilt für sexuelle Mißhandlungen.

Vor Vorverurteilungen oder frühzeitiger Einschaltung der Polizei bzw. Behörden ist zu warnen: Erfahrungsgemäß ist das ärztliche Vertrauensverhältnis eine wesentliche Voraussetzung für eine wirksame Hilfe. Dies bedeutet bei V.a. Kindesmißhandlung: Eltern nicht beschuldigen, sondern sich auf das Kind konzentrieren (Erstversorgung).

13.6 Arznei- und Flüssigkeitstherapie

13.6.1 O_2-Applikation

5 Grundregeln

- Großzügige Indikation bei allen Kindern! (O_2-Reserven viel geringer als beim Erwachsenen, deshalb rasche Entwicklung einer Hypoxämie).
- Stets größtmögliche Konzentration von O_2 in der Einatemluft anstreben (d.h. möglichst hoher FiO_2). Das heißt in der Praxis: Adäquate Flußraten anbieten (2–3 x Atemminutenvolumen: Säugling 2–3 l/Min., Kleinkind 5 l/Min., Schulkind 10 l/Min.).
- Toxizität von O_2 spielt in Notfallsituationen in der Regel keine Rolle!
- Wenn Sauerstoff einmal gegeben wird, während der ganzen Stabilisierung/ Transport belassen (sonst drohen unvorhersehbare Verschlechterungen).
- Ein Pulsoximeter ist zur Kontrolle einer adäquaten Oxygenierung hilfreich (Ziel: O_2-Sättigung > 90 %), ansonsten klinische Kontrolle: Rückgang der Zyanose, der Tachypnoe, der Tachykardie, der Dyspnoe. Absolutwerte bei minderperfundierten Extremitäten (Schock, Hypothermie) zuweilen nicht verläßlich. Sehr störanfällig auf Rütteln und Schütteln (Spontanmotorik, Transport).

Applikationsformen von O_2

Die Applikationsform von O_2 muß das Alter des Patienten und insbesondere die Toleranz des Patienten berücksichtigen: Ein sich gegen eine Maske wehrendes Kleinkind verbraucht mehr O_2 als es durch die ständig wegrutschende Maske erhält. Dann lieber O_2-Schlauch vors Gesicht halten (am besten auf Schoß der Mutter) und mit hohem Fluß verabreichen.

- *Neugeborene, junge Säuglinge:* z.B. über lose sitzende Maske oder über ca. 5 cm vom Mund entfernt gehaltene Sauerstoff-Sonde
- *Säuglinge, junge Kleinkinder:* Nasensonde (jedoch nicht, wenn durch den Mund geatmet wird)
- *Kleinkinder:* Nasensonde (jedoch nicht, wenn durch den Mund geatmet wird). Wenn dies nicht ausreicht: Applikation über Maske. Wenn dies nicht toleriert wird: Sauerstoffschlauch vor das Gesicht halten.
- *Kooperative Schulkinder, Jugendliche:* Schlauch vorhalten lassen.
  Ein Ambubeutel mit Auslaßventil ist für die zusätzliche Sauerstoffapplikation beim spontan atmenden Kind *nicht* geeignet. Bei flacher Inspiration öffnet sich das Ventil nicht.

13.6.2 Flüssigkeitstherapie

5 Grundregeln

- Flüssigkeitsmenge stets dem Alter des Kindes anpassen: sich entwickelnde Nierenfunktion, unterschiedliche Körperoberfläche und unterschiedlicher Wassergehalt des Körpers → sehr unterschiedlicher Bedarf in den einzelnen Altersgruppen (☞ Tab. 13.10).
- Vorsicht vor Überwässerungen besonders im Säuglingsalter (Nierenfunktion noch nicht voll entwickelt). In der Praxis heißt das:
  - Infusionen wenn möglich mit automatischem Tropfenzähler laufen lassen, wenn nicht, peinlich genau auf die Tropfgeschwindigkeit achten. Umrechnung muß sicher beherrscht werden (1 ml = 20 Tropfen)
  - Möglichst kleine Flaschen verwenden (für den Fall, daß doch einmal etwas „reinläuft").
- Art der Lösung an die unterschiedlichen Indikationen anpassen (s.u.).
- Eine differenzierte Flüssigkeitstherapie ist im Nachtdienst nicht möglich. Jeden Versuch mit „Speziallösungen" oder gar das aus Kinderkliniken bekannte Selbstmischen von Infusionslösungen unterlassen.

Tab. 13.10: Flüssigkeitsbedarf (Basisbedarf)

Gewicht (kg)	24 h-Gesamtvolumen (ml)	Erhaltungsbedarf (ml/h)
3	300	12
4	400	16
5	500	21
6	600	25
7	700	29
8	800	33
9	900	37
10	1000	41
12	1100	46
14	1200	50
16	1300	54
18	1400	58
20	1500	62
25	1600	66
30	1700	71
35	1800	75
40	1900	79

Lösungen

- *Kristalloide:*
  - Ringer-Laktat: Den Elektrolytverhältnissen des EZR am besten angenähert; pädiatrisch gut und universell einsetzbar; zur Rehydratationsther. geeignet.
  - NaCl-Lösung 0,9 %: universell einsetzbar, für Rehydratation geeignet; bei größeren Mengen Gefahr der Hypernatriämie bzw. Hyperchlorämie.
  - Sog. *Pädiatrische Lösungen* mit reduziertem Natriumgehalt (z.B. halbisoton) und Glukosezusatz; zum „Offenhalten" des Zugangs und zur Deckung des normalen Flüssigkeitsbedarfs geeignet, allerdings *nur bis 4 ml/kg/h,* (Erhaltungsbedarf), *niemals zur Rehydratation!* (Gefahr von Hirnödem und Krampfanfällen, da hypoton). Bei dieser eingeschränkten Indikation sind die pädiatrischen Lösungen dem Ringer-Laktat/NaCl 0,9 % insbesondere bei Säuglingen durch ihren Zuckergehalt überlegen.
  - Reine Glukose 5 %: nur in kleinsten Mengen (z.B. zum Offenhalten des Zuganges) geeignet. Zum Volumenersatz kontraindiziert.
  - Reine Glukoselösung 10 %: nur bei Hypoglykämieneigung des Säuglings (☞ 13.4.3) zum Transport. Dosis 3–4 ml/kg/h = ca. 70–100 ml/kg tägl.

- *Kolloide:*
  - Humanalbumin 5 % (wünschenswerter Plasmaersatz im Säuglingsalter); Dosis 10–20 ml/kg, z.B. über 20–30 Min.
  - Alternative (nur wenn nichts anderes verfügbar): Hydroxyäthylstärke, Dosis 5–10 ml/kg, z.B. über 20–30 Min.; Dosisbegrenzung: 15 ml/kg/tägl.; nicht bei Säuglingen!

Zusammenfassung: Welche Lösung für welchen Zweck?

- Offenhalten des venösen Zugangs bzw. Deckung des Grundbedarfs:
  - Beim Säugling möglichst Glukose 5–10%-haltige Pädiatrische Basislösung
  - Beim Säugling und NG Glukose 10 %, 3–4 ml/kg/h zum Transport
  - Beim älteren Kind Ringer-Laktat oder NaCl 0,9 % zum Transport
- Ausgleich eines Flüssigkeitsdefizits (Rehydratation): sowohl beim Säugling als auch beim älteren Kind stets Ringer-Laktat oder NaCl 0,9 %. Bei Schocksymptomatik evtl. zusätzlich Kolloide ☞ 13.4.2

Orale Rehydrierung

Eine orale Flüssigkeitsther. kann nur versucht werden bei nicht akut bedrohlichem Krankheitsbild. Erbrechen ist keine Kontraindikation, bedarf jedoch der genauen Beobachtung (mittelfristig muß mehr „drin" bleiben als „raus" kommt). Sie hat erhebliche Vorteile (vermeidet für alle Beteiligten den Streß des Infusionlegens, kann evtl. einen Krankenhausaufenthalt vermeiden, leichtere Entwöhnung, schnellere Heilung durch geringere Schleimhautveränderungen des Darmes). Das Kind muß allerdings von seinem Glück meist erst überzeugt werden.

- *Welche Flüssigkeit?* Primär nicht entscheidend, Hauptsache Flüssigkeit; mit Lieblingsgetränk versuchen (stark hypertone Getränke wie z.B. Apfelsaft möglichst verdünnen). Am besten sind natürlich die bilanzierten Fertiglösungen zur oralen Rehydratation (optimaler Elektrolyt- und Glukosegehalt, z.B. Elotrans®, Oralpädon®), schmecken aber nicht allen Kindern.

- *Wieviel?* Soviel die Kinder wollen; als erfolgreich kann die orale Rehydratation jedoch erst gewertet werden, wenn mindestens 30–40 ml/kg in den ersten 4–6 h getrunken/gelöffelt werden.
- *Wie?* Ausprobieren, auch unkonventionelle Formen: mit Löffel einträufeln (auch bei Säuglingen, jedoch vorsichtig, verschlucken sich leicht), Schoppen (auch wenn bereits „entwöhnt"), Schnabeltasse, Becher mit Strohhalm, mit dem in Flüssigkeit eingetauchten Finger („bahnt" manchmal, d.h. das Durstgefühl kann in Gang kommen, wenn erst einmal ein bißchen Flüssigkeit in den Mund gekommen ist), evtl. Magensonde.

Ältere Kinder ruhig und sachlich informieren, daß sie trinken *müssen,* und daß sie sonst an den Tropf müssen.

13.6.3 Schmerztherapie

Die Erfassung des kindlichen Schmerzzustandes ist nicht ganz einfach (kann oft nicht mitgeteilt, bei kleinen Kindern auch nicht lokalisiert werden – immer „Bauchweh"). Besonders Säuglinge zeigen Schmerzen nur ungezielt durch Unruhe. Weitere Zeichen können sein: Schonhaltung, Weinen, Stöhnen, Abwehrreaktionen bei der Untersuchung. Oft weiß die Mutter am besten, ob das Kind Schmerzen hat!

Medikamente

- Mittel der ersten Wahl bei akuten Schmerzen: Paracetamol supp. oder oral (Dos. ☞ 13.6.6). Reservemittel: Metamizol ☞ 13.6.6
- Bei starken Schmerzen (z.B. Frakturen oder Verbrennungen): Tramadol (z.B. Tramal®): nicht BTM-pflichtig; Kombination mit Paracetamol verstärkt die analgetische Wirkung
- Alternative: Opioide Pentazocin oder Pethidin (BTM-pflichtig; Dos. ☞ 13.6.6).

Fußangeln und Fingerzeige

- ASS wird bei Kindern wegen der (seltenen) Gefahr eines Reye-Syndroms im Zusammenhang mit Virusinfektionen zurückhaltend eingesetzt
- Beim Einsatz hochpotenter BTM-pflichtiger Hypnoanalgetika muß insbes. bei Sgl. und Kleinkindern mit einer schweren Atemdepression gerechnet werden (→ nur bei Intubationsmöglichkeit anwenden)
- Auch Schmerzen werden durch liebevolle Zuwendung gelindert → ein Elternteil soll beim Transport dabeisein
- Die Gabe von Sedativa bei Schmerzzuständen ist problematisch: sie beseitigen zwar die Unruhe und die Schmerzreaktionen, nicht jedoch den Schmerz!

13.6.4 Fiebersenkung

Oft bringt bei fieberhaften Erkrankungen schon die Fiebersenkung eine deutliche Besserung des Zustandes (☞ 13.6.4). Insbesondere bei Kleinkindern mit Fieberkrampfanamnese für rigorose Fiebersenkung sorgen!

Maßnahmen

- *Am wichtigsten:* Warme Kleidung durch locker sitzende, dünne, luftige Kleidung ersetzen. Oft wird das Fieber durch dicke Decken und warme Kleidung künstlich hochgehalten!
- *Medikamentös:* Mittel der ersten Wahl ist Paracetamol (Dos. ☞ 13.6.6). Reservemittel ist Metamizol (☞ 13.6.6).
- *Physikalisch:* bei schwer zu senkendem Fieber. Sinnvoll nur bei warmen Extremitäten – bei kalten Extremitäten wird keine Wärme abtransportiert. Feuchte Tücher um die Beine schlingen, mit trockenem Handtuch umwickeln. Evtl. Bauch mit feuchter Windel kühlen. Temperatur des Wickels *nicht zu kalt* (ca. 25–30 °C, lieber oft wechseln!), da sonst durch Vasokonstriktion kein Wärmetransport mehr erfolgt.

13.6.5 Sedierung

Vor dem Umgang mit Sedativa wird gewarnt: Kinder reagieren oft unvorhersehbar auf ein Sedativum (Übelkeit, stärkere Unruhe, Atemdepression).
Das beste Sedativum ist eine vertraute Person.

- Bei unruhigen Kindern stets nach Ursache suchen (Schmerzen? Fieber? Exsikkose? Meningismus? Angst? Abwesenheit der vertrauten Person?)
- Schmerzzustände nicht mit Sedativa „behandeln" (☞ 13.6.3).

Substanzen

Wenn unumgänglich, dann am ehesten Promethazin (z.B. Atosil®).
Dosierung, ☞ Tab. 13.11.

13.6.6 Analgetika, Sedativa, Antipyretika

Tab 13.12: Dosierungstabelle

Generikum	Handelsnamen	Applikation/Dosierung/Bemerkungen
Analgetika, Antipyretika		
Azetylsalizylsäure	Aspirin®, ASS ratiopharm® peripher wirksames Analgetikum	p.o., 10–15 mg/kg; alle 4–6 h; *Cave:* enger Wirkungsspielraum, Intoxikationen nicht selten. Zusammenhang zwischen Reye-Sy. und ASS-Einnahme bei Virusinfekten wird diskutiert.
Paracetamol	Paracetamol ratiopharm®, Ben-u-ron®, peripher wirksames Analgetikum	p.o., rektal 10 mg/kg alle 6 h
Metamizol	Novalgin®, peripher wirksames Analgetikum	p.o., i.v. 10–15 mg/kg alle 6–8 h; *Cave:* Kindern < 1J. nach Möglichkeit kein Metamizol geben. *Gefürchtete NW:* Knochenmarksdepression.
Pentazocin	Fortral®, Opioid, zentral wirksames Analgetikum	i.v. 0,5 mg/kg alle 4–8 h
Pethidin	Dolantin®, Opioid, zentral wirksames Analgetikum	i.v., i.m., 1–2 mg/kg alle 8 h; *NW:* Erbrechen, Erregung, Krampfanfälle, Sinustachykardie.
Tramadol	Tramal®, stark wirksames Nicht-Opioid-Analgetikum	i.v., p.o., rektal 0,5–1,5 mg/kg; Maximaldosis 8 mg/kg tägl.; Indiziert bei Kindern > 1 J.
Morphin	Morphin Merck® 10/20, Opioid, zentr. wirksames Analgetikum	i.v., s.c. 0,1–1,2 mg/kg alle 6–8 h; *Cave:* nicht bei Pankreatitis. *NW:* Euphorisierung, Erbrechen
Nebenwirkungen der Opioide: Abhängigkeitsentwicklung, Atemdepression, Bronchospasmus, Blutdruckabfall, Miktionsstörungen, Obstipation, Tonuserhöhung des M. sphincter Oddi (außer Pentazocin).		
Ther. der Opiatüberdosierung: Naloxon (z.B. Narcanti®) initial i.v. 0,01 mg/kg, falls nach 3 Min. keine Wirkung Gabe von 0,1 mg/kg. Bei Wirkungseintritt daran denken, daß Naloxon kürzere Halbwertszeit hat als die meisten Opioide. Ggf. Dosis wiederholen. Falls keine Wirkung eintritt, Diagnose überdenken.		
Sedativa		
Promethazin	Atosil®	p.o. 1 Trpf./kg bis max. 40 Trpf., i.v. 0,5–1 mg/kg alle 8 h. *NW:* Kardiotoxisch, nicht bei herzkranken Kindern! Übelkeit, Erbrechen, Kopfschmerzen, Agranulozytose.
Diazepam	Diazepam® Lipuro; Diazepam Desitin rectal® tube; Diazepam ratiopharm® supp.	i.v. 0,1–0,3 mg/kg alle 12 h; *Cave:* RR-Abfall, Atemstillstand, sehr lange Halbwertzeit bei NG! Supp. und Rektal-tube: Sgl. 2,5–5 mg, > 1 J.: 5 mg, > 2 J.: 10 mg

13.7 Kinderspezifische Laborwerte

Rotes Blutbild	
Hämatokrit	
1 Wo	58–62 %
1 Mon.	41–58 %
3 Mon.	30–37 %
1 J.	33–40 %
2–6 J.	34–41 %
> 6 J.	36–47 %

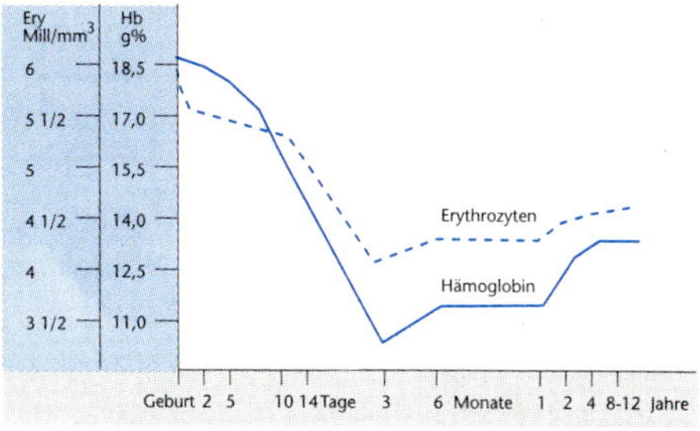

Weißes Blutbild			
	Jugendliche	**Kinder**	**Säuglinge**
Granulozyten (Polymorphkernige)			
Neutrophile	55–70	35–70	25–65
Stabkernige	3–5	0–10	0–10
Segmentkernige	50–70	25–65	22–65
Eosinophile	2–4	1–5	1–7
Basophile	0–1	0–1	0–2
Mononukleäre			
Monozyten	2–6	1–6	7–20
Lymphozyten	25–40	25–50	20–70

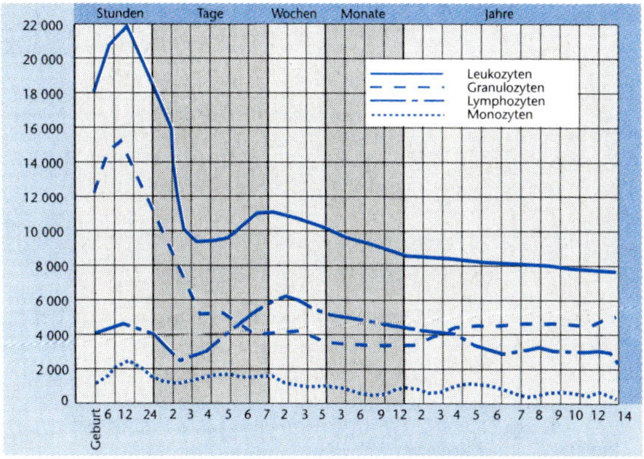

Tab. 13.14: Pädiatrische Laborwerte II		
Blutgasanalyse		
Basen-überschuß	–3,5 bis +2,5 mmol/l	
pH	7,35–7,45	
pCO_2 (art.)	32–47 mmHg (4,3–6,3 kPa)	
pO_2 (art.)	80–108 mmHg (10,7–14,4 kPa)	
BSG: 1. Wert < 10 mm/h; 2. Wert < 20 mm/h		
Serum/Plasma		
AP	**NG:** 120–500 U/l (methodenabhängig!)	> 1 Mon.: 60–320 U/l (methodenabh.!)
Bilirubin direkt	**NG:** < 1 mg/dl (17 µmol/l)	**1 Mon.–Erwachsene:** 0–0,4 mg/dl
Bilirubin gesamt	**NG:** Nabelschnur: < 2 mg/dl, < 24 h: 2–6 mg/dl, 1-2 d: 6–7 mg/dl, 3-5 d: 4-12 mg/dl (70-120 µmol/l)	**1 Mon.–Erwachsene:** < 1 mg/dl (< 17 µmol/l)
Chlorid	95–110 mmol/l	
CRP	< 5 mg/l	
Glukose (nüchtern)	**FG:** 20–60 mg/dl (1,1–3,3 mmol/l), **NG:** 30–60 mg/dl (1,7–3,3 mmol/l), **Sgl.:** 50–90 mg/dl (2,8–5,0 mmol/l)	**Kinder/Erwachsene:** 60–110 mg/dl (3,3–6,1 mmol/l)
GOT	15–60 U/l	8–20 U/l
GPT	5–25 U/l	8–20 U/l
Harnstoff	**NG:** 8–28 mg/dl (2,9–10 mmol/l), **Sgl./Kleinkinder:** 5–15 mg/dl (1,8–5,4 mmol/l)	Kinder/Erwachsene: 8–20 mg/dl (2,9–7,1 mmol/l)
Kalium	3,6–6,1 mmol/l	3,6–5,5 mmol/l
Kalzium gesamt	6,8–12 mg/dl (1,7–3 mmol/l)	8,4–11mg/dl (2,1–2,74 mmol/l)
Kalzium ionisiert	4,3–5,1 mg/dl (1,07–1,27 mmol/l)	4,48–4,92 mg/dl (1,12–2,23 mmol/l)
Kreatinin	**NG:** < 1,2 mg/dl (< 106 µmol/l), **bis 5. Lj.** < 0,5 mg/dl (< 44 µmol/l)	**Bis 10. Lj.** < 1,0 mg/dl (< 88 µmol/l), **darüber** < 1,2 mg/dl (< 106 µmol/l)
Magne-sium	1,6–2,2 mval/l (0,8–1,1 mmol/l)	**Sgl./KK:** 1,7–2,4 mval/l (0,85–1,2 mmol/l), **SK/Erwachsene:** 1,4–2,2 mval/l (0,7–1,1 mmol/l)
Natrium	132–145 mmol/l	
Gerinnung		
Fibrinogen	**< 6 Mon.:** 150–300 mg/dl (1,5–3 g/l)	**> 6 Mon.:** 200–400 mg/dl (2–4 g/l)
PTT	45–70 Sek.	28–40 Sek.
Quick	> 40 %	70–100 %
Thrombos	100–250 000/mm³	200–350 000/mm³
Abkürzungen: FG = Frühgeborenes, NG = Neugeborenes, KK = Kleinkind, SK = Schulkind		

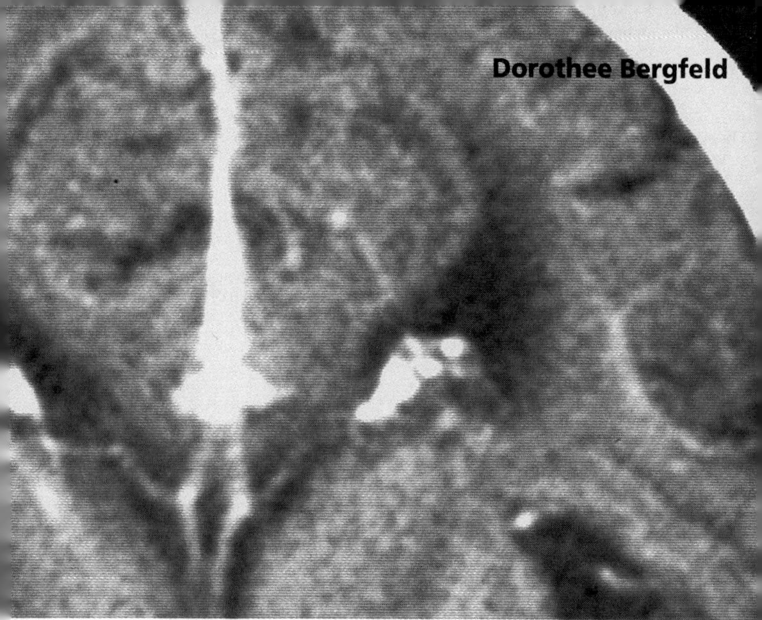

Dorothee Bergfeld

Neurologische und psychiatrische Probleme 14

14.1 Neurologische Untersuchung

Reflexprüfung

Eigenreflexe

Monosynaptisch; Auslösung nach dem Alles-oder-Nichts-Prinzip; keine Ermüdung. Bahnung (d.h. erleichterte Auslösung):
- *Jendrassik'scher Handgriff* (Fingerhakeln mit sich selbst) für die Beinreflexe
- *Aufeinanderbeißen der Zähne* für die Armreflexe.

Ein Reflex gilt nur als fehlend, wenn die Bahnung erfolglos war.

Merkregel für die Reflexe und ihre Segmente

Reflex	ASR	PSR	RPR	BSR	TSR
Segment*	1–2 (S)	3–4 (L)	5–6 (C)	5–6 (C)	7–8 (C)

*ansteigende Folge der Segmentzahlen, wenn Reflexe am Körper von unten nach oben getestet werden.

Funktionsstörungen der Pyramidenbahnen führen zur *Steigerung*, periphere Nervenschädigungen zur *Abschwächung* der Eigenreflexe.

Kloni

Rasche, wiederholte Abfolge von Eigenreflexen als Ausdruck einer gesteigerten Reflextätigkeit. Seitendifferenz und fehlende Erschöpfung (> 6 mal hin und her) sind pathologisch und deuten auf eine Pyramidenbahnschädigung hin; erschöpfliche Form nur bei Seitendifferenz pathologisch.
- *Patellarklonus auslösen:* Patella ruckartig nach distal schieben
- *Fußklonus auslösen:* ruckartige Dorsalflexion des Fußes.

Fremdreflexe

Polysynaptisch; Lebhaftigkeit ist abhängig von Reizstärke; erschöpflich. Verlust der Fremdreflexe ist ein empfindlicher Indikator für eine Pyramidenbahnschädigung. BHR = Bauchhautreflexe (Th9–Th12): am besten in drei Höhen prüfen (Dermatome ☞ Abb. 14.1); mit stumpfer Nadelspitze rasch und energisch von *lateral nach medial* über die Bauchhaut streichen → sichtbares Zukken der Bauchmuskulatur; falsch neg. Ergebnisse bei Adipositas, Narben, Schwangerschaft; Ausfall als Frühzeichen bei MS; wichtig zur Höhenlokalisation von Rückenmarksläsionen.

Pathologische Reflexe

In jedem Fall pathologisch, Frühzeichen einer Pyramidenbahnläsion (proximal der Pyramidenbahnkreuzung kontralateral, distal ipsilateral).
- *Babinski-Reflex:* Bestreichen des äußeren Randes der Fußsohle mit Holzstab von der Ferse in Richtung Zehen. „Babinski pos.": tonische Dorsalflexion der großen Zehe, meist mit Abspreizung und Plantarflexion der Zehen II–V
- *Gordon-Reflex*: Kneten der Wadenmuskulatur: wie „pos. Babinski"
- *Oppenheim-Reflex:* kräftiges Streichen entlang der Tibiakante von proximal nach distal: wie „pos. Babinski".

Prüfung des N. facialis

Asymmetrie? Verstrichene Nasolabialfalte? Stirnrunzeln, Augen zukneifen (Untersucher versucht, die geschlossenen Augen des Pat. mit zwei Fingern zu öffnen), Zähne zeigen, Backen aufblasen, pfeifen.

- *Periphere Lähmung:* komplett mit Lagophthalmus und Bell'schem Phänomen (Beim Schließen der Augen wird auf der betreffenden Seite die Drehung des Augapfels sichtbar.)
- *Zentrale Lähmung:* Stirnast intakt, Lidschluß funktioniert oder ist nur leicht geschwächt, kein Bell'sches Phänomen.

Meningismus-zeichen

- *Lasègue:* Gestrecktes Bein im Liegen senkrecht anheben. Schmerzen bei Wurzelirritation L5–S1 oder meningealer Reizung (z.B. Meningitis, Subarachnoidalblutung)
- *Umgekehrter Lasègue:* Prüfung wie Lasègue, nur in Bauchlage. Wurzelreizung L3–L4
- *Kernig:* Pat. liegt mit in Hüft- und Kniegelenk um 90° gebeugtem Bein auf dem Rücken. Schmerzen beim Strekken des Beins senkrecht nach oben. Hinweis auf Wurzelirritation L5–S1 oder Meningitis
- *Brudzinski:* Bei passiver Kopfbewegung nach vorn kommt es bei meningealer Reizung zu einem reflektorischen Anziehen der Beine.

Abb. 14.1: Meningismus-Zeichen

Koordination

- *Finger-Nase-Versuch (FNV):* Pat. führt seinen Zeigefinger zur Nasenspitze.
- *Knie-Hacke-Versuch (KHV):* Aufforderung, das gestreckte Bein im Bett liegend hochzuheben, die Ferse auf das Knie des gestreckten anderen Beins zu setzen und zügig am Schienbein nach unten gleiten zu lassen. FNV und KHV mit offenen und geschlossenen Augen durchführen. Tremor, Ataxie, Dysmetrie, Intentionstremor?

Prüfung der Sensibilität

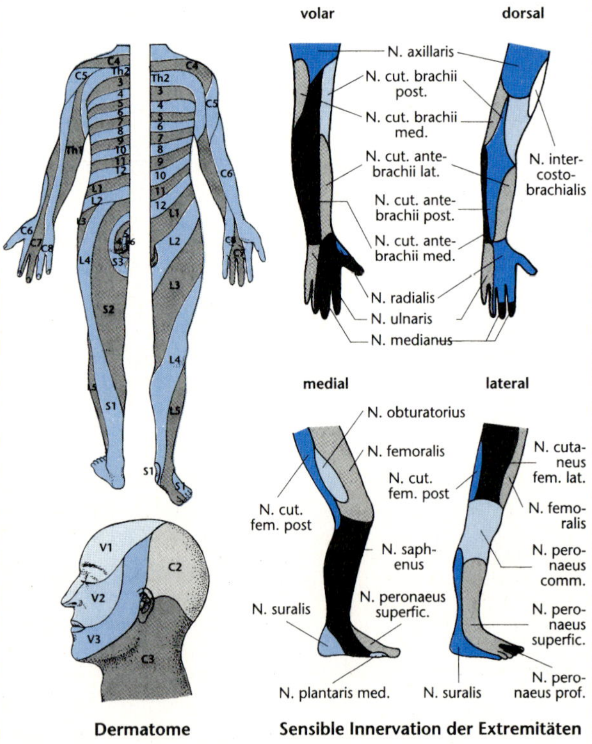

Abb. 14.2: Dermatome

Orientierende Untersuchung von Bewußtseinslage und psychischem Zustand

- Bewußtseinszustand: Wach/somnolent (schläfrig, aber erweckbar)/stuporös (durch wiederholte heftige Reize nur kurz erweckbar)/komatös (kann nicht zum Erwachen gebracht werden) ☞ 3.7
- Orientierung: Zeit, Ort, Person
- Affektlage: Typus (ängstlich, traurig, gereizt), Variationsbreite (labil mit raschen Wechseln, eingeengt oder flach), Intensität u. Angemessenheit der Emotionen
- Gemütslage: depressiv/manisch/ausgeglichen
- Sprache: Quantität (schweigsam, logorrhoisch), Geschwindigkeit, Lautstärke, Artikulation, Rhythmus, aphasische Störungen
- Wird der Untersucher verstanden?
- Denkvermögen: Fähigkeit zu logischem, zusammenhängendem Denken? Einsicht in Sachverhalte?
- Gedankeninhalte: Zwänge, Wahnvorstellungen, abnorme Wahrnehmungen (Halluzinationen)
- Gedächtnis: Kurzzeitgedächtnis (z.B. durch Wiederholenlassen von Zahlenreihen), rezentes Gedächtnis (Ereignisse vor einer Stunde), Langzeitgedächtnis (z.B. Geburtsdatum).

14.2 Kopfschmerzen

Kopfschmerzen werden sehr häufig durch besondere Belastungen wie Streß, Ärger oder Wetterumschwung ausgelöst. Trotzdem immer an ernsthafte Erkrankungen (wie Hirnblutungen, Ischämien, Entzündungen) denken. V.a. bei begleitenden neurologischen Ausfällen, Bewußtseinstrübung oder Meningismus.

14.2.1 Differentialdiagnostische Überlegungen

Akute Kopfschmerzen

- *Sinusitis:* Akut auftretende, einseitige bohrende oder klopfende Kopfschmerzen, Schmerzverstärkung beim Bücken. Klopfschmerzhaftigkeit über der betroffenen Nebenhöhle, Druckschmerz über den Nervenaustrittspunkten. *Diagn.*: Klinik (Nachtdienst), sonographisch oder radiologisch Nachweis verschatteter Nasennebenhöhle mit Spiegelbildung (Tagdienst).
- *Posttraumatische Kopfschmerzen:* z.B. nach Gehirnerschütterung (☞ 12.1.2.) *Diagn.*: Radiologisch Ausschluß einer Fraktur. Zum Ausschluß intrakranieller Hämatome (epi- oder subdurales Hämatom ☞ 4.3) möglichst CCT, unbedingt sofortiges CCT (auch nachts) bei neurologischen Ausfällen oder Bewußtseinsstörung > 1 h.
- *Sekundäre Kopfschmerzen:* Hypertensive Krise (☞ 6.4), akutes Glaukom (☞ 19.2), zerebrale Hypoxie, z.B. durch Hypotonie oder Herzinsuffizienz, Anämie, Fieber, Schlafmangel, Alkohol- und Nikotinabusus (oder -entzug), Medikamente (z.B. Nitrate, „Kopfschmerzmittel“).

- *Meningitis/Enzephalitis:* Fieber, Meningismus (☞ 14.1, 14.5), Hirnnervenlähmungen (☞ 14.1, 14.6) und Bewußtseinstrübung. Durch Störung der Blut-Hirn-Schranke evtl. Erhöhung des intrakraniellen Drucks. Rasche Diagnostik und Therapie (Lebensgefahr!).
- *Zerebrale Ischämien:* Im Vordergrund stehen neurologische Ausfälle (sensomotorische Halbseitenlähmung) ☞ 14.6.1.
- *Intrazerebrale Blutungen/Hirnmassenblutung:* 15–20 % der zerebralen Insulte, v.a. bei Hypertonikern, selten NW einer Lysetherapie. Bei größeren Blutungen ausgeprägte Bewußtseinstrübung. Bei kleineren Blutungen oft schwierige klinische DD zu ischämischen Insulten: Kopfschmerzen, akute sensomotorische Halbseitenausfälle (kontralaterale schlaffe Hemiplegie), Krampfanfälle, bei Einbruch der Blutung ins Ventrikelsystem Meningismus, evtl. „zentrales" Fieber. Vegetative Begleitsymptome (z.B. Erbrechen).
  Diagn.: CCT zur raschen DD Blutung/Ischämie. Lumbalpunktion bei Meningismus und fehlender Möglichkeit zum CCT. Bei Bewußtlosen nur nach CCT. *Cave:* Gefahr der zerebralen Einklemmung durch Liquorentnahme → Punktion im Liegen, höchstens 1–2 ml.
- *Subarachnoidalblutung:* Meist Aneurysmablutung. Klassische Anamnese („Telefondiagnose"): Plötzlich stärkste Kopfschmerzen (oft z.B. nach Husten, Pressen, Geschlechtsverkehr), Nackensteife bis hin zum Meningismus, selten ausgeprägte Bewußtseinsstörungen, Übelkeit. *Diagn.*: CCT. Lumbalpunktion nur, wenn CCT nicht möglich ist. *Cave:* Meningeale Reizzustände können bei leichteren Blutungen zu 20 % fehlen.
- *Sinusthrombose:* Seltenes Krankheitsbild. Auftreten als primäre Thrombose (z.B. bei Gerinnungsstörungen, in Schwangerschaft/Wochenbett) oder sekundär als septische Thrombenbildung bei Fortleitung eitriger Infektionen aus dem Gesichtsbereich. Je nach Lage der Thrombose unterschiedliche Klinik: Kopfschmerzen (evtl. einziges Frühsymptom), Bewußtseinsstörungen, Verwirrtheit, Stauungspapille (Frühzeichen). Evtl. Zeichen einer Sepsis. *Diagn.*: Hinweise im CCT; Sicherung durch Angiographie oder MRT auch nachts (Verlegung).
- *Arterielle Dissektion:* Dissektion mit Lumeneinengung durch Blutung in die Wand der A. carotis oder A. vertebralis, z.B. nach Bagatelltraumen (Schleudertrauma). Bei Karotisdissektion halbseitige Nacken- und/oder Kopf- und Gesichtschmerzen, evtl. Hornersyndrom des Auges auf der ipsilateralen Seite (Miosis, Ptosis, Enophthalmus). Bei starker Lumeneinengung zerebrale Ischämie mit entsprechenden neurologischen Ausfällen. *Diagn.*: Evtl. Strömungsgeräusch über betroffenem Gefäß, Doppler-Sono, Angiographie.

Ursachen akut rezidivierender Kopfschmerzen

- *Migräne:* Oft morgens beginnender Halbseitenkopfschmerz mit Übelkeit, Erbrechen, Lichtscheu, evtl. auch vegetativen Erscheinungen (Schwitzen, Durchfall). In 20 % Beginn mit visueller Aura (Lichtblitze, Verschwommensehen). Zum Teil mit vorübergehenden neurologischen Symptomen wie Halbseitensymptomatik oder Sprachstörungen (*Migraine accompagnée*). Auslöser: Nahrungsmittel (Käse, Rotwein, Schokolade), Nikotin, Be- oder Entlastungssituationen (Wochenendmigräne), körperliche Anstrengungen.
- *Cluster headache* (Bing-Horton-Kopfschmerz): V.a. bei Männern auftretende einseitige Schmerzattacken in der Orbitalregion für 20–30 Min. Begleitend Tränenfluß, Augenrötung, Miosis, Lidödem und Ptosis des homolateralen

Auges. Phasenweise gehäuft (3–4 Anfälle/Woche), dann wieder lange anfallsfreie Intervalle.

- *Riesenzellarteriitis:* Auftreten bei Polymyalgia rheumatica oder als isolierte Arteriitis temporalis (hier auch Beteiligung anderer intrakranieller Gefäße oder der A. ophthalmica möglich). Heftigste temporale Kopfschmerzen, druckschmerzhafte, verhärtete A. temporalis. Evtl. Amaurose oder ischämische Insulte, bei Polymyalgia rheumatica Muskel- und Gelenkschmerzen (v.a. morgens mit extremer Steifigkeit). *Diagn.*: Klinik. *Labor:* Sturzsenkung, Leukozytose, bei Polymyalgia rheumatica hypochrome Anämie. Im Tagdienst histologische Sicherung (Biopsie aus A. temporalis).
- *Trigeminusneuralgie:* Wiederholt blitzartig einschießende Schmerzattacken im Versorgungsbereich von ein oder zwei Trigeminusästen (meist 2./3. Ast, DD Zahnschmerzen). Schmerzbedingte Verkrampfung der mimischen Muskulatur. Meist idiopathische Form, selten symptomatisch (z.B. bei Multipler Sklerose, Entzündungen, Tumoren), in diesen Fällen auch beidseitige Neuralgien möglich. Auslösung der Schmerzattacken durch Reizung von Triggerpunkten.

Ursachen chronischer Kopfschmerzen

- *Spannungskopfschmerz:* Konstanter beidseitiger Kopfschmerz in der temporo-okzipitalen Kopfregion, abends am stärksten. Verstärkung unter psychischen Belastungen.
- *Kopfschmerzen bei intrakraniellen Raumforderungen:* Morgens am stärksten, evtl. begleitet von Übelkeit, Abnahme der Schmerzen über den Tag. Häufig alleiniges Erstsymptom eines Hirntumors, daher Einleitung entsprechender Diagnostik bei allen chronischen Kopfschmerzen (CCT, EEG etc.)!
- *Artikuläre Ursachen: HWS-Syndrom:* Nackenschmerzen mit Ausstrahlung okzipital und frontal. Begleitend Schwindel, Ohrensausen, Brachialgien, evtl. radikuläre Ausfälle. *Kiefergelenksarthrose*: Ausstrahlung in Stirn und Nakken möglich. Knacken und Druckschmerzhaftigkeit des Kiefergelenks.
- *Medikamenteninduzierter Kopfschmerz:* ASS, Paracetamol und Ergotamin bei Dauertherapie bzw. Abusus.

14.2.2 Pieps – Erste Orientierung am Telefon

Fragen an das Pflegepersonal

- Dauer der Schmerzsymptomatik: Akut aufgetreten, über Stunden zunehmend, chronisch- rezidivierend, erstmalig oder bekanntes Leiden?
- Begleitsymptome: Neurologische Ausfälle, Übelkeit, Erbrechen, Bewußtseinsstörungen?
- Puls und Blutdruck?
- Fieber?

Erste Anweisungen an das Pflegepersonal

- Kontrolle von Puls und Blutdruck, evtl. Fieber messen.
- Falls neurologische Begleitsymptome: Beim Pat. bleiben, auf Vitalzeichen achten.

Dringlichkeit

Besondere Dringlichkeit: neurologische Begleiterscheinungen und Bewußtseinsstörungen, Fieber oder vegetativer Begleitsymptomatik (z.B. Erbrechen).
Weniger dringlich sind chronisch rezidivierende Kopfschmerzen, z.B. bei bekannter Wetterfühligkeit. Behandlungsversuch mit dem Präparat, das „sonst immer gut geholfen hat" oder nichtsteroidalem Antiphlogistikum (☞ 4.2). Bei persistierenden oder zunehmenden Beschwerden um Rückruf bitten.

14.2.3 Diagnostisches Vorgehen

Krankenakte/Anamnese

- Bewußtseinslage des Pat.: Ansprechbar, orientiert?
- Beginn und Dauer der Schmerzen.
- Hinweise auf vorübergehende zerebrale Ischämien: Vorübergehende Sehstörungen, Sprachstörungen, Synkopen oder Schwäche in einer Körperhälfte?
- Aktuell Kraftminderung oder Parästhesien?
- Schwindel oder Gangunsicherheit als Hinweis auf Vestibularisstörung, z.B. bei Durchblutungsstörungen des Innenohrs ☞ 14.3?
- Ist die Symptomatik dem Pat. bekannt, z.B. Migräne, langjährige Wetterfühligkeit?
- Besondere seelische Belastungen, z.B. bevorstehende Diagnostik oder Therapiemaßnahmen (psychogene oder Spannungskopfschmerzen)?
- Kopftrauma in letzter Zeit (z.B. chronisches Subduralhämatom)
- Bekannte Arteriosklerose
- Grunderkrankungen, die Kopfschmerzen verursachen könnten: Fieber, Anämie, Herzinsuffizienz, Hypertonie? Bekannte absolute Arrhythmie mit Möglichkeit der zerebralen Embolie?
- Hinweise auf akute Infektion: Temperaturkurve, Entzündungsparameter (häufig Kopfschmerzen bei viralem Infekt, selten metastatische ZNS-Infektion ☞ 14.5)
- Neu eingeführte Medikamente, z.B. Nitrate, Nifedipin?
- Regelmäßige Einnahme von Analgetika?

Körperliche Untersuchung mit besonderem Augenmerk auf

- Kopf: Prellmarken oder andere Hinweise auf Traumata, Druckschmerz über Nebenhöhlen (Sinusitis), Druckschmerz und Verhärtung der Temporalarterien (Arteriitis temporalis), Bewegungseinschränkung und Schmerzen beim Öffnen des Kiefergelenks, Mydriasis, Augenrötung, steinharter Bulbus (Glaukom)?
- Veränderung der Schmerzsymptomatik durch Lagewechsel: „Normale" Kopfschmerzen lassen im Liegen nach, Kopfschmerzen bei erhöhtem Hirndruck nehmen zu.
- Hirndruckzeichen ☞ 12.1.2.
- Neurologische Untersuchung (☞ 14.1): Meningismus, Pupillenreaktionen, Augenbeweglichkeit, Fazialisprüfung, Koordinationsprüfung, orientierende Sensibilitätsprüfung der Extremitäten, grobe Kraft der Extremitäten, Tonusverlust einer Extremität, Muskeleigenreflexe, Pathologische Reflexe, Überprüfung auf latente zentrale Parese: Arm- und Beinhalteversuch.

Weiterführende Diagnostik

Noch in der Nacht

- Labor: Bei V.a. entzündliches oder septisches Geschehen BB (Leukos), BSG.
- EKG: Bei kardialen Vorerkrankungen oder Begleitsymptomatik (Auffälligkeiten von Puls oder RR). Ausschluß „stumme" Ischämie oder Rhythmusstörungen als Auslöser zerebraler Ischämien
- Liquorpunktion bei V.a. Meningitis, evtl. bei V.a. intrazerebrale Hirnmassenblutung oder Subarachnoidalblutung, falls kein CCT möglich ist (*cave:* Hirndruckzeichen 12.1.2)
- Verlegung zum CCT (Rücksprache mit Hintergrund): bei V.a. ausgedehntere intrazerebrale Blutung (deutliche Bewußtseinstrübung, Meningismus), Subarachnoidalblutung, Sinusvenenthrombose, posttraumatischen Kopfschmerzen mit neurologischen Begleiterscheinungen, unklarer Bewußtseintrübung.

Für den nächsten Tag planen

- CCT: Falls nachts nicht erfolgt und die Beschwerden bei unklarer Ursache persistieren.
- Neurologisches Konsil: Bei rezidivierenden Kopfschmerzen unklarer Genese.

14.2.4 Therapeutisches Vorgehen

Initiales Management

- *Kopfschmerzen* ohne Hinweis auf akute zugrundeliegende Erkrankung: Schmerzbehandlung mit nichtsteroidalem Antiphlogistikum, z.B. Paracetamol 1000–1500 mg p.o. ☞ 4.2.
- *Sinusitis:* Abschwellende Nasentropfen, z.B. Xylometazolin (Otriven®), Rotlicht, Kamilledampfinhalationen.
- *Posttraumatische Kopfschmerzen:* Nach Ausschluß einer intrazerebralen Blutung (CCT) Gabe eines nicht sedierenden Analgetikums, z.B. Paracetamol 500–1000 mg. *Cave:* Kein ASS aufgrund möglicher Blutungskomplikationen. Auf jeden Fall Überwachung des Pat.: RR, Atmung, Puls, Pupillen auf Seitengleichheit und Lichtreaktion in 30 Min. Abständen kontrollieren ☞ 4.3.
- Zerebrale Ischämie ☞ 14.7
- *Intrazerebrale Massenblutung:* Kopf um 30 Grad hochlagern. Therapie wie beim ischämischen Hirninfarkt (☞ 14.7.2), jedoch keine Hämodilution. Senkung hypertensiver RR-Werte (RR > 180/100 mm HG) mit Ca^{2+}-Antagonisten, z.B. Nifedipin (z.B. Adalat®) 10 mg sublingual, Urapidil (Ebrantil®) 25 mg i.v. oder Clonidin (Catapresan®) 0,15mg i.v. (= 1 Amp.). (*Cave:* Keine zu abrupte oder starke RR-Senkung, v.a. bei älteren Pat., da sonst Gefahr der zerebralen Minderdurchblutung). Auf Hirndruckzeichen achten (intrakranielle Raumforderung!) ☞ 12.1.2. Bei größeren Blutungen nach Sicherung der Vitalfunktionen rasche Verlegung auf Neurochirurgie zur Hämatomentleerung (Rücksprache Hintergrund).
- *Subarachnoidalblutung:* Prävention von intrakraniellen Gefäßspasmen mit Nimodipin-Perfusor (z.B. Nimotop®) 10 mg (in 50 ml alkoholischen Lösungsmittel bereits gelöst) mit 5–10 ml/h je nach RR. Evtl. zusätzlich RR-Senkung: Bei RR > 200/100 mmHg Senkung mit Ca^{2+}-Antagonisten z.B. Nifedipin 10 mg sublingual, bei RR < 90 mmHg syst. Anhebung mit Dopaminperfusor (☞ 22.1). Evtl. Sedierung, z.B. mit Diazepam 5–10 mg i.v. und

Analgesie z.B. Buprenorphin (Temgesic®) 0,3 mg langsam i.v. Evtl. Hirnödemprophylaxe mit Dexamethason (z.B. Fortecortin®) initial 40–100 mg i.v., anschl. 4–8 mg alle 4 h. Bei Übelkeit Metoclopramid (z.B. Paspertin®) 10 mg i.v. oder Triflupromazin (z.B. Psyquil®) 5–10 mg i.v.

- *Meningitis:* Sofortige Vorbereitung einer Liquorpunktion zur Diagnosesicherung ☞ 14.5.
- *Migräneanfall:* Reizabschirmung in abgedunkelten Räumen. Bei leichteren Attacken nichtsteroidale Antiphlogistika: ASS (z.B. Aspirin®) 1000 mg p.o. oder Paracetamol 1000 mg p.o. oder als Supp. Bei schweren Anfällen ASS (Aspisol®) 500mg i.v. und Metoclopramid (z.B. Paspertin® 10mg i.v. oder Ergotamin (Migrax®) 1–2 mg Supp oder Sumatriptan (Imigran®) 100 mg p.o. *Cave:* Vorsicht bei Anwendung von Sumatriptan bei Hypertonus oder KHK (Auslösung von Gefäßspasmen möglich).
- *Cluster headache:* Therapie im Anfall: Sauerstoffinhalation 5–7 l/Min. über 10 Min., Dihydroergotamin-Nasenspray (Ergotamin-Medihaler®) 1 Inhalation, ggf. Wiederholung nach frühestens 5 Min. oder nasale Instillation von 1 ml Lidocainlösung 40 % bei 45° Kopfreklination und 30–40° Drehung zur betroffenen Seite. Prophylaxe weiterer Anfälle: Evtl. Steroidstoß beginnend mit 40 mg Prednison über 5 Tage, allmähliche Reduzierung.
  Intervalltherapie: Lithiumcarbonat in steigender Dosierung bis max. 900 mg tägl. oder Verapamil 3 x 80 mg p.o. tägl.
- *Riesenzellarteriitis:* Symptomatische Schmerzther. ☞ 4.2. Initial Prednison 60–80 mg tägl., allmähliche Reduktion auf Erhaltungsdosis von 5–10 mg.
- *Trigeminusneuralgie:* Periphere Analgetika in höherer Dosierung, z.B. ASS 3 x 500 mg p.o. tägl., evtl. i.v. (z.B. Aspisol®). Bei stärkeren Schmerzen Opioide, z.B. Tramadol (Tramal®) 20 Trpf. oder Buprenorphin (Temgesic®) 0,3 mg sublingual. Evtl. Kombination aus Neuroleptikum mit Analgetikum, z.B. Levomepromazin (Neurocil®) 15 Trpf. und Paracetamol 500–1000 mg p.o. Anfallsprophylaxe: Carbamazepin (Tegretal®) bis 3 x 200 mg tägl. (Spiegelkontrolle).
- *Spannungskopfschmerzen:* Analgetika und Tranquilizer nur kurzfristig einsetzen (Gefahr der Suchtentwicklung!). Streß vermindern, Psychotherapie empfehlen. Ggf. medikamentöse Dauertherapie: Amitriptylin (Saroten®) 2 x 25–100 mg tägl. p.o. auch bei Pat. ohne Depressionen.
- *HWS-Syndrom/Schmerzen bei Kiefergelenksarthrose:* Nichtsteroidale Antiphlogistika, z.B. Diclofenac 100 mg als Supp. Langfristig physikalische Maßnahmen bzw. zahnärztliche Vorstellung (Fehlstellungen?).

Verlegung in Neurologie/Neurochirurgie bei

- V.a. Hirn*massenblutung:* Primär Sicherung der Vitalfunktionen. Falls im Hause möglich, Diagnosesicherung mit CCT. Bei ausgedehnter Blutung oder fehlenden diagnostischen Möglichkeiten Verlegung nach Rücksprache mit Hintergrund. Bei schlechtem Zustand des Pat. Verlegung mit ärztlicher Begleitung.
- V.a. Sub*arachnoidalblutung:* Nach Rücksprache mit Hintergrund zur Klärung der Blutungsquelle (Angiographie) und Op-Indikation, v.a. bei jüngeren Pat. Bei Transport Vermeidung heftiger Kopfbewegungen (Gefahr der Nachblutung), Kopf 30 Grad hochlagern. Auch hier ärztliche Begleitung.
- V.a. Sin*usthrombose:* Weitere Diagnostik (Angiographie, NMR), bei Sepsis umgehende Einleitung einer Antibiotikabehandlung (☞ 22.1.2), Behandlung des Hirndrucks ☞ 12.1.2.

- *V.a. arterielle Dissektion:* zur weiteren Diagnostik und Therapie, initial Heparin ☞ 22.2.1.

Verlegung auf die Intensivstation bei

- Akut zunehmender neurologischer Symptomatik, insbesondere Bewußtseinstrübung oder Zeichen einer Hirndrucksteigerung
- Atemstörung mit Notwendigkeit der Intubation und Beatmung.

Hintergrund

In der Regel empfiehlt es sich, den Hintergrund anzufordern:

- Zur Durchführung einer Liquorpunktion bei Meningismus
- Bei unklarer zunehmender Eintrübung oder Zustandsverschlechterung
- Bei Zeichen einer Hirndrucksteigerung unklarer Genese ☞ 12.1.2
- Zur Klärung einer Verlegungsindikation.

Aufnahme ambulanter Patienten

- Bei V.a. zerebrale Blutung, Ischämie oder bei Meningismus zur Einleitung einer entsprechenden Diagnostik und Therapie.
- Bei akuten, starken Kopfschmerzen unklarer Ätiologie zur Überwachung: Halbstündlich bis stündlich Kontrolle von Atmung, Puls, RR und Pupillenreaktionen; Stauungspapille?
- Bei chronisch rezidivierenden Kopfschmerzen ohne neurologische Symptomatik und bei unauffälligen Herz-Kreislaufverhältnissen (auch EKG) evtl. ambulante Behandlung. Falls noch nicht erfolgt, Pat. mit chronischen Kopfschmerzen auf die Notwendigkeit einer neurologischen Untersuchung hinweisen (entsprechende Empfehlung in Kurzbrief an Hausarzt).

Fußangeln und Fingerzeige

- Bei häufigen Kopfschmerzen kommt es leicht zum Analgetikaabusus. Gezieltes Verlangen nach einem bestimmten Medikament oder Sedativum ist dabei verdächtig auf Abhängigkeit oder Sucht
- Kontinuierliche Analgetikaeinnahme kann ihrerseits Kopfschmerzen auslösen
- Unaufmerksamkeit oder Schläfrigkeit in Zusammenhang mit Kopfschmerz ist manchmal einziger Hinweis auf eine Subarachnoidalblutung.

14.3 Schwindel

Unterscheidung in *systematischen Schwindel* (Drehgefühl in eine Richtung, Schwankschwindel, Liftgefühl oder einseitige Fallneigung) als Ausdruck einer vestibulären Schädigung und *unsystematischen Schwindel* (Unsicherheitsgefühl, Benommenheitsgefühl, Taumeligkeit, Flimmern oder Schwarzwerden vor Augen), z.B. bei zerebralen Durchblutungsstörungen. Bei älteren Patienten sind rezidivierende Schwindelattacken als Folge zerebraler Minderdurchblutung sehr häufig, meist jedoch harmlos.
Bei akutem Schwindel v.a. jüngerer Pat. unbedingt an zugrundeliegende internistische Krankheitsbilder, z.B. Herzinfarkt oder Lungenembolie mit Erniedrigung des Herzminutenvolumens und metabolische Entgleisungen, z.B. Diabetes mellitus, denken.

14.3.1 Differentialdiagnostische Überlegungen

Otologische Ursachen

- *Neuropathia vestibularis:* Akuter einseitiger Vestibularisausfall. Akuter Drehschwindel begleitet von Erbrechen, Fallneigung, Spontannystagmus zur Gegenseite, *keine* Hörstörungen. Über Stunden bis Tage anhaltend, dann allmählich abklingend.
- *Gutartiger, paroxysmaler Lagerungsschwindel:* Durch bestimmte Kopfbewegungen oder Lagewechsel im Liegen ausgelöste Drehschwindelattacken mit Nystagmus, die einige Sekunden andauern. Charakteristisch ist eine Umkehr der Schwindelrichtung bei Wiederaufsetzen und eine Ermüdbarkeit der Reaktion bei Wiederholungen.
- *Morbus Menière:* Akut einsetzende Symptomentrias von Schwindel, Schwerhörigkeit und Tinnitus. Begleitend meist Erbrechen, Spontannystagmus und Fallneigung zur betroffenen Seite. (DD Hörsturz: kein Schwindel ☞ 18.5).
- *Kinetosen (Reisekrankheit):* Vegetative Begleitsymptome: Übelkeit, Erbrechen, Hypotonie, Kopfschmerzen.

Neurologische Ursachen

- *Zerebrale Ischämien* (☞ 14.7): Besonders bei Durchblutungsstörungen im Bereich der A. basilaris kann es zu Schwindelerscheinungen oder evtl. zu sog. „drop attacks" (Versagen der Beine meist ohne Bewußtseinsverlust) kommen (*vertebrobasiläre Insuffizienz*) Begleitend meist Hirnnervenstörungen und evtl. zentrale Paresen oder Ataxie.
- *Posttraumatisch:* In der Erholungsphase nach Commotio cerebri. Immer auf Zunahme der Symptomatik oder Auftreten weiterer neurologischer Erscheinungen als Zeichen eines intrakraniellen Hämatoms achten ☞ 4.3.
- Schwindelaura bei Epilepsie ☞ 14.4.
- Entzündliche zerebrale Erkrankungen, z.B. Meningoenzephalitis (☞ 14.5), Zoster oticus ☞ 18.4.

Internistische Ursachen

- *Vermindertes Herzminutenvolumen:* Zerebrale Minderdurchblutung mit Schwindel z.B. durch akute Rhythmusstörungen, Herzinfarkt, unter Belastungen bei vorbestehender Herzmuskelschwäche (z.B. Kardiomyopathie, KHK) oder mechanischen Hindernissen (Aortenklappenstenose), bei akuter Lungenembolie ☞ 7.1.5.

- *RR-Regulationsstörungen:* Schwindel tritt sowohl bei stark erhöhtem (hypertensive Krise ☞ 6.4) als auch bei erniedrigtem RR auf (Hypotonie, orthostatische Dysregulation ☞ 6.3.
- *Medikamentennebenwirkung:* Antihypertonika, Aminoglykoside, v.a. Gentamicin und Streptomycin (vestibulotoxische Wirkung), Salizylate (v.a. bei Überdosierungen), Lokalanästhetika nach versehentlicher i.v.-Gabe oder nach Spinalanästhesie, Barbituraten, Antiepileptika (z.B. Carbamazepin, Hydantoin), Antiparkinsonmittel (z.B. L-Dopa, Anticholinergika, Bromocriptin), Psychopharmaka, z.B. Antidepressiva oder Tranquilizer vom Diazepamtyp.
- *Metabolische Störungen:* Hypo- oder hyperglykämisches Koma (☞ 10.1), thyreotoxische Krise (☞ 10.2), Urämie und Leberkoma (☞ 9.1, ☞ 8.6), E'lytentgleisungen ☞ 9.4.
- *Infektionskrankheiten:* z.B. Scharlach, Masern, Mumps, Grippe
- *Vergiftungen:* Alkohol, Coffein, Arsen, Blei, Quecksilber, Jod, Benzol sowie Fleisch- oder Pilzvergiftungen.
- *Hyperventilation:* Schwindel, Kopfschmerzen, periorales Kribbeln, Hyperventilationstetanie, Parästhesien ☞ 9.6
- *Entzugssymptomatik:* Alkohol-, Tabletten- oder Nikotinentzug ☞ 5.1., 5.2
- *Psychische Ursachen:* Schwindel als psychosomatisches Korrelat besonderer Belastungen oder Verluste („Patient hat jeden Halt verloren").

Ophthalmologische Ursachen

- *Augenmuskelstörungen* (N. III, IV und VI): Bei älteren Menschen v.a. durch Durchblutungsstörungen, Diabetes oder Hypertonie. Seltene Ursachen: Myasthenia gravis ☞ 14.6, Multiple Sklerose, Tumoren.
- *Akuter Glaukomanfall:* Kopfschmerzen, harter Bulbus, rotes Auge und Visusverlust ☞ 19.2
- *Fehlende Fusion:* nach Alkoholgenuß, SHT, bei Müdigkeit, latentem Schielen oder Heterophorie.

14.3.2 Pieps – Erste Orientierung am Telefon

☎ Fragen an das Pflegepersonal

- Puls und RR?
- Dauer der Symptomatik: akut, chronisch-rezidivierend?
- Sturzereignis im Zushg. mit dem Schwindel?
- Begleitsymptome: Kopfschmerzen, neurologische Auffälligkeiten, Übelkeit, Erbrechen, Hörstörungen, thorakale Schmerzen, Fieber?
- Vorerkrankungen nach Krankenakte: Kardiale oder zerebrale Grundkrankheit? Stoffwechselerkrankungen (Diabetes, Niereninsuffizienz)?

Erste Anweisungen an das Pflegepersonal

- Kontrolle von Puls und RR
- Bei Diabetikern: BZ-Stix
- Bei kardialen Vorerkrankungen, auffälligen RR-Werten (stark erhöht oder erniedrigt) oder Pulsunregelmäßigkeiten: EKG mit langem Rhythmusstreifen (25 mm/Sek.) schreiben.

Dringlichkeit

- Besondere Dringlichkeit besteht bei akut aufgetretenem Schwindel zum Ausschluß schwerwiegender neurologischer oder internistischer Störungen sowie Störungen des Vestibularapparates
- Weniger dringlich sind Pat. mit chronisch rezidivierenden Schwindelattacken → vorläufige Ruhigstellung und Überwachung (Puls, RR) ausreichend, sofern die Herz-Kreislaufverhältnisse unauffällig sind und Begleitsymptome fehlen.

14.3.3 Diagnostisches Vorgehen

- Vitalzeichen (RR, Puls, Atmung)
- Bei bekanntem Diabetes oder bei alkoholisiertem Pat. vor Anamnese oder Untersuchung primär BZ-Stix → Ausschluß Hypoglykämie.

Anamnese/Krankenakte

- Dauer des Schwindels, wiederholtes Auftreten?
- Art des Schwindels: Dreh- oder Schwankschwindel (vestibuläre Ursache), Unsicherheit oder Schwarzwerden vor Augen (zerebrale Minderdurchblutung)?
- Abhängigkeit von Lagewechsel oder bestimmten Kopfbewegungen: Schwindel beim Aufstehen (orthostatische Dysregulation), bei Kopfdrehen, v.a. im Liegen, (paroxysmaler Lagerungsschwindel oder vertebrobasiläre Insuffizienz).

DD des vestibulären Schwindels

- Dauerschwindel Typ I: Akut heftiger, langsam abnehmender Schwindel → peripher bedingt, z.B. bei Labyrinthitis, peripherer Vestibulapathie (z.B. bei Zoster oticus), Felsenbeinfraktur
- Dauerschwindel Typ II: Anhaltend wechselnd starker Schwindel → vorwiegend zentral bedingt, z.B. bei Tumoren, Multipler Sklerose
- Attackenschwindel: Unregelmäßig auftretender, Min. bis Stunden dauernder Schwindel bei M. Menière.

- Begleitend Kopfschmerzen (→ Migräne, HWS-Syndrom)? Ohrgeräusche oder Schwerhörigkeit (→ M. Menière)?
- Schwindel durch körperliche Belastung ausgelöst (→ kardiale Genese)?
- Verschwindet Schwindel beim Augenschließen (→ okuläre Genese)?
- Bestehen begleitend Bewegungs- oder Gefühlsstörungen (→ zerebrale Durchblutungsstörung)?
- Akute thorakale Schmerzen oder Atemnot (→ kardiale Ischämie oder Lungenembolie)?
- Kardiale Erkrankung: bekannte Herzinsuffizienz, Herzklappenfehler, Rhythmusstörungen, absolute Arrhythmie (Gefahr der zerebralen Embolisation)?
- Zerebrale Erkrankungen, z.B. Tumoren, anamnestisch Insulte? Bekannte Migräne? Extrakranielle Gefäßstenosen?
- HWS-Syndrom?
- RR-Regulationsstörungen (Hyper- oder Hypotonie)?
- Diabetes mellitus
- Medikamente?

- Besondere psychische Belastungen, Verluste oder Streßsituationen in der letzten Zeit (psychogener Schwindel)?

Körperliche Untersuchung mit besonderem Augenmerk auf

- Bewußtseinslage, Orientiertheit?
- Hinweise auf Anämie: blasse Haut oder Konjunktiven?
- Tremor der Hände (Alkohol, Hyperthyreose, Leberausfallskoma)?
- Puls: Regelmäßig? Frequenz? Peripheres Pulsdefizit ☞ 6.2
- Blutdruck im Liegen, evtl. im Stehen (*Cave:* Pat. nur aufstehen lassen, wenn kein V.a. kardiales Ereignis oder Lungenembolie!)
- Kardiale Auskultation: Vitien? Absolute Arrhythmie?
- Palpation und Auskultation der Karotiden: Strömungsgeräusche?
- Lunge: RG als Zeichen einer Herzinsuffizinz? Evtl. abgeschwächtes Atemgeräusch oder pleuritisches Reiben bei Lungenembolie?
- Neurologische Untersuchung mit besonderem Augenmerk auf Nackensteife (Meningismus)?, Nystagmus evtl. durch Lagewechsel provozierbar?, Pupillenreaktionen, Hirnnervenprüfung (Fazialis, Augenmuskelbeweglichkeit), Muskeleigenreflexe, grobe Kraft der Extremitäten und orientierend Sensibilität, Koordination: Finger-Nase- und Knie-Hacke-Versuch.
- Ohrenspiegelung (☞ 18.1): Entzündungen (z.B. Rötung und Bläschen bei Zoster), Otitis media?

Weiterführende Diagnostik

Noch in der Nacht

- Labor: BZ, bei V.a. Leber- oder Niereninsuffizienz aktuelle Leber- oder Nierenwerte. Bei bekannter KHK und thorakalen Schmerzen evtl. Infarktenzyme ☞ 6.1.1
- EKG mit Rhythmusstreifen: Bei Pulsunregelmäßigkeiten oder niedrigem Blutdruck, bei bekannten kardialen Vorerkrankungen, bei begleitenden Thoraxschmerzen
- CCT: Nachts bei V.a. intrakranielle Blutung (posttraumatisch, Hirnmassenblutung)
- Lumbalpunktion: Bei V.a. akute Meningitis (Meningismus, Fieber).

Für den nächsten Tagen planen

- CCT, falls im Akutstadium noch nicht erfolgt und V.a. zerebrales Geschehen
- Dopplersonographie der Hirngefäße (Stenosen?)
- Echokardiographie (Vitien, Kardiomyopathie, Emboliequelle)?
- Wiederholtes Langzeit-EKG
- Schellong-Test (Orthostatische Dysregulation?)
- Neurologisches Konsil
- HNO-ärztliches Konsil (Vestibularisschädigung)?

14.3.4 Therapeutisches Vorgehen

Initiales Management

- Bei chronisch-rezidivierenden Schwindelattacken ohne Hinweis auf akute Erkrankung: Ruhigstellung, evtl. Gabe von Dimenhydrinat (Vomex A®) 150 mg Supp. Aufstehen nur in Begleitung, Kontrolle von Puls und RR in stdl. Abständen. Diagnostik in den nächsen Tagen.

- Bei V.a. akuten vestibulären Schwindel: Bettruhe, bei Übelkeit Dimenhydrinat (Vomex A®) 150 mg Supp. alle 6 h, Sulpirid (Dogmatil®) Kps. 50 mg alle 6 h. Evtl. Innenohrinfusionstherapie ☞ 18.5. Am folgenden Tag HNO-Konsil.
- V.a. Lagerungsschwindel: Keine medikamentöse Therapie, langfristig Lagerungstraining, Spontanremissionen nach Monaten.
- Kinetose: Flachlagerung mit Ruhigstellung des Kopfes, evtl. Antiemetika z.B. Dimenhydrinat (Vomex A®) 150 mg Supp.
- V.a. vertebrobasiläre Insuffizienz: Therapieversuch mit Flunarizin (Sibelium®) 10 mg abends oder Pentoxifyllin (Trental®) 2 x 600 mg. Neurologische Vorstellung zur Diagnosesicherung.
- V.a. zerebrale Minderdurchblutung durch vermindertes Herzminutenvolumen: Bei entsprechender Vorerkrankung gezielt nach hinweisenden Begleitsymptomen fragen (thorakale Schmerzen, Atemnot, Herzstolpern), EKG schreiben ☞ 6.1, 6.2.
- Bei V.a. zerebrale Ischämie mit stabilen Vitalfunktionen: Einleitung einer entsprechenden Therapie und Überwachung ☞ 14.7
- Bei hypertonen RR-Werten ohne Hinweise auf akute Linksdekompensation oder hypertensive Enzephalopathie: Blutdrucksenkung mit Ca^{2+}-Antagonisten, z.B. Adalat® 10 mg sublingual. Engmaschige RR-Kontrolle ☞ 6.4
- Nach Sturz infolge Schwindel radiologischer Frakturausschluß. Kontrolle von RR, Puls und Pupillenreaktionen in ca. 1/2 bis 1 stdl. Abständen ☞ 4.3.

Verlegung auf die Intensivstation

- Bei V.a. Herzinfarkt oder große Lungenembolie und bei schwerwiegenden Rhythmusstörungen
- Bei Hinweisen auf beginnendes diabetisches oder Leberausfallskoma ☞ 10.1, 8.6
- Entgleiste BZ-Werte: Hypoglykämie, Hyperglykämie oder diabetisches Präkoma ☞ 10.1
- Bei ausgeprägter neurologischer Symptomatik, insbesondere mit gestörter Atmung oder Bewußtseinstrübung (Notwendigkeit der Intubation, Monitorüberwachung von Puls- und RR, engmaschige neurologische Verlaufskontrollen).

Hintergrund

In der Regel empfiehlt es sich, bei zunehmender Verschlechterung, z.B. Bewußtseinseinstrübung unklarer Genese, den Hintergrund anzufordern.

Aufnahme ambulanter Patienten

Der Patient mit Schwindel sollte zur weiteren Überwachung und evtl. Diagnostik aufgenommen werden. Nach Aufnahme auf Normalstation und Durchführung der obengenannten Diagnostik RR-, Puls- und evtl. Pupillenkontrollen in ca. stündlichen Abständen.

Fußangeln und Fingerzeige

- Intensiver Nystagmus mit geringer Schwindelsymptomatik weist auf zentralen Schwindel hin.
- Auch an Erstmanifestation eines Diabetes mellitus (Präkoma) denken!

14.4 Krampfanfall

Je nach Ablauf unterscheidet man zwischen *klonischen Krämpfen* (rasch aufeinanderfolgende Zuckungen antagonistischer Muskeln), *tonischen Krämpfen* (langanhaltende Kontraktionen starker Intensität) und *tonisch-klonischen Krämpfen*.
Sie treten bei primärer Epilepsie (meist seit der Kindheit) oder sekundär als symptomatische Epilepsie bei Erkrangungen des ZNS oder internistischen Grunderkrankungen auf. Erkrankungen, die sofort erkannt werden müssen, sind Stoffwechselentgleisungen oder intrakranielle Druckerhöhungen. Nach Erstmanifestation eines generalisierten zerebralen Anfalls ist eine genaue neurologische und internistische Abklärung des Pat. erforderlich. Im Bereitschaftsdienst steht nach dem Anfall meist der Ausschluß bzw. die Behandlung von Verletzungen im Vordergrund.
Krampfanfälle bei Kindern: ☞ 13.5.9

Allgemeinmaßnahmen während eines akuten Krampfanfalls

- Alle gefährlichen Gegenstände aus der Nähe des Patienten wegräumen, Kopf mit weicher Unterlage vor Verletzungen schützen
- Nur wenn möglich, zur Vermeidung von Zungenbißverletzungen, Guedel-Tubus zwischen die Zähne schieben. Nicht mit Gewalt einführen, da hierdurch Verletzungsgefahr für Pat. und Behandelnden
- Patient nie festhalten!
- Medikamentöse Therapie (z.B. Diazepam i.v.) ist meist nicht sinnvoll, weil der Einzelanfall spontan endet und die sedativen Nebenwirkungen die Beurteilung der Reorientierungsphase erschweren. Nur bei kompliziertem Grand-mal-Anfall (Anfallsdauer > 5 Min.)
- Brechschale für evtl. postiktale Übelkeit bereithalten.

Nach dem Anfall stabile Seitenlagerung zur Verhinderung von Aspiration. Freihaltung der Atemwege bis zum Wiedererlangen des Bewußtseins (Entfernung von Zahnprothesen, evtl. Guedeltubus).

14.4.1 Differentialdiagnostische Überlegungen

Häufige Formen generalisierter zerebraler Krampfanfälle

Grand-mal-Epilepsie

Folgender Ablauf ist charakteristisch: Evtl. *Prodromalerscheinungen* Minuten bis Stunden vor dem Anfall (z.B. Verstimmung oder vegetative Erscheinungen). *Aura* Sekunden vor dem Anfall (z.B. Wahrnehmungen auf allen Sinnesgebieten, Schwindel oder unspezifisches „komisches" Gefühl). Initialschrei, Hinstürzen (oft nach hinten), Augen meist offen, fehlende Lichtreaktion der Pupillen. *Tonische Phase* (Dauer ca. 30 Sek.): Beine gestreckt, Arme gebeugt oder gestreckt, Apnoe. *Klonische Phase* (Dauer ca. 60 Sek. – 5 Min.): Rhythmische Zuckungen von Armen und Beinen, Zungenbiß, Schaum vor dem Mund, Urin-, evtl. auch

Stuhlabgang. *Terminalschlaf*: Nach dem Anfall anfangs nicht erweckbar, anschl. häufig Unruhe oder Verwirrtheit.

Beim einzelnen epileptischen Krampfanfall steht die Verletzungsgefahr im Vordergrund.

Sekundäre zerebrale Anfälle

Jegliche Schädigung des Gehirns kann durch Senkung der Krampfschwelle zu generalisierten zerebralen Anfällen führen, z.B. Intrakranielle Raumforderungen, Hirntraumen, Enzephalitiden oder Meningoenzephalitiden, Zerebrale Ischämien oder Blutungen, hypertensive Enzephalopathie.

Medikamente, die anfallsfördernd wirken können:
Penicillin, v.a. in hohen Dosen oder nach intrathekaler Gabe, nichtsteroidale Antiphlogistika, Alkoholentzugsmittel (z.B. Disulfiram = Antabus®), Hormone (Kortikoide oder Ovulationshemmer), Neuroleptika und trizyklische Antidepressiva, Kontrastmittel nach intrathekaler oder intraarterieller Gabe. Intoxikationen mit Chinidin, Anticholinergika, Diphenhydramin.

Weitere Auslöser: Alkoholintoxikation, Entzugssymptomatik (☞ 5.1.2, 5.1.3), Stoffwechselentgleisungen (10.1), Leberausfall, Schlafmangel, Fieber ☞ 4.4.

DD: Psychogener/hysterischer Krampfanfall.
Seltenere Formen generalisierter Krampfanfälle und partielle Anfallstypen ☞ 13.5.9

14.4.2 Pieps – Erste Orientierung am Telefon

Fragen an das Pflegepersonal

Bei akut laufendem Anfall nicht lange mit Fragen aufhalten. Evtl. kurz Anweisungen für Lagerung des Pat. (s.u.), dann so schnell wie möglich selber hin.

Erste Anweisungen an das Pflegepersonal

- Falls Pat. noch bewußtlos: Stabile Seitenlagerung, O_2 mit 2–4 l/Min. über Nasensonde
- Unbedingt auf Atmung achten!
- Kontrolle von Puls und Blutdruck
- Bei bekanntem Diabetes mellitus BZ-Stix
- I.v.-Zugang und Blutabnahmeröhrchen vorbereiten.

Dringlichkeit

Jeder Pat. mit akutem Krampfanfall muß umgehend gesehen werden: Bei bekannter Epilepsie zum Ausschluß von Verletzungen während des Anfalls, bei Erstmanifestation zum Ausschluß einer akuten auslösenden internistischen oder neurologischen Erkrankung.

14.4.3 Diagnostisches Vorgehen

Anamnese/Krankenakte

- Bewußtseinslage des Pat.: Pat. schon erweckbar? Noch verwirrt/unruhig? Schon wieder orientiert? Bleibende Bewußtseinsstörung (Somnolenz/Koma)?

- Fremdanamnese: Wurde der Anfall beobachtet? Anfallsverlauf: Zungenbiß? Generalisierte Krämpfe? Sturz während des Anfalls? Einnässen? Nach dem Anfall Verwirrtheit?
- Bei bereits orientiertem Pat. erfragen: Bekanntes Anfallsleiden bzw. zuvor schon Anfälle erlitten? Wenn ja, wann, wie oft, wann zuletzt? Bekanntes Anfallsleiden in der Familie?
- Bestehen aktuell noch Schmerzen, Schwindel oder andere Auffälligkeiten (z.B. taubes Gefühl oder Lähmungen als Hinweis auf zerebrale Ischämie)?
- Vorerkrankungen: Bekanntes Anfallsleiden? Diabetes mellitus, Niereninsuffizienz, Leberschädigung? Faktoren, die zur zerebralen Ischämie prädisponieren: Extrakranielle Gefäßstenosen, Hypertonie, Fettstoffwechselstörungen? Kardiale Erkrankungen oder Rhythmusstörungen? Toxikomanie?
- Bereits vor dem Anfall neurologische Ausfälle vorhanden?
- Medikamente (☞ Differentialdiagnostische Überlegungen)
- Laborwerte: BZ-Werte (z.B. Diabetes mellitus mit Neigung zu Hypoglykämien?), E'lyte (Na^+, Ca^{2+}, Mg^{2+}), Nieren- und Leberwerte
- Fieberkurve: Erhöhte Temperatur als evtl. Auslöser des Krampfanfalls?
- Bekannte Toxikomanie mit Alkohol-, Drogen- oder Medikamentenentzug ☞ 5.1, 5.2?

Körperliche Untersuchung mit besonderem Augenmerk auf

- Atemluft: Alkoholfoetor, urämischer Foetor, hepatischer Foetor?
- Zungenbißverletzungen
- Auskultation der Karotiden: Strömungsgeräusche bei Stenosen?
- Hinweise auf Verletzungen durch Krampfanfall: Prellmarken, Hämatome, abnorme Beweglichkeit der Extremitäten (Frakturen im Rahmen epileptischer Anfälle möglich!).

Neurologische Untersuchung unter besonderer Beachtung von

- Meningismus
- Pupillen: Weite, Lichtreaktion, Seitengleichheit
- Muskeltonus und grobe Kraft der Extremitäten, Muskeleigenreflexe
- Koordination.

Weiterführende Diagnostik

Noch in der Nacht
- Temperatur messen
- Labor: BZ, Elektrolyte. Bei V.a. Nieren- oder Leberinsuffizienz: Krea, Harnstoff bzw. GPT, GOT. Ammoniak (vorher Rücksprache mit Labor)
- BGA bei Atemstörungen
- Lumbalpunktion bei Meningismus ☞ 14.5.3
- EKG: Bei kardialen Vorerkrankungen oder RR- und Pulsauffälligkeiten
- Radiologischer Ausschluß von Frakturen bei entsprechender Klinik
- CCT: Bei bleibender Bewußtseinstrübung nach Krampfanfall (intrakranielles Hämatom).

Für den nächsten Tag planen
- Labor: Bei medikamentös behandelten Epileptikern Spiegelkontrolle der Antiepileptika
- Neurologisches Konsil
- EEG: Epilepsieverdächtige Potentiale, Herd- oder Allgemeinveränderungen?
- CCT: Hirntumor oder andere intrakranielle Raumforderung?

14.4.4 Therapeutisches Vorgehen

Initiales Management

- Grand-mal-Anfall und sekundärer Krampfanfall: Nachbeobachtung, bis Pat. wieder völlig aufgeklart ist. Ausschluß schwerwiegender internistischer oder zerebraler Erkrankungen. Ausschluß von akuten Verletzungen. Verbleib auf Normalstation mit regelmäßigen RR-, Puls- und Pupillenkontrollen sowie Überwachung der Atmung. Aufstehen nur in Begleitung, nach generalisiertem Krampfanfall Bettgitter hochstellen und abpolstern.
- Komplizierter Grand-mal-Anfall: Diazepam (z.B. Valium®) 10 mg langsam i.v. oder Clonazepam (Rivotril®) 0,5–1 mg i.v.
- Bei Hypoglykämie mit BZ < 40 mg% sofort Glukose 40 % i.v. ☞ 10.1
- Alkoholentzugsdelir: Behandlung mit Distraneurin® ☞ 5.1.3.

Verlegung auf die Intensivstation

Status epilepticus nach Sicherung der Atmung (Guedel-Tubus bzw. Intubation) und Gabe von Diazepam 10 mg i.v.

Therapie des Status epilepticus

Anfallsserie, bei der zwischen den Grand mal-Anfällen das Bewußtsein gestört bleibt; Letalität 5–10 %.

- Bergung aus gefährdender Umgebung zur Vermeidung von Verletzungen
- Atemwege freihalten: Guedel-Tubus, ggf. Intubation.
- Sauerstoffgabe: initial 4–6 l O_2/Min.; dann je nach BGA.
- Venöser Zugang: 10–20 mg Diazepam i.v. über 2–4 Min.; dann Dauerinfusion mit 50 mg Diazepam i.v. in 500 ml NaCl 0,9 % über 6 h; evtl. nach 10 Min. noch einmal 10 mg Diazepam i.v. *Cave:* Atemdepression! (Antidot Anexate® ☞ 3.6); evtl. mit Diazepam-Supp. beginnen, falls Probleme mit Zugang, oder Midazolam i.v. 10 mg.
- Bei Therapieresistenz Phenytoin: 200 mg langsam i.v. über 5 Min.; Dauerinfusion mit 50 mg/Min. i.v., max. 1000 mg innerhalb von 20 Min.; *Cave:* Bradykardie, Hypotonie, deshalb unter EKG-Kontrolle.
- Barbituratnarkose mit Thiopental oder Distraneurin® i.v. als weitere Möglichkeit.

Hintergrund

In der Regel empfiehlt es sich, den Hintergrund anzufordern

- Bei bleibender Bewußtseinstrübung nach Krampfanfall
- Zur Durchführung einer Lumbalpunktion bei V.a. Meningitis
- Zur Klärung einer Verlegungsindikation, z.B. für die Durchführung eines CCT zum Ausschluß posttraumatischer Blutungen.

Aufnahme ambulanter Patienten

- Auf Einstichstellen achten (Fixer) ☞ 5.2.1
- Orientierende neurologische Untersuchung und Ausschluß größerer Verletzungen.
- Nach Krampfanfall immer Aufnahme zur weiteren Beobachtung. Ausnahme: Bekannte Epilepsie mit laufender neurologischer Betreuung und nur vereinzelt auftretenden Anfällen. In diesen Fällen muß jedoch eine Verletzung,

insbesondere eine Kopfverletzung sicher ausgeschlossen und zu Hause eine entsprechende Betreuung gewährleistet sein. Pat. soll sich am Folgetag zur Kontrolle der antiepileptischen Therapie beim betreuenden Neurologen vorstellen.

Fußangeln und Fingerzeige

- Daran denken, daß ein Krampfanfall lediglich Symptom für eine zugrundeliegende Störung ist.
- Fieber erniedrigt bei Pat. mit vorbestehendem Anfallsleiden die Krampfschwelle, daher bei diesen Pat. rasche Fiebersenkung mit ASS (z.B. Aspisol®) ☞ 4.4.
- Kein Überaktionismus: Epilepsiepatienten werden zu häufig intubiert und auf die Intensivstation verlegt. Ausnahme: Bei Status epilepticus Intubationsbereitschaft, da Hypoventilationsgefahr. Therapeutisch sind oft relativ hohe Sedativa-Dosen notwendig.
- Aufgabe des Nachtdienstes ist es nicht, den jeweiligen Krampfanfall zu diagnostizieren und einzuordnen; man sollte ihn jedoch, im Hinblick auf die weitere Diagnostik, möglichst genau beschreiben können.

14.5 Meningismus

Dem „echten" Meningismus liegt immer eine schwerwiegende zerebrale Schädigung (Meningoenzephalitis oder Subarachnoidalblutung) zugrunde, die der sofortigen Abklärung und Behandlung bedarf. Wenn keine Hirndruckzeichen bestehen (☞ 12.1.2), wird die Diagnose über eine sofort durchgeführte Liquorpunktion gestellt (☞ 2.4). *Abzugrenzen ist die Nackensteifigkeit* mit deutlichem Widerstand der Nackenmuskulatur sowie heftigen Schmerzen bei aktiver und passiver Kopfbeugung, wie sie z.B. bei verschiedenen Erkrankungen der HWS auftreten kann (☞ 17.2). Hier fehlen die klassischen Meningismuszeichen („Pseudomeningismus").

14.5.1 Differentialdiagnostische Überlegungen

Meningitis

- *Akute eitrige, bakterielle Meningitis:* Häufige Erreger im Erwachsenenalter sind Pneumo-, Meningo- und Streptokokken, bei älteren Pat. auch Listerien und bei Kindern Meningokokken und Hämophilus influenzae (☞ 13.4.3). Infektionswege: Hämatogen-metastatisch (begünstigt bei geschwächter Abwehr), direkte Infektion nach Traumen, Lumbalpunktion oder neurochirurgischen Eingriffen, fortgeleitet bei Otitis media oder Sinusitis (Durchwanderungsmeningitis). Akute schwere Erkrankung mit hohem Fieber, massivem Meningismus, Kopfschmerzen, evtl. Schmerzausstrahlung in den Rücken, Lichtempfindlichkeit (Photophobie), Konjunktivitis und Erbrechen. Begleitend evtl. Hirnnervenlähmungen (v.a. Abduzens- und Fazialislähmung), epileptische Anfälle, rasche Bewußtseinseintrübung (Meningoenzephalitis). *Cave:* Meningismus kann im Koma fehlen. *Diagn.*: Liquorpunktion, ggf. auch Blutkulturen ☞ 2.11.1

- Besonders bei Pat. mit schlechter Abwehrlage (z.B. Alkoholikern) auch an *tuberkulöse Meningitis* denken. Meist schleichender Beginn, oft Befall der Hirnbasis mit Hirnnervenausfällen Nn. III, VI und VII (Doppelbildersehen). *Diagn.*: Anamnese (bekannte Tbc, Kontakt mit Erkrankten), Liquorpunktion, Erregernachweis im Ausstrichpräparat (Ziehl-Neelsen-Färbung).
- *Lyme-Krankheit*: Durch Zeckenbiß übertragen. *Erreger Borrelia burgdorfferi.:* 3–5 Wochen nach Biß Arthritis, Polyneuropathie, Fazialisparese, Meningitis, Erythema chron. migrans.
- *Virusmeningitis:* Häufigste Erreger: ECHO-, Coxsackie-, Arbo- (z.B. FSME) und Paramyxoviren, seltener Herpesviren. Weniger ausgeprägte Symptomatik als bei bakteriellen Meningitiden, begleitend evtl. Radikulitiden. Meist gute Prognose, Abklingen der Symptomatik nach einigen Tagen. *Diagn.*: Liquorpunktion, evtl. Virusanzüchtung aus Liquor möglich, serolog. Titerbestimmung im Verlauf (für Therapieentscheidungen zu spät, für Sicherung der viralen Genese sinnvoll).

Enzephalitis

Meist ebenfalls durch Viren verursacht: Herpes simplex oder H. zoster, Entero-, ECHO-, Coxsackie-, Polio-, Mumps-, Adeno-, Zytomegalie-, HIV-Viren. Auch durch Protozoen (Toxoplasmose, Malaria, nach Tropenaufenthalt daran denken!), selten Pilze. Vorerkrankung (Masern, Mumps, „Grippe“, HIV-Infektion), Erbrechen, Kopfschmerzen, Gliederschmerzen, Fieber, Bewußtseinsstörungen bis hin zum Koma, evtl. neurologische Herdsymptome (z.B. Krampfanfall), Hirndruckzeichen. 20–25 % der Pat. zeigen ein primär psychiatrisches Krankheitsbild: Hirnorganisches Psychosyndrom, psychotisches Erleben, depressiver Stupor, Katatonie. *Diagn.*: Klinik. Liquorpunktion (*Cave:* Liquor kann unauffällig sein, in 30 % der Fälle Erregeranzüchtung aus Liquor möglich. Virusserologie zur Verlaufskontrolle (Titerbewegung). Tags: EEG, CCT.

Weitere Ursachen

- *Subarachnoidalblutung:* Hirnhautreizung durch Blutung ☞ 14.2
- *Intrazerebrale Blutung* (Hirnmassenblutung)*:* Bei Einbruch ins Ventrikelsystem Reizung der Meningen möglich. In diesen Fällen meist ausgeprägte Bewußtseinstrübung.
- *Schädel-Hirnverletzungen:* Durch intrakranielle Blutungen Hirnhautreizung mit „echtem“ Meningismus möglich. Häufig auch Nackensteife als Hinweis auf HWS-Begleitverletzung („Pseudomeningismus“) ☞ 4.3 und 12.1.2
- *Postpunktionelle Syndrome:* Liquorunterdrucksyndrom durch Nachsickern von Liquor nach Lumbalpunktion oder Spinalanästhesie. Intensive Kopfschmerzen v.a. bei aufrechter Körperhaltung, Verschwinden im Liegen und bei Druck auf die Jugularvenen. Nackensteife (Pseudomeningitis), evtl. Übelkeit und Erbrechen. *Diagn.*: Anamnese und Klinik, Ausschluß infektiöser Meningitis durch Liquorpunktion. *Cave:* Durch postpunktionellen meningealen Reiz kann im Liquor evtl. leichte Pleozytose und Eiweißvermehrung vorliegen (*DD:* entzündlicher Prozeß), Verschlechterung der Beschwerden durch erneute Liquorentnahme möglich.
- *Raumfordernde intrakranielle Prozesse der hinteren Schädelgrube:* Tumoren, Hämatome oder Hirnabszesse im Bereich der hinteren Schädelgrube

können durch Drucksteigerung zu meningealen Reizerscheinungen führen. *Diagn.*: CCT.

- *Opisthotonus bei Tetanus:* Sehr seltenes, akut lebensbedrohliches Krankheitsbild durch Infektion mit Clostridium tetani. Hochgradige Nackensteifigkeit mit fixierter Reklination, begleitend Trismus, Risus sardonicus, generalisierte Muskelkrämpfe, Hypersalivation, Lebensgefahr durch Larynx-Pharynxspasmus ☞ 9.6.

14.5.2 Pieps – Erste Orientierung am Telefon

Fragen an das Pflegepersonal

- Puls, RR, Atmung?
- Bewußtseinslage: Pat. voll orientiert oder auffällig (schläfrig, verlangsamt)?
- Akut aufgetretene Nackensteifigkeit oder chronisch-rezidivierende Symptomatik, z.B. bei HWS-Syndrom?
- Fieber?
- Begleitsymptome: Kopfschmerzen, Übelkeit, Erbrechen, Schmerzausstrahlung?
- Bekannter Infekt, HIV-Infektion?

Erste Anweisungen an das Pflegepersonal

Puls- und Blutdruckkontrolle, Fieber messen.

Dringlichkeit

Besondere Dringlichkeit besteht bei akut aufgetretener Nackensteife und Begleitsymptomen (Fieber, Bewußtseinstrübung).

Weniger dringlich: Bekanntes chronisch-rezidivierendes HWS-Syndrom ohne Begleiterscheinungen. Evtl. probatorisch nichtsteroidales Antiphlogistikum z.B. Diclofenac 100 mg Supp. und/oder zentral wirkendes Muskelrelaxans z.B. Tetrazepam (Musaril®) 50 mg p.o. sowie Wärme. Bei persistierenden Beschwerden Pat. anschauen.

14.5.3 Diagnostisches Vorgehen

Primär Prüfung von Bewußtseinslage, Meningitiszeichen (☞ 14.1): „Echte" Meningitis (positive Meningitiszeichen) oder Nackensteife (Pseudomeningismus)? Zeichen der Hirndrucksteigerung?

Anamnese/Krankenakte

- Zeitliches Auftreten der Nackensteife: Akut (Meningitis, Subarachnoidalblutung), allmählich zunehmend (HWS-Syndrom)?
- Begleitbeschwerden: Kopfschmerzen, Schwindel, Lichtscheu, Übelkeit und Erbrechen, Doppelbilder, Bewußtseinsstörungen (Hinweise auf zerebrale Erkrankung)?
- Prodromalerscheinungen: Infektzeichen, Fieber, Gliederschmerzen, „Grippe"?
- Bekannte Sinusitis?
- Zeckenbiß in letzter Zeit (FSME und Borrelien) ☞ 13.5.8?
- Vorausgegangene Verletzungen des Kopfes oder HWS-Schleudertrauma?
- Auslandsaufenthalte?

- Aktuell Infektionskrankheit mit erhöhte Temperatur, Entzündungszeichen oder Hinweise auf Sepsis (metastatische ZNS-Infektion)?
- Bekanntes HWS-Syndrom?
- Risikofaktoren für Arteriosklerose der Hirngefäße, v.a. Hypertonus (Hinweis auf intrazerebrale Blutung)?
- Vorangegangene Lumbalpunktion (postpunktionelles Syndrom)?

Körperliche Untersuchung mit besonderem Augenmerk auf

- Fixierte Schonhaltung und Schmerzverstärkung bei Pressen, Husten oder bestimmten Bewegungen bei zervikalen Wurzelreizungen durch HWS-Schäden
- Mundhöhle: Rötung/Entzündung des Rachenrings?
- Druckschmerzhaftigkeit der Nervenaustrittspunkte oder Klopfschmerz über den Nebenhöhlen (Sinusitis)?
- Kardiale Auskultation: Strömungsgeräusche als Hinweis auf Endokarditis (hämatogen-metastatische Meningitis)?
- Pulmonale Auskultation: Hinweise auf Pneumonie ☞ 7.2, ☞ 7.4.
- Abdomen: Hepato- oder Splenomegalie bei Virusinfekten?
- Lymphknoten: V.a. aurikulär, submandibulär, nuchal und zervikal vergrößert?
- Neurologische Untersuchung (☞ 14.1) mit besonderem Augenmerk auf Hirnnervenstörung (Augenmotorik, Fazialis), Pupillenreaktionen, Hirndruckzeichen, Muskeleigenreflexe.

Weiterführende Diagnostik

Noch in der Nacht

- Liquorpunktion bei klinisch gesichertem Meningismus ohne Hirndruckzeichen und bei V.a. Enzephalitis
- CCT: Bei V.a. Subarachnoidalblutung oder intrakranieller Blutung
- Labor: Blutabnahme über Braunüle, diese liegenlassen. Bei Hinweisen auf Infektion BSG, Blutbild, bei Fieber evtl. Abnahme von Blutkulturen. Bei V.a. virale Enzephalitis Abnahme von Virusserologie
- BGA: Bei Zeichen der Ateminsuffizienz.

Für den nächsten Tag planen

- CCT bei V.a. raumfordernde Prozesse, evtl. auch MRT
- EEG bei Herdhinweisen (umschriebene neurologische Ausfälle)
- HWS-Funktionsdiagnostik: Bei V.a. HWS-Syndrom ☞ 17.2.

14.5.4 Therapeutisches Vorgehen

Initiales Management

- Bei V.a. infektiöses Geschehen Isolierung des Pat. (Infektionsstation)
- Bei Meningitiszeichen: Vorbereitung der Liquorpunktion (☞ 2.4), Durchführung je nach klinischer Erfahrung allein oder mit Hintergrund (evtl. Anästhesisten bitten). Abklären, wer Liquor beurteilen kann (Labor, Hintergrund?)
- V.a. *bakterielle Meningitis:* Sofort nach Liquorpunktion und Stabilisierung der Vitalfunktionen blind Beginn einer *Antibiotikabehandlung*. Erwachsene: Penicillin G 3–4 x 10 Mega tägl. i.v. und Cefotaxim (Claforan®) 3 x 2 g tägl. Bei fortgeleiteten Meningitiden Kombinationstherapie Cephalosporine/Aminoglykoside (z.B. Claforan®) 3 x 2 g tägl. i.v. und Refobacin® 3 x 80 mg tägl. i.v.). *Antikonvulsive Therapie* bei epileptischen Anfällen und prophylaktisch bei i.v.-Penicillintherapie: Aufsättigung mit 4 x 250 mg Pheny-

toin in 24 h, dann 300 mg i.v. als Erhaltungsdosis tägl. (Spiegelkontrolle). Evtl. *fiebersenkende Maßnahmen* z.B. ASS (Aspisol®) 500 mg i.v. Nach Erregerbestimmung gezielte antibiotische Therapie

- *V.a. Virusmeningitis:* Symptomatische Therapie: Bettruhe, Fiebersenkung z.B. mit ASS (☞ 4.4), Analgesie (☞ 4.2), Überwachung, auf neurologische Anfälle achten → Enzephalitis!
- *V.a. Enzephalitis:* Primär symptomatische Therapie: Erhalt der Vitalfunktionen, Fiebersenkung (☞ 4.4), Analgesie (☞ 4.2). Da immer Herpesenzephalitis vorliegen kann, Gabe von Aciclovir (Zovirax®) 10 mg/kg 3 x tägl.i.v. für 10 Tage. Bei zweifelhaftem Liquorbefund bis zur Diagnosesicherung antibiotische Behandlung wie bei bakterieller Meningitis (s.o.)
- *Tuberkulöse Meningitis:* Isolierung des Pat. Nach Diagnosesicherung tuberkulostatische Dreierkombination Isoniazid, Rifampicin, Ethambutol ☞ 7.2
- Bei RR > 200/100 mmHg Blutdrucksenkung, z.B. mit Ca^{2+}-Antagonisten ☞ 6.4
- Bei V.a. Subarachnoidalblutung ☞ 14.2.4
- Bei V.a. Hirnmassenblututng ☞ 14.2.4
- Bei postpunktionellem Syndrom: flach liegen, reichlich orale oder intravenöse Flüssigkeitszufuhr.

Verlegung auf die Intensivstation

- Zunehmende Bewußtseinstrübung
- Hirndruckzeichen, Sepsiszeichen
- Auftreten von Komplikationen: Krampfanfall oder andere neurologische Herdsymptome
- Störung vitaler Funktionen (Atmung, Herz-Kreislaufregulation)
- Bei V.a. Tetanus: Hochdosiert Antitoxin Tetagam® 5000–10 000 IE am ersten Tag, dann 3000 IE tägl. Muskelrelaxation mit Benzodiazepinen (Diazepam), evtl. Intubation und Beatmung (Relaxation mit Curarederivaten) ☞ 9.6.

Hintergrund

In der Regel empfiehlt es sich, den Hintergrund anzufordern

- Zur Durchführung und/ oder Beurteilung der Liquorpunktion
- Zur Abklärung einer Verlegungsindikation (CCT, Neurochirurgie) bei klinischem V.a. Subarachnoidalblutung oder ausgedehnte intrakranielle Blutung.

Aufnahme ambulanter Patienten

- Bei Nackensteife infolge HWS-Syndrom ohne Hinweis auf zerebrale Erkrankung oder neurologische Störungen ist ambulante Behandlung ausreichend. *Cave:* Nach Gabe eines zentralen Muskelrelaxans Pat. nicht mehr selber Auto fahren lassen (sedierender Effekt)
- Bei positiven Meningitiszeichen, Bewußtseins- oder neurologischen Störungen sofortige stationäre Aufnahme.

Fußangeln und Fingerzeige

- Liquorpunktion ist bei V.a. erhöhten Hirndruck (Übelkeit, Erbrechen, Pupillenstörungen) vor Ausschluß durch CCT kontraindiziert
- Bei tuberkulöser Meningitis können Fieber und akute Entzündungszeichen fehlen.

14.6 Lähmungen

Verteilung und Typ der Lähmungen lassen bereits bei der klinischen Untersuchung Rückschlüsse auf den Ort der Störung zu. Zerebrale und spinale Prozesse führen zu sog. *zentralen (spastischen) Lähmungen* mit erhöhtem Muskeltonus, Reflexübererregbarkeit und pathologische Reflexen (Babinski). Störungen des zweiten Motoneurons, des neuromuskulären Übergangs (Acetylcholinfreisetzung und -rezeption) oder der Muskeln äußern sich als *periphere (schlaffe) Lähmungen* mit herabgesetztem Muskeltonus und Reflexen, keine Pyramidenbahnzeichen. Zentrale Lähmungen können im Anfangsstadium auch schlaff sein.

14.6.1 Differentialdiagnostische Überlegungen

Halbseitenlähmungen

- Akute zerebrale Ischämie ☞ 14.7
- Intrazerebrale Blutung (Hirnmassenblutung; ☞ 14.2): Neurologische Ausfälle bei Hirnblutungen sind kontralaterale schlaffe Hemiplegie, Aphasie oder Hemianopsie. Weitere Symptomatik ☞ 14.2.1
- Intrakranielle Hämatome (☞ 4.3), Auftreten posttraumatisch
- Hirntumoren: In der Regel allmählich zunehmende Lähmungserscheinungen. Bei Tumorblutung auch akut auftretende Symptomatik möglich. Klinik dann wie bei intrakranieller Blutung (☞ 14.2). *Diagn.*: CCT.

Aufsteigende Lähmungen

- *Guillain-Barré-Syndrom:* Akute, meist postinfektiöse Polyneuritis. 2–4 Wochen nach Infekt zuerst Parästhesien an Händen und Füßen, Rückenschmerzen, Krankheitsgefühl, dann über 1–2 Wochen progrediente motorische Schwäche (schlaffe Lähmung, von distal nach proximal aufsteigend), Areflexie. Schluckstörungen, bilaterale Fazialisparese, in schweren Fällen Lebensgefahr durch Atemlähmung und Asystolie. *Diagn.*: Lumbalpunktion ☞ 14.1.
- *Bannwarth-Meningopolyneuritis:* Lymphozytäre Meningoradikulitis bei Infektion mit Borrelia burgdorferi, Manifestation Wochen bis Monate nach Zeckenbiß; initial lokale Rötung und Schwellung an der Einstichstelle als Hinweis auf lokale Infektion (Erythema migrans). Parese der Extremitäten, Areflexie, Fazialisparese, radikuläre Schmerzen. Begleitend evtl. auch Gelenksbeschwerden (Lyme-Arthritis). *Diagn.*: Serologie, Liquorpunktion.

Tetraparese

- Erhöhter intrakranieller Druck: (☞ 12.1.2) Frühzeichen: Schwindel, Übelkeit, Erbrechen
- Hochsitzende Querschnittslähmung.

Periphere Lähmungen

- *Bandscheibenprotrusion/-prolaps:* Einseitige schlaffe Lähmung der Fuß- und Zehenbeuger oder -heber durch Wurzelkompression. Begleitend Sensibilitätsstörungen im entsprechendem Dermatom, Reflexausfälle ☞ 17.1.

- *Akut-intermittierende Porphyrie:* Auslösung von Krankheitschüben durch Streß (z.B. Operationen), Alkohol oder Medikamente (z.B. Barbiturate). Gastrointestinale Symptomatik (Bauchkoliken, Erbrechen, Durchfall), symmetrische schlaffe Lähmung von Füßen zu Armen aufsteigend, evtl. psychotische Veränderungen. *Diagn.*: Nachweis von Porphobilinogen im Urin (Teststreifen) und Serum.
- *Myasthenia gravis:* Muskelschwäche durch Antikörper gegen Acetylcholinrezeptoren, selten NW von Penicillamin oder Gentamicin. Früh Befall der äußeren Augenmuskeln (Doppelbilder), Schluckstörungen, Muskelschwäche bei wiederholten Bewegungen. *Diagn.*: Tagdienst: Tensilontest: Verbesserung der Muskelschwäche durch Gabe von 10 mg Tensilon i.v. *Ther.:* Cholinesterasehemmer.
  - *Myasthenische Krise*: Generalisierte Muskelschwächen bei akuter Unterdosierung der Cholinesterasehemmer.
  - *Cholinerge Krise*: Überdosierung von Cholinesterasehemmern mit Muskelschwäche, Tränenfluß, Miosis, Schwitzen, Bauchkrämpfen, Durchfall, evtl. Ateminsuffizienz.
- *Poliomyelitis:* Infektion mit Enteroviren. Vorausgehend evtl. Zeichen eines Atemwegsinfekts oder Durchfall. Asymmetrische schlaffe Parese der Extremitäten ohne Sensibilitätsstörungen, evtl. Hirnnervenbeteiligung; aufsteigende Verläufe mit Atemlähmung möglich.

Querschnittslähmungen

- *Spinaler Tumor/Wirbelmetastase:* Bei langsamem Wachstum allmählich zunehmende sensomotorische Störungen in einer Extremität. Selten akute Lähmung einer Extremität durch Wurzelkompression oder -schädigung.
- *Spinales Querschnittssyndrom* (z.B. durch Wirbelfraktur infolge von Metastasen, selten auch durch Durchblutungsstörung der A. spinalis anterior): Zunächst schlaffe, später spastische beinbetonte Tetraplegie oder Paraplegie und dissoziierte Sensibilitätsstörungen (Berührungsempfinden erhalten, Schmerz- und Temperaturempfinden gestört), Blasen-, Darm- und Potenzstörungen. Bei hohem Sitz (C_4) Lebensgefahr durch Atemlähmung. Keine Bewußtseinsstörung.
- *Konus-Kauda-Syndrom* ☞ 17.1

Hirnnervenausfälle

- Fazialisparese
  - *Zentrale Parese:* Stirnast nicht betroffen, Augenschluß allenfalls leicht betroffen. Urs.: Schlaganfall, zerebrale Entzündungen, Tumoren.
  - *Periphere Parese:* Stirnast mitbetroffen, evtl. zusätzlich Hyperakusis, gestörte Geschmacksempfindung der vorderen 2/3 der Zunge, vollständiger Augenschluß nicht mehr möglich (Bellsches-Phänomen).
    Ursache: 3/4 aller Fälle idiopathisch; plötzliches Einsetzen innerhalb von Stunden, Rückbildung innerhalb von Wochen. Seltenere Ursachen: Zoster oticus (Zosterbläschen im Gehörgang), Bannwarth-Meningopolyneuritis (s.o.), Mittelohrprozesse, Guillain-Barré-Syndrom (s.u.). In diesen Fällen Therapie der Grunderkrankung.
- *Horner-Syndrom:* Störung der sympathischen Innervation des Auges. Miosis, Ptosis und Enophthalmus. Ursachen: Idiopathisch, zerebrale Ischämie (Wallenberg-Syndrom s.o.), Schädigung des Plexus brachialis durch Tumor, Läsion des zentralen Sympathikus.

Gemischte Lähmungsbilder

- Entzündliche zerebrale Erkrankungen (Enzephalitis, Meningoenzephalitis) ☞ 14.5
- *Akuter psychogener Schock:* Abnorme Erlebnisreaktion nach vorausgehender Katastrophe (z.B. Autounfall, Tod eines Angehörigen). Plötzliche Lähmungen einzelner oder aller Extremitäten, Sprachverlust, Bewußtseinsveränderung. Auch Erregungszustände möglich. *Diagn.:* Anamnese (auslösende Situation). Sorgfältige körperliche und neurologische Untersuchung.

14.6.2 Pieps – Erste Orientierung am Telefon

Fragen an das Pflegepersonal

- Vitalfunktionen: Beeinträchtigung der Atmung? Puls und RR?
- Lokalisation und Ausdehnung der Lähmung?
- Begleitende Bewußtseinstrübung oder andere Begleitsymptome (z.B. Kopfschmerzen, Schwindel)?

Erste Anweisungen an das Pflegepersonal

- Bei ausgedehnten Lähmungserscheinungen beim Pat. bleiben, auf Atmung achten. Bewußtseinsgetrübte Pat. in stabile Seitenlagerung bringen, O_2 über Nasensonde 2–4 l/Min.
- Kontrolle von Puls und RR.

Dringlichkeit

Jeder Patient mit akut aufgetretenen Lähmungserscheinungen muß sofort gesehen werden.

14.6.3 Diagnostisches Vorgehen

Anamnese/Krankenakte

- Begleitbeschwerden: Kopfschmerzen, Übelkeit, Schwindel, ausstrahlende Schmerzen?
- Bereits wieder Besserung der Symptomatik (bei TIA oft Rückgang der Ausfälle innerhalb von Minuten)?
- Vorausgegangene Hinweise auf zerebrale Durchblutungsstörung ☞ 14.7.1?
- Auffälligkeiten bei Darm- oder Blasenentleerung (Inkontinenz bzw. Retention)?
- Bekannte zerebrale Grunderkrankung (z.B. anamnestisch Insulte, Hirntumor) oder bekannte Stenose extrakranieller Gefäße (Emboliequelle)?
- Bekannter Hypertonus? Andere Risikofaktoren für Arteriosklerose?
- Bekannte kardiale Grunderkrankung (Rhythmustörungen, absolute Arrhythmie, Herzinfarkt, Erkrankungen der Herzklappen als evtl. Emboliequelle)
- Bei V.a. Bandscheibenprolaps: Bekannte degenerative WS-Veränderungen? Ischiasanamnese?
- Metastasierendes Tumorleiden (Wirbelkörpermetastasen mit Kompressionserscheinungen)?
- Temperaturkurve der letzten Tage, Entzündungszeichen: Hinweise auf Infekt oder evtl. bekannte bakterielle Infektionskrankheit als Auslöser einer Meningitis oder Enzephalitits? HIV-Infektion?

Körperliche Untersuchung mit besonderem Augenmerk auf

- Neurologische Untersuchung ☞ 14.1:
  Bewußtsein: Bewußtseinstrübung (z.B. bei Hirnmassenblutung), vollkommen klar und orientiert (z.B. bei Rückenmarksläsion). Sprache: Aphasie? Verwaschene Sprache (z.B. bei Pseudobulbärparalyse). Hirnnerven: Orientierend Augenbeweglichkeit, Fazialisprüfung. Muskeleigenreflexe. Pathologische Reflexe. Grobe Kraft der Extremitäten. Sensibilität. Koordinationsprüfung. Armhalteversuch (Bei Absinken Hinweis auf latente zentrale Parese).
- Kopf: Hinweis auf Nebenhöhlenaffektionen? Rötung oder Entzündung des Rachenrings?
- Strömungsgeräusche über den Karotiden?
- Puls: Unregelmäßigkeiten oder absolute Arrhythmie? Peripheres Pulsdefizit?
- Herzauskultation: Neu aufgetretene Strömungsgeräusche als Hinweis auf Endokarditis?
- Lunge: Seitengleich belüftet? RG bei Herzinsuffizienz? Hinweise auf Entzündung (Bronchialatmen, klingende RG, pleuritisches Reiben)?
- Abdomen: Blasenhochstand bei Harnretention, z.B. bei tiefsitzender Rückenmarksschädigung?

Weiterführende Diagnostik

Noch in der Nacht

- EKG, bei kardialen Vorerkrankungen, Pulsunregelmäßigkeiten, stark erhöhtem oder erniedrigtem RR. Rhythmus? Ischämiezeichen?
- Labor, bei V.a. entzündliches Geschehen BSG, BB, Hkt (> 45 % ungünstig für zerebrale Rheologie). Krea, E'lyte, PTT und Quick. Bei entsprechender Klinik oder kardialer Vorerkrankung: CK, LDH, HBDH, GOT
- Liquorpunktion bei V.a. Meningitis ☞ 2.4
- BGA bei Zeichen der Ateminsuffizienz
- CCT bei DD Hirninfarkt/Blutung oder zum Ausschluß von Hirndruck vor geplanter Liquorpunktion (Rücksprache mit Hintergrund)
- Rö-Thorax bei V.a. Lungenstauung oder Pneumonie
- Echokardiogramm bei V.a. kardiale Emboliequelle
- Bei V.a. erhöhten Hirndruck: Pupillenreaktionen, Augenhintergrundsspiegelung. *Cave:* Stauungspapille oft erst Tage nach Beginn der Drucksteigerung. Rasche Diagnosesicherung durch CCT.

Für den nächsten Tag planen

- Neurologisches Konsil
- EKG-Kontrolle
- Falls nachts noch nicht erfolgt: CCT zur Sicherung der Infarktlokalisation und -ausdehnung
- Duplex-Sonographie der extrakraniellen Gefäße zur Erfassung von Stenosen, evtl. Angiographie (OP-Indikation?)
- Evtl. arterielle DSA der extra- und intrakraniellen Hirngefäße.

14.6.4 Therapeutisches Vorgehen

Initiales Management

- V.a. Bandscheibenvorfall ohne Beeinträchtigung von Darm- und Blasenentleerung: Konservativer Therapieversuch mit Lagerung im Stufenbett, Verbot von längerem Sitzen, bei starken Schmerzen evtl. Analgetika (☞ 4.2) und zentrale Muskelrelaxantien, z.B. Tetrazepam (Musaril®) 50 mg p.o.
- V.a. Meningitis: Peripherer Zugang, bei septischen Temperaturen Blutkulturen (☞ 2.11.1), Liquorpunktion. Weitere Therapie ☞ 14.5.4
- Idiopathische Fazialislähmung: Wenn keine KI (Infektion), Prednisolon (Decortin H®) 1 mg/kg über 5 Tage, dann allmählich ausschleichen; bei inkomplettem Lidschluß Uhrglasverband, nachts Augenklappe und Bepanthen®-Augensalbe
- Guillain-Barré-Syndrom: Symptomatisch, Infekt-, Dekubitus- und Thromboseprophylaxe, ggf. Beatmung und Herzschrittmacher
- Bannwarth-Polyneuritis: Im Nachtdienst symptomatisch; nach Diagnosesicherung (Ak-Nachweis) im Tagdienst Cefotaxim (z.B. Claforan®) 3 x 2 g i.v. tägl. jeweils über 14–21 Tage oder Ceftriaxon (z.B. Rocephin®) 1 x 2 g i.v. tägl.
- Poliomyelitis: Symptomatisch, Sicherung der Vitalfunktionen
- Akut intermittierende Porphyrie: Infusion mit Glukose 5 % bis 20 g Glukose/h und forcierte Diurese ☞ 3.6.4
- Myasthenische Krise: Pyridostigmin (Mestinon®) 24 mg in 500 ml Lävulose/24 h i.v.
- Cholinerge Krise bei Myasthenia gravis: Atropinsulfat 1–2 mg i.v., ggf. Intubation und Beatmung
- Akuter psychogener Schock: Beruhigender Zuspruch, Sedierung, z.B. mit Haloperidol (z.B. Haldol®) 5 mg i.m.

Verlegung auf die Intensivstation

- Bei manifester Ateminsuffizienz mit Notwendigkeit zur Intubation
- Bei aufsteigender Lähmung unklarer Ätiologie zur Überwachung (Gefahr der Ateminsuffizienz)
- Bei Hirndruckzeichen ☞ 12.1.2.

Verlegung in Neurologie/Neurochirurgie

- Zur Diagnosesicherung bei V.a. intrakranielle Blutung, falls im Hause nicht möglich bzw. bei gesicherter ausgedehnter Hirnmassenblutung ☞ 14.2
- Akutes Querschnittssyndrom: Nach Sicherung der Vitalfunktionen sofortige Verlegung in Neurologie/Neurochirurgie zur Diagnostik und Behandlung
- Konus-Kauda-Syndrom mit Blasen- und Darmentleerungsstörungen.

Hintergrund

In der Regel empfiehlt es sich, den Hintergrund anzufordern:

- Zur Klärung einer Verlegungsindikation
- Zur Durchführung einer Liquorpunktion
- Zur Durchführung einer Echokardiographie bei V.a. kardiale Emboliequelle.

Aufnahme ambulanter Patienten

- Jeder Pat. mit Lähmungserscheinungen muß stationär aufgenommen werden
- Bei aufsteigenden Lähmungserscheinungen intensive Beobachtung zum rechtzeitigen Erkennen einer Beteiligung der Atemmuskulatur.

Fußangeln und Fingerzeige

- Bei unklaren Lähmungserscheinungen und Bewußtseinsstörung immer an Intoxikationen (Drogen, Medikamente) denken ☞ 5.1. und 5.2
- Kompressionen von Rückenmarkswurzeln können bei längerem Bestehen mit Wurzeltod einhergehen. Vor allem bei begleitenden Darm- und Blasenentleerungsstörungen muß der Pat. daher so schnell wie möglich in einer neurologischen Abteilung zur Klärung einer OP-Indikation vorgestellt werden
- Hypoglykämie kann lokale neurologische Ausfälle verursachen → DD zerebrale Ischämie/Blutung.

14.7 Akute zerebrale Durchblutungsstörungen

Akute zerebrale Durchblutungsstörungen sind ein sehr häufiges Dienstproblem. Leitsymptom ist meist die akute Halbseitenlähmung (☞ 14.6.1), je nach betroffenem Gefäß können begleitend weitere neurologische Ausfälle bestehen (s.u.). Häufigste Ursache ist ein thromboembolischer Verschluß bei arteriosklerotischen Gefäßveränderungen.
Bei zerebralen Ischämien Therapiebeginn so früh wie möglich, da dies großen Einfluß auf Überlebenschancen und neurologische Defizite hat.

14.7.1 Differentialdiagnostische Überlegungen

- *Transiente ischämische Attacke (TIA):* Vorübergehende sensomotorische Störungen (Rückbildung innerhalb von 24 h) meist durch zerebrale Embolien aus arteriosklerotischen Plaques hirnversorgender Gefäße. Vorbote eines Schlaganfalls mit bleibenden neurologischen Ausfällen! *Ischämien im Karotiskreislauf:* Ipsilaterale Amaurosis fugax (vorübergehender Visusverlust), kontralaterales sensomotorisches Halbseitensyndrom mit brachiofazialer Betonung und zentraler Fazialisparese, vorübergehende Aphasie. *Ischämien im vertebrobasilären Kreislauf*: Passagere Augenmuskelparesen (Doppelbilder), Dysarthrie und Dysphagie, „drop attacks" (blitzartiges Hinstürzen ohne oder mit nur kurzem Bewußtseinsverlust), Ohrgeräusche, Hörminderung, Parästhesien im Gesichtsbereich.
- PRIND (Prolongiertes reversibles ischämisches neurologisches Defizit) → Rückbildung der Symptome innerhalb 1 Woche) bzw. Hirninfarkt („stroke" → persistierende neurologische Ausfälle)
  - *A. cerebri media oder A. carotis interna* (häufigste Lokalisation): Kontralaterale Hemiparese, brachiofazial betonter Sensibilitätsverlust, Aphasie, wenn sprachdominante Hemisphäre betroffen ist. *A. cerebri anterior*: Parese/Plegie des kontralateralen Beines (DD Bandscheibenprolaps).

- *Ponsinfarkt:* Je nach Lokalisation Tetraplegie, spastische Lähmung von Kau-, Schluck- und Sprechmuskulatur, Hirnnervenausfälle, kontralaterale Parese.
- *A. cerebelli posterior* (Wallenberg-Syndrom): Drehschwindel, Erbrechen, Heiserkeit, ipsilaterales Horner-Syndrom, Trigeminus- und Gaumensegelparese, kontralaterale Sensibilitätsstörungen der Extremitäten.
- Basilaristhrombose: Fluktuierende, bds. Hirnstammsymptomatik und Bewußtseinstrübung, rasch progredient. Bei Verdacht immer CCT, Angiographie (→ Lyse).

14.7.2 Therapeutisches Vorgehen

Initiales Management

- Atmung sichern: O_2-Nasensonde mit 6 l/Min. Falls möglich, engmaschige Blutgaskontrolle mit Pulsoxymeter, ansonsten bei Hinweisen auf Ateminsuffizienz (insbes. bei komatösen Pat.) regelmäßige BGA und evtl. Intubation und Beatmung ☞ 2.3
- Venöser Zugang, Blutabnahme (Blutbild, BZ, Elektrolyte, CK, Quick, PTT) und Anlegen einer Infusion, z.B. Ringer-Lactat®
- RR-Kontrolle und -Einstellung: Medikamentöse RR-Senkung nur bei diastolischem RR > 100 mmHG bzw. systolischem RR > 190 mmHG bei wiederholten Messungen, z.B. mit Nifedipin (Adalat®) 10 mg sublingual oder Urapidil (Ebrantil®) 25 mg i.v. Bei ausgeprägter Hypotonie evtl. vorsichtige Volumensubstitution und Katecholamine ☞ 6.1. *Cave:* Keine Katecholamine bei zugrundeliegenden tachykarden Rhythmustörungen
- Herzfunktion kontrollieren: EKG zum Ausschluß eines stummen Herzinfarktes oder Rhythmusstörungen, Rö-Thorax zum Ausschluß kardialer Insuffizienz mit Stauung
- Neurologischer Status mit genauer Dokumentation (Verlaufskontrolle).

Behandlung von Komplikationen

- Bei Schluckstörungen → Magensonde, evtl. parenterale Ernährung
- BZ-Kontrolle: Bei wiederholten Werten > 200 mg % vorübergehende Altinsulintherapie ☞ 10.1
- Hirnödem ☞ 12.1.2
- Bei Grand-mal-Anfall: Phenytoin initial 250 mg i.v., dann 1000 mg/24 h
- Regelmäßige Kontrolle des Hkt. (sollte < 45 % liegen, ansonsten evtl. Hämodilution mit Hydroxyäthylstärke oder nidermolekularen Dextranen).
- Bei intrakranieller Drucksteigerung evtl. Verlegung auf Neurochirurgie zur Trepanation.

Therapie des ischämischen Insults			
		Isovolämische Hämodilution + Low-dose-Heparin	**Ringer/AKE +Low-dose-Heparin**
Indikation	„Progressive stroke": Rezid. TIA kardialer oder arterio-art. Genese. Embolieverdächtige A. carotis interna-Stenose. Evtl. bei subtotaler Stenose bzw. frischem ACI-Verschluß oder hochgradiger intrakranieller Stenose bis zur OP; Ausnahme: Kompletter frischer Insult oder Infarkteinblutung im CCT.	Bei allen anderen Schlaganfallpat. mit Hkt. > 45 % Bei normalem oder niedrigem RR	Bei allen anderen Schlaganfall-Pat. mit Hkt. < 45 %
KI	Masseninfarkt mit kompletter Lähmung. Schwer einstellbarer art. Hypertonus	Raumforderungszeichen im CCT, dekomp. Links-herzinsuff., Krea > 130 µmol/l. *Abbruchkriterien:* Krea-Erhöhung, zunehmende Linksherzinsuff., zunehmender Hirndruck	keine
Dosierung	Bolus 10 000 IE i.v., dann über Perfusor (☞ 14.3.1) unter PTT-Kontrolle (PTT auf 1,5–2fache des Ausgangswertes) über mind. 2 Wo., dann Übergang auf orale Antikoagulation (z.B. Marcumar®), wenn keine Blut-Hirnschrankenstörung mehr vorliegt (CCT + KM)	250-500 ml Hydroxyäthylstärke (HAES® 10 %) für 10 Tage; solange bis Hkt. < 38 % zusätzlich 3 x 5000 IE Heparin oder 1 x 0,3 ml Fraxiparin®	Ausreichend Ringer (z.B. 2000–2500 ml tägl.) abzüglich Trinkmenge des Pat.

Zusätzlich: Digitalisierung bei Herzinsuff.; ggf. Behandlung von Herzrhythmusstörungen. Bei RR > 190/100 mmHg vorsichtige RR-Senkung mit Nifedipin (z.B. Adalat ® ☞ 6.4). Bei Hypertonikern keine RR-Senkung unter 170/90 mmHg. *Krankengymnastik:* Lagerung nach Bobath-Konzept, Dekubitus-, Thrombose-, Pneumonie- und Kontrakturprophylaxe; Sensibilitätsschulung (z.B. Bürstenmassage betr. Areale); KG auf neurophysiologischer Grundlage (PNF, Bobath)

Fußangeln und Fingerzeige

- Keine RR-Senkung < 160 mmHg systolisch; RR normalisiert sich meist innerhalb weniger Stunden.
- Im Rahmen von zerebralen Ischämien kann es sekundär zu ST-Streckenveränderungen kommen, andererseits können primär bestehende kardiale Ischämien durch Absinken des Herzminutenvolumens zu zerebralen Ischämien führen.

14.8 Erregung, Verwirrtheit, Halluzinationen

Bei bisher psychisch unauffälligen Pat. liegt in der Regel eine akute exogen begründete Psychose (Delir) vor. Internistische oder neurologische Erkrankungen müssen als mögliche Auslöser ausgeschlossen werden. Akute Erregungszustände oder Halluzinationen sind außerdem häufig Folge eines Alkohol- oder Drogenabusus oder -entzugs. Kennzeichen akuter Erregungszustände sind motorische Unruhe mit Umherlaufen, Schreien und Nesteln. Häufig sind die Pat. auch aggressiv, was zur Selbst- und Fremdgefährdung führen kann. Untersuchung und Diagnostik sind dann in der Regel erst nach ausreichender Sedierung des Pat. möglich. Verwirrtheitszustände findet man insbesondere bei geriatrischen Patienten. Je nach Inhalt der Halluzination können sie für den Pat. oder seine Umgebung gefährlich werden (z.B. wenn Stimmen ihm bestimmte Handlungen befehlen).

14.8.1 Differentialdiagnostische Überlegungen

Häufige Ursachen akuter Erregungs- und Unruhezustände

- *Alkoholdelir (Delirium tremens)*: Bei Entzug oder (seltener) Tage nach Exzeß. Kann mit optischen (charakteristisch: kleine bewegte Gegenstände, „weiße Mäuse") und akustischen Halluzinationen einhergehen, ☞ 5.1.3.
- *Intoxikationen:* Alkohol, Drogen (z.B. Amphetamine, Kokain, LSD, inhalierte Drogen), Barbiturate oder Benzodiazepine ☞ 5.1.2 und 5.2.1.
- Medikamente: Medikamenteninduzierte Delirien v.a. bei Kindern und älteren Pat. bei: Zentralwirksamen Medikamenten (z.B. Benzodiazepine, trizyklische Antidepressiva, Antiparkinsonmittel, Neuroleptika, Antikonvulsiva), Cimetidin, Glukokortikoide sowie Diuretika und Laxantien durch E'lytentgleisung.
- *Internistische Krankheitsbilder:* Hohes Fieber (☞ 4.4), Exsikkose, Hyper- und Hypothyreose (☞ 10.2), metabolische Störungen (Hypo- und Hyperglykämie) (☞ 10.1), zerebrale Hypoxie (z.B. bei Hypotonie oder ausgeprägter Anämie), hypertensive Enzephalopathie (☞ 6.4), Urämie (☞ 9.1), hepatische Enzephalopathie bei Leberausfallskoma (☞ 8.6), E'lytstörungen (☞ 21.1), M. Cushing, M. Addison, Hyperparathyreoidismus (durch Hyperkalzämie ☞ 21.1.4).
- *„Realangst" (ängstlich reaktive Erregung):* z.B. nach Herzinfarkt, Unfall, Aufwachen auf Intensivstation: Häufig genügt hier ein erklärendes, beruhigendes Gespräch.
- *Organisches Psychosyndrom* nach Narkose oder längerer Beatmung: Narkosefolgen klingen meist rasch ab.
- *Verwirrtheit durch plötzliche Änderung der Umgebung:* V.a. bei älteren Pat. kann der Ortswechsel durch Krankenhauseinweisung zur Verwirrung, v.a. in der Nacht führen. Internistische Grunderkrankungen, z.B. Herzinsuffizienz, sollten jedoch auf alle Fälle ausgeschlossen werden.
- *Paradoxe Reaktion auf Psychopharmaka:* V.a. bei älteren Pat. oder Kindern.
- *Internistische Grunderkrankungen.*

Seltenere Ursachen

- *Z.n. Schädel-Hirn-Trauma* (z.B. subdurales Hämatom) ☞ 4.3
- *Akute organische Hirnschädigung* (Meningitis, Enzephalitis – auch im Rahmen von AIDS – intrakranielle Raumforderung, Blutung): Häufig begleitend Bewußtseinstrübung, Kopfschmerzen, neurologische Ausfälle (☞ 14.2 und 14.6). Auf Hirndruckzeichen als Hinweis auf intrakranielle Raumforderung achten ☞ 12.1.2
- *Chronische Demenzen,* z.B. bei Alzheimer-Krankheit
- *Akute endogene Psychosen:*
  - Schizophrene Psychose: Symptome 1. Ranges: Akustische Halluzinationen (häufig Hören von Stimmen), leibliche Beeinflussungserlebnisse, Gefühl der Gedankenbeeinflussung (z.B. Gedankenentzug), Wahnwahrnehmungen. Das Bewußtsein ist nicht getrübt.
  - Endogene Manie: Manische Phasen bei Zyklothymie im Wechsel mit depressiven Phasen. Starker Bewegungsdrang, unermüdliche Betriebsamkeit, Enthemmung bis hin zur Tobsucht, Redseligkeit, Ideenflucht.
- *Agitierte Depression:* Abnorme seelische Reaktion auf Konflikte oder Situationen. *Klin.:* Oft demonstrative depressive Reaktion, oft auch aggressives Verhalten. Oft auch bei endogener Depression.
- *Z.n. epileptischem Anfall:* In der postiktalen Phase evtl. Auftreten von Unruhe und Verwirrtheit.
- Nach epileptischem Anfall postiktale Verwirrtheit ☞ 14.4.

14.8.2 Pieps – Erste Orientierung am Telefon

Fragen an das Pflegepersonal

- Bestehen akut Hinweise auf Selbst- oder Fremdgefährdung?
- Bei Verwirrtheitszustand: Akut aufgetreten oder wiederholte Episoden?
- Z.n. OP?
- Bekannte psychische Erkrankung, Drogen- oder Alkoholabusus, Stoffwechselerkrankung (z.B. Diabetes mellitus)?
- Neuaufgetetretene Bewußtseinsstörung oder andere Begleitsymptome (z.B. Fieber, Tachypnoe)?

Erste Anweisungen an das Pflegepersonal

- Bei starker Unruhe weitere Pflegekräfte von anderen Stationen anfordern, Pat. auf keinen Fall alleine lassen, Nachbarpat. in andere Zimmer verlegen
- Kontrolle der Vitalzeichen (RR, Puls), soweit möglich
- Bei Diabetikern BZ-Stix
- Bei starker Unruhe evtl. schon Spritze mit Haloperidol (Haldol®) 10 mg aufziehen lassen.

Dringlichkeit

- Hohe Dringlichkeit besteht bei akutem Verwirrtheits- oder Erregungszustand, v.a. bei jüngeren, bisher unauffälligen Pat.
- Weniger dringlich sind rezidivierende Verwirrtheitszustände älterer Pat. Bei stabilen Herz-Kreislaufverhältnissen und fehlenden Begleitsymptomen Therapieversuch mit dem Präparat, das „bisher immer gut geholfen hat" bzw. Gabe von z.B. Melperon (Eunerpan®) 2 Eßlöffel.

14.8.3 Diagnostisches Vorgehen

- Bei sehr stark unruhigem oder aggressivem Pat. ggf. primär medikamentöse Sedierung: Bei unklarem Unruhezustand Haloperidol (Haldol®) 5–10 mg i.m.
- Bei V.a. akute Psychose evtl. Promethazin (Atosil®) 1 Amp. à 50 mg i.m. oder i.v. oder Triflupromazin (Psyquil®) 1/2–1 Amp. (= 5–10 mg) langsam i.v.
- Vitalzeichen (Puls, RR, Atmung)
- Bewußtseinslage, Orientiertheit.

Krankenakte/Anamnese

- Vorerkrankungen: Diabetes mellitus mit Tendenz zur Entgleisung, Hyperthyreose, Hepatopathie, Urämie? Bekannte zerebrale oder psychische Grundkrankheit?
- Bekannter Alkohol- /Drogenabusus mit beginnendem Entzug ☞ 5.1.2, 5.2.2.
- Bei Halluzinationen: Welche Art von Halluzination liegt vor → evtl. Hinweis auf Ätiologie (optische Halluzinationen in Form kleiner bewegter Gegenstände z.B. bei Alkoholdelir, Stimmenhören bei akuter Schizophrenie)?
- Medikamentenanamnese: Möglichkeit einer paradoxen Reaktion auf zentralwirksame Medikamente? Hochdosierte Diuretika als Auslöser von E'lytstörungen? Hochdosiert Kortison (kann psychotische Erscheinungen auslösen)?
- Möglichkeit einer zerebralen Hypoxie (Arterioskleroserisikofaktoren oder extrakranielle Gefäßstenosen, kardiale Erkrankung mit Beeinflussung der Hirndurchblutung)?
- Hinweise auf Infekt (Meningitis, Enzephalitis ☞ 14.5). Hohes Fieber kann per se zu Halluzinationen führen, z.B. bei Sepsis. *Cave:* Im Delir kann es sekundär zu Temperaturregulationsstörungen kommen.
- Labor: BZ-Werte, Leber- und Nierenwerte, E'lyte, Blutbild (Anämie), Schilddrüsenwerte?

Körperliche Untersuchung mit besonderem Augenmerk auf

- Exsikkosezeichen: V.a. bei älteren Pat. häufig, z.B. unter Diuretikatherapie oder bei metabolischer Entgleisung. Stehende Hautfalten, trockene, rissige Zunge, weiche Bulbi.
- Meningismus (intrazerebrale Blutung, Meningoenzephalitis?), ☞ 14.5
- Blutdruck: Erniedrigter RR (z.B. bei Herzinsuffizienz), erhöhter RR (z.B. bei hypertensiver Enzephalopathie)?
- Infektionsherd (Rachen, Lungen, Herz, Nieren)?
- Kardiale Untersuchung: Rhythmusstörungen oder Tachy-/Bradykardie als Auslöser einer zerebralen Ischämie?
- Lungenauskultation: Hinweise auf Stauung bei kardialer Insuff.? Pneumonie?
- Leberzeichen an Haut (Spider naevi, Ikterus) und Händen (Palmarerythem, Dupuytren'sche Kontraktur)
- Tremor: Feinschlägiger Tremor bei Alkoholentzug oder Hyperthyreose, flapping tremor bei Leberausfallskoma
- Neurologische Untersuchung und orientierende Untersuchung des Geisteszustandes ☞ 14.1, Pupillenreaktionen, Muskeleigenreflexe, Koordination, Armhalteversuch (latente zerebrale Parese).

Weiterführende Diagnostik

Noch in der Nacht

- Labor: BZ, E'lyte, Krea, BB (Leukos ↑ bei Infektion, Hämatokrit ↑ bei Exsikkose). Ggf. Leber- und Nierenwerte
- EKG: Bei kardialen Vorerkrankungen, Rhythmusstörungen und Hyper- oder Hypotonie
- Lumbalpunktion bei Zeichen der Meningitis ☞ 14.5
- Rö-Thorax: Bei erhöhten Temperaturen und klinischem Hinweis auf Pneumonie, v.a. bei Alkoholikern (Pneumonie oft auslösend für Delir, Rippenserienfrakturen nach Sturz möglich)
- CCT: Absolute Indikation bei V.a. intrazerebrale Blutung oder erhöhten Hirndruck ☞ 12.1.2.

Für den nächsten Tag planen

- CCT, falls nachts noch nicht erfolgt: Bei V.a. intrakranielle Raumforderung ohne akuten Hirndruck, zerebrale Ischämie
- Labor: Bei entsprechendem klinischen Verdacht Kontrolle der Schilddrüsenwerte, Verlaufskontrolle von Krea und E'lyten. Entzündungsparameter (BSG, Differentialblutbild, CRP) bei erhöhten Temperaturen
- Neurologisches und/oder psychiatrisches Konsil: EEG, CCT.

14.8.4 Therapeutisches Vorgehen

Initiales Management

- Akute Erregungs- oder Verwirrtheitszustände: Sich als Arzt vorstellen, Hilfe anbieten. Versuch, Pat. verbal zu beruhigen (Verständnis zeigen). Evtl. medikamentöse Sedation ☞ Diagnostisches Vorgehen
- Nur wenn Pat. nicht mehr unruhig ist, ist ein Verbleib auf Normalstation unter besonderer Aufsicht möglich. Solange die Unruhe anhält, kontinuierliche Überwachung, falls personell möglich mit Sitzwache, ansonsten sicherheitshalber Verlegung auf die Intensivstation
- Realangst: Falls Gespräch nicht ausreichend, Diazepam 5–10 mg i.v.
- Alkoholentzugsdelir ☞ 5.1.3
- Postoperatives Durchgangssyndrom: Bei bleibender Unruhe Diazepam 5–10 mg i.v., evtl. nach 30 Min. wiederholen
- Paradoxe Arzneimittelreaktion oder Unruhezustände bei geriatrischen Pat.: Auslösendes Präparat absetzen (häufig Benzodiazepine oder Psychopharmaka, z.B. trizyklische Antidepressiva). Bei starker Erregung evtl. Melperon (Eunerpan®) 1 Amp. i.m. oder Haloperidol (Haldol®) 1 Amp. i.m. oder langsam i.v. *Cave:* Keine Medikamente mit starker Kreislaufbeeinträchtigung, da durch RR-Abfall zerebrale Minderperfusion mit Zunahme der Symptomatik möglich ist. Engmaschige Kontrolle von Puls und RR, evtl. erneute Gabe von Eunerpan® Liquidum 2 Meßlöffel p.o.
- Bei hochfieberhaftem Infekt: Nach Abnahme von Blutkulturen Fiebersenkung und evtl. Beginn einer antibiotischen Behandlung ☞ 4.4 und 22.1.2
- Hypo- oder Hyperglykämie ☞ 10.1
- Hyperthyreose ☞ 10.2
- Unruhezustände nach Schädel-Hirntrauma: Haloperidol (Haldol®) 1 Amp. i.m. oder langsam i.v. oder Chlorprothixen (Truxal®) 1/2 Amp. in Kombination mit Promethazin (Atosil®) 1/2 Amp. als Mischspritze i.v. oder i.m. ☞ 4.3

- Akute organische Hirnschädigung: Evtl. vorsichtige Sedierung mit Chlorprothixen (Truxal®) 50 mg i.m.
- Agitierte Depression: Doxepin (Aponal®) 1–2 Amp. i.m., evtl. wiederholen, Kontrolle: Puls, RR. Bei Hinweisen auf Suizidalität evtl. Verlegung ☞ 5.5
- Nach epileptischem Anfall: Bei ausgeprägter Unruhe Diazepam 5–10 mg i.v. oder i.m.
- Zerebrale Ischämie mit stabilen Vitalfunktionen ☞ 14.7

Verlegung auf die Intensivstation

- Bei bleibender Unruhe und Notwendigkeit wiederholter medikamentöser Sedierung und Überwachung
- Alkoholdelir mit ausgeprägter vegetativer Begleitsymptomatik ☞ 5.1.2
- Herzinfarkt oder Rhythmusstörungen als Auslöser einer zerebralen Ischämie ☞ 6.1 und 6.2
- Diabetisches Koma oder thyreotoxische Krise ☞ 10.1 und 10.2
- Leberausfallskoma ☞ 8.6

Verlegung in Psychiatrie

Akute Psychose (Schizophrenie oder endogene Manie): *Akutther.:* Haloperidol (z.B. Haldol®) 1 Amp. i.m. oder langsam i.v. oder Levopromazin (z.B. Neurocil®) 1–2 Amp. i.m., Wiederholung jeweils nach 30 Min. möglich, Kontrolle von RR und Kreislauf v.a. bei Gabe von Laevopromazin (RR-Abfall möglich).

Hintergrund

In der Regel empfiehlt es sich, den Hintergrund anzufordern:
- Zur Klärung der Verlegungsfrage (Zwangseinweisung ☞ 5.4)
- Zur Durchführung einer Liquorpunktion bei V.a. Meningitis, Enzephalitis.

Aufnahme ambulanter Patienten

- Andere auslösende Ursachen als bei stationären Pat. im Vordergrund: Häufig akute Drogenintoxikationen (Alkohol, Drogen) ☞ 5.1.1 und 5.2
- Bei ausgeprägtem unklaren Erregungszustand evtl. primär Sedation mit Haloperidol (Haldol®) 5–10 mg i.m.
- Wenn möglich, Fremdanamnese
  - Bekannter Drogen- oder Alkoholabusus
  - Genaue Medikamentenanamnese
  - Bekannte Vorerkr. (Diabetes mellitus, psychische Erkrankungen etc.)
  - Vorausgegangene Auffälligkeiten, z.B. Zeichen einer Infektion, Übelkeit oder Erbrechen?
  - Ist ein Sturz beobachtet worden?
  - Dringend abklären, ob Möglichkeit einer Intoxikation besteht und wenn ja, womit (z.B. leere Tablettenschachteln gefunden)?
- Bei Hinweisen auf Intoxikation Entgiftung (☞ 3.6) vor weiteren Maßnahmen
- BZ-Stix, v.a. auch bei alkoholisierten Pat. (Hypoglykämie)
- Bei körperlicher Untersuchung gezielt schauen nach Alkoholfoetor, Einstichstellen (Fixer), Hinweise auf (Schädel-)Verletzung (Prellmarken etc.).

Jeder Patient mit akutem Erregungs- oder Unruhezustand muß stationär aufgenommen und engmaschig überwacht werden.

Fußangeln und Fingerzeige

- Meist keine i.v.-Gabe möglich, daher zur medikamentösen Sedierung i.m.-Gabe bei gut fixiertem Pat. und Wirkung abwarten
- Keine Opiate oder Barbiturate, bevorzugt Neuroleptika einsetzen
- Mit aggressivem Pat. nicht allein bleiben
- Nur im Notfall (akute Selbst- und Fremdgefährdung) von Möglichkeit einer Zwangseinweisung Gebrauch machen ☞ 5.5
- Bei Alkoholikern oft Pneumonie oder Schädel-Hirn-Trauma auslösend für Delir, gezielt danach fahnden.

Juliane Dietz

15 Gynäkologische und geburtshilfliche Notfälle

15.1 Gynäkologische Probleme

15.1.1 Gynäkologische Untersuchung/Anamnese

Nur *Geübte* sollten eine gynäkologische Untersuchung durchführen. In kleineren Krankenhäusern ohne gynäkologisch-geburtshilfliche Abteilung stehen in der Regel kein gynäkologischer Untersuchungsstuhl und Spekula zur Verfügung. Evtl. kann ein OP-Tisch mit hochgeklappten Beinhalterungen benutzt werden. Aber bitte keine Untersuchungen „ausprobieren": gynäkologische Untersuchungen sind oft unangenehm bis schmerzhaft und können massiv das Schamgefühl verletzen. Das diagnostische Schwergewicht liegt also bei der *Anamnese*.

Im Vordergrund steht die Entscheidung, ob und wie schnell eine Patientin zur fachgynäkologischen Behandlung überwiesen werden muß. Bei jeder Verlegung in eine gynäkologische Fachabteilung die diensthabende Kollegin/den Kollegen sobald wie möglich telefonisch über die zu erwartende Patientin informieren. Dadurch können dort frühzeitig Vorbereitungen getroffen werden (Hintergrund anrufen, Anästhesie, OP und Labor benachrichtigen).

Selbstverständlich ist der Blick auf die Patientin zur Beurteilung des *Allgemeinzustandes* mit Inspektion der Haut- und Schleimhäute (Anämie, Exsikkose, Zyanose, Ödeme?).

Bei entsprechender Symptomatik sollten im Dienst eine abdominelle Palpation sowie die Inspektion und Palpation der Mammae durchgeführt werden. Bei der abdominellen Palpation besonders auf Druckschmerzhaftigkeit und Zeichen einer peritonealen Reizung, wie z.B. (lokale) Abwehrspannung achten. Gynäkologische Tumoren lassen sich nur selten eindeutig tasten.

Leitpunkte der Anamnese

- Regelanamnese
  - Termin und Art der letzten Regel: wann war der erste Tag der letzten Regel und war die Blutung „so wie immer" oder schwächer bzw. stärker als sonst?
  - Art und Dauer der „normalen" Regelblutung?
  - Zyklusdauer: Wieviele Tage vergehen normalerweise von Beginn der einen bis zum Beginn der nächsten Regelblutung? Kann unregelmäßig sein.
  - Schmerzen vor, während oder nach der Menstruation?
  - Zusatzblutungen: Zwischenblutung, Kohabitationsblutung, Postmenopausenblutung?
  - Menopause? Seit wann?

- Verhütung? Wie? Einnahme von Hormonpräparaten?
- Gynäkologische Operationen in der Anamnese?

- Gynäkologische Erkrankungen, z.B. Myome, Ovarialzysten, Endometriose oder Malignome bekannt?
- Schwangerschafts-Anamnese
  - Ausbleiben der Regelblutung, Schwangerschaftstest, Konzeptionstermin?
  - Subjektive Graviditätszeichen, wie z.B. Vergrößerungen der Mammae mit Spannungsgefühl, Übelkeit und Erbrechen?
  - Welche Schwangerschaftswoche (SSW)? Rechnerischer Schwangerschaftsbeginn ist der erste Tag der letzten normalen Regelblutung.
  - Vorausgegangene Schwangerschaften und Geburten?
  - Vorausgegangene Fehlgeburten, Extrauteringravidität?
  - Besonderheiten bei vorausgegangegen Schwangerschaften?
  - *Mutterpaß* immer einsehen: dokumentiert Besonderheiten während der jetzigen (und ggf. auch bei der vorigen) Schwangerschaft.

Fußangeln und Fingerzeige

Bei unregelmäßigem Zyklus, neu aufgetretenem verlängertem Zyklus oder schwächerer Blutung immer Gravidität (auch Extrauteringravidität) ausschließen!

15.1.2 Vaginale Blutung

Differentialdiagnostische Überlegungen

Regelabhängige vaginale Blutung

- *Hypermenorrhoe:* verstärkte Periodenblutung (mehr als fünf Vorlagen pro Tag), häufig, oft mit Unterleibschmerzen. Insbesondere bei erstmaligem Auftreten kann die Hypermenorrhoe bedrohlich wirken. Begünstigt z.B. durch Myome oder Intrauterinpessar (disloziert?).
- *Metrorrhagie:* Zusatzblutung außerhalb der Periode, die sehr stark sein kann. Oft am Beginn der Menopause als Meno-/Metrorrhagie, bei Myomen und bei IUP-Trägerinnen (selten mit Endometritis).
- *Menorrhagie:* verlängerte Periodenblutung (> 7 Tage), als Notfall eher selten. Oft in Kombination mit Metrorrhagie. Bei Uterus myomatosus und IUP-Trägerinnen häufiger. Als Steigerung gibt es die *Dauerblutung* (> 14 Tage).
- *Spotting:* meist prä- oder postmenstruelle Schmierblutung, auch als Ovulationsblutung oder Mittelblutung in Zyklusmitte, dann oft mit dem „Mittelschmerz" (☞ 15.1.3). Bei Einnnahme der „Pille" als sog. Durchbruchsblutung.

Regelunabhängige vaginale Blutung

- *Karzinom:* Jede Blutung nach der Menopause muß abgeklärt werden!
- *Blasenmole/Chorionepitheliom:* ☞ 15.2.1
- *Extrauteringravidität:* ☞ 15.1.3
- *Abort:* ☞ 15.2.1
- *Endometritis:* ☞ 15.1.3
- *Portioektopie:* leicht verletzliches Zylinderepithel aus der Endozervix auf der Portiooberfläche. Häufig, meist hellrote Kontaktblutung nach Geschlechtsverkehr oder gynäkologischer Untersuchung, oft in der Schwangerschaft. Fällt manchmal erst einige Stunden später auf.

- *Verletzungsblutung:* durch z.B. Pfählung, Prellung, Fremdkörper oder als *Kohabitationsverletzung*, z.B. nach Vergewaltigung; Symptome eines *Akuten Abdomens* (☞ 8.1), evtl. mit Schocksymptomatik, weisen auf eine perforierende Verletzung mit intraabdomineller Blutung hin.

Diagnostisches Vorgehen

Anamnese

- Regelanamnese (☞ 15.1.1): Auch bei unregelmäßigem Zyklus immer an mögliche Frühgravidität denken
- Letzte Regel vor 6–8 Wochen und jetzt leichte (Schmier-)Blutung? Extrauteringravidität (☞ 15.1.3) und Abortus imminens (☞ 15.2.1) ausschließen.
- Blutung nach sekundärer Amenorrhoe? Hinweis auf Abortblutung ☞ 15.2.1
- Graviditätszeichen? Schwangerschaftstest positiv? An Extrauteringravidität (☞ 15.1.3) und Abort (☞ 15.2.1) denken!
- Regelblutungsstärke und -dauer? Nach Zahl der Vorlagen/Tampons fragen.
- IUP-Trägerin? Myome bekannt? Beide können Hypermenorrhoe und Meno/Metrorrhagien (mit)verursachen
- Pilleneinnahme bzw. Präparatwechsel? Kann Ursache für Schmierblutung oder Spotting sein
- Menopause? Blutungen nach der Menopause sind immer karzinomverdächtig!
- Gewichtsabnahme? Unspezifisch. Evtl. Hinweis auf Karzinom
- Schmerzen? Oft Begleitsymptom. Die differentialdiagnostische Aussagekraft ist gering
- Farbe der Blutung? Hellrotes Blut kann auf Portioektopie hinweisen. Geschlechtsverkehr oder gyn. Untersuchung in den vorangegangenen Stunden?
- Ein Unfallhergang und eine mögliche Vergewaltigung sind behutsam zu erfragen!

Untersuchung

- Blasse Haut und Schleimhäute deuten auf eine stärkere/längere Blutung hin.
- Zeichen des Volumenmangelschocks bei massiver Blutung!
- Farbe der Blutung? Koagelabgang?

Therapeutisches Vorgehen

- V.a. Extrauteringravidität ☞ 15.1.3
- Schmier- bzw. Zwischenblutungen (Spotting) bedürfen in der Regel keiner Soforttherapie. Beruhigung der Patientin. In den nächsten Tagen Vorstellung beim Gynäkologen/-in.
- Bei postmenopausalen Blutungen am nächsten Tag Vorstellung bei Gynäkologe/-in zum Karzinomausschluß. Bei starker Blutung nach evtl. Tamponade (s.u.) sofortige Überweisung in eine gyn. Fachabteilung.
- Bei V.a. Kontaktblutung Pat. beruhigen und am nächsten Tag beim Facharzt vorstellen. Bei stärkerer Blutung noch in der Nacht Vorstellung beim gynäkologischen Notdienst bzw. Gyn.-Abt. zur weiteren Therapie.
- Starke bis stärkste (Regel-) Blutungsstörungen mit Uterotonika, z.B. Methylergometrin (Methergin®) 3 x tgl. 10–15 Trpf. behandeln. Wenn kein Nachlassen der Blutung zu verzeichnen ist, Überweisung in Gyn. Fachabteilung

zur Abklärung und evtl. Curettage. Auch bei Nachlassen der Blutung am nächsten Praxistag Vorstellung bei Gynäkologe/-in.

- Massive vaginale Blutung (z.B. Verletzung, postoperative Nachblutung oder Karzinomblutung) tamponieren: feste Streifentamponade aus einer Mullbinde, oder, wenn vorhanden, fertige Tamponade mit Hämostyptikum (Clauden®-Tamponade) vorsichtig und fest in die Scheide schieben. Die Patientin liegt dabei mit leicht angezogenen und gespreizten Beinen auf einer Untersuchungsliege. Die Tamponade liegt meist korrekt, wenn die Pat. ein Druckgefühl angibt. Nach Legen einer Infusion (Volumenmangel ausgleichen!) je nach Zustand der Patientin per NAW oder RTW in die nächste Gyn.-Abt.
- Bei Schocksymptomatik, z.B. Volumenmangel bei massiver Blutung (☞ 3.2.2), nach Kreislaufstabilisierung mit Volumenersatzmittel (z.B. HAES 10 %®) per NAW in die nächste Gyn.-Abteilung.
- Bei Akutem Abdomen (z.B. bei perforierenden Verletzungen) nach Legen eines venösen Zugangs im NAW zur nächsten Gyn.-Abteilung.
- Verletzungsblutungen auch geringeren Ausmaßes müssen in der Regel sofort gynäkologisch (bei Bedarf auch urologisch/chirurgisch) versorgt werden. Je nach Ausmaß der Verletzung Transport im PKW, RTW oder NAW.

Fußangeln und Fingerzeige

Bei Fremdkörper- bzw. Pfählungsverletzungen Fremdkörper nicht entfernen!

15.1.3 Unterleibschmerzen

Differentialdiagnostische Überlegungen

Regelabhängige Unterleibschmerzen

- *Dysmenorrhoe:* In Zusammenhang mit der Menstruation auftretende krampfartige Unterleibschmerzen, evtl. mit Übelkeit, Erbrechen und Kopfschmerzen bis zur Migräne. Häufig. Oft bei IUP-Trägerinnen und bei (subserösen) Myomen. Meist kombiniert mit Hypermenorrhoe oder Meno-/Metrorrhagie ☞ 15.1.2.

- *Endometriose:* Nester von Endometriumzellen außerhalb des Endometriums, können im gesamten Bauchraum und vaginal auftreten. Reagieren wie die „normalen" Endometriumzellen auf die zyklischen Hormonausschüttungen und verursachen insbesondere prä- und perimenstruelle Unterleibschmerzen (*Dysmenorrhoe*), bei großen Endometriosezysten auch persistierend, Menorrhagie ☞ 15.1.2.

- *Mittelschmerz:* Schmerzen in Zyklusmitte (durch Ovulation) mit vorübergehender peritonealer Reizung. Evtl. Symptomatik einer Unterbauchperitonitis.

- *Überstimulationssyndrom:* in der Sterilitätsbehandlung, z.B. mit Clomiphen (Dyneric®) und/oderHMG/HCG (Injektionen). Ca. 3–8 Tage nach HCG-Gabe können die Ovarien durch Zystenbildung im Extremfall mehr als faustgroß werden. Die Symptomatik reicht von mäßigen (einseitigen) Unterleibschmerzen bis zum Bild eines akuten Abdomens mit Abwehrspannung, Übelkeit, Erbrechen und Durchfall. Bei schwerer Ausprägung zusätzlich Aszites,

Hydrothorax, Dyspnoe, Hypovolämie, Oligurie, Elektrolytstörungen, Blutgerinnungsstörungen und Hämokonzentration (Gefahr einer Thromboembolie). Gefahr der Ovarialruptur bzw. -stieldrehung. Spontane Rückbildung der Symptome ca. drei Tage nach Einsetzen der Menstruation. Zystenruptur und Stieldrehung s.u.

- *Extrauteringravidität (EU):* Einnistung einer befruchteteten Eizelle außerhalb der Gebärmutter (99 % tubar.), ca. eine auf hundert Geburten. *Klinik:* Kurze sekundäre Amenorrhoe (letzte normale Regel vor 6–8 Wochen), vor bzw. seit einigen Tagen Schmierblutung (bis periodenstark), subjektive Schwangerschaftszeichen bzw. positiver Schwangerschaftstest. Bei *Tubarabort* (mehr als 90 % der EU-Verläufe) zunehmende, wehen- bis krampfartige, meist einseitige Unterbauchschmerzen, z.T. mit lokaler Abwehrspannung. Bei *Tubarruptur* (weniger als 10 % der Verläufe) akut einsetzender seitenbetonter Zerreissungsschmerz mit Zeichen des Akuten Abdomens (☞ 8.1), i.d.R. ohne vaginale Blutung. Prädisponierende Faktoren sind frühere Aborte/EU, vorausgegangene Adnexitis, Sterilitätsbehandlung und IUP-Trägerinnen. Notfall mit akuter Lebensgefahr!

Regelunabhängige Unterleibschmerzen

- *Adnexitis (Salpingitis):* Entzündung von Tube und Ovar. *Klinik:* meist akut einsetzender, oft seitenbetonter Unterleibschmerz, evtl. Übelkeit und Erbrechen durch Begleitperitonitis (DD Appendizitis! s.u.), Fluor (gelblich-grünlich, übelriechend), evtl. Schmierblutungen, Entzündungszeichen (Fieber, leichte Leukozytose, BSG ↑). Meist junge, heterosexuell aktive Frauen. Auftreten: häufig postmenstruell, nach Abort, Abrasio oder IUP-Einlage. Neudeutsch auch PID (pelvic inflammatory disease) genannt. *Komplikationen:* Pelveoperitonitis, Tuboovarialabszeß, Douglasabszeß.

- *Endometritis:* Entzündung der Gebärmutterschleimhaut, meist postpartal, seltener nach diagnostischen und therapeutischen Eingriffen (z.B. Abrasio, IUP-Einlage). *Klinik:* leichter Unterbauchschmerz, Blutungsstörungen, mäßig erhöhte BSG, leichte Leukozytose, kein Fieber. Im Wochenbett meist als *Endomyometritis* mit Entzündung der Uterusmuskulatur: Unterbauchschmerzen mit großem, weichem, druckdolentem Uterus, vermehrtem übelriechendem Wochenfluss mit leichter vaginaler Blutung (der Wochenfluss ist normalerweise am Ende der ersten postpartalen Woche nicht mehr blutig, sondern wird zunehmend bräunlich, dann dunkel-gelb und heller), allgemeine Entzündungszeichen. *Komplikationen:* Salpingitis, Pelveoperitonitis bis zur lebensbedrohlichen *Puerperalsepsis* (Kindsbettfieber) mit den klinischen Zeichen des septischen Schocks ☞ 3.3.

- *Ovarialzysten (-ruptur):* Ovarialzysten sind häufig, meist als funktionelle, hormonaktive Zysten (Follikelzysten). Sie kommen fast nur während der Geschlechtsreife vor, gehäuft kurz nach der Pubertät und perimenopausal, auch iatrogen beim *Überstimulationssyndrom* (☞ s.o.). *Klinik:* mit wachsender Größe zunehmende, meist einseitige Unterbauchschmerzen. Bei Ruptur plötzliche, heftige Schmerzen, Übelkeit und Erbrechen mit (lokaler) Abwehrspannung bis zur Symptomatik eines Akuten Abdomens (☞ 8.1). Seltener sind Zystenblutungen, die symptomarm beginnen und durch zunehmend starken Blutverlust zum Volumenmangelschock führen können.

- *Stieldrehung eines Genitaltumors (Ovarialtumor bzw. -zyste, Myom):* akute, starke, einseitige Unterleibschmerzen bis zum Akuten Abdomen (☞ 8.1), häufig nach heftiger oder abrupter Bewegung (z.B. Tanzen, Sport oder nach dem Aufstehen). Akuter Notfall!
- *Karzinome:* fallen selten notfallmäßig durch Schmerzen auf. Bei fortgeschrittenen Karzinomen durch erhebliches Größenwachstum Verdrängungserscheinungen mit Schmerzen und, je nach Lokalisation und Ausdehnung, Beeinträchtigung der Nachbarorgane Blase, Ureter und Darm. Oft Blutungsstörungen (postmenopausale Blutung!), Ausfluß, Gewichtsverlust, evtl. rezid. Harnwegsinfekte.

Differentialdiagnostisch immer an nichtgynäkologische Ursachen von Unterleibschmerzen denken (z.B. Appendizitis, Divertikulitis, Ileus, Hernien und urologische Erkrankungen). Am schwierigsten ist die Abgrenzung zur Appendizitis bei rechtsseitigen Unterleibschmerzen.

DD Appendizitis – Adnexitis – EU

	Appendizitis	Adnexitis	EU
Schmerz	rechts, über McBurney, bzw. wandernd (Bauchnabel)	seitenbetont, ziehend	einseitig, stechend, krampfartig
Befund	Appendizitis-zeichen, Übelkeit, Stuhlverhalt	Druckschmerz, Gyn.: Portio-schiebeschmerz, teigige Resistenz	Schmierblutung, Gyn.: Portio bei Druck schmerzhaft
Fluor	keiner	evtl. übelriechend, eitrig	keiner, evtl. Blut
Regel-anamnese	unauffällig	häufig postmenstrueller Beginn	sekundäre Amenorrhoe, subjektive oder objektive Schwangerschafts-zeichen
Tempe-ratur	rektal/axilläre Differenz meist >1,0 °C	meist kein Fieber	normal bis gering erhöht, keine Differenz
Leukozy-ten	meist >10 000	mäßig erhöht	oft nicht erhöht
Sono-graphie	gynäkologisch o.B.	freie Flüssigkeit, Ovarien unscharf, Tube darstellbar, solider Adnextumor	freie Flüssigkeit, „leerer" Uterus, Tube evtl. verdickt, extrauterine Fruchtblase
Kompli-kationen	akut: Perforation, Peritonitis, Abszeß; Begleitadnexitis. chron.: Adhäsionen/Ileus	akut: Pelveoperitionitis, Tuboovarial- und Douglasabszeß. chron.: Rezidive, EU, Adhäsionen, Tubenverschluß	akut: abdominale Blutung, Tubarruptur, Schock. chron.: Rezidiv-EU bei tubenerhaltender OP, Tubenverschluß

Diagnostisches Vorgehen

Anamnese

- Wann war die letzte Regel? Wenn z.Zt. bzw. anstehend: Dysmenorrhoe, evtl. bei Endometriose. Wenn vor ca. zwei Wochen, d.h. jetzt Zyklusmitte: Mittelschmerz, Überstimulationssyndrom. Wenn vor 6–8 Wochen: V.a. EU!
- IUP-Trägerin? Begünstigt Dysmenorrhoe, Adnexitis, Endometritis (z.B. kurz nach IUP-Einlage), EU.
- Myome bekannt? Führen u.a. zur Dysmenorrhoe, eine Stieldrehung subseröser Myome ist möglich.
- Behandlung wg. Sterilität? V.a. Überstimulationssyndrom; EU.
- Endometriose bekannt? Kann heftige perimenstruelle Beschwerden auslösen.
- Graviditätszeichen (subjektiv oder objektiv)? V.a. EU!
- Schmierblutung? Kann Hinweis auf EU (Tubarabort) sein; auch Adnexitis/Endometritis.
- Entzündungszeichen? V.a. Adnexitis, Endometritis; immer auch an Appendizitis denken!
- Ausfluß? Zusammen mit Entzündungszeichen und Unterleibschmerzen z.B. bei Adnexitis und Endometritis.
- Abrasio oder Abort vor kurzem? Evtl. Adnexitis bzw. Endometritis (iatrogen).
- Wochenbett? Bei Unterleibschmerzen, Fieber und Veränderungen des Lochialflusses V.a. Endomyometritis.
- Abort, EU oder Adnexitis in der Anamnese? Begünstigen EU.
- Ovarialtumor oder Ovarialzyste bekannt? Stieldrehung bzw. Zystenruptur möglich.
- Haben die Schmerzen plötzlich, heftig und, wenn zu lokalisieren, einseitig begonnen? Schweres Krankheitsbild bei Tubarruptur (EU), Stieldrehung oder Ovarialzystenruptur; etwas leichteres Krankheitsbild bei Tubarabort (EU), Mittelschmerz, Adnexitis oder Ruptur kleinerer Ovarialzysten.

Untersuchung

- Zeichen des Volumenmangelschocks? Als erstes an EU (Tubarruptur) denken! Seltener Blutungen aus Ovarialzysten.
- Akutes Abdomen, Abwehrspannung, Peritonitis? Kann in unterschiedlicher Ausprägung vorkommen bei: Ovarialzystenruptur, Stieldrehung eines Ovarialtumors, EU, Überstimulationssyndrom, Adnexitis und selten in Zyklusmitte als heftiger Mittelschmerz mit lokaler Abwehrspannung.
- Farbe des Wochenflusses?

Therapeutisches Vorgehen

- Krampfartige Schmerzen bei Dysmenorrhoe (z.B. Endometriose): Spasmolytika, am wirkungsvollsten in Kombination mit Schmerzmittel (z.B. Buscopan plus® bis zu 6 Tbl. oder 4 Supp. tägl.). Außerdem hilft Entspannung und Wärme, z.B. Wannenbad, Wärmflasche, Yoga. Bei Therapieresistenz Ibuprofen 200–400 mg p.o. nach Bedarf, max. 1200 mg tägl. Zur Abklärung, insbesondere bei neu aufgetretener Dysmenorrhoe (evtl. Uterus myomatosus, Korpuspolypen, Endometriose oder Uterusmißbildungen als organische Ursache) in den nächsten Tagen Vorstellung bei Gynäkologe/-in.

- Bei „Mittelschmerz" ist i. d. R. keine Therapie erforderlich, evtl. symptomatisch Schmerzmittel und Ruhe.
- V.a. Überstimulationssyndrom: bei leichter Symptomatik Bettruhe, kein Geschlechtsverkehr, Anstrengung meiden (Gefahr der Stieldrehung der Ovarien), evtl. symptomatisch Schmerzmittel, am nächsten Tag Vorstellung bei Gynäkologe/-in. Bei stärkerer Symptomatik Infusion anhängen und im RTW zur nächsten Gyn.-Abt.
- Akutes Abdomen, z.B. bei EU, Stieldrehung, Zystenruptur: Infusion und im NAW zur nächsten Gyn.-Abt., möglichst keine Analgetika vor Diagnosestellung.
- Volumenmangelschock, z.B. bei Tubarruptur: großlumigen i.v.-Zugang legen, Infusion mit Plasmaersatzmitteln (z.B. HAES® 10 %) und per NAW in die nächste Gyn.-Abt.
- V.a. Adnexitis, Endometritis: bei mäßig ausgeprägter Symptomatik Bettruhe, kein Geschlechtsverkehr, evtl. Antiphlogistika (können die Diagnostik erschweren). Am nächsten Tag Vorstellung bei Gynäkologe/-in. Bei stärkerer Symptomatik noch in der Nacht PKW-Transport zur nächsten Gyn.-Abt. Bei schwerem Krankheitsbild liegender Transport im RTW. Differentialdiagnostisch bei rechtsseitigen Unterleibschmerzen immer an Appendizitis denken!
- Endomyometritis (im Wochenbett): Bei mäßiger Symptomatik (leichte Temperaturerhöhung) Bettruhe, Eisblase und Kontraktionsmittel (z.B. Methergin®) 2–3 Dragees. oder Oxytocin i.m. oder i.v. Am nächsten Tag Gynäkologe/-in oder Gyn.-Fachabteilung Bei stärkerer Symptomatik (höheres Fieber) in der Nacht in die nächste Gyn.-Abteilung, PKW-Transport reicht i.d.R. aus. Bei Sepsiszeichen schnell handeln: i.v.-Zugang legen, Infusion und im RTW in die nächste Gyn.-Abteilung.

Fußangeln und Fingerzeige

Möglichst keine Analgetika vor Diagnosestellung!

15.1.4 Sexuelle Gewalt/Vergewaltigung

Wenn eine Frau nach einer für sie äußerst entwürdigenden sexuellen Gewalttat ins Krankenhaus kommt, braucht sie Hilfe. Diese sollte sich nicht auf eine medizinische Versorgung beschränken, sondern bedeutet hauptsächlich menschliche, psychische Unterstützung: Verständnis, Einfühlsamkeit und ihre Glaubwürdigkeit nicht in Frage stellen.

Jede Vergewaltigung verursacht, neben einem möglicherweise physischem, vor allem ein psychisches Trauma, dessen Verarbeitungsprozeß sich über Jahre erstrecken kann. Dauerschäden sind möglich. Dies sind z.B. Ängste, Depressionen bis zum Suizid, psychosomatische Beschwerden, sexuelle Probleme und Beziehungsschwierigkeiten.

Vorgehen

- Die meisten Frauen stehen kurz nach der Tat unter Schock. Dies kann sich in unverständlich wirkenden Reaktionen oder Reaktionsunfähigkeit äußern. Die Spanne des äußeren Verhaltens reicht von Ruhe und Gelassenheit (oft ein Zeichen völliger Verwirrung) über totale Erstarrung bis zu völligem Aufgelöstsein und Zusammenbruch und ist individuell ganz unterschiedlich. Allen Frauen gemeinsam ist das Gefühl von Angst, Ohnmacht, Demütigung, Kontrollverlust über das eigene Leben und Beschmutzung.

- Wenn deutliche *Verletzungen* vorliegen, wie z.B. V.a. Fraktur oder Wunden müssen diese untersucht und behandelt werden – nach Möglichkeit von (oder in Gegenwart) einer Frau. Die durch Gewaltanwendung entstandenen weniger gravierenden Verletzungen (z.B. Prellungen), können auch bei einer evtl. später erfolgenden erweiterten gynäkologischen Untersuchung zur Beweissicherung beurteilt werden. Alle Befunde unbedingt dokumentieren.

- Erste *Beweismittel sichern:* während der Tat getragene Kleidungsstücke mit Unterwäsche und Slipeinlagen aufheben. Duschen sollte erst nach der gynäkologischen Untersuchung erfolgen.

- *Gynäkologisch-forensische Untersuchung:* Darf nur von Gynäkologe/-in durchgeführt werden. Am besten so bald wie möglich nach dem Gewaltakt, da ein Abstrich (Spermien) möglichst schnell durchgeführt werden muß. Es kann erst die gynäkologische Untersuchung und später eine Anzeige erfolgen. Eine Begleitung durch eine Vertrauensperson (Freundin, Notrufgruppe) zu dieser Untersuchung ist sinnvoll.

- *Anzeige erstatten:* Erfolgt bei der Polizei. Meist ist es günstiger, sich an eine auf sexuelle Gewalttaten spezialisierte Abteilung (z.B. „Sittenpolizei") zu wenden. Ob die Frau eine Anzeige erstattet, entscheidet sie selbst. Es besteht keine Verpflichtung zur Strafanzeige. Eine erfolgte Strafanzeige kann jedoch nicht zurückgezogen werden (Offizialdelikt). Es wird nur ein geringer Prozentsatz der erfolgten Vergewaltigungen angezeigt. In sehr vielen Fällen sind Verwandte oder Bekannte die Täter und die Frau ist dann später meist großen Repressalien ihrer Umgebung ausgesetzt. Eine Anzeige muß nicht sofort erfolgen. Die Entscheidung darüber kann in Gesprächen mit Frauen der Notrufgruppe (s.u.) und/oder Anwältin getroffen werden.

- *Hilfe und Beistand:* In jedem größeren Ort, evtl. der nächstgelegenen Stadt, gibt es Beratungsstellen, in denen fachkundige Frauen aus unterschiedlichen Bereichen arbeiten. Die Telefonnummern stehen im normalen Telefonbuch unter folgenden Stichworten: (Frauen-)notruf, Gruppe für (vergewaltigte und mißhandelte) Frauen (und Mädchen), Frauenberatungsstelle, Frauenzentrum, Frauenzimmer, Frauentreffpunkt oder Frauen helfen Frauen. Wenn in der Nacht kein direkter Kontakt zustande kommt, gibt es auf alle Fälle einen Anrufbeantworter und es erfolgt am nächsten Tag ein Rückruf. Auch jede Polizeidienststelle kann Auskunft über solche Notrufnummern und ein mögliches Verfahren geben. Ein solcher Anruf verpflichtet nicht zur Anzeige.

- *Übernachtung* abklären: Falls die Frau nachts nicht zu einer gynäkologischen Untersuchung möchte und kein direkter Kontakt zu einer Notrufgruppe zustande gekommen ist, sollte geklärt werden, wo und wie die Frau übernachten kann. Wenn zu Hause auch ihr Vergewaltiger wohnt, kann sie nicht zurück. Auch alleine möchte sie oft nicht nach Hause.

- Es gibt folgende Möglichkeiten:
  - Freundin bzw. Vertrauensperson informieren, bei der die Frau übernachten kann
  - Frauenhäuser ermöglichen (auch für längere Zeit) Übernachtung und qualifizierte Betreuung
  - Hotelübernachtung, wird teilweise vom Sozialamt bezahlt
  - Stationäre Krankenhausaufnahme. Am nächsten Tag kann dann in der Regel mit dem Sozialdienst und Beratungsstellen ein weiteres Verbleiben abgeklärt werden.

Fußangeln und Fingerzeige

- Die Frau hat das Recht, die gynäkologisch-forensische Untersuchung von einer Gynäkologin/einem Gynäkologen ihrer Wahl durchführen zu lassen
- Wenn möglich, sollten Beweismittel gesichert werden und eine gynäkologisch-forensische Untersuchung durchgeführt werden, auch wenn die Frau zur Zeit keine Anzeige erstatten möchte. Dadurch kann eine mögliche spätere Anzeige wirkungsvoll unterstützt werden.

15.1.5 Verhütungsdesaster (postkoitale Kontrazeption)

Meist ein geplatztes Kondom: Entfernung (unter Spekulumeinstellung mit Kornzange) durch Gynäkologe/-in am nächsten Tag.

Postkoitale Kontrazeption

„Pille danach" oder *„morning after pill"*. Bei rechtzeitiger Einnahme sehr hohe Zuverlässigkeit.

- *Indikation:* Bei vermutlichen Versagen der Kontrazeption (z.B. geplatztes Kondom). Nur in Zyklusmitte erforderlich; bei unregelmäßigem Zyklus eher großzügige Indikation insbesondere in der zweiten Zyklushälfte stellen, aber Vorsicht: Gravidität! s.u.
- *Wirkung:* Verhindert die Einnistung der befruchteten Eizelle durch eine hochdosierte Östrogen-/Gestagen-Kombination.
- *Anwendung:* Einnahme von zwei Tabl. zu je 50 µg Äthinylöstradiol und 250 µg Levonorgestrel (z.B. Tetragynon®) möglichst bald nach dem Geschlechtsverkehr, max. jedoch 48 h danach. Weitere zwei Tabl. müssen nach einem Intervall von 12 h eingenommen werden. Verordnung auf Privatrezept.
- *NW:* Übelkeit, Schwindel, Brustspannen, Menstruationsunregelmäßigkeiten.
- *Kontraindikationen:* bestehende Schwangerschaft! Herpes gestationis; schwere thromboembolische Prozesse.

Fußangeln und Fingerzeige

- Auf die strikte Einhaltung der zeitlichen Einnahmevorschriften hinweisen. Bei einer evtl. eintretenden Gravidität ist keine erhöhte fetale Mißbildungsrate, allerdings ein (fraglich) erhöhtes Risiko einer Extrauteringravidität bekannt.
- Bei einer bereits bestehenden Schwangerschaft sollte Tetragynon® nicht eingenommen werden. Entsprechende Anamnese mit genauer Zyklusbestimmung erheben, Schwangerschaftstest (HCG-Bestimmung im Urin/Serum)

durchführen. Sonographischer Schwangerschaftsausschluß nur durch Gynäkologen/Gynäkologin.

- I.d.R. ist es ausreichend, wenn sich die Pat. am nächsten Morgen bei Gynäkologe/-in zur Abklärung der Indikation und Therapie vorstellt.
- In Ausnahmefällen (z.B. langes Wochenende und kein Gynäkologe/keine Gynäkologin erreichbar) kann Tetragynon® rezeptiert werden.
- 3–4 Wochen nach Hormoneinnahme sollte eine gynäkologische Nachuntersuchung erfolgen.
- Alternative: Einsetzen eines *Intrauterinpessars* (durch Gynäkologe/-in) bewirkt eine Nidationshemmung. Das Einsetzen muß bis maximal fünf Tage nach dem vermuteten Eisprung erfolgen. Sehr hohe Zuverlässigkeit. Nachteil: Gefahr der Induktion einer Adnexitis. Vorteile: keine Übelkeit, keine Zyklusstörungen, einsetzbar auch bei Kontraindikationen gegen Hormone.

15.1.6 Mastitis

In 70 % sind stillende Frauen betroffen: *Mastitis puerperalis*. Sie ist eine der häufigsten Komplikationen im Wochenbett. In 75 % einseitig, meistens am 8.–12. Wochenbettag beginnend. Erreger ist in 90 % Staphylokokkus aureus.

Klinik

Schmerzhafte Schwellung, bevorzugt im oberen äußeren Quadranten mit regionaler Überwärmung, Rötung und Druckdolenz. Evtl. fluktuierender Abszeß (Gefahr der Spontanperforation). Vergrößerung der axillären Lymphknoten, rascher Fieberanstieg bis auf 40 °C. Labor: Entzündungsparameter (CRP und Leukozyten $\uparrow$).

Therapie

- Nachts bzw. bei leichter Mastitis: kurzfristiges Abstillen mit 1/2–1 Tbl. Pravidel® (Bromocriptin 1,25 mg) sofort, am nächsten Tag evtl. noch 1–2 Tbl. Pravidel®, i.d.R. keine Antibiotika.
- Ruhigstellen der Brust durch Tragen eines festen BH's oder Hochbinden (dient auch dem vorübergehendem Abstillen). Zur Kühlung Eisblase und/oder Alkoholumschläge.
- Am nächsten Tag Kontrolle durch Gynäkologen/-in oder Hebamme. Bei persistierender Symptomatik bzw. Verschlimmerung evtl. Aufnahme in Gyn.-Abteilung und Antibiotika-Therapie.

15.2 Probleme in der Schwangerschaft

Stationäre Aufnahme von schwangeren Patientinnen

Ob Schwangere mit vorwiegend internistischen (chirurgischen) Problemen grundsätzlich auf einer Nicht-Geburtshilflichen Station aufgenommen werden, wird in der Regel vom Chefarzt der Abteilung entschieden und sollte vor Nachtdienstantritt geklärt werden. Ansonsten Hintergrund fragen. Evtl. Aufnahme in der Nacht und am nächsten Tag Verlegung.

- Spezielle internistische (chirurgische) Probleme in den entsprechenden Kapiteln nachschlagen. Hypertonie, Kreislaufregulationsstörung und Nierenkrankheiten in der Schwangerschaft ☞ 15.2.7
- Vorsicht bei Medikamentenverordnung(☞ 15.2.8 und 22.4). Ggf. Rücksprache mit Gynäkologe/-in.

15.2.1 Vaginale Blutung in der Schwangerschaft

Es gibt gravierende Unterschiede zwischen den Ursachen einer vaginalen Blutung in der Frühschwangerschaft, d.h. I.-(II.) Trimenon und der Spätschwangerschaft im (II.)-III. Trimenon.

Frühschwangerschaft

Abort

Im mütterlichen Alter zwischen 20 und 29 Jahren gehen ca. 50 % der Konzeptionen spontan zugrunde. Nur etwa 10–15 % bezogen auf die Anzahl der Geburten sind klinisch als Abort (Fehlgeburt) erkennbar. Das Wiederholungsrisiko nach einem Spontanabort beträgt 24 % und steigt nach drei Aborten auf 36 %: *habituelle Abortneigung*. In der Mehrzahl der Aborte bleibt die Ursache unklar.

- *Frühabort*: bis zur 16. Schwangerschaftswoche (SSW), häufig, in jedem zweiten Fall liegt ein nicht entwicklungsfähiges Schwangerschaftsprodukt (chromosomale oder exogene Störungen) vor. I.d.R. einzeitige Aborte, d.h. Frucht und Plazenta werden in toto ausgestoßen.
- *Spätabort:* 16.–28. SSW, selten, meist mütterliche Abortursachen, z.B. Uterusmalformationen, Myome oder Zervixinsuffizienz. Geburtsähnlicher zweizeitiger Verlauf. Nach Abgang der Frucht setzt die Nachgeburtsblutung mit anschließender Ausstoßung oder auch Retention der Plazenta ein.

Stadieneinteilung

- *Abortus imminens:* der „drohende" Abort. *Symptome:* leichte bis mäßige Blutung, meist schmerzlos oder leichte, ziehende Schmerzen; (gyn. Untersuchung: Uterus entsprechend der Schwangerschaftsdauer vergrößert, Zervikalkanal geschlossen, sonographisch intakte Gravidiät, kein HCG-Titer-Abfall);

die Schwangerschaft ist *noch* intakt, aber es besteht die Möglichkeit des Überganges in einen:

- *Abortus incipiens bzw. incompletus und completus*: „beginnender" bzw. „unvollständiger" und „vollständiger" Abort. *Symptome:* regel- bis überregelstarke Blutung mit Koagel- und Gewebsabgang; ziehende, wehenartige Unterleibschmerzen, (gyn. Untersuchung: Uterus zeitgerecht oder kleiner, Zervikalkanal offen, Abortgewebe im Zervikalkanal bzw. in der Vagina, sonographisch häufig keine oder unsichere Vitalitätszeichen, HCG abfallend); irreversible Schwangerschaftsstörung, Curettage erforderlich, sonst (bei inkompletter Uterusentleerung) Gefahr der Blutung, Infektion, Plazentapolyp oder Chorionepitheliom.

- *Missed abortion:* „Verhaltene Fehlgeburt". Die abgestorbene Frucht bleibt im Uterus zurück, u.U. sogar mehrere Wochen. Nach mehr als fünf Wochen kann es in ca. einem Viertel der Fälle zu Gerinnungsstörungen kommen. *Symptome:* meistens bräunliche diskrete Schmierblutung, evtl. leichte Schmerzen, die vorbestehenden charakteristischen Schwangerschaftssymptome wie Übelkeit, Erbrechen und Spannungen der Brust verschwinden, (gyn. Untersuchung: Uterus zeitentsprechend bis verkleinert, Zervikalkanal geschlossen, Sistieren des Uteruswachstums, sonographisch keine Vitalitätszeichen, HCG-Titer-Abfall). Meist kommt es nicht zu einer Notfallsituation.

- *Abortus febrilis, septischer Abort:* Fehlgeburt mit Fieber; Temperaturerhöhung bis 38 °C ohne Kreislaufreaktion spricht für einen febrilen Abort mit lokaler Endometriuminfektion. Bei höherem Temperaturanstieg, ggf. Schockerscheinungen V.a. komplizierendes septisches Geschehen. Auftreten z.B. nach unsachgemäßen Schwangerschaftsabbrüchen. *Symptome:* leichte bis stärkere vaginale Blutung, evtl. putrider Fluor, Unterleibschmerzen, Temperaturerhöhung bis oder über 38 °C. Beim septischen Abort zusätzlich Schüttelfrost, Kreislaufkomplikationen wie Hypotonie, Tachykardie; evtl. auch Hypothermie, Oligurie bis Anurie, Tachypnoe und Bewußtseinstrübung, Unruhe, (gyn. Untersuchung: Portio-Schiebe- und Elevationsschmerz), Labor: HCG-Titer-Abfall, bei septischem Abort massive Gerinnungsstörungen.

- *Extrauteringravidität ☞ 15.1.3.*
- *Portioektopie ☞ 15.1.2*

Blasenmole

Hydropische Umwandlung der Chorionzotten der Plazenta in bis haselnußgroße, mit heller Flüssigkeit gefüllte Bläschen, die durch dünne Stiele miteinander verbunden sind. Frühzeitige Entwicklungsstörung der Frucht. Häufigkeit: 1:3000 Schwangerschaften.

- *Klinik* wie bei Abort: Uterine Blutung, ziehende wehenartige Unterleibschmerzen, vereinzelt Abgang von Bläschen aus dem Zervikalkanal, häufig Hyperemesis gravidarum (☞ 15.2.7; Gyn. Untersuchung: auffällig schnell wachsender, sehr weicher Uterus, fehlende Vitalitätszeichen, im Ultraschall typisches „Schneegestöber". Labor: mehrmals stark erhöhte HCG-Werte). Selten Metastasierung in die Lunge (destruierende metastasierende Blasenmole).

- *Gefahren:* Blutungen und Perforationsgefahr bei Curettage, Infektion, EPH-Gestose, Torsion oder Ruptur von Lutein-(Ovarial-)zysten, maligne Entartung möglich: in 2–17 % spätere *Chorionkarzinom-* (*Chorionepitheliom-*) entwicklung.

Zervixkarzinom

Vorkommen: ca. 1:6.000 Schwangerschaften. Die Schwangerschaft selbst hat keinen Einfluß auf den Verlauf des Karzinoms.

Spätschwangerschaft

Plazenta praevia

Die Plazenta liegt teilweise oder vollständig vor dem inneren Muttermund. Häufigkeit: 0,4 % der Graviditäten, v.a. bei Mehr- und Vielgebärenden, besonders bei schnell aufeinanderfolgenden Schwangerschaften, seltener bei Erstgebärenden.

- *Klinik:* schmerzlose intermittierende oder konstante Blutung im letzten Schwangerschaftsdrittel oder unter der Geburt ohne ersichtliche Ursache, die Blutung beginnt stets *vor* dem Blasensprung
- *KO:* Schwere Blutung, Infektion, Luftembolie, fetale Asphyxie. Kindliche Mortalität um 10 %! Mütterliche Mortalität erhöht, bei Ausnutzung aller klinischen Möglichkeiten < 1 %.

Fußangeln und Fingerzeige

- Keine vaginale Tastuntersuchung!
- Mutterpaß einsehen: Plazenta praevia wird i.d.R. bei der Schwangerschaftsvorsorge sonographisch diagnostiziert.

Vorzeitige Plazentalösung

Teilweise oder vollständige Ablösung der normal sitzenden Plazenta von ihrer Haftfläche vor oder unter der Geburt, oft mit Blutungen aus mütterlichen oder kindlichen Gefäßen. Häufigkeit: schwere Fälle 0,4 %, leichte Fälle 0,8 % der Geburten, in ca. 30 % bei Vorliegen einer EPH-Gestose (☞ 15.2.7), außerdem mechanische Ursachen, z.B. Sturz oder Stoß in den Unterbauch. Rezidivrate bei nachfolgender Schwangerschaft um 5 %!

Klinik: Mutter (durch Schock und Gefahr von DIC) und insbesondere Kind in Lebensgefahr! Heftiger, plötzlich auftretender Unterbauchschmerz (Dauerwehen!) mit sehr hartem „Holzuterus", allgemeines Unwohlsein (Angst, Schwindel, Atemnot, Ohnmacht), in 75 % der Fälle Blutung nach außen (starke Blutungen seltener), Schocksymptomatik. Keine vaginale Untersuchung, Verletzungsgefahr!

Randsinusblutung

Blutung aus dem Randbereich der Plazenta, die auch bei normal sitzenden Plazenten vorkommt. Tritt in der Regel erst unter der Geburt auf. Häufigkeit: 1 % aller Schwangerschaften. Meist keine lebensgefährlichen Komplikationen zu erwarten. Klinik: diskontinuierliche, leichtere (schmerz- und wehenfreie) Blutung.

Variköse Blutung

In der Schwangerschaft auftretende Varizen in der Scheide oder am äußeren Genitale können starke Blutungen hervorrufen.

Portio- bzw. Zervixpolyp

Lokalisierte Hyperplasie der Zervixschleimhaut. Eine maligne Entartung ist sehr selten. Durch gesteigerte Durchblutung in der Schwangerschaft vulnerabler, z.B. Kontaktblutungen nach gynäkologischer Untersuchung oder Geschlechtsverkehr. In der Regel leichte, schmerzlose Blutung.

Zervixkarzinom s.o. Portioektopie/Portioerosion ☞ 15.1.2

Diagnostisches Vorgehen

Anamnese

- Schwangerschaftsdauer: 6.-8. SSW: Extrauteringravidität ausgeschlossen? Bis zur 12. SSW: V.a. Abort. Eine Blutung in den letzten Monaten der Schwangerschaft bzw. zu Beginn der Geburt ist mit hoher Wahrscheinlichkeit eine Blutung wg. Plazenta praevia oder vorzeitiger Lösung der normal sitzenden Plazenta! Weitere Ursachen s.o.
- Bereits Abort(e) bei früheren Schwangerschaften? Kann auf erneuten Abort oder Extrauteringravidität hinweisen.
- Sterilitätsbehandlung, IUP-Trägerin, frühere Extrauteringravidität und/oder Adnexitis als prädisponierende Faktoren für Extrauteringravidität.
- Art der Blutung:
  - Diskrete (bräunliche) Schmierblutung? EU, missed abortion.
  - Schmerzlose bis geringfügig schmerzhafte Blutung? Hinweis auf Abortus imminens, Portioektopie oder auch Zervixkarzinom.
  - Stärkere bis starke Blutung mit Koagel- oder Gewebebeimengung? Dringender V.a. Abortus incipiens oder incompletus.
  - Stärkere bis starke Schmerzen mit Blutung? Evtl. Abortus incipiens oder incompletus.
  - Bläschen (ähnlich kleinen Weintrauben) in der Blutung? Dringender Verdacht auf Blasenmole!
  - Blutung nach Blasenmolen- oder Abortcurettage? Kann Hinweis auf Chorionepitheliom sein.
  - Erneute Blutung oder sehr lang anhaltende Blutung im Wochenbett? An Chorionepitheliom oder Plazentareste denken.
- Fieber? Abortus febrilis (bis 38 °C) oder septischer Abort bei > 38 °C.
- Schüttelfrost, Kreislaufkomplikationen? Septischer Abort.

In den letzten Monaten der Schwangerschaft, kurz vor oder unter der Geburt

- Schmerzlose Blutung? Bei Plazenta praevia, Randsinusblutung, variköse Blutungen, Portioektopie und Portiopolyp; Zervixkarzinom
- Heftige, plötzlich auftretende Unterleibschmerzen? Hochgradiger V.a. vorzeitige Plazentalösung.
- EPH-Gestose? Eklampsie? HELLP-Syndrom (☞ 15.2.7)? Vorzeitige Plazentalösung.
- Allgemeines Unwohlsein bis hin zur Schocksymptomatik? Vorzeitige Plazentalösung.
- Varizen bereits bekannt? Variköse Blutung wahrscheinlich.
- Gynäkologische Untersuchung oder Geschlechtsverkehr in den letzten Stunden? Kontaktblutung bei Portioektopie bzw. Portiopolyp.

Untersuchung

- Koagel oder Gewebe in der vaginalen Blutung? Deutlicher Hinweis auf stattfindenden Abort
- Bläschen in der vaginalen Blutung? Wahrscheinlich Blasenmole
- Schwerkranke Frau, Schocksymptomatik in Terminnähe? Hochgradiger Verdacht auf Plazentalösung
- Schwerkranke, fiebrige Frau mit Kreislaufsymptomatik, evtl. nach unsachgemäßer Interruptio? Septischer bzw. febriler Abort.

Therapeutisches Vorgehen

Jede vaginale Blutung in der Schwangerschaft bedarf der baldigen gynäkologischen Abklärung! Unterschiedlich kann nur die Art und die Schnelligkeit des Transports in die nächste Klinik mit Gynäkologisch/Geburtshilflicher Abteilung sein. Dieser sollte wegen der Gefahr des Vena-cava-Kompressionssyndroms in Linksseitenlage erfolgen. Jede Blutung kann sich rasch verstärken, also auf alle Fälle Infusion, bei Schocksymptomatik Plasmaexpander. Eine Schocksituation mit Absinken des arteriellen Mitteldruckes hat auch eine Minderperfusion der uteroplazentaren Einheit und damit des Kindes zur Folge.

Die folgenden Hinweise können nur als Anhaltspunkte verstanden werden, da eine vorstationäre Diagnose sehr vage ist. Im Zweifelsfall so schnell und so schonend wie möglich transportieren.

Frühschwangerschaft

- V.a. Extrauteringravidität ☞ 15.1.3
- V.a. Abort: liegender, schonender Transport im RTW. Welcher Art der Abort ist, kann erst gynäkologisch sicher festgestellt werden.
- Bei V.a. septischen Abort mit Kreislaufsymptomatik: symptomatische Therapie, z.B. Infusion. Schnellstmöglicher Transport im NAW.
- V.a. Portioektopie bzw. Portiopolyp, Blasenmole oder Zervix-Ca. (immer DD Abort): Liegender, schonender Transport.
- V.a. Chorionepitheliom: Transportart je nach Ausmaß der Blutung.

Spätschwangerschaft

- Wenn bereits Wehen eingesetzt haben sind Unterleibschmerzen ohne (Wehen-) Pause bei (V.a.) Plazenta praevia als gefährliche Dauerwehen mit drohender Uterusruptur einzuschätzen: Wehenhemmung mit β-Sympathomimetikum, z.B. Fenoterol (z.B. Berotec®-Spray) initial fünf Hübe, bei Bedarf wiederholen. Nebenwirkungen: Tachykardie, Unruhe.
- V.a. Plazenta praevia: liegender, schonender Transport, Schnelligkeit je nach Ausmaß der Blutung.
- V.a. vorzeitige Plazentalösung: schnellstmöglicher, liegender Transport im NAW.
- V.a. Randsinusblutung, Varizenblutung: rascher, liegender Transport, i.d.R. im RTW. Bei massiver Blutung NAW.

- V.a. Portioektopie, Portiopolyp oder Zervix-Ca.: Zur weiteren Diagnostik und Therapie Verlegung in Gyn.-Abteilung. Transport je nach Ausmaß der Blutung, z.B. RTW, vorsichtshalber liegend.

Fußangeln und Fingerzeige

- Keine Tamponaden. Mehrere Vorlagen oder Handtücher, um die Blutung aufzufangen
- Fritzsche Lagerung: Ausgestreckte Beine übereinanderschlagen lassen.

15.2.2 (Abdominale) Schmerzen / Vorzeitige Wehen

Differentialdiagnostische Überlegungen

Frühschwangerschaft

- *Extrauteringravidität* ☞ 15.1.3
- *Abort* ☞ 15.2.1
- Es können auch schon am Ende des ersten Trimenons durch Auflockerung des Gewebes und beginnender Ausdehnung der Gebärmutter hartnäckige Kreuzschmerzen mit ausgeprägten Ischialgien auftreten. Therapie s.u.

Spätschwangerschaft

- *Vorzeitige Wehen:* Werden nicht immer als solche erkannt, also bei Bauchschmerzen oder Ziehen in der Leiste in der Schwangerschaft daran denken! Meist krampfartige Schmerzen im Unterleib, manchmal auch nur leichter Druck tief im kleinen Becken.
  - Leichte Wehen sind in der Schwangerschaft normal: bis zur 26. Schwangerschaftswoche (SSW) zwei Kontraktionen/h, 26.–28.SSW: drei Kontraktionen/h, steigert sich bis auf fünf Kontraktionen/h in der 34.–37.SSW. Eine Kontraktionsfrequenz von mehr als sechs pro Stunde mit einer Dauer von ca. 30 Sek. ist auf alle Fälle überwachungs- bzw. therapiebedürftig.
  - Auch durch eine geringfügigere oder gar nicht registrierbare Wehentätigkeit kann es zu einer vorzeitigen Reifung des Muttermundes (Verkürzung bzw. Eröffnung) kommen. Diagnosesicherung nur durch gynäkologische Untersuchung. In allen Zweifelsfällen rasche gynäkologisch/geburtshilfliche Untersuchung anstreben, da sowohl die vorzeitige Wehentätigkeit als auch die vorzeitige Zervixreifung Symptome der drohenden Frühgeburt darstellen.
  - Anamnestische Risikofaktoren: vorausgegangene Frühgeburten/Todgeburten/mehr als zwei Fehlgeburten, Mehrlingsschwangerschaft, Plazenta praevia oder Plazentainsuffizienz, Harnwegsinfektion, vaginale Infektion, überhöhte Fruchtwassermenge, Hydrozephalus.
- *Vorzeitige Plazentalösung* ☞ 15.2.1
- *HELLP-Syndrom:* Oberbauchschmerzen, Thrombozytopenie, Leberenzyme ↑ ☞ 15.2.7
- *Myom(e):* Gutartige Tumoren der glatten (Uterus-) Muskulatur, knapp 20 % aller Frauen über 30 haben Myome, sie sind u.a. Ursache von Fehl- und Frühgeburten und können ein Geburtshindernis darstellen. Durch Größenzunahme des Uterus bei fortschreitender Schwangerschaft können Myome (deren Vorhandensein bis dahin noch gar nicht bekannt sein muß) zunehmende

oder auch, gerade im Zusammenhang mit Wehentätigkeit, akute Bauchschmerzen verursachen. Myomerweichungen oder -nekrosen (selten) oder stielgedrehte subseröse Myome können zu einem akuten Abdomen führen.
- *Diagnostik:* Selten durch die Bauchdecken tastbar. Sonographie.
- *Vorgehen:* Baldige gynäkologisch/geburtshilfliche Untersuchung zur Diagnosesicherung, vor allem zum Auschluß von vorzeitiger Wehentätigkeit. Evtl. stationärer Aufenthalt, in der Nacht im PKW oder RTW in die nächste Gyn.-Abteilung je nach Schmerzintensität.

- *Flankenschmerz:* Stauungsniere, oft mit Pyelonephritis ☞ 15.2.7.

Fußangeln und Fingerzeige

An nichtschwangerschaftsbedingte Ursachen einer abdominellen Schmerzsymptomatik denken ☞ 8.1.

15.2.3 Fruchtwasserabgang/Vorzeitiger Blasensprung

Blasensprung und Fruchtwasserabgang vor Beginn der (Geburts-) Eröffnungswehen.

Klinik

Beim „klassischen“ Blasensprung kommt es zu einem plötzlichen, schwallartigem Abgang von nicht urinös riechender Flüssigkeit aus der Scheide. Nicht immer eindeutige Symptomatik. Oft berichten die Schwangeren von etwas Flüssigkeit in der Vorlage, oft nachts bzw. beim Aufstehen bemerkt. *Ursachen:* Sog. hoher Blasensprung oberhalb des Muttermundes. Die Lackmusprobe zur Unterscheidung des sauren Scheidenmilieus vom alkalischen Fruchtwasser ist insbesondere bei Scheidenentzündungen unsicher.

Vorgehen: Alsbald gynäkologisch/geburtshilfliche Untersuchung anstreben. Insbesondere bei sicherem vorzeitigem Fruchtwasserabgang: Pat. sofort hinlegen, da die große Gefahr des Nabelschnurvorfalles (☞ 15.2.4) und damit der kindlichen Asphyxie besteht! Der Transport sollte liegend im RTW erfolgen. Komplikation eines vorzeitigen Blasensprunges: Amnioninfektionssyndrom, eine Entzündung der Eihäute durch eine aufsteigende Infektion mit lebensgefährlichen Folgen für Mutter und Kind.

15.2.4 Nabelschnurvorfall

Nach (vorzeitigem) Blasensprung fällt die Nabelschnur vor den führenden Teil (in der Regel der Kopf) in die Vagina bzw. Vulva vor, sie ist dort zu fühlen (pulsierend) oder zu sehen.

- *Vorkommen:* 0,5 % aller Geburten; am häufigsten bei Quer- und Fußlagen, bei Mehrgebärenden 4–6 x häufiger als bei Erstgebärenden.
- *Komplikation:* In jeder Wehe wird die Nabelschnur zwischen Kopf und Beckenwand zusammengedrückt, dadurch verminderte Blutversorgung des Kindes. Mit dem Tiefertreten des Kopfes kommt es zur Dauerkompression und damit völliger Unterbrechung der Blutzufuhr!

- *Vorgehen:*Beckenhochlagerung der Schwangeren, z.B. durch Unterlegen von (Lagerungs-)Kissen oder Decken. Mit der steril behandschuhten Hand in die Scheide eingehen und den vorangehenden Teil, meist also den Kopf, nach oben schieben, so daß die Nabelschnur entlastet ist. Die Hand bis zur Schnitt-entbindung in der Klinik in der Scheide lassen! Wehenhemmung z.B. mit Fenoterol (Berotec®-Spray), z.B. fünf Hübe. So schnell wie möglich NAW-Transport in die nächste Entbindungsklinik.

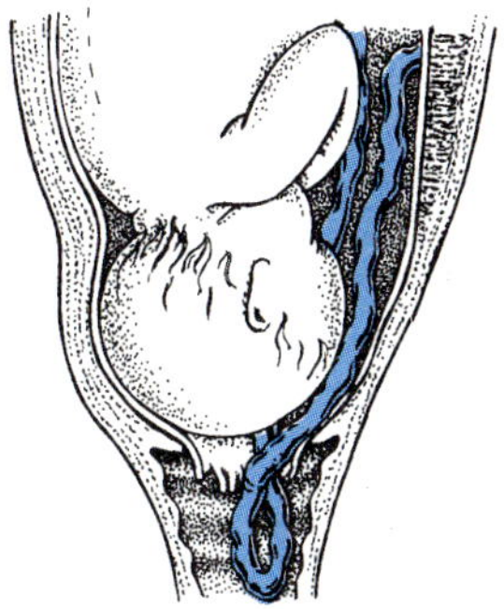
Abb. 15.1: Nabelschnurvorfall

15.2.5 Notgeburt

Die Gebärende darf nicht mehr transportiert werden, wenn die Geburt durch regelmäßige und zunehmende Wehen so weit fortgeschritten ist, daß der kindliche Kopf bereits in der Scheide sichtbar ist. Ggf. kann noch ein/e Hebamme/Geburtshelfer verständigt werden.

Zur Beruhigung: Wenn eine Geburt so rasch fortschreitet, daß sie zum Notfall wird, kann auch von einer komplikationslosen Beendigung und einem lebensfrischen Neugeborenen ausgegangen werden.

Vorgehen

- Lagerung mit erhöhtem Oberkörper, die Beine werden von der Gebärenden meist automatisch angezogen, möglichst ein steriles Tuch unterlegen. In der Wehe wird zur Unterstützung beim Pressen der Kopf angehoben, Kinn auf die Brust.
- Pressen nur bei vollständig eröffnetem Muttermund. Der Muttermund ist vollständig eröffnet, wenn zwischen dem tastenden, gespreizten Daumen und Zeigefinger mehr als 10 cm Entfernung liegen und kein Muttermundswulst mehr zu fühlen ist. (Man tastet nur die Scheidenwände und den Kopf des Kindes ohne Uterusrandsaum, der Muttermund ist verstrichen).
- Zur Verminderung von Weichteilverletzungen und zur Geschwindigkeitsregulierung beim Hervortreten des kindlichen Kopfes Dammschutz versuchen. Die Gebärende hat die Beine gespreizt und angezogen, auf ihrer rechten Seite stehend, wird die rechte Hand mit abgespreiztem Daumen gegen den Damm

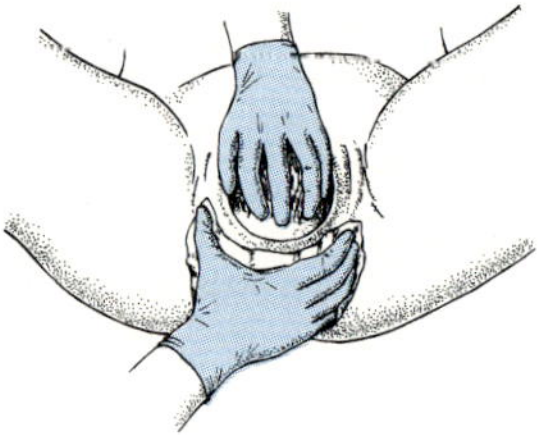

Abb. 15.2: Dammschutz

gedrückt, die linke Hand liegt auf dem vorangehenden Teil des Kindes (Kopf) und kann diesen so zurückhalten.

- Nur falls das Kind „schlecht kommt" und am Damm „hängen" bleibt, mediolaterale Episiotomie schneiden. *Cave:* Episiotomie nicht zu früh schneiden. Nur Episiotomie-Schere (mit kurzen, stumpfen, kräftigen Branchen) verwenden. Nahtversorgung von Gynäkologe/-in nach Verlegung ausreichend.
- Wenn der Kopf des Kindes geboren ist und sich mit dem Hinterhaupt zur linken oder rechten Seite gedreht hat, den Kopf mit flachen Händen fassen und bei der nächsten Wehe sanft in Richtung Unterlage ziehen. Wenn dann die vordere (obere) Schulter unterhalb der Symphyse in der Scheide zu sehen ist, den Kopf vorsichtig in Richtung Symphyse anheben. Dadurch wird auch die hintere Schulter entwickelt. Der übrige Körper folgt dann leicht.
- Das Kind mit einem dünnen, sterilen Absaugkatheter *mit dem Mund* (um den Sog selber bestimmen zu können) in Mund und Rachen, zuletzt in der Nase, absaugen.
- Abnabelung mit zwei sterilen Kocherklemmen mindestens 10 cm vom Nabel entfernt. Die Nabelschnur mit einer (sterilen) Schere zwischen den Klemmen durchtrennen. Das endgültige Abnabeln erfolgt bei der späteren Versorgung.
- Das Kind mit (sterilen) Tüchern abreiben. Insbesondere das Reiben des Rükkens unterstützt reflektorisch das Einsetzen der Spontanatmung, oft von dem erlösenden ersten Schrei begleitet.
- Kind mit mehreren Tüchern warm einpacken, zum Transport möglichst zusätzlich mit Alufolie umwickeln (Unterkühlungsgefahr).
- Zustandsbeurteilung des Neugeborenen (wenigstens nach 1 bzw. 5 Minuten) nach dem APGAR-Schema (s.u.)
- Wenn vorhanden, der Mutter direkt nach der Geburt eine Amp. (3 I.E.) Oxytocin i.v. geben. Dies dient der schnellen Plazentalösung und damit einer Minimierung des Blutverlustes.
- Die Plazenta unbedingt mit in die Klinik bringen, u.a. zur Kontrolle auf Vollständigkeit.
- Gratulieren nicht vergessen!
- Schonender Transport in die Geburtshilfliche Klinik.
- Geburtszeitpunkt merken und aufschreiben! (wegen Standesamt, APGAR-Berechnung, Horoskop etc.).

Apgar-Index			
Punkte	**0**	**1**	**2**
Herzfrequenz	fehlt	< 100	> 100
Atmung	fehlt	langsam oder unregelmäßig	regelmäßig, schreiend
Absaugreaktion	fehlt	Grimassieren	Husten, Niesen
Hautfarbe	zyanotisch, blaß	Stamm rosig, Extremitäten blau	rosig
Muskeltonus	schlaff	mittel, geringe Beugung	gut, aktive Bewegung
Bewertung: **9-10** Punkte: optimal lebensfrisch **7-8** Punkte: normal lebensfrisch		**5-6** Punkte: leichter Depressionszustand **3-4** Punkte: mittlerer Depressionszustand **0-2** Punkte: schwerer Depressionszustand	

Komplikationen

Kein Einsetzen der Spontanatmung nach einer Minute

Nochmals absaugen. Immer wieder Rücken über der Wirbelsäule krärtig reiben. Maskenbeatmung, am besten kurzfristig mit 100 % Sauerstoff (Sauerstoffdusche), darunter meist Einsetzen der Atmung, wenn nicht, wiederholen. Wenn keine kleine Maske vorhanden ist, Mund zu Mund/Nase-Beatmung. *Beatmungsfrequenz:* 30–40 x pro Minute, *Beatmungsvolumen:* 15–20 ml bzw. normaler Mundhöhleninhalt eines Erwachsenen. So schnell wie möglich diensthabenden Anästhesisten rufen lassen. Babynotarztwagen bzw. die nächste Kinderklinik mit Transportinkubator anrufen, notfalls normalen NAW, wenn möglich mit (Intensiv-)Pädiater.

Postpartale Nachblutung

Wenn die Plazenta *vollständig* ausgestoßen ist und es bei großem, schlaffem Uterus zu einer starken vaginalen Blutung von mehr als 500 ml kommt, besteht V.a. eine *Uterusatonie.*

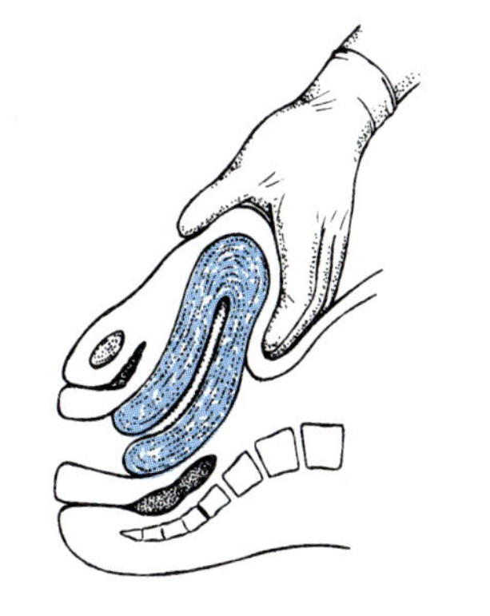

Abb. 15.3: Credescher-Handgriff

Vorgehen

- Den Uterus mit dem Credeschen Handgriff halten: Dazu wird der ungefähr in Nabelhöhe stehende Uterusfundus von außen ganz tief umfasst, ausgedrückt und evtl. festgehalten
- Kontraktionsförderung durch Blasenentleerung, z.B. mit Einmalkatheter und Auflagerung einer Eisblase
- Wenn vorhanden, Kontraktions- bzw. Wehenmittel, wie

z.B. Methergin® 1 Amp. i.v. oder Oxytocin (z.B. Orasthin®) als Schnellinfusion mit 6 IE in 500 ml Glukose 5%ig oder Prostaglandin-Dauerinfusion, z.B. 5 mg Minprostin E2® auf 1000 ml NaCl, ca. 60 ml/h

- Wenn notwendig, Schockbekämpfung mit Plasmaexpander i.v. ☞ 3.2.2
- Bei weiterhin massiver Blutung manuelle Aortenkompression durch die Bauchdecken versuchen
- NAW zum schnellen Transport in die Gyn./Geburtshilfliche Klinik rufen – Lebensgefahr!

DD der postpartalen Nachblutung

- Evtl. kleiner, verbliebener Plazentarest, meist dadurch aber keine so massive Nachblutung
- Starke, oft hellrote Nachblutung bei einem Zervix- oder Scheidenriß
- Nachhaltige Gerinnungsstörung unter der Geburt.

Fußangeln und Fingerzeige

Vor einer fachkundigen Untersuchung ist am ehesten von einer oben beschriebenen Uterusatonie auszugehen: Entsprechende Maßnahmen durchführen!

15.2.6 Unfälle während der Schwangerschaft

Vorgehen

- Nach einem Unfall zunächst i.d.R. Kontrolle der Schwangerschaft (Sono: fetale Herzaktionen nachweisbar?). Wenn die Unfallverletzungen es zulassen, Transport in eine Gyn./Geburtshilfliche Klinik.
- Transport in Linksseitenlage (Gefahr des Vena-Cava-Kompressionssyndroms ☞ 15.2.7).
- Kreislaufstabilisierung. Bei einer Schocksituation mit Absinken des arteriellen Mitteldrucks ist auch das Kind durch eine verminderte Plazentadurchblutung gefährdet. Eine spezielle Therapie ist nicht erforderlich.
- Bedrohlichste Komplikation ist die vorzeitige Plazentalösung (☞ 15.2.1), evtl. mit vaginaler Blutung und dem Einsetzen vorzeitiger Wehen. Gefahr der Totgeburt.
- Vorzeitige Wehen zunächst mit Fenoterol, (z.B. Berotec®-Spray), initial 5 Hübe, unterdrücken (drohende Frühgeburt!) ☞ 15.2.2.
- Ursachen einer vaginalen Blutung in der Schwangerschaft ☞ 15.2.1.
- Mögliche Verletzungen, z.B. eine geschlossene Fraktur können ggf. später chirurgisch versorgt werden.
- Kleinere Haut-/Weichteilverletzungen ohne abdominelles Trauma werden chirurgisch wie außerhalb der Schwangerschaft versorgt. Lokal- oder Leitungsanästhesie inklusive Tetanusimpfung, wenn notwendig.
- Für jede Röntgenuntersuchung strenge Indikation stellen! Für maximalen Strahlenschutz insbesondere des Abdomens sorgen, möglichst kleine Aufnahmefelder und optimale Einstellung wählen.

15.2.7 Schwangerschaftsassoziierte Krankheiten

Kreislaufregulationsstörung

Vena-Cava-Kompressionssyndrom

- *Ursache:* Der vergrößerte Uterus komprimiert in Rückenlage die Vena cava inferior. Es tritt eine Abflußbehinderung der distal gelegenen Gefäßgebiete mit Minderung des venösen Rückflusses zum Herzen auf. Folge ist eine arterielle Hypotonie mit entsprechender Symptomatik für die Mutter, durch Minderperfusion der Plazenta besteht auch eine mangelhafte Sauerstoffversorgung des Feten.
- *Symptomatik:* Schwindel bei Rückenlage.
- *Therapie:* (Links-)Seitenlagerung; Sofortige Besserung der Beschwerden.

Frühgestosen

Hyperemesis gravidarum

- *Symptomatik:* häufiges (5–10 x tägl.), unstillbares Erbrechen, unabhängig von der Nahrungsaufnahme, im ersten Schwangerschaftsdrittel, meist in der 6.–8. SSW einsetzend; brennender Durst durch Wasserverlust, Exsikkose, Gewichtsverlust, übelriechender Atem (Acetongeruch), Temperaturanstieg (Durstfieber), Verschlechterung des Allgemeinbefindens; evtl. Ikterus und ZNS-Symptomatik (Somnolenz, Delirium).
- *DD:* Hepatitis, Gastroenteritis. Abgrenzung durch Anamnese (Umgebungserkrankungen?) und Labor (Transaminasen ↑ bei Hepatitis), bei Frühgestose evtl. Ketonkörper im Urin positiv (Stix).
- *Therapie:* Stationäre Aufnahme, Nahrungskarenz, parenterale Ernährung mit Substitution von Elektrolyten und Vitaminen. Dies sollte zur erforderlichen Überwachung der Schwangerschaft auf einer geburtshilflich/gynäkologischen Station erfolgen.

  Das „leichte" morgendliche Erbrechen in der Frühschwangerschaft bedarf in der Regel keiner besonderen Therapie.

Spätgestosen (meist im letzten Trimenon)

EPH-Gestose

Neben der Blutung häufigste Schwangerschaftskomplikation (4–5 % der Schwangeren).

Symptomatik

- E = Ödeme (edema). Nur generalisierte Ödembildung ist als Risikohinweis zu werten. Periphere Ödeme, insbesondere an den unteren Extremitäten, haben keine Bedeutung als Risikofaktor. Entsprechend der Flüssigkeitseinlagerung kommt es zu einer rapiden Gewichtszunahme von mehr als 500 g/Wo.
- P = Proteinurie: 0,3 (0,5) g/l im 24-h-Urin
- H = Hypertonie: RR-Anstieg 140/90 mmHg, bzw. diastolischer Druck > 90 mmHg als *Leitsymptom.*

Cave: Übergang in eine *drohende Eklampsie* bei Hinzutreten von ZNS-Symptomen (Kopfschmerzen, Ohrensausen, Augenflimmern, Sehstörungen, Somnolenz, Übelkeit, Erbrechen). Vorsymptome der Eklampsie.

Eklampsie

Tonisch-klonische Krämpfe, Zyanose, Bewußtlosigkeit, Zungenbiß und im Anschluß Koma. Diese Situation ist für Mutter und Kind außerordentlich gefährlich und mit einer hohen Mortalität belastet!

Vorgehen

- Stationäre Aufnahme zur engmaschigen Überwachung und Therapie von Mutter und Kind auf einer Geburtshilflich/Gynäkologischen Station.
- Notfalls bei sehr hohem RR oder hypertensiver Krise:
  - Dihydralazin (z.B. Nepresol®), Dosierung: oral 50–75 mg tägl. (2–3 Tbl.), alternativ: 2 Amp. Nepresol® à 25 mg in 500 ml NaCl i.v., Infusionsgeschwindigkeit anfangs 20 ml/h, weitere Dosierung nach Blutdruckverhalten: die RR-Senkung darf nicht mehr als 20 % in einer Stunde betragen und nicht unter 140/90 mmHg. Alternativ zur Infusion können Einzeldosen von 1,25 bis höchstens 2,5 mg i.v. langsam unter ständiger Blutdruckkontrolle injiziert werden.
  - Alternativ: Diazoxid (z.B. Hypertonalum®) als stärkste antihypertensive Substanz, Dosierung bei hypertensiver Krise (diastolischer RR über 150 mmHg): 150 mg (1/2 Amp.) Hypertonalum® innerhalb von 15 sec. i.v., alle 2 Minuten RR messen: bei unzureichender Wirkung Wiederholung nach 15 Min.

Bei (drohender) Eklampsie

- Magnesiumascorbat (z.B. Magnorbin®) initial langsam 2–4 g i.v.(2–4 Amp. à 5 ml 20%ig), anschließend Dauerinfusion mit 1 g Magnesiumascorbat/h (20 Amp. Magnorbin® 20%ig in 500 ml Basislösung, 20 ml/h). Dosierung nach Auslösbarkeit des Patellarsehnenreflexes: bei aufgehobenem PSR Dosis verringern. *NW:* Somnolenz bis Atemstillstand! Deshalb Kontrolle der Atemzugfrequenz (≥ 14/Min.).
- Diazepam (z.B. Valium®) 30(–40) mg *sehr langsam* i.v. (3–4 Amp. à 10 mg), weitere Injektionen nach 3–4 h von 20(–40) mg entsprechend der Wirkung bis max. 120 mg tägl.
- So schnell wie möglich NAW-Transport in die nächste geburtshilfliche Klinik!

Hypertonie

Oft das erste Symptom oder das Leitsymptom der *EPH-Gestose* (s.o).; tritt auch alleine (ohne Proteinurie und Ödeme) als SIHT (SchwangerschaftsInduzierte Hypertonie), synonym PIH (pregnancy induced hypertension) auf. Bei etwa 4–5 % aller Schwangeren ist der Blutdruck erhöht, wobei diastolische RR-Werte über 90 (85) mmHg als pathologisch gelten.

Therapie: Sollte grundsätzlich von Gynäkologen/-in durchgeführt werden. Notfallbehandlung s.o. In leichteren Fällen:

- α-Methyl-Dopa (z.B. Presinol®) 0,5–1 g tägl. (2–4 Tbl. à 250 mg). Langsamer Wirkungseintritt. *NW:* Bei mehr als 2 g tägl. Gefahr des Mekoniumileus, fetale Lethargie
- β-Blocker Metoprolol (z.B. Beloc®) max. 200 mg tägl. (2 x 1 Tbl. à 100 mg oder 2–4 Tbl. à 50 mg). Langsamer Wirkungseintritt. *NW:* Bradykardien.

HELLP-Syndrom

Sonderform der EPH-Gestose mit Hämolyse (H), erhöhten Leberenzymen (EL) und niedrigen Thrombozytenzahlen (LP). Häufigkeit: ein Krankheitsfall auf 150–300 Geburten.

- *Klinik:* Schmerzen im rechten Oberbauch bzw. Epigastrium (*Leitsymptom*). Meistens Übelkeit und Erbrechen, teilweise (milde) Hypertonie.
- *DD:* Akute Hepatitis, Cholezystolithiasis, Medikamentenintoxikation, idiopathisch-thrombozytopenische Purpura. Die Anamnese (Umgebungserkrankung bei Hepatitis, Gallensteine bekannt? Medikamentenanamnese?) kann Hinweise geben, Sicherheit nur durch Laboruntersuchungen (GOT, GPT, γ-GT, BB mit Thrombos).
- *Therapie:* Bei V.a. HELLP-Syndrom ist eine unverzügliche stationäre geburtshilfliche Aufnahme erforderlich wegen möglicher schwerer Komplikationen (intraabdominelle Blutung, Eklampsie). Meist wird eine rasche Schwangerschaftsbeendigung angestrebt, da die kindliche Mortalität 10 % und die mütterliche Mortalität ca. 3,5 % beträgt.

Nierenerkrankungen

Die schwangerschaftsbedingte Weitstellung der Harnleiter, Nierenkelche und des Nierenbeckens mit Harnaufstau und Reflux begünstigen aufsteigende Harnwegsinfektionen (Bakteriurie mit Keimzahlen > 10 000/ml Harn bei 5–10 % aller Schwangeren) und die Ausbildung ein- oder beidseitiger *Stauungsnieren*. Weiterer prädisponierender Faktor ist eine mögliche Abknickung der Ureteren durch den wachsenden Uterus.

Stauungsniere

- *Klinik:* Flankenschmerz, klopfschmerzhaftes Nierenlager (meist rechts), Verminderung der Urinausscheidung und verstärkte Flüssigkeitseinlagerung. Gefahr der Keimaszension und Ausbildung einer *Pyelonephritis*.
- *Diagnostik:* Sono, Urinsediment (begleitender Harnwegsinfekt?), evtl. Urinkultur.
- *Therapie:* Bei leichter Symptomatik Bettruhe, evtl. Analgetika (☞ 15.2.8) und/oder Spasmolytika (z.B. Buscopan®). Am nächsten Tag Vorstellung bei Gynäkologe/-in. Ausgeprägtere Symptomatik: Verlegung in gynäkologisch/geburtshilfliche Abteilung, je nach Befinden der Patientin und Art des Hauses noch in der Nacht oder am nächsten Tag.

Pyelonephritis

Häufigkeit der Pyelonephritis gravidarum: 2 % aller Graviditäten. Potentiell gefährliche Erkrankung, da sich jederzeit eine Pyonephrose oder (sehr selten) eine Urosepsis entwickeln kann!

- *Klinik:* Fieber > 38 °C, Flankenschmerz mit klopfschmerzhaftem Nierenlager, meistens rechts. Pollakisurie und Dysurie können fehlen
- *Diagnostik:* Urinsediment, *vor* Beginn einer Antibiose Urinkultur mit Antibiogramm, Labor (BB, CRP, Krea), Sono (Stauungsniere?)
- *Therapie:* Stationäre Aufnahme, wenn möglich gynäkologisch/geburtshilfliche Abteilung
  - Bettruhe, 4 x tägl. Fiebermessen
  - Ein- und Ausfuhrkontrolle, Ausfuhr > 1500 ml tägl.
  - Beginn der Antibiose mit Amoxicillin (z.B. Clamoxyl®) 3 x 2 g i.v. tägl., Cephalosporin (z.B. Claforan®) 2 x 2 g i.v., weiter nach Antibiogramm.

15.2.8 Medikamente in Schwangerschaft und Stillzeit

- Strenge Indikationsstellung: Wenn sie notwendig sind, sowenig wie möglich und nur ausgewählte Medikamente verordnen (Positivliste ☞ 22.4). Rücksprache mit Gynäkologe/-in
- Fast alle Substanzen passieren die Plazenta bzw. gehen in die Muttermilch
- Eine Reihe von Substanzen sind embryo- oder fetotoxisch
- Äußere Anwendungen (Salben, Hitze-/Kälteapplikationen) bevorzugen
- Entspannungsverfahren (z.B. Yoga) und Ruhe (körperliche Schonung) empfehlen.

Ausgewählte Medikamente für häufige Indikationsgebiete

Analgetika, Antipyretika, Antirheumatika/Antiphlogistika

- Paracetamol ist in der Schwangerschaft Mittel der Wahl. *Dosierung:* oral 0,5 g alle 4 h, max. 3 g tägl.
- Acetylsalicylsäure ist Mittel der 2. Wahl als Analgetikum (Hemmung der Prostaglandinsynthese). *Dosierung:* Analgesie: oral 250–750 mg p.o. alle 4 h. Hohe Dosen können zu einem Verschluß des Ductus arteriosus botalli führen
- Keine Kombinationspräparate verordnen.

Antiallergika, Antihistaminika

Bevorzugt werden H1–Antihistaminika mit geringer sedativer Wirkung:
- Clemastin (z.B. Tavegil®) 1 mg tägl.
- Chlorphenoxamin (z.B. Systral®) 25–100 mg tägl.

Antibiotika

- Sämtliche Penicillin-Derivate können unbedenklich eingesetzt werden und sind Antibiotikum der Wahl in der Schwangerschaft. Auswahl und Dosierung richtet sich nach dem Erregerspektrum bzw. der Krankheit, im Zweifelsfall niedrigere Dosierung wählen.
- Cephalosporine sind ebenfalls unbedenklich einzusetzen, Cephalosporine der III. Generation (Cefotaxim, Ceftriaxon, Ceftazidim. Latamoxef, Cefsoludin usw.) sollten wegen mangelnder Erfahrung in der Schwangerschaft zurückhaltend eingesetzt werden. Bei Schwangeren wird eine höhere Dosierung empfohlen, z.B. Cefaclor® oral 2 g tägl..
- Erythromycin (Makrolidantibiotikum) kann bei Infektionen mit gram-positiven Keimen und Chlamydien eingesetzt werden. Dosierung: oral 250–500 mg alle 6 Stunden.
- *Kontraindiziert* sind Tetrazykline, Aminoglykosidantibiotika, Chloramphenicol, Sulfonamide und Trimethoprim.

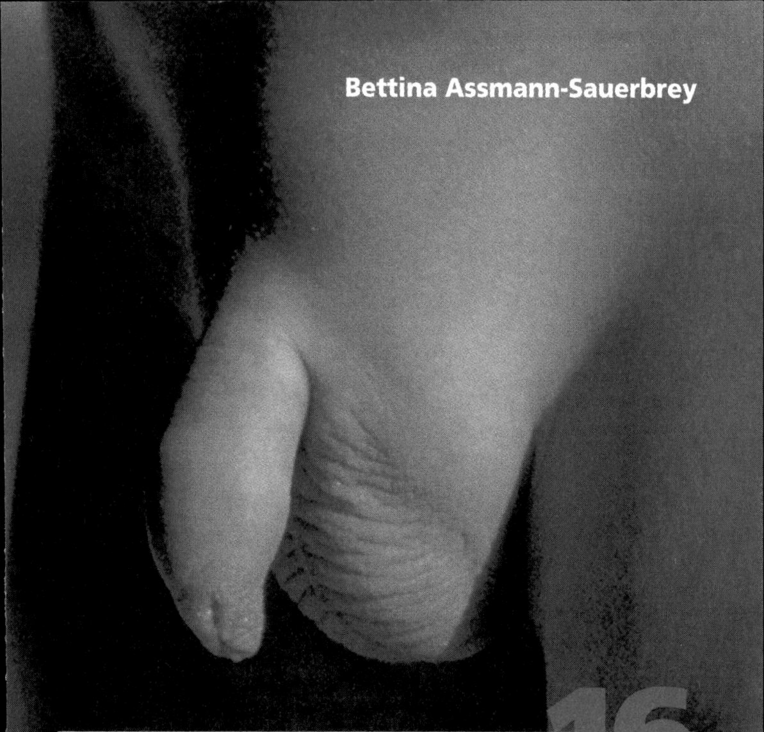

Bettina Assmann-Sauerbrey

Urologische Notfälle 16

16.1 Akuter Harnverhalt

Der akute Harnverhalt fällt meist durch die Leitsymptome Unterbauchschmerzen und Unruhe auf. Fast immer ist die Blase als ein großer, prall elastischer Unterbauchtumor tastbar. Bei älteren Patienten muß man bei zunehmender Verwirrtheit auch an einen akuten Harnverhalt denken. Die häufigsten Ursachen sind das Prostataadenom (z.B. nach Trinkexzessen) und der postoperative Harnverhalt nach Spinalanästhesie.

16.1.1 Differentialdiagnostische Überlegungen

- *Prostataadenom:* häufigste Ursache. Anamnese: Nykturie, Pollakisurie, Harnnachträufeln, Harnstrahlabschwächung. Vergrößerte Prostata rektal tastbar
- *Prostatakarzinom:* höckrige, harte Prostata (Verhärtung meist in den lateralen Anteilen tastbar)
- *Postoperative Harnverhaltung* nach Spinalanästhesie
- *Prostatitis*: Algurie, Fieber, durckschmerzhafte Prostata, schmerzhafte Defäkation
- *Veränderungen des Blasenausganges oder der Harnröhre*: Bei Blasenhalssklerose, Harnröhrenstriktur, Tumoren, Harnröhrenklappen
- *Phimose* (nur bei Kindern)
- *Traumatischer Harnröhrenabriß*: Blutung aus der Harnröhre, rektal evtl. schmerzhafte Fluktuation tastbar
- *Medikamenten-NW*: Neuroleptika, Analgetika, Spasmolytika, β- Blocker
- *Neurogene Ursache*: Diskusprolaps (L1–L5), Conus-Cauda-Syndrom, Polyradikulitis, Tumor
- *Neurogene Blasenentleerungsstörung* durch Detrusorschwäche
- *Blasentamponade* durch Blutung in die Blase nach TUR oder bei Blasentumor
- *Blasenfremdkörper oder Blasensteine*: plötzlicher Harnstrahlabbruch, starke Tenesmen mit Ausstrahlung in die Penisspitze.

16.1.2 Pieps – erste Orientierung

Fragen an das Pflegepersonal

- Vitalzeichen (Puls, Blutdruck, Atmung)?
- Unruhe
- Blutung aus der Harnröhre?
- Aktuelle OP.

Erste Anweisungen an das Pflegepersonal

Katheterset, bei Blutungen i.v.-Zugang vorbereiten lassen.

Dringlichkeit

Besonders dringlich sind: Unruhe und starke Schmerzen des Patienten sowie Blutungen aus der Harnröhre.

16.1.3 Diagnostisches Vorgehen

Anamnese

- Vorausgegangener Flüssigkeitsexzeß
- Unterbauchschmerzen, quälender Harndrang, Harnträufeln (Überlaufblase)
- Fieber (z.B. Prostatitis)?
- Prostataerkrankungen, Veränderungen der Miktion
- Frühere Katheterisierungen (z.B. Harnröhrenstrikturen)?
- Operationen (z.B. Harnverhalt nach Spinalanästhesie, urologische OPs)?
- Neurologische Erkrankungen z.B. Bandscheibenvorfall, Polyradikulitis: (z.B. aufsteigende Lähmungserscheinungen)?
- Medikamente? Auch die Krankenakte nach Medikamenten durchforsten (Antidepressiva, Antikoagulantien, Neuroleptika, Analgetika, Spasmolytika)
- Trauma (z.B. Harnröhrenabriß)?

Körperliche Untersuchung

- Äußerer Aspekt: Pat. ist unruhig, kaltschweißig und blaß
- Blasenhochstand (Palpation, Perkussion)
- Rektale Untersuchung (Prostataveränderungen: Vergrößerung, Knoten, Druckdolenz, Fluktuationen)
- Inspektion der Genitalien (Phimose, Verletzung, Entzündung)
- Abdomen (kindskopf-großer Unterbauchtumor, prallelastisch)
- Neurologische Untersuchung: Reflexe, Sensibilität (Diskusprolaps, Conus-Cauda-Syndrom, Polyradikulitis).

Weitere Diagnostik

- *Sonographischer* Nachweis der gefüllten Harnblase (Volumenbestimmung, Prostataadenom, Blasentumor, Blasentamponade, Stein, Fremdkörper, Kompression von außen)
- *Labor* ist sekundär: bei V.a. Blasentamponade BB, Hkt., Quick, PTT; bei V.a. Prostatitis BB, BSG.

16.1.4 Therapeutisches Vorgehen

Entleerung der Harnblase entweder über eine *suprapubische Ableitung* oder über einen *transurethralen Katheter.*

Suprapubische Harnableitung (Durchführung ☞ 2.10)

- *Ind.:* manifeste Harnröhrenstriktur, akute Prostatitis oder Urethritis, ausgeprägte Phimose, Verletzungen der Harnröhre, ausgeprägtes Mittellappenadenom der Prostata (sog. hohe Barre), neurogene Blasenentleerungsstörungen
- *Vorteile*: geringere Infektionsgefahr, Vermeidung von Harnröhrenstrikturen durch den transurethralen Katheterismus
- *Kompl.*: Blutung, Verletzung von Darm und Gefäßen
- *KI*: V.a. Blasentumor, Gerinnungsstörungen, Antikoagulantien, Voroperationen im unteren Abdominalbereich, große Inguinalhernien.

Transurethraler Katheter (Durchführung ☞ 2.10)

- Harnröhrenkatheterismus mit 16-Charr. Tiemann-Dauerkatheter
- Bei Urinmengen > 600 ml fraktioniertes Ablassen (in 300 ml-Portionen) des Urins zur Vermeidung einer Blutung e vacuo. Dauerkatheter wird belassen

- Bei mißlungenem Katheterisierungsversuch Anlage eines suprapubischen Katheters
- *Vorteile* der transurethralen Katheterisierung: einfache Handhabung, geringes Blutungsrisiko
- *Komplikationen*: Via falsa, Infektionen, Harnröhrenstrikturen
- *KI*: akute Prostatitis, Harnröhrenveränderungen oder -verletzungen.

Therapie des postoperativen Harnverhaltes

Hat der Pat. 6 h nach einer OP bei gefüllter Harnblase kein Wasser gelassen, i.m.-Inj. von 1/2–1 Amp. Carbachol (z.B. Doryl®). Bei Mißerfolg: Einmalkatheterismus mit einem 14-Charr. Katheter.

Aufnahme ambulanter Patienten

Grundsätzlich stationäre Aufnahme in eine urologische Abteilung zur weiteren Abklärung der Ursache und anschließenden Therapie.

Fußangeln und Fingerzeige

- Im Dienst in der Regel sofortige Entlastung des Harnverhaltes
- Bei V.a. traumatischen Harnröhrenabriß ist eine Katheterisierung durch die Harnröhre ohne vorherige Diagnostik kontraindiziert.

16.2 Hämaturie

Blut ist im Urin bereits sichtbar, wenn sich 1 ml Blut in 1 l Urin befindet (Makrohämaturie). Eine Mikrohämaturie läßt sich nur mikroskopisch (> 4 Erys/Gesichtsfeld) oder im Teststreifen nachweisen. Die Mikrohämaturie ist nachts von untergeordneter Bedeutung, weshalb im folgenden nur die Makrohämaturie berücksichtigt wird.

16.2.1 Differentialdiagnostische Überlegungen

Häufige Ursache der schmerzhaften Hämaturie

Nephrolithiasis, Ureterstein: Koliken mit Ausstrahlung in Leisten- und Genitalregion ☞ 9.3.

Häufige Ursachen der schmerzlosen Hämaturie

- *Tumoren in Nierenbecken, Ureter und Blase*: Abgang von Koageln möglich
- *Pyelonephritis und Ureteritis*: dumpfer Flankenschmerz mit Fieber, Leukozyturie und Bakteriurie ☞ 9.2.2
- *Interstitielle Nephritis, Papillennekrose*: sterile Leukozyturie, Proteinurie, Anämie (Schmerzmittelabusus, Schock)
- *Infektionskrankheiten*: Endocarditis lenta, Scharlach, Diphtherie, M. Bang, Bilharziose
- *Medikamentös* induziert: z.B. Cyclophosphamid, Antikoagulantien
- *Blutkrankheiten*: Leukämie, Sichelzellanämie, Polyzythämie, M.Hodgkin.

- *Hämorrhagische Diathese*: Thrombopenie, Purpura Schönlein-Henoch, Hämophilie
- *Verletzungen* z.B. durch Ziehen eines geblockten Katheters, Harnröhrenabriß, Blasenruptur, Nierentraumen.

Seltenere Ursachen

- *Alport-Syndrom*: Familiäre idiopathische Hämaturie mit Schwerhörigkeit
- *Nephrotoxikose*: Quecksilber, Lösungsmittel, Phosphor, Alkohol, Insektizide
- *Nierentrauma*
- *Nieren-Tbc*: sterile Leukozyturie
- *Marschhämaturie*: bei körperlicher Belastung.

16.2.2 Pieps – Erste Orientierung

Fragen an das Pflegepersonal

- Vitalzeichen (Puls, Blutdruck, Atmung)
- Abschätzen der Stärke der Blutung
- Fieber?
- Schmerzen?
- Frisch operierter Patient?
- Medikamenteneinnahme?

Erste Anweisungen an das Pflegepersonal

- Kreislaufüberwachung
- I.v.-Zugang (großlumig, mindestens grün) richten lassen.

Dringlichkeit

- Bei starken Blutungen unter Marcumar®, postoperativen Blutungen, sowie bei allen Traumen des Urogenital-Traktes
- Die meisten anderen Blutungen sind weniger bedrohlich und bedürfen einer weiteren Diagnostik am nächsten Tag.

16.2.3 Diagnostisches Vorgehen

Anamnese

- Trauma (Nierenruptur, Blasenverletzung, Katheterismus)?
- Aktuelle OP (z.B. TUR-Prostata, TUR-Blase)?
- Schmerzen beim Wasserlassen oder in der Nierengegend (Entzündungen)?
- Infektionen in der Vergangenheit (Tage, Wochen: Glomerulonephritis)?
- Medikamente (z.B. Marcumar®, Cyclophosphamid), berufliche Exposition gegenüber Giften (toxische Schäden)?
- Gewichtsverlust, Inappetenz (Tumor)
- Herz-Kreislauferkrankungen (Niereninfarkt, Nephrosklerose)
- Bekannte Blutkrankheiten oder Gerinnungsstörungen
- Familienanamnese (Zystennieren, Alport-Syndrom).

Körperliche Untersuchung

- Prellmarken
- Nierenlager dolent?
- Blasenhochstand? Schmerzen im Unterbauch?

- Orientierende körperliche Untersuchung
- Krankengeschichte: Medikamente, Vorerkrankungen, aktuelles Labor mit Gerinnungsstatus, BB, BSG, falls vorhanden: Krea.

Weiterführende Diagnostik

- *Labor bei Makrohämaturie:* BB, HB, Gerinnung, Krea, E'lyte, 3-Gläser-Probe
- *Sono:* bei V.a. Nierenverletzungen, Nephrolithiasis, Pyelonephritis
- *CT* bei V.a. Nierentrauma
- *I.v.- Urogramm:* Traumen (bei V.a. Urolithiasis, Pyelonephritis, Rö-Untersuchung für den nächsten Tag anmelden).

16.2.4 Therapeutisches Vorgehen

Bei jeder größeren Blutung i.v.-Zugang (mindestens eine grüne Verweilkanüle) zur Volumentherapie und für eine evtl. erforderliche intravenöse Analgesie.

- Hämaturie durch Medikamente (wenn möglich absetzen)
- Gerinnungsstörungen korrigieren ☞ 11.1
- Pyelonephritis, hämorrhagische Zystitis ☞ 9.2
- Nierenkolik ☞ 9.3.

Blasentamponade

Mit Blutkoageln prallgefüllte Harnblase (z.B. post-OP-Blutung, Tumorblutung, Verletzungen u.a.).

- *Klinik*: Makrohämaturie, ständiger Harndrang, Abgang von Blutkoageln, Pat. ist unruhig, starke Schmerzen im Unterbauch
- *Anamnese*: bekannter Blasentumor, Prostatakarzinom, Prostataadenom, Verletzungen, Operationen, Gerinnungsstörungen
- *Palpation*: prall gefüllte Harnblase, druckschmerzhaftes Abdomen
- *Labor*: Hb, Hkt., Quick, PTT.

Therapie

Kreislaufüberwachung, i.v.-Zugang und Bereitstellung von mindestens 2 Blutkonserven. Verlegung in fachärztliche Betreuung zur Notfallzystoskopie. Einlage eines 24 Charr. Hämaturie Dauerkatheters und Dauerspülung. BB-Kontrolle.

Niereninfarkt

- *Klinik*: heftigste Nieren- und Flankenschmerzen, Hämaturie/Proteinurie (fakultativ), Hypertonie
- *Anamnese*: bekannte Herz-Kreislauferkrankung (z.B. Vorhofflimmern, art. Hypertonie, pAVK)
- *Orientierende körperliche Untersuchung* mit besonderem Augenmerk auf Herz und Gefäße
- *Diagnostik* zügig durchführen (Notfall!): Im *Labor* besonders LDH massiv erhöht. *Nierensonographie* mit Dopplersonographie. Bei dringendem klinischen Verdacht: *Angiographie*.

Therapie

- Rücksprache mit Hintergrund. In der Regel ist eine operative Ther. unumgänglich
- Schocktherapie ☞ 3.2
- Antikoagulation: bei geplanter Operation nur Low-dose-Heparin, bei Verzicht auf eine OP systemische Lysetherapie ☞ 22.2.

Nierenverletzungen

- *Klinik*: unterschiedlich je nach Verletzungsart von relativ asymptomatischen Formen bis zum schweren Schock.
- *Anamnese*: Trauma, zunehmende Flanken- und Abdominalschmerzen? Hämaturie (80 % der Fälle)? Hartspann der betroffenen Flanke?
- *Untersuchungsbefund*: Prellmarken in den Flanken, dolentes Nierenlager, Zunahme des Bauchumfanges, beginnender Ileus? Rektale Untersuchung, Douglastumor, Schockzeichen?
- *Labor*: BB, HKT, Makrohämaturie, Mikrohämaturie?
- *Sono*: Hämatom intra- oder extrarenal, retroperitoneal?
- Je nach Möglichkeit nachts CT oder Infusionsurogramm (Kontrastmittelaustritt, Begleitverletzungen).

Therapie

- Konservativ nur bei Nierenkontusionen und subkapsulärem Nierenhämatom. Bettruhe, Schockbekämpfung (☞ 3.2), evtl. Antibiose (z.B. Ampicillin 3 x 750 mg p.o. tägl.)
- Operativ: offene Nierenverletzungen, persistierende schwere Makrohämaturie, konservativ nicht beherrschbarer Schock, Kombinationsverletzungen, sonographisch zunehmendes Hämatom, radiologisch nachweisbares Extravasat, Gefäßverletzung
- Hintergrund zur Entscheidungshilfe hinzuziehen, fachurologisches Konsil oder Verlegung in urologische Fachabteilung.

Aufnahme ambulanter Patienten

Jede unklare Hämaturie muß stationär abgeklärt werden. Ein Patient mit Mikrohämaturie bei unkompliziertem Harnwegsinfekt kann ambulant bleiben.

Fußangeln und Fingerzeige

- Grundsätzlich bei Hämaturie Spülkatheter mit Spüllösung einlegen
- Trauma, Stein und Blasentamponade müssen noch in der Nacht therapiert werden, alle anderen Diagnosen haben Zeit bis zum nächsten Tag
- Der Urin kann durch verschiedene Stoffe rot gefärbt sein: Blut, Hämoglobin, Myoglobin, Medikamente (Sulfonamide, Rifampicin), Nahrungsmittel (Rote Beete), Porphyrine. Bei Frauen immer an eine Verunreinigung des Urins durch gynäkologische Blutungen denken.

16.3 Akutes Skrotum

Akute schmerzhafte Schwellung des Skrotums. Es handelt sich meist um eine Notfallsituation, die der stationären Aufnahme und sofortigen Therapie bedarf.

16.3.1 Differentialdiagnostische Überlegungen

Häufige Ursachen der schmerzhaften Hodenschwellung

- *Entzündung:* Epididymitis (hohes Fieber, subakuter bis akuter Beginn, Schmerzverminderung bei Anheben des Skrotums = pos. Prehnsches Zeichen, Dysurie), Orchitis (starke Schmerzen, Fieber, zunehmende Schwellung des Hodens und Rötung des Skrotums, meist keine Dysurie)
- *Hodentorsion, Hydatidentorsion*: akuter Beginn mit Übelkeit und starken Schmerzen, meist bei Neugeborenen und Kindern im 10.–14. Lebensjahr. Prehnsches Zeichen oft negativ. *Notfall!* Gefahr der irreversiblen Schädigung der Spermatogenese und Hodenatrophie
- *Hodentumor:* Schwellung, gelegentlich Schmerz
- *Inkarzerierte Skrotalhernie*: starke Schmerzen, Symptome des akuten Abdomens, evtl. Plätscherperistaltik über dem Skrotum auskultierbar
- *Hämatozele*
- *Traumatische Hodenruptur.*

Seltene Ursachen der schmerzhaften Hodenschwellung

- *Fourniersche Gangrän:* rasch progrediente Gangrän von Penis und Skrotum, meist infolge urologischer oder kolorektaler Erkrangungen oder Eingriffe
- *Purpura Schönlein-Henoch*
- *Skrotale Fettnekrose.*

Nicht akut schmerzhafte Hodenschwellung:

Hodentumor, Varikozele, Hydrozele, Skrotalhernie, Nebenhodentumor, Spermatozele, Nebenhodentuberkulose.

16.3.2 Pieps – erste Orientierung

Fragen an das Pflegepersonal

- Bestehen starke Schmerzen?
- Fieber?
- Alter des Pat. (z.B. Neugeborene, Jugendliche/Pubertät: V.a. Hodentorsion)
- Trauma, Z.n. Skrotaloperation (Varikozele, Herniotomie, Hydrozele).

Erste Anweisungen an das Pflegepersonal: I.v.-Zugang vorbereiten.

Dringlichkeit

Besonders dringlich: Pat. klagt über stärkste Schmerzen; Vitalfunktionen gestört (z.B. Hodentorsion, inkarzerierte Skrotalhernie, traumatische Hodenruptur).

16.3.3 Diagnostisches Vorgehen

Anamnese

- Brennen beim Wasserlassen, Ausfluß, bekannte Prostatitis, Geschlechtskrankheiten
- Parotitis kurze Zeit zuvor (Mumpsorchitis)
- anamnestisch Tbc (Genital-Tbc)
- Leistungsknick, Inappetenz, Gewichtsabnahme, Rückenschmerzen (metastasierender Hodentumor)
- Plötzlicher Beginn (Hodentorsion)
- Trauma.

Körperliche Untersuchung

- *Palpation:* Abgrenzung von Hoden und Nebenhoden. Normalerweise ist der Hoden etwa 4,5–5 cm groß und durch einen Sulcus vom Nebenhoden getrennt. Bei Torsion schmerzhafter Hochstand und evtl. ventral liegender Nebenhoden. Untersuchung im Liegen und im Stehen (Varikozele füllt sich erst im Stehen, Leistenhernie oder Skrotalhernie sind oft erst im Stehen tastbar).
- *Auskultation:* bei Skrotalhernie Peristaltik über dem Skrotum hörbar.
- *Diaphanoskopie:* positiv (rötliche Transparenz beim Aufsetzen einer Lichtquelle auf den Hoden) bei Hydrozele und Spermatozele, negativ bei soliden Prozessen.

Weiterführende Diagnostik

- *Labor:* Leukozytose bei Infekten. Bei Hodentorsion tritt eine Leukozytose erst nach Std. auf. Urin: Leukozyturie bei Genital-Tbc, zusätzlich Bakteriurie bei Epididymitis. Bei V.a. Entzündung Harnröhrenabstriche und Urinkultur zur Erreger- und Resistenzbestimmung
- *Sonographie* zur schnellen Orientierung
- *Dopplersonographie:* Fehlender Nachweis der A. testicularis am oberen Hodenpol und intratestikulär, als Nachweis einer Hodentorsion.

16.3.4 Therapeutisches Vorgehen

Bei akutem Skrotum i.v.-Zugang legen, Antiphlogistika. Pat. wenn möglich sofort in eine urologische Fachabteilung verlegen.

Hodentorsion

Absolute *Notfallsituation.* Die Hodentorsion muß innerhalb der ersten 4–6 h operativ beseitigt werden, da es sonst zu irreversiblen Schäden der Spermatogenese und zur Hodenatrophie kommt. Die manuelle und ggf. operative Detorquierung gehört in die Hand eines erfahrenen Urologen.

Inkarzerierte Skrotalhernie: Sofort operative Freilegung und Herniotomie.

Orchitis: Vor Antibiose Urin- und ggf. Blutkultur abnehmen.

- Antibiose (zunächst blind) mit z.B. Sulbactam-Penizillin (z.B. Unacid®) 3 x 1,5 g p.o. oder Gyrasehemmer (z.B. Ciprobay®) 2 x 250 mg p.o.
- Antiphlogistika (z.B. Voltaren®) 2–3 x 1 Drg.
- Analgetika, z.B. Tramadol (Tramal®) 100 mg = 1 Amp. i.v.

- Physikalische Begleittherapie: Hochlagerung mit Hodenbänkchen, Kühlung mit Eisbeuteln
- Bettruhe, Low-dose-Heparinisierung
- *Mumpsorchitis*: Interferon (z.B. Intron A®) 3 x 1 Mio IE über 7 Tage.

Epididymitis: meist gleichzeitig Harnwegsinfekt oder Prostatitis.

- Antibiose mit Breitspektrumantibiotikum: z.B. Gyrasehemmer (z.B. Tarivid®) 2 x 200 mg i.v. für 10 Tage oder 3 x 2 g Mezlozillin (z.B. Baypen®) i.v. in Kombination mit einem Aminoglykosid (z.B. Refobacin® 2–4 x 80 mg i.v. als Kurzinfusion)
- Antiphlogistische Ther. mit Diclofenac (Voltaren®) 3 x 1 Drag.
- Bettruhe, Kühlung mit Eisbeuteln, Hochlagern mit Hodenbänkchen.

Aufnahme ambulanter Patienten

Alle Patienten mit akutem Skrotum müssen stationär aufgenommen werden.

Fußangeln und Fingerzeige

Lieber eine Epididymitis zuviel operativ freigelegt, als eine Hodentorsion übersehen.

16.4 Priapismus

Schmerzhafte Dauererektion der Corpora cavernosa ohne sexuelle Stimulation. Häufig starke Schmerzen. Die Miktion ist ungestört. Nach einigen Stunden livide Verfärbung der Glans penis, gelegentlich kann der gesamte Penis verfärbt sein.

16.4.1 Differentialdiagnostische Überlegungen

Primärer idiopathischer Priapismus

Unklare Ursache, selten durch verlängerte sexuelle Stimulation.

Sekundärer Priapismus

- Abusus oder Überdosierung vasoaktiver Substanzen bei Schwellkörperautoinjektionsther. (SKAT) zur Behandlung der Impotenz
- Alkohol- und Marihuanaabusus
- Tiefe Beckenvenenthrombose ☞ 6.7
- Bluterkrankungen: z.B. Leukämie, Polyzythämie ☞ 11.1
- Medikamente: Chlorpromazin, Kortison
- Verletzungen: Trauma des Penis, Verletzung des Rückenmarks
- Lokale Entzündungen: Penisphlegmone, Cavernitis (spezifisch, unspezifisch)
- Sepsis, Urämie
- Peniskarzinom, Penismetastasen

- Tumoren im kleinen Becken: Prostata-, Rektumkarzinom
- Erkrankungen des ZNS: MS, apoplektischer Insult, Hirntumoren, tuberöse Sklerose
- Stoffwechselerkrankungen: Diabetes mellitus, Gicht.

16.4.2 Pieps – Erste Orientierung

Erste Anweisungen an das Pflegepersonal: i.v.-Zugang vorbereiten.

Dringlichkeit: besteht immer, weil es schon nach 48 h zu einer Fibrosierung kommen kann.

16.4.3 Diagnostisches Vorgehen

Anamnese

- Medikamente, Vorerkrankungen, SKAT-Ther., Alkohol- und Drogenabusus
- *Sexualanamnese:* abnorme Sexualpraktiken (z.B. eingeführte Gegenstände in die Harnröhre).

Untersuchung

- *Inspektion, Palpation*: Corpora cavernosa derb und steif, Glans weich und auspressbar. Suche nach Metastasen und regionalen Lymphknoten. Lokale Infektionszeichen (Penisphlegmone, Cavernitis)
- *Neurostatus* (Hinweise auf Hirntumoren, MS).

Weiterführende Diagnostik

- *Labor*: BB, BSG (Infektionen, Bluterkrankungen), BZ (Diabetes mellitus), Krea (Urämie), Gerinnungsstatus (erhöhte Blutungsneigung, evtl. praeop.)
- *Radiologische Untersuchungen*: Bei V.a. entzündliche oder tumoröse Genitalerkrankung i.v. Urogramm planen. Bei V.a. Beckenvenenthrombose: Beckenphlebographie.

16.4.4 Therapeutisches Vorgehen

- Peripherer Zugang mit großlumiger Kanüle. Analgesie mit Tramadol (z.B. Tramal®) 100 mg = 1 Amp. als Mischspritze evtl. mit Metoclopramid (z.B. Paspertin®) 10 mg = 1 Amp. i.v. Bei Bedarf Sedierung mit Diazepam (z.B. Valium®) 10 mg i.v.
- Verlegung in urologische Fachabteilung (grundsätzlich Anlage eines cavernospongiösen Shunts).

Aufnahme ambulanter Patienten: Jeden Pat. mit Priapismus aufnehmen.

Fußangeln und Fingerzeige

Schnellstmögliche Planung und Vorbereitung der Operation, da bereits nach 48 h mit einer Fibrosierung und erektilen Impotenz zu rechnen ist.

16.5 Paraphimose

Durch zurückgestreifte, relativ zu enge Vorhaut kommt es zur Drosselung der Durchblutung der Penisspitze und ödematöser Schwellung des Präputiums und der Glans. Proximaler Penis unauffällig.

Therapeutisches Vorgehen

- Versuch manueller Reposition. Vor Reposition Peniswurzelblock mit 20 ml Scandicain oder Xylocain 1 %.
- Ödem der Glans penis auspressen indem man die Glans und den Schnürring mit der gesamten Hohlhand komprimiert. Die Vorhaut nach vorne reponieren. *Alternative:* Zeige- und Mittelfinger beider Hände hinter den Präputialring legen. Glans penis mit beiden Händen komprimieren und die Vorhaut überstreifen.

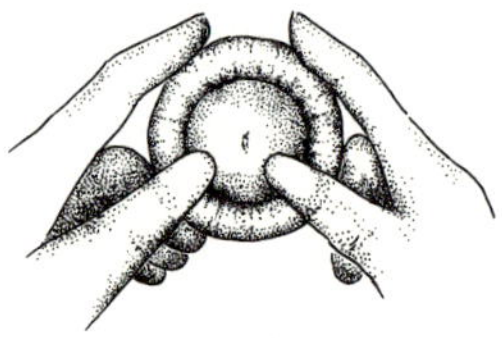

Abb. 16.1.: Manuelle Reposition bei Paraphimose

- Gelingt die Reposition nicht, muß der Pat. in eine urologische Fachabteilung zur operativen Revision verlegt werden.

Fußangeln und Fingerzeige

Wird die Strangulation belassen, kann es zu einer Gangrän der Glans penis und des Präputiums kommen.

Bettina Assmann-Sauerbrey

Orthopädie 17

17.1 Rückenschmerzen/Ischialgie

Rückenschmerzen stellen ein erhebliches differentialdiagnostisches Problem dar. Etwa 160 Krankheiten gehen mit Rückenschmerzen einher. Im Dienst geht es vor allem darum, Krankheiten mit akutem Handlungsbedarf zu identifizieren. Dies sind in erster Linie:

- der akute Bandscheibenprolaps
- das Konus-Kauda-Syndrom
- Erkrankungen innerer Organe mit Ausstrahlung in den Rücken (z.B. Myokardinfarkt, disseziierendes Aortenaneurysma, akute Pankreatitis.

17.1.1 Differentialdiagnostische Überlegungen

Vertebrale Ursachen

Schmerzzunahme bei Bewegung, lokalisierter Druck- und Klopfschmerz, paravertebrale Muskelverspannungen:

- *Degenerative Erkrankungen der Wirbelsäule:* Spondylosis deformans, Osteoporose, M. Scheuermann, Spondylodiszitis
- *Neoplasien:* Knochenmetastasen, Knochentumoren, Tumoren im Wirbelkanal, Plasmozytom
- *Entzündliche Erkrankungen:* Spondylitis bei Tbc, M. Bang
- *Anomalien der Wirbelsäule:* Spondylolisthesis, Skoliose, Spina bifida
- *Knochenstoffwechselstörungen:* M. Paget.

Extravertebrale Erkrankungen

Schmerzen meist permanent und auch in Ruhe vorhanden, nicht bewegungs-/belastungsabhängig. Meist liegen zusätzliche Symptome vor:

- *Gastrointestinale Erkrankungen:* Ösophagitis (retrosternale Schmerzen besonders nachts und Rückenschmerzen im Bereich der BWS); Ulcus duodeni (Schmerzen zwischen Th 5 und Th 10, ☞ 8.1); Pankreatitis (gürtelförmig in den Rücken ausstrahlend, ☞ 8.1.9, rechte Schulter); Pankreaskarzinom (auch im unteren Teil der BWS); Gallenkolik oder Cholezystitis (z.T. Ausstrahlung in den Rücken, manchmal nur Rückenbeschwerden, ☞ 8.1.8); akute und chronische entzündliche Darmerkrankungen (Durchfall und Rückenschmerzen, ☞ 8.4); Rektumkarzinom (Schmerzen im Sakralbereich).
- *Kardiovaskuläre Erkrankungen:* Myokardinfarkt (beim Hinterwandinfarkt Schmerzen im Rücken, thorakales Druckgefühl, ☞ 6.1); thorakales Aortenaneurysma (akute Schmerzen bei Dissektion oder Ruptur im Bereich Th 5 bis Th 7); abdominales Aortenaneurysma (Rückenschmerzen, Blutungsanämie und Schock, Femoralispulse können fehlen).
- *Erkrankungen der Lunge:* Pneumonien (Husten, Fieber, Rückenschmerzen); Pleuritis (atemabhängige Schmerzen); Bronchialkarzinom; Sarkoidose und Löfgren-Syndrom (Husten, Dyspnoe, Arthralgien und Rückenschmerzen).
- *Hämatologische Erkrankungen:* M. Hodgkin, Non-Hodgkin-Lymphome, chronisch lymphatische Leukämie (Rückenschmerzen und Lymphknotenvergrößerungen); Plasmozytom (Osteolyse); bei der chron. myeloischen Leukämie können Rückenschmerzen auf eine Akzeleration der Erkrankung hinwei-

sen; Hämolyse bei Transfusionszwischenfall (Kopfschmerzen, Schüttelfrost, starke Rückenschmerzen); Machiafava-Anämie und paroxysmale nächtliche Hämoglobinurie (kolikartige Schmerzen, Dunkelfärbung des Urins, Rückenschmerzen).

- *Nephrologische Erkrankungen:* Pyelonephritis (Fieber, Schüttelfrost, Rükken- und Flankenschmerzen, ☞ 9.2.2); Abstoßungsreaktion nach Nierentransplantationen (Fieber, Arthralgien und Rückenschmerzen); Nephrolithiasis ☞ 9.3.
- *Endokrinologische und Stoffwechselerkrankungen:* Bei Endokrinopathien Rückenschmerzen meist wegen einer Osteoporose.
- *Immunologische und rheumatologische Erkrankungen:* Praktisch alle rheumatischen Erkrankungen weisen im Verlauf Rückenschmerzen auf. Eine Sakroiliitis ist oft Ursache lumbosakraler Schmerzen.
- *Urologische und gynäkologische Erkrankungen:* Ureterkolik (☞ 9.3); paranephritischer Abszeß (einseitige Schmerzen, Fieber, Leukozytose); Schwangerschaft; Uterusmyome und gynäkologische Tumoren.
- *Neurologische Erkrankungen:* Neuritis, Zoster, Tumoren, Thalamus-Syndrom.
- *Psychosomatische Beschwerden.*

Ischialgien (Schmerzen im Versorgungsgebiet des N. ischiadicus)

- Veränderungen der lumbalen Wirbelsäule durch degenerative Prozesse (z.B. Reizung der Nervenwurzeln durch osteophytäre Anbauten oder Bandscheibenvorfälle)
- Sakroiliitis
- Urologische Erkrankungen (z.B. Pyelonephritis, Ureterkolik)
- Gynäkologische Erkrankungen (z.B. Retroflexio uteri, gyn. Tumoren, Schwangerschaft).

17.1.2 Pieps – Erste Orientierung am Telefon

Fragen an das Pflegepersonal

- Schmerzen bereits seit längerem oder akuter Beginn?
- Fieber, zusätzlich Schmerzen im Bauch- oder Thoraxbereich?
- Lähmungen?
- Vorerkrankungen?

Erste Anweisungen an das Pflegepersonal

Bei bekannten degenerativen Erkrankungen oder Rückenschmerzen bei Schwangeren zunächst Versuch mit Wärmflasche im schmerzhaften Bereich und harter Matratze. Manchmal ist es auch hilfreich, den vom Liegen verspannten Pat. im Rückenbereich einzureiben.

Dringlichkeit

- Besondere Dringlichkeit besteht, wenn die Schmerzen akut einsetzen und zusätzlich Begleitsymptome wie thorakales Engegefühl, Abdominalschmerzen, Lähmungen oder Fieber und Schüttelfrost vorliegen
- Weniger dringlich sind alle Schmerzen ohne Begleitsymptome, die bereits seit längerer Zeit bestehen.

17.1.3 Diagnostisches Vorgehen

Anamnese/Krankenakte

- Beginn der Beschwerden (akut oder schleichend)
- Verlauf der Schmerzen, Intensität, freie Intervalle
- Schmerzlokalisation und -ausstrahlung. Schmerzverstärkung durch Husten, Pressen, Niesen? (V.a. Discusprolaps). Veränderung durch Lagewechsel, Belastung, Witterung?
- Funktionsstörungen: Steifigkeit, Bewegungshemmung, Kraftlosigkeit, Gangstör.?
- Unfall (z.B. auch Sturz aus dem Bett)
- Systemische Erkrankung (rheumatischer Formenkreis, Tumorerkrankungen mit Knochenbefall u.a.)
- Abdominelle Symptomatik?
- Neurologische Symptome: Lähmungen, Taubheit, Parästhesien, Miktions- oder Defäkationsstörungen, Kopfschmerz, Schwindel, Bewußtseinsstör.?
- Krankenakte: Vorerkrankungen, Laborwerte: BSG, BB (Entzündung), andere Laborwerte mit Hinweisen auf Erkrankungen innerer Organe?

Körperliche Untersuchung

- Schwitzen, Kaltschweißigkeit, Blässe (V.a. Herzinfarkt, disseziierendes Aortenaneurysma), Fieber?
- Lokale oder generalisierte Abwehrspannung im Abdominalbereich (primäre Erkrankung eines abdominellen Organs), solider oder pulsierender Tumor palpabel?
- Blutdruckabfall, abgeschwächte oder fehlende Pulse? (Disseziierendes Aortenaneurysma)
- Klopfschmerz oder Stauchungsschmerz der Wirbelsäule (ossäre Prozesse)
- Segmentale Irritationspunkte (meist in Austrittsnähe der segmentalen Spinalnerven
- Stufe in der Dornfortsatzreihe (Spondylolisthesis)
- Deformierungen, Fehlhaltungen
- Myogelosen
- Neurostatus: Sensibilität, motorische Ausfälle, Reflexstatus, Lasègue, Valleix'sche Druckpunkte (Druckschmerz im Verlauf des N.ischiadicus), umgekehrter Lasègue
- Weitere spezielle Meß- und Untersuchungsverfahren der Orthopädie bleiben dem nächsten Tag vorbehalten.

Weiterführende Diagnostik

- Läßt sich die Diagnose durch die klinische Untersuchung nicht weiter eingrenzen, so muß durch ein EKG und die entsprechenden Laborparameter ein Myokardinfarkt ausgeschlossen werden (☞ 6.1, 6.2). Bei Hinweisen auf eine abdominelle Schmerzursache wird man die jeweils nötigen Laborwerte bestimmen (☞ Kap. 8). Lipase nicht vergessen. Spezielle Laboruntersuchungen (Tumorsuche, immunologische Tests) bleiben dem Tag vorbehalten. Liquoruntersuchungen nur bei dringenden Fragestellungen nachts
- Sono-Abdomen: bei V.a. Aortenaneurysma, Cholezystitis, Nephrolithiasis, paranephritischen Abszeß, Harnverhalt
- Rö-Wirbelsäule (je nach Befund HWS, BWS, LWS) in 2 Ebenen: Verletzungen, V.a. Metastasen
- CT der entsprechenden Wirbelsäulensegmente: V.a. Bandscheibenprolaps.

17.1.4 Therapeutisches Vorgehen

Bei bekannten Beschwerden auf dem Boden degenerativer oder rheumatischer Veränderungen zunächst Therapieversuch mit lokaler Wärmeapplikation oder nichtsteroidalen Antiphlogistika (z.B. Diclofenac 50 Supp.). Ebenso wirken nichtsteroidale Antiphlogistika gut bei Knochenschmerzen durch Tumormetastasen, evtl. ist zusätzlich ein Analgetikum (z.B. Tramadol 50–100 mg i.m. oder i.v.) erforderlich.

Lumbago

Rezidivierende akute Kreuzschmerzen mit steifer Fehlhaltung der LWS durch Wurzelreizung (Protrusio der Bandscheibe) meist nach bestimmten Bewegungen (z.B. Bücken). *Klinik:* Einschießende Schmerzen im Ausbreitungsgebiet eines Dermatoms, aber keine Sensibilitätsstörungen oder motorische Paresen! Muskuläre Verspannungen, Lasègue pos.

Therapie
In der Akutphase Ruhigstellung im Stufenbett mit harter Unterlage. Wenn es der Pat. als angenehm empfindet, Wärmeanwendung, z.B. Wärmflasche. Nichtsteroidale Antiphlogistika, z.B. Diclofenac (z.B. Voltaren®) bis 150 mg tägl. p.o.; Chlormezanon (Muskel-Trancopal®) 200–1200 mg tägl. p.o. oder Tetrazepam (Musaril®) 25–200 mg tägl. p.o. zur Muskelrelaxation.

Lumbaler Bandscheibenvorfall

Plötzlich nach schwerem Heben oder Drehen des Rumpfes auftretendes Nervenwurzelkompressionssy. aufgrund eines irreversiblen Prolaps einer Bandscheibe.

Wurzelreizsymptome – LWS (☞ Abb. 17.01)

Hernie zw.	Wurzelläsion	Dermatomausfälle	Paresen	Reflexausfälle	Funktionsverlust
L3, L4	L4	Knie (frontal), Unterschenkel (medial), Malleolus (medial)	M. quadriceps femoris, M. tibialis ant.	PSR	Fußinversion
L4, L5	L5	Unterschenkel (lateral), Fußrücken, Fußkante (medial), Großzehe, Planta pedis	M. extensor hallucis longus, M. extensor digitorum brevis		Fersengang erschwert, Dorsalflexion von Fuß und Zehen nicht möglich
L5, S1	S1	Unterschenkel (dorsal), Malleolus (lateral), Fußkante (lateral), Kleinzehe	Mm. peronei	ASR	Zehengang erschwert, Plantarflexion und Auswärtsdrehung des Fusses unmöglich

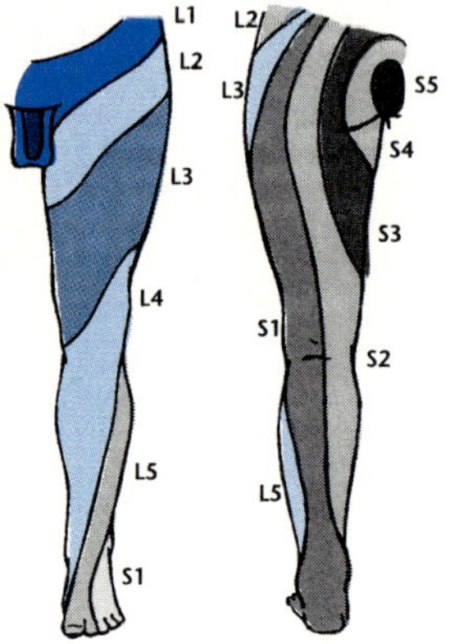

Abb. 17.1:
Sensibilitätstörungen, lumbal

Klinik

- *Akutphase:* Schmerzen in segmentaler Ausbreitung, Verstärkung durch Husten, Niesen, Pressen. Mißempfindungen oder sensible Ausfälle, Reflexverlust. Lasègue pos.
- *Wichtig:* Immer Genitalregion mit untersuchen zum Ausschluß eines medialen Bandscheibenvorfalls: Sensibilitätsprüfung im Genital- und Analbereich (Reithosenanästhesie), Sphinktertonus.

Bei Taubheitsgefühlen oder Paresen sofortige Verlegung in eine neurochirurgische Abteilung.

Konservative Therapie

- Wie bei Lumbago. Treten Paresen auf, CT der entsprechenden LWS-Segmente.
- OP-Indikation: meist sehr schwierige Entscheidung. Hier immer Hintergrund hinzuziehen.

Aufnahme ambulanter Patienten

- Schmerzen und auch Verletzungen im Wirbelsäulenbereich führen viele Pat. auch nachts in die Ambulanz. Wichtig ist bei Verletzungen, den Pat. solange zu immobilisieren, bis eine instabile Verletzung ausgeschlossen ist. Werden die Pat. auf einer Vakuummatratze eingeliefert, so darf diese bei Frakturverdacht erst nach einer Rö-Übersicht und Ausschluß einer instabilen Fraktur entfernt werden (ggf. Rücksprache mit Hintergrund).
- Die häufigen Lumboischialgien können bei geringer Symptomatik symptomatisch behandelt werden (☞ oben) und ambulant bleiben. Wichtig ist jedoch, einen Discusprolaps durch eine gründliche neurologische Untersuchung auszuschließen. Im Zweifel stationär aufnehmen.

Fußangeln und Fingerzeige

- Myokardinfarkt und disseziierendes Aortenaneurysma ausschließen
- Bei Rückenschmerzen mit akuten Lähmungserscheinungen/Taubheit ist auch nachts eine umfangreiche Diagnostik und ggf. Therapie nötig
- Bei Verletzungen muß der Pat. immobilisiert bleiben, bis eine Entscheidung über Stabilität oder Instabilität getroffen ist (☞ 12.1.5). Im Zweifel Hintergrund verständigen
- Absolute OP-Indikationen: Cauda-equina-Lähmung mit Blasen-Mastdarmstörung und Reithosenanästhesie (☞ oben). Akut einsetzende Lähmung der Fuß- und Zehenheber sowie des M. quadriceps.

Cauda equina-Syndrom

Neurologischer Notfall mit absoluter OP-Indikation. Medialer Prolaps, der durch Kompression der Cauda equina zu irreversiblen neurologischen Ausfällen führt.

Klinik

- Paraparese mit rezidivierenden radikulären Schmerzen mit Seitenwechsel
- „gekreuzter pos. Lasègue"
- Urinretention, Darmentleerungsstörungen, Erektionsstörungen
- Reithosenanästhesie

Keine Zeit mit konservativen Ther.-versuchen verschwenden. Schnelle Diagnostik und möglichst rasche OP (spätestens innerhalb der nächsten 24 h).

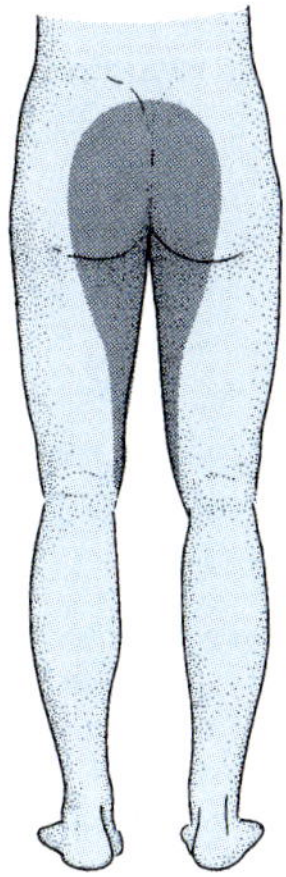

Abb. 17.2: Cauda-Syndrom

17.2 Halswirbelsäulen- und Schulterschmerzen

Bei den zahlreichen differentialdiagnostischen Möglichkeiten der Schmerzen im Schulter-Armbereich läßt sich in der Nacht eine endgültige Diagnose oft nicht stellen. Nach Ausschluß lebensbedrohlicher Ursachen (z.B. Myokardinfarkt) symptomatisch behandeln, Diagnostik für den nächsten Tag planen.

17.2.1 Differentialdiagnostische Überlegungen

Subokzipitalschmerz und Kopfschmerz (☞ 14.2)

Nacken-Schulter-Armschmerzen

- Veränderungen der HWS
- Degenerative Veränderungen (meist nicht akut bzw. rezidivierend: Osteochondrose, Spondylarthrose, Unkovertebralarthrose mit und ohne radikuläre Symptomatik; chron./akute Nackenschmerzen, Nacken-Arm-Schmerzen ein- oder beidseitig, Bewegungseinschränkung der HWS bei Blockierungen, pseudoradikuläre Dysästhesien)

- Bandscheibenvorfall mit und ohne radikuläre Symptomatik (radikuläre Nacken-Schulter-Arm-Schmerzen mit und ohne Parästhesien, manchmal Hust- und Niesschmerz, Bewegungseinschränkung, Reflexdifferenzen, Paresen, Querschnittssymptomatik bei medialem Vorfall möglich)
- Blockierungen (akuter Schiefhals mit Fehlstellung und muskulärem Hartspann: Tortikollis)
- Trauma (Distorsionen, Schleudertrauma: Schmerzhafte Bewegungseinschränkung der HWS, Kopfschmerzen, ausstrahlende Schmerzen in Schulter und Arme, manchmal Kribbelparästhesien in Armen und Händen, ☞ 12.1.5)
- Andere Erkrankungen: Rheumatoide Arthritis, Spondylarthritis, Tumoren, Spondylitis, Spondylodiszitis, angeborene Anomalien

Neurologische Erkrankungen

- Herpes zoster (reißende segmentale Schmerzen, mit wässrigem Inhalt gefüllte Papeln einige Tage später, ☞ 20.4)
- Läsionen des Armplexus: Traumatisch oder Kompression: Tumoren (z.B. Pancoast-Tumor, Neurinome), Bestrahlung
- Neuritiden, Neuropathien, Nervenwurzelläsionen
- Tortikollis nach Überdosierung von Neuroleptika.

Wurzelreizsymptome – HWS (☞ Abb. 17.2)

Hernie zw.	Wurzelläsion	Dermatomausfälle	Paresen	Reflexausfälle	Funktionsverlust
C5, C6	C6	Radialseite von Ober- und Unterarm bis Daumen	M. biceps brachii, M. brachioradialis	BSR	Pronation und Supination des Unterarmes aufgehoben
C6, C7	C7	Dorsalseite des Vorderarms; 2., 3., 4. Finger	M. triceps brachii, M. pronator teres	TSR	Beugung und Streckung im Handgelenk aufgehoben, Thenaratrophie
C7, C8	C8	Ulnarseite des Vorderarms, Kleinfinger	kleine Handmuskeln	TSR	Beugung und Streckung im Handgelenk aufgehoben, Hypothenaratrophie

Schultergürtelschmerzen

- Rheumatoide Arthritis: Gelenkschwellung mit schmerzhafter Bewegungseinschränkung, Morgensteifigkeit, BSG erhöht, häufig RF pos.
- Spondylarthritis: Schwellung der Sternoclavikular- und Wirbelsäulengelenke
- Insertionstendopathien: Sehnenansätze, Band- und Kapselapparat druck- und dehnungsschmerzhaft (z.B. Bizepssehne, Supraspinatussehne)
- Rotatorenmanschettenruptur: traumatisch oder degenerativ, mit Schulterhochstand. Degenerative Ruptur zeichnet sich häufig durch Nachtschmerz aus. M. Crepitatio, bei deg. Rupturen wenig Bewegungsverlust, bei traumatischen Rupturen Verlust der aktiven Abduktion (M. supraspinatus) oder Außenrotation (M. infraspinatus)
- *Periarthropathia humeroscapularis:* Sammelbegriff für mehrere degenerative Erkrankungen im Schulterbereich. Schulterbeweglichkeit in allen drei Ebenen schmerzhaft eingeschränkt

- PHS simplex tendinotica: Schmerzen bei Rotation und Abduktion. Nächtlicher Spontanschmerz beim Liegen auf der erkrankten Seite. Schmerzverstärkung unter Belastung. *Supraspinatus-syndrom*: Schmerzmaximum am Schulterdach an der Insertionsstelle der Sehne. Schmerzen bei Seithebung zwischen 60° und 80°, Verstärkung bei Innenrotation und Anheben gegen Widerstand. *Biceps-longus-Sy.*: Schmerzlokalisation in der vorderen Schulterpartie. Bizepsanspannschmerz bei Abduktion, Streckung und Innenrotation, Druckschmerz im Sulcus intertubercularis, Crepitatio.

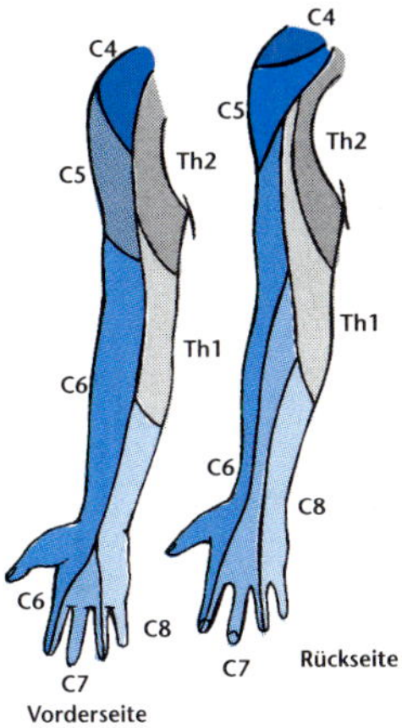

Abb. 17.3: Sensibilitätstörungen, cervical

- *PHS acuta:* Plötzlich auftretende heftige Schmerzen, bis in die Finger ausstrahlend. Schulter druckdolent, oft gerötet und überwärmt. Funktionstest wegen Schmerzen nicht möglich.
- *PHS pseudoparalytica:* Plötzliches Auftreten nach Krafteinwirkung (Sturz oder Heben). Neurologisch unauffällig. Der passiv abduzierte Arm kann aktiv nicht gehalten werden (meist Ruptur der Supraspinatussehne).
- *PHS ankylosans:* Blockierte Schulter mit aktiver und passiver Bewegungseinschränkung. Gelenkverklebungen nach zu langer Ruhigstellung.

- Knochentumoren
- Bakterielle Arthritiden (Erguß, Überwärmung, schmerzhafte Bewegungseinschränkung, Infektsymptomatik bis zur Sepsis)
- Bursitis (z.B. Burstitis subacromialis, lokaler Druckschmerz).

Durchblutungsbedingte Schmerzen

- pAVK (blasse, kühle Haut, Pulsabschwächung oder -defizit, Ruhe- oder Bewegungsschmerz)
- Armvenenthrombose (Schmerzen, livide Verfärbung und Schwellung des Armes)
- Durchblutungsstörungen durch angeborene Fehlbildungen oder pathologische posttraumatische Veränderungen (Kompression z.B. durch Halsrippen, M. scalenus, kostoklavikuläres Syndrom)

In den Schulterbereich fortgeleitete Schmerzen innerer Organe

- Angina pectoris, Myokardinfarkt, Perikarditis, funktionelle Herzbeschwerden (☞ 6.2.1), Cholezystitis ☞ 8.1.8
- Pleuraschmerzen (meist atemabhängig, oft Pleurareiben auskultierbar)
- Aneurysma dissecans ☞ 6.1.6.

17.2.2 Pieps – Erste Orientierung am Telefon

- Fieber, Bewußtseinsstörungen?
- Schmerzen akut oder bereits seit längerer Zeit bestehend oder in ähnlicher Weise bekannt
- Lähmungen oder Bewegungseinschränkungen?
- Wurde der Pat. bereits vorher wegen dieser Beschwerden behandelt, was hat ihm geholfen?

Erste Anweisungen an das Pflegepersonal

Bei Schmerzen des Bewegungsapparates bei bekannter Grundkrankheit symptomatischer Therapieversuch mit einem nichtsteroidalen Antiphlogistikum, z.B. Diclofenac (z.B. Voltaren®) 1 Supp. = 50–100 mg. Evtl. zusätzlich Wärmeapplikation (z.B. Wärmflasche). Kühlung mit Eisbeutel bei Gelenkentzündungen.

Dringlichkeit

- Besonders dringlich sind Schulter- und Nackenschmerzen bei V.a. Meningitis, Subarachnoidalblutung, Myokardinfarkt, Aneurysma dissecans oder Durchblutungsstörungen.
- Verletzungen im HWS-Schulter-Bereich und ein Bandscheibenvorfall bedürfen ebenfalls der umgehenden Diagnostik und Therapie.
- Bei den meisten Schmerzen handelt es sich jedoch um weniger akute Situationen, die warten können, wenn man anderweitig gefordert ist.

17.2.3 Diagnostisches Vorgehen

Anamnese (☞ 17.1.3)

Körperliche Untersuchung

- Bewußtseinslage (Verändert bei Meningitis, Subarachnoidalblutung)
- Meningismus, Opisthotonus
- Schmerzen oder Bewegungseinschränkungen bei aktiver oder passiver Bewegung (z.B. Insertionstendinosen, Neuritiden, Blockierungen, Verletzungen)
- Druck- oder Stauchungsschmerzen (z.B. knöcherne Verletzungen, Diskusprolaps)
- Muskulärer Hartspann
- Neurologischer Status (Sensibilität, motorische Ausfälle, Reflexdifferenzen).

Weiterführende Diagnostik

- Labor: BB, BSG, Gerinnung bei V.a. Meningitis oder Subarachnoidalblutung
- Rö-HWS in 2 Ebenen, bei Bedarf (Verletzungen) auch nachts Spezialaufnahmen. Rö-Schulter in 2 Ebenen: Verletzungen oder Verkalkungen im Bandapparat oder im Verlauf der Sehnen
- Phlebographie bzw. Duplex-Sonographie bei V.a. Armvenenthrombose
- CT-Schädel bei V.a. Subarachnoidalblutung, CT-HWS bei Verletzungen, CT-Thorax bei V.a. disseziierendes thorakales Aortenaneurysma

17.2.4 Therapeutisches Vorgehen

- HWS-Schleudertrauma ☞ 12.1.7. *Cave:* Bei frischen Verletzungen keine Aufnahmen in Retroflexion (Gefahr der Querschnittslähmung bei Frakturen). Bei unklaren Rö-Befunden Hintergrund hinzuziehen.
- Bei leichteren Beschwerden auf dem Boden degenerativer Veränderungen und bei muskulärem Hartspann zunächst Versuch mit lokaler Wärmeapplikation, Antiphlogistika (z.B. Diclofenac 50 mg Supp.) oder ggf. Muskelrelaxantien (z.B. Chlormezanon 200 mg oral).
- Bei Tortikollis nach Ausschluß von HWS-Verletzungen Halskrawatte für einige Tage, Antiphlogistika und Muskelrelaxantien (s.o.). Wärmeapplikation, wenn vom Pat. toleriert.
- Tortikollis nach Überdosis Neuroleptika: 1 Amp. Biperiden, z.B. Akineton®, i.v.

Periarthropathia humeroscapularis (PHS)

- PHS acuta: Ruhigstellung auf einer Abduktionsschiene. Analgetika und Antiphlogistika per os. Kühlung
- Weitere Behandlung durch Orthopäden.

Ambulante Patienten

Bei schwereren Verletzungen oder bei Begleitverletzungen müssen die Pat. stationär aufgenommen werden. Ist die Ursache der Beschwerden unklar oder handelt es sich um neu aufgetretene Schmerzen, so sollte der Pat. zur weiteren Diagnostik und Beobachtung stationär bleiben.
Leichtere Beschwerden bei bekannter oder eindeutiger Ursache können symptomatisch anbehandelt werden und verbleiben in hausärztlicher oder fachärztlicher Behandlung.

Verletzungen, z.B. bei Verkehrsunfällen, gründlich dokumentieren. Es kommt fast immer zu Nachfragen von Versicherungen.

17.3 Akute Gelenkschmerzen

Gelenkschmerzen und -schwellungen werden nach Zahl der betroffenen Gelenke (mono-, oligo- oder polyarthritisch), Verlauf und Ursache unterschieden. Wichtig im Nachtdienst ist es, die *septische Arthritis*, den *akuten Gichtanfall* und eine *Einblutung* zu erkennen.

17.3.1 Differentialdiagnostische Überlegungen

Monarthritisch

- *Bakterielle Arthritis* (infektiös-septisch)
  - Direkte Infektion durch Punktion oder Infektion, Err. meist Staphylokokken;
  - Metastatischer Gelenkbefall z.B. bei Gonorrhoe, Salmonellosen, Staphylokokken und immunsupprimierten Patienten (Zytostase, HIV).

- Meist monoartikulär an großen Gelenken, starke Schmerzen und Entzündungszeichen (Fieber, evtl. Zeichen einer Sepsis!)
- *Diagn.:* Anamnese (Punktion?), Klinik, Gelenkpunktion

- *Akuter Gichtanfall*
  - Meist adipöse Männer > 40 J. Klassische Lokalisation Großzehengrundgelenk (seltener z.B. Sprunggelenk- oder Daumengrundgelenk)
  - Starke Schmerzhaftigkeit, Rötung, Schwellung des betroffenen Gelenkes, evtl. allgemeine Entzündungszeichen (Fieber, Leukozytose, BSG-Erhöhung). Ursachen: *Primäre Hyperurikämie*: Durch Ausscheidungsstörung oder Überproduktion, auslösend für akuten Anfall sind oft Eß- oder Trinkexzesse. *Sekundäre Hyperurikämie*: Vermehrter Zelluntergang, z.B. bei myelo- oder lymphoproliferativen Erkrankungen, Zytostatika- oder Strahlentherapie. Gewichtsreduktion mit Ketosen. Hemmung der Harnsäureausscheidung z.B. durch Diuretika. *Diagn.:* Klinik, Harnsäurewerte

- *Chondrokalzinose („Pseudogicht")*
  - Kalziumpyrophosphatablagerungen intra- oder periartikulär. Rezidivierende Schübe bei familiärer Form oder vereinzelte Attacken bei „idiopathischer" Form. Zumeist Kniegelenk betroffen, Leukozytose
  - *Diagn.:* Rö.: Meniskusverkalkung, Nachweis von Kalziumpyrophosphat im Gelenkpunktat (Tagdienst)

- *Hämarthros:* mögliche Folge einer Kapselbandruptur, Punktion oder Injektion, Marcumartherapie, von Gerinnungsstör. (Hämophilie A, B ☞ 11.1)

- *Traumatischer Gelenkserguß:* Meist seröser, evtl. auch blutiger Gelenkserguß. *Diagn.:* Anamnese

- *Aktivierte Arthrose*
  - Auftreten entzündlicher Gelenkveränderungen (Schwellung, Rötung, Schmerzen) nach Überlastung bei bestehenden degen. Veränderungen
  - *Diagn.:* Anamnese, Röntgen

- *Reaktive Arthritis*
  - Oft junge Männer meist Wochen postenteritisch (Yersinien, Shigellen, Salmonellen), posturethritisch (Chlamydien, Mykoplasmen), post-Streptokokken Vollbild: Rheumatisches Fieber (selten!); Arthritis ohne weitere extraartikuläre Manifestation und z.B. Tonsillitis/Pharyngitis; große Gelenke der unteren Extremität. Häufig hohes Fieber zu Beginn, Rheumafaktor neg.
  - *M. Reiter:* Reaktive Arthritis mit Urethritis/Konjunktivitis und evtl. Schleimhautveränderungen: erosive Balanitis, papulopustulöse parakeratotische Exantheme an Handflächen und Fußsohlen, Stomatitis
  - *Diagn.:* Klinisch. BSG ↑, Chlamydien-, Mykoplasmen- oder Shigelleninfektion Serologie bzw. Kultur positiv. ASL-Titer-Verlauf. HLA-B27 in 70–80 % positiv. Bei florider Urethritis Abstrich zum Erregernachweis.

- *Lyme-Arthritis*
  - Err.: Borrelia burgdorferi
  - Unspez. Allgemeinsymptome und Arthralgien in der Frühphase nach Zeckenbiß, als Spätsymptom nach Wochen bis Monaten chronische Arthritis (häufig Kniegelenk). ☞ 12.1.9
  - *Diagn.*: Anamnese (Zeckenbiß, evtl. Erythema migrans), Serologie (Borrelienantikörper).

Arthritis bei chronischen Enteropathien

M. Crohn, Colitis ulcerosa: Akuter, auch oligoartikulärer Befall von Knie-, Sprung-, Hand- und/oder Fingergelenken, Sakroiliakal. *Diagn.*: Anamnese (bekannte chronisch-entzündliche Darmerkrankung).

Polyarthritisch

- *Arthritits bei Kollagenosen und Vaskulitiden*
  - Systemischer Lupus erythematodes, Sklerodermie, Dermatomyositis, Wegenersche Granulomatose/Arthritis
  - Arthralgien häufig der Hand-, Finger- oder Kniegelenke. Begleitend häufig Myalgien
- *Diagn.:* Anamnese (bekannte Kollagenose, typische Hautveränderungen oder andere Begleitsymptome)
- *Psoriasis-Arthritis:* Meist Befall kleiner Gelenke als asymmetrische Arthritis, z.T. Strahlbefall (z.B. Wurstfinger). Typische Hautveränderungen können fehlen ☞ 20.2
- *Löfgren-Syndrom:* Akute Verlaufsform der Sarkoidose. Häufig symmetrische Arthritis der Sprunggelenke, Knie, begleitend Erythema nodosum, Husten, Fieber. *Diagn.:* Klinik, Röntgen-Thorax (Hilus-LK-Vergrößerung bds.)
- *Virale Arthritis:* subakuter Verlauf, meist Arthralgien, selten schwere Arthritis bei Viruserkrankungen, z.B. Röteln, Hepatitis B, Mumps, Herpes- und Enteroviruserkrankungen. *Diagn.:* Labor: BSG oft normal, Lymphozytose, positive Virusserologie
- *Akuter Schub einer rheumatoiden Arthritis*
  - Typischerweise symmetrischer Befall der Grund- und Mittelgelenke der Hände und Füße und Handgelenke, aber auch Befall großer Gelenke (Knie- oder Hüftgelenke). Schmerzen evtl. auch durch periartikuläre Manifestationen (z.B. Tendosynovialitis)
  - *Diagn.:* Anamnese, Klinik, Röntgen, Labor (Rheumafaktor, Entzündungszeichen, Elektrophorese).

17.3.2 Pieps – Erste Orientierung am Telefon

Fragen an das Pflegepersonal

- Bekannt oder zum ersten Mal aufgetreten?
- Lokalisation der Gelenkschwellung, mono- oder polyarthritisch?
- Hinweise auf mögl. Grunderkrankung: Trauma, Durchfallerkrankung etc.?

Erste Anweisungen an das Pflegepersonal: BSG, Fieber

Dringlichkeit: Bei V.a. bakterielle Arthritis oder Gelenkseinblutung.

17.3.3 Diagnostisches Vorgehen

Krankenakte/Anamnese

- Trauma? Zeckenbiß?
- Vorangehende Urogenital- oder Darminfekte?
- Hinweise auf Infektionsherd (Lunge, Herz, Harnwege, GIT) mit evtl. metastatischem Gelenksbefall (Temperatur, Blutbild) oder reaktiver Begleitarthritis?
- Begleitsymptome, z.B. Urethritis und Konjunktivitis bei M. Reiter?

- Bekannte Kollagenose, rheumatoide Arthritis, Psoriasis?
- Bekannte chronisch-entzündliche Darmerkrankung? Stuhlgewohnheiten (Durchfälle)?
- Hämophilie? Andere Gerinnungsstörung oder Antikoagulation?
- Bekannte Arthrose mit Möglichkeit einer Aktivierung?
- Bekannte Hyperurikämie? Vorausgehender Eß- oder Trinkexzeß als Auslöser eines akuten Gichtanfalls? Letzte Harnsäurewerte?

Körperliche Untersuchung mit besonderem Augenmerk auf

- Lokalisation und Verteilung des Gelenkbefalls
- Überwärmung
- Hautveränderungen: Psoriasis, Erythema nodosum, Virusexanthem?
- Zeichen einer Hyperurikämie z.B. Gichttophi (kleine Knötchen durch Harnsäureablagerung in Gelenknähe oder an Ohren)
- Infektionsherde: Lunge? Harnwege? Herz? Pharynx?

Weiterführende Diagnostik

Noch in der Nacht

- *Labor:* Harnsäure (> 7 mg/dl), Krea. E'lyte. BSG, Blutbild (Leukos). Bei V.a. septisches Geschehen Blutkulturen (☞ 2.11.1). Bei Durchfall Stuhl auf pathogene Keime
- *Gelenkspunktion* bei V.a. Hämarthros oder bakterielle Arthritis. Bestimmung der Zellzahl, Erregernachweis (sofort: Gramfärbung) und Eiterentleerung.

Für den nächsten Tag planen

- *Labor:* Entzündungsparameter (CRP, Serumelektrophorese). Bei V.a. Infektarthritis Yersinien- Shigellen-, Salmonellen-, Campylobacter-Serologie. Bei V.a. Lyme-Arthritis Borrelienantikörper. Bei V.a. reaktive Arthritis Chlamydien-, Mykoplasmen- und Shigellenserologie. Bei V.a. Virusarthritis Virusserologie mit Urethraabstrich. Bei V.a. rheumatisches Fieber ASL-Titer-Verlauf, Anti-DNAse. Evtl. Bestimmung von HLA-B27. Bei V.a. Kollagenose oder rheumatoide Arthritis ANA, Rheumafaktoren, ENA, Serumelektrophorese etc.
- *Röntgen* des betroffenen Gelenkes, evtl. Skelettszintigraphie.

17.3.4 Therapeutisches Vorgehen

Bakterielle Arthritis

Gelenkruhigstellung. Diagnosesicherung durch Gelenkpunktat im Nachtdienst, Zellzahl (Blutbildröhrchen), Gramfärbung, Anlegen einer Saug-Spüldrainage (Hintergrund oder Chirurg). Beginn einer antibiotischen Therapie, z.B. mit Flucloxacillin (z.B. Staphylex®) 4 x 1 g i.v. Gelenkpunktion ☞ 12.2.5.

Therapie des akuten Gichtanfalls

- Colchizin (z.B. Colchizin dispert®) 1 mg in stündlichen Abständen für 4 h, dann 2-stündlich 0,5–1 mg, max. Tagesdosis 8 mg. Rasche Dosisreduktion bei Befundbesserung: Am 2. Tag halbe Dosis des Vortages, am 3. Tag nur noch 1,5 mg.

- Indometacin (z.B. Amuno®): Zusätzlich zur Colchizinbehandlung bei schweren Verläufen, oder wenn Colchizin nicht gegeben wird 100 mg rektal alle 4–6 h bis max. 400 mg täglich (mit Magenschutz!), über 2–3 Tage ausschleichen.
- Wenn ein Gichtanfall schon mehr als 2 Tage besteht, Prednisolon (z.B. Decortin H®) 30–50 mg oral für zwei Tage in Kombination mit Colchizin
- Lokaltherapie: Kühlende Alkoholumschläge, Diclofenac-Salbe (z.B. Voltaren-Emulgel®), betroffenes Gelenk ruhig lagern.

Gelenkeinblutung

Gelenksspunktion, um Blut abzulassen. Bei erhöhter Blutungsneigung Faktorensubstitution ☞ 11.1.

Traumatischer Gelenkerguß

Ruhigstellung des Gelenks, Kühlung. Evtl. lokal nichtsteroidale Antiphlogistika, Entlastungspunktion insbes. bei V.a. Blutung.

In allen anderen Fällen

- Initiale symptomatische Therapie mit nichtsteroidalen Antiphlogistika, z.B. Diclofenac (z.B. Voltaren®) 4 x 25–50 mg p.o. oder als Supp. oder Ibuprofen (z.B. Brufen®) 3–4 x 400–600 mg p.o. *Cave:* begleitend Magenschutz, z.B. Misoprostol 200, H_2-Blocker
- Zusätzlich: Kühlende Umschläge, Ruhigstellung des betroffenen Gelenks
- Weitere spezielle Therapie nach Diagnosesicherung im Tagdienst.

Hintergrund

Zur Durchführung einer Gelenkpunktion bei V.a. bakterielle Arthritis oder Hämarthros (streng steril!).

Aufnahme ambulanter Patienten

- Stationäre Aufnahme bei schwerem Gichtanfall, V.a. bakterielle Arthritis oder floridem Schub einer rheumatoiden Arthritis, Kollagenose, Vaskulitis und bei unklaren, ausgeprägten Gelenkschwellungen zur weiteren Abklärung
- Eine ambulante Behandlung ist bei aktivierter Arthrose, leichteren Gichtanfällen, oder reaktiven Arthritiden möglich.

Fußangeln und Fingerzeige

- Colchizin-Nebenwirkungen: Durchfälle, KM-Depression, Haarausfall. Dosisempfehlungen daher nicht überschreiten.
- Gastrointestinale Nebenwirkungen der nichtsteroidalen Antiphlogistika sind durch Gabe von Suppositorien nicht vermeidbar, da die gleichen Serumspiegel erreicht werden.
- Keine Kombination von Steroiden mit nichtstereoidalen Antiphogistika (Ulkusrisiko!).
- Bei Magen-Darmstörungen unter Einnahme von nichtsteroidalen Antiphlogistika evtl. Verwendung von Prodrugs (z.B. Proglumetacin = Protaxon forte®) oder Präparaten mit magensaftresistenter Umhüllung (z.B. Brexidol®). Deutlich individuelle Unterschiede bezüglich Ansprechen und Verträglichkeit. Evtl. einschleichende Dosierung. Keine Kombination von nichtsteroidalen Antiphlogistika.

Dorothee Bergfeld

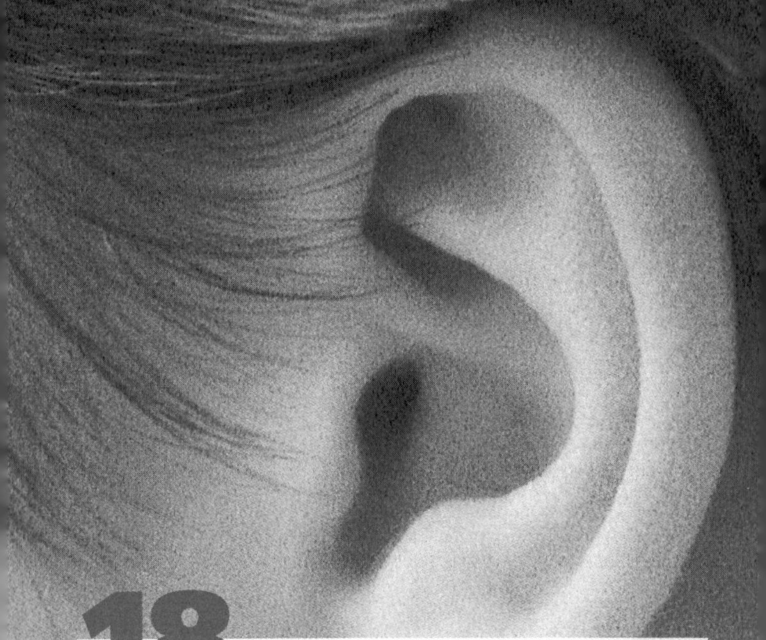

18 HNO-Notfälle

18.1 Untersuchungsmethoden

Untersuchung von Mund und Rachen

- Inspektion von Mund und Lippen
- Inspektion der Zunge (Rausstrecken lassen): Beläge, Abweichungen, Tremor?
- Inspektion der Wangenschleimhaut: Seitliches Wegschieben der Wange mit dem Spatel bei leicht geöffnetem Mund
- Inspektion der Zähne
- Racheninspektion: Mit Zungenspatel Zunge nach unten drücken. Zunächst Inspektion des Gaumens bei zurückgeneigtem Kopf des Pat., dann der hinteren Rachenwand (Pat. „Ah" sagen lassen, da Zunge dann tiefer tritt). Hierbei v.a. auf Tonsillen achten: Farbe (normalerweise wie Mundschleimhaut), Vergrößerung, Exsudate oder Auflagerungen, Vorwölbung des Gaumensegels?

Kehlkopfspiegelung

- Kehlkopfspiegel, Zellstoff oder Tuch zum Halten der Zunge und Lokalanästhetikum (z.B. Xylocain® Pumpspray) griffbereit haben
- Etwas Seife (Seifenspender befinden sich in jedem Patienten-/ Arzt- und Untersuchungszimmer) auf dem Kehlkopfspiegel verreiben, abwischen, Spiegel beschlägt nicht!
- Zunge nach Umwickelung mit Tuch oder Zellstoff mit linker Hand vorsichtig aus dem Mund ziehen
- Mit Spiegel Uvula und Gaumensegel nach hinten oben drücken → Einstellung der laryngealen Strukturen. Pat. „ni" sagen lassen → Epiglottis stellt sich steiler und Larynx ist einsehbar. *Cave:* Eine Berührung von Uvula ist unumgänglich, da sonst der Larynx nicht eingesehen werden kann. Dabei lädt die Rückfläche des Spiegels die Uvula auf und schiebt sie leicht nach hinten oben. Bei starkem Würgereiz kann die Gabe eines Lokalanästhetikums (z.B. Xylocain® Pumpspray) 1 Sprühstoß notwendig sein.

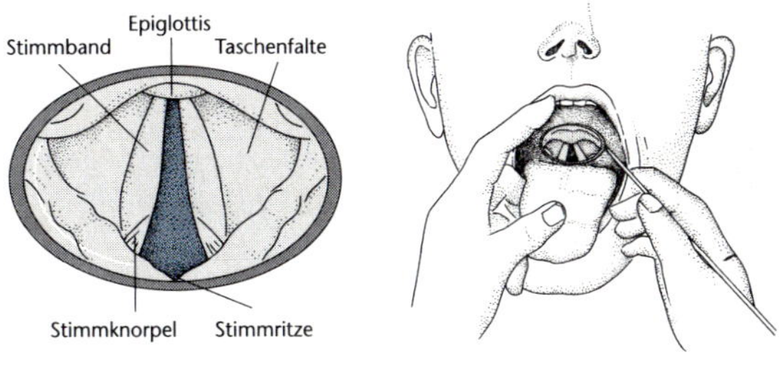

Abb. 18.1: Kehlkopfspiegelung

Untersuchung der Ohren

- Äußere Inspektion
- Kontrolle auf Tragus- oder Mastoiddruckschmerz
- Ohrenspiegelung: Kopf des Pat. leicht zur Gegenseite geneigt, Ohrmuschel sanft nach hinten oben ziehen, Einführung des Otoskops unter Sichtkontrolle. Inspektion des äußeren Gehörgangs (ca. 2,5 cm lang), anschließend Einstellung des Trommelfells: Farbe (normalerweise durchscheinend perlgrau) und Form (leicht konkav, Mitte durch Gehörknöchelchen etwas nach innen gezogen).

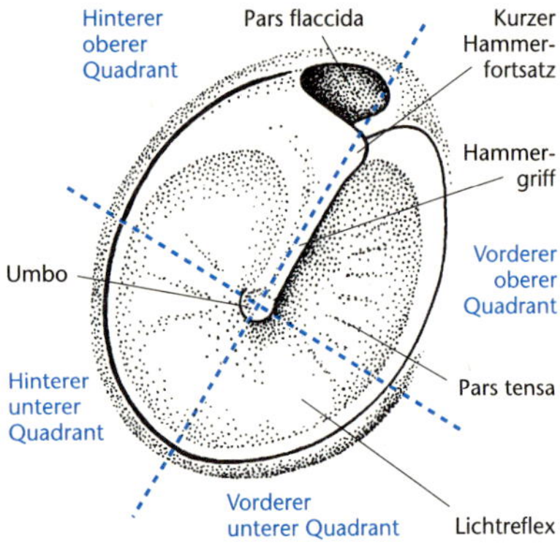

Abb. 18.2: Trommelfell

Untersuchung der Nase

- Inspektion der äußeren Nase
- Nasenspiegelung: Kopf des Pat. leicht nach hinten gebeugt, Einführung des Otoskops mit Nasenspiegelvorsatz oder Spekulum entlang der lateralen Nasenseite. *Cave:* Keine Berührung des sehr empfindlichen Nasenseptums. Inspektion des Septums. Nach hinten kippen des Spekulums zur Einstellung der unteren und mittleren Nasenmuscheln (obere nicht sichtbar).

18.2 Epistaxis (Nasenbluten)

Im Dienst steht primär die Blutstillung im Vordergrund. Bei schweren, nicht beherrschbaren Fällen ist auch eine nächtliche Überweisung zum Spezialisten indiziert (in Extremfällen kann Nasenbluten zum Verbluten führen). Im Nachtdienst sollten *hoher Blutdruck* und *Trauma* ausgeschlossen werden, ansonsten kann die Suche nach zugrundeliegenden Ursachen bis zum nächsten Tag warten. Pat. mit auffallend starker posttraumatischer Epistaxis sollte zum sicheren Ausschluß von Frakturen in eine HNO-Klinik überwiesen werden. Bei posttraumatischer seröser Rhinorrhoe an Liquorfistel bei Frontobasisfraktur denken.

18.2.1 Differentialdiagnostische Überlegungen

- Lokale Veränderungen der Nasenschleimhaut, oberflächliche Gefäße, z.B. am Locus Kieselbachii
- Posttraumatisch ☞ 12.1
- Hypertonus ☞ 6.4
- Infektionskrankheiten mit entzündlicher Veränderung der Nasenschleimhaut (häufig bei banalen Erkältungskrankheiten)
- Gerinnungsstörungen, z.B. bei Antikoagulation
- Selten Tumoren
- „Pseudonasenbluten“: Blutungsquelle nicht in der Nase, sondern z.B. im Ösophagus oder Rachenraum → Mund- und Rachenraum genau inspizieren
- Liquorrhoe: Primär kann blutige Sekretion bestehen, anschließend seröse Rhinorrhoe.

18.2.2 Pieps – Erste Orientierung

Fragen an das Pflegepersonal

- Stärke der Blutung: Einige Tropfen im Taschentuch – kontinuierlicher Blutfluß?
- Bekannter Hypertonus oder erhöhte Blutungsneigung?
- Antikoagulierter Patient?
- Ambulante Pat.: Vorausgehendes Trauma auslösend?

Erste Anweisungen an das Pflegepersonal

- Pat. aufrecht hinsetzen
- RR messen
- Eiskrawatte oder kaltes, feuchtes Handtuch richten.

Dringlichkeit

Besondere Dringlichkeit bei stärkerer Blutung oder deutlich erhöhtem RR. Primär Versuch der Blutstillung ☞ 18.2.3.

18.2.3 Diagnostisches Vorgehen

Anamnese/Krankenakte

- Vorerkrankungen: Hypertonus, erhöhte Blutungsneigung?
- Medikamente: Antikoagulantien oder Thrombozytenaggregationshemmer?
- Bei stationären Pat.: Aktuelle Gerinnungswerte und Thrombozyten?
- Genaue Anamnese erheben.

Körperliche Untersuchung mit besonderem Augenmerk auf

- RR
- Inspektion der Haut: Petechien, Ekchymosen, vermehrte Hämatome als Hinweis auf erhöhte Blutungsneigung?
- Genaue Inspektion des Nasen-Rachenraums, um evtl. außerhalb der Nase liegende Blutungsquelle zu erfassen
- Bei posttraumatischer Epistaxis: Untersuchung der Nase auf Frakturhinweise (Fehlstellung, Schwellung, abnorme Beweglichkeit, Behinderung der Nasenatmung, Brillenhämatom?)
- Pat. pressen oder bücken lassen → bei Liquorrhoe kann Liquor im Schwall aus der Nase fließen (sammeln für Diagnostik).

Weiterführende Diagnostik

- Puls- und Blutdruckkontrolle (v.a. auch bei stärkerer Blutung auf Hinweise auf Hypotonie durch Blutverlust achten!)
- Bei starker Blutung kleines Blutbild und Gerinnungsstatus (Quick, PTT, Thrombozyten)
- Röntgen: Bei V.a. Nasenbeinfraktur: Rö-Nase-seitlich. (*Cave:* Verwechslung der physiologischen Sutur mit einer Fraktur)
- Bei V.a. Liquorrhoe: Prüfen auf Glukosegehalt (BZ-Bestimmung), antibiotische Abdeckung und fachärztliche Abklärung.

18.2.4 Therapeutisches Vorgehen

Initiales Management

- Pat. aufrecht hinsetzen und selbst Nasenflügel zusammendrücken lassen
- Blut nicht herunterschlucken, sondern ausspucken
- Eiskrawatte in den Nacken
- Bei erhöhten RR-Werten > 160/90 mmHg Blutdrucksenkung ☞ 6.4
- Vordere Nasentamponade:
  - Zunächst Watte mit Otriven® oder Suprarenin® tränken, mit Pinzette einlegen, nach ca. 1 Min. wechseln
  - Dann salbengetränkten Gazestreifen, (z.B. Tampograss®) einlegen (nicht bis in Nasenrachenraum schieben!). Tamponade kann bis zu 2 Tagen belassen werden. Nicht zu früh wechseln, da erneute Blutungsgefahr
- Immer auch Gegenseite tamponieren, um Gegendruck zu erzeugen
- Bei laborchemischen Hinweisen auf hämorrhagische Diathese evtl. Behandlung der erhöhten Blutungsneigung ☞ 11.1.

Verlegung in HNO-Ambulanz

Wenn die Blutung mit den genannten Maßnahmen innerhalb einer 1/4–1/2 Stunde nicht zum Stillstand gebracht wird.

Verlegimg in HNO oder Neurochirurgie

Bei V.a. Liquorrhoe: Meningitisprophylaxe, z.B. mit Cefotaxim (z.B. Claforan®) 3 x 2 g i.v. tägl.

Aufnahme ambulanter Patienten

Stationäre Aufnahme bei sehr starker Blutung, erhöhtem Blutdruck als Auslöser sowie zur Klärung der Ursache bei rezidivierenden Blutungen. Ansonsten Entlassung, wenn Blutung sicher zum Stillstand gekommen ist.

Fußangeln und Fingerzeige

Daran denken, daß in einigen Fällen die Blutungsquelle nicht in der Nase selbst liegt („Pseudonasenbluten").

18.3 Otorrhoe/Blutung aus dem Ohr

Bei posttraumatischer Blutung aus dem Ohr oder Otorrhoe (seröser Ausfluß) muß eine Felsenbein- bzw. Gehörgangsfraktur ausgeschlossen werden.

18.3.1 Differentialdiagnostische Überlegungen

- *Otitis externa:* Seröse Otorrhoe nach dem Baden mit Ohrenschmerzen und Tragusdruckschmerz ☞ 18.4
- *Otitis media acuta:* Nach Trommelfellperforation, evtl. eitrige Sekretion ☞ 18.5
- *Cholesteatom/Otitis media chronica:* Rezidivierende, schmerzlose Otorrhoe, Sekret stinkt. Ohrenspiegelung: Trommelfellperforation (kleiner, kaum sichtbarer Defekt?), reichliche, fötide Sekretion. Bei Cholesteatom auch weiße Schuppen.
- *Postoperativ nach Ohren-OP:* In den ersten Wochen nach OP normale seröse Wundsekretion möglich. Blutiger oder eitriger Ausfluß pathologisch.
- *Liquorrhoe:* Nach Schädelverletzungen mit Felsenbeinfraktur. Häufig primär blutige Sekretion durch Gehörgangsverletzung. *Ohrenspiegelung:* Fetzige Trommelfellzerreißung oder Hämatotympanon, Gehörgangstufe. *Bei V.a. Fraktur:* Rö-Schüller und Stenvers → Beurteilung durch erfahrenen Radiologen.

18.3.2 Therapeutisches Vorgehen

Initiales Management

- V.a. Otitis media chronica / Cholesteatom: Keine Akuttherapie erforderlich. Vorstellung beim HNO-Arzt in den folgenden Tagen
- Otitis media acuta: ☞ 18.5
- Postoperative Blutungen oder eitrige Sekretion: Bei leichten Blutungen evtl. zunächst nur beobachten → spontaner Stillstand? Bei persistierender oder stärkerer Blutung sowie bei V.a. Infektion Rücksprache mit Operateur zur Klärung des weiteren Procedere

- Bei V.a. Liquorrhoe bei Felsenbeinfraktur: Meningitisprophylaxe beginnen, z.B. Cefuroxim (z.B. Zinazef®) 3 x 1500 mg tägl. Überweisung in HNO-Klinik.

18.4 Ohrenschmerzen/Ohrendruck

Die Vorstellung beim Facharzt kann meist bis zum nächsten Tag warten Wichtig ist das Erkennen einer akuten Mittelohrentzündung sowie eines Zoster oticus. Differentialdiagnostisch auch an ausstrahlende Schmerzen bei Zahnerkrankungen, Kiefergelenksarthrose oder HWS-Syndrom denken.

18.4.1 Differentialdiagnostische Überlegungen

- *Otitis externa acuta* (akute Gehörgangsentzündung): Starke Schmerzen. Meist bakterielle, seltener virale oder mykotische Infektion der Gehörgangshaut mit Schwellung (bei vollständiger Verlegung auch Schwerhörigkeit), Sekretion und Tragusdruckschmerz. Auslösend z.B. chlorhaltiges Badewasser, kleinere Verletzungen. Häufig bei Diabetikern
- *Gehörgangsfurunkel:* Entzündung einer Haarbalg- oder Talgdrüse im Gehörgang. Tragusdruckschmerz, umschriebene Schwellung der Haut evtl. mit Fortsetzung in die retroaurikuläre Umschlagsfalte
- *Otitis media:* Pulsierender Schmerz, meist im Zusammenhang mit Erkältungskrankheit ☞ 18.5
- *Akuter Tubenkatarrh:* Ohrendruck in Verbindung mit Hörminderung, ebenfalls bei Erkältungen auftretend ☞ 18.5
- *Hörsturz:* Ohrendruck oder Stechen möglich ☞ 18.5
- *Zoster oticus:* Starke Schmerzen ☞ 18.5
- *Perichondritis der Ohrmuschel:* Bakterielle Infektion des Ohrknorpels. Teigige Schwellung, Rötung und starke Schmerzhaftigkeit der Ohrmuschel, außer Ohrläppchen (*DD:* Erysipel: mit Ohrläppchen)
- *Akute Mastoiditis:* Evtl. retroaurikuläre Rötung und Schwellung (selten: abstehendes Ohr), Otorrhoe, Druckschmerz über Mastoid, evtl. Allgemeinsymptome, häufig nach Otits media. Kompl.: Fazialisparese, Labyrinthitis, Meningitis.

18.4.2 Diagnostisches Vorgehen

Anamnese/Krankenakte

- Akut aufgetretene Schmerzen (z.B. bei akuter Entzündung), chronisch rezidivierende Schmerzen (z.B. bei Kiefergelenksarthrose)?
- Begleitende Symptome: Vorausgehend „Grippe" (Hinweis auf Otitis media), Hörminderung (z.B. bei Hörsturz)?

Körperliche Untersuchung mit besonderem Augenmerk auf:

- Äußere Inspektion des Ohrs: Rötung, Schwellung, Sekretion, Zosterbläschen?
- Ohrenspiegelung ☞ 18.1
- Schwellung regionärer Lymphknoten
- Inspektion des Mundes: Entzündliches Geschehen mit evtl. Schmerzausstrahlung?
- Kiefergelenksbeweglichkeit / Knacken oder Schmerzen beim Öffnen?
- HWS-Beweglichkeit?
- Fieber messen
- Bei Sekretion Abstrich ☞ 2.11.2

18.4.3 Therapeutisches Vorgehen

Initiales Management

- Otitis externa acuta: Reinigung des Gehörgangs mit sterilem Sauger oder Tupfer, evtl. mit Wasser ausspülen, Antibiotika- und kortisonhaltige Ohrentropfen (z.B. Panotile®) 3 x tägl., Schmerztherapie z.B. Voltaren (Diclofenac®). Bei Beteiligung von Ohrmuschel und regionären Lymphknoten systemische Antibiose, z.B. mit Ofloxacin (z.B. Tarivid 200®) 2 x 1 Tabl. p.o.
- Gehörgangsfurunkel: Bei zentraler Einschmelzung Inzision, ansonsten Mullstreifen mit antibiotika- und kortisonhaltiger Salbe (z.B. Jellin®) einlegen.
- Perichondritis: Mullstreifen mit antibiotika- und kortisonhaltiger Salbe (z.B. Jellin®). Systemisch Breitbandantibiotikum, z.B. Ofloxacin (z.B. Tarivid 200®) 2 x 1 Tabl. tägl. p.o., Ohrumschläge mit Rivanol-Lösung.
- V.a. Mastoiditis: Beginn einer Antibiotikabehandlung: Erwachsene: z.B. Cefotaxim (z.B. Claforan®) 3 x 2 g tägl, Kinder: Amoxicillin 50–100 mg/kg tägl. (bei Allergie: Erythromycin) und abschwellende Nasentropfen (z.B. Otriven®). Bei ausgeprägter Klinik schon nachts, ansonsten spätestens am Folgetag Vorstellung beim Facharzt: Fragestellung einer evtl. Parazentese oder Mastoidektomie.
- Otitis media ☞ 18.5
- Akuter Tubenkatarrh ☞ 18.5
- Hörsturz ☞ 18.5
- Zoster oticus ☞ 18.5

Aufnahme ambulanter Patienten

Stationäre Aufnahme bei schwerer Mittelohrentzündung, Zoster oticus, Hörsturz und Perichondritis.

18.5 Hörminderung/Hörverlust

Hauptproblem im Dienst ist zu erkennen, welcher Pat. einer sofortigen Überweisung zum HNO-Arzt bedarf bzw. in welchen Fällen man selbst eine Therapie einleiten und die Vorstellung beim Facharzt auf den folgenden Tag verschieben kann. Gerade die häufigste Ursache von akuten Hörstörungen und Ohrendruck, verstopfende Zeruminalpröpfe, kann man z.B. meistens selbst behandeln. In der Regel genügt zum Erstellen einer Verdachtsdiagnose der Lokalbefund (Inspektion und Ohrenspiegelung).

18.5.1 Differentialdiagnostische Überlegungen

Häufige Ursachen für akute Hörminderungen

- *Cerumen obturans:* Oft nach Baden oder Duschen plötzlicher Druck im Ohr mit Hörminderung, selten Schmerzen. *Ohrenspiegelung:* Gelblich-braune Masse, die den Gehörgang verlegt.
- *Akuter Tubenkatarrh:* Bei Erkältung auftretende Störung der Belüftung der Mittelohrräume. Durch Schleimhautschwellung bzw. durch Adenoide (bei Kindern) ist das Tubenostium verlegt. Druck, evtl. auch Stechen im Ohr, Schwerhörigkeit, Knacken beim Schlucken. Autophonie (Pat. hört sich selbst), evtl. Ohrgeräusche. *Ohrenspiegelung:* Retrahiertes Trommelfell mit vermehrter Gefäßinjektion, evtl. Sekretspiegel hinter dem Trommelfell sichtbar.
- *Akute Mittelohrentzündung* (Otitis media): Meist bei Nasen-Racheninfekt, seltener nach Trommelfellverletzung. Heftige, pulsierende Ohrenschmerzen, Schwerhörigkeit, gelegentlich Tinnitus, allgemeines Krankheitsgefühl mit Fieber und Kopfschmerzen. *Ohrenspiegelung:* gerötetes, vorgewölbtes Trommelfell, evtl. Spontanperforationen mit Eiterentleerung. Otitis media bei Kindern ☞ 13.2.
- Traumatisch
  - *Trommelfellperforation:* Meist durch Schlag aufs Ohr oder Manipulation im Gehörgang (z.B. Wattestäbchen). Sofort stechender Ohrenschmerz und Schwerhörigkeit. *Ohrenspiegelung:* Sichtbare Trommelfellperforation mit blutigen, nach innen gerollten Rändern.
  - *Knalltrauma, akutes Lärmtrauma und Commotio labyrinthi* (durch stumpfes Schädel-Hirntrauma): Akute Innenohrschädigung mit Schwerhörigkeit und hochfrequentem Tinnitus. Bei Commotio labyrinthi heftiger Drehschwindel und Spontannystagmus.
- *Hörsturz:* Innerhalb von Sekunden bis Stunden auftretende Schwerhörigkeit evtl. mit Tinnitus. *Diagn.*: Klinik. Bei begleitenden Hinweisen auf Infekt (Schwindel, Spontannystagmus) differentialdiagnostisch auch an Labyrinthitis denken (häufig viraler Infekt: Paracentese erforderlich).
- Innenohrschädigung durch Einnahme *ototoxischer Medikamente:* Aminoglykoside (v.a. Gentamicin), Schleifendiuretika, hochdosierte Salizylate > 2 g tägl.), Zytostatika (Cyclophosphamid, Cisplatin), Tuberkulostatika (Streptomycin, Rifampicin). Schwerhörigkeit, anfangs oft nur im Hochtonbereich, Tinnitus, z.T. auch Gleichgewichtsstörungen.

Seltene Ursachen

- Fremdkörper: Häufiger bei Kindern.
- M. Menière: Rez. akuter Ausfall des Gleichgewicht- und Hörorgans durch Vermischung von Endo- und Perilymphe im Innenohr. Trias: Schlagartig einsetzender Drehschwindel mit Spontannystagmus, Hörminderung und Tinnitus. Dauer des Anfalls Minuten bis Stunden.
- Zoster oticus (☞ 20.3): Reaktivierung des Varizella-zoster-Virus im Verlauf der Hirnnerven VII und VIII. Erythem oder Bläschen an der Ohrmuschel, im Gehörgang und am Trommelfell, starke Schmerzen, Schwerhörigkeit bis hin zur Taubheit, evtl. Vestibularisausfall mit Schwindel, Übelkeit, Erbrechen und Spontannystagmus, häufig begleitend periphere Fazialisparese.
- Borreliose: Wochen bis Monate nach Zeckenbiß (Stadium II ☞ 14.6). Akute, z.T. in Schüben verlaufende Hörminderung, häufig Tinnitus, evtl. auch andere neurologische Störungen, z.B. Fazialisparese ein- oder beidseitig. Anamnestisch Zeckenbiß, evtl. gefolgt von Erythema migrans.
- Akute Labyrinthitis:
  - *Bei Mittelohrentzündung* oder Trauma (z.B. Trommelfellperforation, Felsenbeinfraktur) durch direkte Infektion rasch zunehmende Symptomatik mit Ertaubung, begleitendem Schwindel, Übelkeit und Erbrechen, Tinnitus.
  - *Bei Virusinfekten* (z.B. Masern, Mumps, Röteln, Grippe, Zoster): Hörstörungen durch begleitende entzündliche Innenohrschädigung möglich.
- Hörstörungen bei HIV-Infektionen: Gehäuft Hörstürze, auch in Frühphase der Infektion. Im weiteren Verlauf schleichend progrediente Schwerhörigkeit durch HIV-Infektion sowie evtl. akute Labyrinthitis bei opportunistischen Infektionen, z.B. mit Pilzen.
- Zervikal bedingte cochleovestibuläre Funktionsstörung: (☞ 14.3) HWS-Syndrom mit Störungen der vertebrobasilären Durchblutung. Häufig morgens nach dem Aufstehen Tieftonschwerhörigkeit und Tinnitus sowie Schwindel, begleitend Nackenkopfschmerzen.

18.5.2 Pieps – Erste Orientierung am Telefon

Fragen an das Pflegepersonal

- Ausfluß oder Blutung aus dem Ohr?
- Schwindel, Tinnitus oder neurologische Auffälligkeiten? Fieber?

Erste Anweisungen an das Pflegepersonal: Temperatur, RR, Puls.

Dringlichkeit: Erhöht bei Hinweisen auf Durchblutungsstörung oder hohes Fieber, außerdem bei posttraumatischem blutigem oder serösem Ausfluß.

18.5.3 Diagnostisches Vorgehen

Anamnese/Krankenakte

- Akut aufgetretene Hörminderung (z.B. bei Hörsturz), allmählich zunehmend (z.B. durch ototoxische Medikamente)?
- Vorausgehendes Trauma (→ Trommelfellperforation), Infektionskrankheit (→ Tubenkatarrh, Otitis media)? Andere auslösende Ursache, z.B. Reinigung

mit Wattestäbchen (→ Zeruminalpropf, Trommelfellperforation), Wasser im Ohr (→ Cerumen quillt auf)?

- Begleitsymptome: Schwindel (Hörsturz), Schmerzen (z.B. Otitis media), Ohrendruck (Cerumen obturans)?
- Medikamentenanamnese: Ototoxische Substanzen (s.o.)?
- Bekannte HIV-Infektion?

Körperliche Untersuchung mit besonderem Augenmerk auf

- Lokalbefund und Ohrenspiegelung, Nystagmusprüfung (Frenzelbrille)
- Neurologische Untersuchung bei V.a. zerebrale Ischämie (begleitender Schwindel) ☞ 14.1.

18.5.4 Therapeutisches Vorgehen

Initiales Management

- *Cerumen obturans:* Mechanische Entfernung mit Kürette oder Ausspülung mit körperwarmen Wasser. *Cave:* Wenn Trommelfellperforation aufgrund der Klinik (z.B. starke Schmerzen nach vorausgehender Gehörgangsreinigung mit Wattestäbchen) nicht sicher auszuschließen ist, ist Wasserspülung kontraindiziert. Bei stark verhärteten Pfröpfen evtl. vorherige Aufweichung mit Ohrentropfen (z.B. Cerumenex®) → müssen ca. 1 Tag wiederholt angewendet werden.
- *Akuter Tubenkatarrh:* Abschwellende Nasentropfen z.B. Xylometazolin 0,1 % als Dosierspray, ggf. nichsteroidale Antiphlogistika z.B. Paracetamol 1000 mg p.o.
- *Akute Mittelohrentzündung:* Abschwellende Nasentropfen, z.B, Xylometazolin 0,1 % 4 x tägl., Analgesie mit Paracetamol 125–1000 mg p.o. 2–3 x tägl., Antibiotikatherapie z.B. mit Amoxicillin (z.B. Augmentan®) 3 x 750 mg täglich. Bei schwerem Krankheitsbild stationäre Aufnahme. Am nächsten Tag Vorstellung beim HNO-Arzt.
- *Knall- und Lärmtrauma:* Beginn einer Innenohrinfusionstherapie s.u.
- *Hörsturz:* Innenohrinfusionstherapie: Dextran 40 (z.B. Rheomacrodex® 10 %) 500 ml tägl. über 4–6 h mit Zusatz von Pentoxifyllin (z.B. Trental®) 300 mg und Vitamin-B-Komplex (z.B. BVK Roche®) 1 Amp. über 10 Tage. *Cave:* Vor Gabe von Rheomacrodex 1 Amp. Promit® spritzen zur Vermeidung allergischer Reaktionen. Am folgenden Tag Vorstellung bei HNO-Arzt zur Diagnosesicherung.
- Hörstörungen unter Einnahme *ototoxischer Substanzen:* Daran denken, verdächtiges Präparat wenn möglich absetzen (häufig z.B. Tbc-Therapie). Am Folgetag Vorstellung beim HNO-Arzt zum Ausschluß anderer Störungen.
- *Fremdkörper:* Falls nicht problemlos mit Pinzette zu entfernen → Überweisung an HNO-Arzt oder -Ambulanz.
- *M. Menière:* Antiemetika/Anitvertiginosa, z.B. Dimenhydrinat (z.B. VomexA®) 150 mg Supp. oder 10 ml i.v. Innenohrinfusionstherapie (☞ s.o.) Weitere Maßnahmen nach Diagnosesicherung in Absprache mit HNO-Arzt am Folgetag.
- *Zoster oticus:* Zovirax (z.B. Aciclovir®) 5 x 5–10 mg/kg i.v. über 10 Tage. Innenohrinfusionstherapie ☞ s.o.
- Innenohraffektion bei V.a. *Borreliose:* Primär Bestätigung der Verdachtsdiagnose durch Antikörperbestimmung im Serum (im Tagdienst). Antibiotika-

therapie im Stadium II: Cefotaxim 3 x 2 g i.v. tägl. oder Penicillin G 4 x 5 Mio. i.v. tägl. jeweils über 10–14 Tage oder Ceftriaxon (z.B. Rocephin®) 2 x 1 g tägl.
- Hörstörungen im Zusammenhang mit *Virusinfekten:* Innenohrinfusionsther. (☞ s.o.), Hörsturz evtl. Antibiotika zur Prophylaxe einer bakteriellen Superinfektion (z.B. Amoxicillin), sofortige Parazentese!

Sofortige Überweisung zum Facharzt/HNO-Klinik
- Traumatische Trommelfellperforation
- Nach stumpfem SHT mit V.a. Commotio labyrinthi; vor Verlegung schwere neurologische Störungen und Frakturen ausschließen (CCT).
- V.a. akute Labyrinthitis nach Mittelohrentzündung. Evtl. vor Verlegung Beginn einer Breitbandantibiotikatherapie z.B. mit Cefaclor (z.B. Panoral®), Amoxicillin (z.B. Clamoxyl®).

Aufnahme ambulanter Patienten

Ambulante Behandlung ausreichend bei
- Cerumen obturans: Falls Entfernung nicht gelingt, Vorstellung beim HNO-Arzt am nächsten Tag empfehlen
- Akuter Tubenkatarrh
- Leichte Fälle einer Mittelohrentzündung (kein hohes Fieber, keine starke AZ-Beeinträchtigung). Einleitung einer Antibiotikatherapie s.o. und abschwellende Nasentropfen, Vorstellung beim HNO-Arzt bzw. am Wochenende bei Verschlechterung erneute Vorstellung in Ambulanz am Folgetag empfehlen.

Stationäre Aufnahme
- In allen Fällen, in denen eine Infusionstherapie erforderlich ist, sowie bei hochfieberhaften Erkrankungen und AZ-Beeinträchtigung
- Bei schwerer Mittelohrentzündung, Zoster oticus, Hörsturz, Perichondritis.

18.6 Schmerzen und Schwellungen im Mund-Rachenraum

In den meisten Fällen liegt eine harmlose Viruspharyngitis zugrunde, die nur einer symptomatischen Therapie bedarf. Wichtig ist das Erkennen bakterieller Entzündungen, die antibiotisch behandelt werden müssen. Daran denken, daß die Diphtherie in letzter Zeit wieder vereinzelt auftritt.

18.6.1 Differentialdiagnostische Überlegungen

- *Cheilitis:* Lippenentzündung häufig durch thermische Schädigung oder Sonnenbrand, selten bakterielle Infektion.
- *Stomatitis aphtosa* (Gingivostomatitis herpetica): Erstmanifestation einer Infektion mit Herpes-simplex-Virus I, vorwiegend bei Kindern zwischen 1.–7. Lj. Hohes Fieber, starke Schluckbeschwerden, zunächst Schwellung, dann Bläschenbildung in der Mundhöhle (Tonsillen und Pharynx oft nicht betroffen), regionale LK-Schwellung.
- *Herpes labialis:* Exazerbation einer Herpes-simplex-Infektion, begünstigt durch Streß, körperliche Anstrengung, Sonne oder in der Schwangerschaft. Initial lokaler Juckreiz und Spannungsgefühl, dann schmerzhafte Bläschenbildung meist im Oberlippenbereich, selten in der Mundhöhle (Stomatitis).
- *Chronisch-rezidivierende Aphthen:* Meist langjährige Anamnese, Auftreten in Schüben. 2–4 schmerzhafte Mundschleimhautdefekte.
- *Soorstomatitis:* Infektion von Mundschleimhaut und Zunge durch Candida albicans v.a. bei immunsupprimierten Pat. (Tumor- oder HIV-Pat., Kortison oder Zyostatikatherapie). Gerötete Schleimhaut mit mäßig fest haftenden, bei Entfernung blutenden weißen Belägen. *DD Haarleukoplakie,* z.B. bei AIDS oder EBV-Infektion: Leicht erhabene, nicht abwischbare weißliche Beläge.
- *Glossitis:*
  - *Huntersche Glossitis:* Zungenbrennen und entzündliche Rötung bei Vitamin B 12- oder Eisenmangel, z.B. bei chronischem Alkoholismus.
  - *Lingua geographica:* Landkartenartige, ihre Lokalisation wechselnde Erosionen der Zungenoberfläche mit Zungenbrennen. Harmlose Veränderung.
- *Pharyngitis:* Auftreten meist im Zusammenhang mit Atemwegsinfekten. Auslösung bakteriell (meist durch β-hämolysierende Streptokokken der Gruppe A → Scharlach) oder viral (z.B. Influenza- oder Parainfluenzaviren).
  - *Bakterielle Pharyngitis:* plötzlicher Beginn mit Fieber, Kopf- und Halsschmerzen. Bei Rachenspiegelung evtl. Eiterstippchen, bei Scharlach evtl. Exanthem, Himbeerzunge.
  - *Virale Pharyngitis:* Häufig begleitend Husten, Rhinitis oder Konjunktivitis. *Diagn.*: Klinik.
- *Angina tonsillaris:* Akute bakterielle Entzündung der Gaumenmandeln (meist β-hämolysierende Streptokokken, seltener Staphylokokken oder Hämophi-

lus). Geschwollene, hochrote Mandeln mit Eiterstippchen oder -belägen, hohes Fieber, starke Schluckbeschwerden, geschwollene, druckdolente Kieferwinkel-LK.

- *Scharlachangina*: Zusätzlich düsterrotes Enanthem der Mundschleimhaut, evtl. mit petechialen Einblutungen, Himbeerzunge und Scharlachexanthem (Beginn am Oberkörper, periorale Blässe). *Diagn.*: Klinik, Antigendetektionstest auf Streptokokken im Tonsillenabstrich (15 Min.): Fertigabstrich mit Ablesezone (pos./neg.). Blutbild (Leukozytose > 20 000), BSG.
- *Diphterie:* Infektion mit Corynebacterium diphteriae. Schwere Beeinträchtigung mit Kopfschmerzen, Übelkeit, Erbrechen, Schwäche. Nur mäßig hohes Fieber (< 39 °C), süßlicher Mundgeruch. Auf Tonsillen grau-gelbe, bei Entfernung blutende Beläge (Pseudomembranen) mit Übergreifen auf Gaumen, evtl. Gaumensegelparese und blutiger Schnupfen. *Diagn.*: Abstrich mit Anfertigung eines Grampräparates und zum Erregernachweis (Materialabnahme unter Belägen!).
- *Infektiöse Mononukleose* (M. Pfeiffer): Allgemeinerkrankung häufig bei Jugendlichen durch Infektion mit dem Epstein-Barr-Virus. Hohes Fieber (39–40 °C), Schwellung der Kieferwinkel- und Halslymphknoten, erst danach Anginasymptomatik mit Schluckbeschwerden und schwerem Kranheitsgefühl. Gleichzeitig generalisierte LK-Schwellung, Leber- und Milzschwellung, evtl. Ikterus. Hochrote Tonsillen, evtl. mit grauen Fibrinbelägen. Im Blutbild initial Leukopenie, später Leukozytose > 20 000 mit 80–90 % atypischen Lymphozyten, Schnelltest (z.B. Monosticon® Test): Blut im Serumröhrchen abnehmen. Test wird meist im Labor durchgeführt.
- *Angina agranulocytotica:* Entzündung der Tonsillen bei Agranulozytose (☞ 11.2). Tiefe Ulzera der Tonsillen, von schmierigen Belägen bedeckt. Fehlende LK-Schwellung. Genaue Medikamentenanamnese (z.B. Zytostatika, Einnahme von Metamizol oder propyphenazonhaltigen Analgetika). Blutbild mit Diff.-BB. Ther.: ☞ 11.2.2.
- *Peritonsillarabszess:* Ausbreitung einer Tonsillitis auf das umgebende Gewebe. Im Anschluß an Tonsillitis einseitige Zunahme der Schluckbeschwerden, Schmerzausstrahlung in Ohrregion. Hohes Fieber, schmerzhafte LK-Schwellung, kloßige Sprache, evtl. Kieferklemme. Vorausgehende Tonsillitis, Mundhöhlenuntersuchung: einseitige Vorwölbung des Gaumens. Leukozytose > 20 000.
- *Speicheldrüsenschwellungen:* Bei Entzündungen und/oder Steinen (Speichelstau). Betroffen v.a. die Submandibulardrüse. *Diagn.:* Bei Entzündungen Infektionszeichen (Rötung, Fieber). Steine evtl. palpabel, radiologischer Nachweis durch Mundbodennativaufnahme und Ortopantogramm.

18.6.2 Diagnostisches Vorgehen

Anamnese/Krankenakte

- Hinweise auf Infektionskranheit: Klinik, Temperatur, bei stationären Pat. vorliegende Laborwerte: BSG, Diff.-BB.
- Sind Personen in der Umgebung ähnlich erkrankt (Hinweis auf Infektionskrankheit, z.B. Scharlach, Diphtherie)?

- Immunsupprimierter Patient, z.B. Tumor- oder AIDS-Pat. (Soorstomatitis)?
- Medikamente (z.B. Auslöser für Agranulozytose)?

Körperliche Untersuchung mit besonderem Augenmerk auf

- Vitalzeichen: Puls, RR, Atmung
- Inspektion (Lokalbefund, Halsbefund)
- Lymphknoten: Regionale oder generalisierte LK-Schwellung?
- Hepato- oder Splenomegalie?

Weiterführende Diagnostik

- Labor: Blutbild (Leukos), BSG bei V.a. Infektion
- EKG: Bei V.a. Diphtherie
- Bei V.a. Mononukleose Monosticon-Test, Differential-BB (Monozytenanstieg, Leukozytenabfall), evtl. Antigendetektionstest auf Streptokokken. Bei V.a. Diphtherie Abstrich und Gramfärbung (Beurteilung durch Hintergrund)
- Evtl. Sono des Abdomens: Bei V.a. Hepato- und Splenomegalie
- Rachenabstrich auf Candida albicans (für den nächsten Tag).

18.6.3 Therapeutisches Vorgehen

Initiales Management

- *Cheilitis:* Kühlende Kompressen (kaltes Wasser), evtl. auch mit Dexpanthenollösung (z.B. Bepanthen® Roche Lösung). Bei V.a. bakterielle Genese am nächsten Tag Vorstellung beim HNO-Arzt. Evtl. leichte Analgesie ☞ 4.2.
- *V.a. Stomatitis aphthosa:* Ausreichende Flüssigkeitszufuhr. Analgesie, z.B. mit Paracetamol (bei Kindern Dosierung nach 15 mg/kg KG) (☞ 4.2), lokale Spülung mit Kamillelösung, Myrretinktur oder Anästhesie mit Xylocain®-Spray. Diagnosesicherung am folgenden Tag durch HNO-Arzt.
- *Herpes labialis:* Im Vor-Bläschen Stadium Aciclovir-Salbe (z.B. Zovirax®). Im Bläschenstadium Trockenpinselungen mit Vioform®.
- *Chronisch-rezidivierende Aphthen:* Mundspülungen mit Kamille- oder Myrrhe-Tinktur, lokale Pinselung mit Gentianaviolett 1 %, ggf. Kortisonhaftsalbe (z.B. VolonA-Haftsalbe®).
- *V.a. Soorstomatitis:* Mundspülung mit AmphotericinB (z.B Ampho-Moronal®) -Suspension. Nach dem Spülen die Suspension herunterschlucken, um Ösophagitis zu vermeiden.
- *Hunterglossitis:* Keine Akuttherapie. Im Tagdienst Blutbild, evtl. Bestimmung von Vitamin B12 und Eisenspiegel zur Diagnosesicherung, dann Therapie der Grundkrankheit.
- *Lingua geographica:* Keine Therapie erforderlich, bei starkem Zungenbrennen evtl. Spülungen mit Kamille- oder Myrrhetinktur.
- *Akute Pharyngitis:* Bei V.a. virale Genese (häufig): symptomatische Schmerzlinderung, z.B. mit ASS 3 x 500 mg tägl., reichliches Trinken warmer Flüssigkeiten („heiße Milch mit Honig"). Bei V.a. bakterielle Genese (selten): Penicillin V (z.B. Megacillin®) 4 x 1 Mega IE oral tägl. Bei bakterieller Superinfektion: z.B. Anästhesin®-Tbl. und Otriven®-Trpf.

- *Angina tonsillaris und Scharlachangina:* Isolierung, Bettruhe, Urinstatus zum Ausschluß einer Begleitnephritis, Abstrich zur Keimsicherung. Antibiotikatherapie mit Penicillin (z.B. Megacillin®) 4 x 1 Mega IE p.o. tägl. Ggf. Analgetika, z.B. Paracetamol, Diclofenac (☞ 4.2), weiche Kost.

- *V.a. Diphtherie:* Sofortige Isolierung, strenge Bettruhe. Gabe von Diphtherie-Antitoxin: Hauttest (Intracutantest) zum Ausschluß einer allergischen Reaktion, dann 200–1000 IE/kg i.v. oder i.m. Penicillin G 1,2 Mio. IE i.m. tägl. über 7–10 Tage (bei Kindern 200 000 IE), bei Penicillinallergie Erythromycin 20–50 mg/kg 1 x tägl. EKG zum Ausschluß einer toxischen Myokarditis, Urinstatus zum Ausschluß einer Begleitnephritis. Meldepflicht.

- *V.a. infektiöse Mononukleose:* Bettruhe, Mundspülungen mit Kamille. Symptomatische Behandlung der Schmerzen und des Fiebers, z.B. mit Paracetamol. Zur Verhinderung einer bakteriellen Superinfektion evtl. Penicillin V (z.B. Megacillin®) 4 x1 Mega IE p.o. Vorsichtige Untersuchung auf Splenomegalie (Gefahr der Milzruptur), evtl. Sono.

- *V.a. Peritonsillarabszeß:* Penicillin G (z.B. Penicillin G Hoechst®) 3–4 x 1 Mega IE in 50 ml 5 % Glukoselösung als Kurzinfusion. Am nächsten Tag Klärung der OP-Indikation.

- *V.a. bakterielle Speicheldrüsenentzündung:* Gabe eines speichelgängigen Antibiotikums, z.B. Spiramycin (z.B. Selectomycin®) 2 x 2 Kapseln tägl., Förderung des Speichelflusses, z.B. mit Kaugummi, sauren Drops.

- *V.a auf Speichelstein:* Bei Schmerzen Analgesie z.B. mit Paracetamol (☞ 4.2) und lokalen Umschlägen. Am Folgetag Vorstellung beim HNO-Arzt zur Klärung einer OP-Indikation, Antibiose.

Hintergrund

Die Einschaltung des Hintergrundes empfiehlt sich v.a. bei Verdacht auf Diphterie.

Aufnahme ambulanter Patienten

Stationäre Aufnahme in allen Fällen, die einer parenteralen antibiotischen Therapie bedürfen, außerdem bei ausgeprägten Schwellungen zur Überwachung (Atmung). Bei V.a. Mononukleose bei Vorliegen einer Splenomegalie.

Fußangeln und Fingerzeige

- Vor Einsatz von Penicillin genau nach evtl. Allergie erkundigen. Bei erster Gabe Pat. streng auf Hinweise für allergische Reaktion achten. Ausweichpräparat: Erythromycin
- Bei V.a. infektiöse Mononukleose kein Ampi- oder Amoxicillin verordnen, da Exanthemgefahr
- Keine ASS zur Analgesie, falls Tonsillektomie erforderlich wird. Stattdessen z.B. Ibuprofen (Imbun®) 400–800 mg Tabl.

Dorothee Bergfeld

19 Ophtalmologie

19.1 Untersuchungsmethoden

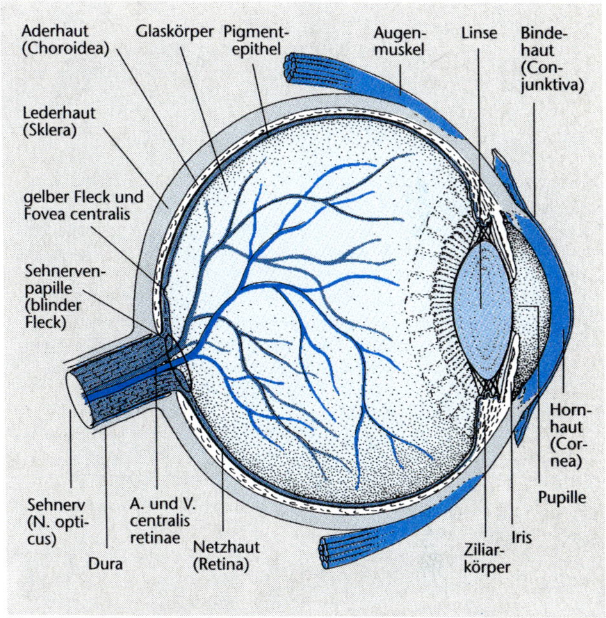

Abb. 19.1: Anatomie des Auges

Orientierende Untersuchungen

Visus

Vergleich mit eigenem Sehvermögen, z.B. mit Hilfe einer Zeitung: Zur Überprüfung der Nahsicht Text lesen lassen, zur Überprüfung der Fernsicht Überschriften aus unterschiedlichem Abstand lesen lassen. Wenn Pat. keine Buchstaben entziffern kann: Prüfung, ob er im Abstand von 30 cm Finger zählen kann, ob Handbewegungen erkannt werden, ob er hell/dunkel unterscheiden kann.

Gesichtsfeld

Pat. deckt ein Auge ab und fixiert mit dem anderen das gegenüberliegende Auge des Untersuchers. Dieser bewegt einen Gegenstand (z.B. Finger oder Wattebausch) von außen nach innen in die Ebene zwischen sich und Patient. Normalerweise muß der Pat. den Gegenstand zum gleichen Zeitpunkt wie der Untersucher wahrnehmen.

Inspektion der Augen

- Symmetrie, Ex- oder Enophthalmus, Schwellungen, Rötungen, Tränenfluß ↑
- Palpation des Bulbus: Bei geschlossenen Augen ist der Augapfel normalerweise mit den Spitzen beider Zeigefinger fluktuierend eindrückbar (evtl. Vergleich mit eigenem Auge)
- Inspektion der Pupillen auf Seitengleichheit (Isokorie), Rundung, Weite.

Inspektion: Befunde und ihre DD

- *Anisokorie:* Angeboren (→ erhaltene Pupillenreaktionen s.u.), bei erhöhtem Hirndruck mit Schädigung des N. oculomotorius (→ gestörte/aufgehobene Pupillenreaktionen) ☞ 12.1.2
- *Pupillenentrundung:* Contusio bulbi, Ganglionitis und Reizungen bei Nasennebenhöhlenprozessen oder Operationen
- *Mydriasis:* Medikamente (Atropin, Adrenalin), Glaukomanfall, Contusio bulbi und (wichtig!) Einklemmen von Temporallappenanteilen in den Tentoriumsschlitz bei epi- oder subduralem Hämatom mit direkter Schädigung der N. oculomotorius
- *Miosis:* Medikamente (Pilocarpin, Morphinderivate), Iridozyklitis, Horner-Syndrom.

Pupillenreaktionen

- *Akkomodation:* Pat. fixiert Bleistift, der aus größerer Entfernung (ca. 50 cm) allmählich auf seine Nase zugeführt wird → Pupillenverengung bei der Konvergenzreaktion, Störungen der Konvergenzreaktion durch Lähmung des M. sphincter pupillae, Akkomodationsstörungen (immer einseitig prüfen!) bei Lähmungen des M. ciliaris, Störungen von Akkomodation und der Konvergenzreaktion bei Ophthalmoplegia interna (z.B. bei Störungen an der Hirnbasis, z.B. Schädelbasisfraktur, subdurales Hämatom, basale Meningitis.)
- *Lichtreaktion:* Am besten im abgedunkelten Raum Lichtquelle rasch auf ein Auge schwenken
  - Direkte Lichtreaktion: Pupillenverengung am stimulierten Auge
  - Konsensuelle Lichtreaktion: Pupillenverengung am anderen Auge
  - *Mögliche Ursachen einer gestörten Lichtreaktion:* Amaurotische Pupillenstarre (fehlende direkte, erhaltene konsensuelle Lichtreaktion), reflektorische Pupillenstarre (Argyll-Robertson-Phänomen mit herabgesetzter oder fehlender direkter und konsensueller Lichtreaktion bei überschießender Konvergenzreaktion), absolute Pupillenstarre (fehlende Licht- und Konvergenzreaktion z.B. bei Leitungsunterbrechungen des N. oculomotorius durch Entzündungen oder Schädelbasisfrakturen). Pupillotonie bei Denervation des M. sphinkter pupillae (kommt noch Areflexie der unteren Extremitäten hinzu, handelt es sich um das Adie-Syndrom).

Augenmuskelfunktion

Pat. soll vorgehaltenen Bleistift fixieren und ohne Drehung des Kopfes diesem nachschauen: Nach lateral (M. rectus lateralis), nach medial (M. rectus medialis), nach lateral oben (M. rectus superior), nach lateral unten (M. rectus inferior), nach medial oben (M. obliquus inferior), nach medial unten (M. obliquus superior).

Nystagmus

Z.B. *Blickrichtungsnystagmus* bei Blick in bestimmte Richtung, *Lagenystagmus* bei bestimmter Kopfhaltung, *Spontannystagmus* bei Hirnstammsyndrom. Wenn der Pat. extrem zur Seite blickt, evtl. physiologischer *Endstellungsnystagmus*.

Ektropionieren des Augenlides

Oberflächenanästhesie z.B. mit Oxybuprocain (z.B. Novesine® 94 %, 1–2 Trpf.), Wattestäbchen bereitlegen. Pat. bei leicht geöffnetem Auge nach unten schauen lassen. Wattestäbchen ca. 1 cm oberhalb des Lidrandes anlegen, Wimpern des Augenlides mit Daumen und Zeigefinger fassen. Spitze des Wattestäbchens nach unten drücken (Druck auf Lid, nicht auf Bulbus ausüben), Wimpern zum oberen Orbitarand hochziehen → Oberlid wird nach außen gestülpt.

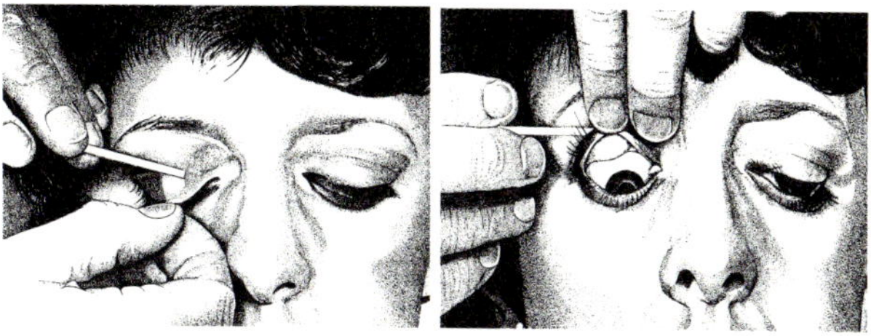

Abb. 19.2: Ektropionieren des Oberlides

Augenspiegelung

Durchführung nur bei entsprechender klinischer Erfahrung mit Kenntnis der zu erwartenden Befunde sinnvoll.

Vorbereitung zur Untersuchung

Raum abdunkeln, Pat. Brille oder Kontaktlinsen ab- bzw. herausnehmen lassen. Im allgemeinen kann die Netzhaut ohne Erweiterung der Pupille inspiziert werden. Keine Mydriatika bei V.a. Glaukom (s.u.), bei Augapfelprellung sowie bei neurologischen Auffälligkeiten (V.a. intrakranielles Hämatom, Bewußtseinstrübungen).

Durchführung

Für die Untersuchung des rechten Auges auf rechte Seite des Pat. stellen, Ophthalmoskop in rechter Hand, mit rechtem Auge gucken. Für Untersuchung des linken Auges umgekehrt.

- Prüfung der *Transparenz von Hornhaut, Linse, Glaskörper:* Einstellschraube für die Linse auf 0 stellen, Pat. gegenüberliegende Wand fixieren lassen,

Lichtstrahl in einem Winkel von ca. 15° auf Pupille richten. Bei klarer optischer Achse: Licht wird leuchtend orange-rot von der Retina reflektiert.

- *Inspektion der Retina:* Ophthalmoskop vor Patientenauge führen, Einstellung der Retina durch Drehen an der Linseneinstellschraube: bei myopem Pat. Schraube in den negativen Dioptriebereich drehen (rot), bei hyperopen Augen in den positiven Dioptriebereich (schwarz).
- *Papille:* Einstellung durch Verfolgung der Gefäßverzweigungen zum Ursprung zurück. Normalbefund: Rund oder vertikal oval, blaß gelblich bis zart rosa, nasalwärts etwas dunkler, zentrale Exkavation ist physiologisch.
- *Retinagefäße*: Arteriolen hellrot, breiter Lichtreflexstreifen, Venolen dicker und dunkler. Normalbefund: Gefäßweite Arteriole : Venole = 2 : 3. Keine Kaliberschwankungen an Schnittstellen.
- *Retina-Hintergrund*: Normalbefund gleichmäßig orangefarben.
- *Makula*: Liegt ca. 2 Papillendurchmesser temporal der Papille. Einstellung: Pat. in Lichtquelle blicken lassen. Normalbefund: etwa papillengroß, querovaler bräunlicher Fleck, in der Mitte Fovea centralis.

Bei Unerfahrenheit im Augenspiegeln und dringender Indikation erfahrenen Kollegen hinzuziehen.

19.2 Akute Augenschmerzen

Akute Augenschmerzen treten bei akutem Glaukom oder entzündlichen Augenveränderungen auf. Hier muß sofort behandelt werden, eine notfallmäßige Vorstellung beim Augenarzt ist meist sinnvoll.

19.2.1 Differentialdiagnostische Überlegungen

Akutes Glaukom

Meist einseitige anfallsartige Erhöhung des Augeninnendrucks auf 50–80 mmHg (normal < 22 mmHg) durch Abflußsperre des Kammerwassers. Prädisposition: Hyperopie, höheres Alter, Streß. Sekundäres Glaukom z.B. durch Trauma (z.B. Linsenluxation), Blutung (z.B. bei Diab. mell.) oder Tumoren. Evtl. Nebel- oder Farbringe-Sehen als Prodromi. Kopfschmerzen, Trigeminusschmerzen, Übelkeit, Erbrechen, evtl. Fieber, Schüttelfrost. Lokalsymptome: Visusverschlechterung, Druckmydriasis (Pupille einseitig weit und lichtstarr), Hyperämie der Bindehaut, steinharter Bulbus. *Diagn.:* Klinisch. *DD:* Konjunktivitis (hier aber regelrechtes Pupillenspiel beidseits), Iritis (engere Pupille auf der befallenen Seite, selten steinharter Bulbus).

Entzündungen von Lidern und Tränenorgan

- *Zoster ophthalmicus* ☞ 20.4
- *Hordeolum* (Gerstenkorn): Durch Strepto- oder Staphylokokken ausgelöste Entzündung der Talg- oder Schweißdrüsen der Lidränder. Lidödem, hochrote Vorwölbung des Lidrandes, später Eiterhof.

- *Lidabszeß:* Auslösend z.B. Verletzungen oder metastatische Absiedelungen bei Eiterherden (z.B. Osteomyelitis). Rötung und fluktuierende Schwellung des Lides, Verengung der Lidspalte bis zum Verschluß.
- *Akute Dakryozystitis:* Infektiöse Entzündung des Tränensackes. Hochrote schmerzhafte Schwellung am medialen Augenrand, Begleitödem von Lid und Nasenrücken.
- *Akute Dakryoadenitis:* Entzündung der Tränendrüse, häufig metastatisch bei Infektionskrankheiten z.B. Scharlach. Druckschmerzhafte Schwellung des Oberlides, hängt bogenförmig nach temporal („Paragraphenform"). Beim Anheben des Oberlides Hervortreten der geschwollenen Tränendrüse.

Akute Konjunktivitis (Entzündung der Bindehaut)

Formen

- Nichtinfektiöse Ursachen: Fremdkörper, Strahlung (UV), Verätzung, Verbrennung
- Allergisch: Heuschnupfen
- Infektiös: Bakterien (z.B. Pneumo-, Strepto-, Staphylo-, Gonokokken, Diphtherie), Viren (Herpes-simplex, Keratoconjunctivitis epidemica-Virus, Masern, Röteln, Influenza), Chlamydien.

Klinik und Diagnostik

- Jucken, Brennen, Fremdkörpergefühl, Rötung. Ausgeprägte Form: Lichtscheu, Lidkrampf, vermehrte Tränenbildung, Schwellung des Bindegewebes
- Bei *bakterieller Infektion* massive Rötung, oft bretthartе Lidschwellung, eitrige Sekretion
- Bei *Diphtherie* graugelbe Membranen auf der Bindehaut, Allgemeinsymptome ☞ 18.7
- Bei bakterieller Konjunktivitis unbedingt Grampräparat zum Erkennen einer Gonokokkeninfektion (Einschmelzung und Perforation der Hornhaut binnen Stunden möglich) → gramnegative, intrazellulär gelegene Diplokokken.

Keratitis (Entzündung der Hornhaut)

Formen

- Nichtinfektiöse Ursachen: Liderkrankungen mit unvollständigem Lidschluß (z.B. bei Fazialisparese), exogene Schädigung (Strahlen, Gase), mangelhafte Tränensekretion. Sonderform: *Keratoconjunctivitis photoelectrica*: Nach Schweißen oder Höhensonne mit Latenzzeit von 6–12 h. Schmerzen, Lidkrampf, Tränen, Lichtscheu, Fremdkörpergefühl.
- Bakteriell-infektiös (*Ulcus corneae serpens)*: Meist Infektion mit Pneumo-, Strepto- oder Staphylokokken. Schmerzhafter Lidkrampf, Tränen, Lichtscheu, Visusverschlechterung, grauweiße Scheibe in Hornhautmitte (Ulkus), evtl. Eiterbildung in Vorderkammer. Diagn.: Klinik, Abstrich von Sekret und Ulkus.
- *Keratomykose:* Auslösend oft Gabe von kortisonhaltigen Augentropfen. Häufig auch bei Kontaktlinsenträgern und nach Verletzungen im landwirtschaftlichem Bereich. Grauweißes Ulkus evtl. mit Satellitenherden. *Diagn.:* Klinik, Abstrich.
- *Viruskeratitis:* In der Regel durch Herpes-simplex-Virus. Beginn mit stippchenförmigen grauen Epithelflecken (Ceratitis punctata), astförmiges Weitersprossen (Ceratitis dendritica). Herabgesetzte Sensibilität, daher oft nur geringe Schmerzen. Bei Weiterfortschreiten Ulkusentstehung möglich.

Akute Iridozyklitis

Entzündung der Regenbogenhaut. Schmutzig-graue Verfärbung der Iris, Schwellung, Schmerzen, Lichtscheu, Visusverschlechterung, Reizmiosis. *Komplikation:* Synechien (Verwachsung von Iris und Linse).

Orbitalphlegmone

Nach Verletzungen oder fortgeleitet bei Sinusitis, Gesichtsfurunkel oder Eiterung der Zähne, selten metastatisch bei Sepsis. Schmerzen, Fieber, pralle Schwellung des Lides, Exophthalmus. Komplikationen: Sinus-cavernosus-Thrombose, Meningitis ☞ 14.5

Migräne: Häufig begleitende Augenschmerzen ☞ 14.2.

19.2.2 Pieps – Erste Orientierung

Fragen an das Pflegepersonal

Begleiterscheinungen: Kopfschmerzen, Visusverschlechterung, Fieber, Sekretion aus dem Auge?

Dringlichkeit

Bei V.a. akutes Glaukom, Verätzungen (☞ 19.4), Orbitalphlegmone (Lebensgefahr!).

19.2.3 Diagnostisches Vorgehen

Erhebung des Lokalbefundes (☞ 19.1)

- Inspektion: Rötung, Schwellung, Sekretion, Auflagerungen etc.
- Palpation der Bulbi (steinhart bei Glaukom)
- Pupillenreaktionen.

Anamnese/Krankenakte

- Bekannte Augenerkrankungen, z.B. Glaukom?
- Auslöser z.B. starke Sonnenexposition, Höhensonne?
- Hinweise auf infektiöses Geschehen mit Augenbeteiligung?

Weiterführende Diagnostik

Labor: BSG, Abstrich bei Sekretion, Grampräparat bei V.a. Diphtherie.

19.2.4 Therapeutisches Vorgehen

Initiales Management

- *Akuter Glaukomanfall:* Acetazolamid (z.B. Diamox®)500 mg i.v., falls keine internistischen KI lokale β-Blocker z.B. Timolol (z.B. Timohexal® 0,5 %) 1 Tropfen, Pilocarpin (z.B. Pilocarpol®) 1 % Augentropfen. Evtl. Schmerzmittel (z.B. Dolantin®) 25–50 mg i.m. Danach sofortige Überweisung in fachärztliche Behandlung.
- *Hordeolum:* Rotlicht, Augensalben mit Biprocathol z.B. (Noviform® 1 % oder 2 %) 3–5 x tägl. 5 mm langen Salbenstrang in Bindehautsack. Meist Eiterentleerung durch Spontanperforation. Bei ausgeprägtem Befund Vorstellung beim Augenarzt am Folgetag.

- *Lidabszeß:* Bei ausgeprägtem Befund sofortige Vorstellung beim Augenarzt, sonst am nächsten Tag.

- *Dakryozystitis:* lokale Wärme, Umschläge (z.B. mit Rivotril® 2 %), lokale Antibiotika (z.B. Gentamicin® Augentropfen/Salbe stdl.), bei ausgeprägten Befunden systemische Antibiose z.B. mit Flucloxacillin (Staphylex®) 3 x 1 g oder Cephalosporin-Antibiotika i.v. (☞ 22.1.2). Bei massiven Befunden rasche Vorstellung beim Spezialisten, spätestens am nächsten Tag.

- *Dakryoadenitis:* Wärme, lokale Antibiotika, z.B. Gentamicin (z.B. Refobacin® oder Polyspectran®). Bei massiven Befunden ggf. auch systemische Antibiose (☞ Dakryozystitis).

- *Akute nichtinfektiöse Konjunktivitis*
  - Ggf. Fremdkörper entfernen.
  - Behandlung von Verbrennungen/Verätzungen ☞ 19.4.
  - Bei allergischer Genese Levocabastin (Levophta®) 1 x 1 Trpf., prophylaktisch evtl. Cromoglicinsäure, z.B. Cromohexal® 3–4 x 1 Trpf. tägl. Evtl. lokale Steroide wie Dexamethason (z.B. Isopto-Dex®) und systemische Antihistaminika, z.B. Dimetinden (z.B. Fenistil®) 1 Dragee.
  - Symptomatische Ther. des Juckreizes und Brennens, z.B. mit Vasokonstriktiva wie Naphazolin (z.B. Proculin®) oder Phenylephrin (Visadron®).
  - *Keratitis photoelectrica:* Binokularverband für 6–12 h, Bettruhe.
  - Vorstellung beim Augenarzt am Folgetag.

- *Akute bakterielle Konjunktivitis:* Sekretabstrich zum Erregernachweis. Lokal Antibiotika in Tropfen- oder Salbenform (Tropfen tags, Salbe nachts), z.B. Gentamicin (z.B. Gentamytrex® Augensalbe oder Augentropfen), Neomycin und Polymyxin (z.B. Polyspectran® Augentropfen/Salbe).

- *Keratitis photoelectrica:* Vitamin-A-haltige Augensalbe (z.B. Regepithel®) oder Dexpanthenol-haltige Augensalbe (z.B. Bepanthen®). Lokalanästhetika, z.B. Proxymetacain (Chibro-Kerakain®) nur 1 x Trpf. Nicht verschreiben oder mitgeben (Kunstfehler!). Systemische Analgetika ☞ 4.2. Pat. auf die Dauer der Symptomatik bis zu 24–36 h hinweisen.

- *Keratomykose:* Natamycin (z.B. Pima Biciron N®) Augentropfen oder andere selbsthergestellte antimykotische Tropflösung nach Erregerlage. Rasche Vorstellung beim Augenarzt, spätestens am Folgetag.

- *Herpes-simplex-Keratitis:* Virostatische Augentropfen (z.B. Triflurthymidin-Augentropfen®) 1 Trpf. alle 3 h, Vorstellung beim Augenarzt am Folgetag.

- *Akute Iridozyklitis:* Pupillenerweiterung mit Atropin 1%ig und Scopolamin, z.B. Scopolamin Augenöl. Kortison als Tropfen (z.B. Dexa-sine® Augentropfen) oder Salbe (z.B. Isopto-Dex®). Sofortige Überweisung zum Spezialisten.

- *Ulcus corneae serpens:* Erregerabstrich vor Antibiose, Mydriasis mit Atropin Augentropfen 1%ig, lokale Antibiotikabehandlung mit Gyrasehemmer (z.B. Floxal®) Augentropfen 2 stdl. oder Gentamicin (z.B. Refobacin®). Sofortige Überweisung an Facharzt.

- *Bei V.a. Gonokokken- oder Diphtheriekonjunktivitis:* Sofortige Isolierung des Pat., Schutz des nichtinfizierten Auges mit Uhrglasverband. Abstrich durchführen. Abspülen des Eiters mit lauwarmer NaCl-Lösung. Sofortige Überweisung in Augenklinik. Bei Gonokokkenkonjunktivitis Lokaltherapie mit Gentamicin Augentropfen stdl.

- *Orbitalphlegmone:* Systemische Antibiotikabehandlung mit Cephalosporin (z.B. Rocephin®) und Aminoglykosid (z.B. Refobacin®) i.v. (☞ 22.1.2). Sofortige Überweisung an Facharzt, bei ausgeprägten Formen ist ein chirurgisches Vorgehen mit Sanierung der Nasennebenhöhlen indiziert.

Sofortige Überweisung an Facharzt/Augenklinik
bei akutem Glaukomanfall, ausgeprägtem Lidabszeß, akuter Iridozyklitis, Ulcus corneae serpens, V.a. Gonokokken- oder Diphteriekonjunktivitis, Orbitalphlegmone.

Aufnahme ambulanter Patienten

Ambulante Behandlung in der Regel ausreichend bei Hordeolum sowie nichtinfektiöser oder allergischer Konjunktivitis. Bei V.a. infektiöse Genese evtl. Aufnahme bei sehr ausgeprägtem Krankheitsbild, ansonsten nach Einleitung einer lokalen antibiotischen Behandlung Entlassung bzw. Überweisung (s.o.). Vorstellung beim Facharzt am Folgetag.

Fußangeln und Fingerzeige

- Beim akuten Glaukom können die Allgemeinsymptome (Übelkeit, evtl. sogar Vernichtungsgefühl) so im Vordergrund stehen, daß die Lokalsymptome (Visusverlust) unbeachtet bleiben. Unbedingt an Glaukom denken bei einseitiger Rötung eines Auges, weiter reaktionsloser Pupille und steinhartem Bulbus.
- Entzündungen der Bindehaut betreffen meist beide Augen. „Einseitige Konjunktivitis“ ist eine häufige Fehldiagnose, bei einseitiger Rötung des Auges nach anderen auslösenden Ursachen suchen.
- Bei bakterieller Konjunktivitis kann das gestaute Sekret beim Öffnen der Lidspalte spritzen, Schutzbrille aufsetzen!
- Bei bakterieller Konjunktivitis mit ausgeprägtem Befund Abstrich vor der antibiotischen Therapie durchführen!

19.3 Akute Sehstörungen/ Visusverlust

Einem schlagartigen Visusverlust liegen meist Durchblutungsstörungen zugrunde. Sofort erkannt werden muß der *akute Zentralarterienverschluß* und das *akute Glaukom*. Sehstörungen können weiterhin auf internistische Störungen, z.B. Hypertonie, hindeuten. Bei V.a. Amaurosis fugax muß der Patient wie bei anderen TIAs sofort behandelt werden ☞ 14.7.

9.3.1 Differentialdiagnostische Überlegungen

- *Akutes Glaukom* ☞ 19.2.1
- *Amaurosis fugax:* Vorübergehende Durchblutungsstörung der Retina mit Erblindung durch Mikroembolien, meist bei Stenosen der A. carotis interna. Evtl. Vorbote einer ausgedehnten zerebralen Ischämie ☞ 14.7
- *Verschluß der Zentralarterie:* Embolisch (z.B. bei Endokarditis), thrombotisch (z.B. bei Hypertonus oder Arteriosklerose), funktionelle Spasmen (z.B. unter Ovulationshemmern bei Raucherinnen), selten durch Hypotonie. Plötzlicher Sehverlust. Augenspiegelung: milchigweißes Ödem der Netzhautmitte, blutleere, fadendünne Retinagefäße, Fovea imponiert als kirschroter Fleck.
- *Verschluß der Zentralvene:* Meist thrombotisch bei Hypertonie, Gefäßsklerose, allergischen Vaskulitiden, Nikotinabusus. Rasch progredienter Visusverlust.
  - Augenspiegelung: Hämorrhagisch verfärbte, ödematöse Papille, Stauung und Schlängelung der Venen, punktförmige Blutungen in Retina. *Komplikation:* Hämorrhagisches Sekundärglaukom, frühestens 4–6 Wochen nach dem Primärereignis.
  - Sonderform: Venenastthrombose: Veränderungen auf das Einzugsgebiet einer Vene beschränkt (keilförmig).
- *Chorioretinitis:* Ader-, Netzhautentzündung z.B. bei Toxoplasmose oder Syphillis. Bei Einblutung in die Makula plötzlicher Visusverlust möglich. *Diagn.:* Zeichen einer auslösenden Infektionskrankheit. Augenspiegelung: In der Retina verstreut liegende Entzündungsherde.
- *Arteriitis temporalis:* In 50 % Augenbeteiligung durch ischämisches Papillenödem oder Zentralarterienverschluß. Weitere Klinik und Ther. ☞ 14.2.
- *Neuritis nervi optici:* Zahlreiche Auslöser: Multiple Sklerose, entzündliche ZNS-Erkrankungen (z.B. Meningitis), Infektionskrankheiten (z.B. Scharlach, Masern, Grippe, Tuberkulose), Zirkulationsstörungen, lokale Entzündungen (z.B. Orbitaphlegmone, Chorioiditis). Herabgesetzte Sehschärfe und Adaptation, zentrale Gesichtsfeldausfälle, herabgesetzte Lichtreaktion der Pupille (Leitsymptom mit gleichzeitiger Sehminderung). Evtl. Schmerzen bei Bewegung der Augen. *Augenspiegelung:* Hyperämie, ödematöse Schwellung (Prominenz 1–2 Dioptrien, DD Stauungspapille > 3 Dioptrien). Bei primär retrobulbärem Nervenbefall normales ophthalmoskopisches Bild.

- *Toxische Neuropathie:* z.B. durch Methylalkohol, Chinin, Chloroquin (Malariaprophylaxe), Chloramphenicol, Ethambutol, Streptomycin, Isoniazid sowie toxische Amblyopie durch Tabak-Alkohol-Mißbrauch. Symptomatik: Störung des Farbensehens im Rot-Grün-Bereich, Gesichtsfeldausfälle, Sehminderung, Optikusblässe.
- *Netzhautablösung:* Prädisponierend Myopie, höheres Alter. Lichtblitze, „schwarzer Regen", subjektiv bemerkter Gesichtsfeldausfall. *Augenspiegelung:* Retina im Abhebungsbereich grau. Geknickt verlaufende Retinagefäße am Ablösungsrand. Sofortige Vorstellung beim Facharzt (spätestens Folgetag).
- *Hypertensive Krise:* Häufig Sehstörungen (Verschwommensehen) bei hypertensiver RR-Entgleisung ☞ 6.4.
- *Visusverlust durch Medikamentennebenwirkung:* Digitalisintoxikation → insbesondere Gelbsehen (☞ 6.2); Barbiturate, Benzodiazepine → Doppelbilder, Nystagmus; Chloraldurat, Phenytoin → Verschwommensehen, Doppelbilder; Opiate → Miosis, Verschwommensehen, Kurzsichtigkeit; Kortikosteroide → Kurzsichtigkeit, Miosis, Exophthalmus, selten auch Glaukom; orale Kontrazeptiva → Optikusneuritis, Zentralarterien/-venenverschluß.

19.3.2 Pieps – Erste Orientierung

Fragen an das Pflegepersonal

Begleitsymptome: Weitere neurologische Ausfälle? Hinweise auf Infektionskrankheit (Fieber)?

Erste Anweisungen an das Pflegepersonal: RR, Temperatur.

Dringlichkeit

Zur raschen Behandlung einer evtl. Ischämie Pat. mit plötzlicher Visusminderung so schnell wie möglich anschauen.

19.3.3 Diagnostisches Vorgehen

- RR: Zerebrale Durchblutungsstörung durch Hypo- oder Hypertonie?
- Orientierende Überprüfung der Sehschärfe, Pupillenreaktionen ☞ 19.1
- Augenspiegelung (nur durch erfahrenen Untersucher, evtl. Hintergrund)

Anamnese/Krankenakte

- Risikofaktoren für Arteriosklerose (→ Gefäßverschluß, Amaurosis fugax)?
- Bekannte extrakranielle Gefäßstenosen? Mögliche Emboliequellen, z.B. Endokarditis oder absolute Arrhythmie?
- Medikamente: ☞ 19.3.1
- Hinweise auf entzündliche ZNS-Erkrankung: Fieber, Meningismus ☞ 14.5.

Körperliche Untersuchung mit besonderem Augenmerk auf

Herz/Kreislauf: Strömungsgeräusche über Herz (Endokarditis), absolute Arrhythmie? Strömungsgeräusche über den Karotiden? Druckschmerz oder Verhärtung der A. temporalis?

Orientierende neurologische Untersuchung ☞ 14.1

Weiterführende Diagnostik

Labor: BSG, Blutbild (Leukos) bei V.a. Entzündung. EKG bei V.a. absolute Arrhythmie.

19.3.4 Therapeutisches Vorgehen

Initiales Management

- *Akutes Glaukom* ☞ 19.2.4
- *Amaurosis fugax:* Behandlung wie TIA
- *Verschluß der Zentralarterie:* „Wiederbelebungszeit" der Netzhaut 60–120 Min. Bei Verdacht sofortige Diagnosesicherung durch Spezialisten (Rücksprache mit Hintergrund). Bei gesichertem Zentralarterienverschluß unter Beachtung der üblichen Ausschlußkriterien systemische Fibrinolyse mit Streptokinase (☞ 22.2). Weitere Ther. in Absprache mit Ophthalmologen.
- *Verschluß der Zentralvene:* Diagnosesicherung durch Facharzt. Hämodilution bei hohem Hämatokrit, Infusion von Kortison 50 mg und Pentoxyfyllin (Trental®) 400 mg. Augendrucksenkung mit lokalen β-Blockern (z.B. Vistagan®) 0,5 % 1 Trpf. oder Azetazolamid (z.B. Diamox®) 250 mg. Hinweis: Therapien sehr verschieden und in

- *V.a. Chorioretinitis:* Diagnosesicherung durch Spezialisten (Folgetag). Ther. der Grundkrankheit.
- *V.a. Neuritis nervi optici:* Akute Behandlung lokal auslösender entzündlicher Erkrankungen (☞ 19.2). Bei unklarer Genese Ursachensuche und Vorstellung beim Augenarzt für die folgenden Tage veranlassen (Tumorausschluß).
- *V.a. Netzhautablösung:* Spätestens am Folgetag Vorstellung in Augenklinik zur Frage operativer Maßnahmen.
- *V.a. toxische Neuropathie oder Medikamentennebenwirkung:* Absetzen auslösender Medikamente (z.B. Chloroquin). Bei akuter Intoxikation Entgiftungsmaßnahmen (Magenspülung etc. ☞ 3.6). Vitalfunktionen überwachen.
- Digitalisintoxikation ☞ 6.2.

Aufnahme ambulanter Patienten

Falls keine akute Verlegung in Fachabteilung erforderlich ist, bei unklarem Visusverlust stationäre Aufnahme zur Ursachensuche und Überwachung → zerebrale Ischämie?

Fußangeln und Fingerzeige

- Bei plötzlichem Sehverlust immer an zerebrale Ischämie denken.
- Bei Sehverlust mit Kopfschmerzen sofortige BSG zum Ausschluß einer Arteriitis temporalis, wenn akutes Glaukom ausgeschlossen wurde.

19.4 Augenverletzungen

Nach einer ersten Akutbehandlung erfordern die meisten Augenverletzungen die sofortige Überweisung zum Spezialisten oder in eine Augenklinik. *Cave:* Bei Verätzungen ausgiebiges Spülen *vor* Überweisung! Wenn Nähen von Wunden erforderlich ist, primär nur sterilen Verband anlegen. Auch bei längerer Transportzeit Verlegung in entsprechend ausgestattete Klinik veranlassen, keine unfachmännische Nahtversorgung.

Formen

Kontusionsverletzungen

- *Contusio bulbi:* Prellung des Augapfels. Rötung, Lichtscheu, Tränen, Lidkrampf. *Komplikationen:* Blutung in Vorderkammer (Hyphäma), Sphinktereinriß (sichtbares Klaffen am Pupillenrand), Iridodialyse (Iris an der Wurzel abgerissen), Subluxation der Linse (Linsenrand sichtbar, Linsenschlottern), Luxation der Linse (Linse im Glaskörper und nicht mehr sichtbar)
- *Glaskörperblutung:* Riß der Netzhautgefäße mit Einblutung in Glaskörper, häufig bei Kindern durch Pfeile oder harte Schneebälle
- *Lidverletzungen:* Abriß des Tränenröhrchens möglich
- *Orbitaverletzungen:* Bei Fraktur Hämatom, Enophthalmus, Doppelbilder.

Fremdkörper

- *Konjunktivale Fremdkörper:* Fremdkörper im Bindehautsack
- *Hornhautfremdkörper:* Fremdkörper setzen sich oft auf Hornhaut fest
- *Intraokuläre Splitterverletzung:* Eindringen von Splittern in tiefer gelegene Augenstrukturen.

Nichtperforierende Verletzungen

- *Bindehautverletzungen*
- Häufig *Hyposphagma* (harmlose subkonjunktivale Blutung). Auftreten nach Traumen, bei Pertussis, spontan bei älteren Pat. *Cave:* Selten auch fortgeleitetes Hämatom bei Fraktur der Orbita
- Hornhautverletzungen (*Erosio corneae*): Epitheldefekt der Hornhaut, z.B. nach Fremdkörperverletzung. Starke Schmerzen, Lidkrampf, Lichtscheu, Tränen.

Perforierende Augenverletzungen

Perforierende Verletzungen können bei kleinen Wunden übersehen werden. Genaue Anamnese zu Unfallhergang. Besonders gefährlich sind Hammer-Meißel-Verletzungen. Klinik: Weicher Bulbus, Visus ↓, evtl. Irisprolaps.

Verätzungen

Häufig Berufsverletzungen. Alkalische Verätzungen z.B. durch Ammoniak (Putzmittel!) sind gefährlicher als azidotische z.B. durch Batteriesäure, da sie zur sofortigen Hornhautauflösung führen können. Stadienhafter Ablauf: Rötung, Blasenbildung, Nekrose. *Bei Verätzungen ist eine sofortige Therapie (Spülung s.u.) erforderlich.*

Management

- *Contusio bulbi:* Symptomatisch analgetische Maßnahmen. Häufig weitere nicht sofort erkennbare Veränderungen (Netzhautriß, -ödem oder -blutungen), daher sofortige Überweisung zum Facharzt.
- *Lidverletzungen:* Steriler Verband, Analgesie. Verlegung in mikrochirurgisch ausgestattete Augenklinik.
- *V.a. Orbitafraktur:* Nach Beurteilung von Motilität/Doppelbilder durch Augenarzt wird in Zusammenarbeit mit HNO-Arzt die OP-Indikation festgelegt.
- *Konjunktivale Fremdkörper:* Entfernungsversuch durch vorsichtiges Reiben nach innen, evtl. Spülung mit lauwarmer NaCl-Lösung. Evtl. Lokalisation und Entfernung mit Wattetupfer nach Ektropionieren des Augenlides (☞ 19.1). Falls nötig Anwendung von lokalanästhetischen Augentropfen (z.B. Conjuncain®) 4 x 1 Trpf. in Minutenabstand vor Entfernungsversuch.
- *Hornhautfremdkörper:* Anästhesie der Hornhaut z.B. mit Conjuncain® 4 x 1 Trpf. im Minutenabstand oder Novesine® Augentropfen 5–10 Trpf. alle 30 Sek. Oberflächliche Fremdkörper mit Wattestäbchen entfernen. Anschließend lokale antibiotische Behandlung z.B. mit Gentamicin Augentropfen (z.B. Gentamytrex®). Ist eine mühelose Entfernung nicht möglich (z.B. bei eingebrannten Fremdkörpern) oder bei eisenhaltigen Metallsplittern mit Rostring, Überweisung zum Facharzt oder in Augenklinik zur Entfernung.
- *V.a. intraokuläre Splitterverletzung:* Steriler Verband. Sofortige Überweisung in Fachklinik.
- *Bindehautverletzung:* Bei Rissen Überweisung in Augenklinik zur Naht.
- *Hyposphagma:* In der Regel keine Therapie nötig (Spontanresorption innerhalb 1–4 Wochen). Bei auslösendem Trauma Ausschluß von Frakturen und weiteren Verletzungen durch Facharzt.
- *Hornhautverletzung:* Zur Inspektion evtl. Lokalanästhesie (z.B. mit Novesine® Augentropfen 5–10 Trpf.). Sichtbarmachen des Defektes evtl. mit Fluorescin 2%ig (Defekt färbt sich grün). Bei großen Defekten Pupillenerweiterung mit Atropin 1%ig, antibiotische Lokaltherapie mit Gentamicin (z.B. Refobacin®) oder anderen (z.B. Polyspectran®), Verband, Wärme.
- *Perforierende Augenverletzung:* Lokalantibiotikum z.B. Gentamicin (z.B. Gentamytrex®) Augentropfen. Steriler beidseitiger Verband. Verlegung in mikrochirurgisch ausgestattete Augenklinik. Vor längerem Transport Tetanusprophylaxe ☞ 12.2.2 und Beginn einer systematischen Antibiotikatherapie z.B. mit Rocephin® (☞ 22.1.2). Analgesie ☞ 4.2.
- *Verätzung:* Sofortige Spülung mit reichlich Wasser, physiologischer Kochsalzlösung oder Ringerlösung, ggf. über medi-flow-lens®, *mindestens 15–20 Min.* Zuvor evtl. Lokalanästhesie z.B. mit Conjucain Augentropfen. Mit Tupfer Entfernung von Kalkbröckelchen und Flüssigkeiten aus dem Bindehautsack und den Übergangsfalten. Atropin 1 % Augentropfen 1 x zur Vermeidung einer Begleitiritis, weitere Therapie durch Facharzt. Überweisung erst nach Erstbehandlung (Spülung).

Bei Verätzungen hängt die Prognose von der Erstversorgung (Spülung) ab. Bei perforierenden Augenverletzungen sowie Verätzungen *keine* Augensalben geben!

Dorothee Bergfeld

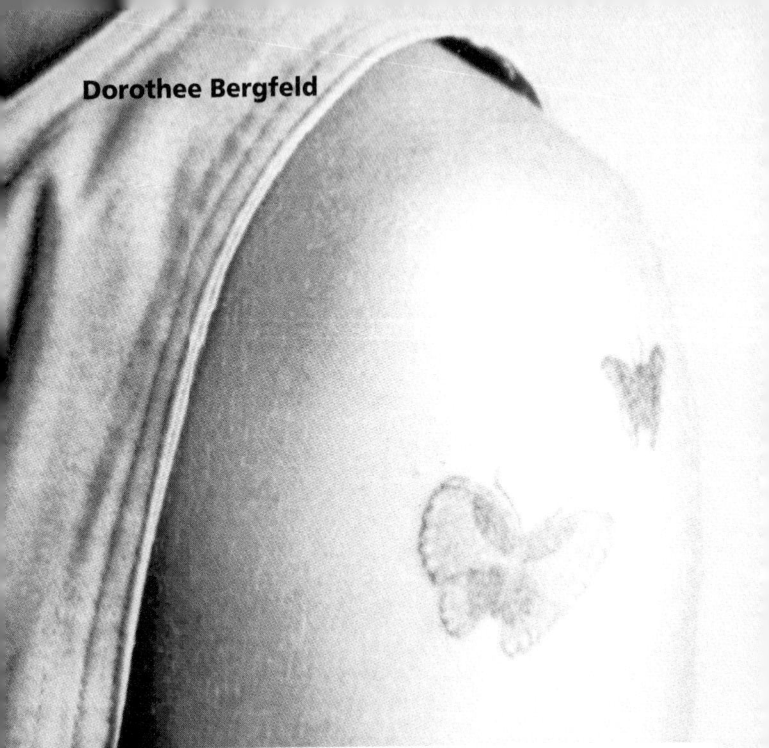

20 Dermatologische Notfälle

20.1 Pruritus

Im Nachtdienst steht die symptomatische Behandlung des Juckreizes im Vordergrund, während die differentialdiagnostische Klärung und die gezielte Therapie i.d.R. warten können. Erkennen sollte man Epizoonosen, die gar nicht so selten sind (Umfeld- und Familienanamnese!), eine akute Urtikaria, Arzneimittelreaktionen (Absetzen des Präparates) und eine Cholestase (☞ 8.5), deren Ursache schon im Dienst abgeklärt werden muß. Bei ausgeprägter Reaktion auf Insektenstiche (v.a. nach Bienen- oder Wespenstich) an das mögliche Vorliegen einer Allergie denken und auf systemische Erscheinungen achten (Kribbeln im Mund oder an Handinnenflächen, Bronchospastik?).

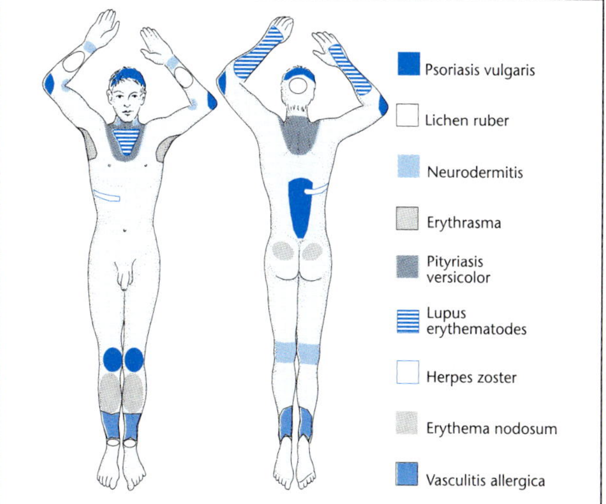

Abb. 20.1 Typische Lokalisationen von Hauterkrankungen

20.1.1 Differentialdiagnostische Überlegungen

Häufige Hauterkrankungen mit starkem Juckreiz

- *Neurodermitis:* In der Regel bekanntes chronisches Krankheitsbild mit trokkener Haut, Juckreiz, Beugenekzem, juckenden Knötchen, manchmal nur Handekzem.
- *Psoriasis vulgaris:* Entzündliche Verhornungsstörung der Haut mit schubweisem Verlauf. Schubauslösend Alkohol, Streß, Infektionskrankheiten und Medikamente (z.B. Antimalariamittel, Lithium, Betablocker). Scharf begrenzte, unregelmäßig konfigurierte Plaques mit groblamellärer, silbrig glän-

zender Schuppung. Begleitend evtl. Nagelveränderungen (Ölfleck-, Krümel- und Tüpfelnägel) und Arthropathie. Besondere Verlaufsformen:

- *Akut exanthematischer Typ:* rasches Auftreten kleinfleckiger Veränderungen, oft nach Infektionen.
- *Intertriginöser Typ:* Rötung und mittelständige Rhaghaden, keine Schuppung.
- *Psoriasis pustulosa:* Sterile Pusteln an Hand- und Fußflächen (palmo-plantaris) oder konfluierend am gesamten Integument (generalisata). *Diagn.:* Im Dienst klinisch. Auslösung typischer Psoriasisphänomene („Kerzenfleck": Weißliche Verfärbung der Schuppen nach Kratzen, anschließend „letztes Häutchen", dann punktförmige Blutungen = Phänomen des blutigen Taus). Im Tagdienst dermatologisches Konsil.

- *Schwangerschaftsdermatosen:* Juckreiz kann in der Schwangerschaft auch ohne Hautveränderungen auftreten, keine Therapie.
  - *PUPPP-Dermatose:* im letzten Trimenon auftretende urtikarielle Papeln und Plaques mit Schwerpunkt an Abdomen. Starker Juckreiz.
  - *Herpes gestationis:* sehr selten. Auftreten im letzten Trimenon, bevorzugt periumbilikal ödematöse Plaques mit Blasen, evtl. Ausbreitung auf den ganzen Stamm. Starker Juckreiz.
- *Urtikaria* und *allergisches Kontaktekzem* ☞ 20.2.1.

Epizoonosen

- *Skabies (Krätze):* Juckreiz v.a. in Bettwärme, Papeln und z.T. gangartige Effloreszenzen an den Prädilektionsstellen (Interdigitalfalten, Handgelenke, vordere Axillarlinie, Mamillen, Genitalbereich). Auch Juckreiz ohne Hautveränderungen möglich („gepflegte" Skabies). Übergang in urtikarielles Bild, Veränderungen der Primäreffloreszenzen durch Kratzen und Sekundärinfektionen.
- *Kleiderläuse:* Juckreiz, Quaddelbildung, Exkoriationen, Sekundärinfektion, Übergang in entzündliche, ekzematische Hautveränderungen.
- *Flöhe:* Asymmetrische, multiple Quaddeln mit zentraler Bißstelle an bedeckten Körperstellen.

Allgemeinerkrankungen mit Juckreiz

- Arzneimittelreaktionen ☞ 20.3
- Opiatnebenwirkung, besonders perinasal. Ther. ☞ 11.2.2
- Diabetes mellitus: Pruritus sine materiae (ohne Hautveränderungen) häufiges Symptom, immer jedoch auch Ausschluß infektiöser Hautveränderungen, z.B. von Pilzinfektionen
- Chronische Niereninsuffizienz
- Lebererkramkungen: z.B. Leberzirrhose, Cholestase (Ikterus), Hepatitis.
- Bluterkrankungen: z.B. Polyzythämia vera, Leukämien, Lymphome
- Paraneoplastisch bei Malignomen
- Psychosen: „Dermatozoenwahn" (Wahnvorstellung eines parasitären Hautbefalls)
- Neuropathien: z.B. alkoholische oder diabetische Neuropathie.

20.1.2 Pieps – Erste Orientierung am Telefon

Fragen an das Pflegepersonal

- Bekannte chronische Hauterkrankung?
- Begleitsymptome: Behinderung der Atmung nach Insektenstichen, Ikterus?

Dringlichkeit: Besonders dringlich: Insektenstiche mit Allergiehinweisen.

20.1.3 Diagnostisches Vorgehen

Anamnese/Krankenakte

- Akuter Schub einer chronischen Hauterkrankungen, z.B. Neurodermitis oder Psoriasis (evtl. Auslöser, z.B. Streß, Infektionen)
- Grunderkrankungen, die mit Juckreiz einhergehen können ☞ 20.1.1
- Möglichkeit einer allergischen Reaktion: Medikamentenanamnese, neue Körperpflegemittel etc.? Bekannte Atopie (z.B. Asthma, Heuschnupfen)?

Körperliche Untersuchung mit besonderem Augenmerk auf

Hautveränderungen, Hinweise auf Epizoonosen, ☞ 20.1.1

Weiterführende Diagnostik

- *Labor* (noch in der Nacht): Cholestaseparameter (AP, γ-GT, Bili) bei V.a. Cholestase, ggf. Leber- und Nierenwerte bei V.a. Insuffizienz
- Evtl. Sono Abdomen bei V.a. Cholestase.

20.1.4 Therapeutisches Vorgehen

Initiales Management

- *Akuter Schub einer Neurodermitis:* Systemisch evtl. Antihistaminika z.B. Dimentinden (z.B. Fenistil®) 3 x 1 Dragee tägl. Lokal Glukokortikoide (bei trockener Haut in fetten Salbengrundlagen), z.B. Betnesol®-Salbe 0,1 %. Bei ausgeprägtem Schub in Rücksprache mit Dermatologen evtl. auch systemisch Glukokortikoide, z.B. Prednisolon initial 30 mg tägl., dann ausschleichend.
- *Akuter Schub einer Psoriasis:* kurzfristige Lokalbehandlung mit Kortikoiden, z.B. Volon-A® Schüttelmix oder Dermatop®-Creme.

  Cave: Psoriasis pustulosa generalisata kann aufgrund begleitender Stoffwechselentgleisungen lebensbedrohlich werden → rasche Verlegung in Hautklinik.

- *V.a Epizoonose:* Vollbad mit antiseptischem Zusatz (z.B. Betaisodona® Lsg.). Isolierung des Pat., Behandlung mit antiparasitären Mitteln, z.B. Lindan (z.B. Jacutin®). Bei starkem Juckreiz systemische Gabe von Antihistaminika, z.B. Clemastin (z.B. Tavegil®). Bei V.a. Kleiderläuse oder Flöhe Kleider entwesen lassen (Verwahrung in fest verschlossenen Plastiksäcken, weiteres Procedere in Rücksprache mit Klinikwäscherei). Zur Festlegung der weiteren Therapie am Folgetag Vorstellung bei Dermatologen.
- *V.a. PUPPP-Dermatose:* Bei leichten Fällen lokal schwach wirksame Kortikoidcreme, z.B. Cortidexason®-Creme mite. Bei schwereren Fällen systemische Kortisontherapie nach Absprache mit Dermatologen/Gynäkologen.

Bei ungeklärter Ursache symptomatische Therapie

- Lokale juckreizstillende Therapie: Feuchte Umschläge (evtl. Zusatz von Essig), Polidocanol in Creme- oder Salbengrundlage (z.B. Lotio Cordes®) oder Antihistaminika, z.B. Clemastin (Tavegil® Gel)
- Evtl. systemisch Antihistaminika, z.B. Ceterizin (Zyrtec®), 1 x 10 mg z.N. Ggf. Antihistaminika mit sedierendem Effekt (zum Erleichtern des Einschlafens!), z.B. Dimentinden (Fenistil® Dragees 3 x 1 mg) oder Alimemazin (Repeltin® Tbl, 3 x 5 mg und 25 mg zur Nacht)
- Baldmögliche Vorstellung beim Dermatologen.

Fußangeln und Fingerzeige

Bei fehlenden Hautveränderungen und persistierendem Pruritus internistische Diagnostik (Leber- oder Niereninsuff., Malignome, Bluterkrankungen oder Diabetes mellitus) einleiten.

20.2 Erythematöse Hauterkrankungen

Für den „Hautunerfahrenen" kann die Differentialdiagnose dieser akut auftretenden Hautveränderungen schwierig sein. Ausschlaggebend sind Lokalisation und Form der Effloreszenzen sowie die Anamnese (z.B. bei Kontaktdermatitis lokale Einwirkung von Stoffen, z.B. neues Deo).
Bei allen leichteren Fällen einer Urtikaria oder einer Kontaktdermatitis kann man sich im Dienst auf eine symptomatische Therapie beschränken. Bei V.a. Typ-I-Allergie oder Intoleranzreaktionen an evtl. begleitenden Bronchospasmus denken (Lungenauskultation). Die Extremvariante der Urtikaria, das Angioödem (Quincke-Ödem), bedarf einer raschen Therapie und engmaschigen Überwachung der Atmung (Gefahr des Larynxödems!). Ein Erysipel muß sofort antibiotisch behandelt werden (z.B. Penicillin G, 3 x 5 Mega i.v.).

20.2.1 Differentialdiagnostische Überlegungen

Urtikaria

Initial Erythem, Entstehung juckender Quaddeln, oft zentral abgeblaßt. Quaddeln verschwinden nach wenigen Tagen, ein Wandern der Effloreszenzen ist typisch. *Formen:*

- *Allergische* Urtikaria (Typ-I-Reaktion): Auslösend z.B. Nahrungsmittel, Lebensmittel-Zusatzstoffe, Medikamente, Inhalationsallergene
- Urtikaria als *Intoleranzreaktionen* auf Medikamente (häufig Cycloxygenase-Hemmer, z.B. ASS) oder Nahrungsmittel.

- *Symptomatische* Urtikaria: z.B. bei Streß, Virusinfekten (z.B. Virushepatitis, Mononukleose), Kollagenosen, M. Hodgkin
- *Physikalische* Urtikaria: Durch Reibung, Druck, Kälte, Wärme, Licht, Wasser.
- *Kontakturtikaria*: Aufnahme einer Substanz durch die Haut mit lokaler Sofortreaktion, anschließend evtl. generalisierte Urtikaria, z.B. Medikamente (Salben) oder Nahrungsmittel (Fleisch)
- *Sonderformen:*
  - *Angioödem* (Quincke-Ödem): Durch Allergie oder Intoleranzreaktionen (häufig Medikamente) ausgelöstes Ödem der Subkutis, bevorzugt im Gesicht. *Cave:* Bei Befall der oberen Luftwege Erstickungsgefahr
  - *Hereditäres Quincke-Ödem*: Familiärer Mangel des C1-Esterase-Inhibitors. Schon in Kindheit Auftreten von Ödemattacken spontan oder nach Bagatelltraumen.

Kontaktekzem

Initial Erythem, Ödem, dann rasch erodierende Papulovesikel, begleitend starker Juckreiz. *Formen:*

- *Allergisches* Kontaktekzem (Typ-IV-Reaktion): Hautveränderungen im Einwirkungsbereich des Allergens. Auslösend z.B. Metalle (Nickel, Chrom), Desinfizienzien, Kosmetika, Medikamente, Konservierungsstoffe (z.B. Formalin). Bei längerem Bestehen sind Streuphänomene möglich.
- *Toxisches* Kontaktekzem: Direkte Hautschädigung durch chemische oder physikalische Noxen, z.B. durch Säuren, Laugen, Lösungsmittel oder UV-Strahlen (Sonnenbrand).
- *Photoallergische und phototoxische* Kontaktdermatitis: Kontakt mit photoallergischen bzw. phototoxischen Substanzen, die erst nach UV-Bestrahlung zu einer Entzündungsreaktion führen (extern z.B. Kumarin-haltige Pflanzen, systemisch z.B. Tetrazykline, einige Antihistaminika, nichtsteroidale Antiphlogistika).

Psoriasis: Erythematöse Verlaufsform ohne Schuppung möglich ☞ 20.1.1

„Röschenflechte" (Pityriasis rosea)

Nach Infekt bei Jugendlichen oder jungen Erwachsenen auftretend. Initial scharf begrenzter Primärplaque („Medaillon") am Stamm, anschließend symmetrische erythemato-squamöse Herde am Rumpf und oberen Drittel der Extremitäten.

„Sonnenallergie" (polymorphe Lichtdermatose)

Hauterscheinungen wenige Stunden, selten Tage nach Sonnenexposition, kein einheitliches klinisches Bild. Am häufigsten sog. papulöser Typ mit kleinen Papeln auf eleviertem Erythem, seltener urtikarielle Plaques (v.a. im Gesicht) oder hämorrhagische Bläschen. *Diagn.*: Anamnese (verzögertes Auftreten nach Sonneneinwirkung), Klinik.

Erysipel

Akute Entzündung des Koriums durch β-hämolysierende Streptokokken der Gruppe A, seltener Staphylokokken. Eintrittspforte oft kleinste Hautverletzungen. *Klinik:* Schwellung, Schmerzen, Überwärmung, scharf begrenzte, flammende Rötung mit zungenförmigen Ausläufern, oft am Unterschenkel oder im Gesicht. Fieber, Krankheitsgefühl, Lk-Schwellung.

Erythrodermie

Sehr ausgedehnte bzw. generalisierte Rötung der Haut, evtl. begleitend Schuppung, Juckreiz, Spannungsgefühl. Enstehung primär ohne vorausgehende Hauterkrankungen, z.B. durch Allergie (Medikamente) oder Bluterkrankungen (Leukämie), bzw. sekundär aus zunächst umschriebener Dermatose, z.B. Psoriasis, Ekzem, Neurodermitis.

20.2.2 Pieps - Erste Orientierung am Telefon

Fragen an das Pflegepersonal

- Genaue Lokalisation und Ausdehnung der Hautveränderungen (z.B. auf umschriebenen Einwirkungsbereich begrenzt beim Kontaktekzem, generalisiert bei Urtikaria)
- Begleitsymptome: Fieber? Atemnot?

Dringlichkeit

Besondere Dringlichkeit besteht bei generalisierten Hautveränderungen und begleitender Atemnot.

20.2.3 Diagnostisches Vorgehen

Anamnese/Krankenakte

- Erstmanifestation von Hautveränderungen?
- Bekannte Hauterkrankung?
- Bekannte Atopie?
- Grunderkrankung, die zum Auftreten einer symptomatischen Urtikaria prädisponiert ☞ 20.2.1
- Medikamenten- und Nahrungsmittelanamnese: Neue Medikamente (z.B. Analgetika), häufig Allergie auslösende Nahrungsmittel, z.B. Nüsse, Fisch, Erdbeeren?
- Hinweise auf andere auslösende Faktoren, z.B. Kontakt mit Metallen oder Kosmetika an betroffenen Stellen? Sonneneinwirkung?

Körperliche Untersuchung mit besonderem Augenmerk auf

- Lokalisation und Aussehen der Hautveränderungen
- Auskultation der Lunge (Ausschluß Bronchospasmus) bei V.a. allergisches Geschehen
- Klinisch-internistische Untersuchung (Lk-Vergrößerungen?) Immer auch Inspektion von Mund und Schleimhäuten: Enanthem, Bläschen (z.B. Stevens-Johnson-Syndrom ☞ 20.3.1).

Weiterführende Diagnostik

Bei V.a. Erysipel: Blutbild (Leukos ↑, BSG ↑). ASL-Titer (Verlauf).

20.2.4 Therapeutisches Vorgehen

Initiales Management

- *Urtikaria:* Leichtere Fälle: Lokal kühlende Umschläge, Antihistaminika, z.B. Ceterizin (Zyrtec®) 1 x 1 p.o. Bei V.a. auslösendes Agens dieses meiden, z.B. Absetzen von Medikamenten. Ausgeprägtere Urtikaria: ☞ Quincke-Ödem
- *Quincke-Ödem:* Antihistaminika z.B. Clemastin (z.B. Tavegil®) 1–2 Amp. i.v. oder Dimetinden (z.B. Fenistil®) 1 Amp. i.v. Systemische Kortikosteroi-

de, z.B. Prednisolon (z.B. Solu-Decortin®) 100–200 mg i.v. Inhalativ Kortikosteroide bei beginnendem Larynxödem, z.B. Budesonid (Pulmicort®) initial 10 Sprühstöße, dann 2 Sprühstöße alle 5 Min. Bei starker Atemnot rechtzeitig intubieren.

- *Hereditäres Quincke-Ödem:* Antihistaminika und Kortikosteroide sind unwirksam. C1–Inaktivator Behring® 3000–6000 IE langsam i.v. Falls kein Inaktivator zur Verfügung steht: 1–2 FFP (da Faktoren des Komplementsystems enthalten) ☞ 11.14.
- *Kontaktekzem im Akutstadium:* Extern feuchte Umschläge oder Kortikoide, z.B. Triamcinolon (Volon® A-Schüttelmix), ggf. feuchte Umschläge über Kortikoidcreme.
- *Psoriasis* ☞ 20.1
- *Pityriasis rosea:* Keine Akuttherapie erforderlich, Pat. über Harmlosigkeit der Veränderungen aufklären. Flecken verschwinden nach einigen Wochen spontan. Vorübergehende externe Ther. mit schwachen, bzw. mittelstarken Kortikoiden, z.B. Prednicarbat (Dermatop®).
- *Sonnenallergie:* Lokalbehandlung mit kortikoidhaltigen Cremes (z.B. Dermatop®- Creme). In ausgeprägten Fällen evtl. systemisch Antihistaminika, z.B. Ceterizin (Zyrtec®) 1 x 1 tägl., evtl. auch Kortikoide systemisch (z.B. initial 30 mg Prednisolon). Vorstellung beim Dermatologen zur weiteren Diagnostik und zur Einleitung prophylaktischer Maßnahmen.
- *Erythrodermie:* Im Nachtdienst ist die Erkennung auslösender Ursachen meist nicht möglich. Einleitung einer systemischen Kortikoidmedikation, z.B. Prednisolon (Solu-Decortin®) 100–200 mg i.v., ab Folgetag oral (z.B. Decortin H®) 50 mg in ausschleichender Dosierung.
  Bei ausgeprägtem Ödem: Kontrollen, ggf. i.v.-Flüssigkeitssubstitution (☞ 22.5). Engmaschige Beobachtung bei V.a. beginnende toxische epidermale Nekrolyse, z.B. bei medikamenteninduzierter Erythrodermie.
- *Erysipel:* Bettruhe, Hochlagerung, kalte Umschläge. Antibiotikatherapie: Penicillin G (z.B. Penicillin G Grünenthal®) 3 x 5 Mio.. IE i.v. evtl. auch Penicillin V (z.B. Isocillin®) 3 x 1,2 Mega IE p.o. tägl. für 10 Tage. Bei Penicillinallergie alternativ Erythromycin 2 x 1 g p.o.

Verlegung auf die Intensivstation

Larynxödem oder ausgeprägte Bronchospastik bei Allergie mit systemischen Nebenwirkungen oder Quincke-Ödem.

Aufnahme ambulanter Patienten

Stationäre Aufnahme bei generalisierten Hautveränderungen (Erythrodermie) zur Überwachung, ferner bei Quincke-Ödem und Erysipel.

Fußangeln und Fingerzeige

- Vor Beginn einer Penicillintherapie bei Erysipel nach Vorliegen einer Penicillinallergie fragen.
- Bei klinischem V.a. auslösende internistische Ursache Diagnostik in den folgenden Tagen. Bei V.a. allergische Genese Allergen-Austestung, evtl. unter stationären Bedingungen.

20.3 Hauterkrankungen als Arzneimittelnebenwirkung

Durch die enorme morphologische Vielfalt der Manifestation (Exanthem, Blasen, Pusteln, Urtikaria) ist die Diagnose schwierig. Wichtig ist bei plötzlich auftretenden Hautveränderungen an Medikamente zu denken, wobei die Erscheinungen z.T. erst Tage nach der Einnahme auftreten können. Potentiell können alle Medikamente (inkl. Placebo!) Hautveränderungen auslösen. Krankheitsbilder, die sofort erkannt und therapiert werden müssen, sind das *Erythema exsudativum multiforme* oder eine *toxische epidermale Nekrolyse.*

Medikamente, die häufig Arzneiexantheme auslösen

Penicilline (insbes. Ampicillin), Cotrimoxazol, Cephalosporine, Pyrazolone, Salizylate, Hydantoine, Barbiturate, Antiepileptika.

20.3.1 Differentialdiagnostische Überlegungen

- *Fixes Arzneiexanthem*: Auslösend oft Pyrazolone und Salizylate. Innerhalb von 24–48 h Entwicklung eines geröteten, scharf begrenzten, brennenden Solitärherdes (selten mehrere Herde), oft am Genitale.
- *Erythema nodosum*: Mögliche medikamentöse Auslöser: z.B. Penicilline, Sulfonamide, Pyrazolone, Ovulationshemmer. Symmetrisch im Bereich der Unterschenkelstreckseiten schmerzhafte, subkutane Knoten, selten auch andere Lokalisationen. Evtl. Fieber, Arthralgien. Andere Ursachen: Sarkoidose, Tuberkulose, Yersiniose, Masern, Scharlach, Keuchhusten, M. Crohn, Colitis ulcerosa.
- *Akute Urtikaria / Angioödeme*: Angioödeme können v.a. nach Einnahme von Antiphlogistika (z.B. ASS) sowie ACE-Hemmern auftreten. Klinik und Ther. ☞ 20.1.
- *Ampicillin-Exanthem*: v.a. bei Pat. mit infektiöser Mononukleose oder Salmonelleninfekten. 7–10 Tage nach Ersteinnahme stammbetontes, kleinfleckiges Exanthem.
- *Erythema exsudativum multiforme*: Häufig durch Infektionskrankheiten (z.B. Herpes simplex, Streptokokken). Auslösende Medikamente z.B. Sulfonamide, Pyrazolone. Akut auftretendes Exanthem.
  Typische Effloreszenz: „Kokarde" (2–3 konzentrische Ringe um zentrale Blase), Prädilektionssstelle: distale Enden der Extremitäten. Schwerste Verlaufsform *Stevens-Johnson-Syndrom:* ausgeprägter Schleimhautbefall (V.a. erosive Stomatitis), Befall von Augen und Genitalbereich.
- *Toxische epidermale Nekrolyse (Lyell-Syndrom):* Schwerste Arzneimittelreaktion der Haut, Letalität 30 %. Häufigste Auslöser: Cotrimoxazol, Pyrazolone. Rasch konfluierende Erytheme → blasige Umwandlung → großflächige Epidermisablösung und Schleimhauterosionen. Gefährlich durch Flüssigkeitsverlust (Schock!) und Superinfektionsgefahr.
- *Purpura pigmentosa progressiva*: Meist durch Sedativa (bromhaltige Schlafmittel, Diazepame oder Barbiturate) ausgelöst. Stecknadelkopfgroße Punkt-

blutungen an den Beinen, wegen chron. Verlaufes mit Akkumulation von Siderophagen bräunlich verfärbt.

20.3.2 Therapeutisches Vorgehen

Initiales Management

Bei Hinweisen auf auslösendes Medikament dieses absetzen.

- *Fixes Arzneiexanthem:* Lokale Kortikoide, z.B. Betamethason (z.B. Celestan®-Creme).
- *Erythema nodosum:* Bettruhe, feuchte Umschläge, nichtsteroidale Antiphlogistika, z.B. Paracetamol oder ASS, bei bekannter Ursache und heftigen Beschwerden evtl. systemisch Kortikoide (z.B. initial 30–50 mg Prednisolon). Unbedingt Ursachensuche.
- *V.a. Ampicillinexanthem:* Lokal juckreizstillende Salben (z.B. Optiderm®). Evtl. orale Antihistaminika, z.B. Ceterizin (Zyrtec®) 1 x 1 Tbl.
- *V.a. Erythema exsudativum multiforme:* Bei leichteren Verläufen Prednisolon (z.B. DecortinH®) 50 mg p.o. tägl., allmählich ausschleichend. Mundspülungen z.B. mit Kamillosan®, Verhinderung von Sekundärinfektionen.
- *Purpura chronica progressiva:* Lokalbehandlung mit mittelstarken Kortikoiden, z.B. Prednicarbat (Dermatop®).

Verlegung auf Intensivstation oder in Hautklinik

V.a. Stevens-Johnson-Syndrom oder toxische epidermale Nekrolyse: I.v.-Zugang, evtl. zentralvenöser Zugang. Flüssigkeitsbilanz, engmaschige RR-Kontrolle. Ausgleich von Flüssigkeits- und Proteinverlusten wie bei Verbrennungen (☞ 3.8). Evtl. Infektionsprophylaxe mit Breitbandantibiotikum, z.B. Cephalosporinen (☞ 22.1.2). Bei Behinderung der Nahrungsaufnahme durch starken Schleimhautbefall parenterale Ernährung. Lokalbehandlung mit antibiotikahaltiger Gaze (z.B. Nebacetin®-Wundgaze) oder Farbstoffpinselungen (z.B. Eosin 1 %). Lokale Antibiotika-Kortikoidbehandlung im Augenbereich zur Verhinderung eines Symblepharons, (z.B. mit Dexamytrex®-Augensalbe), im Genitalbereich z.B. mit Tampovagan®.

Aufnahme ambulanter Patienten

Ambulante Behandlung mit Empfehlung der Vorstellung beim Facharzt am Folgetag in der Regel ausreichend bei fixem Arzneiexanthem. Bei Erythema nodosum Aufnahme zur Ursachenklärung (häufig zugrundeliegendes internistisches Krankheitsbild). Sofortige stationäre Aufnahme, evtl. Verlegung in Fachklinik bei V.a. Stevens-Johnson- oder toxischer epidermaler Nekrolyse.

Fußangeln und Fingerzeige

- Stets sehr sorgfältige Anamnese mit genauer Dokumentation des Zeitpunktes von Beginn und Ende einer medikamentösen Therapie. Die allergologische Diagnostik beruht ganz wesentlich auf der Anamnese.
- Evtl. Medikamente zu späterer Testung asservieren.

20.4 Herpes zoster (Gürtelrose)

Auftreten durch Zweitinfektion mit dem Varizella-Zoster-Virus bei Teilimmunität oder durch Reaktivierung des Virus, gehäuftes Auftreten bei Immunschwäche (z.B. Malignome, HIV, zytostatische Ther.). Altersgipfel ca. 60. Lj.

20.4.1 Differentialdiagnostische Überlegungen

Klinik: Uncharakteristische Prodromi (Müdigkeit, allgemeines Krankheitsgefühl, evtl. schon brennende Schmerzen). Dann in der Regel halbseitiges Aufschießen herpetiform angeordneter Bläschen auf gerötetem Grund in einem oder mehreren benachbarten Dermatomen, am häufigsten im Bereich von Thorakal- oder Lumbalnervensegmenten (prinzipiell kann jedes Nervensegment befallen sein). Über Monate bis Jahre persistierende postzosterische Neuralgien möglich.

Besondere Verlaufsformen
- Zoster ophthalmicus: im Bereich des ersten Trigeminusastes. Gefahr der Keratitis, reflektorische und absolute Pupillenstarre, Augenmuskelparesen
- Zoster oticus ☞ 19.2
- Zostermyelitis: Meist von kranial nach kaudal fortschreitende schlaffe Paresen. Selten auch Zosterenzephalitis mit zerebralen Störungen ☞ 14.6
- Generalisierter Zoster: V.a. bei immunsupprimierten Patienten.

20.4.2 Diagnostisches Vorgehen

Im Nachtdienst klinisch. Im Tagdienst evtl. Diagnosesicherung durch Virusnachweis aus frischem Bläscheninhalt durch Elektronenmikroskopie und Gewebekultur, Serologie. DD Varizellen (nicht an Nervensegmente gebunden), Herpes simplex (Bläschen in Lippen, Genitalbereich).

20.4.3 Therapeutisches Vorgehen

- Unkomplizierte Fälle: Aciclovir (z.B. Zovirax®) 5 x 800 mg p.o. täglich für 5 Tage, evtl. auch parenterale Ther., eintrocknende Lokaltherapuetika mit antiseptischem Zusatz, z.B. Vioform Lotio®.
- Bei schwerem Verlauf (Zoster oticus, Zostermyelitis, generalisierter Zoster) parenterale Ther. mit Aciclovir (z.B. Zovirax®) z.B. 5(–10) mg/kg 3 x tägl. i.v.
- Neuralgien: Analgesie mit Paracetamol ☞ 4.2, bei chron. Schmerzen Gabe von Carbamazepin (z.B. Tegretal®) einschleichend von 200–600 mg p.o. tägl., Prednison 40 mg p.o. mit allmählicher Dosisreduktion.

Fußangeln und Fingerzeige

- Frühzeitige Therapie soll zur Verhinderung von Neuralgien beitragen.
- V.a. bei jüngeren Patienten Suche nach Erkrankungen mit Resistenzminderung (HIV-Infektion, Tumor?).

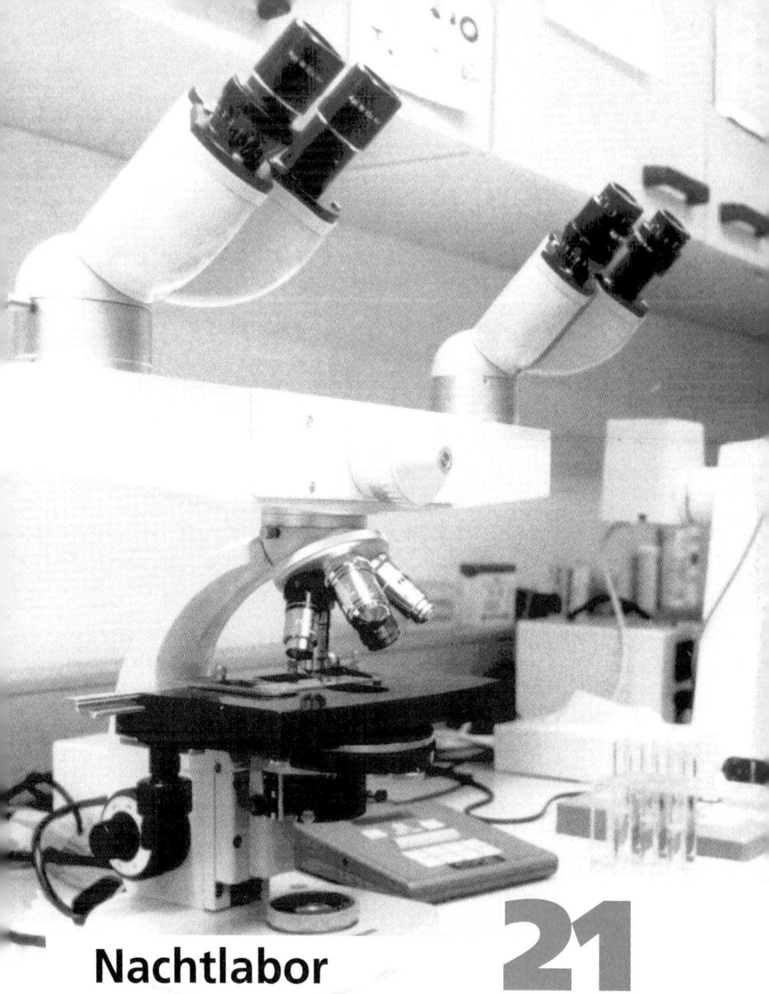

Nachtlabor 21

21.1 Laborchemische Notfälle

21.1.1 Hypokaliämie

Häufigste Elektrolytstörung. Substitution bevorzugt p.o., bei i.v. Gabe engmaschige Überwachung.

Klinik

- Arrythmien (Brady- u. Tachykardie, Kammerflimmern), v.a. unter Digitalis-Therapie, oft Hypotonie (bei Hypertonie: an Hyperaldosteronismus und M. Cushing denken)
- Muskelschwäche (Schluckbeschwerden), Krämpfe, Parästhesien, Reflexabschwächung. Apathie, Verwirrtheit, Koma
- Obstipation (bis zum paralytischen Ileus), Polyurie, Polydipsie.

Diagnostisches Vorgehen

- Körperl. Untersuchung: Inspektion (Hypovolämie/ Hypervolämie), RR
- EKG: Extrasystolen, ST-Senkung, T evtl. neg., TU-Verschmelzungswelle
- Labor: Elektrolyte, BGA (meist metabolische Alkalose), Urinkalium (< 25 mmol/l bei extrarenalem Verlust).

Therapeutisches Vorgehen

- Orale Substitution oft ausreichend (Bananen, Orangensaft, Trockenobst, KCl-Tabl. (z.B. Rekawan®). *Cave:* Dünndarmulcera, viel Flüssigkeit zugeben.
- K^+-Substitutionsbedarf (Faustregel): zur Anhebung um 1 mmol/l werden bei einem Ausgangswert von < 3 mmol/l mindestens 200 mmol/l K^+ benötigt, bei Ausgangswerten von 3–4 mmol/l mindestens 100 mmol/l (bei normaler Nierenfunktion).

I.v.-Kalium-Substitution (Intensivüberwachung):
- Hypovolämie beseitigen, Diurese sichern (50 ml/h)
- Herstellung einer Infusionslösung: 20–40 ml KCl 7,45 % (1 ml = 1 mmol) in 1000 ml isotonischer Lösung. Infusion möglichst über Infusionspumpe.
- *Alternativ:* K^+-Konzentrat über ZVK per Perfusor (☞ 21.1.3), z.B. 50 mmol KCl/50 ml
- Infusionsgeschwindigkeit 5–10 mmol/h, Tagesmenge 100–200 mmol.
- *Cave:* Hyperkaliämie
- K^+ schädigt die Venen: peripher max. 40 mmol/l, sonst ZVK.

Bei erhöhtem Serum-Bicarbonat besteht ein chron. K^+-Mangel (Substitution dauert Tage).

21.1.2 Hyperkaliämie

Im Dienst ist in der Regel nur die akute Hyperkaliämie relevant. Sofern unerwartete oder unplausible Werte auftreten (z.B. hoher Wert bei symptomlosen Patienten an Pseudohyperkaliämie (s.u.) denken. Kontrollbestimmung.

Klinik

Herzrhythmusstörungen (cave: Herzstillstand), Parästhesien, Hypo- und Areflexie, Muskelschwäche, Obstipation, Azidose, Symptomverstärkung bei Na^+- oder Ca^{2+}-Erniedrigung.

Diagnostisches Vorgehen

- Körperl. Untersuchung: RR, Herzfrequenz, Rhythmus, Auskultation
- EKG: ventrikuläre Extrasystolen, verbreiterte Kammerkomplexe (Schenkelblockbild), überhöhte T-Welle v.a. in den Brustwandableitungen
- Nieren-Sono (Harnstau?)
- Labor: Serum-E'lyte, Krea (DD Pseudohyperkaliämie), BGA (Azidose?).

Therapeutisches Vorgehen

Indikation: K^+ > 6 mmol/l oder Zeichen der Kardiotoxizität (EKG!)

- Bei ausreichender Ausscheidung forcierte Diurese, z.B. 40–80 mg Furosemid (Wirkdauer 1–2 h) i.v., Flüssigkeitsverlust ggf. durch NaCl 0,9 % ersetzen, möglichst unter ZVD-Kontrolle. E'lytkontrollen inkl. Mg^{2+}.
- 200 ml Glucose 20 % + 20 IE Altinsulin über 20 Min. Wirkdauer 1–4 h. Ggf. nach BZ- und E'lytkontrollen wiederholen. Nicht bei fortgeschrittener Niereninsuff.
- NaCl 10 %, 10–20 ml i.v. (wirkt kurzfristig, Volumenbelastung)
- β_2-Sympathomimetika, (z.B. Bricanyl®) 1 Amp. s.c. oder 0,5 mg Salbutamol über 15 Min. i.v. (NW: Tachykardie).
- Natriumbicarbonat 8,4 %, 25–100 ml über 20 Min. i.v. (Volumenbelastung), Wirkdauer ca. 1–2 h.
- Kalziumglukonat 10 %, 20 ml langsam unter EKG-Kontrolle i.v., ggf. nach 5 Min. wiederholen (KI: Digitalisierung). Wirkdauer max. 1 h.
- Kationenaustauscher: z.B. Kalziumpolystyrensulfonat (Calcium-Resonium®) 30 g in Glukose 10 % 200 ml rektal alle 8 h (wegen Obstipation mit Sorbitol geben, z.B. 15 g Sorbitol/ 100 ml). Wirkdauer bis zu 6 h.
- Bei fortgeschrittenener Niereninsuff. und lebensbedrohlicher Hyperkaliämie: Hämodialyse.

Bei außergewöhnlichen K^+-Werten an Fehlermöglichkeit bei Blutentnahme (Hämolyse, zu langes Stehenlassen der Blutprobe, zu langes Stauen (→ *Pseudohyperkaliämie*) denken.

21.1.3 Hypokalzämie

Im Dienst am häufigsten erniedrigter Kalziumwert bei gleichzeitiger Hypalbuminämie (freies Kalzium oft normal), seltener durch Hypoparathyreoidismus nach Schilddrüsenoperationen ☞ 12.3.2.

Klinik der akuten Hypokalzämie

Tetanie, zerebraler Krampfanfall, Hyperreflexie, Synkope.

Diagnostisches Vorgehen

- Labor: Kreatinin, Elektrolyte, AP, Phosphat, Albumin, BGA
- EKG (QT-Verlängerung, Herzrhythmusstörungen).

Therapie der hypokalzämischen Krise

- 20–40 ml 10 % Ca^{2+}-Gluconat über 10–15 Minuten i.v. *Cave:* keine Gabe von Ca^{2+} i.v. bei digitalisierten Patienten
- Ggf. Substitution von Mg^{2+}.

Normokalzämische Hyperventilationstetanie ist bei weitem häufiger als die hypokalzämische Tetanie (→ Beutelrückatmung → Anstieg d. pCO_2).

21.1.4 Hyperkalzämie

Klinik: Oft asymptomatischer Zufallsbefund (Trias: Schwäche, Exsikkose, Erbrechen). Meist chron. (Tumor), im Dienst meist durch Medikamente ausgelöst

- Neuromuskulär: Schwäche, Hyporeflexie, HOPS, Somnolenz bis Koma
- Herz: Rhythmusstörungen (Bradykardie bis zum Herzstillstand), Digitaliswirkung wird verstärkt
- Gastrointestinaltrakt: Appetitlosigkeit, Übelkeit, Erbrechen, Obstipation, Gewichtsverlust, Ulkuskrankheit
- Niere: Nephrolithiasis, Nephrokalzinose, Diab. insipidus mit Polyurie und Polydipsie. ANV bei hyperkalzämischer Krise.

Diagnostisches Vorgehen

- *Labor:* Kreatinin, Elektrolyte, AP, Phosphat, saure Phosphatase, E'phorese, BB, BSG
- *EKG:* QT-Verkürzung, bradykarde Rhythmusstörungen.

Therapeutisches Vorgehen

Bei Hyperkalzämie aufgrund eines malignen Tumors Glukokortikoide, (z.B. Prednisolon®) 5–25 mg bis zu 4 x tägl.; Biphosphonate (z.B. Ostac®) 300 mg in 500 ml NaCl 0,9 % über 2 h für 5 Tage. *Cave:* Nierenfunktion. Alternativ: Gabe von Pamidronsäure (z.B. Aredia®.

Hyperkalzämische Krise

Klinik: Schnelle Entwicklung von Polyurie / Polydipsie, Exsikkose mit Fieber, Erbrechen, hämorrhagische Pankreatitis (ca. 20 %), HOPS, Somnolenz bis Koma, Herzstillstand.

Therapie

- Rehydration und forcierte Diurese (Furosemid 40–120 mg i.v., Flüssigkeitsersatz z.B. mit NaCl 0,9 % und Kaliumzusatz (☞ 21.1.1).
- Biphosphonate (z.B. Ostac®) 300 mg in 500 ml NaCl 0,9 % über 2 h für 5 Tage.
- Glukokortikoide (z.B. Prednisolon®) 100 mg tägl. i.v. bei Unwirksamkeit Gabe von (z.B. Mithramycin®) 25 mg/kg über 6 h i.v. (max. 2 x, cave: Zytostatikum)
- Hämodialyse.

Bei außergewöhnlichen Kalziumwerten an Fehlermöglichkeit durch zu langes Stauen bei der Blutentnahme denken (Pseudohyperkalzämie).

21.2 Normwerte

- *Normwerte nach:* L. Thomas, Labor und Diagnose, 4. Aufl., Med. Verlagsgesellschaft, Marburg (1992)
- Soweit nicht anders angegeben, sind die Normwerte *Serum- bzw. Vollblutreferenzbereiche*

Tab. 21.2 Normwerte

Alkalische Phosphatase (AP) **F** 55–170 IE/l **M** 70–175 IE/l. Im Wachstumsalter bis 700 IE/l.	↓: (selten) Erniedrigung meist ohne klinische Relevanz. Für die DD ist γ-GT wichtig, die bei ossären Veränderungen nicht erhöht ist.	↑: *Häufigste Ursachen:* Cholestase jeder Ursache, Knochenmetastasen, Medikamente (z.B. Antiepileptika, Chlorpromazin, Thiamazol, Östrogenen, Gestagenen), selten Hyperparathyreoidismus, Cushing-Sy., Sarkoidose, Mononukleose, Niereninsuff., Nieren-Ca
Alkohol ☞ Tab 21.1.2 Blutalkoholspiegel		
Ammoniak **F** 19–82 µg/dl = 11–48 µmol/l **M** 25–94 µg/dl = 15–55 µmol/l	↑: Leberausfallskoma (150–400 µg/dl = 88–240 µmol/l), Leberzerfallskoma (100–200 µg/dl = 58–116 µmol/l)	

α-Amylase Normwert stark methoden-abhängig, z.B. < 120 IE/l	↑: akuter Schub einer Pankreatitis, Pankreasgangverschluß, penetrierendes Ulkus, Speicheldrüsenerkrankungen. • fast alle Ursachen des „akuten Abdomens". • nach Gastroskopie in 20 %. • *Selten:* Extrauteringravidität, paraneoplastisch, diab. Ketoazidose, Opiate, Narkotika, Steroide, Phenylbutazon,Thiazide, Furosemid. • Falsch ↑ bei Heparin-Ther.	
AT III (Antithrombin III) 70–120 % = 0,14–0,39 g/l	↓: (→ erhöhtes Thromboserisiko): Leberzirrhose, Sepsis, Verbrauchskoagulopathie, Nephrot. Sy., Z.n. großen OP oder Traumata, Initialphase der Heparinther., selten familiärer AT III-Mangel	
Bilirubin, direktes: (= konjugiertes) < 0,3 mg/dl = < 5 µmol/l. **Gesamt-Bili.**: < 1,1 mg/dl = < 18,8 µmol/l.	↑: *hepatozelluläre Ursachen:* Hepatitis, Zirrhose, toxische Schädigung, schwere Infektion, Rechtsherzinsuff. • *Cholestat. Ursachen:* Fettleber, Leberabszeß, Lebertumoren, Schwangerschaft, idiopatisch, Verschlußikterus. • *Medikamentös:* Indometazin, Methyldopa, Tetrazykline, Phenothiazine, Östrogene, anabole Steroide, Zyto- und Tuberkulostatika (*DD* Ikterus). Ikterus sichtbar,wenn Gesamt-Bili > 2 mg/dl = > 34 µmol/l.	
Blutkörper-senkungs-geschwindigkeit (BSG) nach Westergreen: nach 1h in mm: **F** (< 50J.) < 20 (> 50J.) > 30 **M** (< 50J.) < 15 (> 50J.) < 20	↓: Polycythämia vera, Polyglobulie, Herzinsuff., allergische Krankheiten, Sichelzellanämie.	↑: Entzündungen, Infektionen (bes. bakteriell), Nekrosen, Schock, postop., Anämie, Leukämie, Dys-, Paraproteinämie, Gravidität. *Stark* ↑ (Sturzsenkung): Plasmozytom, Niereninsuff., Metastasen, rheumat. Erkrankungen, Sepsis.
Cholin-esterase (CHE) Normwert stark methoden-abhängig, z.B. 2,8–8,5 kU/l	↓: schwere Lebererkrankung (hier meist auch Albumin ↓ und Quick ↓), chron. Infektion, akute Intox.	↑: Fettleber, funktionelle Hyperbilirubinämie, Adipositas, Hyperthyreose, nephrot. Sy., exsudative Enteropathie
Thrombozyten (Thrombos) 136–423/nl	↑: meist reaktiv, z.B. bei akuter Infektion, chron. Entzün dung, Eisenmangel, nach Blutverlust, myeloproliferatives Sy., paraneoplastisch, nach Splenektomie, Glukokortikoid-ther., postop., Schwangerschaft. ↓: Bildungsstörung (aplastische Anämie, Knochenmarks-verdrängung, Vit. B_{12}-oder Folsäure-Mangel), toxisch (z.B. Strahlenther., Ther. mit Chloramphenicol, Phenytoin, Thiaziden, Gold, Alkoholkrankheit) oder erhöhter Umsatz (z.B. Hypersplenie, M. Werlhof, Hämolyse, Verbrauchskoagulopathie, Auto-AK, Medikamente)	
Erythro-zyten (Erys) **F** 4,1–5,1/pl **M** 4,5–5,9/pl	↓: 6 h nach einer akuten Blutung. Alle Ursachen der Anämie.	↑: Dehydratation, chron. resp. Insuff., Höhenkrankheit, Androgenther., Polyglobulie, Polycythämia vera
Fibrinogen 1,5–5 g/l	↓: DIC, Leberzirrhose, Kachexie, schwere OP, fibrinolytische Ther.	↑: Akut-Phase Protein (wie CRP)

Glukose nüchtern 55–100 mg/dl = 3,05–5,6 mmol/l, unter Belastung	↓: Hunger, Anstrengung, Fieber, großes Ca, Postgastrektomie-Sy., Alkohol, Leberausfall, selten Glykogenosen, Fruktoseintoleranz, Malabsorption, renal bedingte Glukosurie, Galaktosämie, Hypophyseninsuff., NNR-Insuff., Hypothyreose, Insulinom, Antidiabetika, β-Blocker	↑: Diab. mell., *Cushing-Sy.*, Hyperthyreose, Akromegalie, Phäochromozytom, Hyperaldosteronismus, Pankreas-A-Zell-Tumor, ZNS-Insult oder ZNS-Tumor, Enzephalitis, Herzinfarkt, Fieber, Schock, Niereninsuff., Hypothermie, CO-Intoxikation, Diuretika, Glukokortikoide Nikotinsäure, Kontrazeptiva, Phenothiazine, Phenytoin
Glutamat-Oxalacetat-Transferase (GOT, ASAT) **F** < 15 IE/l **M** < 19 IE/l	↑: Herzinfarkt (nach 4 h nachweisbar, Gipfel nach 16–48 h, nach 3–6 Tagen vorbei), Herzoperation, -massage, -katheter, Hepatitis, Leberzirrhose, Verschlußikterus, toxische Leberschäden (Halothan, Alkohol), *Selten:* Myokarditis, Lungeninfarkt und -embolie, Status asthmaticus, Nieren- und Hirninfarkt, akute Pankreatitis, Leptospirose, Mononukleose, Gicht, Dermatomyositis, Myoglobinurie, Traumen, OP, progr. Muskeldystrophie.	
Glutamat-Pyruvat-Transaminase (GPT, ALAT) **F** < 19 IE/l **M** < 23 IE/l	↑: akute und chron. aggressive Hepatitis, Schub einer Leberzirrhose, Verschlußikterus, toxische Leberschäden (Halothan, Östrogene, Gestagene), Mononukleose	
γ-Glutamyl-Transferase (γ-GT) **F** 4–18 IE/l **M** 6–28 IE/l	↑: bei allen Formen der Cholestase. Leitenzym bei Alkoholabusus!	
Hämatokrit (Hkt.) **F** 36–45% **M** 42–50%	↓: Anämien, Hyperhydratation	↑: Dehydratation, Polyglobulie, Polycythämia vera
Hämoglobin (Hb) **M** 12,3–15,3 g/dl, **F** 14–17,5 g/dl.	↓: Anämien, Hyperhydratation, Knochenmarksinfiltration und -verdrängung	↑: Dehydratation, Polyglobulie, Polycythämia vera. *ZNS:* Insulte, Tumoren, Enzephalitis
Harnstoff (Urea) 10–48 mg/dl = 2–8 mmol/l	↑: alle Ursachen der Krea-Erhöhung, Eiweißkatabolismus	
HBDH Isoenzym 1 der LDH 68–135 IE/l	↑: Herzinfarkt (HBDH-Anstieg beginnt 6 h und endet ca. 14 Tage nach Ereignis), Myokarditis, Hämolyse, Lungenembolie, Leberparenchymschäden	
Kalium (K^+) 3,6–4,8 mmol/l. *Falsch hohe* Werte durch zu langes Stauen, Hämolyse und Thrombozytose	↓: renale Verluste: Diuretika, Steroide, Hyperaldosteronismus, *Cushing-Sy.*, enterale Verluste: Diarrhoe, Erbrechen, Fisteln, Laxantien, Verteilungsstörung: metab. Alkalose, perniziöse Anämie, Anbehandlung des diabet. Koma	↑: verminderte renale Ausscheidung: Niereninsuff., kaliumsparende Diuretika, Hypoaldosteronismus, NNR-Insuff., Verteilungsstörung: Azidose, massive Hämolyse, Zellzerfall. Succinylcholin

Kalzium 2,2–2,6 mmo/l Albuminabweichung → gleichsinnige Ca-Abweichung	↓: Vit. D-Stoffwechsel-Stör., Hypoproteinämie (nephrot. Sy., Leberzirrhose), Hypoparathyreoidismus, Hyperphosphatämie, akute nekrotisierende Pankreatitis, Ther. mit Furosemid, Antiepileptika, Steroiden.	↑: paraneoplastisch, endokrin, v.a. primärer und tertiärer Hyperparathyreoidismus, Immobilisation, Sarkoidose, *M. Paget*, Thiazide, Vit. D, Vit. A, Lithium, Kationenaustauscher, falsch hohe Werte durch langes Stauen bei Blutabnahme.
Kohlendioxidpartialdruck (pCO_2) **F** 32–43 mmHg = 4,3–5,7 kPa **M** 35–46 mmHg = 4,7–6,1 kPa	↓: Hyperventilation, respiratorische Alkalose, kompensatorisch bei metabolischer Azidose, Hitzschlag, Höhenkrankheit	↑: respiratorische Azidose, kompensatorisch bei metabolischer Alkalose, alveoläre Hypoventilation, z.B. Pneumonie, Vitien, Schock, *Pickwick-Sy.*
Kreatinin **F** 0,47–1,17 mg/dl = 42–63 µmol/l **M** 0,55–1,36 mg/dl = 49–120 µmol/l	↑: chron. Niereninsuff. (↑ jedoch erst bei > 50%iger Reduktion der Nierenleistung), ANV, akuter Muskelzerfall (Trauma, Verbrennung, akute Muskeldystrophie), Akromegalie	
Kreatinphosphokinase (CK) **M** 10–80 IE/l, **F** 10–70 IE/l,	↑: *Herz:* Infarkt (DD Frühdiagn: + GOT, Spätdiagn.: + LDH, Anteil des Isoenzym CK-MB an Gesamt-CK mind. 6 %), entzündlich oder toxisch, nach Defibrillation, Herzdruckmassage, Koronarangiographie. *Muskulatur:* entzündl. oder toxisch, Dystrophien, *i.m.-Injektion*, Trauma, Rhabdomyolyse, Hypokaliämie, Hypophosphatämie, Hyperthermie. *ZNS:* Blutung, Tumor, Meningitis, Enzephalitis, Krampf. Schock, Hypothyreose, Lungenembolie, Lithium, Schlafmittelvergiftung	
LDH (Laktatdehydrogenase) 120–240 IE/l. 5 Isoenzyme.	↑: Herzinfarkt (spezifischer: Erhöhung von LDH_1 = HBDH), Myokarditis, Myopathie, kardiale Leberstauung, Hepatitis, Mononukleose, toxische Leberschäden,Gallenwegserkr., Malignome, Lungeninfarkt, perniziöse und hämolytische Anämien	
LDH/ HBDH-Quotient 1,38–1,64 LDH_1 = HBDH 68–135 IE/l	*Quotient < 1,3:* Herzinfarkt (Spätdiagn.: Quotient bis 20. Tag < 1,3), Hämolyse, DIC	*Quotient > 1,6:* Leberparenchymschäden
Leukozyten (Leukos) 4,4–9/nl. 4,4–11,3/nl	*Neutrophile* ↓: bei fortgeschrittener Sepsis, Typhus, Paratyphus, Miliar, Tbc, Brucellose, Influenza, Masern, Mumps, Röteln, Mononukleose, SLE, Hypersplenismus, Agranulozytose	*Neutrophile* ↑: nichtvirale Inf., z.B. Pneumonie, Tbc, Mykose, Coma diabeticum, hepaticum und uraemicum, Neoplasien, akute Blutung, Hämolyse, Schock, Gichtanfall, myeloproliferative Sy., Impfungen, Transfusionsreaktion, Glukokortikoid-Ther.

Natrium (Na^+) 135–144 mmol/l.	↓: Erbrechen, Durchfall, renale Salzverluste, Verbrennungen, Trauma, osmotische Diurese (Diab. mell.), Hypoaldosteronismus, SIADH, Porphyrie, Diuretika, Antidiabetika, Zytostatika, Sedativa, trizyklische Antidepressiva	↑: Diarrhoe, Fieber, Schwitzen, mangelnde Wasserzufuhr, Polyurie, Diab. insipidus, zentrale Osmoregulationsstörung, Hyperaldosteronismus, Glukokortikoide, Diuretika
Partielle Thromboplastinzeit (PTT) 18–40 Sek., Methodenabhängig. Maß für *„intrinsic system"*	↑: Hämophilie A und B, Hyperfibrinolyse, schwere Lebererkr., Verbrauchskoagulopathie, angeborene Faktorenmangel-Syndrome. Monitoring derHeparinther., Ther. mit Vit K-Antagonisten	
pH [BGA] 7,35–7,45,	↓: dekompensierte Azidose, *metabolisch:* Diab. mell., Laktatazidose, Alkaliverlust, *respiratorisch:* Hypoventilation	↑: dekompensierte Alkalose, *metabolisch:* enteraler oder renaler Säureverlust, Hypokaliämie, medikamentös, *respiratorisch:* Hyperventilation
Plasmathrombinzeit (PTZ, TZ) 17–24 Sek., Maß für „gemeinsame Endstrecke" der Gerinnung	↑: DIC durch Hyperfibrinolyse, Hypo-und Dysfibrinogenämie, Heparinther. (Therapieziel: 2–3fach verlängerte TZ).	
Quick (Thromboplastinzeit, TPZ) 70–120 %, laborabhängig. Maß für das *extrinsic system* der Gerinnung,	↓: Lebererkrankungen, Verbrauchskoagulopathie, Hypofibrinogenämie, Vit. K-Mangel, Hemmkörper gegen Faktor II, VII, X, z.B. bei SLE, AT III-Überschuß, Ther. mit Vit. K-Antagonisten (ther. Bereich ca. 15–25 %)	
Sauerstoffpartialdruck (pO_2) [BGA] 71–104 mmHg = 9,5–13,9 kPa **Sauerstoffsättigung** (O_{2sat}) 94–98 %, im Alter niedriger, *pO_2 und O_{2sat} verändern sich stets gleichsinnig*	↓: *Lungenerkr.:* Entzündung, Ödem, Asthma bronchiale, Ca, Emphysem, Infarkt, Embolie. *Zirkulatorische Ursachen:* Schock, Kreislaufkollaps, Herzrhythmusstörungen, Herzinsuff., Rechts-links-Shunt. *Behinderung der Atemexkursion:* Rippenfraktur, Pleuraerguß, Pneumothorax, degenerative Veränderungen des Thorax.	
Standard-Bikarbonat ($StHCO_3$) 21–26 mmol/l, alte Einheit: Basenüberschuß (BE): *Umrechnung:* BE = $StHCO_3$ — 24	↑: metabolische Alkalose, kompensatorisch bei respiratorischer Azidose (pCO_2 ↑)	↓: metabolische Azidose, kompensatorisch bei respiratorischer Alkalose (pCO_2 ↓)

21.2.2 Blutalkoholspiegel					
‰	mmo/l	‰	mmo/l	‰	mmo/l
0,0	0	2,0	53,48	4,0	80,21
0,1	2,67	2,1	56,15	4,1	82,89
0,2	5,35	2,2	58,82	4,2	106,95
0,3	8,02	2,3	61,50	4,3	114,97
0,4	10,70	2,4	64,17	4,4	117,65
0,5	13,37	2,5	66,84	4,5	120,32
0,6	16,04	2,6	68,52	4,6	122,99
0,7	18,72	2,7	72,19	4,7	125,67
0,8	21,39	2,8	74,87	4,8	128,34
0,9	24,06	2,9	77,54	4,9	131,02
1,0	26,74	3,0	80,21	5,0	133,60
1,1	29,41	3,1	82,89		
1,2	32,09	3,2	85,56		
1,3	34,76	3,3	88,24		
1,4	37,43	3,4	90,91		
1,5	40,11	3,5	93,58		
1,6	42,78	3,6	96,26		
1,7	45,45	3,7	98,93		
1,8	48,13	3,8	101,60		
1,9	50,80	3,9	104,28		

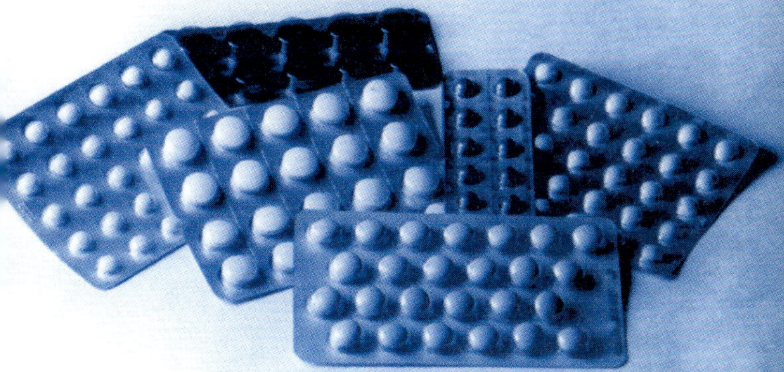

Arzneitherapie 22

22.1.1 Medikamentenliste (Antibiotika ☞ 22.1.2, Perfusor ☞ 22.1.3)

Generic	® (z.B.)	Dosierung/d (Erwachsene) (z.B.)	Nebenwirkungen	Kontraindikationen / Besonderheiten
Acetyl-salicylsäure (Analgetikum, Antipyretikum)	Aspirin®, Colfarit®	Analgetisch-antipyretische Wirkung: Einmaldosis 0,5–1 g p.o., i.v. oder i.m., max. Tagesdosis 3,0–5,0 g. Antiphlogistische Wirkung: Einmaldosis 0,5–1 g p.o., i.v. oder i.m., max. Tagesdosis 5,0–6,0 g. Thrombozytenaggregationshemmung: 0,1–0,5 g p.o.	Bronchospastik, Auslösung von Asthma-Anfällen bei prädisponierten Personen. Allergische Haut- und Blutbildveränderungen (Exantheme, Urtikaria, Leuko- und Thrombopenien), GIT-Beschwerden (erosive Gastritis, Ulcera). Bei hohen Dosen ZNS-Störungen (Ohrensausen, Benommenheit, Hyperventilation).	KI: GIT-Ulzera, hämorrhagische Diathese, 3. Trimenon der Schwangerschaft, obstruktive Lungenerkrankungen WW: Blutungsgefahr ↑ von Antikoagulantien und Fibrinolytika, BZ-Senkung ↑ von Insulin und Sulfonylharnstoffen, Toxizität ↑ von Methotrexat, Ausscheidung↓ von Penicillinen. Wirkung ↓ durch Furosemid und Digoxin Bei Gabe niedriger Dosen Harnsäureausscheidung ↓
Aciclovir (Virustatikum)	Zovirax®	5 x 400–800 mg p.o., 3 x 5–10 mg/kg i.v.	Exantheme, Gefahr der Nierenschädigung bei zu rascher i.v.-Applikation oder vorbestehender Niereninsuffizienz	Intravenöse Gabe hoher Dosen bei schweren Herpes-simplex- und Varizella-zoster-Infektionen Bei schwerer Niereninsuffizienz Gabe nur alle 12–24 h
Adrenalin/ Epinephrin (α- und β–Sympatho mimetikum)	Suprarenin®	1 mg (= 1 Amp.) auf 10 ml verdünnt, fraktionierte Gabe (2–4–6–10 ml). Gabe über Trachealtubus möglich. Perfusor ☞ 22.1.3.	Tachykardie, Extrasystolie, Kammerflimmern, Angina pectoris durch Frequenzanstieg, BZ ↑, RR ↑, Tremor, K^+-Abfall, Hyperglykämie	KI: Obstruktive Kardiomyopathie WW: Wirkung ↓ von Antidiabetika, Sympathikusaktivität ↑ durch trizyklische Antidepressiva, Wirkungsumkehr durch β-Blocker (RR-Abfall), Rhythmusstörungen ↑ durch Halothan Mittel der ersten Wahl bei Reanimationen (Asystolie).
Ajmalin (Klasse IA Antiarrhythmikum)	Gilurytmal®	Initial 4–5 x 100 mg p.o. für 2–3 Tage, Erhaltungsdosis 3–4 x 50 mg p.o. Bei akuten Rhythmusstörungen initial 50 mg (= 10 ml = 1 Amp.) unter Monitorkontrolle langsam i.v., anschließend evtl. Perfusor 1 mg/kg/h.	Herzinsuffizienz, Bradykardie, Asystolie, AV-Block, Kammerflimmern, Übelkeit, Erbrechen, Durchfall, Cholestase, Agranulozytose, Thrombopenie	KI: Bradykardie, schwere Herzinsuffizienz, QT-Syndrom, AV-Block, Schenkelblock, Schwangerschaft WW: Relaxationszeit ↑ curareartige Mittel, Wirkung ↑ durch trizyklische Antidepressiva und Neuroleptika. Ausflockung bei Mischung mit Furosemid Einsatz v.a. bei WPW-Syndrom. Keine Kombination mit Antiarrhythmika der Klassen II, III und IV (starke Leitungsverzögerung), keine Kombination innerhalb der Klasse IA. Bei 20%iger Zunahme des QRS-Komplexes = Therapie abbruch. Max. Anwendung 14 Tage.

Generic	® (z.B.)	Dosierung/d (Erwachsene) (z.B.)	Nebenwirkungen	Kontraindikationen / Besonderheiten
Aluminium-Magnesium-hydroxid (Antazidum)	Maalox 70®	4 x 1 Beutel tägl. p.o. 1 h nach der Nahrungsaufnahme	Enzephalopathie, Osteopathie, Diarrhoe	WW: Verminderte Resorbtion von Digoxin und anderen Medikamenten. Wirkungsverminderung von Ranitidin. *Cave*: Vorsicht bei Niereninsuffizienz und Magenausgangsstenose
Amitryptilin (Anti-depressivum)	Saroten®	1–4 x 10–25 mg p.o., bei Behandlung von Schlafstörungen 25–75 mg p.o. abends	☞ Doxepin	☞ Doxepin
Amrinon (Phospho-diesterase-hemmer)	Wincoram®	Initialer Bolus 0,5 mg/kg langsam i.v., evtl. Wiederholungen nach 10–15 Min. Max. 4 mg/kg in der ersten Stunde. Alternativ Infusion 30 µg/kg/Min. über 2–3 h, Erhaltungsdosis 5–10 µg/kg/Min. Max. Tagesdosis 10 mg/kg. Verdünnung nur mit NaCl 0,9%, Gabe über separaten Zugang.	Hypotonie, Tachykardie, Transaminasen ↑, Cholestase, Rhythmusstörungen, Kopfschmerzen, Fieber, Übelkeit, Erbrechen, Thrombopenie, Myalgie, Myositis, Lungeninfiltration, Vaskulitis, Polyserositis.	KI: Herzerkrankungen, bei denen eine Steigerung des HZV aus anatomischen oder funktionellen Gründen nicht möglich ist, schwere Hypovolämie, supraventrikuläre Tachykardie, Thrombozytopenie, schwere Niereninsuffizienz Vorsicht in der akuten Phase nach Herzinfarkt Gabe nur unter Monitorkontrolle. Regelmäßige Kontrolle der Thrombozyten
Anti-thrombin III (Thrombin-inhibitor)	Kybernin HS®	1 IE/kg bewirkt ca. 1% AT III-Spiegel-Erhöhung. 1400 IE bewirken z.B. bei einem 70 kg schweren Pat. eine AT-III-Spiegel-Erhöhung um 20%. Gabe über Perfusor über 30 Min. oder i.v. langsam über 5 Min.	Keine	WW: AT-III-Aktivität durch Steroide ↑, AT-III-Aktivität durch Östrogene ↓. *Cave*: Substitution nach Spiegelkontrolle. Heparinwirkung bei niedriger Dosierung ist an Anwesenheit von AT-III gebunden. Strenge Indikationsstellung (hohe Kosten). Bei Lebersynthesestörungen mit symmetrischem Abfall von Quick und AT-III, Substitution nur bei akuter Blutung.
Atenolol (β-Blocker)	Tenormin®	1–2 x 25–50 mg p.o., Einmaldosis bei tachykarden Rhythmusstörungen 2,5 mg (= 5 ml) langsam i.v. unter Monitorkontrolle. Max. Tagesdosis 10 mg.	☞ Metoprolol	☞ Metoprolol Dosisreduktion bei Niereninsuffizienz Schlechte Steuerbarkeit durch relativ lange HWZ. Weniger ZNS-NW durch Hydrophilie.
Atropin (Anti-cholin-ergikum)	Atropin-sulfat®	Initial 0,5–1 mg (= 1–2 Amp.) i.v., evtl. Wiederholung bis 3 mg	Mundtrockenheit, Obstipation, paralytischer Ileus, Mydriasis, Glaukomanfall, Harnverhalt, Hautrötung, ZNS-NW (Erregung, Verwirrung), selten tachykarde Rhythmusstörungen	Bei lebensbedrohlichen Zuständen keine KI WW: Wirkung ↑ durch Chinidin, trizyklische Antidepressiva, Antiparkinsonmittel, Antihistaminika, Disopyramid Initial paradoxe Bradykardie für 1–2 Min. möglich. Bei Überdosierung AV-Blockierungen möglich. Antidot: Physostigmin 0,01–0,05 mg langsam i.v.

Generic	® (z.B.)	Dosierung/d (Erwachsene) (z.B.)	Nebenwirkungen	Kontraindikationen / Besonderheiten
Biperidin (Anticholinergikum, Parkinsonmittel)	Akineton®	Zur Langzeitbehandlung bei Parkinson einschleichende Dosierung, Erhaltungsdosis 3 x 2–4 mg p.o. Einmalige parenterale Gabe zur Beseitigung medikamentös bedingter extrapyramidaler Syndrome 2,5–5 mg (= 1/2–1 Amp) i.m. oder langsam i.v.	Anticholinerge Wirkung (Tachykardie, Mundtrockenheit, Akkomodationsstörungen, Glaukomauslösung, Obstipation, Harnverhalt). Bei Überdosierung Unruhe, Psychose	KI: Engwinkelglaukom, mechanische gastrointestinale Stenose, Blasenentleerungsstörungen, Tachyarrhythmie, akutes Lungenödem WW: Anticholinerge Wirkung ↑ durch Chinidin, tri- und tetrazyklische Antidepressiva, Neuroleptika
Botulismus-Antitoxin (Antitoxin)	Botulismus-Antitoxin-Behring	Initial 500 ml i.v., nach 4–6 h erneut 250 ml je nach Klinik	Allergie, anaphylaktischer Schock	KI: Pferdeeiweißallergie. *Cave*: Zunächst intrakutaner und konjunktivaler Allergietest
Bromocriptin (Prolaktinspiegelsenker)	Pravidel ®	Medikament stets während der Mahlzeit einnehmen. Prim. und sek. Abstillen: 1. Beh.-Tag morgens und abends je 1/2 Tbl., anschließend 2 x 1 Tbl. morgens und abends über 14 Tage. Beginnende Mastitis: 3 Tage 3 x 1 Tbl. tägl. anschließend für 11 Tage 2 x tägl. 1 Tbl.	Überwiegend bei hoher Dosierung: Übelkeit, Erbrechen, GIT-Störungen, psycho-vegetative Symptome, allergische Hautreaktionen. Nach der Geburt und im Wochenbett: RR ↑, Herzinfarkt, Krampfanfälle, psych. Störungen. In seltenen Fällen: RR ↓, bei Langzeitther.: Durchblutungsstörungen.	Eingeschränkte Leber- und Nierenfunktion, Überempfindlichkeit gegen Mutterkornalkaloide, Schwangerschaftstoxikose, Hypertonie, KHK, psychische Störungen.
Bupivacain (Lokalanästhetikum)	Bupivacain-Woelm®, Carbostesin®	Anwendung zur Infiltrationsanästhesie (0,25–0,5 %), Peridural- (0,25–0,75 %) und Spinalanästhesie (0,5 %), Nervenblockade (0,25–0,5%). Max. Dosis 150 mg	Versehentliche intravasale Injektion (Atemstillstand, Bradykardie und Koma). Allergische Reaktionen möglich	KI: Allergie gegen Lokalanästhetika. Kein Zusatz von Adrenalin bei Anwendung in Endarteriengebieten (Finger, Zehen). Schwerer art. Hypertonus, Diabetes mellitus, schwere Mitralstenose, pAVK, Hyperthyreose
Buprenorphin (Analgetikum)	Temgesic®	Einzeldosis 0,2–0,4 mg sublingual, 0,15–0,3 mg i.v. oder i.m. Max. Tagesdosis 1,6 mg sublingual bzw 1,2 mg parenteral	☞ Morphin	„ceiling-Effekt“: Höherdosierungen als empfohlene Höchstdosis führen zu keiner Wirkungsverstärkung Hohe Rezeptoraffinität = Entzugssymptome erst mit Latenz von 1–2 Wochen und keine Wirkung von Naloxon bei Behandlung akuter NW. Bei Atemdepression Doxapram-Gabe

Generic	® (z.B.)	Dosierung/d (Erwachsene) (z.B.)	Nebenwirkungen	Kontraindikationen / Besonderheiten
Captopril (ACE-Hemmer)	Lopirin®, Tensobon®	Hypertonie: Beginnend mit 2–3 x 12,5 bis auf 2 x 25 mg p.o. Herzinsuffizienz 3 x 6,25 mg p.o.	Bronchiale Hyperreagibilität (Hustenreiz, Schnupfen, Allergie), Exantheme, Übelkeit, Erbrechen, Hypotonie, Tachykardie, Angina pectoris, Nierenfunktion ↓, ZNS-NW (Schwindel, Kopfschmerzen, Schwäche, Müdigkeit, Verwirrtheit), Hitzewallungen, Schwitzen, Myalgien.	KI: Nierenarterienstenose, Z.n. Nierentransplantation (umstritten), funktionelle Einnierigkeit, hereditäres Angioödem, Herzinsuffizienz durch mechanische Funktionsbehinderung (z.B. Klappenveränderungen), primärer Hyperaldosteronismus Vorsicht bei Autoimmunerkrankungen, Niereninsuffizienz WW: Wirkung ↑ von Diuretika, RR-Abfall ↑ von Antihypertonika, Wirkung↓ von Prostazyklinsynthesehemmern, Hyperkaliämie ↑ von kaliumsparenden Diuretika. Evtl. „first-dose"-Effekt mit ausgeprägtem RR-Abfall, v.a. nach vorheriger Diuretikagabe.
Carbachol (Cholinergikum)	Doryl®	1/2 bis 2 Tbl. oder 1/2–1 Amp. s.c. oder i.m., notfalls bis dreimal tägl.	Übelkeit, Erbrechen, erhöhte Schweißsekretion, vermehrter Speichelfluß, Bradykardie	KI: Asthma bronchiale, Thyreotoxikose, Ulcus ventriculi, Myokardinfarkt, Herzinsuffizienz. WW: Atropin antagonisiert die Carbacholwirkung
Carbamazepin (Antiepileptikum)	Tegretal®, Timonil®	Individueller Dosisaufbau, anfangs 1–2 x 200 mg p.o., Erhaltungsdosis 600–1200 mg p.o.	Allergische Reaktionen (Haut, Hämatopoese), ZNS-Störungen (Kopfschmerzen, Schwindel, Sehstörungen, Verwirrung), GIT-NW, Bradykardie, AV-Block0	KI: AV-Block, schwere Leberfunktionsstörung. Keine Kombination mit MAO-Hemmern (mind. 14 Tage vor Behandlungsbeginn absetzen). In Schwangerschaft so niedrig wie möglich dosieren.
Ceruletid (Cholinergikum)	Takus®	Bei postoperativer Darmatonie oder paralytischem Ileus 1 Amp à 40 µg auf 50 ml NaCl mit 2 ng/kg/Min. Beispiel (70 kg): 8,4 µg/h = ca. 10 ml/h	Übelkeit, Erbrechen, Schweißausbruch, RR-Abfall	KI: Schwangerschaft, schwere kardiovaskuläre Erkrankungen, Verdacht auf obstruktive Choledocholithiasis, Pankreatitis, fortgeschrittene Niereninsuffizienz, mechanischer Ileus

Generic	® (z.B.)	Dosierung/d (Erwachsene) (z.B.)	Nebenwirkungen	Kontraindikationen / Besonderheiten
Chinidin (Klasse IA Anti-arrhythmikum)	Chinidin duriles®	Einschleichende Dosierung bis ca. 2–3 x 200–600 mg p.o.	Allergie (Fieber, Exanthem, Bronchialobstruktion), Tachykardie, Extrasystolen, AV-Überleitungsstörungen, Kammerflimmern, Asystolie, „Chinidinsynkope“ (= selbstlimitierende Torsade de pointes-Tachykardie), Verbreiterung des QRS-Komplexes. Anticholinerge NW: Glaukomanfall, Harnblasenentleerungsstörungen, Erbrechen, Diarrhoe, initial beschleunigte AV-Überleitung = bei Vorhoftachykardien Gefahr der Kammertachykardie	KI: Herzinsuffizienz NYHA III und IV, Bradykardie, Erregungsleitungsstörungen, Digitalisüberdosierung, Endo- und Myokarditis, Schwangerschaft. Vorsicht bei Schenkelblock, QT-Syndrom WW: Wirkung ↑ von Reserpin, Kumarinderivaten, Anticholinergika, Digoxin, kurareartigen Mitteln. Chinidinwirkung ↓ durch Enzyminduktoren (Phenytoin, Barbiturate) Bei Vorhofflattern oder -flimmern nur in Kombination mit Digitalis oder Verapamil (Gefahr der schnellen Überleitung↓ durch vagolytische Wirkung). Keine Kombination mit Klasse IA-Antiarrhythmika, Vorsicht bei Antiarrhythmika mit Leitungsblockierung. Absetzen der Medikation, wenn QRS-Komplex 25 % über Ausgangswert verbreitert und/oder QT-Verlängerung um 25 %. Kumulation bei Leber- und Niereninsuffizienz.
Chlor-mezanon (Muskel-relaxans)	Muskel Trancopal®	1 Tbl. 2–3 tägl. Bei Bedarf kann die Dosis auf 3 x 2 Tbl. gesteigert werden	Übelkeit, Schwindel, Mundtrockenheit, Müdigkeit, Benommenheit. Selten Kopfschmerzen, Verwirrtheit, Erregungszustände. Allergische Hautreaktionen. Stevens-Johnson-Syndrom und toxische epidermale Nekrolyse kommen vor. Leber- und Nierenfunktionsstörungen bis zum Nierenversagen	KI: Bekannte Unverträglichkeit auf Chlormezanon. Intoxikationen mit zentral dämpfenden Pharmaka oder Alkohol. *WW* Verstärkte analgetische Wirkung von Opioiden, verstärkte Sedierung bei gleichzeitiger Gabe von MAO-Hemmern oder Alkohol. *Cave*: Vorsicht bei Nieren- und Leberfunktionsstörungen, Myasthenia gravis, ältere und geschwächte Pat., Kinder unter 12 Jahren.
Chlor-prothixen (Neuro-leptikum)	Truxal®	3–4 x 50 (–100) mg p.o., Einmaldosis bei akuten Unruhezuständen: 50–100 mg = 1–2 Amp) i.v. oder i.m.	☞ Haloperidol	☞ Haloperidol
Clemastin (Antihista-minikum)	Tavegil®	2 x 1 mg bzw. 1–2 EL Sirup p.o., 2 mg (= 1 Amp.) i.v. oder i.m.	Allergische Hautreaktionen, Sedierung, Sehstörungen, Glaukomanfall, Miktionsstörungen	KI: Blasentleerungsstörungen mit Restharnbildung, Engwinkelglaukom WW: Zentral dämpfende Wirkung ↑ von Pharmaka und Alkohol

Generic	® (z.B.)	Dosierung/d (Erwachsene) (z.B.)	Nebenwirkungen	Kontraindikationen / Besonderheiten
Clomethiazol (Hypnotikum, Antikonvulsivum)	Distraneurin®	Initial 384–768 mg (= 2–4 Kaps.) bzw. 10–20 ml Mixtur p.o., bei nicht ausreichender Sedierung nach 20 Min. weitere 2 Kaps. bzw. 10 ml Mixtur. Max. Tagesdosis 24 Kaps. bzw. 120 ml Mixtur. Ausschleichende Dosisreduktion. Parenteral: Dauerinfusion 2518 mg (= 500 ml 0,8%ige Lösung) mit 40–60 ml/h (max. Tagesdosis 2000 ml). Nur in Ausnahmefällen und nur unter Intensivüberwachung 504 mg (= 100 ml 0,8%ige Lösung) über 10 Min. i.v.	Verschleimung der Atemwege, Atemlähmung, Darmatonie, Tachykardie, RR-Abfall, Muskelrelaxation	KI: Pneumonie, schwere respiratorische Insuffizienz WW: Wirkung ↑ durch Alkohol, Wirkung ↑ von Psychopharmaka, Abbau ↑ durch Cimetidin. Zusätzliche Gabe von Atropin empfehlenswert (Bronchialverschleimung ↓) 1–2 x 0,25–0,5 mg i.m. Gefahr der Abhängigkeit mit Entzugssymptomen
Clonidin (Antihypertonikum, zentrales α-sympathomimetikum)	Catapresan®	Dosierung bei Hypertonie: Dauerbehandlung 2 x 75 (–300) µg p.o., Einmaldosis zur raschen RR-Senkung (hypertensive Krise): 0,15 mg (= 1Amp.) i.v. Dosierung bei Alkoholdelir ☞ 5.1	Initialer RR-Anstieg, Bradykardie, Müdigkeit	KI: Sick-Sinus-Syndrom, Phäochromozytom WW: Wirkung ↑ zentraldämpfender Medikamente und Alkohol, Bradykardie und AV-Blockierungen ↑ durch β-Blocker und Herzglykoside, RR-Senkung ↓ durch trizyklische Antidepressiva, RR-Senkung ↑ durch Diuretika Vorsicht bei hypertensiver Krise (initiale RR-Erhöhung). Evtl. Rebound-Phänomen (Entzugshypertonie) bei plötzlichem Absetzen
Clorazepat	Tranxilium®	3 x 50 mg langsam i.v.	☞ Diazepam	Kumulationsgefahr. Maximaler Behandlungszeitraum 14 Tage, vor Absetzen schrittweise Dosisreduktion
Codein (Antitussivum)	Codein phosphoricum Compretten®	1–3 x 30–50 mg p.o.	Übelkeit, Erbrechen, Obstipation, Kopfschmerzen, Seh- und Hörstörungen, in hohen Dosen RR-Abfall und Atemdepression, bei Langzeitanwendung Abhängigkeitsgefahr	KI: Ateminsuff., akuter Asthmaanfall, kurz vor Geburt Vorsicht im 1. Trimenon der Schwangerschaft, Stillzeit, Hirndruck ↑ WW: Sedierung ↑ durch zentraldämpfende Medikamente und Alkohol
Colchizin (Mitosehemmer)	Colchicum-Dispert®	Im akuten Gichtanfall 1 mg p.o. stündlich bis zum Abklingen der Schmerzen (max. 8 mg tägl.), anschließend 0,5–1 mg alle 2 h. Gichtanfallprophylaxe zu Beginn einer harnsäuresenkenden Medikation 1–3 x 0,5 mg tägl.	Häufig GIT-NW (Durchfälle, Übelkeit, Erbrechen), selten Blutbildveränderungen (Leukopenie – Agranulozytose), Hautveränderungen	KI: Schwangerschaft Vorsicht bei Patienten mit Nierenfunktionsstörungen oder Magen-Darm-Anamnese

Generic	® (z.B.)	Dosierung/d (Erwachsene) (z.B.)	Nebenwirkungen	Kontraindikationen / Besonderheiten
Cromo-glicinsäure (Anti-allergikum, Mastzellen-stabilisator)	Cromohexal® DNCG Mundipharm®	4 x 2 mg (= 2 Sprühstöße) inhalativ, Augentropfen 4 x 1 Trpf., Nasenspray 4 x 1 Sprühstoß in jedes Nasenloch	NW bei inhalativer Anwendung: Überempfindlichkeitsreaktionen (Exantheme, Dermatitis, Myositis, Bronchospasmus, eosinophile Pneumonie, anaphylaktischer Schock), bronchiale Reizung	Prophylaktische Anwendung bei allergischem Asthma, Rhinitis, Konjunktivitis
Dexamethason (Glukokortikoid)	Fortecortin®	1(–4) x 4 mg p.o., Reduktion auf morgendliche Erhaltungsdosis 1,5 mg. Bei Hirnödem i.v.-Bolus 40–100 mg, dann 4–8 mg i.v. oder i.m. alle 4 Stunden über 8 Tage	☞ Prednisolon	Bevorzugte Anwendung bei erhöhtem Hirndruck (Hirntumor, Hirnödem, SHT)
Dexpanthenol	Bepanthen® Panthenol®	Bei postoperativer Darmatonie zusammen mit Metoclopramid und Neostigmin je 6 Amp. auf 500 ml Ringerlösung mit 40–80 ml/h	Verlängerung der Blutungszeit (nicht bei Hämophilie anwenden)	KI: Mechanischer Ileus. WW: selten kommen bei gleichzeitiger Gabe von Antibiotika, Narkotika und Barbituraten allergische Reaktionen vor
Diazepam (Benzo-diazepin, Sedativum)	Valium®	Einzeldosis 5–10 (–20) mg p.o., rektal, langsam i.v. Initialdosis bei akuten Erregungszuständen 0,15–0,3 mg/kg p.o., rektal, i.v., anschließend 5–10 mg alle 4–6 h. Maximaldosis ca. 100 mg	Allergische Reaktionen, zentrale Atemlähmung und Kardiodepression, RR-Abfall, Venenreizung, anterograde Amnesie	KI: Schwere Leber- und Nierenfunktionsstörungen, Intoxikationen mit zentraldämpfenden Medikamenten, zerebralsklerotischer Erregungs- oder Verwirrungszustand, Myasthenia gravis Vorsicht bei älteren Pat. (paradoxe Reaktion), schwerer respiratorischer Insuffizienz WW: Wirkung ↑ durch MAO-Hemmer, Wirkung ↑ von Opiatanalgetika, Muskelrelaxantien, ZNS-Dämpfung ↑ von zentraldämpfenden Pharmaka und Alkohol, Digoxinspiegel ↑, Abbau ↓ durch Cimetidin Gewöhnung nach 1–2 wöchiger Anwendung, beim abrupten Absetzen Gefahr von Entzugserscheinungen (Unruhe, Einschlafstörungen, Angst). Gabe über 4 Wochen ist wegen Suchtgefahr kontraindiziert. Antidot: Flumazenil (Anexate®)
Diclofenac (nicht-steroidales Antiphlogistikum)	Voltaren®, Diclophlogont®	3 x 25–50 mg p.o., 1–2 x 100 mg rektal, 75 mg (= 1 Amp.) i.m.	☞ Indometacin	☞ Indometacin

Generic	® (z.B.)	Dosierung/d (Erwachsene) (z.B.)	Nebenwirkungen	Kontraindikationen / Besonderheiten
Digitoxin (Herzglykosid)	Digimerck®	Schnelle parenterale Aufsättigung: Initial 0,25–0,5 mg (= 1–2 Amp.) i.v., anschließend 0,2 mg alle 6 h bis zum Erreichen des therapeutischen Ziels. Mittelschnelle Aufsättigung: 4 x 0,07 mg p.o. über 4 Tage, dann Erhaltungsdosis von 1 x 0,05–0,1 mg. Bei Pat. > 60 J oder in reduziertem AZ 3 x 0,07 mg über drei Tage, anschließend Erhaltungsdosis 1 x 0,05–0,07 mg p.o.	☞ Digoxin	☞ Digoxin Wirkung ↓ durch Enzyminduktoren (z.B. Phenytoin, Phenobarbital), Wirkung ↑ durch Kumarinderivate, Sulfonylharnstoffe und Heparin. Meist keine Dosisanpassung bei Niereninsuffizienz erforderlich, da nur ca. 30 % renal , 70 % hepatisch eliminiert werden
Digoxin (Herzglykosid)	Lanitop®, Novodigal®	Schnelle Aufsättigung (Monitorkontrolle): Initial 0,4 mg i.v. (= 2 ml = 1 Amp.), dann 0,8–1,6 mg (= 2–4 Amp.) in 24 h. Mittelschnelle Aufsättigung parenteral: 2 x 0,4 mg (= 2 x 1 Amp.) am ersten Tag, anschließend Erhaltungsdosis 0,2–0,3 mg i.v. oder p.o. Mittelschnelle Aufsättigung oral: 3 x 0,2 mg p.o. für drei Tage, anschliessend Erhaltungsdosis. Langsame Aufsättigung: Von Anfang an Gabe der Erhaltungsdosis 0,2–0,3 mg p.o.	Ventrikuläre und supraventrikuläre Rhythmusstörungen, Bradykardien, AV-Block, Übelkeit, Erbrechen, Durchfall, ZNS-Störungen (Farbensehen, Kopfschmerzen, Verwirrtheit), allergische Reaktionen.	KI: Hypertroph-obstruktive Kardiomyopathie, Hypokaliämie, Hyperkalzämie, Sick-Sinus-Syndrom, AV-Block II. und III. Grades, WPW-Syndrom Vorsicht bei bradykarden Rhythmusstörungen, Hypothyreose, Hypoxie WW: Digoxinspiegel ↑ durch Phenytoin, Verapamil, Nifedipin, Flecainid, Propafenon, Chinidin, Amiodaron. Wirkung ↑ durch Hypokaliämie und Hyperkalziämie. Resorption ↓ durch Antazida, Metoclopramid, Colestyramin, Neomycin, p-Aminosalicylsäure. Leitungsblockierung ↑ durch Klasse II und IV Antiarrhythmika Vor i.v.-Gabe Kontrolle des K^+-Spiegels, falls erniedrigt zuerst Substitution. Keine gleichzeitige i.v.-Gabe von Kalziumantagonisten. Bei Niereninsuff. Dosisreduktion und Spiegelkontrollen.
Dihydrocodein (Antitussivum)	Paracodin®, DHC 60/ -90/ -120®	1–3 x 10–30 mg p.o.	☞ Codein	☞ Codein
Diltiazem (Kalzium-antagaonist, Antiarrhythmikum Klasse IV)	Dilzem®	3 x 60–120 mg p.o. bzw. 2 x 1–2 Retardtabl.	AV-Block, Bradykardie, Herzinsuffizienz ↑, RR-Abfall, Übelkeit, Erbrechen, Kopfschmerzen, Allergie (Haut, Bronchospasmus), Leberfunktionsstörungen	KI: Herzinsuffizienz NYHA III und IV, AV-Block II. und III. Grades, SA-Block, Sinusknotensyndrom, Präexzitationssyndrome mit Vorhofflimmern, Schock Vorsicht in der Schwangerschaft und Stillzeit, AV-Block I. Grades, Leberfunktion ↓. WW: RR-Senkung ↑ von Antihypertonika, AV-Blockierungen und negative Inotropie ↑ durch β-Blocker und Antiarrhythmika, Medikamentenspiegel ↑ von Digoxin, Theophyllin, Carbamazepin Keine Kombination mit β-Blockern

Generic	® (z.B.)	Dosierung/d (Erwachsene) (z.B.)	Nebenwirkungen	Kontraindikationen / Besonderheiten
Dimen-hydrinat (Antiemetikum)	Vomex A®	1–3 x 50–200 mg p.o., 3–4 x 150 mg rektal, Einmaldosis 100 mg (= 2 ml) i.v. oder i.m.	Allergische Reaktionen (Haut), Sedation, GIT-NW.	KI: Blasenentleerungsstörungen, Engwinkelglaukom. Wirkung ↑ durch zentraldämpfende Medikamente und Alkohol.
Dimeticon-Silicium-dioxyd (Magen-Darm-Mittel)	Lefax® Sab simplex®	1–2 Tbl. nach den Mahlzeiten	keine bekannt	Kombination mit Metoclopramid möglich
Dimetinden (Antihista-minikum)	Fenistil®	3 x 1–2 mg oder 3 x 20 Trpf. p.o., 4–8 mg (= 1–2 Amp.) i.v.	☞ Clemastin	☞ Clemastin
Diphen-hydramin (Antihista-minikum, Sedativum)	Dolestan®	25–100 mg p.o.	Allergische Hautreaktionen, anticholinerge Wirkung (Glaukomauslösung, Mundtrockenheit, GIT-NW, Miktionsstörungen)	KI: Engwinkelglaukom, Blasenentleerungsstörungen WW: Zentraldämpfende Pharmaka und Alkohol ↑
Disopyramid (Anti-arrhythmikum Klasse IA)	Rhytmodul®	3–4 x 200 mg Kaps. oder 2 x 250 mg Retardtabl. p.o. Parenteral: Initial 2 mg/kg über 5–15 Min. i.v., Nachinjektion von 1 mg/kg frühestens nach 20 Min. Perfusor 0,4 mg/kg/h für 24 h, anschl. Erhaltungsdosis 0,1 mg/kg/h. Max. Tagesdosis 800 mg.	Anticholinerge NW: schnelle AV-Überleitung bei Vorhofflimmern – Kammertachykardie, Mund-trockenheit, Sehstörungen, Miktion ↓. Herzinsuffizienz, AV-Block, RR-Abfall, Cholestase	KI: Schwere Herzinsuff., AV-Block II. Grades, Bradykardie, QT-Syndrom, Glaukom, Harnverhalt, schwere Leber- und Niereninsuff. Schwangerschaft WW: Anticholinerge Wirkung ↑ durch Neuroleptika und trizyklische Antidepressiva, Wirkung ↓ durch Rifampicin, Phenytoin, Furosemid. Möglichst erst nach Digitalisierung zur Vermeidung einer beschleu-nigten AV-Überleitung. Kombination mit Substanzen mit starker Leitungsblockierung vermeiden (Klasse II, III und IV Antiarrhyth-mika), keine Kombination innerhalb der Klasse IA sowie mit IC. Absetzen bei > 25%iger Verbreiterung des QRS-Komplexes. I.v.-Gabe nur unter Monitorkontrolle.

Generic	® (z.B.)	Dosierung/d (Erwachsene) (z.B.)	Nebenwirkungen	Kontraindikationen / Besonderheiten
4-DMAP (Met-Hb-Bildner)	4-DMAP®	Bei schwerer Intoxikation mit Zyaniden, Blausäure, Nitrit und Schwefelwasserstoff: max. 3,25 mg/kg (beim 70 kg schweren Pat. 1 Amp. à 250 mg) i.v. Bei mittelschwerer Intoxikation 1 mg/kg (1/3 Amp. beim 70 kg schweren Pat.)	Hämolyse bei hochdosierter Gabe	KI: Mischintoxikation mit Kohlenmonoxid. Relative KI: Säuglinge und Kleinkinder, Sulfidallergie. *Cave:* Keine Nachinjektionen wegen kumulativer Met-Hb-Bildung
Dobutamin (Sympathomimetikum)	Dobutrex®	Niedrige Dosierung 3 µg/kg/Min. Mittlere Dosierung: 6 µg/kg/Min. Hohe Dosierung 12 µg/kg/Min	Tachykardie, Arrhythmie, Angina pectoris, Überleitungsbeschleunigung bei absoluter Arrhythmie	KI: Erkrankung. mit Ventrikelfüllung ↓ (z.B. obstruktive Kardiomyopathie, Perikarderguß) Vorsicht bei Myokardischämie, Volumenmangel WW: Insulinbedarf ↑, Wirkung von β-Blockern ↓. Nur Anwendung i.v., zuvor Ausgleich eines evtl. Volumenmangels. Tachyphylaxie bei Anwendung > 72 h.
Dopamin (Sympathomimetikum)	Dopamin Guilini®, Dopamin Nattermann®	Niedrigdosierung („Nierendosis"): 0,5–5 mg/kg/Min. Mittlere Dosierung („Kreislaufdosis"): 6–9 µg/kg/Min. Hohe Dosierung (generalisierte Vasokonstriktion): 10 µg/kg/Min.	Tachykardie, Arrhythmie, Angina pectoris, bei hoher Dosierung akrale Durchblutungstörungen und Diurese ↓.	KI: Hyperthyreose, Phäochromozytom Vorsicht bei Engwinkelglaukom, Blasenentleerungsstörungen mit Restharnbildung, schwerer Herzkrankheit und Rhythmusstörungen WW: Wirkung ↑ durch Guanethidin und MAO-Hemmer. Synergismus mit Dobutamin. In niedriger Dosis HZV und RR ↔, peripherer Widerstand ↓, Nierendurchblutung ↑. Mittlere Dosierung: peripherer Gefäßwiderstand und Nierendurchblutung ↔ , Kontraktilität und RR ↑. Hohe Dosierung: Kontraktilität, RR, peripherer Widerstand ↑, Nierendurchblutung ↓ Nur Anwendung i.v., zuvor Ausgleich eines evtl. Volumenmangels. Tachyphylaxie. Zeichen der Überdosierung: Herzfrequenzanstieg > 25/Min. Reboundhypotonie nach Absetzen
Doxepin (Antidepressivum)	Aponal®	Einschleichende Dosierung, zu Beginn 10–25 mg p.o., Dauerther. 75–150 mg p.o. Einmaldosis 100 mg p.o., 25–50 mg (= 1–2 Amp.) i.m., 25–50 mg auf 10–20 ml verdünnt langsam i.v. oder 25–75 mg (= 1–3 Amp.) auf 250 ml Infusionslösung als Kurzinfusion i.v.	Allergische Hautreaktionen, Schwindel, Kopfschmerzen, Unruhe Verwirrtheit, GIT-NW, Leberfunktionsstörungen, Erregungsleitungsstörungen, negativ inotrope Wirkung, orthostatische Beschwerden, anticholinerge Wirkung (Obstipation, Miktionsstörungen, Glaukomauslösung, Tachykardie)	KI: Ther. mit MAO-Hemmern, akute Intoxikation mit zentraldämpfenden Medikamenten, akute Delirien, schwere Erregungsleitungsstörungen. Vorsicht bei Leberfunktionsstörungen, vorgeschädigtem Herzen, erhöhter zerebraler Krampfbereitschaft, Schwangerschaft und Stillzeit Beim Absetzen evtl. Unruhe, Angst, GIT-NW

Generic	® (z.B.)	Dosierung/d (Erwachsene) (z.B.)	Nebenwirkungen	Kontraindikationen / Besonderheiten
Doxylamino-succinat (Sedativum)	Mereprine®	25–50 mg p.o.	☞ Diphenhydramin	☞ Diphenhydramin
Enalapril (ACE-Hemmer)	Pres®, Xanef®	Hypertoniebehandlung: Initial 1 x 5 mg p.o., Erhaltungsdosis 1 x 10–20 mg p.o. Herzinsuffizienz: Initial 1 x 2,5 mg, Erhaltungsdosis 1 x 10–20 mg p.o.	☞ Capotpril	☞ Captopril
Ergotamin (Mutterkorn-alkaloid, zentraler α-Blocker)	Migrexa®, Ergotamin Medihaler®	2 mg p.o. oder rektal, 1 Sprühstoß à 0,45 mg inhalativ, 0,125–0,5 mg s.c. oder i.m.	Übelkeit, Erbrechen. Periphere Mangeldurchblutung.	WW: Vasokonstriktion ↑ durch Tetrazykline, Makrolide, β-Blocker
Etomidat (Hypnotikum)	Hypno-midate®	Einleitungsdosierung: 0,15–0,3 mg/kg (10–20 mg) i.v. Nachinjektionen je nach Wirkung bis 80 mg = 4 Amp.	Schmerzen bei der i.v.-Injektion, daher zuvor Gabe von 0,05–0,1 mg Fentanyl i.v. Myoklonien und Dyskinesien. Prophylaxe durch vorrangehende Gabe von Fentanyl oder eines Benzodia-zepins. Dosisabhängige Atem-depression. Geringe Senkung des intraarteriellen Druckes	KI: Allergie gegen Etomidat. WW: Antihypertensiva (verstärkte RR-Senkung möglich). *Cave:* Narkotikum mit den geringsten hämodynamisch bedeutsamen NW. Selten Apnoe bei Narkoseeinleitung und Laryngospasmus bei Intubation. Keine Histaminfreisetzung. Vorsicht bei Pat. mit zerebralem Krampfleiden.
Fenoterol (Wehen-hemmer)	Partusisten®	Infusionslösung: Nur verdünnt mit Infu-sionsgerät bzw. Spritzenpumpe verab-reichen: 0,5–3,0 μg/Min. Siehe Packungsbeilage.	Schwitzen, Schwindel, Tachykardie, RR-Abfall, BZ- Anstieg, Brechreiz.	Starke Vaginalblutung, Chorioamnionitis, Tachykardie.

Generic	® (z.B.)	Dosierung/d (Erwachsene) (z.B.)	Nebenwirkungen	Kontraindikationen / Besonderheiten
Fentanyl (Opioid)	Fentanyl®	I.v. je nach Schmerzintensität, beginnend mit 0,05–0,1 mg. Analgesie von Beatmungspatienten: Perfusor: 0,5 mg auf 50 ml NaCl mit 5–15 ml/h (0,05–0,15mg/h)	Atemdepression, Blutdruckabfall, Bradykardie (Vorsicht bei Hinterwandinfarkt), Obstipation, Harnverhalt, Übelkeit, Erbrechen, Miosis	KI: Schwangerschaft und Stillzeit, vorsichtige Indikationstellung bei Hypovolämie und Hypotension (Gefahr schwerer Schockzustände). *Cave*: Ausgeprägte atemdepressorische Wirkung. Höhere Gaben nur bei Möglichkeit zu Intubation und Beatmung. Dosisabhängiger Rebound-Effekt auch noch nach Stunden möglich. Antidot: Naloxon. Bei Langzeitanalgesie Kombination mit Midazolam möglich.
Flurazepam (Benzodiazepin, Sedativum)	Dalmadorm®	7,5–30 mg p.o.	☞ Diazepam	☞ Diazepam
Fresh Frozen Plasma (FFP), (Gerinnungsaktives Plasma)		Bei Massentransfusionen im Verhältnis 1 FFP auf 2 EK. Bei Plasmapherese je nach Entzug	Allergiesierung gegen HLA-Antigene, Infektionsrisiko (Hepatitis, EBV, CMV, HIV), Induktion einer Verbrauchskoagulopathie	Bei erworbener Gerinnungsstörung Substitution einzelner Gerinnungsfaktoren anstreben.
Furosemid (Diuretikum)	Lasix®	I.v.: 1–2 Amp. à 20 mg oder 1 Amp. à 40 mg langsam i.v., evtl. wiederholen. Perfusor bei ausgeprägter Niereninsuff.: 2 Amp. à 250 mg = 500 mg mit 50–100 mg/h = 5–10 ml/h. Max. Tagesdosis 2000 mg	Hypokaliämie, Hyponatriämie, Hypokalzämie, metabolische Alkalose, Blutdruckabfall, Hämokonzentration, Thrombosegefahr, allergische Reaktionen, Leukopenie, Thrombopenie, BZ-Anstieg, Hyperurikämie, akute Pankreatitis, Ototoxizität	KI: Dekompensierte Leberinsuffizienz, Hypokaliämie, Hyponatriämie, Anurie (nur initial als „Nierenstarter"), Schwangerschaft, Sulfonamidallergie, postrenales Abflußhindernis. *Cave*: Bei i.v.-Gabe engmaschige Kontrolle von Krea, E'lyten, Bikarbonat. Rebound-Phänomen nach Absetzen möglich. Blasenentleerungsstörung vor i.v.-Gabe ausschließen.
Glycerol-trinitrat/ Nitroglyzerin (Vasodilatator, Antianginosum)	Nitrolingual®, perlinganit®	Zur Anfallskupierung 0,4–1,2 mg sublingual (Zerbeißkapsel) oder als Spray (1–2 Sprühstöße). Zur Vorlastsenkung (z.B. bei Myokardinfarkt, Lungenstauung) Perfusor ☞ 22.1.3	Vasomotorische Kopfschmerzen, RR-Abfall, reflektorische Tachykardie, Hautrötung.	KI: Hypotone Zustände, Schock, hypertroph obstruktive Kardiomyopathie. Vorsicht bei orthostatischer Dysregulation WW: Wirkung ↑ von Antihypertensiva, Diuretika, Alkohol. Wirkung ↓ von Heparin bei i.v.-Gabe Einsatz v.a. zur Anfallskupierung Bei oraler Gabe zur Anfallsprophylaxe weniger geeignet (hoher First-pass-Effekt), besser retardiertes Isosorbidmononitrat, -dinitrat Toleranzentwicklung bei kontinuierlicher Applikation > 24 h – Nitratpause für 8–10 h

Generic	® (z.B.)	Dosierung/d (Erwachsene) (z.B.)	Nebenwirkungen	Kontraindikationen / Besonderheiten
Haloperidol (Neuroleptikum)	Haldol®	3 x 1–3 (–10) mg (= 10–30 Trpf. zu 2 mg/ml) p.o. Einmaldosis bei Unruhezuständen: 5 mg p.o. als Tbl. oder Trpf. (= 2,5 ml = 50 Trpf.) bzw. 5–10 mg = 1–2 ml = 1–2 Amp.) i.v. oder i.m. Max. 40 mg tägl., bei geriatrischen Pat. 10 mg.	Hypotonie, Tachykardie, Erregungsleitungsstörungen, Dyskinesien, anticholinerge Wirkung (Mundtrockenheit, Miktionsstörungen, Glaukomanfallinduktion). Störung des Glukosestoffwechsels, selten malignes Neuroleptikasyndrom (Fieber, Rigor, Akinese, Bewußtseinstrübung).	KI: Intoxikation mit Alkohol oder zentraldämpfenden Medikamenten. Vorsicht bei vorgeschädigten Herzen, schweren Leber- und Nierenfunktionsstörungen, Blasenentleerungsstörungen, Glaukom. WW: Wirkung ↑ durch Barbiturate und Sedativa, Adrenalin – paradoxe Hypotonie („Adrenalinumkehr"), Metoclopramid – extrapyramidale NW ↑, Antihypertonika – RR-Senkung ↑, Antikoagulation – Blutungsgefahr ↑ Stark potentes Neuroleptikum mit vorwiegend antipsychotischer Wirkung. Wenn möglich einschleichende Dosierung. Bei älteren Pat. häufig Parkinsonoide oder paradoxe Reaktionen Ther. der Dyskinesien: Biperidin (Akineton®) 5 mg (= 1 Amp.) i.v.
Hydralazin (Antihypertonikum)	Nepresol®	Beh.-Beginn: 2 x 1/2 Tbl. tägl., langsame Steigerung auf 2 x 1 Tbl. tägl. Max. Tagesdosis 100 mg (1 Tbl = 25 mg). Möglichst niedrige Erhaltungsdosis.	Exantheme, Urtikaria, Pruritus, migräneartige Kopfschmerzen, Magen-Darm-Störungen, Blutbildveränderungen.	Aortenaneurysma, Herzklappenstenosen, Lupus erythematodes.
Hydro kortison (Glukokortikoid)	Hydrocortison Hoechst®	Bei akuter NNR-Insuff. (Addisonkrise) 100–200 mg als Bolus i.v., dann 10–20 mg/h. (Substitutionsther. mit 5–10 mg p.o.) Dauersubstitution mit 5–30 mg p.o.	☞ Prednisolon	Bevorzugter Einsatz bei Leberinsuffizienz und M. Addison (Substitutionsther. mit 5–10 mg p.o.)
Ibuprofen (nicht-steroidales Antiphlogistikum)	Optalidon®, Dolgit®, Imbun®	3 x 200–400 mg p.o.	☞ Indometacin	☞ Indometacin
Indometacin (nicht-steroidales Antiphlogistikum)	Amuno®	2–3 x 25 (–50) mg p.o. (max. 200 mg tägl.), 1–2 x 50–100 mg rektal	GIT-NW in 30 %, selten Blutbildveränderungen, ZNS-Störungen (Kopfschmerzen, Sehstörungen), Überempfindlichkeitsreaktionen (Hautreaktionen, Bronchospasmus, RR-Abfall)	KI: Magen-Darmulzera, Blutbildveränderungen, 3. Trimenon der Schwangerschaft Vorsicht bei Leber- oder Niereninsuffizienz, Hypertonie, Asthma bronchiale WW: Spiegel ↑ von Digoxin und Lithium, Wirkung ↓ von Diuretika und Antihypertonika

Generic	® (z.B.)	Dosierung/d (Erwachsene) (z.B.)	Nebenwirkungen	Kontraindikationen / Besonderheiten
Ipratropium-bromid (Anti-cholinergikum)	Itrop®	Individuelle Dosierung 2–3 x 10–20 mg p.o.	☞ Atropin, keine ZNS-NW	KI: Glaukom, Blasenentleerungsstörungen mit Restharn, mechanische Stenosen im Magen-Darm-Trakt WW ☞ Atropin
Isosorbid-dinitrat (Vasodilatator, Antiangino-sum)	Isoket®, Maycor®	Antianginöse Dauerther. 2 x 5–40 mg p.o. Im Anfall 20 mg Tbl. im Mund zerkauen oder 1,25–3,75 mg (= 1–3 Sprühstöße) inhalativ	☞ Glyceroltrinitrat Einsatz zur Anfallsprophylaxe sowie im akuten Anfall	☞ Glyceroltrinitrat
Isosorbid-mononitrat (Vasodilatator, Antiangino-sum)	Mono Mack®, Ismo®	Antianginöse Dauerther.: Standarddosierung 2 x 20–40 mg p.o. (Gabe morgens und mittags).	☞ Glyceroltrinitrat Zur Anfallskupierung nicht geeignet	☞ Glyceroltrinitrat
L-Arginin-hydro-chlorid (Elektrolyt-lösung, Puffer)	L-Arginin-hydrochlorid-einmolar Fresenius 21.07%®	Dosierung nach Korrekturbedarf und unter Beachtung des Ionogramms und des Säure-Basenstatus.	Bei Überdosierung metabolische Azidose, Venenreizung	KI: Azidosen. *Cave*: Lösung nur verdünnt anwenden. Verstärkung einer vorbestehenden Hyperkaliämie, bzw. Anstieg der Kalium-Konzentration. Wirksamkeit nur bei ausreichender Leberfunktion. Störungen des Säure-Base-Haushalts vorsichtig ausgleichen. Antidot: Bikarbonat
Lactulose (Abführmittel)	Bifiteral®	P.o.: 3 x tägl. 30–40 ml (bei Leberinsuff. und Leberkoma). Bei Obstipation: 2–3 Eßl. tägl. Einlauf: 300 ml Laktulose und 700 ml Wasser 2 x tägl.	Abdominelle Schmerzen, Übel-keit, Erbrechen, Diarrhoe, E'lyt-Verluste	KI: Ileus, Galaktoseintoleranz. WW: Gesteigerter Kaliumverlust bei gleichzeitiger Gabe von Diuretika. *Cave*: Bei Leberinsuffizienz 2–3 weiche Stühle pro Tag und einen Stuhl-pH von 5,0 anstreben
Levomepro-mazin (Neuro-leptikum)	Neurocil®	3 x 25–100 mg p.o., 25 mg (= 1 Amp.) i.m. oder i.v.	☞ Haloperidol	Einschleichende Dosierung (Tropfen) KI ☞ Haloperidol

Generic	® (z.B.)	Dosierung/d (Erwachsene) (z.B.)	Nebenwirkungen	Kontraindikationen / Besonderheiten
Lidocain (Lokal-anästhetikum)	Xylocain®	Max. Dosis: 200 mg (40 ml 0,5 % bzw. 20 ml 1 % bzw. 10 ml 2 %) für Erw. mit normalem Körpergewicht (70 kg), Kinder und Pat. in reduziertem Allgemeinzustand 2,9 mg/kg;	Systemische Reaktionen sind durch schnelle Anflutung (versehentliche i.v.-Injektion, Injektion in stark durchblutetes Gewebe) möglich. ZNS: Schwindel, Erbrechen, Benommenheit, Krämpfe; Herz-Kreislauf: Bradykardie, Rhythmusstörungen, Schock	Schwere Überleitungsstörungen, Überempfindlichkeit gegenüber Leitungsanästhetika vom Amidtyp, kardiogener und hypovolämischer Schock, Vorsicht bei Pat. mit Lebererkrankungen. WW mit Sulfonamiden
Loperamid (Motilitäts-hemmer)	Imodium®	1–2 Tbl. (2–4 mg) als Einzeldosis, max. 12 mg tägl. (Erwachsene)	☞ Mundtrockenheit	KI: Subileus, Ileus, toxisches Megakolon, Schwangerschaft, Kinder unter 2 Jahren. Wirkt gut bei Strahlenenteritis
Melperon (Neuro-leptikum)	Eunerpan®	4 x 25 mg (= 5 ml). Einmaldosis 25 mg (= 5 ml) p.o., 50 mg (= 1 Amp.) i.m.	Haldol	☞ Haldol Schwach potentes Neuroleptikum. Besonders zur Behandlung von Unruhe- und Erregungszuständen älterer Pat. geeignet
Mepivacain (Lokal-anästhetikum)	Scandicain®	Max. Dosierung: 300 mg (bis 60 ml 0,5 % bzw. 30 ml 1% bzw. 15 ml 2 %) f. Erw. mit normalem Körpergewicht (70 kg), Kinder und Pat. in reduziertem Allgemeinzustand 4 mg/kg	Systemische Reaktionen sind durch schnelle Anflutung (versehentliche i.v.-Injektion, Injektion in stark durchblutetes Gewebe) möglich. ZNS: Schwindel, Erbrechen, Benommenheit, Krämpfe; Herz-Kreislauf: Bradykardie, Rhythmusstörungen, Schock	Schwere Überleitungsstörungen, Überempfindlichkeit gegenüber Leitungsanästhetika vom Amidtyp, kardiogener und hypovolämischer Schock, Vorsicht bei Pat. mit Lebererkrankungen. WW mit Sulfonamiden
Metamizol (Analgetikum)	Novalgin®, Baralgin®	1–4 x 500–1000 mg bzw 20–40 Trpf. p.o., 1–4 x 1000 mg rektal (max. 4 g tägl.), 1–4 x 1 g (= 2 ml) i.m. oder i.v., bei starken Schmerzen (Koliken) 2 x 2,5 g (= 5 ml) langsam i.v.	Allergische Reaktionen (Fieber, Urtikaria, Bronchospastik), GIT-NW, Agranulozytose, toxischer Schock bei zu schneller Injektion	KI: 1. Trimenon und letzte 6 Wochen der Schwangerschaft, hepatische Porphyrie WW: Gefahr ↑ von Hypotonien und Hypothermien durch Chlorpromazin Rotfärbung des Urins möglich (kein Krankheitswert) Wegen Gefahr der Agranulozytose nur kurzfristige Behandlungen

Generic	® (z.B.)	Dosierung/d (Erwachsene) (z.B.)	Nebenwirkungen	Kontraindikationen / Besonderheiten
Methyl-ergometrin-hydrogen-maleat (Blutungs-stillendes Mittel)	Methergin®	Aktive Leitung der Nachgeburtsperiode: 0,5–1 ml. Gebärmutterblutung nach Plazentalösung, nach Fehlgeburt oder Curettage: 0,25–0,5 ml Injektionslösung langsam i.v. oder 1 ml i.m., b.Bedarf. in Abständen von mind. 2 h wiederholbar, jedoch höchstens 3 x tägl. Gebärmutterblutung nach Kaiserschnitt: nach Entwicklung des Kindes 0,5 ml Injektionslösung langsam i.v. oder 1 ml i.m. Wochenbettblutung: höchstens 3 x tägl. 0,25–0,5 ml Injektionslösung langsam i.v. oder 1 ml i.m.	Schwitzen, Schwindel, Tachykardie, RR ↑, selten anaphylaktische Reaktionen	Hypertone Schwangerschaftstoxikose, Sepsis, Einleitung der Geburt, Wehenschwäche
Methyl-prednisolon (Gluko-kortikoid)	Solu-Decortin H®, Urbason®	Status asthmaticus: 250 mg alle 6 h i.v. Allergische Reaktionen/anaphylaktischer Schock: 100–500 mg i.v. Hyperthyreose: 50–100 mg i.v. tägl. Abstoßungsreaktion: 250–500 mg i.v. tägl. über 3 Tage	Nahezu keine NW bei einmaliger Gabe, geringe NW bei kurzfristiger Gabe ☞ Prednison	Wirkungseintritt erst nach 30 Min. Anwendung auch in der Schwangerschaft möglich
Metoclo-pramid (Antiemetikum)	Paspertin®, Gastrosil®	3 x 10 mg Tbl. bzw. 1–4 x 36 Trpf., p.o. 1–3 x 10 mg rektal, 1–3 x 10 mg (= 2 ml) i.v. Bei Zytostatikather. 1–2 mg/kg als Kurzinfusion über 15 Min. 1/2 h vor, 1,5 h, 3,5 h, 5,5 h und 7,5 h nach Zytostatikabehandlung oder Aufsättigung mit 1–2 mg/kg, dann Perfusor mit 10–30 mg/h = 2–6 ml/h.	Dyskinesien (bei höheren Dosierungen), Diarrhoe, bei längerer Anwendung Galaktorrhoe.	Bei Kindern kontraindiziert. WW: Neuroleptika – extrapyramidale NW ↑. Antidot bei Dyskinesien: Biperidin (z.B. Akineton®) 2,5–5 mg langsam i.v. Bei GIT-NW Butylscopolamin (z.B. Buscopan®) 1 ml (= 1 Amp.) langsam i.v. oder s.c.

Generic	® (z.B.)	Dosierung/d (Erwachsene) (z.B.)	Nebenwirkungen	Kontraindikationen / Besonderheiten
Metoprolol (β-Blocker)	Beloc®, Lopresor®	Anfangsdosis 2 x 25–50 mg p.o. Erhaltungsdosis 1–2 x 50–100 mg p.o. Parenterale Einmaldosis bei tachykarden Rhythmustörungen 5–10 mg (= 1–2 Amp.) langsam i.v. (1 mg/Min.), evtl. Wiederholung nach 10 Min. Max. Tagesdosis 20 mg.	Bronchialobstruktion, Hypotonie, Herzinsuffizienz ↑, bradykarde Rhythmus- und Erregungsleitungsstörungen ↑, periphere Durchblutungsstörungen, Überempfindlichkeitsreaktionen (Haut), ZNS-Störungen (Müdigkeit, depressive Verstimmung, Kopfschmerzen, Schwindel), Verschlechterung diabetische Stoffwechsellage, Potenzstörungen	KI: Herzinsuff. NYHA III und IV, AV-Block II.°, SA-Blockierungen, Sinusknotensyndrom, Bradykardie, unbehandeltes Phäochromozytom Vorsicht bei obstruktiven Atemwegserkrankungen, AV-Block I.°, peripheren Durchblutungsstörungen, Diabetes mellitus, Schwangerschaft WW: BZ-Senkung ↑ von Antidiabetika (Cave: gleichzeitige Maskierung der Hypoglykämiesymptome), kardiodepressiver Effekt ↑ durch Digitalis und Antiarrhythmika, RR-Senkung ↑ von Antihypertonika, Serumspiegel ↑ um bis zu 50 % durch Cimetidin, periphere Durchblutungs-störungen ↑ durch Mutterkornalkaloide Antidot bei Bradykardie: Atropin, bei Hypotonie: Adrenalin Keine Kombination mit Kalziumantagonisten vom Diltiazemtyp, Vorsicht bei Kombination mit Klasse IA
Mexiletin (Antiarrhythmikum der Klasse IB)	Mexitil®	Initial 400 mg p.o., dann 3 x 200 mg p.o. Parenteral: 187 mg (= 3/4 Amp.) über 15 Min. i.v., anschließend Perfusor 150 mg/h für 3,5 h, dann 0,5 mg/kg/h bis zu 12 h	Übelkeit, Erbrechen, Durchfall, Schwindel, Verwirrtheitszustand, Allergie, Bradykardie, Krampfanfall, Herzinsuffizienz, Lungenödem	KI: Schwere Herzinsuff., Bradykardie, Schwangerschaft WW: Resorption ↓ durch Antazida und Atropin. Wirkung ↓ durch Enzyminduktoren (Phenytoin, Rifampicin). Wirkung ↑ durch Cimetidin (Dosisreduktion) Keine Kombination mit Antiarrhythmika der Klasse IB. Dosisreduktion bei schwerer Leberinsuff.
Midazolam (Sedativum)	Dormicum 5®	Prämedikation von Eingriffen in Narkose: 3,5–7 mg (0,05–0,1 mg/kg) i.m. 20–30 Min. vor Narkosebeginn. Bei Eingriffen in Lokalanästhesie oder diagnostischen Eingriffen mit 1–2,5 mg i.v. beginnen. Dosistitration in 1 mg-Schritten alle 2 Min. bis erwünschte Sedierung eintritt. Bei schwerkranken oder alten Pat. kann bereits 1 mg ausreichend sein. Gefahr der Atemdepression.	*Cave:* Blutdrucksenkung (Volumenmangel vorher ausgleichen. Bei älteren Pat. ist ein Atemstillstand bei i.v. Gabe möglich. Bei versehendlicher i.a.-Injektion kann es zu Gefäßschäden kommen. Manische Reaktionen, Hyperventilation, Laryngo- und Bronchospasmus.	KI: Myasthenia gravis, Intoxikationen mit Alkohol oder Psychopharmaka, endogene Psychose, erstes Trimenon der Schwangerschaft, Säuglinge unter 4 Monaten, Benzodiazepinallergie. WW: Verstärkung des sedativen Effekts durch Psychopharmaka, Hypnotika, Anästhetika, Opioiden, Alkohol, Erythromycin und Ranitidin. *Cave:* Doppelte Wirkstärke und kürzer Wirkdauer als Diazepam. Antidot: Flumazenil (z.B. Anexate®)

Generic	® (z.B.)	Dosierung/d (Erwachsene) (z.B.)	Nebenwirkungen	Kontraindikationen / Besonderheiten
Morphin (zentrales Analgetikum)	Morphin hydrochloricum, MST 10/ -30/ -60 Mundipharma®	Dosierung abhängig vom Schweregrad der Schmerzen Einzeldosen: 10–30 mg p.o., 10–30 mg s.c., 5–10 mg verdünnt in Aqua ad inject. langsam i.v. Tageshöchstmengen (Anhaltswerte): 300 mg oral, 100 mg parenteral	Sedierung bis hin zur Somnolenz, direkter vasodilatiernder Effekt mit „venösem pooling", außerdem vasodilatierender Effekt durch Histaminfreisetzung (v.a. nach i.v.-Gabe)	KI: Gallenkoliken, akute hepatische Porphyrie Vorsicht mit i.v.-Gabe bei Pat. mit schwerer KHK WW: Sedierender und atemdepressorischer Effekt ↑ von zentral wirksamen Substanzen, Wirkung ↑ durch MAO-Hemmer, RR-senkender Effekt ↑ von Antihypertonika und Phenothiazin-Neuroleptika Entzugssymptome bei Umstellung von Morphin-Dauermedikation auf partielle Opiatantagonisten (Tramadol, Pentazocin, Buprenorphin) möglich Bei akuter Lungenstauung sinnvoll (Entlastung des Lungenkreislaufs) → Atemnot ↓ Kein Ceiling-Effekt (dosisabhängige Verstärkung von Wirkungen und NW)
N-Acetylcystein (Mukolytikum, Antidot bei Paracetamolvergiftung)	Fluimucil®	P.o.: Kinder 2 Jahre: 1 x tägl 100 mg. Kinder von 2–5 Jahren 200–300 mg tägl. in 2–3 Einzelgaben, Kinder von 6–14 Jahren 300–400 mg tägl., ab 14 Jahren 600 mg/h in 2–3 Einzeldosen. I.v.: 1 Amp. = 300 mg 1–2 x tägl. langsam i.v., bei schwersten Fällen 2 –3 Amp. 2–3 x tägl. Paracetamolvergiftung: 150 mg/kg unverdünnt innerhalb der ersten 15 Min. i.v., anschließend bis zur 4. h 50 mg/kg auf 500 ml 5%ige Glukose als Infusion, danach bis zur 20. h 100 mg/kg auf 1000 ml 5%ige Glukose als Infusion.	Durch Disulfidbrückenaufspaltung mögliche Beeinflussung von Immunglobulinen und Antiproteasen. Allergische Reaktionen	WW: Keine Kombination mit Antitussiva: Gefahr des Sekretstaus. Verminderte Wirkung bei gleichzeitiger Gabe von Tetrazyklinen und Cephalosporinen
N-Butylscopolamin (Parasympatholytikum, Spasmolytikum)	Buscopan®	Mehrmals täglich 1 Amp. à 1 ml i.v. oder s.c.	Hypotonie, Mundtrockenheit, Tachykardie, Glaukom, Harnverhalt	WW: Verstärkung der anticholinergen Wirkung von Amantadin, Chinidin, trizyklischen Antidepressiva, Neuroleptika und Antiparkinsonmedikamenten. Gabe im 2. und 3. Trimenon der Schwangerschaft möglich.

Generic	® (z.B.)	Dosierung/d (Erwachsene) (z.B.)	Nebenwirkungen	Kontraindikationen / Besonderheiten
Naloxon (Opiat-antagonist)	Narcanti®	Bei Opiatintoxikation Dosierung nach Wirkung, initial 0,4–2 mg (= 1–5 Amp.) i.v., Wiederholung nach 3 Min. bis zu 3 x möglich	Bei Opiatabhängigen akutes Entzugssyndrom. Bei zu plötzlicher Antagonisierung Schwindel, Erbrechen, Tachykardie, Hypertonus, Tremor, Krampfanfall, Asystolie	Vorsicht in Schwangerschaft und bei vorbestehender Herzerkrankung Wegen kurzer HWZ evtl. Nachinjektion erforderlich
Natrium-thiosulfat (Schwefel-donator)	Natrium-thiosulfat 10 %®	Bei Zyanidintoxikation: 6–12 g (6–12 Amp.) sofort nach 4-DMAP langsam i.v.. Bei Alkylantien 100–500 mg/kg (max. 35 g bei 70 kg). P.o.: 1 % Lösung zur Magenspülung. Bei Quecksilberintox.: 250 ml nach der Magenspülung	Bei zu schneller i.v.-Injektion Blutdruckabfall möglich	KI: Asthmatiker mit bekannter Sulfidüberempfindlichkeit. Kann auch bei Mischintoxikationen mit CO angewendet werden
Neostigmin (Cholin-esterase-hemmer)	Prostigmin®	Wie Dexpanthenol, sonstige Indikationen Dosierung nach Vorschrift	Bradykardie, Bronchialobstruktion, Schweißausbrüche, Speichelfluß, Übelkeit, Erbrechen	KI: Mechanischer Ileus, WW: Wirkungsverstärkung von Morphinderivaten und Barbituraten. Antidot: Atropin
Nifedipin (Kalzium-antagonist)	Adalat®	Antihypertensive Dauerther. 2–3 x 5–20 mg p.o. bzw 2 x 20 mg Retardtabl. p.o. Bei akutem Hochdruck 10 mg p.o. (1 Kapsel zerbeißen). Parenterale Gabe (z.B. bei instabiler Angina pectoris, hypertensiver Krise) ☞ 22.1.3	Tachykardie, RR-Abfall, Flush, Kopfschmerzen, Allergien (Haut, Blutbildung), Nierenfunktion ↓ bei Niereninsuffizienz, Beinödeme, Venenreizung bei i.v.-Gabe	KI: RR < 90 mmHg systolisch, höhergradige Aortenstenose, Schwangerschaft und Stillzeit. WW: RR-Senkung ↑ von antihypertensiven Pharmaka (z.B. β-Blocker, Diuretika), Plasmaspiegel ↑ durch Cimetidin, Digoxinspiegel ↑. Auslösung einer Angina pectoris durch reflektorische Tachykardie möglich. Infusion muß lichtgeschützt sein.
Nitroprussid-natrium (Vasodilatator, Antihyper-tonikum)	Nipruss®	☞ 22.1.3	Tachykardie, Gefahr der Zyanidvergiftung bes. bei Leberinsuffizienz, Muskelzuckungen	KI: Aortenisthmusstenose, Hypovolämie, Hypothyreose, metabolische Azidose WW: RR-Abfall ↑ durch Vasodilatatoren, Antihypertensiva, Sedativa und Hypnotika Stärkster Vasodilatator, daher minütliche RR-Kontrolle. Gute Steuerbarkeit durch kurze HWZ (2 Min.). Immer mit Natriumthiosulfat im Verhältnis 1:10 infundieren (Verstoffwechselung ↑ zu weniger giftigem Thiozyanat). Vor Ther. ZVK legen. Regelmäßige Kontrolle des Zyanidplasmaspiegel. Ultima ratio bei hypertensiver Krise.

Generic	® (z.B.)	Dosierung/d (Erwachsene) (z.B.)	Nebenwirkungen	Kontraindikationen / Besonderheiten
Noradrenalin (α- und β_1-Sympathomimetikum)	Arterenol®	Initial Bolus mit 0,3 mg (= 1/3 Amp.), zuvor mit 10 ml NaCl 0,9% verdünnen. Perfusor ☞ 22.1.3	☞ Adrenalin	☞ Adrenalin Nierendurchblutung ↓ = Diurese ↓, Perfusorgabe nur kurzfristig bei nicht beherrschbarem Schockgeschehen. Bei Paravasat Hautnekrosen möglich = sofortige Umspritzung mit NaCl 0,9 %
Norfenefrin (α-Sympathomimetikum)	Novadral®	1–3 x 15 mg oder 3 x 30 Trpf. p.o. 10 mg (= 1 Amp.) s.c. oder i.m.	☞ Dopamin	☞ Dopamin RR ↑ durch Atropin.
Obidoxim (Cholinesterasereaktivator)	Toxogonin®	5 Min. nach Gabe von Atropin 1 Amp. = 0,25 g langsam i.v. Kann in Abständen von 2 h 1–2 mal wiederholt werden.	Hitze- und Spannungsgefühl im Kopf, Kälteempfinden möglich, Tachykardie, Übelkeit	KI: Intoxikation mit Carbamaten. *Cave*: Die erste Gabe sollte möglichst innerhalb der ersten 6 h nach Ingestion erfolgen. Nach mehr als 8 h ist die Gabe nicht mehr sinnvoll.
Omeprazol („Protonenpumpenblocker")	Antra®	I.v.: zunächst 2 x 1 Amp. = 2 x 40 mg tägl. als Kurzinfusion, dann 1 Amp. tägl. Bei akuter oberer GIT-Blutung 80 mg als Kurzinfusion, dann 3 x 40 mg tägl. als Kurzinfusion i.v. P.o.: 2 x 1 Kaps. am ersten Tag, dann 1 x 1 Kaps tägl. morgens. (Steigerung bis max. 160 mg = 8 Kaps. tägl. bei Zollinger-Ellison-Syndrom möglich)	Frage der Kanzerogenität noch nicht völlig geklärt. Diarrhoe, Meteorismus oder Obstipation. Kopfschmerz, Depression, Schwindel. Transaminasenanstieg, BB-Veränderungen, Kontaktallergien. Erblindung bei rascher i.v. Gabe möglich (noch umstritten)	KI: Schwangerschaft und Stillzeit. Dosisreduktion bei Niereninsuffizienz. Behandlung nicht länger als 8 Wochen (Ausnahme Zollinger-Ellison-Syndrom). WW: Verlängerte Elimination von Diazepam und Phenytoin, Wirkungsverstärkung von Vit. K-Antagonisten.
Ondansetron (Antiemetikum)	Zofran®	I.v.: 1 Amp. = 8 mg vor Chemotherapie, dann als Dauerinfusion mit 1 mg/h über 24 h, weiter 8 mg alle 8 h oral bis zu fünf Tagen. P.o.: 8 mg 1–2 h vor Chemotherapie, weiter 8 mg oral alle 8 h bis zu fünf Tagen	Sedierung, Kopfschmerzen, Obstipation, Wärmegefühl. Flush, geringer Transaminasenanstieg	KI: Schwangerschaft und Stillzeit, Kinder unter 4 Jahren. *Cave:* Keine extrapyramidal-motorischen NW. Strenge Indikationsstellung: teuer!
Orciprenalin (β-Sympathomimetikum)	Alupent®	Bei Bradyarrhythmien: 0,5 mg (= 1 Amp.) in 10 ml NaCl 0,9% langsam i.v., evtl. wiederholen. Perfusor ☞ 22.1.3	Tachykardie, Extrasystolie, Kammerflimmern, ZNS-NW (↑ Kopfschmerzen, Tremor, Psychosyndrom), Übelkeit, allergische Hautreaktionen, RR-Abfall.	KI: Obstruktive Kardiomyopathie, Asystolie, Asthma bronchiale Vorsicht beim frischen Infarkt WW: Wirkung ↓ von Antidiabetika Schlecht steuerbares Medikament. Bei Bradykardien primär Adrenalin oder Atropin verwenden. Auch subkutane oder i.m.-Gabe möglich.

Generic	® (z.B.)	Dosierung/d (Erwachsene) (z.B.)	Nebenwirkungen	Kontraindikationen / Besonderheiten
Oxazepam (Benzodiazepin, Sedativum)	Adumbran® durazepam®	Einzeldosis 5–20 mg p.o.	☞ Diazepam	☞ Diazepam Benzodiazepin mit kurzer HWZ, daher als Hypnotikum geeignet. Flutet langsam an, daher rechtzeitig geben.
Oxytocin (wehenförderndes Mittel)	Oxytocin®	Geburtseinleitung und Wehenschwäche: Inf. 10 I.E./1000 ml Glucose 5% (8– max. 40 Trpf./ min) oder i.m. 0,5–2 I.E.. 1/2 stdl. Nachgeburtsperiode: 3–10 I.E. i.m. oder langsam i.v.	RR ↓ bei zu rascher Applikation, Überempfindlichkeitsreaktionen bis zum Schock	Krampfwehen, schwere Schwangerschaftstoxikose, mechanische Geburtshindernisse, drohende Uterusruptur, vorzeitige Plazentalösung.
Paracetamol (Analgetikum, Antipyretikum)	ben-u-ron®	Einmaldosis 0,5–1,0 g p.o. oder rektal, Kinder: 15–20 mg/kg p.o. oder rektal	GIT-Beschwerden, allergische Hautreaktionen, bei Überdosierung Leberzellnekrosen.	KI: Schwere Leberfunktionsstörung, Glukose-6–Phosphat-Dehydrogenase-Mangel WW: Wirkung ↓ durch Enzyminduktoren (Phenytoin), Chloramphenicolausscheidung ↑ um den Faktor 5. Selten NW, am besten verträgliches, aber relativ schwaches Analgetikum. In der Schwangerschaft geeignet
Pentazocin (Analgetikum)	Fortral®	Einzeldosis: 25–50 mg p.o. oder rektal, 30 mg i.m. oder i.v., max. Tagesdosis 360 mg.	Dosisabhängig psychomimetische Effekte (Angst, Depression, Erregungs- und Verwirrtheitszustände) bei bis zu 20% der Pat., zerebrale Krampfanfälle. Erhöhung von RR und Herzfrequenz	KI: Intrakranieller Druck ↑, SHT, Krampfanfälle, ZNS-Tumor Vorsicht beim akuten Myokardinfarkt Bei Leberinsuffizienz verlängerte HWZ auf 7–12 h. Evtl. Auslösung akuter Entzugssymptome Nach vorheriger Einnahme eines reinen Opiatagonisten (opiatantagonistische Wirkung)
Pentoxifyllin (Rheologikum)	Trental® Rentylin®	3 x 100–400 mg oder 2 x 600 mg p.o., 1–2 x 100–300 mg (= 1–3 Amp) in 500 ml Infusionslösung i.v.	Allergische Hautreaktionen, Kopfschmerzen, GIT-NW, selten Tachykardie, Hypotonie	KI: Frischer Herzinfarkt, Hirnblutungen Vorsicht bei Koronar- und Zerebralsklerose und Rhythmusstörungen WW: Wirkung ↑ von Antihypertonika und Antidiabetika
Pethidin (Analgetikum)	Dolantin®	Einzeldosis 25–150 mg p.o., s.c. oder i.m., 25–100 mg langsam i.v. (0,5–2 ml in 1–2 Min.). Max. Tagesdosis 500 mg	Stärkere Sedierung und Euphorie, geringere spasmogene Wirkung als Morphin. Vasodilatation mit Hypotonie bei zu rascher i.v.-Injektion	Während Schwangerschaft und Stillzeit das am besten geeignete Opioid

Generic	® (z.B.)	Dosierung/d (Erwachsene) (z.B.)	Nebenwirkungen	Kontraindikationen / Besonderheiten
Phenytoin (Antiepileptikum, Klasse IB Antiarrhythmikum)	Phenhydan®	Bei Rhythmusstörungen: Initialer Bolus von 125 mg sehr langsam i.v. (25 mg/Min.), Wiederholung nach 20 Min. bis max. 500–700 mg. Bei Krampfanfällen evtl. parenterale Aufsättigung mit 3 x 250 mg (= 5 ml = 1 Amp.) i.v.	RR-Abfall bei zu schneller Applikation, Asystolie, ventrikuläre Extrasystolen, Kammerflimmern, ZNS-Störungen, Hypokalziämie	KI: SA- und AV-Block III.Grades, Leukopenie, Schwangerschaft. WW: Wirkung ↑ durch Kumarinderivate, Sulfonamide, Heparin, Chloramphenicol. Wirkung ↓ von Chinidin, Disopyramid, Mexiletin, Gestagene, Östrogene. Einzige Indikation als Antiarrhythmikum: Rhythmusstörungen bei Digitalisintoxikation
Physostigmin (Parasympathomimetikum)	Anticholium®	Initial 2 mg (= 1 Amp.) langsam i.v. oder i.m. Bei Wirksamkeit 1/2–2 Amp. alle 20 Min. oder Perfusor mit 2 mg/h	Allergie, evtl. anaphylaktischer Schock, Bradykardie, Erbrechen, Durchfall, selten Krampfanfall.	KI: (bei vitaler Indikation nur relative): KHK, Asthma, mechanischer Ileus, mechanischer Harnverhalt, Bradykardie Gabe unter EKG- und RR-Kontrolle, NW durch Atropin in halber Dosierung antagonisierbar
Pindolol (β-Blocker)	Visken®	3 x 5 mg p.o., Einmaldosis bei tachykarden Rhythmusstörungen 0,4 mg (= 2 ml = 1 Amp.) langsam i.v., nach 20 Min. evtl. 0,2 mg i.v.	☞ Metoprolol	☞ Metoprolol Dosisreduktion bei Niereninsuffizienz
Piritramid (Analgetikum)	Dipidolor®	Einzeldosis 15–30 mg i.m., 7,5–22,5 mg i.v.	☞ Morphin	KI: Akute hepatische Porphyrie Im Vergleich zu Morphin weniger Übelkeit und Erbrechen
Polidocanol (Lokalanästhetikum, Venentherapeutikum)	Aethoxysklerol 1 %®	Bei Ösophagusvarizen wird in der ersten Sitzung 0,5%iges Aethoxysklerol empfohlen, in nachfolgenden Behandlungen kommt 1%iges zur Anwendung. Akute Blutung: 1–15 max. 30 ml Aethoxysklerol 0,5% in Portionen zu 1 ml bis zur Blutstillung. Es wird vorzugsweise paravasal injiziert, es ist aber auch die intravasale und kombinierte Injektion üblich.	Nekrosen und Ulzerationen des Ösophagus, Fieber, Pleuraerguß, Ösophagusstenosen, sehr selten anaphylaktischer Schock. Kollaps, Schwindel, Übelkeit, Sehstörungen.	KI: Schock und bekannte Allergie gegen Polidocanol. Relative KI: schwere Herzinsuffizienz, fieberhafte Zustände, Bronchialasthma, akute Erkrankungen der Lunge, erstes Drittel der Schwangerschaft und nach der 36. SSW. WW: Bei gleichzeitiger Gabe von Narkosemitteln Wirkungsverstärkung auf das Herz (Arrhythmien). *Cave:* Keine intraarteriellen Injektionen (Nekrosen). In der Speiseröhre nur 0,5%iges oder 1%iges Aethoxysklerol verwenden, höhere Konzentrationen führen zu schweren Nekrosen mit Gefahr der Perforation. Aethoxysklerol 1% enthält 5 Vol.-% Alkohol.

Generic	® (z.B.)	Dosierung/d (Erwachsene) (z.B.)	Nebenwirkungen	Kontraindikationen / Besonderheiten
PPSB (Prothrombin-komplex)	PPSB-Konzentrat® Beriplex HS®	Substitutionseinheiten = (Differenz zwischen Quick-Ist-Wert und gewünschtem Wert) x kg, z.B. 1400 IE bei 70 kg Pat. zur Erhöhung des Quick um 20 %, Gabe langsam i.v. (5 Min.) oder im Perfusor (30 Min.)	Allergische Reaktionen, Fieber, Hämolyse	Zuerst AT-III-Mangel ausgleichen. Nicht mit Blut oder anderen gerinnungsaktiven Substanzen zusammen infundieren. Quick-Wert von 50–60 % reicht für eine OP aus. Bei Überdosierung Thrombosegefahr. Geringes Hepatitis und HIV-Risiko.
Prednisolon (Glukokortikoid)	Decortin H®	Niedrige Dosierung: Beginn mit 25–50 mg p.o., stufenweise Reduktion auf Erhaltungsdosis 7,5 mg (Cushing-Schwelle). Mittlere Dosierung: Beginn mit 50 mg p.o. in bis zu drei Dosen auf den Tag verteilt, Reduktion auf morgendliche Erhaltungsdosis ☞ oben. Hohe Dosierung: 100–300 mg p.o. in bis zu 4 Dosen.	Zahlreiche NW v.a. bei Langzeitther.: Störung des Glukose- und Fettstoffwechsels (Steroiddiabetes, Stammfettsucht, Vollmondgesicht, Fettsäuren ↑), katabole Wirkung (Muskelschwäche und -atrophie), Osteoporose, Blutbildveränderungen, Infektabwehr ↓, Magenulzera, endokrines Psychosyndrom (Euphorie, Verwirrung, Depression), Hautveränderungen (Akne, Striae rubrae), NNR-Atrophie (*Cave* plötzliches Absetzen = Addison-Krise), mineralkortikoide Wirkung.	Relative KI: Magen-Darmulzera (evtl. Kombination mit Magenschutz), Psychosen, Herpes simplex, Herpes zoster, Varizellen, Tbc, vor und nach Impfungen, Stillen, 1.Trimenon der Schwangerschaft, Diabetes mellitus WW: Steroidwirkung ↓ durch Phenytoin, Barbiturate, Rifampicin, Wirkung von Cumarinen ↓, Antidiabetika ↓, Hypokaliämie ↑ von Saluretika. Bei Notfällen und vitaler Indikation großzügig und i.v. verabreichen (☞ Methylprednisolon). Tagesdosis morgens geben, evtl. intermittierende Gabe (jeden 2.Tag) der 1,5–2 fachen Dosis. Stufenweise Dosisreduktion
Prilocain (Lokal-anästhetikum)	Xylonest ®	Max. Dosierung: 400 mg (bis 80 ml 0,5% bzw. 40 ml 1 % bzw. 20 ml 2 %) f. Erw. mit normalem Körpergewicht (70 kg), Kinder und Pat. in reduziertem Allgemeinzustand 5,7 mg/kg	Systemische Reaktionen sind durch schnelle Anflutung (versehentliche i.v.-Injektion, Injektion in stark durchblutetes Gewebe) möglich. ZNS: Schwindel, Erbrechen, Benommenheit, Krämpfe; Herz-Kreislauf: Bradykardie, Rhythmusstörungen, Schock	Schwere Überleitungsstörungen, Überempfindlichkeit gegenüber Leitungsanästhetika vom Amidtyp, kardiogener und hypovolämischer Schock, Vorsicht bei Pat. mit Lebererkrankungen. WW mit Sulfonamiden
Procain (Lokal-anästhetikum)	Novocain®, Procain® 1 % oder 2 %	Bei Pankreatitis: 50 ml einer 1%-igen Procainlösung in Perfusorspritze, 2–4 ml/h, max 2 g tägl. = 8 ml/h	Bradykardie, AV-Block, Herzinsuffizienz, Krampfanfall	WW: Sulfonamidwirkung abgeschwächt *Cave:* bei kardialen Vorerkrankungen. Medikament stets im Eisschrank aufbewahren.

Generic	® (z.B.)	Dosierung/d (Erwachsene) (z.B.)	Nebenwirkungen	Kontraindikationen / Besonderheiten
Promethazin (Neuroleptikum)	Atosil®	1–3 x 25–50 mg bzw. 5–25 Trpf. p.o., 50 mg (= 1 Amp.) i.v. oder i.m.	Herzrhythmusstörungen, Hypotonie, GIT-NW, delirante Syndrome	Ausgeprägte sedierende Wirkung, relativ geringe NW → Mittel der Wahl für allgemeine Sedierung bei Unruhezuständen, Narkosevorbereitung, Asthma bronchiale. *KI* ☞ Haloperidol
Propafenon (Klasse IC-Antiarrhythmikum)	Rytmonorm®	3 x 150–300 mg p.o. Parenteral: Unter Monitorkontrolle 0,5–1 mg/kg über 3–5 Min, Perfusor 12–30 mg/h.	Ventrikuläre Extrasystolen, Kammerflattern, RR-Abfall, Tachykardie, AV-Block, Bronchialobstruktion, Übelkeit, Erbrechen, Cholestase, Kopfschmerzen, exogene Psychose, Allergie	KI: Schwere Herzinsuffizienz, Bradykardie, SA- oder AV-Block II. und III. Grades, Sinusknotensyndrom, schwere Bronchialobstruktion Vorsicht bei Schenkelblock WW: Spiegel ↑ von Digoxin, Propanolol und Metoprolol. Propafenonspiegel ↑ durch Cimetidin. Starker Hemmer arzneimittelabbauender Systeme in der Leber, daher *WW* mit zahlreichen Medikamenten. Mischung nur mit Glukose, bei NaCl Ausfällung. Kumulation bei schwerer Leber- oder Niereninsuff. Bei QT-Verlängerung oder QRS-Verbreiterung > 20 % absetzen. Keine Kombination mit Antiarrhythmika mit starker Leitungsverlängerung (Klasse IA, II, III, IV).
Propranolol (β-Blocker)	Dociton®	3 x 10–80 mg p.o., Einmaldosis bei tachykarden Rhythmusstörungen 1mg (= 1 Amp.) langsam i.v., Wiederholung in 2 Min.-Abständen bis max. 4 mg. Max. Tagesdosis 10 mg.	☞ Metoprolol	☞ Metoprolol Gute Steuerbarkeit durch relativ kurze HWZ. Dosisreduktion bei Leberinsuffizienz. Wirkungsverstärkung von Narkosemitteln
Ranitidin (H_2-Blocker)	Zantic® Sostril®	I.v.: 2 x 1 Amp. = 2 x 50 mg tägl, max. 4 x 1 Amp. tägl., Injektion langsam über 2–3 Min. P.o.: 2 x 150 mg tägl. oder 1 x 300 mg zur Nacht	Exanthem, Leukopenie, Thrombopenie, Hepatitis, Gynäkomastie, bakterielle Magenbesiedlung mit erhöhtem Pneumonierisiko, AV-Block, Sinusbradykardie bei Überdosierung, Schwindel, Verwirrtheitszustände	WW: Bei gleichzeitiger Gabe von Ketoconazol Abschwächung der antimykotischen Wirkung. *Cave:* Als Ulkusprophylaxe bei Risikopatienten (z.B. Verbrennungen, SHT). Dosisreduktion bei Niereninsuffizienz
Somatostatin (Peptidhormon)	Stilamin®	Perfusor: 1 Amp. à 3 mg auf 50 ml NaCl, zunächst 4 ml als Bolus (= 250 µg), dann 3 ml/h	Initial Blutzuckerabfall, nach 2–3 h BZ-Anstieg, Übelkeit, Bradykardie, Hitzegefühl	WW: Wirkungsverlängerung von Hexobarbital. *Cave:* Sehr teuer.

Generic	® (z.B.)	Dosierung/d (Erwachsene) (z.B.)	Nebenwirkungen	Kontraindikationen / Besonderheiten
Sotalol (β-Bocker, Klasse III-Antiarrhythmikum)	Sotalex®	Einschleichende Dosierung 1 x 80–160 (–320) mg p.o. Parenterale Dosierung bei tachykarden Rhythmusstörungen: 20 mg (= 1/2 Amp.) langsam i.v. (über 5 Min.) unter Monitorkontrolle.	☞ Metoprolol	☞ Metoprolol Leitungsblockierung ↑ durch Antiarrhythmika der Klassen IA, C und IV Schlechte Steuerbarkeit durch lange HWZ. Dosisreduktion bei Niereninsuffizienz. „Torsade de pointes"-Tachykardien v.a. bei K^+-Spiegel ↓ und QT-Syndrom möglich
Spironolacton (Kaliumcanrenoat) (Diuretikum, kompetitiver Aldosteronantagonist)	Aldactone®	i.v.: 100–200 mg = langsam 0,5 Amp. tägl. P.o.: 50–200 mg tägl. als Dauerther. Max. Tagesdosis: 800 mg	Hyperkaliämie, metabolische Azidose, Hyponatriämie, Hypermagnesiämie, Nierenfunktionsverschlechterung, Gynäkomastie, Menstruationsstörungen, neurologische Symptome: Sensibilitätsstörungen, Müdigkeit, Verwirrtheit; allergische Reaktionen, Übelkeit, Obstipation, Diarrhoe, Schwindel, Immunsuppression	KI: Hyperkaliämie, Krea > 180 µmol/l, Anurie, Coma hepaticum, Schwangerschaft und Stillzeit. WW: Nicht-steroidale Antiphlogistika, kaliumsparende Diuretika (Verstärkung der Hyperkaliämie). ACE-Hemmer (Verschlechterung der Nierenfunktion, Verstärkung der Hyperkaliämie). Scheinbare Erhöhung des Digoxinspiegels bis zu 30 % aufgrund meßtechnischer Faktoren. *Cave*: Überwachung von Krea und E'lyten
Sucralfat (Antazidum)	Ulcogant®	4 x 1 Beutel = 5 ml tägl. über Magensonde oder p.o.	Obstipation, Osteopathie und Enzephalopathie	WW: Verminderte Resorbtion von Tetrazyklinen, Phenytoin, Digoxin, Cimetidin. *Cave:* Nur mäßige pH-Werterhöhung. Gabe auch in der Schwangerschaft möglich
Terlipressinacetat (Polypeptid)	Glycylpressin®	I.v.: 1–2 Amp., anschließend alle 4 h 1 Amp. Max. Dosis 6 x 20 µg/kg tägl.	RR ↑, Angina pectoris, Herzinfarkt, Bradykardie. Vasokonstruktion der Hautgefäße, Nierendurchblutung ↓, Uteruskontraktion ↑, Darmperistaltik ↑	KI: KHK. *Cave:* Ther. max. über 3 Tage, bessere Verträglichkeit als Vasopressin
Tetrazepam (Benzodiazepin, Myolytikum)	Musaril®	Einmaldosis 25–50 mg p.o. Dauerther. 3–6 x 25–50 mg p.o.	☞ Diazepam	☞ Diazepam

Generic	® (z.B.)	Dosierung/d (Erwachsene) (z.B.)	Nebenwirkungen	Kontraindikationen / Besonderheiten
Theophyllin (Broncho-spasmo-lytikum)	Euphyllin®	i.v.: 5 mg/kg als Kurzinfusion über 20 Min. zur Aufsättigung (bei Theophyllin-vorbehandelten Pat. halbe Dosis), dann 0,5 mg/kg/h i.v. über Perfusor, nach 12 h Dosiskorrektur nach Serumspiegel. Perfusor: 1 Amp. (0,72 g) auf 50 ml NaCl mit 2–6 ml/h. P.o.: Dauerther. mit Retardpräparaten.	Übelkeit, Erbrechen, gastrointestinale Schmerzen, Tachykardie, Unruhe, Schlafstörungen. Bei starker Überdosierung Krampfneigung, evtl. Herzrhythmusstörungen	Keine KI. WW: Verminderte Theophyllinelimination durch: Erythromycin, Clindamycin, Ciprofloxacin, Cimetidin, Allopurinol, Propanolol, Verapamil und Diltiazem. Beschleunigte Theophyllinelimination durch Rifampicin, Phenobarbital, Carbamazepin und Phenytoin. Mit Sympathomimetika verstärkte kardiale NW. Nikotin beschleunigt den Abbau von Theophyllin. Krampfbereitschaft durch Gyrasehemmer ↑. Wirkungsverstärkung in Kombination mit Glukokortikoiden. *Cave:* i.v.-Applikation nur langsam (Herzrhythmusstörungen möglich). Anwendung in der Schwangerschaft möglich. Ampullen können auch über Trachealtubus oder p.o. gegeben werden. Individueller Metabolismus: Spiegelkontrollen. Tachyphylaxie
Thiamazol (Thyreo-statikum)	Favistan®	Individuelle Einstellung, initial 20–40 mg (= 1–2 Tbl.) p.o., Erhaltungsdosis 5–10 mg (= 1/4–1/2 Tbl.). Parenterale Anwendung bei thyreotoxischer Krise: 3–4 x 1 ml i.v., i.m. oder s.c.	Überempfindlichkeitsreaktionen (Haut, Vaskulitis, Agranulozytose!), Leberschädigung, GIT-NW, ZNS-Störungen (Schwindel, Neuritiden)	KI: Leberschaden, schwere vorausgegangene Überempfindlichkeitsreaktionen. WW: Wirkung ↑ von Phenytoin und Antikoagulantien Möglichst niedrige Dosierung in Schwangerschaft (Hypothyreosegefahr beim Kind)
Tilidin (Analgetikum)	Valoron N®	Einzeldosis 50–100 mg p.o. Max. Tagesdosis 400 mg	☞ Morphin	Opioidanalgetikum in fixer Kombination mit Opiatantagonisten Naloxon = Mißbrauchpotential ↓, Auslösung schwerer Entzugssymptome bei Opiatabhängigen möglich
Tramadol (Analgetikum)	Tramal®	Einzeldosis 50–100 mg p.o., rektal, s.c., i.v. oder i.m. Max. Tagesdosis 400 mg	☞ Morphin Schwindel, Benommenheit	KI: Akute Alkohol-, Schlafmittel-, Analgetika- und Psychopharmakaintoxikation Dosisreduktion bei Leber- oder Niereninsuff. WW: ☞ Morphin Bei Gabe therapeutischer Dosen kaum Atemdepression oder spastische Obstipation
Triflur-promazin (Neuro-leptikum, Antiemetikum)	Psyquil®	3 x 10 mg p.o. Einmaldosis 70 mg rektal, 20 mg i.m. oder 5–10 mg i.v.	☞ Haldol	☞ Haldol

Generic	® (z.B.)	Dosierung/d (Erwachsene) (z.B.)	Nebenwirkungen	Kontraindikationen / Besonderheiten
Urapidil (Antihyper-tonikum)	Ebrantil®	2–3 x 30–60 mg p.o. Parenteral: Initial Bolus 25–50 mg langsam i.v. (2 mg/Min.), nschließend Perfusor 9–30 mg/h	Blutdruck	KI: Aortenisthmusstenose, arteriovenöser Shunt WW: Wirkung ↑ durch Antihypertonika, Alkohol und Volumenmangel. Serumspiegel ↑ durch Cimetidin. Bei oraler Gabe nur mäßig wirksam.
Verapamil (Kalzium-antagonist, Antiarrhyth-mikum Klasse IV)	Isoptin®	Dauerther. KHK und tachykarde Rhythmusstörungen: 3–4 x 40–80 (–120) mg p.o. bzw. 2–3 x 120 mg Retardtabl., Dauerbehandlung Hypertonie 2 x 120–240 mg p.o. Parenterale Gabe bei Rhythmusstörungen 5 mg (= 2 ml = 1 Amp.) unter Monitor- und RR-Kontrolle langsam i.v., evtl. Wiederholung nach 5–10 Min.	☞ Diltiazem	☞ Diltiazem
Vitamin K (Co-Faktor bei Synthese der Gerinungs-faktoren)	Konakion MM®	Abhängig vom klinischen Schweregrad des Mangels, in der Regel 10–30 mg einmalig als Kurzinfusion i.v. oder 10–30 Trpf. oral	Bei zu schneller i.v.-Gabe Unverträglichkeitsreaktionen (Flush, Dyspnoe, Thoraxschmerzen, Kreislaufkollaps)	*Cave:* Zur Vermeidung von Unverträglichkeitsreaktionen bei i.v.-Gabe Applikation als Kurzinfusion in 100 ml NaCl. Quick ↑ durch Vitamin K dauert länger als durch Gabe von Frischplasma oder PPSB

Notizen

22.1.2 Antibiotikatherapie bakterieller Infektionen

- Antibiotika-Therapie in der *Schwangerschaft* ☞ 22.4
- Antibiotika bei *Niereninsuffizienz* ☞ 22.3

Penicilline

Penicillin G / Oralpenicilline

	Spektrum	Erw.-24h-Dosis	NW/Bemerkungen
Penicillin G = Benzyl-Penicillin (z.B. Penicillin G Hoechst®, Penicillin Grünenthal®)	Streptokken, Pneumokken., Meningokken. *Cave:* vereinzelt penicillinresistente Gonokken und (selten) Pneumok., Corynebacterium u.a. grampositive Stäbchen, Spirochäten, Anaerobier (*außer* Bact. fragilis)	*Niedrige* Dosis: 3–4 x 0,5–1,0 Mio. IE i.v. (z.B. Pneumonie). *Hohe* Dosis: 6 x 5 (3 x 10) Mio. IE i.v. (z.B. Meningitis). Noch höhere Dosen nicht sinnvoll.	Anaphylaxie (1:10^4), Medikamentenfieber, Exantheme, hämolyt. Anämie und Krämpfe (nur bei hohen Dosen u. schneller i.v. Inj.), Herxheimer-Reaktion, selten interstitielle Nephritis (nur bei i.v. Applikation), Thrombopenie, Neutropenie
Penicillin V (z.B. Ospen®)	Wie Penicillin G	3–4 x 0,4–1,5 Mio. IE p.o.	Wie Penicillin G (Oralpenicillin)
Propicillin (z.B. Baycillin®)	3 x 1 Mio IE p.o.	Wie Penicillin G	Wie Penicillin G, zus. Penicillin G-resistente Staphylokokken; Rezidivprophylaxe: Rheumatisches Fieber

Staphylokokken-Penicilline (penicillinasefeste Penicilline)

	Spektrum	Erw.-24h-Dosis	NW/Bemerkungen
Flucloxacillin (z.B. Staphylex®)	Staph.; für Oral- und Parenteralther. geeignet!	3–4 x 0,5–1,0 g p.o., 4 x –2 g i.m., i.v. max. 10 g tägl.	Staph.; für Oral- und Parenteralther. geeignet!

Ampicillin und Ampicillin-Analoga (Aminobenzylpenicilline)

	Spektrum	Erw.-24h-Dosis	NW/Bemerkungen
Amoxicillin (z.B. Clamoxyl®, Amoxypen®)	Praktisch Ampicillinspektrum; aktiver gegen Salmonella typhi, inaktiv bei Shigellen	3–4 x 750 mg p.o. 4 x 1(–2) g i.v.	Wie Ampicillin; 2–3fach besser resorbiert als Ampicillin, deshalb weniger intestinale Störungen

	Spektrum	Erw.-24h-Dosis	NW/Bemerkungen
Amoxicillin/ Clavulan-säure (z.B. Augmentan®)	Wie Amoxicillin, einschl. β-Lactamase-Bildner, Anaerobier	3 x 625–1250 mg p.o. (= 3 x –2 Tbl.), 3–4 x 1,2–2,2 g i.v.	Wie Ampicillin; häufig pos. Coombs-Test, gastrointestinale Symptome (in 10 %)
Ampicillin (z.B. Amblosin®, Binotal®)	Grampos. und gramneg. Bakterien, bes. H. influenzae; Enterokken, Listerien, E. coli, Proteus mirab., Salmonellen, Shigellen, Anaerobier (*außer* Bact. frag.); *nicht:* β-Lact.-Bildner	3–4 x 0,5–2 g p.o., 150–200 mg/kg i.v. (bis 3 x 5 g), keine orale Ther., besser Amoxicillin *KI:* infektiöse Mononucl. (Exanthem in 75–100%)!	Gastrointest. Symptome (Übelkeit, Diarrhoe, pseudomembranöse Colitis), allerg. Reakt, Exanthem, Drug-Fieber, selten GOT-Erhöhung; bei Überdosierung Nephritis und hämolyt. Anämie
Ampicillin +Sulbactam (z.B. Unacid®)	Wie Ampicillin einschließl. β–Lact.-Bildner, Anaerobier	3–4 x 0,75–3,0 g i.v., (0,75 g = 0,5 g Amp.+ 0,25 g Sulb.)	Wie Ampicillin
Bacampicillin; (z.B. Penglobe®)	Ampicillinspektrum, zur oralen Ampicillin-Ther. optimal	2–3 x 800 mg p.o.	Wie Ampicillin, doch 2–3fach besser resorbiert. Weniger gastro-intestinale Symptome

Acylamino-(Acylureido-)Penicilline (Breitspektrumpenicilline)

<table>
<tr><th></th><th>Spektrum</th><th>Erw.-24h-Dosis</th><th>NW/Bemerkungen</th></tr>
<tr><td>Apalcillin (z.B. Lumota®)</td><td>Wie Piperacillin (☞ u.)</td><td>3 x 2–3 g i.v.</td><td rowspan="3">Allerg. Reakt. wie Exantheme, Urticaria, Drug-Fieber, selten Anaphylaxie, Eosinophilie, passagere Neutropenie, Transaminasen ↑, Hypokaliämie, GIT-Sympt. (Übelkeit, Diarrhoe, pseudomembranöse Colitis) Apalcillin, Piperacillin: zus. Thrombophlebitis, Nephropathie (selten)</td></tr>
<tr><td>Mezlocillin (z.B. Baypen®)</td><td>Ähnlich wie Ampicillin, doch stärker gegen gramneg. Keime, z.B. Entero- u. Citrobact.; Anaerobier. Cave: β-Lactamase labil!</td><td>3–4 x 2–5 g i.v., bei Gallenwegs- o. HWI 2–3 x 2 g i.v.</td></tr>
<tr><td>Piperacillin (z.B. Pipril®)</td><td>Spektrum von Mezlocillin plus Pseudomonas aeruginosa</td><td>3–4 x 2–4 g i.v</td></tr>
</table>

Cephalosporine

Cephalosporine			
	Spektrum	**Erw.-24h-Dosis**	**NW/Bemerkungen**
Parenterale Cephalosporine der I. Generation (Basis-Ceph.)			
Cefalotin (z.B Cepovenin®)	Grampos. (nicht Enterok.) und gramneg. Bakterien (bes. E. coli, Proteus mirabilis, Klebsiella), Anaerobier. *nicht:* Pseudom., Serratia, Proteus vulg., Enterobacter, Acinetobacter, Haemoph., Oxacillinresist. Staph., Bact. fragilis	4 x 1 g (Staph.) bis 4 x 3 g (gramneg. Bakt.) i.m., i.v.	Thrombophlebitis, Exanthem, Fieber, Transaminasen ↑, passagere Leukopenie, Thrombozytopenie, gastrointest. Symp., selten Anaphylaxie, pos.Coombs, Nephrotoxizität → Krea-Kontrolle, Komb. mit Furosemid vermeiden
Oral-Cephalosporine der I. Generation			
Cefaclor (z.B. Panoral®)	Spektrum wie Cefalotin, zusätzlich mäßig wirksam gegen Haem. influenzae	3 x 0,5–1 g p.o.	Wie Cefalotin, gastrointest. Sympt. (2–6 %), selten Arthritis
Cephalosporine der II. Generation (Intermediär-Ceph.)			
Cefuroxim (z.B. Zinacef®)	Wirksamer als Cefalotin gegen E. coli, Klebsiella, Proteus, Haem. infl. Weitgehend β-Lactamase-stabil, daher meist wirksam bei cefalotin-resist. Keimen. *Unwirksam* gegen Enterok., Pseudom., Bact. frag., Oxacillin-resist. Staph.	3–4 x 0,75–1,5 g i.m./i.v.	Wie Cefalotin; „Basiscephalosporine" für nosokomiale Inf., preiswert, bei schweren Haemophilus infl. Inf. Wechsel auf Cephalosporine III. Nicht bei ZNS-Infektionen anwenden.
Cefotiam (z.B. Spizef®)	Wie Cefuroxim; in vitro wirksamer gegen gramneg. Erreger	2–3 x 1–2 g i.m./i.v.	
Oral-Cephalosporine der II. Generation			
Cefuroxim-Axetil (z.B. Zinnat®)	Wie Cefuroxim, d.h. höhere Aktiv. gegen Haem. infl. und Enterobakterien als Cefaclor.	2 x 250–500 mg p.o. nach dem Essen	Wie Cefalotin, gastrointest. Sympt.
Cephalosporine der III. Generation (Breitspektrum-Ceph.)			

Cephalosporine			
	Spektrum	**Erw.-24h-Dosis**	**NW/Bemerkungen**
Cefotaxim (z.B. Claforan®)	Bei grampos. Erregern weniger wirksam als Cefazolin und Cefuroxim, dagegen wesentlich wirksamer bei gramneg. Keimen (bes. Haemoph.). *Cave:* Bei Enterobact. und Citrobact. häufig Resistenzentwicklung unter Ther.! *Unwirksam* bei Pseudom., Enterok., Bact. frag., Oxacillinre sist. Staph., Listerien	2 x –2 g i.v., i.m., bei schweren Inf. 3 x 2 g i.v.	Wie Cefalotin; Initialther. schwerer Infektionen bei unbekanntem Erreger in Komb. mit einem Aminoglykosid. Lebensbedrohl. Haem.-Inf., Meningitis.
Ceftriaxon (z.B. Rocephin®)	Wie Cefotaxim	1 x 2 g i.v., i.m. (bis 2 x 2 g)	Wie Cefalotin; lange HWZ → Einmaldosierung; Ther. der Wahl bei Lyme-Arthritis und Meningitis. *NW*: selten Cholecystolithiasis
Cephalosporine der III. Generation (Pseudomonas-wirksam)			
Ceftazidim (z.B. Fortum®)	Sehr gute Wirksamkeit gegen gramneg. Keime, *v.a. Ps. aeruginosa,* Proteus und Serratia. Wenig aktiv gegen Staph., Enterok., Bact. frag. Breitspektrum-Cephalosporin	2–3 x 1–2 g i.v., i.m.	Wie Cefalotin. Sehr gute Wirksamkeit bei schweren bakt. Inf., Initialther. bei unbek. Erreger bei V.a. Ps. aeruginosa evtl. in Kombination mit Aminoglykosid. Bei V.a. Anaerobier Komb. mit Clindamycin oder Metronidazol, bei V.a. Staphylokokken Komb. mit Flucloxacillin oder Teicoplanin

β-Lactamase-Hemmer

	Spektrum	**Erw.-24h-Dosis**	**NW/Bemerkungen**
Sulbactam (z.B. Combactam®)	Aerob-anaerobe Mischinfektionen (☞ Spektrum des Komb. Partners) Penicilline: β-Lactamase-bildende Staphylokokken, H. influenzae, Klebsiellen, E. coli, Proteus, B. fragilis Cephalosporine: zusätzlich B. fragilis	3–4 x 1 g i.v.	Kombination mit Cephalosporin oder Penicillin bei nosokomialen Infektionen mit β-Lactamase-Bildnern, bei schweren Inf. Komb. mit Aminoglykosid. *NW* ☞ Penicilline

Weitere Beta-Lactam-Antibiotika

	Spektrum	Erw.-24h-Dosis	NW/Bemerkungen
Imipenem/ Cilastatin (z.B. Zienam®)	Sehr gut aktiv gegen grampos. und gram-neg. Keime einschl. Anaerobier, *unwirksam* gegen: X. maltophilia Reserveantibiotikum	3–4 x 0,5–1,0 g i.v.	BB-Veränderungen, allergische Reaktionen, gastrointest. Sympt., Transaminasen-, AP- und Krea-Anstieg, Phlebitis. *Imipenem:* dosisabh. Krämpfe, Verwirrtheit. Bei Pseudomonas-Inf. Komb. mit Aminoglykosid
Aztreonam (z.B. Azactam®)	Gut wirksam gegen gramneg. Keime, *unwirksam* gegen gram-pos. Keime und Anaerobier (Reserveantibiotikum)	2–3 x 1–2 g i.v., i.m., bis 4 x 2 g	

Tetrazykline

	Spektrum	Erw.-24h-Dosis	NW/Bemerkungen
Doxycy-clin (z.B. Vibra mycin®, Vibrave-nös)	Breitbandantibiot. gegen viele grampos., gram-neg. Erreger, Mykoplasmen, Chlamydien, Brucellen, Borrelien, Rickettsien, Leptospiren. *Unwirksam gegen:* Proteus, Ps. aerug., Serratia. Hohe Res.-Raten bei Staph. und Streptok.	200 mg p.o., i.v., dann 1 x 100–200 mg	GIT-Symptome, Photo-sensibilisierung, allerg. Reakt., irrevers. Gelb-färbung der Zähne bei Kindern < 9 J., intrakran. Druck ↑, Harnstoff-N ↑, bei Überdos. Hepatotox. Bei Niereninsuff. einsetzbar. *Cave:* nicht geeignet zur Monother. schwerer Inf. vor Erreger-Nachweis

Aminoglykoside

	Spektrum	Erw.-24h-Dosis	NW/Bemerkungen
Amikacin (Biklin®)	Wie Gentamicin, doch häufig bei Gentamicin-Resistenz noch aktiv → Reserveantibiot.	15 mg/kg in 1–3 Dosen i.m., i.v.	Kombination vorwiegend mit β-Lactam-Antibiotika; geringe therap. Breite → *Drug monitoring:* Serumspiegel **vor** Gabe = Talspiegel, 30 Min. **nach** Gabe = Bergspiegel. Ototoxizität (häufig irrevers.) und Nephrotoxizität (meist revers.), bes. wenn – Talspiegel > 2 mg/l (G., N., T.) bzw. > 10 mg/l (A.) – Ther.-dauer > 10 T. gleichzeitig andere tox. Subst., z.B. Vancomycin, Furosemid, Ampho B. Vergleich der NW-Raten: – Nephrotox: G = A > T = N. – Ototox.: A > G = T > N Allerg. Rkt., neuromusk. Blokkade. *Einmaldosierung:* gleich wirksam wie 3 x tägl., evtl. Tox.↓. *Ziel:* Talspiegel < 1 mg/l (G., N., T.) bzw. < 5 mg/l (A.)
Gentamicin (Refobacin®)	Enterobakterien, Ps. aeruginosa, Staph. *Unwirksam* gegen Enterok., Streptok., Pneumok., Xanth. maltophilia, Anaerobier	3–5 mg/kg in 1–3 Dosen i.m., i.v. (als 30–60 minütige Kurzinfusion)	
Tobramycin (Gernebcin®)	Wie Gentamicin, doch aktiver gegen Ps. aeruginosa, bes. in Komb. mit Pseudomonas-Penicillinen und -Cephalosporinen	3–5 mg/kg in 3 Dosen i.m./i.v.	
Spectinomycin (Stanilo®)	Gonokokken (bes. bei Penicillin-Resistenz)	Einmalige Gabe von 2–4 g tief i.m.	Gastrointest. Symp., Fieber, lokaler Schmerz

Makrolide/Lincosamide

	Spektrum	Erw.-24h-Dosis	NW/Bemerkungen
Erythromycin (z.B. Erycinum®, Paediatrocin®)	Streptok. Pneumok., Oxacillin-sens.-Staph., Neisserien, Legionellen, Myko/Ureaplasmen, Chlamydien, Bordetella pertussis, C. diphteriae, Campylobacter, Borrelien, Treponema pallidum. *Nicht:* Enterobakt., Pseudom., M. hominis. Enterok. und Haem. infl. nur mäßig	4 x 250–500 mg p.o., 3–4 x 500–1000 mg i.v.	Gastrointestinale NW, Phlebitis; sehr selten Allergie, Leberschäden bei Erythromycin-Estolat (cholestatischer Ikterus)

Roxithromycin (Rulid®)	Wie Erythromycin	2 x 150 mg p.o. (nüchtern)	Bessere Resorption als Erythromycin, geringere GI-NW, verlängerte HWZ
Clarithromycin (Klacid®)	Wie Erythromycin; zusätzlich atyp. Mykobakterien	2 x 250–500 mg p.o. (nüchtern)	
Clindamycin (z.B. Sobelin®)	Anaerobier (inkl. Bact. fragilis), Pneumok., Streptok., Oxacillin-sens. Staph.	3–4 x 150–450 mg p.o., 3–4 x 300–600 mg i.v.	Gastrointest. Sympt., v.a. Durchfall, selten pseudomembr. Colitis, hepato-tox. allerg. Rkt.

Gyrasehemmer (Fluorochinolone)

	Spektrum	Erw.- 24h-Dosis	NW/Bemerkungen
Ofloxacin (z.B. Tarivid®)	Wie Norfloxacin, insbes. Enterobakt., zusätzl. Haemoph., Neisserien, Chlamydien, Myko-plasmen, Legionellen, Mykobak.	2 x 200 mg p.o. oder i.v.	Wie Norfloxacin. ZNS-Störungen in ca. 1%. Reserveantibiot., z.B. für kompl. HWI, Prostatitis, Inf. durch multiresist. gramneg. Erreger. *Cave:* Resistenzentwicklung!
Ciprofloxacin (z.B. Ciprobay®)	Wie Ofloxacin, doch wirksamer gegen Pseudomon. aeruginosa	2 x 250–750 mg p.o., 2 x 200–400 mg i.v. (max. 3 x 400 mg)	
* Anwendung bei Kindern wird z.Zt. überprüft (evtl. Knorpelschädigung)			

Glykopeptide

	Spektrum	Erw.-24h-Dosis	NW/Bemerkungen
Vancomycin (Vancomycin®)	Alle gram-pos. Keime einschl. Oxacillin-resist. Staph., Ent. faecium, Coryneb. JK., Clos Trpf. difficile (Oralther. der pseudomembr. Colitis). *Unwirksam* im gramneg. Spektrum	4 x 0,5 g oder 2 x 1 g i.v.; bei pseudom. Colitis 4 x 125–250 mg oral für 10 Tage	Exanthem, Phlebitis, BB-Veränderungen, Nephro- und Ototoxizität → *Drug monitoring:* Talspiegel 5–10 mg/l, Bergspiegel 30–40 mg/l.
Teicoplanin (Targocid®)	Wie Vancomycin. Weniger aktiv gegen Staph. haemolyticus, aktiver gegen Enterokokken	1(–2) x 400 mg für 3 Tage, dann 1 x 200–400 mg	Wie Vancomycin, zusätzl. pass. Transaminasen ↑ und AP ↑. Lange HWZ von 50 h. Talspiegel 5–15 mg/l, Bergspiegel 30–60 mg/l

Andere Antibiotika/Chemotherapeutika

	Spektrum	Erw.-24h-Dosis	NW/Bemerkungen
Cotrimoxazol (Trimethoprim/-Sulfamethoxazol) (z.B. Eusaprim forte®)	Sulfonamid-Komb., gute Wirksamkeit bei Salmonellen, Shigellen, anderen Enterobakt., X. maltophilia, Ps. cepacia, Listerien, Nokardien, Pneumocystis	2 x 960 mg p.o. n. d. Essen (pro Tabl.: 160 mg TMP/800 mg SMZ). Pneumocystis-Pneum.: 20/100 mg/kg in 4 Dosen	Allerg. Rkt. (häufig Exanth., selten *Stevens-Johnson-Sy.*), GIT-NW, selten revers. KM-Depression. Krea-Erhöhung! *Neuere TMP/Sulfonamid*-Kombinationen bringen keine Vorteile.
Metronidazol (z.B. Clont®, Flagyl®)	1.: Anaerobier, Gardnerella, Campylobacter 2.: Entamoeba histolytica 3.: Gardia lamblia 4.: Trichomonas vaginalis	1.: 3 x 500 mg p.o., i.v. 2.: 3 x 750 mg p.o. für 10 Tage 3.: 3 x 250 mg p.o. für 6 Tage 4.: 1 x 2 g p.o.	Gastrointestinale Störungen, periphere Neuropathie, Alkoholintoleranz, V.a. Kanzerogenität

Virostatika

	Spektrum	Erw.-24h-Dosis	NW/Bemerkungen
Aciclovir (z.B. Zovirax®)	HSV1*, HSV2, VZV, EBV, evtl. CMV; systemisch rel. gut verträglich	Salbe u. Tropfen 5 x tägl., Tabl. 5 x 200–400 mg. I.v. 3 x 5(-10) mg/kg. Prophyl.: 4 x 200 mg p.o.	Krea und Leberenzyme ↑, Exanthem. Dosis ↓ bei Niereninsuff., Venenreizung (bei i.v.-Gabe). Kein Effekt bei postherp. Schmerzen

*__HSV__ = Herpes-simplex-Virus (Typ 1 u. 2) **VZV** = Varicella-Zoster-Virus
EBV = Epstein-Barr-Virus **CMV** = Zytomegalievirus

22.1.3 Dosierung von Medikamenten über Perfusor

Die Verdünnungen wechseln von Klinik zu Klinik! Im Zweifel nachfragen und grundsätzlich die Verdünnung mit einem Kleber auf der Perfusorspritze vermerken!

Perfusor-Dosierungen

Präparat	Verdünnung, Dosierung / Hinweise / Beispiele	
Acetylcystein ☞ 3.4.3		
Adrenalin (= Epinephrin) (z.B. Suprarenin®)	4 Amp. (1 ml) à 1 mg auf 50 ml NaCl = 0,08 mg/ml	Nach Nachwirkung: 0,01–0,4 µg/kg/Min.; ggf. ↑. **Beispiel 70 kg Patient:** 5–10 ml/h.
Amiodaron (Cordarex®)	1 Amp. à 3 ml = 150 mg nur in Glukose 5 %	Zur Therapieeinleitung 5 mg/kg über 20–120 Min. i.v.; Erhaltungsdosis 10–20 mg/kg i.v.
Clonidin (Catapresan®)	1 Amp. à 1 ml = 0,15 mg 3 Amp. in 50 ml 0,9 % NaCl	Initial 1 Amp. langsam i.v. Perfusor 1–5 ml/h = 9–45 µg/h
Dihydralazin (z.B. Nepresol®)	3 Amp. à 25 mg auf 50 ml NaCl = 1,5 mg/ml	Initial 1 Amp. auf 10 ml NaCl verdünnt unter RR-Kontrolle fraktioniert über 20 Min. Dann Perfusor 1–5 ml/h
Diltiazem (Dilzem®)	10 Amp. a 10 mg = 100 mg auf 50 ml NaCl 0,9% = 2mg/ml	Unter Monitorkontrolle initialer Bolus von 0,3 mg/kg über 5 Min., anschliessend Perfusor mit 12–60 mg/h = 6–30 ml/h
Dobutamin (Dobutrex®)	1 Inj. Flasche à 250 mg auf 50 ml Glukose 5 % = 5 mg/ml	Nach Wirkung. Richtwert (initial): 2,5–12 µg/kg/Min. = 0,03–0,12 ml/kg/h. **Bsp. 70 kg Pat.:** 2–8 ml/h
Dopamin (z.B. Dopamin Giulini®)	1 Amp. (10 ml) à 250 mg auf 50 ml NaCl oder 5% Glukose = 5 mg/ml	„Nierendosis": 0,5–5 µg/kg/Min. „Kreislaufdosis": 6–10 µg/kg/Min.; bei 10mg/kg/Min.: Nierendurchblutung ↓, RR ↑. **Bsp. 70 kg Pat.:** Nierendosis 1,5–3 ml/h., Kreisl.dosis: initial 4,5–9 ml/h, später bis 18 ml/h
Furosemid (Lasix®)	2 Amp à 250 mg auf 50 ml NaCl = 10 mg/ml	Dosierung: bei starker Niereninsuff. bis 50–100 mg/h = 5–10 ml/h. Max. 1000 mg tägl. = 8 ml/h
Heparin (z.B. Liquemin®)	1 Amp. à 10 000 IE auf 50 ml NaCl = 200 IE/ml	Vollheparinisierung 1000–1400 E/h (5–7 ml/h) unter TZ- bzw. PTT-Kontrolle. „Low-dose": 600 E/h (3 ml/h), PTT-Kontrolle (☞ 22.8.1).

Perfusor-Dosierungen

Präparat	Verdünnung, Dosierung / Hinweise / Beispiele	
Hydrokortison (z.B Ficortil®)	10 Amp. à 25 mg = 250 mg auf 50 ml NaCl = 5 mg/ml.	Initial 250 mg als Bolus. Dann 4–10 mg/h = 0,8–2 ml/h.
Alt-Insulin (z.B. Actrapid®)	1 ml à 40 IE auf 40 ml NaCl oder Humanalbumin = 1 IE/ml	Nach (2 stündl. zu wiederholender) BZ-Kontrolle ca. 1–6 IE/h = 1–6 ml/h. Adsorption an Plastik → evtl. die ersten 10 ml verwerfen
Kalium Nur über ZVK (über Braunüle max. 40 mmol/l!)	2,5 Amp. à 20 mmol auf 50 ml NaCl = 0,1 mmol/ml	Max. 20 mmol/h = 20 ml/h. Max. 240 mmol/24 h. Bei Alkalose Kaliumchlorid, bei Azidose Kaliummalat verwenden
Lidocain (z.B. Xylocain®, Li- docain Braun®)	1 Amp. (5 ml) à 1000 mg (20%ig) = 50 ml = 1 mmol/ml	Nach Wirkung. Richtwert (initial): 2–4 mg/kg/h (ca. 6–12 ml/h). Initial „Loading-dose" ca. 1–2 mg/kg (ca. 100 mg) als langsame i.v.-Injek- tion; max. 6 g/tägl.
Morphin (z.B. Morphin- hydrochlorid)	10 Amp. a 10 mg = 100 mg auf 50 ml NaCl 0,9% = 2 mg/ml	Nach Wirkung mit 1–4 ml/h; Opiatnebenwirkungen beachten, ☞ 4.2
Nifedipin (Adalat®)	1 Amp à 5 mg auf 50 ml beigefügte Infusionslösung = 0,1 mg/ml	Dos.: 6,3–12,5 ml/h = 0,63–1,25 mg/h. Zuvor Bolus 0,5–1 mg über 5 Min. Anwendung nur unter Lichtschutz. **Beispiel 70 kg Pat.:** 6–12 ml/h
Nimodipin (Nimotop®)	1 Amp. à 10 mg in 50 ml alk. Lösungsmittel	Initial 15 µg/kg/h über 2 h **Beispiel 70 kg Pat.:** 5 ml/h dann 30 µg/kg/h; RR-Kontrolle!
Nitroprussid- natrium (Nipride®, nipruss®- Infusion)	1 Amp. Trocken- substanz à 60 mg in 0,9% Na-Zitrat auflö- sen und auf 50 ml Glukose auffüllen = 1,2 mg/ml	Nach Wirkung Testdosis: anfangs mit 1 ml/h, langsam bis 30 ml/h titrieren unter minütlichem RR. Anwendung nur unter Lichtschutz. Unbenutzte Lösung nach 4 h verwerfen. Spez. Information beachten! → Beipackzettel *Cave:* Zyanidintoxikation
Noradrenalin (= Norepi- nephrin) (Arterenol®)	3 Amp. à 1,0 mg auf 50 ml NaCl = 0,06 mg/ml	Initial 1/3 Amp., Perfusor: 0,05–0,3 µg/kg/Min., ggf. ↑ **Beispiel beim 70 kg Pat.:** 5–20 ml/h. Max. 1,5 mg/h = 25 ml/h
Nitroglycerin (z.B. Nitrolingual®, Nitro Pohl®)	1 Amp. à 50 mg auf 50 ml NaCl = 1 mg/ml	Initial 2 ml/h. Nach Wirkung 1–6 mg/h = 1–6 ml/h.
Orciprenalin (Alupent®)	1 Amp. = 5 mg auf 50 ml NaCl 0,9% = 0,1 mg/ml	Nach Wirkung (*cave:* schlecht steuerbar) 10–30 g/Min. = 6–18 ml/h

Perfusor-Dosierungen		
Präparat	**Verdünnung, Dosierung / Hinweise / Beispiele**	
Propafenon (Rytmonorm®)	1 Amp. à 20 ml = 70 mg	0,5–1 mg/kg über 3–5 Min.; evtl. erneute Gabe; Perfusor: 12–30 mg/h = 3,4–8,5 ml/h; Max. Tagesdosis: 560 mg
Theophyllin® (z.B. Euphyllin®)	3 Amp à 0,24 g auf 50 ml NaCl = ca. 15 mg/ml	**Bsp. für 70 kg Pat.:** Loading dose über 10 Min. bei vorheriger Nullther. mit 0,24 g (bei Vorbehandlung 0,12–0,24 g). Danach 0,5 mg/kg/h (ca. 2,5 ml/h bei 70 kg Pat.).
Urapidil (Ebrantil®)	3 Amp à 50 mg auf 50 ml = 3 mg/ml	Nach Wirkung ca. 9–30 mg/h = 3–10 ml/h. Nur beim liegenden Pat. anwenden
Verapamil (Isoptin®)	2 Amp. à 50 mg auf 50 ml NaCl = 2 mg/ml	Initial 5 mg i.v. über 3 Min. Dann 4–8 mg/h = 2–5 ml/h. Max. 10 mg/h = 5 ml/h. Max. Tagesdosis 100 mg

22.2 Antikoagulation und Lyse

22.2.1 Antikoagulation

Zur akuten Antikoagulation eignen sich aufgrund ihres sofortigen Wirkungseintritts nur *Heparine*.
Kumarine werden bei Notwendigkeit einer Dauerantikoagulation nach Beendigung der Akutphase überlappend gegeben.

Heparine

Präparate

- Hochmolekulare (= Standard-)Heparine (mittleres MG 12000–15000), z.B. Liquemin®, Thrombophob®, Calciparin®.
- Niedermolekulare Heparine (mittleres MG 4000–6000), z.B. Fragmin®, Fraxiparin®, Clexane®. Vorteile gegenüber hochmolekularen Heparinen: Nur einmal tägliche Gabe durch längere HWZ, geringere Allergenität. Nachteil: Höhere Kosten. Haupteinsatzgebiet: Postoperative Thromboseprophylaxe.

Akute Nebenwirkungen

Blutungsgefahr bei Überdosierung oder erhöhter Blutungsneigung ☞ 11.1

- Selten allergische Reaktionen (z.B. Fieber, Urtikaria).

Antidot

Protaminchlorid (Protamin Roche®): 1000 IE Protamin neutralisieren 1000 IE Heparin (1 mg Protamin antagonisiert 100 IE Heparin). Maximaldosis 50 mg.

Bei subkutaner Heparininjektion → Protaminsulfatdosis entsprechend 50 % der letzten Heparingabe.

Wechselwirkungen

- ↑ Wirkung: Dextrane, Thrombozytenaggregationshemmer
- ↓ Wirkung: Antihistaminika, Digitalis, Tetrazykline.

Thromboseprophylaxe (low-dose-Heparinisierung)

Indikationen zur Einleitung einer Thromboseprophylaxe/low-dose-Heparinisierung im Nachtdienst:

- Perioperativ (Beginn 2–3 h präop.)
- Posttraumatisch (*KI*: Polytrauma), postoperativ
- Immobilisation > 18 h
- Stark exsikkierter Pat.
- Schwere Herzinsuffizienz
- Wiederholte TIAs
- Evtl. bei akut aufgetretenem Vorhofflimmern
- Bei Vorliegen von KI zur high-dose-Heparinisierung (s.u.).

Durchführung

- Hochmolekulares Heparin (z.B. Liquemin®): 3 x 5000 IE s.c. tägl. oder 2 x 7500 IE s.c. tägl.
- Niedermolekulares Heparin (z.B. Fraxiparin®): 1 x 2500–5000 anti-Xa-E s.c. tägl.

Therapeutische Heparinisierung (high-dose-Heparinisierung)

Indikationen

- Thrombembolische Erkrankungen (Bein- oder Beckenvenenthrombose, Lungenembolie), falls keine Indikation zur Lyse besteht (☞ 6.7 und 7.1)
- Herzinfarkt oder instabile AP: Im Anschluß bzw. parallel zur Lysebehandlung oder alternativ bei Kontraindikationen für Lyse (☞ 6.1 und 22.2.1)
- Im Frühstadium einer DIC (☞ 3.4)
- Akuter arterieller Verschluß bei pAVK ohne chirurgische Interventionsmöglichkeiten (*Cave*: umstrittene Indikation, Hauspolitik?).

Absolute Kontraindikationen für high-dose-Heparinisierung

- Hämorrhaghische Diathese, manifeste Blutungen
- Frische OP, offene Wunden
- GIT: Floride Magen-Darm-Ulzera (< 3 Mon.), Kolitis, Ösophagusvarizen, Tumoren
- Lunge: Tbc, Bronchiektasen, Tumoren
- Niere: Tumoren
- Ausgeprägte Gefäßsklerose
- Apoplex < 6 Mon.
- Bekannte Heparinallergie.

Relative Kontraindikationen

- Schlecht einstellbarer Hypertonus > 180 mmHg syst. oder > 105 mmHg diast.
- Bakterielle Endokarditis
- Nephrolithiasis
- Leber- und Niereninsuffizienz (schlecht steuerbar)
- Akute Pankreatitis
- Geplante Arterien- oder Organpunktionen (z.B. Angiographie).

Durchführung

- Peripherer i.v.- Zugang
- Abnahme eines kompletten Gerinnungsstatus: Quick, PTT, TZ, Thrombos. Im Tagdienst AT III.
- Initialdosis 5000 IE i.v. als Bolus
- Dauerinfusion mit 15–20 IE/kg/h (Bsp.: Bei 70 kg schwerem Pat. 30000 IE/24h)
- Laborkontrollen: Erste Kontrolle nach 2–4 h, dann 1–2 x tägl.: TZ (Ziel: Verlängerung auf das 2–3 fache des Ausgangswertes), PTT (Ziel: Verlängerung auf das 1,5–2 fache des Ausgangswertes)
- Bei überschießender PTT-Verlängerung: Heparinpause, PTT kontrollieren (Abnahme von heparinkontaminierten Blut?). Anschließend ggf. mit niedrigerer Dosierung unter engmaschigen Laborkontrollen fortfahren
- Bei unzureichender PTT-Verlängerung Dosissteigerung.

Vorgehen bei Blutungskomplikationen

- Heparin absetzen
- Blutstillung, evtl chirurgisch oder endoskopisch
- Evtl. Gabe von Protaminsulfat (s.o.).

Kumarine

Im Dienst sind es v.a. Probleme bei der Neueinstellung mit Kumarinen (Dosierung) und Blutungskomplikationen, mit denen man konfrontiert wird.

Neueinstellung überlappend mit noch laufender Heparingabe:

- Laborkontrolle: Bestimmung der Blutgruppe, falls noch nicht erfolgt. PTT (heparinbedingt im therapeutischen Bereich, ca. 2facher Normwert s.o.), Quick (Normwert: 90–120 %).
- Kumarintherapie wird in der Regel abends begonnen bei noch normal hochdosierter Heparingabe. Jeder Pat. erhält einen *Paß*, in dem die Indikation für die Antikoagulation, Blutgruppe, behandelndes Krankenhaus oder Arzt und fortlaufend die aktuelle Dosierung des Kumarins eingetragen werden.
- Phenprocoumon (Marcumar®): Initialdosis am ersten Abend 4, zweiten Abend 3, dritten Abend 2 Tabl. (Bei primär erniedrigten Quickwerten < 90 %, schwerkranken oder sehr leichten Pat. verminderte Dosierung, z.B. 3–2–1. Bei sehr schweren Pat. Kumarindosis nicht erhöhen, sondern Verabreichung über längeren Zeitraum, z.B. 4–4–3–2–2).
- Alternativpräparat: Warfarin (Coumadin®): Initialdosis 10 mg für 3 Tage.
- Am dritten Tag abends letzte Heparinspritze (spätestens 6 h vor geplanter Quick-Kontrolle).
- Am Morgen des 4.Tages keine Heparingabe, Quick-Kontrolle (angestrebter therapeutischer Bereich 15–25 %). Falls Quick noch deutlich oberhalb des therapeutischen Bereiches liegt (> 30 %) → Heparingabe fortsetzen. Falls Quick < 15 % Kumarinpause, engmaschige Beobachtung auf evtl. Blutungen.

Ansonsten Einstellung auf Erhaltungsdosis von 1/4–2 Tabl. Phenprocoumon bzw. 3–9 mg Warfarin tägl., anfangs tägl. Quickkontrolle.

Blutungskomplikationen (☞ 11.1)
- Kumarin absetzen
- Soweit möglich Blutstillung, evtl. chirurgisch
- Bei starker Blutung oder vor Notfall-OP Anhebung der Gerinnung mit Prothrombinkomplex (PPSB): 1 IE PPSB/kg i.v. hebt den Quickwert um ca. 1 %. Außerdem Vitamin K (Konakion MM®) 10 mg langsam i.v.

Fußangeln und Fingerzeige

- Heparin braucht in niedriger Dosis ausreichend hohe AT III-Spiegel zur Wirkungsentfaltung (> 70 % des Normwertes)
- Protamin hat kürzere HWZ als Heparin, evtl. Nachinjektion nötig
- Bei terminaler Niereninsuffizienz Dosisreduktion der Heparine um 25 %
- Bei Ausgangsquickwert < 60 % keine Einleitung einer Kumarintherapie; Abklärung auf Leberfunktionsstörung.

22.2.2 Thrombolyse

Fibrinolytika

Substanzen: *Streptokinase* (z.B. Streptase®), *Urokinase* (z.B. Urokinase®, Actosolv®), *APSAC* (= Acetylierter Plasminogen-und Streptokinase-Aktivator-Komplex, z.B. Eminase®), *rt-PA* (= rekombinanter tissue-type-Plasminogen-Aktivator, z.B. Actilyse®).

Akute Nebenwirkungen
- Blutungen: In 10% der Behandlungen schwer, letal v.a. bei intrazerebralen Blutungen
- Embolien
- Unverträglichkeitsreaktionen
- Bei Streptase und APSAC: Anaphylaxie, Antigenität (Antikörperbildung), Pyrogenität.

Thrombolyseindikationen
Akuter Myokardinfarkt: Größter Erfolg bei Durchführung der Lyse innerhalb der ersten 6 h nach Symptomenbeginn, in Ausnahmefällen bis zu 24 h sinnvoll ☞ 6.7
- Tiefe Becken- und Oberschenkelvenenthrombose: V.a. bei ausgedehnten Verschlüssen < 14 Tage alt ☞ 6.5
- Lungenembolie: V.a. bei massiver Embolie mit akutem Rechtsherzversagen und Hypotonie ☞ 7.1.5
- Akuter arterieller Verschluß: Bevorzugt lokale Lyse, meist zusätzliche Angioplastie erforderlich ☞ 6.8.

Seltenere Indikationen

Anordnung und Durchführung der Lyse durch Spezialisten → bei entsprechendem Verdacht Konsil oder Verlegung nach Rücksprache mit Hintergrund.

- Basilaristhrombose: Verlegung in Neurologie
- Shuntlyse: Lokale Lyse über liegenden Angiographiekatheter (Radiologe/Gefäßchirurg)
- Thrombose der V. hepatica, V. renalis, V. jugularis, V. cava sup. oder Vv. retinae: In der Regel lokale Lyse über liegenden Angiographiekatheter (Radiologe/Gefäßchirurg).

Absolute Kontraindikationen

- Pathologische Ausgangshämostase (Quick, PTT,TZ, Fibrinogen, Thrombozyten)
- Fortgeschrittene Malignome
- ZNS: OP, Apoplex < 3–6 Mon.
- GIT-Erkrankungen: Florides Ulkus, Colitis ulcerosa oder M.Crohn. Schwere akute Pankreatitis, akute Endo-, Myo- oder Perikarditis
- Sepsis
- Progredientes Aortenaneurysma
- Entbindung < 6 Tage
- Bei Streptokinase und APSAC: vorausgegangener Streptokokkeninfekt oder Streptokinasetherapie < 6 Monate, Vorsicht bei ASC-Titer > 200 IU/ml.

Relative Kontraindikationen

- Nach Organbiopsien < 10 Tage, i.m.-Injektion < 7 Tage, arterielle Punktion < 10 Tage, Punktion der V. subclavia/jugularis < 7 Tage
- Nach OP < 2–4 Wochen
- Proliferative Retinopathie bei Diab. mellitus
- Schwere Leber- oder Niereninsuffizienz, Pankreatitis
- Lunge: Kavernöse Tbc
- Arterieller Hypertonus mit RR diast. > 105 mmHg bzw. Fundus hypertonicus > Stadium II
- Nephrolithiasis
- Alter > 70 Jahre bei Venenthrombose
- Schwangerschaft < 18.Woche bis 14 Tage nach der Geburt, starke Menstruation.

Bei akutem Herzinfarkt gelten eingeschränkte KI

Absolute KI gegen Lysetherapie bei akutem Myokardinfarkt

- Traumatische Reanimation (Rippenserienfrakturen, Leber- oder Milzrupturen)
- Aktive innere Blutungen (z.B. aus Tumor oder Ulkus)
- V.a. Aortendissektion
- OP < 2–3 Wochen
- Anamnestisch rezidivierende Hirnblutungen, ZNS-OP < 1–3 Mon.
- Bei Streptokinase und APSAC: vorausgegangener Streptokokkeninfekt oder Streptokinasetherapie < 6 Monate.

Relative Kontraindikationen

- Frische i.m.-Injektionen
- Schwerer Hypertonus mit erheblicher Zerebralsklerose
- Schwere Gerinnungsstörungen.

Durchführung

- Labor: Blutbild, Blutgruppe, Kreuzblut, kompletter Gerinnungsstatus (Quick, PTT, TZ, Fibrinogen, Thrombozyten)
- Untersuchungen: Röntgen-Thorax, EKG. Bei Diabetikern und Pat. mit lang bestehendem art. Hypertonus sollte eine Augenhintergrundbeurteilung vor Beginn der Lyse angestrebt werden. Die Notwendigkeit einer Einverständniserklärung des Pat. ist umstritten
- Bereitstellung von 2 Ery-Konzentraten
- Kleinlumigen i.v.-Zugang an gut komprimierbarer Stelle legen (*Cave*: Kein ZVK!); „geplatzte" Venen mit Druckverband versorgen
- Dosierung der Fibrinolytika ☞ Tab.

Aktuelle Empfehlungen zu Dosierung und Applikationsform des jeweiligen Fibrinolytikums dem Beipackzettel entnehmen.

- Laborkontrollen: Alle 8 h PTT (Ziel: Verlängerung auf das 1,5–2fache), Blutbild. Tägl. Stuhl und Urin auf Blut.
- Anordnungen an Pflegepersonal: Strenge Bettruhe, keine rektale Temperaturmessung, keine i.m.-Injektionen, Stuhlregulierung.

Therapie von bedrohlichen Blutungen unter Lysebehandlung

- Abbruch der Lyse
- Lokale Blutstillungsmaßnahmen
- Antifibrinolytika:
  - Aprotinin (Trasylol®, Antagosan®) initial 1–2 Mio kIE über 10–20 Min. i.v., dann 70 000–100 000 kIE/h i.v. oder Tranexamsäure (z.B. Anvitoff®) 1–2 g als Bolus i.v. oder Cyclokapron® 2–4 g als Bolus i.v., dann 1 g/h
- Blutderivate (selten nötig)
  - Fresh frozen plasma FFP ☞ 11.1
  - Fibrinogen (bei Fibrinogen < 0,3 g/l): z.B. Haemocomplettan HS® 1–2 g i.v.
  - Erythrozyten- oder Thrombozytenkonzentrate.

Fußangeln und Fingerzeige

- Wegen Sensibilisierung mit Gefahr der Anaphylaxie keine Wiederholungslyse mit Streptokinase oder APSAC innerhalb von 3–6 Monaten. Fortsetzung bei nicht ausreichendem Lyseerfolg z.B. mit Urokinase. Aufgrund der Antikörperbildung ist bei Streptokinase ab dem 5. Tag mit einem Wirkungsverlust zu rechnen
- Ultrahohe Kurzzeitlyse hat bei tiefer Beckenvenenthrombose höheres Lungenembolierisiko → evtl. vor Lyse Implantation eines Cava-Schirms (Rücksprache Hintergrund/Gefäßchirurg)
- Fibrinogenabfall unter Lysetherapie gehört nicht zu den therapeutischen Wirkungen, sondern stellt eine Nebenwirkung dar (kein Maßstab für Lyseerfolg!). Das unter Fibrinolyse gemessene Fibrinogen ist methodisch bedingt zu niedrig.

Dosierung und Anwendung von Fibrinolytika

Fibrino-lytikum	Tiefe Venenthrombose	Herzinfarkt	Lungenembolie	Arterieller Verschluß	Besonderheiten
Strepto-kinase (z.B. Streptase®)	*Standarddosierung:* Initialer Bolus 250 000 IE /20 Min. i.v., dann 100 000 IE/h i.v. für 3–6 Tage.	Initial 250 000 IE /20 Min. i.v., dann 1,5 Mio. IE /60 Min. i.v.	Initial 250 000 IE/20 Min. i.v., dann 100 000 IE/h über 3–6 Tage	5–10 % der stündlichen Dosierung beim Herzinfarkt über längeren Zeitraum	• Zur *Allergieprophylaxe* initial immer Prednison (z.B. Decortin®) 250 mg i.v., evtl. zusätzlich Clemastin (z.B. Tavegil®) 1 Amp. i.v. und Ranitidin (z.B. Zantic®) 1 Amp. i.v. • Immer *High-dose-Heparinisierung* anschließen • Bei Herzinfarkt zusätzlich ASS (z.B. Aspisol®) 500 mg i.v.
	Ultrahohe Kurzzeitlyse: Initialer Bolus 250 000 IE /20 Min. i.v.; dann 1,5 Mio. IE/h über 6 h; evtl. Wiederholung ohne Bolusgabe an Tag 2 und 3.				
Urokinase (z.B. Actisolv®)	Initialer Bolus 250 000 IE/ 2–5 Min. i.v., dann 50 000–100 000 IE/h über 7 (max. 28) Tage. Evtl. höhere Dosierung erforderlich bis zum Fibrinogenabfall auf 0,5–1 g/l	Initialer Bolus 2 Mio IE/2–5 Min. i.v., dann 1,5 Mio. IE/90 Min. (alternativ 3 Mio IE/60 Min.)	Initialer Bolus 250 000–500 000 IE/ 2–5 Min., dann 50 000–100 000 IE/h über 7 (max. 28) Tage	*Lokale Lyse:* wiederholte Bolusgabe von 50 000–100 000 IE (alternativ Dauerlyse mit 100 000 IE/h)	• High-dose-Heparinisierung von Beginn an notwendig (8000–12 000 IE/h i.v.)
APSAC (z.B. Eminase®)	Nicht zugelassen	30 IE/5 Min. i.v.			• Zur *Allergieprophylaxe* Prednison 100–250 mg i.v. vor Lyse • Vollheparinisierung anschließen
rt-PA (z.B. Actilyse®)	Initialer Bolus 15 mg/ 1–2 Min. i.v., dann 50 mg/30 Min., dann 35 mg/60 Min.	Initialer Bolus 10 mg/1–2 Min., dann 40 mg/2 h, dann 50 mg/5 h	Initialer Bolus 10 mg/1–2 Min., dann 40 mg/2 h, dann 50 mg/5 h		• Parallel zur Lyse High-dose-Heparinisierung • Bevorzugt bei jüngeren Pat. mit Vorderwandinfarkt.

22.3 Medikamentendosierung bei Niereninsuffizienz

Vorgehen

- In der linken Hälfte der Tabelle in der Spalte mit dem ungefähren Patientenalter das Kästchen mit dem jeweiligen Patientengewicht aussuchen.
- Dann auf gleicher Höhe soweit nach rechts gehen, bis in der obersten Spalte das Serum-Krea des Pat. erscheint → die Zahl im Kästchen ist die GFR in ml/Min.
- Sodann anhand der 2. Tabelle die Anpassung der Dosierung entnehmen
- Sollen niedrigere Serumspiegel erreicht werden, so ist die Dosis anzupassen.

Tabelle zur Abschätzung der GFR anhand des Serum-Kreatinins*

	Alter des Patienten					Serum-Kreatinin	in µmol/l				
							180	260	350	530	880
	40 J.	50 J.	60 J.	70 J.	80 J.		in mg/dl				
							2	3	4	6	10
Gewicht in kg	80					GFR in ml/Min	49	34	25	17	10
	70	80					44	31	23	15	9
	65	70	80	85			39	27	20	13	8
	55	60	70	75	85		33	23	17	11	7
		50	60	65	75		28	19	14	9	6
		40	50	55	65		24	17	16	8	5
			40	50	55		22	15	11	7	4

* Die GFR-Schätzung kann verbessert werden, indem zu dem Tabellenwert bei Männern 10 % hinzuaddiert und bei Frauen 10 % subtrahiert werden.

Anpassung der Medikamentendosis bei Niereninsuffizienz

- Abschätzen der GFR (z.B. anhand des Nomogramms ☞ 22.1.1)
- Applikation der normalen Initialdosis, Dosierung entsprechend der erhöhten HWZ reduzieren
- Bei Medikamenten mit geringer ther. Breite (z.B. Aminoglykoside) Dosierung nach Serumspiegel (☞ 22.2)
- Einen *Anhaltspunkt* für mittlere Dosierung und Intervalle gibt folgende Tab.

Medikamentendosierungen bei Niereninsuffizienz				
Substanz	Dosis in % Normaldosis bei Glomerulumfiltrat von ...[ml/Min.]			Serum-HWZ bei normaler Nierenfunktion [h]
	> 50	10–50	< 10	
Aciclovir	100	50	15	2
Allopurinol	100	50–75	10–30	0,8
Amikacin	30–60	15–30	10–15	1,8 (Spiegel kontrollen)
Amiodaron	100	100	100	ca. 800
Amoxycillin	100	50	25	1,1
Amphotericin B	100	100	50–75	ca. 300
Ampicillin	100	50	10–20	1,1
Amrinon	75–100	50–75	25–50	4,2
Atenolol	100	50	25	4,2
Azlocillin	100	50	25	1,3
β-Azetyldigoxin	75–100	30–60	20–30	24
Aztreonam	100	50	25	1,7
Bacampicillin	100	50	25	1,0
Captopril	100	100	25–75	2
Carbamazepin	100	100	100	15
Cefaclor	100	50–75	25–50	0,8
Cefalexin	100	50–75	25	1,5
Cefamandol	100	50	25	0,9
Cefazedon	50–80	30–50	10–20	1,5
Cefazolin	100	50	25	1,8
Cefmenoxim	30–80	30	10–20	1,1
Cefoperazon	100	100	100	2
Cefotaxim	100	50	25	1,1
Cefotiam	50–75	20–50	10–20	0,75
Cefoxitin	80–100	50	10–20	1,1
Ceftazidim	100	50	25	1,8
Ceftizoxim	100	50	25	1,5
Ceftriaxon	100	100	100	7
Cefuroxim	100	50	15–25	1,1
Chinidin	100	100	100	5
Chloramphenicol	100	100	100	4
Chloralhydrat	100	–	–	10
Chloroquin	100	25–50	25	ca. 1000
Chlorpromazin	100	100	–	25
Cilastatin	100	50–75	25–50	0,8
Cimetidin	100	75	50	3,8
Ciprofloxacin	100	50–75	50	3–5
Clavulansäure	100	100	50–75	1
Clindamycin	100	100	100	3
Clofibrat	100	50	25	18
Clonazepam	100	100	100	40

Medikamentendosierungen bei Niereninsuffizienz				
Substanz	**Dosis in % Normaldosis bei Glomerulumfiltrat von ...[ml/Min.]**			**Serum-HWZ bei normaler Nierenfunktion [h]**
	> 50	10–50	< 10	
Clonidin	100	100	50–75	8
Diazepam	100	100	100	50–70
Diazoxid	100	100	100	48
Digitoxin	100	100	100	180
Digoxin	100	50	25	40
Dihydralazin	100	100	75–100	3
Diltiazem	100	100	100	6
Diphenhydramin	100	100	100	7
Disopyramid	100	50	25	6
Dobutamin	100	100	100	2,4 Min.
Doxepin	100	100	100	17
Doxorubicin	100	100	100	α 1 β 30
Doxycyclin	100	100	100	20
Enalapril	100	75	50	11
Erythromycin	100	100	100	2,0
Ethambutol	100	50	25	3,1
Famotidin	100	50	25	3
Flecainid	100	50–75	25–50	15
Flucloxacillin	50–100	50	20–40	0,9
Fluconazol	100	50	25	35
Flurazepam	100	100	100	70–100
Furosemid	100	100	100	0,9
Gentamicin	30–70	15–30	10	2,5
Glyceroltrinitrat	100	100	100	0,5
Guanethidin	100	50	25	130
Haloperidol	100	100	100	20
Heparin	100	100	100	2
Hydralazin	100	75	50	1
Hydrochlorothiazid	100	100	–	2,5
Ibuprofen	100	100	100	2
Imipenem	100	50–75	25–50	1,0
Indometacin	100	100	100	4
Isoniacid	100	100	25–50	2
Isosorbitdinitrat	100	100	100	0,4
Ketoconazol	100	100	100	5
Latamoxef	50–100	50	10–25	2,5
Levodopa	Titrieren			1,3
Lidocain	100	100	100	2
Lithium	Spiegel	25–50	25	26
Lorazepam	100	100	100	16
Mebendazol	100	100	100	?
Methadon	100	75	50	30

Medikamentendosierungen bei Niereninsuffizienz				
Substanz	Dosis in % Normaldosis bei Glomerulumfiltrat von ...[ml/Min.]			Serum-HWZ bei normaler Nierenfunktion [h]
	> 50	10–50	< 10	
Methaqualone	100	–	–	30
Methylprednisolon	100	100	100	2
Methyldigoxin	75–100	30–60	20–30	40
Methyldopa	100	100	50–75	1,8
Metoclopramid	100	75	50	6
Metoprolol	100	100	100	3,5
Metronidazol	100	100	25–50	7
Mexiletin	100	100	50–75	10
Mezlocillin	75	40–50	25	0,8
Minoxidil	100	100	100	3,1
Minocyclin	100	100	–	20
Morphin	100	75	50	2,5
Nadolol	100	50	25	17
Naloxon	100	100	100	1,3
Naproxen	100	100	100	14
Nifedipin	100	100	100	3
Nitrofurantoin	100	–	–	0,3
Nitroprussid-natrium	100	100	100	0,1
Norfloxacin	100	75	50	3,5
Nortriptylin	100	100	100	35
Ofloxacin	70–100	50–70	10–30	5
Oxacillin	100	100	50–75	0,5
Oxazepam	100	100	100	16
Paracetamol	100	100	100	2,3
Penicillin-G	100	75	15–50	0,5
Phenytoin	100	100	100	20
Pindolol	100	100	100	3,5
Piperacillin	75	40–50	10–20	1,4
Prazosin	100	100	100	2,5
Prednisolon	100	100	100	2,2
Prednison	100	100	100	3,5
Procainamid	100	50	25	2,0
Propafenon	100	75–100	50–75	3
Propranolol	100	100	100	3,5
Ranitidin	100	75	50	2,5
Rifampicin	100	100	100	3,5
Sallicylate	100	50–75	–	15
Sotalol	100	30	15–30	7
Spironolacton	100	–	–	20
Streptomycin	100	50–75	25–50	2,5
Sulbactam	100	50–75	25–50	1,2

Medikamentendosierungen bei Niereninsuffizienz				
Substanz	**Dosis in % Normaldosis bei Glomerulumfiltrat von ...[ml/Min.]**			**Serum-HWZ bei normaler Nieren-funktion [h]**
	> 50	10–50	< 10	
Temazepam	100	75	75–50	13
Terbutalin	100	50	*KI*	3,5
Theophyllin	100	100	100	8
Tobramycin	30–70	15–30	10	2
Tocainid	100	100	50	12
Triamteren	100	–	–	15
Trimethoprim/ Sulfamethoxazol	75	50	*KI*	10
Urapidil	100	100	100	2,7
Vancomycin	50–100	10–50	10	6
Verapamil	100	100	50–75	5
Zidovudin	100	100	75	1,8
(modifiziert nach J. Girndt: Nieren- und Hochdruckkrankheiten (Schattauer, Stuttgart, 397–402) und Klinikleitfaden Intensivmedizin)				

22.4 Arzneimittel in der Schwangerschaft (Positivliste)

Tab. verändert nach: H. Spielmann u. R. Steinhoff: Taschenbuch der Arzneiverordnungen in Schwangerschaft und Stillperiode, G. Fischer, 1990] **Erklärungen am Ende der Tabelle!** Beratungsstellen z.B. in Berlin (030-3023022), Tübingen (07071-292203), Ulm (0731-5027625) und Jena (03641-8223074)

Arzneimittel	1.–12. SSW	13.–39. SSW	um die Geburt	Stillperiode
Acetylsalicylsäure	(+)	(+)	– –	(+)
Aminoglykosid-Antibiotika	– –	– –	– –	+
Amphotericin B (systemisch)	– –	(–)	(–)	+
Amoxycillin	+	+	+	+
Ampicillin	+	+	+	+
Ascorbinsäure	(+)	+	+	+
Atropin	(+)	(+)	(+)	(+)
Barbiturate	– –	(+)	(+)	+
Benzodiazepine	(–)	(–)	– –	*
Beta-Blocker (vorwiegend β1)	(+)	+	+	(+)**
Beta-Mimetika (vorwiegend β2)	(+)	+	(+)	+
Bromhexin	– –	(+)	(+)	+
Bromocriptin	– –	– –	– –	(–)
ACE-Hemmer	– –	– –	– –	(+)
Carbamazepin	(–)	(–)	(–)	+
Carbimazol	– –	(–)	(–)	(+)
Cefalosporine	(+)	+	+	+
Chloroquin	(+)	(+)	(+)	+
Chlorpromazin	– –	(+)	(+)	– –
Cimetidin	– –	(–)	– –	– –
Clomethiazol	– –	– –	(+)	(–)
Clotrimazol	(+)	+	+	+
Codein	– –	(–)	(–)	(+)
Co-trimoxazol	– –	(+)	(+)	***
Cromoglicinsäure	– –	+	+	+
Cumarine	– –	(–)	– –	****
Dextran	+	+	+	+
Diclofenac	– –	(+)	– –	(+)
Digoxin/Digitoxin	+	+	+	+
Dihydralazin	(+)	+	+	+
Dihydroergotamin	– –	(+)	– –	+
Diphenhydramin	– –	– –	– –	(+)

Arzneimittel	1.–12. SSW	13.–39. SSW	um die Geburt	Stillperiode
Doxylamin	(+)	(+)	(+)	(+)
Erythromycin	(+)	+	+	+
Fenbufen	– –	(+)	– –	+
Fentanyl	– –	– –	– –	– –
Furosemid	– –	(–)	(–)	(+)
Fusidinsäure	(+)	+	+	+
Glukokortikoide	– –	(–)min	(–)min	(–)min
Glyceroltrinitrat	(+)	+	+	+
Haloperidol	– –	– –	– –	(+)
Halothan	(+)	(+)	(+)	+
Heparin	(+)	+	+	+
Hydrochlorothiazid	– –	(–)	(–)	(+)
Ibuprofen	– –	(+)	– –	+
Imipramin	– –	(+)	– –	+
Indometacin	– –	(+)	– –	– –
Insulin (Human-)	+	+	+	+
Jodid (Substitution)	+	+	+	+
Lidocain	(–)	(–)	– –	+
Lithiumsalze	– –	– –	– –	– –
Mebendazol	(+)	(+)	(+)	+
Meclozin	+	+	– –	+
Meprobamat	– –	(+)	(+)	– –
Metamizol	– –	(–)	– –	– –
Methoxyfluran	(+)	(+)	(+)	+
α-Methyldopa	– –	+	+	+
Methylergometrin	– –	– –	(–)	– –
Metoclopramid	(+)	(+)	(+)	(+)
Metronidazol	– –	– –	– –	°
Miconazol (lokal)	– –	+	+	+
Nalidixinsäure	– –	+	+	– –
Naloxon	– –	(+)	(+)	+
Nifedipin	– –	(+)	(+)	– –
Nystatin	(+)	(+)	(+)	+
Opium-Alkaloide	– –	– –	(–)	°°
Orale Antidiabetika	– –	– –	– –	– –
Oxytozin	– –	– –	(–)min	+
Paracetamol	(+)	(+)	(+)	+
Penicilline	+	+	+	+
Penicillamin	– –	– –	– –	(–)
Pentazocin	– –	(+)	(+)	(+)
Pethidin	– –	(+)	(–)	(+)
Phenylbutazon	– –	(–)	– –	(+)
Phenytoin	(+)	(+)	(+)	+
Prazosin	– –	– –	– –	– –

Arzneimittel	1.–12. SSW	13.–39. SSW	um die Geburt	Stillperiode
Primaquin	– –	(+)	(+)	+
Primidon	(–)	(–)	(–)	+
Probenecid	(+)	(+)	(+)	– –
Promethazin	– –	(+)	(–)	(+)
Propylthiouracil	(–)min	(–)min	(–)min	+
Prostaglandine	– –	– –	(–)min	– –
Pyrimethamin	(+)	(+)	– –	+
Ranitidin	– –	– –	– –	– –
Radiopharmaka	– –	(+)	(–)	– –
Reserpin	– –	(–)	– –	(+)
Rifampicin	– –	– –	– –	+
Spironolacton	– –	– –	– –	(+)
Streptokinase	(–)	(–)	(–)	+
Sulfonamide	– –	(–)	– –	***
Tetrazykline	– –	– –	– –	+
Theophyllin	(+)	(+)	(+)	+
Thiamazol	– –	(–)	– –	(+)
Thyroxin (L-)	(+)	+	+	+
Tranexamsäure	– –	– –	– –	– –
Valproinsäure	(–)	(–)	(–)	+
Vasopressin	– –	– –	– –	– –
Verapamil	– –	(+)	(+)	+
Vit. D-Substitution	+	+	+	+
Vitamin K 1	– –	(–)	(+)	+
Virustatika	(–)	(–)	(–)	(–)

– –	Nicht empfohlen oder kontraindiziert (ggf. Stillpause)
(–)	Verordnung nur im Ausnahmefall
(–)min	Verordnung in Minimaldosis möglich
(+)	Bei strenger Indikationsstellung anzuwenden
+	Ohne Bedenken indikationsgerecht zu verordnen
*	Medikament der Wahl beim Status epilepticus
**	Nicht geben: Sotalol, Atenolol, Acebutolol, Mepindolol
***	Nicht in den ersten vier Wochen
****	Evtl. Warfarin, Acenocoumarol
°	Möglichst nur Einzeldosis
°°	Ggf. Pethidin oder Dextropropoxyphen

22.5 Infusionslösungen

Wasser-/Elektrolyt-Lösungen	
Beispiele	– Eindrittel-E'lytlösungen (Na^+ < 60 mmol/l): Sterofundin® B, Tutofusin® BG – Halb-E'lytlösungen (Na^+ > 70 mmol/l): Eufusol® HG 5, Sterofundin® HG 5 – Zweidrittel-E'lytlösungen (Na^+ ca. 100 mmol/l): Normofundin® G 5 – Voll-E'lytlösungen (Na^+ > 120 mmol/l): Sterofundin®, Ringer-Lactat, Tutofusin®
Indikationen	– Deckung des Basisbedarfs an Wasser und E'lyten. – Partielle Deckung des Kohlenhydratbedarfs, Flüssigkeitssubstitution. – Trägerlösung für kompatible Medikamente oder E'lyte
Besonderheiten	Einteilung erfolgt nach dem Na^+-Gehalt. Lösungen enthalten in der Regel Kohlenhydrate in Form von Glukose
Korrigierende Elektrolytlösungen	
Beispiele	Natriumhydrogencarbonat 4,2 % oder 8,4 %, Kaliumchlorid, Kalziumchlorid
Indikationen	Ausgleich von E'lyt- oder Säure-Base-Störungen
Besonderheiten	Werden Kohlenhydrat- oder Wasser-E'lytlösungen zugesetzt
Kohlenhydratlösungen	
Beispiele	– Glukoselösungen: Glukose 5 %, 10 %, 20 %, (z.B. Glucosteril®) – Glukoseaustauschstoffe: Fructose 5 %, 10 %, 20 %, Xylit 5 % – Kohlenhydratmischlösungen z.B. Combisteril®, Sterofundin®
Indikationen	Flüssigkeitssubstitution. Deckung des Kohlenhydratbedarfs (Kalorienbedarf). Träger für kompatible Medikamente. Hypoglykämie
Besonderheiten	Gabe von Glukoseaustauschstoffen bei Glukoseverwertungsstörungen oder Diabetes mellitus. *Cave:* Fruktoseintoleranz (Frühsymptome: Hypoglykämie trotz Kohlenhydratzufuhr, Bewußtseinstrübung). *KI* der Glukoseaustauschstoffe: Nieren- und Leberinsuff., Laktatazidose
Aminosäurehaltige Lösungen	
Beispiele	Aminoplasmal®, Aminofusin®
Indikationen	Deckung des Aminosäurebedarfs bei parenteraler Ernährung
Besonderheiten	Kohlenhydratfreie Mischungen aus essentiellen Aminosäuren. Zur Verstoffwechselung sind pro 1 g AS 30–40 kcal notwendig → Gabe in Kombination mit Kohlenhydraten, nur über ZVK. Bei schneller Infusion evtl. Unverträglichkeitsreaktion. *KI:* AS-Stoffwechselstörungen, Leber- und Niereninsuff. Bei Leber- oder Niereninsuff. Gabe spezieller Lösungen mit anderer AS-Zusammensetzung (z.B. Aminoplasmal Hepar® bzw. Nephroplasmal®)

Fettemulsionen mit langkettigen Triglyceriden	
Beispiele	Lipofundin®, Lipovenös®
Indikationen	Deckung des Kalorienbedarfs und des Bedarfs essentieller Fettsäuren bei parenteraler Ernährung
Besonderheiten	*NW:* Frühreaktionen: Schüttelfrost, Übelkeit, Dyspnoe, Spätreaktionen: „overloading-Syndrom" mit Hepatosplenomegalie, Ikterus, Gerinnungsstörungen. *KI:* Hypertriglyceridämie, diabetische Ketoazidose, akute nekrotisierende Pankreatitis, akuter Myokardinfarkt. Nicht mit anderen Substanzn mischen, regelmäßige Triglycerid-Serumspiegelkontrollen. Initial halbe Dosis, dann steigern.

Fettemulsionen mit einer Mischung aus lang- und mittelkettigen Triglyceriden	
Beispiele	Lipofundin® MCT 10 %/20 %
Indikationen	Parenterale Ernährung von Problempatienten (z.B. Sepsis, Polytrauma)
Besonderheiten	Vorteile der mittellangen Triglyceride: Höhere Oxidationsrate → leichtere Energiebereitstellung, keine Speicherung in Leber- oder Fettgewebe, Verbesserung der Stickstoffbilanz.

Volumenersatzmittel

Substanz	Indikation	Besonderheiten
Niedermolekulare Dextrane (mittleres MG 40 000), z.B. Rheofusin®, Rheomacrodex®	Mikrozirkulationsstörungen	Anaphylaktoide und anaphylaktische Reaktionen, Nephrotoxizität nach Gabe hoher Mengen, Beeinflussung klinisch-chemischer Untersuchungen (Glukose, Eiweiß, BSG, Triglyceride, Cholesterin, Fruktose, Uringewicht)
Hochmolekulare Dextrane (mittleres MG 80 000), z.B. Macrodex®	Primärer Volumenersatz	Zur Vermeidung anaphylaktischer Reaktionen vor Infusionsbeginn Injektion von monovalentem Hapten-Dextran (Promit®) 20 ml langsam i.v.
Gelatine, z.B. Gelifundol®, Haemaccel®		Anaphylaktoide Reaktionen, evtl. vorhandene Blutungsneigung ↑, Wirkung von Herzglykosiden ↑
Hydroxyethylstärke, z.B. HAES-steril®, Plasmasteril®	Primärer Volumenersatz, Blutverdünnung bei Gefäßerkr. (z.B. Apoplex)	Anaphylaktoide Reaktionen, Erhöhung von BSG, Serum-Amylase und Cholesterin. Dosisreduktion bei Niereninsuff., Juckreiz bis > 1 Woche nach Gabe

Index

A

B

C

H

I

P

Q

R

T

U

V

Kein Index in einem Lehrbuch ist perfekt!
Falls Sie Stichworte vermissen, schreiben Sie dem Medizinischen Lektorat des Jungjohann-Verlages in 23552 Lübeck, Königstr. 10.
Ihr Anliegen wird bei der nächsten Auflage berücksichtigt.

Perfusor-Dosierungen

Präparat (z.B.)	Verdünnung	Dosis
Adrenalin (Suprarenin®)	4 Amp. (1 ml) à 1 mg auf 50 ml NaCl = 0,08 mg/ml	Nach Nachwirkung: 0,01–0,4 µg/kg/Min.; ggf. ↑. **Beispiel 70 kg Pat.:** 5–10 ml/h.
Diltiazem (Dilzem®)	10 Amp. à 10 mg = 100 mg in 50 ml NaCl 0,9% = 2mg/ml	Unter Monitorkontrolle init. Bolus von 0,3 mg/kg über 5 Min., anschl. Perfusor mit 12–60 mg/h = 6–30 ml/h
Dobutamin (Dobutrex®)	1 Inj. Flasche à 250 mg in 50 ml Glukose 5 % = 5 mg/ml	Nach Wirkung. Richtwert (initial): 2,5–12 µg/kg/Min. = 0,03–0,12 ml/kg/h. **Bsp. 70 kg Pat.:** 2–8 ml/h
Dopamin (Dopamin Giulini®)	1 Amp. (10 ml) à 250 mg auf 50 ml NaCl oder 5% Glukose = 5 mg/ml	„Nierendosis": 0,5–5 µg/kg/Min. „Kreislaufdosis": 6–10 µg/kg/Min.; bei 10mg/kg/Min.: Nierendurchblutung ↓, RR ↑. **Bsp. 70 kg Pat.:** Nierendosis 1,5–3 ml/h., Kreisl.dosis: initial 4,5–9 ml/h, später bis 18 ml/h
Furosemid (Lasix®)	2 Amp. à 250 mg auf 50 ml NaCl = 10 mg/ml	Dosierung: bei starker Niereninsuff. bis 50–100 mg/h = 5–10 ml/h. Max. 1000 mg tägl. = 8 ml/h
Heparin (Liquemin®)	1 Amp. à 10 000 IE auf 50 ml NaCl = 200 IE/ml	Vollheparinisierung 1000–1400 E/h (5–7 ml/h) unter TZ- bzw. PTT-Kontr. „Low-dose": 600 E/h (3 ml/h), PTT-Kontr.
Alt-Insulin (Actrapid®)	1 ml à 40 IE auf 40 ml NaCl oder Humanalbumin = 1 IE/ml	Nach BZ-Kontrolle (alle 2 Std.) ca. 1–6 IE/h = 1–6 ml/h. Adsorption an Plastik → evtl. die ersten 10 ml verwerfen
Kalium Nur über ZVK (Braunüle max. 40 mmol/l!)	2,5 Amp. à 20 mmol auf 50 ml NaCl = 0,4 mmol/ml	Max. 20 mmol/h = 20 ml/h. Max. 240 mmol/24 h. Bei Alkalose Kaliumchlorid, bei Azidose Kaliumbicarbonat verwenden
Lidocain (Xylocain®, Lidocain Braun®)	1 Amp. (5 ml) à 1000 mg (20%ig) = 50 ml = 1 mmol/ml	Nach Wirkung. Richtwert (initial): 2–4 mg/kg/h = 6–12 ml/h. Initial „Loading-dose" ca. 2 mg/kg (ca. 100 mg) als langsame i.v.-Injektion; max. 6 g/tägl.
Morphin (z.B. Morphinhydrochlorid)	10 Amp. à 10 mg = 100 mg auf 50 ml NaCl 0,9% = 2 mg/ml	Nach Wirkung mit 1–4 ml/h; Opiatnebenwirkungen beachten
Nimodipin (Nimotop®)	1 Amp. à 10 mg in 50 ml alk. Lösungsmittel	Initial 15 µg/kg/h über 2 h **Beispiel 70 kg Pat.:** 5 ml/h dann 30 µg/kg/h; RR-Kontrolle!
Noradrenalin (Arterenol®)	3 Amp. à 1,0 mg auf 50 ml NaCl = 0,06 mg/ml	Initial 1/3 Amp., Perfusor: 0,05–0,3 µg/kg/Min., ggf. ↑ Beispiel beim 70 kg Pat.: 5–20 ml/h. Max. 1,5 mg/h = 25 ml/h
Nitroglycerin (Nitrolingual®)	1 Amp. à 50 mg auf 50 ml NaCl = 1 mg/ml	Initial 2 ml/h. Nach Wirkung 1–6 mg/h = 1–6 ml/h.
Theophyllin® (Euphyllin®)	3 Amp à 0,24 g auf 50 ml NaCl = ca. 15 mg/ml	**Bsp. für 70 kg Pat.:** Loading dose über 10 Min. bei vorheriger Nullther. 0,24 g (bei Vorbehandlung 0,12–0,24 g). Dann 0,5 mg/kg/h (ca. 2,5 ml/h bei 70 kg Pat.).
Urapidil (Ebrantil®)	3 Amp à 50 mg auf 50 ml = 3 mg/ml	Nach Wirkung ca. 9–30 mg/h = 3–10 ml/h. Nur beim liegenden Pat.